GB

한길그레이트북스

인 류 의 위 대 한 지 적 유 산

국립중앙도서관 출판사 도서목록(CIP)

중국고대사상사론 / 리쩌허우 지음 ; 정병석 옮김.
파주 -- : 한길사, 2005
　P. : 　　cm. -- (한길그레이트북스 ; 70)

ISBN 89-356-5655-0 94150 : ₩ 28000
ISBN 89-356-5658-5 (세트)

152-KDC4
181.11-DDC21　　　　　　　　CIP2005001567

GB
한길그레이트북스

인류의 위대한 지적유산

중국고대사상사론

리쩌허우 지음 | 정병석 옮김

한길사

GB

HANGILGREATBOOKS

Li Ze-hou

Zhongguo Gudai Sixiangshilun

Translated by Jung Byung-Seok

이상적인 정치를 펼쳤던 요(왼쪽)·순(오른쪽 위)·우임금

요임금은 현자인 순에게, 순임금은 치수에 뛰어난 공을 세운 우에게 제위를 물려주었다.
이런 식의 왕위계승법을 선양이라 한다. 이는 가장 이상적인 왕위계승법으로 유가정치의 이상이다.

손자 (위)

『손자병법』을 대표로 하는 병가사상은 후대 중국의 중요한 사상적 전통이 된다.
특히 그것은 『노자』속에서 하나의 철학체계로 승화했다.

순자 (아래)

그는 위로는 공맹의 전통을 잇고, 아래로는 『역전』과 『중용』에 연결되고, 옆으로는
제자백가들을 흡수하여 한대 유가들에게 문을 열어준 학자로, 중국사상사에서 선진에서
한대를 이어주는 하나의 중요한 관건이라고 할 수 있다.

공자(맨 왼쪽)와 그의 제자들

『공자가어』에는 공자의 제자가 77인이라고 기록되어 있다.
덕행에는 안연·민자건·염백우가, 정사에는 염유·자로가,
언어에는 재아·자공이, 문학에는 자유·자아가 뛰어났다.

무위자연설의 주창자 노자

그가 주창하는 무위의 관점은 실제로는 정치적인 면과 관련이 있다.
그것은 군주가 마땅히 지녀야 하고,
반드시 실시해야 하는 통치방략이다.

問禮老耼圖 魯昭公二十四年癸未孔子年三十四歲與南宮敬叔適周見老耼而問禮焉老耼曰子所言其人與骨皆已朽矣獨其言在耳且君子得時則駕不得時則蓬累而行吾聞之良

「문례노담도」

공자가 노자를 찾아와 예를 물었다는 기록은
『공자가어』『장자』『예기』 등에도 나오는데,
특히 『예기』에는 구체적인 대화 내용이 기록되어 있다.

제왕에게 충고를 하는 맹자

맹자가 활동했던 전국시대의 제후들은 천하의 패권을 잡는 데 온 힘을 기울이고 있었다.
이런 상황에서 그는 임금이 어진 덕으로 백성을 다스려야 한다는 왕도를 제창했다.

장자의 호접몽

장자는 물아(物我)를 하나로 하고, 사생(死生)을 함께하고,
이해를 초월하고, 요수(天壽)를 하나로 보려 한다. 장자의 나비(호접)에 관한
우화에는 바로 꿈과 깨어남, 죽음과 삶이 하나로 표현되어 있다.

법가 철학자인 한비자

한비자는 이사와 함께 순자에게 배우고 뒤에 법가의 대표적인 인물이 된다.
순자의 성악설을 계승하여 인간의 일체 행위가 이기적인
동기에서 나온다는 인성이기설을 주장하였다.

한대의 유학자 동중서

동중서는 중국의 문화심리 구조가 완성되는 한대 철학에 가장 큰 영향을 미친 인물이다.

성리학의 집대성자 주자 (위)

그는 전통적인 오경이 아닌 『논어』와 『맹자』 등의 사서를 강조하여 자신의 독창적인 철학체계를 보여주었는데 이는 유학사에서 중요한 사건이라고 할 수 있다. 이런 그의 영향은 중국뿐 아니라 동아시아 전체에 파급되었다.

정명도의 계승자 육상산 (아래)

주자가 끊임없는 탐구와 연구를 강조한 데 반해, 육상산은 도의 가장 높은 지식은 끊임없이 내면의 성찰을 실천함으로써 습득된다고 가르쳤다.

청나라의 건륭제
재위 60년에 퇴위하고 태상황제가 되었는데, 이 기간까지 합하면
중국 역대 황제 중 재위기간이 가장 길다. 그의 치세 기간 동안 고증학의 번영을 배경으로
『사고전서』가 편집되고 『명사』가 완성되는 등 문화적 활동이 활발했다.

옮긴이 **정병석**(鄭炳碩)은 영남대학교 철학과와
같은 대학 대학원을 졸업했으며, 타이완 중국문화대학(中國文化大學)
철학연구소에서 박사학위를 받았다.
계명대학교 철학과 교수를 거쳐
지금은 영남대학교 철학과 교수로 있다. 주요 연구 및 관심분야는
주역, 중국 고대 유학, 현대 신유가 등이다.
옮긴 책으로는 『중국철학특강』(공역)
『주역철학의 이해』『인륜과 자유』
『동양철학과 아리스토텔레스』 등이 있다.

GB
한길그레이트북스

인류의위대한지적유산

중국고대사상사론

리쩌허우 지음 | 정병석 옮김

한길사

중국고대사상사론
차례

중국근대사상사론 · 차례

중국현대사상사론 · 차례

리쩌허우의 『중국고대사상사론』과 문화심리 구조

정병석 영남대 교수 · 철학

1. 중국 고대사상의 조감을 통한 문화심리 구조의 탄생

리쩌허우는 1930년 중국 후난(湖南)성 창사(長沙)에서 태어났다. 그가 태어났을 때, 당시의 생활은 비교적 윤택했으나 열두 살 때 아버지가 돌아가시고 난 후 가세가 급격히 기울었다. 어려운 환경 속에서도 후난성에서 가장 유명한 후난 성립일중(省立一中)에 합격했지만 가난 때문에 어쩔 수 없이 학비와 식비가 거의 무료로 제공되는 성립제일사범학교(省立第一師範學校)에 진학할 수밖에 없었다. 그의 형제들을 어렵게 키우던 홀어머니마저 마흔이라는 젊은 나이에 세상을 하직한다. 이때 그의 나이 겨우 열아홉 살이었다. 가장 의지하고 사랑한 어머니와의 사별은 그에게는 엄청난 충격이었다. 사범학교를 졸업하고 난 뒤 리쩌허우는 시골에서 잠시 소학교 선생으로 있다가 1950년 베이징대학 철학과에 입학한다. 대학 시절 생활이 매우 힘겨웠기 때문에 그는 숙소에서 주로 혼자 독서하고 글을 쓰면서 보냈다고 한다. 당시 베이징대학 철학과에는 펑유란 등과 같은 유명한 학자들이 재직하고 있었으나 강의가 허용되지 않아 직접 배울 기회가 없었다. 이 당시 런지위(任繼愈)의 근대사상사 강의를 듣게 된 것을 계기로 리쩌허우는 캉유웨이와 탄쓰퉁에 관한 연구를 시작하게 된다.

베이징대학 졸업 후, 리쩌허우는 당시 막 성립된 사회과학원 철학연구소에서 지금은 중국에서 가장 권위 있는 전문학술지로 인정받고 있는 『철학 연구』(哲學硏究)의 창간작업을 담당하기도 했다. 한편 이 시기에 그는 『캉유웨이·탄쓰퉁 사상연구』(康有爲譚嗣同思想硏究, 1958)라는 책을 출판하는 등 문학·사상사·철학 분야에 걸쳐 영향력 있는 글을 계속 발표해 주목을 받는다. 그후 그는 『비판철학의 비판』(批判哲學的批判, 1979)과 『미의 역정』(美的歷程, 1981), 『중국근대사상사론』(中國近代思想史論, 1979), 『중국고대사상사론』(中國古代思想史論, 1985), 『중국현대사상사론』(中國現代思想史論, 1987), 『미학 사강』(美學四講, 1989), 『논어금독』(論語今讀, 1998), 『기묘오설』(己卯五說, 1999), 『역사본체론』(歷史本體論, 2002)과 같은 빼어난 저작들을 연속해서 내놓았다.

리쩌허우는 사상사에 보존된 과거의 정신적 유산에 분명히 지금도 충분히 참고할 만한 것이 있을 것이라고 생각했다. 그는 사상사를 단순히 박물관에나 보관되어 있는 것으로 보는 입장에 대해 명확히 반대하면서 일련의 중국 사상사론을 쓰게 된 이유·목적·방향에 대해 매우 분명하게 이야기하고 있다. 「중국의 지혜」에서 그는 다음과 같이 말하고 있다.

사상사 연구에서 주의해야 할 것은 인간들의 심리구조 가운데 퇴적되어 있는 문화전통 속으로 깊이 파고들어 탐구해야 한다는 것이고, 또 고대 사상이 중국 민족의 여러 가지 특징(국민성·민족성), 다시 말하면 심리구조와 사유모델의 관계를 어떻게 형성시키고 구조화하고 영향을 주었는가를 탐구하는 것이다.

그는 이 책을 통해 사상사의 문제들을 이론적으로 분류하고 그것을 철학적으로 분석하는 것에만 머물지 않겠다는 점을 말하고 있다. 리쩌허우는 자신이 쓴 일련의 중국 사상사론을 감히 철학사라고 스스로 자신 있게 말하기는 어렵다고 하면서 다음과 같이 말한다.

내가 쓰는 이 글들을 감히 철학사라고 스스로 말하지는 않겠다. 하지만 철학사를 '자아의식의 반성사'로 규정한다면 문화사상에서 전개된 중국 민족의 심리구조에 대한 자아의식 역시 철학과 철학사의 제목 가운데 하나로 될 수 있을 것이다. 내가 관심을 두는 과제는 중국 고대사상에 대한 스케치라는 거시적인 조감을 거쳐서 중국 민족의 문화심리 구조 문제를 탐구하는 것이다.

여기서 말하는 '문화심리 구조'라는 말은 심리구조 가운데 축적되어 있는 문화의 의미를 말한다. 이 문화는 여러 가지 다양한 방식과 형태를 통해 사람들의 사상·이해·인식·행동과 생활에 직접적인 영향을 주거나 심지어 지배하여 내재심리 속에서 어떤 결정적인 감정적 구조가 되어버린다. 그러므로 '문화심리 구조'는 일종의 '민족성' 또는 '민족적 지혜'라는 의미를 가지게 된다. 여기서 말하는 지혜라는 개념은 단순한 사유능력이나 오성을 지칭하기보다는 오히려 민족(중국인)이 내면에 간직하고 있는 모든 심리구조와 정신역량을 포함하고 있고 또 그 안에 도덕자각·인생태도·직관능력 등을 담고 있는 것을 말한다. 이런 민족적 지혜는 그 민족이 내재적으로 축적해온 것으로 매우 강한 계승의 힘, 지구력을 가지고 있고 또 다른 민족과 분명히 구별되는 상대적 독립성을 지니고 있다. 이것은 사람들의 도덕·진리·사유·심미적 판단에 이르기까지 여전히 영향을 주고 지배하고 있는 '전통문화의 강한 영향'이라고 할 수 있다.

리쩌허우는 '문화심리 구조'라는 개념을 '민족성의 문화심리'라는 특정한 의미로 사용하기도 한다. 이런 관점은 그가 몇 년 전에 쓴 「중일문화심리비교시설략고」(中日文化心理比較試說略稿)[1]에 있는, 중국인과 일본인의 의식과 심리를 장악하고 있는 문화심리를 분석하고 있는 문

---

1) 리쩌허우, 『원도』(原道) 「중일문화심리비교시설략고」, 貴州人民出版社, 1999년 4월 제5집, 150~210쪽을 참조하라.

장에서 매우 극명하게 드러난다. 리쩌허우는 이런 문화심리 구조는 일단 만들어지기만 하면 불변하는 어떤 선험적인 존재가 아니라 장구한 역사에 의해 조성된 산물이라고 말하면서 항상 살아서 움직이는 과정 가운데 있는 구조원칙 또는 창조원칙이라고 말한다. 여기서 말하는 '문화심리 구조'의 '구조'(構造)라는 말은 영어의 'structure'가 아니라 'formation'에 해당한다. 즉 '구조'라는 말의 정확한 의미는 'shaping'이나 'forming'이라는 말에 해당하는 것으로, 더 이상 변화하지 않고 고정되어 있는 것이 아니라 끊임없이 계속적으로 발전하면서 형성되어 가는 것을 말한다.[2] 이 '문화심리 구조'의 체계는 마치 생물들이 자연환경에 적응해 살아남는 것처럼, 외부환경에 적응하면서 장기적으로 자신의 존재를 지속시켜온 놀라운 생존력을 지니고 있다. 여기서 리쩌허우가 주목하고 있는 것은 '문화심리 구조'의 '전통문화에 대한 강한 영향' 또는 '문화심리 구조'가 지니고 있는 보수성이다.

리쩌허우가 '문화심리 구조'를 강조하는 것은 단순한 전통 문화의 보수성과 강한 영향이라는 문제를 기술하는 것으로 그치지 않는다. 그는 여기에서 한 걸음 더 나아가 현대적인 관점에서 중국의 '문화심리 구조'를 변화시키고 개조하며, 또 역사가 남겨 놓은 봉건적 여독을 벗기고 깨끗하게 청산해 창조적으로 새롭게 전환하는 것을 더욱 중요한 문제로 여기는 것 같다. 또한 이것이 바로 오늘날의 중국 철학이 반드시 주의를 기울여 살펴보아야 할 시대적 과제라고 그는 분명하게 말하고 있다.

리쩌허우가 제기하고 있는 '문화심리 구조'라는 개념은 『중국고대사상사론』(中國古代思想史論)의 「공자와 맹자의 철학」(원문은 「孔子再評價」[3])에서 처음으로 언급되고 있다.[4]

---

2) 리쩌허우, 『원도』 「재담실용이성」(再談實用理性), 社會科學出版社, 1994年 10月 제1집, 156쪽.
3) 이 문장은 1980년 『중국 사회과학』(中國社會科學) 제2기에 처음으로 발표되었다.
4) '문화심리 구조'라는 말은 직접적으로 『중국고대사상사론』에서 언급되고 있지만 앞서 출판된 『중국근대사상사론』에서도 이미 그 필요성에 대해 언급하고 있다.

여기서 공자는 '인'으로 '예'를 해석해 사회의 외재규범을 개체의 내재적 자각으로 전환시키고 있다. 이것은 중국 철학사에서 가장 중요한 창조적 사건으로 중국 민족의 '문화심리 구조'에 기초를 놓은 것이라고 할 수 있다. 이로부터 공자는 중국 문화의 상징과 대표가 된다. 리쩌허우는 공자가 말하는 철학적 핵심을 인(仁)에서 찾으면서 인이 가지고 있는 가장 중요한 네 가지 측면을, 가) 혈연의 기초 나) 심리원칙 다) 인도주의 라) 개체인격으로 보고 있다. 또 이 네 가지 요소가 유기적 전체를 이루는데, 그 정신의 특징이 바로 '실용(천)이성'이다.

리쩌허우가 이 책의 「공자와 맹자의 철학」에서 말하는 '실용이성'이라는 말은 주로 현실생활에 깊은 관심을 기울이고 순수 추상적인 사변을 일삼지 않는 것을 의미한다. 또한 모든 일에 '실용'·'실제'·'실행'을 강조해 이를 통해 문제를 해결하는 경험을 중시하는 사유방식 또는 생활태도를 말한다. 서양철학이 이지적 사변이나 분석을 강조해 실용과는 무관하게 발전해 매우 치밀한 철학 체계를 구성한 것과는 달리 중국 철학은 현실세계의 실용적 측면에 더욱 치우친 것이 사실이다.

리쩌허우는 처음부터 '실용이성'이란 말을 사용하지 않고 '실천이성'이라는 말을 먼저 사용했다. 그는 이후 칸트가 말하는 '실천이성'이라는 개념과의 혼란을 피하기 위해 나중에 이 말을 '실용이성'이라는 말로 바꾼다. 리쩌허우가 말하는 '실용이성'과 칸트가 말하는 '실천이성'의 가장 큰 공통점은 둘 다 윤리적 행위를 강조하고 있다는 점에 있다. 그는 유가철학을 중심으로 하는 중국 철학의 특징을 "현실생활을 긍정하는 세계관 또는 생활태도"[5]에서 찾고 있다.

중국 철학, 특히 유가학설은 사실상 다만 반(半)철학일 뿐이다. 반

그는 여기서 '문화심리 구조'라는 개념을 지식인 운동이나 하층 농민운동에 나타나는 전통문화의 강한 영향이란 의미로 사용하고 있다.

5) 리쩌허우, 『원도』 「재담실용이성」, 社會科學出版社, 1994년 10월 제1집, 152쪽을 참조하라.

(半)철학이기 때문에 추상적인 사변적 논증이나 엄밀한 논리적 추리, 체계적인 이론구조 등을 중요하게 여기지 않는다. 반대로 중국 철학에서 이론은 반드시 실천적이고 실용적인 품격을 가지고 있어야 함이 특히 강조된다.[6]

물론 리쩌허우가 여기서 말하는 '반(半)철학'이라는 중국 철학에 대한 성격 규정에 중국 철학이 철학의 자격을 갖추고 있지 못하거나 또는 중국 철학을 폄하하려는 의도가 있는 것은 결코 아니다. 다만 중국 철학 속에는 순수한 철학적 요소 이외에 종교적인 성분이 함께 섞여 있다는 점을 강조하려는 데 있다. 이런 점은 유가에서 더욱 분명하게 나타난다.

유가는 보통사람들의 일상적인 생활, 그들의 행위와 활동에 직접적인 영향을 발휘하려고 한다. 서양의 경우라면 이것은 종교이지 분명히 철학의 임무는 아니다. 사실상 전통적인 중국 사회에서, 특히 사대부들 속에서 유학이 발휘하는 작용은 분명히 준종교적인 것이다.[7]

이처럼 리쩌허우는 중국 철학이 가지고 있는 독특한 특성을 준종교적인 성격이 포함된 '실용이성'에서 찾고 있다. 중국인의 문화심리 활동의 구조원칙인 '실용이성'은 앞에서 말한 '문화심리 구조'와 마찬가지로 결코 정지되어 불변하는 형식이 아니다. 오히려 이것이 강조하려는 것은 변화·확대·갱신·발전에 있다. 그러므로 중국의 전통사상, 유학과 실용이성은 현대화에 결코 장애가 되는 것만은 아니다.

리쩌허우는 중국의 철학 사상은 중요한 몇 단계를 거치면서 발전해

---

6) 리쩌허우, 『원도』「재담실용이성」, 社會科學出版社, 1994년 10월 제1집, 153쪽을 참조하라.
7) 같은 책을 참조하라.

온 것으로 보고 있다. 선진 시기에 다루어진 중요한 철학적 문제들은 대부분 정치철학 또는 사회철학의 영역에 속하는 것들이다. 왜냐하면 유가 · 묵가 · 도가 · 법가 등의 제자백가들이 모두 당시 사회의 기본문제와 사회적 문제들에 대해 관심을 기울였기 때문이다. 진한 시기에 이르면 그것은 우주론의 철학으로 변한다. 위진 철학의 핵심은 본체론의 철학이다. 송명(宋明)은 심성론의 철학이다. 근대에 이르러서 비로소 탄쓰퉁 · 장타이옌 · 쑨중산의 인식론의 철학이 출현한다. 그런데 이 다섯 단계 중에서 각각 편중된 부분들은 있겠지만, '내성외왕' 등의 '실용이성'의 기본정신은 처음부터 끝까지 유지되고 있다고 리쩌허우는 말하고 있다. 즉 선진 이후의 한대 유가, 송명 시기의 주자를 중심으로 하는 신유학자들, 근대의 캉유웨이 등에 의해 원형 그 자체는 아니라 하더라도 여전히 '인학 모체구조'(仁學母體構造)를 완전히 벗어나지는 못했다는 것이다.

리쩌허우는 이런 '실용이성'을 담고 있는 '문화심리 구조'의 원형을 공자의 사상에서 찾고 있다. 인학 구조 또는 인학 모체구조가 바로 중국인의 '문화심리 구조'의 원형이라는 것이다. 리쩌허우는 인학 구조가 역사를 통해 변형 · 굴절되었지만 그 원형이 고스란히 유지 · 보존된 채 계속 지속되어 왔음을 논증하고 있다. 공자와 유가학설로 대표되는 전통문명이 사람들의 현실생활과 관습 및 풍속 가운데 스며들어 시대를 초월해 '문화심리 구조'를 형성하고 있다고 말한다. 물론 더욱 구체적인 연원을 따져 보면 그것은 '혈연의 기초'에서 나온다고 할 수 있다. 중국의 '문화심리 구조'는 혈연의 기초, 즉 원시 씨족사회를 연원으로 하는 종법제와 농업 소생산을 기초로 하는 경제구조에 근거해 성립된 것이라고 할 수 있다.

2. 문화심리 구조의 완성과 한대 사상

공자가 인생이나 현실생활을 대하는 정신, 이성적인 태도에 복종하는 깨어 있는 태도, 실용을 중시하고 있는 반면에 사변을 강조하지 않고, 현실적인 인간사는 높이지만 귀신에 대해서는 관심을 두지 않고, 전체 공동체의 조화를 강조해 일상적인 인간사 속에서 정욕의 적절한 조절(中庸)과 형평을 유지하는 이런 경향들은 마침내 중국 민족의 무의식적인 집체원형(集體原型) 현상이 되어 민족성의 '문화심리 구조'를 구성한다. 공자의 철학이 중국 문화의 대명사인 것은 결코 우연이 아니다. 오직 이런 '문화심리 구조'를 파악해야만 비로소 중국 철학 사상의 특징을 정확하게 이해할 수 있다. 리쩌허우는 그가 공자를 연구하는 주된 이유를 2000년 이상 중국인의 사상·의식·습관 속에 융화되어 있는 공자의 흔적이 어떤 장점과 약점을 가지고 있는가를 살피는 데 있다고 말한다.

『중국고대사상사론』에서 제자백가를 다룬 부분으로는 「묵가의 철학」, 「손자·노자·한비자의 철학 사상」, 「순자·역전·중용의 철학」 등이 있다. 어떻게 보면 이것으로 중국의 고대사상을 다 이야기했다고 하기에는 분명히 부족한 점이 있다. 리쩌허우는 자신이 다른 제자백가들에 대해 상세하게 다루지 않는 입장에 대해서도 그 이유를 매우 분명하게 이야기하고 있다.

왜냐하면 이러한 대략적으로 요약된 주제에 집중했기 때문에 나는 다만 가장 대표적이고 실질적 영향이 가장 큰 인물과 사조만을 취했을 뿐이고 비교적 덜 중요하다고 판단되는 많은 인물·학파·사상에 대해서는 논술하지 않았다. 예를 들면, 선진의 명가(名家)와 그 외의 매우 유명하고 심지어는 매우 중요한 사상가들이나 인물, 사조 가운데에서 이 주제와 관계가 먼 부분이나 내용, 단계들은 내버려두었다. 더욱이 고증범위에 속하는, 예컨대 인물의 생존 연대, 사료의 원류, 판본의 진위 등의 문제들에 대해서는 철저하게 다루지 않았음은 물론이다. 전체적으로 말하자면 이 책에 서술한 것은 단지 매우 조잡한 윤곽에 해당하는 서술과 논평이라고 말해야 할 것이다.

리쩌허우가 관심을 기울여 언급한 주제들은 중국의 '문화심리 구조'를 구성하는 것 가운데에서 가장 결정적인 작용을 일으키는 그런 내용들이다. 이 책의 목차에서 보이는 것처럼 그가 주의를 기울여 논의한 문제들은 공자와 묵자, 맹자와 순자, 노자와 한비자, 『주역』과 동중서, 장자와 선종 및 이른바 '내성' '외왕'의 학(學)들이다. 제자백가 가운데에서도 리쩌허우는 묵가와 손자 등에 대해 많은 관심을 기울이고 있다. 특히 「묵가의 철학」에서 주목할 만한 부분으로는 묵가의 전통은 결코 사라지지 않았고 그것은 여러 가지 각기 다른 형태로 농민봉기와 유학의 이단 속에 출현한다는 점을 매우 잘 설명하고 있다는 점이다. 또 특이한 점은 손자의 사상을 중요하게 다루고 있다는 것이다. 이 점은 아마도 리쩌허우 본인이 강조하고 있는 '실용이성'과 관련해 살펴보아야 할 것이다. 즉 그는 중국의 변증법이 병가인 손자의 사상에서 근원하고 있는 것으로 보고 있는데, 이런 변증법은 분명히 개념변증법과는 다른 특성을 지니고 있다고 말한다. 「순자·역전·중용의 철학」에서 『순자』와 『역전』이 공유하고 있는 문제들을 분석하고 있는 관점은 대단히 빼어난 견해로 평가하여야 할 것이다.

리쩌허우가 '문화심리 구조'의 견고성은 한대에 와서야 비로소 확실해진다는 사실을 강조하고 있는 점에 주목을 해야 할 필요성이 있다. 대부분의 중국 철학자들이 무시하는 한대의 우주론 철학이 오히려 중국의 문화심리 구조를 형성하는 데 결정적인 역할을 했다고 그는 말했다. 왜냐하면 한대에 이르러 천인(天人)이나 고금(古今) 등의 문제들이 하나의 체계 속에서 형성되기 때문이다. 「진한 철학의 특색」[8]에서 리쩌허우는 다음과 같이 말하고 있다.

선진 철학과 위진 철학이라는 두 개의 높은 봉우리 사이에 위치한

---

8) 이 내용은 1984년에 『중국 사회과학』 제2집에 「진한사상간의」(秦漢思想簡議)라는 제목으로 발표된 것을 정리한 것이다.

동중서를 중심으로 하는 진한 사상은 대부분의 학자들에 의해 폄하되고 도외시되어온 것이 사실이다. 그것은 때때로 관념론이나 형이상학으로 배척되고, 때로는 '유학의 일대 몰락'이라는 말로 표현되었다. 이 글은 그런 견해들과는 정반대이다. 음양오행을 통해 구축된 체계론적 우주관을 특색으로 하는 진한 사상은 중국 철학의 발전에서 가장 중요한 새로운 단계에 해당한다. 진한 시기에 제도·영토·물질문명 등의 방면에서 통일 국가와 중국 민족을 위한 확고한 기초가 확립된 것과 마찬가지로, 진한 사상은 중국의 문화심리 구조를 구성하는 측면에서도 역시 마찬가지로 거의 똑같은 역할을 했다.

리쩌허우는 중국의 전통 사회가 장구한 세월 동안 유지될 수 있었고 심지어 오늘날까지도 이렇게 견고하게 자리잡을 수 있는 것은 바로 한대의 이 체계 때문이라고 말한다. 한대의 사상은 음양오행을 중심으로 하는 우주론의 체계를 통해 모든 것을 통일하고 있다. 우리가 오늘날 말하는 한족(漢族), 한어(漢語) 등도 바로 이 시기에 형성된다. 진한 사상은 대일통(大一統) 제국의 성립에 필요한 새로운 상부구조의 필요성에 따라 구축된 것이라고 할 수 있다. 다시 말하면 진한 사상은 물질문명의 체계화뿐만 아니라 전체 '문화심리 구조'에서 중국 후대에 모형과 기초를 제공하게 되는데, 이것이야말로 원시유학의 진정한 구체화라고 그는 말하고 있다. 이런 점에서 리쩌허우는 한대 유학은 선진 유학과는 다른 '새로운' 유학이라고 말한다.

이른바 '새로운' 유가가 근거하고 있는 것은, 실천이나 이론적인 측면에서 원시유가와는 크게 다르다. 오히려 '새로운' 유가는 공리(功利)와 효용을 추구하는 법가의 정치적 실천이라는 기초 위에서 여러 학파의 학설을 최대한 흡수하고 개조한 후에 나타난 일종의 새로운 창조라고 할 수 있다. 유가가 이 새로운 창조 속에서 주도적인 위치를 차지할 수 있었던 것은 다른 학파와 비교해볼 때 유가가 중국의 전통적인 경제사회적 전통과 보다 깊은 현실적 연관을 가지고 있고, 또 한 시기에 유행하던 순수한 이론적 주장이나 공허한 환상이 아니라, 매우 오래 된 씨족혈연의 종법제도를 자신의 확고한 기초로 삼고 있기 때문이다. 따라서 가정을 중심으로 하는 소생산 농업을 경제의 본격적 단위로 하는 사회에서는 항상 현실적 역량과 전통의 유효성을 보존할 수 있었다.

대일통(大一統)의 전제제국에 적응하기 위해 모든 제자백가들이 합류했다. 물론 이 중에서 유가·도가·법가·음양가가 주류였지만 결국에는 유가가 혈연적 종법체계를 근거로 하여 다른 제자백가들을 흡수해버리는 '새로운' 유학으로 변모한다. 이 시기에는 유학만이 새로운 것이 아니라 도가·법가·음양가 역시 더 이상 순수한 도가·법가·음양가가 아니었다. 여기서 중요한 역할을 하는 사람이 바로 동중서이다. 동중서는 음양오행(天)과 왕도정치(人)를 거의 같은 구조를 가지고 있는 유비적 관계로 삼아 우주론 체계의 형성을 통해 자연과 사회가 유기적 전체의 역동적인 평형과 조화적 질서를 가지고 있는 것임을 말하고 있다. 이런 음양오행의 우주도식은 장기간에 걸쳐 사회생활 속에 침투되어 '문화심리 구조'에 여러 가지 장점과 단점을 동시에 가져다주었다.

중국의 독특한 '문화심리 구조'는 한대에 최종적으로 형성된다. 이 '문화심리 구조'의 연원은 공자, 또는 그 이전까지 소급되지만 그것은 한대에 비로소 성숙된다. 공자가 고대의 정신을 계승해 제시한 인학의 구조는 주로 한대에 존재하던 유학·효도·종법질서에 대한 존중을 통해서, 또한 동시에 동중서의 유학을 대표로 하는 '천인감응'의 우주도식을 통해서 구체적으로 실현되었다. 동중서의 유학이나 오행도식, 공자의 학설에는 많은 차이가 있지만 공자가 제기한 원시유학의 기본정신들, 즉 혈연의 기초, 치국평천하의 이상, 실용이성, 중용관념 등은 모두 이 음양오행의 체계론 도식을 통해서 보존되고 확대되었다.

3. 유학의 보충으로서의 도가, 현학, 선종과 인학구조의 새로운 해석

한대 유학은 우주도식을 이론적 기초로 삼아 신앙 또는 종교적 기능을 더욱 강화시켰다. 유학은 여기서 다시 새로운 단계로 진입한다. 그것은 도가·법가·음양가 등의 여러 학파를 흡수하고 포용했을 뿐만 아니라 점차 전체 사회생활 속으로 깊숙이 침투하기 시작해 민족심리와 민족성격에 지우기 어려운 흔적을 만들어 어떠한 외래 세력에 의해서도 쉽게 동요하지 않는 것으로 되었다. 그렇다면 위진 시기 이후 불교가 동쪽으로 전해져 커다란 세력을 확보하고 제왕과 대중의 추앙을 받았음에도 여전히 중국의 정치·문화·사상의 면모를 근본적인 입장에서 변화시킬 수 없었던 것은 어떤 이유에서인가? 이것은 아마도 진한 시대에 확립된 관료정치 체제와 체계론적 우주도식의 의식형태와 관계가 있을 것이라고 리쩌허우는 보고 있다.

리쩌허우는 「장자·현학·선종의 철학」[9]에서 유학의 보충으로서의 도가와 선종을 이야기하고 있다. 그는 장자·현학·선종 모두 이상적 인격과 인생경계를 추구하는 본체론을 가지고 있는 것으로 평가하고 있다. 그는 『사기』가 노자·장자·신불해·한비자를 같은 전(傳) 속에 놓고 있는 점에 대해서 비판하고 있다. 그는 노자와 한비자를 한곳에 묶어두는 것은 그들 모두가 사회정치철학을 말하고, 아울러 음모와 권모술수를 말하고 있는 측면이 있기 때문에 이해가 가지만 장자를 같이 놓는 것은 문제가 있다고 말한다. 왜냐하면 장자가 말하려는 것은 초탈의 형이상학이기 때문이다. 장자는 노자나 기타의 다른 철학자들과는 달리 '치국평천하'의 방책과 도리에 대해서는 크게 이야기하지 않는다. 이런 입장에 대해서 리쩌허우는 다음과 같이 말하고 있다.

---

9) 이 내용은 1985년, 『중국 사회과학』 제1기에 「만술장선」(漫述莊禪)이라는 제목으로 발표한 것을 다시 「장현선종만술」(莊玄禪宗漫述)이라는 제목으로 수정해 발표한 것이다.

수신·제가·치국·평천하를 말하는 유가와는 달리 장자나 선종은 기본적으로 사회정치철학이 아니라 다만 인격이나 마음의 철학일 뿐이다. 이로부터 그들은 사람들에게 허무·소극·피동·일시적 안일을 구하는 등의 마취와 속임수를 써서 직접 심리구조와 개체의 행위방식 자체에 호소한다. 그러나 이것은 사대부 지식군자의 사상·행위·심리상태를 통해 전체 사회에 퍼졌고 영향을 미쳤다. 하층의 노동농민은 대체로 장자·선종과 조금의 진정한 연분도 없다. 비록 선이 개종될 때에 하층 계급에 전도되어 이름이 있기는 있었지만, 그것은 일본의 선종이 다도·꽃꽂이 등의 형식을 통해 일반 사회생활 속으로 깊숙이 들어간 것과는 크게 다르다. 장자와 선종은 기본적으로 다만 사대부와 지식인의 생활·의식의 어떤 측면이나 모종의 정취로서 잔류해 발전했다. 그러므로 그들의 중국 민족의 '문화심리 구조'에 대한 좋거나 또는 나쁜 작용과 영향은 모두 유가에 크게 미치지 못한다. 그러나 다만 유가의 어떤 대립적 보충으로서 지식인 계층을 통하여 문화영역 속에(예를 들면 문학·예술의 영역) 비교적 두드러진 흔적을 남겨놓고 있다.

장자나 선종의 사상이 분명 중국인들의 영혼에 위안을 주는 역할을 한 것은 사실이었지만 이들이 유가가 가지고 있는 역할을 대신하지는 못했다. 선(禪)은 중국이 탄생시킨 것이다. 선에서는 언어·개념·사변·수양·권위에 대한 모든 집착을 철저하게 제거해야 비로소 '오도'(悟道)할 수 있다고 말한다. 『장자』의 내편에 있는 사상은 후대의 중국 선불교(禪佛敎)의 탄생과 관계가 있다. 그것은 중국의 문예발전이라는 측면에서도 중요한 영향을 미쳤다. 이런 이유로 리쩌허우는 장자 철학을 미학이라고 말한다. 장자의 심미적인 인생태도와 이상적인 인격추구는 매우 독특하다. 장자만이 가지고 있는 특성은 유가·묵가·노자·한비자의 사회정치철학과 구별되고, 또 진한의 우주론 철학과도 다르다. 장자와 선종을 대표로 하여 이상적 인격과 인생경계를 추구하는 본체론 철학은 중국 사상의 발전 가운데 또 다른 중요한 하나의 측면을 구성하고 있다. 비록 선종이 중국인들에게 미친 영향은 심대했지만 그것이 중국인의 '문화심리 구조'를 변화시키기에는 역부족이었다. 말하자면 불교는 위진 시기 이후 수백 년 이상 점유하고 있던 자신들의 영역을 유학에 다시 넘겨주어야만 했다.

유학은 끝내 송명이학이 외재적 권위로서 한대의 우주법칙을 도덕적 자각의 심성이론으로 전환시킴으로써, 또 우주도식의 객관성을 윤리주체의 주체성으로 전환시킴으로써 불교에 대해 이론적인 승리를 거둔다. 진한 시기의 우주론과 마찬가지로 송명이학 자체 역시 종교가 아니었지만, 그것은 오히려 종교의 내용을 포용했으며, 그 자체가 어떤 종교적인 성격과 기능을 가지고 있었다. 그것 때문에도 다른 종교를 필요로 하지 않았던 것이다.

앞서 말한 것처럼, 당시 불교나 도교가 맹렬한 기세로 번성했지만 정치체제·생활행위·일상관념 등에서 그들은 결코 유가의 주도적 지위와 지배작용을 대신하지 못했다. 그러나 의식형태 특히 철학적 이론상에서 불교와 도교, 특히 불교는 수백 년을 풍미했다. 중국 철학 전통에서 불교처럼 그렇게 세밀하고 엄밀한 사변적 이론체계는 없었다. 남조에서 한유(韓愈)에 이르기까지 유학의 불교비판이나 반불(反佛) 운동은 대부분 사회적 효용·현실적 이해의 측면에서 진행된 것으로 외재적 비판만을 한 것에 불과하다. 핵심으로 들어가서 불교와 도교의 철학적 이론체계를 진정으로 비판·흡수·개조하는 일종의 내재적 비판은 송명이학이 출현한 이후에나 가능한 것이었다. 송명이학이 불교를 흡수·개조하고 비판한 것은 주로 불교와 도교의 우주론·인식론의 이론적 성과를 주된 재료로 삼아 그것을 이용해 공맹(孔孟)의 전통을 다시 세우는 것을 의미한다. 리쩌허우는「송명이학」중의 '몇 가지 보충'(원문은 '片論')에서 '송명이학'을 우주론에서 윤리학에 이르는 내향의 이론으로 규정하고 무극·태극·이기(理氣)·심성(心性)의 철학적 토론은 모두 윤리적 질서를 근본 축으로 하고 있는 '공맹지도'(孔孟之道)를 재건하기 위한 것이라고 말하고 있다. 리쩌허우는 '몇 가지 보충'에서 다음과 같이 말한다.

『중용』과 『대학』이 『주역』에 비해서 송명이학의 더욱 중요한 경전이 된 이유는 인성(人性)이론을 천 년 동안이나 냉담하게 방치해 놓아두었기 때문에 그것을 다시 새롭게 불러일으켜 선진 시기와 서로 연결해 인성이 '천'과 '인'을 연결하고 소통시키는 축임을 설명하려 하기 때문이다. 이것이 바로 우주론에서 윤리학에 이르는 핵심 관건이다. 송명이학의 핵심적 체계는 우주론·인식론이 아니라 인성론이다. 그러므로 다같이 '천인지제'(天人之際)를 말하지만 송명이학이 말하는 것은 동중서나 한대 유가와는 근본적으로 다르다. 동중서의 '천인감응'은 유기적 체계론을 갖추고 있지만, 송명이학의 '천인합일'은 '심성학'이다. 전자는 진정한 우주론이지만 후자는 결코 아니다. 전자에서 윤리학은 우주론에 종속되지만, 후자는 정반대로 우주론이 윤리학에 종속된다. 송대 유가는 '심성학'을 통해 위로는 천도(天道)와 연결하고 아래로는 윤리적 강상(綱常)질서와 연결하여 불교와 노자를 비판하고 있으며, 불교는 적멸을 추구하고 도교는 장생을 구하여 모두 '인성'과 '천도'를 위반하고 있음을 지적한다.

리쩌허우는 전체 송명이학에서 우주론이나 인식론은 하나의 시작을 위한 전주곡에 불과하고 핵심적 체계는 인성론(人性論)이라고 말한다. 송·명·청의 시대를 거쳐서 편찬된 『근사록집주』(近思錄集注)·『성리대전』(性理大全)·『성리정의』(性理正義) 등의 책들은 처음부터 이·기·무극·태극을 모두 포함한 우주관을 말한다. 그러나 이것은 여전히 전주에 불과할 뿐이다. 전주는 주제를 끄집어내기 위한 것이다. 여기서 연주하고 싶은 주제는 인간의 윤리질서를 기본적인 주축으로 삼는 공맹의 도를 재건하는 것에 있다. 전체 송명이학은 우주론을 세워 이로부터 '천'(天: 우주)에서 '인'(人: 윤리)에 이르는 과정을 서로 연결시키면서 합일하도록 했다. 이로부터 '인성'(人性) 문제가 '천'과 '인'을 구성하고 연결하는 관건이 된다. 개체의 심성이 자신의 유한한 감성존재를 초월해서 형이상학적 본체에 도달한다. 이 본체는 윤리이면서 동시에 또 초윤리적인 것이라고 리쩌허우는 말하고 있다.

그러나 지나친 인성에 대한 추구와 도덕 우위론적인 경향은 정치를 도덕으로 변모시켜 준종교적인 이학의 통치를 통해 중국 식의 정교합일을 가능하게 만들어 중국의 관료체제와 사회를 더욱 허위적이고 부패한 것으로 만들어버렸다. 이에 대해 리쩌허우는 「경세치용과 명청 시기의 철학」에서 다음과 같이 말하고 있다.

송명이학은 우리에게 어떤 것을 남기고 있는가? 이 문제는 매우 중요한 것이지만 여기서는 다만 대략적으로 몇 마디 기술하는 데 그칠 수밖에 없다. 우선은 정주(程朱)를 중심으로 하는 '이학'이 수백 년의 통치기간 동안 보통사람들에게 엄청난 해독을 주었다는 점이다.

먼저 리쩌허우는 송명이학이 지나치게 인간의 '내성'에 편중하고 있다는 점을 지적하고 있다. 공자에서 맹자에 이르기까지 유학의 내성이라는 측면이 점유하고 있는 지위는 대단하다. 내성은 점차적으로 '외왕'과 서로 분리되기 시작한다. 분리되어 달라질 뿐만 아니라 심지어 대립되기 시작한다. 맹자를 계승했다고 스스로 인정하는 송명이학도 마찬가지이다. 송명이학은 극단적으로 이 문제를 한쪽으로만 발전시켜 '내성'으로 하여금 '외왕'에서 벗어나게 하고, 심지어 벗어나서 독립적인 가치와 의미를 가지도록 만들었다. 이후 '내'(內)는 시간이 갈수록 '외'(外)를 지배·주재하는 것이 되었을 뿐만 아니라 심지어 유일한 이론적 내용이 되기도 했다.

리쩌허우는 공맹정주(孔孟程朱) 또는 공맹육왕(孔孟陸王)만을 중국 유학의 주류와 '정통'으로 여기는 관점은 결코 역사적 진실과는 합치되지 않는 것이라고 말한다. 즉 정주육왕이 발전시키고 대표한 것은 다만 유학의 한 부분에 불과하다는 것이다. 유학의 생명력은 고도의 자각적인 도덕이성을 가지고 있는 데 있을 뿐만 아니라 또한 현실에 직면해 환경을 개조하는 외재적 성격을 가지고 있다는 점에서 찾아야 한다는 것이다. 이학이 스스로를 정통으로 자처해, 자기와 다른 것을 배척했기 때문에 사공(事功)을 강구하는 모든 비(非)이학 또는 반(反)이학적 유학은 항상 법가로 배척되어왔다. 역사적 진실로 말하면 법가 사상은 선진과 서한 초기의 유가들에 의해 부단히 또한 단계적으로 흡수되어 수용되었다. 독립적 법가학파는 더 이상 존재하지 않을 뿐만 아니라 또한 법가의 사상내용인 상벌·공리·군사 등도 이미 유가적인 것으로 되어버린 것이 현실이다.

4. 『중국고대사상사론』의 서술이 가지고 있는 의의

리쩌허우는 일련의 사상사론을 집필했는데, 『중국고대사상사론』에서 중국 민족의 '문화심리 구조'의 특징을 강조해 말하고 있다면 『중국근대사상사론』과 『중국현대사상사론』에서는 주로 '계몽'의 문제를 이야기하고 있다고 할 수 있다. 특히 리쩌허우는 『중국고대사상사론』에서 공자와 유가를 중심으로 서술하면서 그것을 주축으로 삼으려고 한다. 왜냐하면 그것은 리쩌허우 개인의 유가에 대한 선호문제가 아니라 유가가 확실히 중국의 '문화심리 구조'의 형성에 결정적인 역할을 했다는 역사적 사실을 이야기하려고 했기 때문이다. 리쩌허우는 다음과 같이 말하고 있다.

내가 묵자와 노장을 중시하는 것도 이것과 관계가 있다. 왜냐하면 그들도 유가와는 다른 측면, 다른 입장, 다른 각도에서 원시씨족 전통이라는 어떠한 요소와 문제를 반영해 후세까지 중요한 영향을 미치고 있기 때문이다. 이후 중국 사상의 큰 줄기는 대체로 유가·묵가·도가의 기초 위에서 변화하고 발전했다. 맹자의 급진적인 인도적 민주와 내성 인격, 장자의 문명에 대한 저항과 소외에 대한 반대, 순자·『역전』의 '외왕' 노선과 역사의식 및 현실의 군사투쟁을 기초로 하는 고대 변증법과 음양오행을 근간으로 하는 우주론, 송명이학의 윤리본체·이학과 또 이학을 비난하는 유가들의 경세치용 이론 등은 모두 역사라는 큰 흐름 안에 뿌리내리고 있으며 또 후세에 깊은 영향을 미친 중국의 전통사상 중에서 가장 중요한 것들이다.

중국 철학이나 역사에서 유가가 주축 또는 대표라고 생각하는 관점은 결코 리쩌허우의 어떤 새로운 의견이 아니다. 문제는 그것을 어떻게 새롭게 '해석'하는가라는 문제에 있다. 이른바 '해석'은 해석자의 역사적 입장과 현실태도를 그 속에 포함하고 있다. 중국의 근대에서 오늘에 이르기까지 이에 대한 격렬한 토론과 논쟁이 있었다. 보수주의자들은 늘 공자와 맹자의 도를 지키는 것이 민족전통을 옹호하는 것이라는 기치 아래 실제로 시대의 도전에 저항했고, 급진파는 공가점(孔家店)을 타도하고 유가를 철저하게 부정하는 것이 민족을 부흥시키고 문화를 개조하는 출발점으로 보았다. 그러나 리쩌허우는 보수파나 급진파를 막론하고, 모두 유가 또는 유학의 기초·내용·형식에 대해 진정으로 깊이 있는 연구를 하지 못했다고 비판하면서 그것은 바로 민족전통에 대한 진정한 자각적 반성이 결핍되었기 때문이라고 말하고 있다.

리쩌허우는 이른바 '문화심리 구조'를 통해 중국의 사상사를 종횡으로 분석하고 있다. 리쩌허우가 다루고 있는 범위나 자료들은 역시 기존의 통사와 다를 바 없다. 그러나 그의 독특한 시각이나 관점은 기존의 철학사나 사상사와는 확연히 구별된다. 그는 '문화심리 구조'와 '실용이성'의 관점을 이용해 중국의 사상사와 전통문화를 해석하는 한편, 동시에 현대의 중국이 가야 할 길이 무엇인가를 제시하고 있기 때문이다.

내용 요약

공자와 맹자의 철학

1. 공자가 지지하던 주례(周禮)는 본래 주공(周公)이 창제한 씨족귀족제를 규범화한 제도이다. 여기에는 원시적인 의미의 인도주의와 민주주의의 잔재가 들어 있다. 고전 문헌학과 현대의 민속학은 이런 관점들을 증명해낼 수 있을 것이다.

2. 역사는 줄곧 비극성의 이율배반 속에서 진행되고 문명의 진보는 도덕적 대가를 지불해야 한다. 곧 사라져야 하는 씨족사회에 있는 인도(人道) 의식이 도리어 공자 철학의 중심을 구성한다.

3. 공자는 '인'(仁)으로 '예'(禮)를 해석해 사회의 외재규범을 개체의 내재적 자각으로 전환했다. 이것은 중국 철학사에서 가장 중요한 창조적 업적으로 볼 수 있는 것으로, 중국 민족의 '문화심리 구조'에 기초를 놓았다. 공자는 중국 문화의 상징과 대표가 되었다.

4. 인의 네 가지 측면은, 가) 혈연의 기초 나) 심리원칙 다) 인도주의 라) 개체인격이다. 네 가지 요소가 상호제약해 유기적 전체를 이루는데, 그 정신의 특징은 '실천(용)이성'이다.

5. 주의를 기울일 만한 가장 중요한 문제는 심리정감(心理情感) 원칙이다. 이것은 공자 또는 유가를 기타의 다른 학설이나 학파와 구별시키는 관건이다.

6. 정감과 이성의 합리적 조절을 강조해 사회존재와 개체의 심신의 균형과 안정을 얻는다. 외재적 신령에게 복을 빌거나 비(非)이성적인

열광적 광분 또는 현세를 초월하는 구원을 추구하는 것을 필요로 하지 않고 이 세상에서 세상과 사람을 구원해 자아실현에 도달한다.

7. 공자 인학(仁學)이 중국 민족에 미친 유구하고도 크나 큰 영향과 그것의 장단점.

8. 맹자의 "인정(仁政)→불인인지심(不忍人之心)→사단(四端)→인격본체"의 내향적인 수렴노선. 심리적 정감에 선험적·형이상학적인 성질을 부여해 최종적으로 도덕 주체성의 성립으로 귀결시킨다.

9. 윤리 상대주의와 절대주의. 중국 윤리학의 특징은 한편으로는 도덕적 선험보편성과 절대성을 강조하고 다른 한편으로는 이런 선험·보편·절대가 바로 경험적인 감성과 심리 속에 있음을 강조한다. 체용불이(體用不二).

10. 맹자의 독특한 양기설(養氣說): 이성의 응결('집의'集義)을 의지(意志)로 삼는다. 사람은 이런 응결된 이성의 감성('기'氣)에 의지해 천지와 서로 교통(交通)한다.

묵가의 철학

1. 묵자 사상은 소생산 노동자를 대표로 하는 철학이다.

2. 노동을 통한 생산과 재산의 증식을 강조하는 것이 묵자 사상의 기초이다.

3. 서로 이익을 나누어 가진다는 '교상리'(交相利)의 기초 위에서 서로를 아낀다는 '겸상애'(兼相愛)라는 '대동'(大同)의 공상은 묵자 사상의 중심이다.

4. 인격신의 전제적 주재는 묵자 사상의 세번째 지주이다.

5. 묵가의 전통은 결코 사라지지 않았다. 그것은 여러 가지 각기 다른 형태로 농민봉기와 유학의 이단 속에 출현한다. 근대 중국의 '묵학 부흥'.

손자 · 노자 · 한비자의 철학 사상

1. 중국의 변증법은 병가(兵家)에서 근원하기 때문에 개념변증법과는 다른 특성을 지니고 있다. 가) 고도의 냉정한 이지적 태도 나) 중요한 핵심을 신속하게 잡아내는 이분법의 방식 다) 직접 행동을 지도하는 구체적 실용성.

2. 노자는 군사변증법을 '군인남면술'(君人南面術)로 격상시켰다. '무위'(無爲)의 정치적 차원과 사회적 차원의 함의.

3. '도'(道)는 공능(功能)과 실체가 섞여 나누어지지 않는 전체로서, 언어 · 견문 · 경험으로 제한될 수 없다. 노자의 변증법은 결코 자연에 대한 인식이 아니라 생활의 지혜이다. 노자 변증법의 다의성과 불가확정성(不可確定性)의 매력.

4. 노자의 비(非)정감적 특징으로부터 발전해온 한비자의 냉혹한 이기주의. 세상사와 인간에 대한 치밀한 계산. 정치는 군사(軍事)와 같고, 인생은 전장(戰場)이라 하면서 일체의 가식적이고 허위적인 인의(仁義)를 폭로해 '사람의 총명함을 더욱 증가시켰다'.

5. 중요한 것은 진리를 인식하는 데 있는 것이 아니라 어떻게 지식을 운용할 수 있는가라는 것이다. 이러한 군사-정치-생활의 변증법은 중국의 지적 구조에 많은 영향을 미쳤다.

순자 · 역전 · 중용의 철학

1. 공맹순은 모두 일관되게 "수신(修身)을 근본으로 삼는" 관점을 계승해 사회규범(외外)과 개체심리(내內)의 관계, 즉 인성(人性) 문제에 주의를 기울이고 있다. 맹자는 내('인'仁)를 강조하고, 순자는 외('예'禮)를 강조한다.

2. 순자는 '예'에 대해 역사주의적인 이성적 해석을 하고 있다. 그는 인간의 유적 특징이라는 차원에서 논증을 하는데, 이는 매우 탁월한 견해라고 할 수 있다.

3. '융례'(隆禮), '성위'(性僞), '권학'(勸學)과 '천인지분'(天人之分)

의 개념들은 주관과 객관세계를 개조하는 것을 근본정신으로 삼는 사상체계를 구성하고 있다. 순자는 맹자에 비해 더욱 실천적인 성격과 인류를 주체로 하는 대범한 기개를 가지고 있다.

4. 순자의 '천인지분'과 '천인합일'(天人合一)은 결코 모순되지 않는다. 순자 사상과 '순천'(順天)의 농업생산은 관계가 있는 것 같다.

5. 『역전』은 유가의 세계관을 세워서 '천'(天)에 도덕적 정감의 색채를 부여해 자연과 역사를 연결시켰다. 그것은 바로 이성적·정감적인 세계관이면서 또한 인생관이다.

6. 동태적 과정을 말하는 『역전』의 변증법과 정태적 기술을 하고 있는 『노자』 변증법에서 같은 점과 다른 점.

7. 『중용』의 내재론(內在論).

진한 철학의 특색

1. 대일통(大一統) 전제제국에 적응하기 위해 제자백가들은 점차로 합류했지만 유가·도가·법가와 음양가가 주류였다. 유가는 뿌리 깊은 농업 소생산의 기초 위의 혈연적 종법 유대를 근거로 하여 다른 제자백가들을 흡수해 개조했다.

2. 동중서는 음양오행('천' 天)과 왕도정치('인' 人)를 (내용은 다르지만) 거의 같은 구조를 가지고 있는 유비적 관계로 삼아 우주론 체계를 세워서 자연과 사회가 유기적 전체의 역동적 평형과 조화적 질서를 가지고 있는 것을 강조하고 있다.

3. 중국 문관(文官) 정교(政敎) 체제의 건립.

4. 『황제내경』(黃帝內經)을 대표로 하는 중국 의학의 학설은 천인(天人) 우주론이 과학사상 속에서 표현된 것이다. 중국 의학은 지금까지도 그 생명력을 유지하고 있는데, 이는 세계 문화사에서 기적이라고 할 수 있다.

5. 진한(秦漢)은 물질문명뿐만 아니라 전체 문화심리 구조에서 중국 후대에 모형과 기초를 형성시켰는데, 이는 원시유학의 진정한 구체화

라고 할 수 있다.

6. 음양오행의 우주도식은 오랜 시간에 걸쳐 사회생활에 침투되어 문화심리에 여러 가지 장·단점을 가져다주었다. 예를 들면 낙관적이고 끈질긴 정신, 폐쇄적이고 순종적인 노예적 성격과 경험적인 사변 수준 등이다.

장자·현학·선종의 철학

1. 장자는 최초로 소외에 반대한 철학자로, 사람이 다른 사물에 의해 부려지는 것에 대해 반대하고 심신의 절대적 자유를 추구했다.

2. 장자의 철학은 미학이다. 장자의 심미적(審美的)인 인생태도와 이상적인 인격.

3. 도(道)는 무정(無情)한 것 같으나 유정(有情)하다. 생명·개체·감성에 대한 주의.

4. 현학은 인격본체론을 제기한다. 현학의 주요 학파들은 모두 독특한 특색을 가지고 있다.

5. 선(禪)은 중국이 탄생시킨 것이다. 언어·개념·사변·수양·권위에 대한 모든 집착을 철저하게 제거해야 비로소 '오도'(悟道)할 수 있다고 말한다.

6. 순간에서 영원을 얻고 찰나가 영원이 될 수 있어 일체의 모든 시공과 인과를 초월해 "내가 바로 부처이다"(我即佛). 그러므로 어떤 이상적 인격이 아니라 이런 인생경계가 바로 '본체'가 있는 곳이다.

7. 장자와 선종은 중국 예술에 중요한 영향을 미쳤는데 그것의 직관적 사유에 대해서는 주의를 기울일 필요가 있다.

송명이학

1. 송명이학에는 기초형성기·성숙기·와해기의 세 시기가 있으며 장재·주희·왕양명이 대표적 인물들이다. 이들은 각각 '기'(氣)·'이'(理)·'심'(心)을 중심범주로 삼는데, 바로 이것이 바로 이학(理學)의

세 학파이다.

2. 송명이학은 우주론에서 윤리학에 이르는 내향의 이론이다. 무극(無極), 태극(太極), 이기(理氣)와 심성(心性)의 토론은 모두 윤리적 질서를 근본적 축으로 하는 '공맹지도'(孔孟之道)를 재건하기 위한 것이다.

3. 따라서 '인성'(人性)의 문제가 '천'(天) '인'(人)을 구성하는 데 관건이 된다. 개체의 심성이 자신의 유한한 감성존재를 초월하는 것을 추구해서 '참천지'(參天地)하는 불후의 형이상학적 본체에 도달한다. 이 본체는 윤리이면서 또한 초(超)윤리적이다.

4. 송명이학은 "의리의 구분이 바로 인간과 금수의 차이이다"라고 하여 이성적인 도덕규범과 감성적 욕구를 분명하게 나누고 첨예하게 대립시키고 있다. 도덕률은 비(非)공리적, 비(非)감성적인 입법의 보편성이다. 주자와 칸트.

5. 칸트는 다만 '의'(義)에 대해서만 말하고 이학은 또한 '인'(仁)을 말한다. 그러나 본체에서 감성존재에 대해 인정과 긍정을 하기 때문에 천인(天人)과 이욕(理欲)의 구분을 모호하게 만들었다. '인'·'천'·'심'(心)의 여러 가지 기본적 범주는 선험이성적이고 또한 경험감성적이다.

6. 이런 모순은 '심통성정'(心統性情)의 명제 가운데에서 뚜렷하게 표현되어 '도심'(道心)과 '인심'(人心)은 대립할 뿐만 아니라 또한 서로 의존한다.

7. 왕양명의 "무선무악은 심의 본체이다"(無善無惡心之體)는 도덕에서 종교로 향하는 것인가?

8. 왕학(王學) 발전의 두 가지 노선은 자연인성론과 종교적 금욕주의이다.

경세치용과 명청 시기의 철학

1. 정치가 도덕으로 변해 준종교적인 이학의 통치가 중국 식의 정교합일을 만들어내고 중국의 관료체제와 사회는 더욱 허위적이고 부패한

것으로 되었다. 전통적인 지식인들의 정치에 대한 의존성.

2. 진량과 섭적은 공리를 주장하고 황종희는 "나라를 다스리는 법이 있고 난 후에 나라를 다스리는 사람이 있다"(有治法而後有治人)고 했고 왕선산은 역사와 윤리의 모순을 발견했는데, 이는 전통적 명제와 서로 어긋난다는 것을 의미한다. 그러나 근대 사회에 진입하지 못했기 때문에 완전히 새로운 철학을 세우기에는 역부족이었다.

3. 대진은 인식론으로, 장학성은 역사학으로 이학에 반대해 동일한 방향을 보여주고 있다.

4. 주요한 것은 송명이학이 아니라 '경세치용'(經世致用)으로, 이는 중국의 근대 개혁자들에게 사상적 근거를 제공해주었다.

중국의 지혜

1. 중국 철학사의 과제 가운데 하나는 문화심리 구조의 문제를 탐구하여 깨어 있는 자아의식을 획득하는 것이다.

2. 중국의 4대 문화(병법 · 농업 · 의학 · 예술)는 중국의 지혜를 배양하는 형식과 관계가 있다. 자연과 사회가 서로 같은 구조를 가지고 있는 역사의식은 중국 지혜의 중요한 특징으로 역사적 경험을 인간관계의 정감에 더해 실용이성이 된다.

3. 같은 것을 구해 바깥의 사물들을 포용 · 흡수하고 동화해 자신을 넓혀 나가는 것이 중국 지혜의 특징 가운데 하나이다.

4. 낙감문화(樂感文化) : 본체 · 무한 · 초월은 바로 지금 이곳의 유한 · 현실 속에 있다. 중국의 지혜는 심미형(審美型)이다. 종교가 아닌 심미(審美)가 중국 철학의 최고경계가 된다.

5. '자연적 인화(人化)'와 '천인합일'의 새로운 해석학.

1. 원주는 일련번호를 매기고, 역주는 * 으로 표시해 구별했다.

2. 외래어 고유명사의 경우 외래어 표기법(문화체육부 고시 제1995-8호, 1995. 3. 16)을 따랐다. 주의를 요하는 몇 가지 표기법을 보면 아래와 같다.

    1) 파열음 표기에는 된소리를 쓰지 않는 것을 원칙으로 한다(외래어 표기법 제1장 제4항). 다만 설치성 ‘z’와 ‘s’의 경우는 각각 ‘ㅉ’와 ‘ㅆ’로 표기한다.

    2) 주의를 요하는 운모(韻母) 표기(외래어 표기법 제2장 표5).

    you(yu) → 유

    wei(ui) → 웨이(우이)

    weng(ong) → 윙(웅)

    yuan(uan) → 위안

    yong(iong) → 융

    3) ‘ㅈ, ㅉ, ㅊ’으로 표기되는 자음 뒤의 ‘ㅑ, ㅖ, ㅛ, ㅠ’ 음은 ‘ㅏ, ㅔ, ㅗ, ㅜ’로 적는다(외래어 표기법 제3장 제7절 제2항).

    4) 중국 인명은 과거인과 현대인을 구분하여 과거인은 종전의 한자음대로 표기하고 현대인은 원칙적으로 중국어 표기법에 따라 표기하되, 필요한 경우 한자를 병기한다(외래어 표기법 제4장 제2절 제1항).

    * ‘과거인과 현대인을 구분’한다는 표현은 애매하다. 이 책에서는 저자의 시기 구분을 존중하여 ‘아편전쟁’을 그 기준으로 삼았다.

공자와 맹자의 철학

공자에 관한 연구는 이미 많은 성과를 얻었다. 그러나 연구 성과의 많음보다는 공자를 바라보는 견해의 상이함이나 편차가 오히려 더 클지도 모른다. 견해가 갈라지는 중요한 원인 중의 하나는, 당시의 사회변혁에 대해서 분명하게 정의내리기 어렵다는 점이다. 그 때문에 공자 사상의 본질적 특성이나 의미에 대해서도 각기 다양한 의견으로 나누어진다.

여기서는 사회성질에 관한 문제를 상세하게 논의하기보다는 공자 사상 자체에 대한 분석을 시도하려고 한다. 그 속에는 여러 가지 다양한 요소들이 복잡하게 섞이고 얽혀서, 그것들이 마침내 중국 민족에 엄청난 영향을 미친 문화심리 구조를 형성하게 된다. 이런 현상을 어떻게 과학적으로 파악하고 서술하는가 하는 것이 공자를 정확하게 해석하는 하나의 방법이 될 수 있을 것이다.

이 책에서는 춘추전국 시기를 씨족사회 전통의 종법제(宗法制)*가 더욱 발달된 지역국가제로 향하는 과도적 시기를 보존한 것으로, 공자 사상을 그 이전에 없던 엄청난 변혁의 소용돌이 속에서 씨족 귀족사회의 어떤 성격들을 표현하고 있는 것으로 보려고 한다. 그러나 공자가 창시한 이런 문화심리 구조는 상대적으로 독립적 안정성을 지니고 있기 때문에 오랫동안 계속 이어지고 발전해왔다.

---

* 적장자가 아버지의 지위를 대대로 계승해나가는 혈연적인 사회제도를 말한다. 이른바 대종(大宗), 종가(宗家) 등의 개념들이 여기서 나온다. 이것은 바로 가부장적 사회체제의 확립을 의미하고, 봉건제를 유지하는 기본틀이 된다. 유가의 많은 요소들 역시 이것과 직접적·간접적인 연관성을 가지고 있다.

1 '예'의 특징

어떤 경향이나 관점을 가진 연구자라 할지라도, 공자가 온 힘을 다하여 '주례'(周禮)를 옹호하고 지지하기 위해 많은 노력을 기울였다는 사실을 일방적으로 부정하기는 어려울 것이다. 『논어』(論語)에는 '예'를 말하는 부분이 상당히 많다. 이런 언급은 공자가 당시에 행해지던 예의 파괴와 해체에 대해 무척이나 상심하고 우려하여, 다시 주례를 회복하고 따르기를 바랐다는 사실을 분명하게 표현한 것으로 볼 수 있다.

그렇다면 도대체 주례는 무엇인가?

일반적으로 주례는 주나라 초기에 확정된, 일종의 체계를 가진 전장(典章)* · 제도(制度) · 법도(法度) · 예의(禮儀) 등을 말한다. 주례가 가지고 있는 가장 기본적인 특징 중의 하나는 원시무술(原始巫術)의 의례에 기초하고 있는 후기 씨족통치 체계의 규범화와 체계화이다. 종법제로서의 은주(殷周) 체제는 여전히 씨족혈연제라는 여러 겹의 다양한 외투 속에 묻혀 있다. 이런 은주 체제라는 건축물의 가장 상층부와 의식형태

---

* 한 나라의 문물과 제도를 총칭하는 말로, 한 나라의 정치적 · 경제적 상황을 반영한다. 그러므로 새롭게 왕위에 오른 사람은 천명(天命)에 따라 전장제도를 혁신해야 한다고 말한다. 이것이 바로 국가의 사회 · 정치 · 경제적인 제도를 개혁하고 고쳐나가는 개제설(改制說)이다.

는 원시문화와 직접적인 관련을 가지면서 연속되어 나온 것이다.

주례는 크게 두 가지의 특징을 가지고 있다. 우선 주례는 상하의 등급과 존비장유(尊卑長幼) 등의 분명하고도 엄격한 질서 규정을 가지고 있다. 이것은 원시씨족 모두가 공유하던, 이른바 전민성(全民性)의 예의(禮儀)가 소수의 귀족만이 독점하는 것으로 변해버렸다는 것이다. 다른 한편으로 그것의 경제적 기초는 씨족공동체의 기본 사회구조의 연장선상 위에 있기 때문에, 이런 '예의'는 분명히 원시적인 의미의 민주적 성격과 인민적 성격을 보존하고 있다. 한대(漢代)에 이르러서는 '예경'(禮經:『예기』·『주례』·『의례』의 세 책)으로 불리는 삼례(三禮) 가운데 가장 중요한 『의례』(儀禮) 속에 여전히 이런 특징을 가진 단서들을 발견할 수 있다. 예를 들면 『의례』의 첫번째 편인 「사관례」(士冠禮)는 실제로 원시씨족이 가지고 있던 '성정례'(成丁禮)와 '입사례'(入社禮)의 연장과 변형일 뿐이다.

「향음주례」(鄕飮酒禮)는 나이 많은 사람에 대한 지극한 존중을 기술하고 있는데, "나이가 60인 사람은 앉아 있고, 50인 사람은 서서 시중을 들며 심부름할 준비를 하고 있는데, 이는 연장자에 대한 존중을 표시하는 것이다. 60이 된 사람은 삼두(三豆)이고, 70이 된 사람은 사두(四豆)이고, 80이 된 사람은 오두(五豆)이며, 90이 된 사람은 육두(六豆)인데, 이것은 노인을 공양함을 밝힌 것이다. 이렇게 밝힌 이유는 백성들이 존장(尊長)과 양로(養老)를 안 다음에야 집에 들어가서 효제(孝悌)할 수 있기 때문이다"[1]라고 말한다.

효제는 존장을 전제로 하는데, 나는 양콴(楊寬)의 존장의 예의에 대한 관점에 적극 동의한다. 그는 『고사신탐』(古史新探)에서 "존장의 예의는 술을 마시는 자리에서 생길 수 있는 경로의식에 그치는 것이 아니

---

1) 『의례』「향음주례」, "鄕飮酒之禮, 六十者坐, 五十者立侍, 以聽政役, 所以明尊長也. 六十者三豆, 七十者四豆, 八十者五豆, 九十者六豆, 所以明養老也. 民知尊長養老, 而后乃能入孝弟."

라, 동시에 원로회의의 성격까지 가지고 있다. 이것은 중국 고대의 정권기구 중에서도 분명한 지위를 가지고 있다"[2]고 말했다. 세계 각지에 존재하던 대부분의 원시씨족은 이런 성격의 회의를 가지고 있었다. 예를 들면, 오원크족(鄂溫克族)*은 "60여 년 전에 공동체 내부에 속하는 중요한 일들은 모두 '오력능(烏力楞) 회의'[3]에서 토론을 통해 결정했다. 이 회의는 모든 집안의 나이 많은 남녀로 구성되었다. 남자들 중에서는 수염이 길면 길수록 권위가 있었다"[4]고 말한다. 『의례』중의 '빙례'(聘禮)·'사례'(射禮) 등등은 모두 씨족사회의 각종 예의와 무술에 연원을 두고 있다.

『의례』의 각 편은 예의를 매우 상세하게 규정하며 기술하고 있다. 그러나 후세에 예의에 대해 근거 없이 함부로 무책임하게 글을 쓸 수 있는 것은 아니며, 또한 예의는 아무런 의미도 없는 지나치게 까다롭기만 한 형식적인 예절만은 아니다. 원시예의로서 그것들의 원형은 본래부터 매우 중요한 사회적 기능과 정치적 작용을 가지고 있다. 태고 시기의 씨족들은 바로 이런 원시예의를 통하여 활동했는데, 그들은 그것을 통해 무리를 조직하고 단결시켰다. 그리고 정해진 사회질서와 규범에 따라 생산활동을 하고 생활하게 하여 전체 사회의 생존과 활동을 가능하게 만들었다. 이 때문에 이런 '예의'는 모든 씨족성원에 대해서 엄청난 강제성과 구속력을 가졌다. 이것은 오늘날의 법률에 해당하는 것으로, 사실상의 성문화되지 않은 관습법이라고 할 수 있다.

삼대(三代: 중국의 하夏·은殷·주周의 세 왕조), 특히 은주(殷周) 시기가 되면 관습법으로서의 예의는 다만 씨족귀족을 위하여 봉사하는

---

2) 양콴, 『고사신탐』, 中華書局, 1964, 297쪽.
* 중국의 내몽고 자치구와 헤이룽장 성에 거주하는 소수민족으로, 그들의 인구수는 약 2만 7,000명 정도로 추산된다.
3) 소수의 혈연으로 구성된 가족공동체로, 사회의 가장 작은 단위를 말한다.
4) 추푸(秋浦) 등, 『오원크족의 원시사회 형태』(鄂溫克人的原始社會形態), 中華書局, 1962, 62쪽.

일종의 전리품으로 전락해버린다.[5] 공자의 '주례'에 대한 태도는 씨족 통치 체계와 이 체계가 가지고 있는 원시예의에 대한 옹호와 보존이라는 입장을 반영하고 있는 것으로 보인다. 예를 들면, 공자와 맹자는 일관되게 '연령을 존중'(尚齒)하고 있다. 이른바 "공자는 향당(鄕黨)에서는 잠자코 계셨는데, 마치 말씀을 할 줄 모르는 사람 같았다"[6], "향당에서 술을 마실 때, 지팡이를 든 노인이 나가면 따라나갔다"[7], "천하에는 존중해야 할 세 가지가 있는데, 그것은 작위와 나이, 덕이다"[8]라는 것이다.

'예'는 매우 번잡하고 복잡한 것으로, 그것의 기원이나 주요핵심은 대부분 조상에 대한 존경과 제사의식에서 나왔다. 왕궈웨이(王國維)는 "옥을 가득 담아서 신과 사람에게 바치는 그릇을 풍(豐)이라 하고, 여기서 신과 사람에게 받들어 올리는 술을 예(醴)라고 하고, 더 나아가 신과 사람의 일을 받드는 것을 모두 예(禮)라고 칭하게 되었다"[9]고 했다. 궈모뤄(郭沫若)는 "예는 나중에 생긴 글자이다. 금문(金文)에서 우연히 '豐'자를 사용하는 경우를 자주 볼 수 있다. 그 글자의 구조를 가지고 말하면, 그것은 하나의 그릇 속에 두 줄의 옥을 담아서 신에게 바치는 것을 의미한다. 『상서』(尙書)의 「반경」(盤庚)에서 말하는 '비싼 옥을 준비하다'(具乃貝玉)는 것이 바로 이 뜻이다. 대체로 예는 신에게 제사를 지낸 것에서 기원하고 있기 때문에, 그 글자는 나중에 '시'(示)에서 나오는 것으로 말한다. 그후에 의미가 더욱 넓어져 사람(人)에 관련

---

5) 『예기』(禮記) 중 예를 들면 「명당위」(明堂位) 등에서 '유우씨'(有虞氏)에서 하은 주 3대에 이르는 연속성을 말한 것을 볼 수 있다. 그중에서 하(夏)나라가 하나의 중요한 전환점이 되는데, 많은 '예'의 출발점이 여기서 나온다. 또 「교특생」(郊特牲)에 "제후에게는 관례가 있는데 하나라 말년에 행해진 것이다"(諸侯之有冠禮, 夏之末造也)라는 말이 있는데, 이는 모두 위의 사실을 반영하고 있다.

6) 『논어』(論語) 「향당」(鄕黨), "孔子於鄕黨, 恂恂如也, 似不能言者."

7) 같은 책, 「향당」, "鄕人飮酒, 杖者出, 斯出矣."

8) 『맹자』(孟子) 「공손추」(公孫丑) 하편, "天下之達尊三, 爵一齒一德一."

9) 왕궈웨이, 『관당집림』(觀堂集林), 석례(釋禮), "盛玉以奉神人之器謂之曲若豐, 推之而奉神人之酒醴亦謂之醴, 又推之而奉神人之事, 通謂之禮."

되는 것으로 확대되고, 그후 다시 길(吉)·흉(凶)·군(軍)·빈(賓)·가(嘉) 등의 의제(儀制)로까지 발전한다."[10] 이른바 주례의 특징은 분명히 신이나 조상에게 제사 지내는 것을 핵심으로 하는 원시예의[11]인데, 주례는 원시예의를 다시 새롭게 만들어 체계화하고 확대하여 종법제의 관습적 통치법규('의제')가 된다.[12] 혈연 가부장제를 기초(친친親親)

---

10) 궈모뤄, 『십비판서』(十批判書) 「공묵의 비판」(孔墨的批判), 人民出版社, 1954, 82~83쪽.

11) 『예기』 「제통」(祭統), "대체로 사람을 다스리는 도리는 예보다 더 급한 것이 없다. 예에는 오경(五經)이 있지만 제사보다 더 소중한 것은 없다. ……제사란 봉양하는 것을 좇아서 효도를 계속하는 것이다. ……대체로 제사에는 십륜(十倫)이 있다. 귀신을 섬기는 길을 보여주고, 군신의 의리를 보여주고, 부자의 인륜을 보여주고, 귀천의 등급을 보여주고, 친소의 차이를 보여주고, 작록과 포상을 베푸는 것을 보여주고, 부부의 분별을 보여주고, 정사(政事)의 균등함을 보여주고, 장유의 서열을 보여주고, 상하의 나눔을 보여준다."(凡治人之道, 莫急於禮. 禮有五經, 莫重於祭. ……祭者, 所以追養繼孝也……夫祭有十倫焉. 見事鬼神之道焉, 見君臣之義焉, 見父子之倫焉, 見貴賤之等焉, 親疎之殺焉, 見爵賞之施焉, 見夫婦之別焉, 見政事之均焉, 見長幼之序焉, 見上下之際焉) 앞서 말한 관례 등을 포함한 것 역시 '제사'와 관련이 있다. "관이란 것은 예의 출발이다. ……옛날에는 관례를 중요시했으므로 사당에서 행했다. ……스스로를 낮추고 선조를 높인 까닭이다."(冠者, 禮之始也……古者重冠. 重冠故行之於廟. 行之於廟者, ……所以自卑而尊先祖也:『예기』 「관의」冠義)

12) 원시예의라는 것은 바로 토템과 터부를 말한다. 이런 것들을 통하여 원시사회를 형성하는 강력한 상부구조와 이데올로기 의식형태(意識形態)가 구성된다. 여기서 의식(儀式)은 사람들이 절대로 위배할 수 없는 규범준칙과 질서법규의 역할을 한다. 엥겔스는 "이전의 모든 종교 속에서 의식은 가장 중요한 일이었다"(『포이어바흐와 초기 기독교』)고 강조했다. 원시적 무술의 의례적 활동은 더욱더 그러하다. 여러 가지 번잡하고 자질구레한 의례적 절차는 바로 이런 법규의 구체적 집행을 의미한다. 그러므로 어떤 예의 활동으로 나타나는 일거수 일투족은 모두 엄격한 규정을 가지고 있고, 하나의 동작도 착오를 허용하지 않았다. 어떤 하나의 조그마한 예절 역시 생략하거나 빠뜨릴 수가 없었다. 만약 그럴 경우 그것은 신을 모욕하는 것으로, 크나큰 불경을 의미했다. 그리고 전체 씨족과 부락에 엄청난 재난을 줄 수 있는 것으로 보았다. 『의례』 속의 번다한 규정과 『좌전』(左傳)에 자주 등장하는 "이것은 예에 맞다"(是禮也) 또는 "이것은 예가 아니다"(非禮也) 등의 경고와 소수민족의 자료, 예를 들면 "오원크족은 그들이 오랜 시간에 걸쳐 …… 만들어놓은 행위규범은…… 반드시 엄격하게 준수한다. …… 그것이 다루는 범위는 매우 광범위한데, 예를 들면 수렵을 할 때는 '우리는 몰이

로 하는 등급제도는 이런 법규의 골간이고, 분봉(分封) · 세습 · 정전(井田) · 종법 등의 정치 · 경제 체제는 그것의 확장과 발전이다. 공자를 대표로 하는 유가 또한 원시적 예의와 무술활동을 조직하고 이끄는 자들(이른바 무巫, 관리인 윤尹, 역사기록을 담당하는 사史)에서 변천되어 나온 예의의 전문적 감독이면서 그것을 보존한 사람들이다.[13]

장학성(章學誠)은 "현자는 성인에게 배우고 성인은 백성에게 배운

사냥을 하고 있다'는 말을 해서는 안 된다. 사슴이나 말사슴의 머리는 순록 위에서 떨어져서는 안 된다. 물고기를 잡을 때는 어망 위를 건너갈 수 없고, 고기의 가슴뼈를 칼로 째서는 안 된다. 오원크족은 이런 금기를 위반하면 신을 분노하게 만들어 어로와 수렵의 생산에 불리한 결과를 만들 것으로 생각했다" 등은 바로 이런 관점들을 반영하고 있다.

13) 장타이옌(章太炎)은 "인류 역사의 초기에는 어김없이 방사(方士: 신선의 술법을 닦는 사람)가 정치를 했다"(生民之初, 必方士爲政:『구서』訄書「간고」幹蠱)고 하여 유가의 원류를 '술사'(術士: 음양이나 복서 · 점술에 능통한 사람)로부터 나오는 것으로 주장했다(『국고논형』國故論衡「원유」原儒. 유가가 술사에서 나왔다는 이런 설은 물론 장타이옌이 처음 한 말은 아니다. 장타이옌의 스승인 유월兪樾 또한 이 설을 말하고 있다). "농사를 주관하는 별에 밤낮으로 제사하면서 탄식하여 비를 구하는 자를 유(儒)라고 한다", "임금을 도와 음양에 따라서 교화를 하는 자이다"(같은 책)라고 하여 술사를 일종의 종교적, 정치적인 큰 인물로 보고 있다. 유가의 이상적 인물인 고요(皐陶)와 이윤(伊尹)에서 주공(周公)에 이르기까지 실제로는 모두 무사(巫師)와 재상을 겸하는 '방사'(전설 중에는 이윤이 요리사로서 탕왕에게 쓰고자 한 재할요탕宰割要湯이라는 말이 있는데, 실제로 성스러운 소를 도살하여 신에게 제사를 지내는 예의에 관한 이야기와 관련이 있는 것 같다)였다. 후세 유가의 이상 역시 줄곧 황제를 도와서 천하를 다스리는 '재상'을 최고의 목표로 삼고 있는데, 그 유래가 여기에 있다. 여러 다양한 의견을 가진 역사학자들이라 할지라도 대부분 '예'는 제사활동에서 나왔고, '예'와 '무'(巫) 및 '사'(史)는 결코 분리할 수 없다는 사실에 주의를 기울이고 있다. 예를 들면, "예는 사관에 의해서 관장되고, 사관은 예에서 나왔다"(류이쩡柳詒徵, 『국사요의』國史要義, 中華書局, 1948, 5쪽), "종(宗) · 축(祝) · 복(卜)과 사(史)는 모두 하늘을 담당하는 관리이고, 이른바 태재(太宰)라는 것은 사실은 주로 주방에서 요리를 담당하는 사람으로 어떤 부락의 추장 아래에서 총무장(總務長)을 맡고 있는 자이다. 제사를 지내려면 반드시 희생을 다루어야 하기 때문에 재(宰: 도살을 의미) 역시 천관(天官)에 속한다"(같은 책), "가장 오래 전의 예는 오직 제사의 예만 중시했다. 세대가 흘러 변천되어 수백 가지의 일들을 포함하게 되는데, 종과 사가 합일되었을 때 이미 그러했다. 주대(周代)에 이르면 더욱 인간사를 중시하게 되는데, 이 종과 사는 고대에는 천관이었지만 후대에는 사람들을

다"14)고 하여, 그것을 집대성한 사람은 주공(周公)이지 공자가 아니라고 생각했다. 그는 또 "공자의 위대함은 주례를 배운다는 이 한 마디로 전체를 개괄할 수 있다"15)고 했다. 상고시대에서 은대(殷代)에 이르는 원시적 예의를 대규모로 정리, 개조하고 규격화한 사람은 확실히 주공이지 공자는 아닌 것 같다. 이것은 당시에 매우 중요한 하나의 변혁이었다. 왕궈웨이의 『은주제도론』(殷周制度論) 가운데 일부의 논점은 매우 중시할 만한 가치를 가지고 있다. 공자 스스로 "기술은 하지만 함부로 짓지 않는다"16), "나는 주나라를 따르겠다"17), "꿈에서 주공을 보다"18) 등등을 언급한 것은 확실히 주공의 그런 것들을 옹호하려는 것으로 보인다. "모가 난 그릇을 모나지 않게 만들면 모난 것이라 할 수 있는가?"19), "뜰에서 팔일무*를 추는 것을 기어이 한다면, 차마 무엇을

다루는 관리로 변하게 된다."(같은 책, 6쪽) "……『춘추』에 기록되어 있는 것은 즉위(卽位)·출경(出境)·조(朝)·빙(聘)·회(會)·맹(盟)·전렵(田獵)·축성(築城)·가취(嫁娶) 또는 출분(出奔)·생몰(生沒) 등등의 사항인데, 제사와 관계가 없는 것이 거의 없다. 제사가 이미 신을 대상으로 하고 있기 때문에 제사와 관련된 예는 그 속에 신을 찬양하는 시가(춤과 음악), 신의 뜻을 미리 예측하려는 점복과 신의 명령, 시가와 유사한 형률(刑律: 옛날 사람들의 금기는 이런 형식을 많이 취하고 있다) 등등을 포함하고 있다."(『두국상문집』杜國庠文集, 人民出版社, 1962, 274쪽) '유'(儒)와 '유가'의 '이름'은 비록 늦게 출현했으나 제사 활동과 관련된 무(巫)·윤(尹)·사(史)·술사와의 관련으로 보면 이미 일찍이 존재했음을 알 수 있다.

14) 이것은 사실 "상고(上古) 시기에 예는 풍속에 근원한다"(유사배劉師培)는 의미를 가지고 있다. 즉, '성인'(聖人)이 말하는 '예'라는 것은 백성의 '욕'(俗)에서 기원한다는 말이다.

15) 『문사통의』(文史通義)「원도」(原道) 하편.

16) 『논어』「술이」(述而), "述而不作."

17) 같은 책,「팔일」(八佾), "吾從周."

18) 같은 책,「술이」, "夢見周公."

19) 같은 책,「옹야」(雍也), "觚不觚, 觚哉?"

* 고대에는 음악을 연주하면서 춤을 출 때, 여덟 사람을 한 줄로 서게 했다. 이 한 줄을 일(佾)이라 하는데, '팔일'은 가로·세로 여덟 줄로 모두 64명이 필요했다. 이 춤은 천자(天子)만이 출 수 있고, 제후들은 육일(六佾)로 48명, 대부(大夫)는 사일(四佾)로 32명이다. 계씨는 사일을 써야 마땅하다.

하지 못하겠는가?"20), "너는 양을 아끼느냐, 나는 예를 아낀다"21)는 것
들은 모두 공자가 예의의 형식('의'儀)을 옹호했음을 보여주고 있다.
"정치로 백성을 교도하고 형벌로 백성들을 가지런히 하면, 백성은 형벌
을 면하려고만 할 뿐 마음속에는 부끄러움이 없다. 덕(德)22)으로 백성
을 교도하고 예로써 가지런히 하면 마음속에 부끄러움도 느끼고, 또한
바로잡힌다"23), "자고로 모든 사람은 죽게 마련인데, 사람이 신의가
없으면 설 수 없다"24)는 것은 공자가 관습법('신'信)의 기초 위에서 세
운 '예치'(禮治)의 내용에 대해 옹호하고 있는 것을 말한다.25)

---

20) 같은 책, 「팔일」, "八佾舞於庭, 是可忍也, 孰不可忍也?"
21) 같은 책, 「팔일」, "爾愛其羊, 我愛其禮."
22) '덕'이란 도대체 무엇인가? 이는 여전히 연구해보아야 한다. 덕이란 말의 본디
    뜻은 결코 도덕이 아니라 아마도 각 씨족의 습관법이었던 것으로 보인다. 그러
    므로 "성이 다르면 덕행도 다르고, 덕행이 다르면 종류도 달라진다"(異姓則異
    德, 異德則異類: 『국어』國語「진어」晉語)고 말하기 때문에 '예'와 연결된다.
23) 같은 책, 「위정」(爲政), "道之以政, 齊之以刑, 民免而無恥, 道之以德, 齊之以
    禮, 有恥且格."
24) 같은 책, 「안연」(顔淵), "自古皆有死, 民無信不立."
25) 공자는 형법의 조문을 새겨 넣은 형정(刑鼎)을 주조하는 것에 반대하여 '정'
    (政)·'형'(刑)과 '예'(禮)·'덕'(德)을 대립시켜 놓고 있다. 『춘추』(春秋)의 삼
    전(三傳: 좌씨전左氏傳·공양전公羊傳·곡량전穀梁傳)은 하나같이 모두 '초세무'
    (初稅畝: 처음으로 백성의 사전私田의 무畝*에 각각 세금을 매겼다)는 "예가 아
    니다"(非禮也)고 하여, 예가 성문법과 대립하는 씨족귀족의 오래된 정치·경제
    체제라고 설명했다. 그러나 전국 시대에 이르면 유가는 "예악형정이 사방에 퍼
    져서 어긋나지 않으면 왕도는 이미 갖추어진다"(禮樂刑政, 四達而不悖, 則王道
    備矣: 『예기』「악기」樂記)고 말한다. '예악'과 '형정'을 같은 종류로 본다면 상
    황은 매우 크게 변화한다. 이런 입장은 이미 순자의 입장이지 공자의 입장이 아
    니다. 실제로 전국 시기에 '예'는 이미 거의 '의'와 같게 되어 그 중요성을 상실
    해버린다. "242년간의 춘추시대에 군신과 사대부가 정치와 인생을 논할 때 예가
    표준이 되지 않은 적이 없었다. 전국 시기에 이르면 유가 이외에 예를 언급하는
    학파는 거의 없었다……. 전국 시기에 예를 무시하는 사례들은 전국의 역사를
    기재하고 있는 『전국책』(戰國策)을 보면 충분히 증명된다…… 여기서 예가 가
    리키는 것은 대부분 인간의 정서적 측면에 관계되는 예절의 예로, 춘추시기의
    일체의 모든 윤리와 정치의 표준을 의미하던 예와는 분명하게 다르다"(뤄건쩌羅
    根澤, 『제자고색』諸子考索, 235쪽). 또 『일지록』(日知錄) 권13의 「주말풍속」(周
    末風俗)에서 "춘추 시기는 여전히 예를 높이고 신의를 중시했으나, 칠국(七國)

그러나 공자 시대에 이미 '예악(禮樂)의 붕괴현상'이 시작되고, 씨족통치 체계와 공동체의 사회구조가 와해되기 시작하여 "백성이 흩어지기 시작한 지 오래되었다"[26], "백성들은 윗자리에 있는 관리들을 싫어한다"[27]고 했다. 춘추 시기의 많은 씨족국가들은 끊임없이 병탄되며 소멸했고, 수많은 씨족귀족은 전통적인 세습지위를 보존하지 못하고 빈곤의 상태로 떨어지거나 심지어 '종이나 하인의 상태로 떨어지기'도 했다. 어떤 씨족귀족들은 자신들이 가지고 있던 오래된 규칙들을 포기하고, 토지사유와 상업경영을 기초로 하는 신흥계급이 되어 신속하게 발전하는 집단으로 성장했다.

한비자(韓非子)는 "진나라가 몇 개로 분리되어 통치되고 제나라가 찬탈되는 것은 여러 군신들이 지나치게 부유했기 때문이다"[28]라고 했는데, 경제상의 막강한 실력은 그들로 하여금 정치에서 권력탈취(전항田恒이 대두大斗로 빌려주었다가 소두小斗로 받는 것은 사실은 자신의 힘을 과시하려는 것에 있지 '민심을 얻으려는 것'은 아니었다)를 가능하게 만들었다. 군사적인 측면에서 다른 나라를 겸병하고 침탈하려

시기에는 결코 예와 신의에 대해서 말하지 않았다. 춘추 시기에는 여전히 주나라 왕실을 종주로 했으나, 칠국 시기에는 왕에 대해 말하지 않았다. 춘추 시기에는 제사를 엄격히 따지고 빙향(聘享: 상대방 군주를 예방)을 중요시했으나 칠국 시기에는 그런 일이 없었다. 춘추 시기에는 여전히 종성(宗姓)과 씨족에 관해 말했지만, 칠국 시기에 이르면 어떤 언급도 없다"고 했다. 봉건제를 폐지하고 군현제가 형성되는 시기로 바로 엥겔스가 말하는 지역성의 국가가 자연적인 혈연유대를 대체하는 것을 말한다.

* 무(畝)는 면적의 단위인데, 주(周)나라 때는 정전제(井田制)가 시행되어 여덟 집이 공동으로 100무의 공전(公田)을 공동 경작하여 그 공전의 수확을 세금으로 대체했다. 그런데 선공(宣公) 15년에 공전에서 수확되는 것 이외에 다시 사전(私田)에 대해 세금을 부과했다. 즉, 세금을 이중으로 부과했다는 말이다.

26) 『논어』「자장」(子張), "民散久矣." 민(民)은 바로 공동체의 자유민이다. "백성이 흩어지기 시작한 지 오래되었다"는 말은 자유민이 오래도록 거주하던 공동체를 벗어났다는 것을 의미한다.

27) 『국어』(國語)「주어」(周語), "民惡其上."

28) 『한비자』(韓非子)「애신」(愛臣). "晉之分也, 齊之奪也, 皆以群臣之太富也."

는 시도는 끝내 씨족부락연맹 체계에 따라 형성된 천자(天子) —제후(諸侯)—대부(大夫)라는 주례적 통치질서를 철저히 붕괴시키는 결과를 낳았다. 또한 노골적으로 드러내놓고 백성들을 억압하고 수탈하는 경우들을 발견할 수 있다. 예를 들면 '형정을 주조'하거나 '죽형(竹刑)을 만들고',* '처음으로 사전(稅畝)에도 모두 세금을 매기거나', '병갑(兵甲)을 만드는' 것과 같은 전쟁준비는 그렇게도 따뜻한 온정이 흐르던 '예'와 '덕'의 면사포를 걷어내고 아예 노골적으로 억압과 착취를 드러내면서 일종의 이데올로기와 정치이론을 주장하는 것이다. 이런 법가적(法家的) 이데올로기와 정치이론은 관중(管仲)에서 한비자에 이르는 시기에 날로 우세했다.

이처럼 엄청나게 동요하는 변혁시대에서 공자가 보수적이고 낙후된 입장에 처해 있었음은 분명한 사실이다. 위에서 말한 것처럼 정치에서 '예'의 통치질서를 옹호하고 '정'(政)과 '형'(刑)에 반대하는 것 이외에도, 공자는 경제적인 측면에서도 원래의 사회 · 경제 구조를 유지하기를 주장하여 원래의 씨족제도와 통치체계("적음을 근심하지 아니하고 균등치 못함을 걱정하고 가난함을 근심하지 않고 편안하지 못함을 걱정한다"29))가 파괴되는 것에 반대했다. 무리하게 국가의 재정을 늘리려고(예를 들면 세금을 가혹하게 거두어들이는 등) 군신과 부자(君臣父子)의 기존질서와 씨족귀족의 인격적 존엄성을 손상시키는 것에 반대하는 것이 공자의 중요한 사상적 측면이다.

부와 귀는 모든 사람들이 원하는 바이지만 정당한 방법으로 얻은

---

* 『좌전』(左傳)의 「정공(定公) 9년」에 정(鄭)나라 등석(鄧析)이 형법서인 『죽형』(竹刑)을 저작했다는 기록이 나온다.
29) 『논어』 「계씨」(季氏), "不患寡而患不均, 不患貧而患不安". 공자 역시 "백성을 부유하게 만드는"(富之) 입장을 주장했으나, 이것이 가장 중요한 문제는 아니었다. 이것보다 더욱 중요한 것은 '편안함'(安)과 '균등한 분배'(均)이다. 여기서 말하는 '균'(均)은 결코 평균이 아니라 '적절하게 분배된 것'을 가리킨다.

것이 아니라면 갖지 말 것이며, 가난함과 천함은 모든 사람들이 싫어하는 것이지만 정당한 방법으로 피할 수 있다 할지라도 (무리하게) 피하려 하지 않는다.[30]

도에 뜻을 두고 있는 선비가 더러운 옷과 음식을 부끄러워하는 자와 함께 이야기할 수는 없다.[31]

계씨가 주공보다 더 부유한데도 염구(冉求)가 그를 위해 세금을 걷어 재산을 더 늘려주었다. 공자께서 "염구는 우리 무리가 아니니, 아이들아 북을 울려서 그를 성토해도 좋다"고 말씀하셨다.[32]

내가 아직 젊었을 때에는 사관들이 글을 빼놓고 기록하지 않을 수도 있었고, 말을 가진 사람들이 다른 사람에게 빌려주어 타게 하는 풍속도 있었으나, 지금은 그것마저 볼 수가 없게 되었구나.[33]

너덜너덜한 헤진 솜옷을 입고서 여우나 담비 가죽으로 만든 가죽옷을 입은 자와 마주서도 부끄러워하지 않는 자는 자로(子路)일 것이다.[34]

이런 것들은 모두 경제적인 능력을 가지고 있는 사람들에게 패배하여 몰락의 운명에 처해 있는 씨족귀족들의 특징들을 반영하고 있다. 공자가 비록 동분서주하여 여러 나라를 돌아다니면서 주례를 회복하려 하지만 그의 노력은 하나같이 벽에 부닥치고 만다.

이런 기초 위에서 찬란한 전국(戰國) 문명과 강력한 진(秦)과 한(漢) 제국이 출현하는데, 이것은 사회의 큰 진보라고 말할 수 있다. 그러나 동시에 선진(先秦)의 사회체계 속에 여전히 남아 있던 대량의 원시적

---

30) 『논어』 「이인」(里仁), "富與貴, 是人之所欲也, 不以其道得之, 不處也. 貧與賤, 是人之所惡也, 不以其道得之, 不去也."
31) 같은 책, 「이인」, "士志於道, 而恥惡衣惡食者, 未足與議也."
32) 같은 책, 「선진」(先進), "季氏富於周公, 而求也爲之聚斂而附益之. 子曰, 非吾徒也. 小子鳴鼓而攻之, 可也."
33) 같은 책, 「위령공」(衛靈公), "吾猶及史之闕文也, 有馬者借人乘之, 今亡矣夫."
34) 같은 책, 「자한」(子罕), "衣故縕袍, 與衣狐貉者立而不恥者, 其由也與!"

예의체제 속에 들어 있는 씨족 내부의 여러 가지 민주적 · 인애적(仁愛的) · 인도적 잔재들은——춘추 시기의 많은 중소 씨족국가의 도시국가 형태 민주정치들을 포함하여——이런 진보적 경향에 의해 파묻히거나 사라져버렸다. 역사는 늘 이와 같은 비극적인 이율배반 속에서 진행되어 가는 것을 좋아한다.

엥겔스는 "문명의 기초는 한 계급이 다른 계급을 착취하는 것이므로, 문명의 전체적인 발전은 일상의 모순 속에서 진행된다. 생산의 모든 진보는 동시에 피억압계급, 즉 대다수 사람들의 생활상태를 퇴보시키는 것을 의미한다……"[35]고 말한다. 여기서 엥겔스는 자본주의가 기계를 도입하여 사용하는 문제를 지적하고 있다. 원시사회에서 노예사회로 이행되는 시기에는 상황이 더욱더 그러하다.

사회의 발전, 생산의 증가, 부의 증가는 대다수 사람들의 엄청난 희생을 기반으로 했다. 예를 들면, 원시사회와 계급사회 속에서 역사를 진보시킨 중요한 추진요소는 항상 전쟁이었다. 그러나 전쟁이 초래하는 고통과 희생에 대한 상심, 감탄과 반대는 늘 백성들의 정의의 외침이었다.[36] 그러나 양쪽 다 나름대로의 이유를 가지고 있기 때문에, 해결할 수 없는 비극적인 역사의 이율배반[37]이라고 말하는 것이다. 부를 갖추고 있는 신흥 지주계급은 씨족귀족의 '예치'(禮治)를 무너뜨리고

---

35) 『마르크스 · 엥겔스 선집』 제4권 「가족 · 사유재산과 국가의 기원」, 人民出版社, 1972, 173~174쪽.

36) 『시경』(詩經)의 「채미」(采薇) 등에 나오는 내용들은 이런 모순을 잘 보여주고 있다. 선왕(宣王)이 북벌(北伐) 원정을 할 때 모든 병사들이 집으로 돌아가고 싶은 마음이 "배가 고픈 듯, 목이 마려운 듯"(載飢載渴) 했으나 집으로 돌아가지 못했다. 그리하여 "내 마음이 상심하여 괴로운 것을 어느 누가 충분하게 알겠는가?"(我心傷悲, 莫知我哀)라고 했다. 그러나 "지금 집도 절도 없는 이런 신세를 만든 것은 하나같이 모두 흉노가 쳐들어왔기 때문이다"(靡室靡家, 玁狁之故)라고 하여 국가를 보위하고 외적의 침략에 대항해서 싸우는 것을 정의로 보고 있다. 후대의 두보(杜甫)의 『신혼별』(新婚別) 등도 이런 모순을 매우 두드러지게 보여주고 있다.

37) 헤겔의 『미학』(美學) 중 비극을 논하는 부분을 참조하라.

'농경과 전쟁을 근본으로 하기'를 요구했다. 무정하고 냉혹한 법치를 세워 노골적으로 백성을 억압하고 착취하는 것을 인정하면서 군주전제로 씨족 귀족민주제를 대치하여 가장제(家長制)를 바탕으로 하는 낙후된 씨족통치제를 완전히 무너뜨렸을 때, 법치는 분명히 역사적 합리성과 진보적 성격을 가지고 있는 것이었다. 그러나 다른 한편으로는 씨족 체제의 최종적 몰락을 슬퍼하면서 날로 확대되어 가는 영토확장을 위한 겸병 전쟁에 반대하고, 억압과 착취가 상대적으로 가벼웠던 아주 먼 옛날의 '황금시대'를 회복하기를 꿈꾸었다. 그들은 상대적으로 씨족 내부성원에 대해 관대하고 후한 통치체계를 옹호하면서, 노골적으로 억압하고 착취를 행하는 것[38]에 대해 불만을 가지고 그들을 공격하고 비난했다.

이것 또한 나름대로의 합리성을 가지고 있고, 인민을 중요시하는 위민적(爲民的) 관점을 가지고 있는 것으로 보인다. 역사와 현실, 그리고 인물은 본래 모순되고 복잡하게 얽혀 있다. 어떤 하나의 좋고 나쁨과 옳고 그름이라는 간단한 방식으로 모든 것을 평가하는 것은 마치 발을 잘라 신발에 맞추는 것처럼 현실과 전혀 다른 경우가 되어버리기 쉽다. 공자는 주례를 옹호하는 사람으로 보수적이고 낙후성을 띠며 또는 반

---

38) 서주(西周) 시기의 빈곤이라는 것은 전국 시기 이후의 "사람을 온 성에 가득 차도록 죽이고"(殺人盈城), "사람을 온 들판에 가득 차도록 죽이는"(殺人盈野) 전쟁, 진한 제국의 대규모 노역과 백성의 고혈을 짜내는 것에 비교하면 '상대적으로 안녕'하던 것이 분명하다. 주례 속에는 이미 백성을 두렵게 하고 위협하는 측면이 들어 있다. 예를 들면 "애공이 재아에게 사(社)의 나무에 대해서 물었다. 재아가 '하후씨는 소나무를 (심어 사주社主로) 사용했고, 은나라 사람들은 잣나무를 사용했고, 주나라 사람들은 밤나무를 사용했으니 (그것을 사용한 이유는) 백성들이 전율을 느끼도록 하기 위해서였다'고 대답했다(哀公問社於宰我. 宰我對曰 夏后氏以松, 殷人以栢, 周人以栗, 曰使民戰栗:『논어』「팔일」) 그러나 공자는 이런 입장이 두드러지게 드러나는 것에 동의하지 않았다. "공자는 이를 들으시고 말씀하셨다. 이미 이루어진 일이라 말하지 않으며, 끝난 일이라 탓하지 않으며, 이미 지나간 일이라 탓하지 않는다."(子聞之曰, 成事不說, 遂事不諫, 既往不咎: 같은 책, 같은 글)

동적이다. 그러나 그는 잔혹한 착취와 억압에 반대하며 상대적으로 온화한 상고 시기의 씨족 통치체제를 유지하고 회복할 것을 강조한다는 점에서, 나름대로의 민주적 방식과 인민 위주의 관점들을 가지고 있다. 공자의 인학(仁學) 사상체계는 바로 이런 모순되고 복잡한 기초 위에서 성립되었다.

2 '인'의 구조

거의 모든 공자 연구자들에 의해 공통적으로 인정되는 공자 사상의 가장 중요한 철학적 범주는 예가 아니라 인(仁)이다.[39] 예는 과거의 것을 그대로 물려받은 일종의 인순(因循)인 데 비해서, 인은 새롭게 창조된 것이다. '인'이라는 글자는 일찍부터 있었지만, 그것을 사상체계의 중심으로 만든 사람은 분명히 공자가 처음다.

그렇다면 '인'은 도대체 무엇인가?

'인'이라는 글자는 『논어』에 100번 이상 출현하고, 그것이 가지고 있는 함축적 의미 역시 광범위하고 다양하여 매번 이야기할 때마다 완전하게 일치하지 않는다. 이것은 2,000년에 이르는 기간 동안 많은 사람들에 의해 각자 다르게 해석되고, 각기 다른 해석의 가능성이 제공되었기 때문이다. "인은 사람을 사랑하는 것이다"(仁者愛人)를 강조하는 것

---

39) 예외 없이 모두 다 그러한 것은 아니다. 중국이나 해외 어디서든 서로 상반된 의견은 있을 수 있다. 특히 이 중에서 핑거레트(Herbert Fingarette)는 공자 철학의 핵심이 외재적 예의에 있지 내재적 개체심리(仁)가 아니라고 강조하여, 이 글에서 강조하는 '예'의 특징과 상당부분 유사한 측면이 있다. 그러나 핑거레트의 견해는 공자가 외재적인 '예'를 내재적인 '인'(仁)으로 변화시킨 중요한 의미를 간과하고 있다. Herbert Fingarette, *Conficious —The Secular as Sacred*, New York, 1972.

과 "자기자신의 사사로운 욕심을 버리고 예로 돌아가는 것이 바로 인이다"(克己復禮爲仁)를 강조하는 입장은 사실상 두 개의 서로 대립하는 해석으로 나타날 수도 있다. 100여 차례에 걸쳐 '인'을 말하는 동안 어느 것이 가장 근본적이고 정확한 것인가를 확정하여, 그것으로 다른 것을 추론해내는 작업은 매우 어렵다. 방법적으로도 항상 타당한 것으로 보이지는 않는다. 왜냐하면 부분 또는 부분의 총합이 전체와 반드시 일치하는 것은 아니고, 일단 유기적 전체가 구성되면 자신의 특성과 생명을 얻게 되기 때문이다.

공자의 인학 사상은 이러한 (유기적) 전체의 양식과 거의 흡사한 것 같다. 그것은 네 가지의 측면 또는 요소에 의해서 구성되어 있는데, 이런 요소들은 상호의존하고 있으면서 상호침투하며, 동시에 서로 제약하는 관계에 놓여 있다. 이로부터 인학 사상은 스스로를 조절하는 자기조절 기능과 상호전환하여 상대적 안정을 기할 수 있는 적응능력(기능)을 갖추게 된다. 바로 이런 이유에서 인학 사상은 늘 바깥에서 들어와서 침범하거나 간섭하는 외래적 요소들을 소화하거나 배척해버리고, 자신을 계속적으로 연속시켜 매우 특색 있는 사상의 모형과 문화 심리 구조[40]를 구성하여 중국 민족의 성격을 형성하는 데 매우 중요한 흔적을 남긴다.

이러한 사상 양식과 인학 구조를 구성하는 네 가지 요소는 (1) 혈연의 기초 (2) 심리원칙 (3) 인도주의 (4) 개체인격이다. 그리고 위의 내용들을 종합적으로 아우르는 전체의 특징은 (5) 실천이성이다. 여기에는 상세하게 연구해야 할 매우 복잡한 문제들이 있는데, 이 글에서는 다만 기초적인 수준에서 이런 문제들을 거론하면서 하나의 가설을 제공하고 대략적으로 간단한 설명을 하려고 한다.

---

40) 이 구조의 최종적 완성은 한대에 이루어진다. 이 책의 「진한 철학의 특색」을 참조하라.

1) 혈연의 기초

공자가 '인'(仁)을 말하는 이유, 또는 의도는 실제로 '예'를 해석하고 '예'를 옹호하기 위한 관점과 직접적인 관련을 가지고 있다고 할 수 있다. 앞서 말한 것처럼 '예'는 혈연을 기초로 하고 있고, 등급(等級: 주로 신분의 서열을 지칭함)을 특징으로 하는 씨족통치 체계이다. 이런 씨족통치 체계를 옹호하거나 회복하기를 요구하는 것이 '인'을 말하는 근본목표라고 할 수 있다.

그 사람됨이 어버이에게 효도하고 형제간에 우애가 있는 경우에는 윗사람의 뜻을 범하기를 좋아하는 자가 드물다. 윗사람의 뜻을 범하기를 좋아하지 않으면서 질서를 어지럽히기를 좋아하는 사람은 아직 없었다. 군자는 근본에 힘쓰고, 근본이 서야 도가 생기니 어버이에게 효도하고 형제간에 우애 있는 것이 사람의 근본이 아닌가?[41](유자有子의 말은 공자의 말과 거의 비슷하기 때문에 일반적으로 유자의 말을 공자의 자료로 인용한다)

"그대는 어찌 정치를 하지 않습니까?" 공자께서 말씀하시기를, "『서경』(書經)에서 효도가 중요하구나!" 효에 관해 말씀하시기를, "효도하고 형제간에 우애롭게 한다고 했는데, 그것을 정치하는 데 베풀면 그것 또한 정치를 하는 것이니 어찌 달리 벼슬에 나아가 정치할 것이 있겠소."[42]

젊은 자제들은 집에 들어가서는 효도하고 밖에 나가서는 공경하고, 언행을 삼가고 믿음을 버리지 않고 진실하여 널리 많은 사람들을 아껴서 특히 인을 가진 사람과 친하게 지내야 한다.[43]

---

41) 『논어』「학이」(學而), "其爲人也孝弟, 而好犯上者, 鮮矣. 不好犯上而好作亂者, 未之有也. 君子務本, 本立而道生, 孝弟也者, 其爲人之本與!"

42) 같은 책, 「위정」, "子奚不爲政?' 子曰: 書云: '孝乎惟孝, 友于兄弟.' 施於有政, 是亦爲政, 奚其爲爲政?"

군자가 부모 섬기기에 착실하면 백성들이 어진 풍속을 일으키
고…….⁴⁴⁾

맹자의 "친족을 친하게 하는 것이 인이다"⁴⁵⁾, "인의 실질은 부모를
섬기는 이것이다"⁴⁶⁾는 인용문을 참고해보면, 혈연적 유대를 강조하는
것이 바로 '인'을 구성하는 중요한 기초라는 사실을 분명하게 파악할
수 있을 것이다. '효'⁴⁷⁾ · '제'는 혈연을 통하여 종횡의 두 측면에서 씨
족관계와 등급제도를 구축하고 있다. 이것은 더욱 오래된 고대에서 은
주(殷周)에 이르는 종법 통치체제(또한 '주례'라고도 한다)의 핵심이
다. 이것이 바로 당시의 정치이고, 또한 유가가 말하는 '수신제가치국평
천하'(修身齊家治國平天下)이다.

춘추 시대와 당시 유가가 말하는 '가'(家)는 후대의 개체가정 또는 가

---

43) 같은 책, 「학이」, "弟子入則孝, 出則悌, 謹而信, 汎愛衆, 而親仁,……."
44) 같은 책, 「태백」(泰伯), "君子篤於親, 則民興於仁.……"
45) 『맹자』, 「진심」(盡心) 상편, "親親, 仁也."
46) 같은 책, 「이루」(離婁) 상편, "仁之實, 事親是也."
47) 『상서』의 「순전」(舜典)에서 "요 임금이 죽고 난 후에 백성들은 마치 자신의 부모
   상을 치르듯이 했다"(帝乃殂落, 百姓如喪考妣)고 했으며, 『상서』의 「강고」(康
   誥)에서 "왕이 말하기를, 봉아! 가장 큰 죄악은 바로 부모에게 불효하고 형제들
   끼리 우애롭지 않은 것이다. 자식이 부모가 시작한 사업을 공경스럽게 이어받지
   않으면 부모의 마음에 깊은 상처를 주는 것이 되고……(동생이 형을 올바로 존
   중하지 않으면 형도) 동생에게 크게 우애롭게 대하지 않을 것이다. 일이 이런 지
   경에 이르렀는데도 정부의 관원이 벌하지 않는다면 하늘이 우리 백성들에게 부
   여한 법이 크게 어지럽게 될 것이다"(王曰, 封元惡大憝, 惟不孝不友, 弗只服厥
   父事, 大傷厥弟心……大不友于弟, 惟弔玆, 不于我政人得罪, 天惟與我民彛大泯
   亂……)라고 했다. 또한 『상서』의 「주고」(酒誥)와 『시경』 「대아」(大雅)의 '문왕
   유성'(文王有聲)에서는 모두 '효'를 강조한다. 『좌전』의 「문공」(文公)에서도
   '효'는 예의 시작이다"(孝, 禮之始也)라고 말하고 있다. 갑골문 속에서 '효'는
   '老 · 考'라는 글자들과 통용되는데, 금문(金文: 옛날의 철기나 동기銅器 등 금속
   에 새겨져 있는 글자나 글)도 마찬가지이다. 이런 측면에서 '효'는 노인이나 연
   장자들을 존경하는 점에서 같은 내용을 가지고 있는 것으로, 씨족사회의 유풍이
   다. '충'(忠)은 원래의 본의로 보자면 평등한 '사람'에 대해 쓰이던 것이며 '군
   주'에 대해 사용된 것은 아니다. '군주'에 대한 '충'의 개념은 후대에 출현했다.

족을 말하는 것이 아니라, '국'(國)과 동일한 씨족 또는 부락을 의미한다.[48] 그러므로 '평천하'(平天下)가 가리키는 것 또한 씨족(大夫) — 부락(諸侯) — 부락연맹(天子)[49]의 전체 체계를 의미한다. 이런 관점에서 우리는 공자가 말하는 "가까이는 부모를 공양하고 멀리로는 군주를 섬긴다"[50]는 말과, 맹자가 말하는 "천하의 근본은 나라에 있고 나라의 근본은 집에 있고, 집의 근본은 몸에 있다"[51]는 말을 분명하게 이해할 수 있을 것이다.

또한 공자의 "멸망한 나라를 부흥시키고, 끊어진 세대를 잇게 하거나 속세를 떠나 은거하는 사람을 등용한다"[52]는 말과 맹자의 "(왕이 빨리 명령을 내려) 사로잡았거나 억류하고 있던 연(燕)나라의 노인과 어린아이들을 돌려보내고, 귀중한 보물을 가지고 가는 것을 중지시키고 연나라 사람들과 의논하여 그들이 바라는 임금을 둔 뒤에 군대를 철수시켜야 한다"[53]는 등의 말뜻을 이해할 수 있을 것이다. 그 말들은

---

48) 『장타이옌 국학 강연록』(章太炎國學講演錄) 65쪽에서는 다음과 같이 말하고 있다. "『대학』(大學)에 그 나라를 다스리려는 자는 반드시 먼저 집안을 가지런히 하여야 한다는 말이 있다. 이때는 거의 봉건시대로, 가(家)와 국(國)이 큰 분별이 없었던 때이다. 이른바 가(家)라는 것은 바로 '천승지가, 백승지가'(千乘之家, 百乘之家: 전차戰車를 100대 또는 1,000대 이상 가지고 있는 대제후의 집안을 말함)라고 말하는 것과 같다. 그러므로 집안을 가지런하게 하지 못한다는 것은 바로 치국하지 못하는 것과 같은 말이다. ……군현제 시대에 이르면 '가'와 '국'은 의미상 크게 달라진다. 그러므로 당 태종은 집안을 바르게 다스리지는 못했으나 나라를 다스리는 치국에서는 상당한 업적을 이룰 수 있었던 것이다."

49) 은주 시기의 '천자'는 일반적으로 생각하는 '부락연맹'의 최고 지도자에 비해 한 단계 더 발전한 개념으로 보인다. 그러나 실제로는 여전히 '부락연맹'의 최고 지도자와 거의 비슷하거나 그것에 상당하는 것으로 생각된다. 왕궈웨이는 이 문제에 대해 "하후(夏候) 시기에 은나라의 왕인 해왕(亥王)은 종종 스스로를 왕이라 칭했고, 탕(湯)이 아직 걸(桀)을 치기 전에 이미 자신을 왕이라 칭했다. ……제후와 천자의 관계는 후대의 제후의 맹주에 대한 관계와 같은 것으로, 아직까지 군신간의 엄격한 구분은 없던 것으로 보인다"고 말한 것과 같다(『관당집림』觀堂集林 「은주제도론」殷周制度論 참조).

50) "邇之事父, 遠之事君."

51) "天下之本在國, 國之本在家, 家之本在身."

52) 『논어』 「요왈」(堯曰) "興滅國, 繼絶世, 擧逸民."

모두 자기들이 원래 속해 있던 씨족부락 국가의 생존권리를 회복하기 위한 것으로 보인다. 공자는 '효'와 '제'를 '인'의 기초로 보았고, '친친존존'(親親尊尊)[54]을 '인'의 표준으로 삼아 씨족 가부장의 전통이 가지고 있는 등급제도를 옹호했다. 그리고 '형'(刑)과 '정'(政)이 '예'와 '덕'에서 분화되어 나가는 것에 반대했다. 이런 오래된 역사적 사실들은 모두 사상 속에서 응축적으로 반영되어 있다.

엥겔스는 "모든 무지몽매한 민족과 야만민족의 사회제도 속에서 친족관계는 결정적인 작용을 했다"[55]고 말했다. 당시 씨족체제와 친족관계가 붕괴하는 시대조건 속에서 공자는 이런 혈연관계와 역사전통의 어떤 부분들을 뽑아내어 이념적인 형태의 자각적인 주장으로 전환시켜 놓았다. 그리고 이런 생물적 의미의 종족을 넘어서서 사회적 구조라는 측면에서 작용을 일으키는 혈연적 친족관계와 등급제도에 대해 분명한 정치학적인 해석을 하고 있다. 이를 통하여 특정한 씨족사회의 역사적 제한을 벗어나게 만들어, 그것이 보편적이면서도 유구한 사회적 함의와 작용을 가지고 있음을 강조했다. 이것은 중요한 의미를 가진다. 특히 그것은 두번째 요소로서의 심리원칙과 직접적으로 소통되고 연결되

---

53) 『맹자』 「양혜왕」(梁惠王) 하편, "反其旄倪, 止其重器, 謀於燕衆, 置君而後去之, ……."

54) '친친존존'(親親尊尊)은 결코 '현인과 재주 있는 사람을 등용하는'(擧賢才) 것과 서로 모순되지 않는다. '현인을 등용하는 것'은 원시사회의 씨족체제 중에서 일찍이 존재하던 역사적 전통이다. 그것은 '친친존존'과 상호보완적으로 행해지던 것으로 보인다. 그러므로 『논어』의 「안연」(顔淵)에서 공자는 "순(舜) 임금이 천하를 다스릴 때 여러 사람 앞에서 고요(皐陶)를 선출하여 등용함으로써 불인(不仁)한 자들이 멀어지게 되었다. 탕 임금이 천하를 다스릴 때 여러 사람 앞에서 이윤(伊尹)을 선출하여 등용함으로 불인(不仁)한 자들이 멀어지게 되었다"(舜有天下, 選於衆, 擧皐陶, 不仁者遠矣. 湯有天下, 選於衆, 擧伊尹, 不仁者遠矣)라는 관점에 대해 칭찬하면서 말하고 있다. 공자와 맹자는 결코 씨족귀족의 세습제—몇몇의 논저에서 생각하고 있는 것처럼—를 여전히 청산하지 못하고 오히려 씨족체제의 갖가지 유산들을 보존하기를 요구하고 있는 것으로 보인다.

55) 『마르크스·엥겔스 선집』 제4권, 人民出版社, 1972, 24쪽.

어 세번째 요소로까지 확대, 발전하게 된다.

2) 심리원칙

"예는 밖에서 일어난다."[56] '예'는 본래 개체로서의 개인에 대해서 외재적 구속력을 지니는 습관적 법규 · 의식 · 예절 · 무술의 체계를 의미하는 것이었다. '예'라는 것은 사실 "집에 들어가서는 효도하고 나와서는 공경하는 행동을 한다"(入則孝, 出則悌)는 것 등을 포함한, 무슨 특별한 깊은 이치나 의미를 가지고 있지 않은 일상적인 도리를 말하는 예의에 불과했다. 예를 들면 공자나 맹자에 의해서 강조된 '천하 공통의 상'(天下之通喪 : 3년상三年喪을 의미)은 역사가 아주 오래된 것으로, 모든 사람들이 준수하고 실천하여야 하는 전통예의였던 것으로 보인다.[57]

이로부터 '예악붕괴'라는 시대적 흐름 속에서 이런 전통적 예의(씨족 통치 체계를 말함)에 대한 회의와 반대가 일어나는 것은 너무나 자연스러운 현상일지도 모른다. 당시에는 '예'에 대한 재해석이라는 풍조가 일어나면서, '예'에 대한 다양한 관점들이 출현했다. 그 중에는 이미 '예'를 단순히 맹목적으로 따라야 하는 외재적인 형식으로만 보지 않고 '예' 자체의 본질적인 성격을 다루는 관점도 출현했다. 예를 들면 다음과 같은 것들이다.

조간자(趙簡子)가 정(鄭)나라의 자대숙(子大叔)을 만난 자리에서

---

56) 『예기』의 「악기」에 있는 "樂由中出, 禮自外作"에서 나왔다.

57) 3년상은 주나라의 제도가 아니라 은나라의 제도이다. 이 관점은 마오시허(毛西河)의 『사서개착』(四書改錯) 권9에 보인다. 『상서』의 「무일」(無逸)에는 은나라 왕들이 3년상을 지켰다는 기록들이 남아 있다. 3년상에 관해서는 여러 사람들의 견해가 일치되지 않는다. 금문경학(今文經學)과 첸쉬안퉁(錢玄同) · 궈모뤄 등은 모두 공자가 이것을 창작한 것으로 보고 있다. 이에 비해 고문경학(古文經學)과 후스(胡適) · 푸쓰녠(傅斯年) 등은 은나라의 예라고 주장했다. 이 글에서는 잠정적으로 후자의 관점을 따르려고 한다.

자대숙에게 인사와 행동에 대한 예에 관해서 물었다. 여기에 대해 자대숙은 "그것은 의례라고 하지 예라고는 하지 않는다"고 말했다. 간자가 "그러면 예는 무엇입니까?" 하고 말했다. 이에 대해 자대숙은 다음과 같이 대답하고 있다. "예라는 것은 하늘의 바른 길이요, 땅의 마땅함이고, 백성이 행해야 할 일이다. ……백성이 그 본성을 잃어버리는 까닭에 예를 만들어 본성을 지키는 것이다. 말·소·양·닭·개·돼지의 육축(六畜)과 소·양·돼지·개·닭의 오생(五牲), 소·양·돼지의 삼희(三犧)를 가지고 오미(五味)를 갖춘다. 예복(禮服)에 사용되는 산(山)·용(龍)·화(華)·충(蟲)·조(藻)·화(火)·분(粉)·미(米)·보불(黼黻) 등의 아홉 가지 장식(九文)과 청(靑)·백(白)·적(赤)·흑(黑)·현(玄)·황(黃) 등의 육채(六采)와 다섯 가지의 도안(圖案)을 가지고 오색(五色)을 잘 드러내며, 구가(九歌)·팔풍(八風)·육률(六律)을 가지고 오성(五聲)의 쓰임을 분명하게 했다. 군신상하의 구별을 가지고 땅의 뜻을 따르며 부부가 내외를 잘 지켜 음양의 도를 따르도록 하여 부자(父子)·형제·고자(姑姉: 고모라는 뜻)·생구(甥舅: 외숙과 생질의 사이)·혼구(婚媾: 결혼할 사이)·인아(姻亞: 인척 사이)의 관계를 정하여 하늘의 밝음을 본받으며 군주의 정사(政事)와 신하가 해야 할 직무와 백성의 일을 정하여 사계절을 따르도록 했다……. 슬픔에는 소리내어 울면서 눈물 흘리는 울음이 있고, 즐거움에는 가무의 방법이 정해져 있고, 즐거울 때는 은덕을 베푸는 방법이 정해져 있고, 화가 날 때는 싸우는 방법이 정해져 있다. 기쁨은 좋은 것에서 생기고 노함은 미움에서 생긴다. 이런 까닭에 사람이 실천해야 할 행동을 상세하게 보여주고 명령을 내려서 화복(禍福)과 상벌로 생사를 다스린다.[58]

---

58) 『좌전』「소공(昭公) 25년」, "子大叔見趙簡子, 簡子問揖讓周旋之禮焉. 對曰, "是儀也, 非禮也." 簡子曰, "敢問何謂禮" 對曰, "…… 夫禮, 天之經也, 地之義也, 民之行也. ……民失其性, 是故爲禮以奉之. 爲六畜, 五牲, 三犧, 以奉五味, 爲九文, 六采, 五章以奉五色, 爲九歌, 八風, 七音, 六律以奉五聲, 爲君臣上下以則地

위의 인용문은 첫째로, '예'는 단순한 '의'(儀)가 아니라는 것을 말하고 있다.59) 원래 '예'와 '의'는 나누어지지 않은 것으로, 종교적 성질을 가진 원시예의의 무술의 연장선상에 있었다. 하지만 지금은 그것을 구분하여 '예'의 내재적 본질을 구하고 확정해야 할 필요성이 있음을 오히려 앞에 말한 것과는 다르게 증명하고 있다. 왜냐하면 이때 '예'는 이미 자각적이고 명확한 사회적 규범으로, 그 속에는 중요한 통치질서를 포함하고 있기 때문에 일체의 모든 우주만물을 포함하여 혼돈의 일체를 이루는 원시적 예의가 더이상 아니다. 둘째, 위의 인용문은 통치질서와 사회규범으로서의 '예'가 식색성미(食色聲味)의 감각적인 욕망과 희로애락 등의 '인성'(人性)을 기초로 하고 있어서, 통치규범은 결코 식욕과 색욕, 좋아하는 일과 싫어하는 일 등의 인간의 기본적인 욕망을 벗어날 수가 없다는 점을 설명하고 있다. 그러면 한 걸음 더 나아가 이런 기초로서의 '인성'이란 것은 도대체 무엇인가라는 문제가 출현하게 될 것이다. 공자는 재아(宰我)의 '3년상'에 대한 물음에 대해 다음과 같이 말하고 있다.

재아가 묻기를, "3년상을 치르는 기간이 너무 긴 것 같습니다. (부모의 상을 치르느라) 군자가 3년 동안 예를 익히지 않으면, 예가 반드시 붕괴될 것입니다. 3년 동안 악(樂)을 행하지 않으면 악은 반드시 못 쓰게 될 것입니다. 지난해의 묵은 곡식이 다 없어지면 새로운 해의 곡식이 오르게 마련입니다. 비벼서 불을 일으키는 나무도 해가

義, 爲夫婦外內以經二物, 爲父子, 兄弟, 姑姊, 甥舅, 昏媾, 姻亞以象天明, 爲政事, 庸力, 行務以從四時……. 哀有哭泣, 樂有歌舞, 喜有施舍, 怒有戰鬪; 喜生於好, 怒生於惡, 是故審行信令, 禍福賞罰, 以制死生."
59) 춘추 시기에서 전국에 이르는 시기, 특히 『좌전』에서 『순자』(荀子)에 이르는 시기에는 예에 대한 여러 가지 다양한 해석이 출현한다. 그 중에서 '예'와 '의'를 구분하는 것이 중요한 하나의 공통점이다. 여기서 이른바 '예의 문'(禮之文), '예의 모'(禮之貌), '예의 용'(禮之容)과 '예의 질'(禮之質), '예의 본'(禮之本), '예의 실'(禮之實) 등을 나누어 구분하는 관점이 생겼다.

바뀌면 새 것으로 바꾸는 법입니다. 그러므로 (부모의 상도) 1년으로 그치는 것이 좋지 않겠습니까?"라고 하자 공자가 말씀하시기를, "쌀밥을 먹고 비단옷을 입어도 너는 편안하냐?"고 물으셨다. 재아가 "편안합니다"라고 대답했다. "네가 편안하면 그렇게 하라. 그렇지만 군자는 상중에는 맛있는 음식을 먹어도 그 맛을 모르고, 멋진 음악을 들어도 즐겁지 않으며, 거처도 편안하게 할 수가 없는 것이다. 그러므로 그렇게 하지 않는 것이다. 지금 네가 편안하다면 그렇게 하는 것이 좋겠다"고 하자, 재아가 나갔다. 공자는 "재아는 참으로 어질지 못하구나! 자식은 태어나서 3년이 된 후에야 비로소 부모의 품을 벗어날 수 있는 법인데, 3년상은 온 천하의 공통된 상이다. 재아는 3년 동안의 사랑이 그 부모에게 있었는가?"[60]

위의 '예'에 대한 새로운 해석과 규정은 전체적 사조와 서로 부합되게, 공자는 '3년상'이라는 전통 예제(禮制)를 부모와 자식간의 사랑이라는 생활 속의 도리로 귀결시켜 '예'의 기초를 직접적으로 심리적 근거에서 찾고 있다. 이처럼 공자는 '예'가 가지고 있는 혈연이라는 실제 내용을 '효제'로 규정하고, 또 '효제'를 일상적인 부모와 자식간의 애정 위에 두고 있다. 이것은 '예'와 '의'를 외재적 규범의 구속이란 것에서 마음의 내재적 요구라는 것으로 해석하여 원래의 경직된 강제적 규정을 생활 속의 자각적 이념으로 고양시킨 것이다. 말하자면 어떤 종교적·신비적인 것을 일상적인 인간의 감정으로 변화시킴으로써, 도덕적 규범과 심리적 욕구를 하나로 융합시킨 것이라 할 수 있다.

'예'가 이런 심리적인 내재적 근거를 가지고 인성화한 것은 위에서

---

60) 『논어』 「양화」(陽貨), 宰我問, "三年之喪, 期已久矣. 君子三年不爲禮, 禮必壞; 三年不爲樂, 樂必崩. 舊穀旣沒, 新穀旣升, 鑽燧改火, 期可已矣." 子曰, "食夫稻, 衣夫錦, 於女安乎?" 曰, "安." "女安則爲之. 夫君子之居喪, 食旨不甘, 聞樂不樂, 居處不安, 故不爲也. 今女安, 則爲之." 宰我出. 子曰, "予之不仁也! 子生三年, 然後免於父母之懷. 夫三年之喪, 天下之通喪也. 予也有三年之愛於其父母乎!"

말한 심리원칙이 바로 구체화된 인성에 대한 의식이기 때문이다. '신' (神)의 표준적인 명령이 인간의 내재적인 욕구와 자각적인 의식으로 전환했고, 신에 대한 복종이 사람에 대한 복종과 자신에 대한 복종으로 전환했다. 이런 전환은 중국의 고대사상사 속에서 새로운 시대를 여는 중요한 의미를 가지게 된다.

심오한 도리를 가지고 있거나 신비한 교의를 가지고 있지 않으면서도, 공자의 해석은 앞서 이미 언급한 『좌전』의 '예'에 대한 규정이나 해석에 비해 훨씬 더 일상생활에 부합하고 보편적으로 받아들이기에 더욱 용이했다. 그뿐만 아니라 현실적으로 실천할 수 있는 유효성도 가지고 있다. 여기서 중요한 것은, 공자는 인간의 감정과 심리를 외재적인 숭배의 대상 또는 신비로운 경계로 이끌어가지 않고, 오히려 그것을 부모와 자식 관계를 핵심으로 하는 사람과 사람간의 관계 속에 융합시키는 것에서 만족감을 찾고 있다는 것이다. 종교를 구성하는 세 가지 요소인 관념, 감정과 의식(儀式)[61]은 모두 이런 세속윤리와 일상적 심리가 종합되어 있는 통일체 속에 들어 있기 때문에, 더이상 다른 신학적인 신앙의 체계를 세울 필요가 없었다.

이러한 관점이 기타의 다른 요소들과 유기적으로 결합하면서 유학은 종교가 아니면서도 종교를 대신하는 기능을 가진 준종교의 역할을 하게 된다. 이것은 세계 문화사에서도 그 예를 찾기가 매우 드문 경우인데[62] 그 이유는 어떤 환상적인 외재적 신앙체계를 세우려는 것이 아니라, 일종의 현실적인 도덕심리적 모델을 세우고 있기 때문이다. 바로 여기에

---

61) 플레하노프의 『러시아의 종교탐구에 대하여』에서는 다음과 같이 말한다. "종교에 대해서 다음과 같이 정의내릴 수 있다. 종교라는 것은 관념과 정서의 매우 엄정한 체계이다. 관념은 종교의 신화적 요소이고, 정서는 종교적 감정의 영역에 속하며, 활동은 종교적 예배라는 측면, 즉 종교의식에 속한다."(『플레하노프철학선집』 제3권, 三聯書店, 1962, 366쪽)
62) 묵가는 상고 시기의 외재적 구속력을 회복하기 위해 종교적인 체계를 세우려고 시도하는 바람에(예를 들면 『묵자』의 「천지」天志와 「명귀」明鬼 등이 있다) 결과적으로 유가에 패배한다.

인학(仁學) 사상과 유학 문화의 가장 핵심적인 관건이 있다.

이처럼 관념, 정감과 의식(활동)을 일상생활 속의 도덕심리 체계 속으로 인도하고 만족시켰기 때문에, 그 심리원칙은 또한 자연스러운 바탕을 가지고 있는 보통사람들의 일반적 감정이라 할 수 있다. 이런 사실들이 인학을 처음부터 정욕을 배척하는 종교적 금욕주의를 피하게 만들었다. 공자는 원죄 관념과 금욕의식을 가지고 있지 않았다. 반대로 그는 정상적인 정욕의 합리성을 인정하고, 그것을 합리적으로 이끌어 나가야 할 것을 강조했다. 바로 일상적인 세속생활의 합리성과 심신이 필요로 하는 (기본적인 욕구의 필요성에 대한) 정당성을 적극적으로 인정했기 때문에, 현실의 삶을 버리거나 경시하는 비관주의와 종교적 출세 관념을 피하거나 배척했다. 공자와 유가의 적극적인 현실참여적인 인생태도는 이런 심리원칙과 불가분의 관계에 놓여 있다고 할 수 있다.

또 이런 내재적 심리의 근거를 강조하기 때문에 '인'은 '의'(儀)에 비해 더욱 우월한 지위를 차지하고 있을 뿐만 아니라, '예' 또한 '인'에 사실상 종속되어버렸다. 공자가 '인'으로 '예'를 해석하려는 의도는 기본적으로 예로 돌아가려는 '복례'(復禮)에 있었다. 그러나 그 결과 오히려 수단이 목적보다 더 높게 되어버렸다. 말하자면 공자에 의해 발굴되고 강조된 '인', 즉 인성의 심리원칙이 도리어 더욱 본질적인 것이 되고, 외적 혈연('예')이 내적인 심리('인')에 복종하는 경우가 된 것이다.

사람으로서 어질지 않다면 예가 무슨 소용이 있는가? 사람으로서 어질지 않다면 악(樂)이 무슨 소용이 있겠는가?[63]

예라, 예라 하는 것이 단지 옥이나 비단 같은 예물을 일컫는 말이겠는가? 악이라, 악이라 하는 것이 단지 종이나 북과 같은 악기를 일컫는 말이겠는가?[64]

예는 사치하는 것보다는 차라리 검소한 것이 낫고, 상(喪)은 형식적으로 치르는 것보다는 차라리 슬퍼하는 것이 낫다.[65]

지금의 효라는 것은 부모를 봉양할 수 있으면 된다고 말한다. 개나 말도 기르고 있는데, 만약 봉양만하고 공경하지 않으면 부모를 봉양하는 것과 개와 말을 기르는 것을 무엇으로 구별하겠는가?[66]

위에서는 외재적 형식(儀: 옥이나 비단을 말함)뿐만 아니라, 외재적 실체(禮)는 모두 종속적이고 부차적인 것일 뿐이라고 말한다. 더욱 근본적이고 주요한 것은 인간의 내재적 도덕심리 상태, 즉 인성이다. 후대에 맹자는 이 잠재적인 명제를 더욱 발전시켰다.

이 때문에 '인'의 두번째 구성요소는 첫번째 구성요소인 혈연이나 효제에 비해서 전통적 '예의'의 관계에서 한층 더 멀어졌고, (구체적인 씨족체제에 대해 말하면) 더욱 대략적이면서 추상화되었고, 동시에 (아직 구체적으로 형상화되지 않은 인간의 심리에 대해 말하면) 더욱 구체화되고 실천적인 성격을 가지게 되었다고 할 수 있다.

3) 인도주의

정감의 심리원칙 위에 세워졌기 때문에 '인학' 사상은 외재적 측면에서 원시 씨족체제가 가지고 있던 민주성과 인도주의(人道主義)를 분명하게 나타내고 있다. "인(仁)이라는 글자는 사람을 말하는 인(人)과 이(二)로 구성되어 있고, '친하다'는 뜻을 가지고 있다"[67]는 관점은 맹자가 말하는 "인이라는 것은 인(人)이다"[68], "자기집 노인을 공경하여 그 마음이 남의 집 노인을 공경하는 데까지 미치게 하고, 자기집 아이를 사랑하여 그 마음을 남의 집 아이를 사랑하는 데까지 미치게 한다"[69]는 말로 충분히 증명되는 것으로 보인다.

---

63) 『논어』「팔일」, "人而不仁, 如禮何? 人而不仁, 如樂何?"
64) 같은 책, 「양화」, "禮云禮云, 玉帛云乎哉? 樂云樂云, 鐘鼓云乎哉?"
65) 같은 책, 「팔일」, "禮與其奢也寧儉, 喪與其易也寧戚."
66) 같은 책, 「위정」, "今之孝者, 是謂能養, 至於犬馬, 皆能有養, 不敬, 何以別乎?"
67) 허신(許愼), 『설문해자』(說文解字), "仁從人從二, 於義訓親."
68) 『맹자』「진심」하편, "仁也者, 人也."

한대(漢代) 유가들의 이런 해석은 상당히 믿을 만하다. 즉, 인은 친족에서 다른 사람에까지 미치고, '사랑에는 차등이 있다'(愛有差等)는 것에서 '널리 다른 모든 사람을 사랑하는 것'(汎愛衆)으로, 친친(親親: 혈연상으로 아주 가까운 씨족과 친하는 것)에서 다른 사람들을 아끼는 인민(仁民: 전체 씨족, 부락, 부락연맹의 자유민自由民을 말한다. 그러나 부락연맹 이외의 '이류'異類인 '이적'夷狄은 제외된다)에까지 미친다. 인학 사상은 혈연적 종법제를 기초로 하여 전체 씨족-부락 구성원 사이에 엄격한 등급질서를 가지고 있을 뿐만 아니라, 어떤 '박애적' 정신까지도 가지고 있는 인도주의적인 관계를 보존하고 확립하기를 요구하고 있다. 이처럼 인학 사상은 인간의 사회성과 교류를 강조하고, 씨족 내부의 상하좌우, 존비장유 사이의 질서와 단결, 상호협조를 강조한다. 이런 것을 나는 원시적 인도주의라고 부르는데, 이것은 공자 인학의 외재적인 측면이라고 할 수 있다. 공자가 흉악한 얼굴 모습을 드러낸 적은 아마도 거의 없던 것 같다. 이와는 반대로 『논어』에는 다음과 같은 구절들이 많이 보인다.

사람을 사랑하는 것이다.[70]

노인은 편안하도록 하고, 친구로 하여금 나를 신임하도록 하며, 젊은이들이 나를 존경으로 대하도록 하고 싶다.[71]

정치를 하는데 어찌 백성을 죽이겠는가?[72]

관대하면 많은 백성들의 인심을 얻게 되며…… 은혜를 베풀 줄 알

---

69) 같은 책, 「양혜왕」 상편, "老吾老以及人之老, 幼吾幼以及人之幼."
70) 『논어』 「안연」, "愛人."
71) 같은 책, 「공야장」(公冶長), "老者安之, 朋友信之, 少者懷之."
72) 같은 책, 「안연」, "爲政, 焉用殺?"

면 사람을 부릴 수 있다.[73]

백성을 기르는 것이 은혜롭다.[74]

백성의 생활이 풍족하면 군주가 누구와 더불어 풍족하지 않을 것이며, 백성의 생활이 풍족하지 못하면 군주가 누구와 더불어 풍족할 수 있겠는가?[75]

백성을 교화하지도 않고서 죄를 범했다고 죽이는 것을 잔혹함이라고 하고, 미리 훈계하며 꾸짖지 않고 성과를 요구하는 것을 포악함이라고 말한다.[76]

다친 사람은 없는가 하고 물었을 뿐, 말(馬)에 대해서는 아무것도 묻지 않으셨다.[77]
가까이 있는 사람들은 기뻐하며 복종하고, 먼 곳에서 사람들이 모여든다.[78]

예악과 인의의 덕을 닦아 사람들을 돌아오게 만들고…….[79]

사방의 백성들이 자식을 업고서 몰려온다.[80]

위의 말처럼, 『논어』의 많은 부분들은 공자의 정치적 · 경제적 주장인

73) 같은 책,「양화」, "寬則得衆, 惠則足以使民."
74) 같은 책,「공야장」, "其養民也惠."
75) 같은 책,「안연」, "百姓足, 君孰與不足? 百姓不足, 君孰與足."
76) 같은 책,「요왈」, "不教而殺謂之虐, 不戒視成謂之暴."
77) 같은 책,「향당」, "傷人乎? 不問馬."
78) 같은 책,「자로」, "近者悅, 遠者來."
79) 같은 책,「계씨」, "修文德以來之."

씨족통치 체제의 상하존비의 등급질서를 최대한 옹호할 뿐만 아니라, 또한 이런 체제에 여전히 남아 있는 원시적 민주성과 원시적 인도주의를 강조했다. 하지만 지나칠 정도로 잔인하고 노골적인 억압과 착취에 대해서는 매우 격렬하게 반대하고 있음을 분명히 표명하고 있다. 이것이 바로 이른바 '중용'(中庸)이다. '중용'에 관해서는 고금의 많은 해석들이 있다. 최근에 전국 시기의 중산왕묘(中山王墓)에서 출토된 청동기의 명문(銘文)에 "세금을 징수하는 것이 적절하면 백성이 귀순한다"(籍斂中則庶民坿)[81]는 말이 적혀 있다. 나는 이 말이 바로 공자가 말하는 '중용'의 도에 대한 진실한 의미를 담고 있다고 생각한다. 이것은 사실상 원시적 의미의 민주주의와 인도주의를 보존하는 가운데 여전히 온정이 살아 있는 씨족체제에서의 계급적 지배를 하라는 요구로 보인다.

이 인도주의라는 요소는 중요한 의미를 가지고 있다. 인도주의는 인(仁)이 전체사회(씨족─부락─부락연맹 또는 대부〔'가'家〕─제후〔'국'國〕─천자〔'천하'天下〕)의 이해와 서로 관련되고, 서로 견제하는 관계에 있음을 분명하게 표현하고 있다. 이것은 인을 측정하는 중요한 기준이 된다. 그러므로 공자가 비록 관중이 예의라는 관점에서 '자기 분수를 넘어서는 일'을 하거나 질서를 파괴하는 것에 대해서 대단한 불만을 가지고 몇 번에 걸쳐 그가 '예'를 모른다고 통렬하게 비판했지만, 끝내는 관중의 '인'에 대해서 인정하고 있다. 이 문제에 대해『논어』는 다음과 같이 말하고 있다.

"관중은 예를 아는가? 임금이 병풍을 세우면 관중도 병풍을 세웠

---

80) 같은 책, 「자로」, "四方之民襁負其子而至矣."
81) "옛날의 성왕(聖王)은 현자를 얻는 데 제일 많은 힘을 쏟았고, 그 다음은 백성을 얻는 데 힘을 쏟는다. 그러므로 말과 예가 공손하면 현인이 모여들고, 총애가 깊으면 현인이 친하려 하고, 세금을 징수하는 것이 적절하면 백성이 귀순한다."(夫古之聖王, 務在得賢, 其次得民, 故辭禮敬則賢人至, 寵愛深則賢人親, 籍斂中則庶民坿:『문물』文物, 1979년 제1기, 7쪽).

다. 임금이 두 나라의 우호를 위해 연회를 열었을 때 반점(제후가 회견을 할 때 술을 바치고 난 뒤 술잔을 놓는 자리)을 마련하면 관중도 마련했다. 관중을 만약 예를 아는 사람이라고 한다면, 누가 예를 모르겠는가?"하고 공자께서 말씀하셨다. 자로가 말했다. "환공(桓公)이 공자규(公子糾)를 죽이자 소홀(召忽)도 따라 죽었지만, 관중은 죽지 않았으니, 관중은 불인(不仁)한 것이 아닙니까?" 공자께서 말씀하셨다. "환공이 제후들을 규합하여 무력을 쓰지 않은 것은 관중의 힘이었다! 누가 그의 인만 하겠는가, 누가 그의 인만 하겠는가!"[82]

자공(子貢)이 말했다. "관중은 인자가 아닌 것으로 보입니까?" 환공이 공자규를 죽였을 때 관중은 자신이 모시던 공자규를 따라 죽지 않고 오히려 환공을 도와주었다. 공자께서 말씀하셨다. "관중은 환공을 도와 제후의 패자가 되어 천하를 바로잡은 공적이 있다. 백성들이 지금까지 그 은혜를 입고 있는 형편이다. 관중이 없었다면 우리는 머리를 풀고 옷깃을 왼편으로 하는 오랑캐가 되었을 것이다. 어찌 이것이 이름 없는 남녀가 자신의 결백함을 증명하기 위해 도랑에서 목을 매어 죽었지만 아무도 알아주는 사람이 없는 것과 같은 일이겠는가."[83]

---

82) 『논어』「헌문」, "子路曰, 桓公殺公子糾, 召忽死之, 管仲不死. 曰未仁乎. 子曰, 桓公九合諸侯, 不以兵車, 管仲之力也! 如其仁, 如其仁!" 어떤 사람들은 '여기인' (如其仁)을 '불인'(不仁)으로 해석하고 있는데, 『논어』의 전편이나 다음 장의 내용들을 살펴보면 이런 해석은 이해하기 어려운 것으로 보인다.

83) 『논어』「헌문」, "子貢曰, 管仲非仁者與? 桓公殺公子糾, 不能死, 又相之. 子曰, 管仲相桓公, 霸諸侯, 一匡天下, 民到于今受其賜. 微管仲, 吾其被髮左衽矣. 豈若匹夫匹婦之爲諒也, 自經於溝瀆而莫之知也." 위의 문장에서 "머리를 풀고 옷깃을 왼편으로 한다"는 것은 바로 "이적(夷狄)에 의해서 화하(華夏), 즉 중화 문화가 이적의 문화로 변화된다"는 의미이다. 이적과 중화를 구분하고 중화 문화가 이적화되는 것을 막으려는 것이 공자 사상의 주요한 대의 중의 하나이다. 사실 이것은 원시적 유풍에서 유래하는 것으로, 부락연맹을 안팎의 경계로 삼아

말하자면 '인'의 첫번째 요소는 개체에 대한 사회적인 의무와 요구라는 문제의식을 제기하고 있다. 이것은 사람(즉, 그 당시 사람이 가지고 있던 구체적 내용은 씨족귀족을 지칭하는 말이다. 아래에서도 모두 같음)과 사람의 사회관계와 사회적 교류를 인성의 본질로 보고, 또한 '인'의 중요한 표준으로 삼는 것을 의미한다. 맹자가 말하고 있는 "부모가 없고, 군주가 없는 것은 금수이다"(無父無君, 是禽獸也)는 것은 또한 동물성과 분명하게 구별되는 인성의 본질이 이런 사회관계 속에 존재하고 구현되고 있음을 말하고 있다. 또한 부모형제와 군신상하의 사회관계와 사회적 의무에서 벗어나버리면 사람은 금수와 다를 바가 없다는 점을 강조하고 있다. 이것은 바로 후대(육조六朝에서 한유韓愈에 이르기까지)의 반불(反佛)과 명청(明淸) 시기의 송대(宋代) 유가에 대한 반대(심성心性에 대해 쓸데없이 이야기하고, '경세치용' 經世致用에 대해서는 말하지 않고 있음)를 위한 이론 근거로 이용된다.[84] '인'은 혈연관계와 심리원칙일 뿐만 아니라 또 사회적 관계와 교류가 '인'의 기초를 구성하는데, '인'의 주체적 내용은 이런 사회적 교류와 상호책임을 말하는 것이다.

사상은 항상 일상생활 속에서 현실적 기초를 가진다. 선진 시기에서 공자는 이런 원시적 인도주의의 기초를 다른 어떤 것으로 해석해내기 어려웠을지도 모른다. 그것은 다만 상고 시기 씨족 내부의 일종의 민주제의 잔재일 뿐이다. 서한(西漢) 시대에 이르러 유가와 그 책들은 이런 원시민주제의 잔재와 유품의 중요한 보존자(예를 들면, 한대漢代 금문학자今文學者들에 의한 「선양」禪讓과 「명당」明堂[85]에 대한 연구 등에

상대편과 자신을 엄격하게 구별하고자 하는 관점을 강조하고 있는 것으로 보인다.

84) 이 책의 「송명이학」을 참조하라.

85) 이른바 '명당'(明堂)이라는 것은 줄곧 그 개념이 분명하게 정리되지 않았다. 나의 견해로는 아마도 신석기 시대의 '큰 집'(大房子)이라는 전통이 연속된 것이 아닐까라는 생각을 해본다. 그것은 신을 모시는 신묘(神廟)이면서 정치를 행하는 의정청(議政廳)이기도 한 것으로, 이 둘은 상고 시기에는 동일한 것으로 아직 분화되어 있지 않았다.

대해 말할 수 있다)라고 할 수 있다.

이런 이유에서 공자의 사상을 '속임수', '위선' 등으로 한꺼번에 배척하는 것은 지나치게 문제를 간단하게 처리하는 것으로 보인다. 이런 '위선'으로 일컬어지는 말들이 어떻게 『논어』의 주요한 부분들을 모두 차지하고 있으며, 또 어떻게 '인'의 주요한 규정으로 표현되는가에 대해서 설명하기란 무척 어렵기 때문이다.

엥겔스는 다음과 같이 말하고 있다. "문명이 발전하면 할수록 문명은 자신이 초래한 나쁜 일들에 보기 좋은 외투를 입혀 감추지 않을 수 없고, 그것들을 장식하거나 또는 그것들을 부인할 수도 있다. 이런 말들은 습관적인 위선을 행하게 만든다. 이런 위선은 아주 오랜 옛날의 사회형태에서나 또는 문명시대의 첫번째 단계에서 모두 없던 것들이다."[86] 비록 공자는 이미 문명시대의 첫번째 단계는 아니었고, 또 이런 사상들이 후대에서는 확실히 늘 '위선'의 도구로 사용되었다고 하더라도, 당시에 있어서 공자가 말한 내용들은 매우 대단한 진실성을 가지고 있었다. 위선적인 것이었다면 당시와 후대에 있어서 그렇게 큰 영향을 미칠 수는 없었을 것이다. 공자는 분명히 초기 문명사회에서 활동했다.

4) 개체인격

외재적인 인도주의와 상호대응하고 아울러 긴밀하게 연관을 가지면서 서로 제약하는 '인'은, 내재적인 측면에서는 개체로서의 인격이 가지고 있는 주동성과 독립성을 분명하게 드러낸다.

이 점은 매우 중요하다. 위에서 말한 것처럼 예악이 붕괴하고 주나라의 천자도 더이상 힘을 발휘하지 못하여 원래 가지고 있던 외재적 권위는 이미 그 역량과 작용을 상실한 상황에서, 공자는 심리적 원칙인 '인'을 가지고 '예'를 해석했다. 이것은 '주례'를 부흥하는 임무와 요구를

---

86) 『마르크스 · 엥겔스 선집』 제4권, 174쪽.

직접적으로 씨족귀족의 개체성원(즉, '군자'君子)에게 넘겨주어 그들이 자각적 · 주동적 · 적극적으로 이런 '역사적으로 중대한 임무'를 이어받도록 요구하는 것이나 마찬가지이다. 또한 그것을 개체 존재의 더없이 뛰어나고 가장 좋은 목표와 의무로 삼도록 요구하고 있다. 공자는 다음과 같이 말한다.

인을 행하는 것은 나로부터 하는 것이지, 다른 사람의 힘을 빌려 행하는 것인가?[87]

인이 어디 멀리에 있는가? 내가 인하려고 하면 이 인이 곧바로 다가온다.[88]

인을 실천하는 도리에서는 비록 스승이라 하더라도 그에게 겸양하지 않는다.[89]

인자는 자기자신이 서려고 하면 우선 다른 사람을 세워주고, 자신이 도달하려고 하면 우선 남을 도달하게 한다. 가까운 곳에서 비유를 취할 수 있는 것을 인을 하는 방법이라고 말할 수 있다.[90]

공자는 위의 의미들을 재삼 강조하여 '인'은 매우 고상한 것일 뿐만 아니라 또한 매우 가까운 데 있는 절실한 것으로 언제든지 행할 수 있는 것이라고 말한다. 또한 그것은 역사적 책임감일 뿐만 아니라 주체적 능동성이고, 이상적 인격일 뿐만 아니라 개체의 행위에 속하는 것임을 동시에 표명하고 있다. 그런데 일체의 모든 외재적 인도주의, 내재적 심리원칙과 혈연관계의 기초는 반드시 이 개체인격이라는 형상 위에서 구체화되어야 하는 것이다.

---

87) 『논어』「안연」, "爲仁由己, 而由人乎哉?"
88) 같은 책, 「술이」, "仁遠乎哉 · 我欲仁, 斯仁至矣."
89) 같은 책, 「위령공」, "當仁不讓於師."
90) 같은 책, 「옹야」 "夫仁者, 己欲立而立人, 己欲達而達人. 能近取譬, 可謂仁之方也已."

위정자의 몸이 바르면 명령하지 않아도 정치가 올바로 행해지지만, 그 몸이 바르지 않으면 명령을 해도 백성들이 따르지 않는다.[91]

진실로 그대가 마음속에 욕심을 가지지 않으면 상을 준다 해도 남의 물건을 훔치지 않을 것이다.[92]

이처럼 유가는 '수신'(修身)을 '제가치국평천하'(齊家治國平天下)의 근본으로 삼을 것을 강조했다. 이것은 씨족 수령의 유풍[93]을 보존하기를 여전히 요구하는 것으로 볼 수 있는 동시에, 원래 수령에 대해서만 요구되던 것을 더욱 확대하여 모든 씨족귀족에게까지 적용하도록 범위를 넓힌 것이다. 이로부터 이른바 예악의 제작이라는 것은 더이상 신비로운 권위적 성질을 가지지 않게 되고, '예'는 더이상 원시무사(巫師)와 '태재'(大宰*:『주관周官』) 등의 소수의 씨족 실권자와 제왕, 관리의 이익을 위한 것만이 아니었다. 이것은 한 사람 한 사람이 모두 이어받을 수 있고, 마땅히 이어받아야 하는 역사적 책임 또는 최고의 의무가 되었다. 그 결과 당연히 개체로서의 인격을 매우 고양시켰을 뿐만 아니라, 개체 인격의 주동성·독립성과 역사적 책임성을 한 단계 더 끌어올렸다고 할 수 있다.

하늘이 나에게 덕을 내렸는데 환퇴(桓魋)가 나를 어떻게 하겠는

---

91) 같은 책, 「자로」, "其身正, 不令而行; 其身不正, 雖令不從."
92) 같은 책, 「안연」, "苟子之不欲, 雖賞之不竊."
93) 태고(太古) 시기에 씨족의 수령들은 반드시 자기자신을 모범으로 보여주어야만 했고, 자신의 지혜·용기·겸양이 보통사람 이상이어야 비로소 선출될 수 있었다. 또한 씨족의 운명에 대해 책임져야 했다. 만약 재난을 당하게 되면 그는 반드시 먼저 '자기자신에 대한 반성을 표하거나' 물러나기도 했다. 이러한 경우를 문헌상에서는 상림(桑林)에서의 탕왕(湯王)의 기도에 관한 전설이나 심지어 후대에 황제가 자신의 죄를 재판하는 경우 등에서 다양하게 발견할 수 있다. 이런 것들이 바로 태고 시기로부터의 유풍이라고 말할 수 있을 것이다.
 * 여기서 이야기하는 '대재'(大宰)는 태재(太宰)를 말한다. 즉, 나라의 정치와 살림을 총괄하여 처리하는 사람으로, 총리대신이나 총재(冢宰)에 해당하는 사람이다.

가?[94]

문왕이 이미 몰했지만, 문(文)이 이 몸에 있지 않겠는가?[95]
하늘이 장차 선생님을 목탁으로 삼으실 것이다.[96]

공자는 자신을 모범으로 보여주는 방식으로 역사적 책임감을 지니고
있는 위대한 인격을 몸소 따르는 행동을 하고 실천하고 있다.
바로 개체인격의 완전함을 추구했기 때문에 공자는 인식론적인 입장
에서 학습과 교육을 강조하여 각종 현실적이고 역사적인 지식을 얻었
다. 이것은 공자로 하여금 과학적 가치를 가지면서도 지금도 여전히 유
효한 의미를 지니고 있는 일련의 교육심리학적인 보편법칙을 제기하도
록 만들었다. 예를 들면 다음과 같다.

인간의 본성은 서로 가까우나 후천적인 습관은 서로 멀다.[97]
배우기만 할 뿐 스스로 생각하지 않으면 얻는 것이 없고, 생각만 할
뿐 배우지 않으면 위태롭다.[98]
사사로운 뜻을 가지고 있지 않으셨고, 억지로 하려고 하는 기필함
이 없으셨고, 집착하는 마음을 가지지 않으셨고, 이기적인 마음을 가
지지 않으셨다.[99]

위의 인용문에서 공자는 인식론을 언급하는 몇몇 범주들(예를 들면
지知·사思·학學 등)을 처음으로 분명하게 말하고 있다. 한편으로는
지식을 학습하고, 다른 한편으로는 의지의 초극과 단련을 강조하여 자
신을 주동적으로 엄격하게 구속하기를 요구한다. 예를 들면 이런 말들

---

94) 『논어』, 「술이」, "天生德於予, 桓魋其如予何?"
95) 같은 책, 「자한」, "文王旣沒, 文不在玆乎?"
96) 같은 책, 「팔일」, "天將以夫子爲木鐸."
97) 같은 책, 「양화」, "性相近也, 習相遠也."
98) 같은 책, 「위정」, "學而不思則罔, 思而不學則殆."

이 있다.

> 예로써 약속하고…….[100]
> 자신을 초극하여 예로 돌아간다.[101]
> 강하고 굳세고 질박하고 어눌한 것이 인에 가깝다.[102]
> 인한 자는 그 말이 느리고 둔하다.[103]

지식을 추구하며 부지런히 학습하는 것, 그리고 의지를 조절하고 단련하려는 노력을 기울이는 것은 인격을 수양하는 데에서 상호보충적인 두 가지 측면이 된다. 이런 고통스런 자아수양과 위대한 역사적 사명감은 개체인격의 '인'을 최고의 단계로 올라가게 만든다. 그것은 바로 다음과 같은 것이다.

> 뜻이 있는 선비와 인자(仁者)는 목숨이 아까워 인을 해치는 일은 하지 않는다. 오히려 자신의 몸을 죽여서 인을 이룬다.[104]
> 군자는 밥을 먹는 동안이라도 인을 위배하지 않고, 경황중에도 인에 합치하며, 위급한 상황에서도 반드시 그러하다.[105]
> 인을 구하여 인을 얻으면 또 무엇을 원망하겠는가?[106]
> 인자는 반드시 용기가 있지만, 용기 있는 자가 반드시 인을 가지고 있는 것은 아니다.[107]

---

99) 같은 책, 「자한」, "毋意毋必毋固毋我."
100) 같은 책, 「옹야」, "約之以禮."
101) 같은 책, 「안연」, "克己復禮."
102) 같은 책, 「자로」, "剛毅木訥近仁."
103) 같은 책, 「안연」, "仁者其言也訒."
104) 『논어』 「위령공」, "志士仁人, 無求生以害仁, 有殺身以成仁."
105) 같은 책, 「이인」, "君子無終食之間違仁, 造次必於是, 顚沛必於是."
106) 같은 책, 「술이」, "求仁而得仁, 又何怨."
107) 같은 책, 「헌문」, "仁者必有勇, 勇者不必有仁."

인자는 근심하지 않는다.[108)

삼군을 지휘하는 장수를 사로잡을 수는 있지만, 이름 없는 보통 사내라도 그가 마음 먹은 의지는 뺏을 수 없다.[109)

날씨가 추워진 후에야 소나무와 잣나무가 뒤늦게 시드는 것을 알 수 있다.[110)

6척의 어린 군주를 맡길 수 있고, 100리의 제후를 부탁할 수 있고, 큰일에 부딪혔을 때 절개를 잃지 않는 사람, 그러한 사람을 군자라고 할 수 있겠는가? 진정으로 군자다운 사람이라고 할 수 있다."[111)

선비는 뜻이 넓고 굳세지 않을 수 없는데, 맡은 책임이 무겁고 가야 할 길은 멀기 때문이다. 인을 자기의 책임으로 삼으니 또한 무겁지 아니한가? 죽은 이후에야 멈추니 또한 먼 길이 아니고 무엇이겠는가?"[112)

위에서 인용한 『논어』의 말들은 모두 개체의 위대한 인격으로서의 '인'을 세우고 뚜렷하게 드러내기 위한 것이라고 할 수 있다. '인'은 '성'(聖)과는 다르다. '성'은 현실에서 그 효과가 객관적으로 증명된 업적("백성에게 널리 베푸는 것이 있어야 많은 사람들을 구할 수 있다"[113))을 가지고 있는 것을 말한다. 이에 비해 '인'은 다분히 주관적인 이상적 인격의 규범 속에 머물러 있을 뿐이다. 실제로 '인'이 여기서 추구하는 최종 목적은 주체적 세계관과 인생관으로 귀결된다.

공자는 본래 종교신자가 가지고 있어야 할 기본적 바탕과 요구사항

---

108) 같은 책, 「자한」, "仁者不憂."
109) 같은 책, 「자한」, "三軍可奪帥也, 匹夫不可奪志也."
110) 같은 책, 「자한」, "歲寒, 然後知松柏之後彫也."
111) 같은 책, 「태백」, "可以託六尺之孤, 可以寄百里之命, 臨大節而不可奪也, 君子人與? 君子人也."
112) 같은 책, 「태백」, "士不可以不弘毅, 任重而道遠. 仁以爲己任, 不亦重乎, 死而後已, 不亦遠乎?"
113) 같은 책, 「옹야」, "如有博施於民而能濟衆."

을 신에 반드시 복종할 필요가 없는 '인'의 개체적 자각으로 귀결시키고 있다. 이 때문에 범속(凡俗)을 넘어서서 성(聖)의 단계로 들어서야 하는 불교의 보살이나 그리스도 교도들과 같은 신앙체계가 반드시 필요한 것은 아니다. 그러나 똑같이 자기희생의 헌신적 정신과 세계구원의 도덕적 이상을 가질 수 있고, 마찬가지로 똑같이 끊임없이 노력하고 일에 임하여 두려워하지 않고, 승패와 이익을 계산하지 않고, 안위와 영욕을 묻지 않고, "세상을 구하는 일이 불가능한 것을 알면서도 행하고"[114], "하늘을 원망하지 않고 사람을 탓하지도 않고"[115], "마음으로 반성하여 허물이 없으면 무엇을 걱정하고 무엇을 두려워하겠는가"[116]라고 하는 것이다. 공자가 수립한 이런 '인'을 가진 개체인격(군자)[117]은 종교신자의 형상을 대신하면서 똑같은 힘과 역할을 지니고 있다.

칸트는 『순수이성 비판』에서 "도덕철학은 이성이 가지고 있는 다른 직능에 비해서 우월한 성질을 가지고 있기 때문에, 옛날 사람들은 '철학자'라는 말을 '도덕가'라는 말로 지칭하는 것이 일반적이었다. 바로 지금 우리는 모종의 비유로부터 그가 가지고 있는 지식의 양에 관계없이 이성의 지도 아래에서 자신을 초극하는 사람을 철학가로 지칭한다"[118]고 강조했다. 이런 인생관의 수립에 대해서는 오랫동안 역사적 영향을 미친 공자를 예로 들 수 있다. 그는 중국 철학사 속에서 중요한 지위를 가지고 있는데, 명가·묵가·노자·장자·법가와는 비교가 안

---

114) 같은 책, 「헌문」, "知其不可而爲之."
115) 같은 책, 「헌문」, "不怨天, 不尤人."
116) 같은 책, 「안연」, "內省不疚, 夫何憂何懼."
117) 군자와 소인(小人)은 본래 계급적(또는 계층)인 의미를 가지고 있는 개념들이다. 군자는 본래 무사(武士), 즉 씨족귀족 또는 사(士)계층이었다. 이런 계층적 의미가 공자의 시기에 이르게 되면 도덕인격의 범주가 된다. "군자가 인을 벗어나 있으면 어찌 군자라는 이름을 지니고 있을 수 있겠는가"(君子去仁, 惡乎成名:『논어』「이인」)라고 강조하면서 '인'을 벗어난 자는 군자가 될 수 없다고 말한다.
118) 칸트, 『순수이성 비판』A840=B868. 란궁우(藍公武)의 중국어 번역본 570쪽 (三聯書店版, 1957)을 참조하라.

된다. 이런 특별한 각도에서 공자를 보아야 할 것이다. 헤겔은『철학사』에서 공자 철학을 다만 처세격언(處世格言)을 모아놓은 도덕적 교조 정도로만 보았는데, 그것은 지극히 피상적인 관점이라는 비판을 면하기 어렵다.

5) 실천이성

앞서 말한 것처럼, 구조에서 부분의 합(合)이 전체와 같은 것은 아니다. 혈연의 기초, 심리원칙, 인도주의, 개체인격이라는 네 가지 요소의 기계적 합이 '인'의 유기적 전체와 같은 것은 아니다. 이 전체라는 것은 위에서 말한 네 가지 요소가 상호작용하여 생겨난 것이지만, 오히려 그 것들을 지배하는 공통적 특성을 가지고 있다. 이 특성을 나는 '실천이론', '실용이성'의 경향 또는 태도라고 부른다. 그것은 유학, 심지어 중국 전체 문화심리의 중요한 민족적 특징을 구성하고 있다.

이른바 '실천(용)이성'이 우선적으로 가리키는 것은 이성정신 또는 이성적 태도이다. 이것은 당시에 무신론과 회의론의 관점들이 일어난 것[119]과 거의 일치하는데, 공자가 '인'을 통하여 '예'를 해석한 입장 역시 기본경향에서는 이런 사조와 일치한다. '실천이성'은 어떤 신비적인 열광이 아니라 냉정하면서도 현실적·합리적인 태도로 사물과 전통을 해설하고 처리한다. 금욕적인 태도나 또는 욕망을 마음대로 발산하는 식으로 인간의 감정과 욕망을 억압하거나 방임하는 것이 아니라, 이지적으로 정욕을 바르게 인도하고, 만족시키고, 절제한다. 또한 자신이나 다른 사람에 대한 이기주의 또는 허무주의가 아니라 인도(人道)와 인격

---

119) 이런 기록들은『좌전』에 많이 보인다. 예를 들면 다음과 같은 구절들이 있다. 「소공(昭公) 18년」에 "천도는 멀고 인도는 가까우니 미칠 수 있는 바가 아니다" (天道遠, 人道邇, 非所及也), 「환공(桓公) 6년」에 "백성이야말로 신의 주인이다. 이 때문에 성왕은 먼저 백성을 풍요롭게 만든 후에 신을 모시는 데 힘을 쏟아야 한다"(夫民, 神之主也, 是以聖王先成民而後致力於神), 「장공(莊公) 32년」에 "나라가 장차 흥하려고 하면 백성의 소리에 귀를 기울일 것이고, 나라가 망하려고 하면 신의 소리를 들으려 할 것이다."(國將興, 聽於民; 將亡, 聽於神)

의 추구 속에서 어떤 균형을 추구하려고 했다. 이는 전통적·종교적인 요소를 가진 귀신을 대하는 것에서도 마찬가지로 적용되는데, '실천이 성'에서는 외재적인 상제의 명령을 필요로 하지도 않고, 맹목적으로 비이성적 권위에 맹종하지 않으면서도 여전히 세계를 구원할 수 있고(인도주의), 또 자아완성(개체인격의 완성과 사명감)이 가능하다. 또한 세상을 싫어하여 버리지 않고 자신을 굴욕스럽게 생각하거나 '덕으로 원한을 갚는 일'(以德報怨) 등은 하지 않았으며, 모든 것을 실용적인 이성의 저울 위에 두고 달아보며 처리했다.

공자는 괴이한 것, 힘을 쓴 일에 관한 것, 정상적이지 않은 것, 신비한 것에 대해서 말씀하지 않으셨다.[120]
(조상에 대한 제사를 지낼 때) 마치 눈앞에 살아 있는 듯이 지내고, 신에게 제사를 지낼 때는 옆에 신이 있는 것같이 했다. ……자신이 제사에 참여하지 않으면 마치 제사를 지내지 않은 것과 같다.[121]
(살아 있는 사람도) 아직 제대로 섬기지 못하는데, 어찌 귀신을 섬길 수 있겠는가?[122]
아직 삶도 알지 못하는데 어찌 죽음을 알겠는가?[123]

공자의 생존 당시 또는 후대에 귀신을 인정하거나 부정하는 것은 이론적으로 확정하기가 매우 힘들었다. 인정하거나 부정한다는 것은 사실상 일종의 신앙 또는 신념에 불과한 것인지도 모른다. 공자는 이 문제를 '놓아두고 판단을 유보하는'(存而不論) 입장에서 처리하고 있는데, 이는 상당히 뛰어난 회피전략이다. 묵자는 이를 비판하여 "하늘은 밝지 못하고, 귀신에게는 신령이 없는 것으로 본 것이다"[124]고 했

---

120) 『논어』「술이」, "子不語怪力亂神."
121) 같은 책, 「팔일」, "祭如在, 祭神如神在. ……吾不與祭, 如不祭."
122) 같은 책, 「팔일」, "未能事人, 焉能事鬼."
123) 같은 책, 「팔일」 "未知生, 焉知死."

는데, 이것이 바로 공자 인학의 특징이라고 할 수 있는 깨어 있는 이성정신이다.

이런 이성은 현실적 실용을 매우 중요하게 여기는 특징을 가지고 있다. 즉, 그것은 이론적인 측면에서 해결하기 힘든 철학적 과제를 토론하고 논쟁하려는 것에 초점을 두지 않으며, 또한 순수한 사변적 추상을 진행할 필요가 없다고 생각하는 것이다(이것은 한나라 사람들이 말하는 "고기를 먹는 사람이 말의 간을 먹지 않는다고 해서 고기의 맛을 모른다고는 할 수는 없다"*는 말과 서로 통한다[125]). 중요한 것은 현실생활 속에서 어떻게 그것을 적절하게 처리할 것인가 하는 문제이다.

공자는 "귀신을 공경하되 멀리하는 것을 지(知)라고 할 수 있다"(敬鬼神而遠之, 可謂知矣)고 했는데, 여기서 말하는 '지'는 사변이성적인 것이 아니라 실천이성적인 것이다. 그러므로 내세의 구원이나 삼생(三生: 불교에서 전생前生과 금생今生·후생後生을 이르는 말)의 업보 또

---

124) 『묵자』「공맹」(公孟), "以天爲不明, 以鬼爲不神."

* "食肉不食馬肝, 不爲不知味"라는 말은 『사기』(史記)의 「유림열전」(儒林列傳)에서 경제(景帝)가 한 말이다. 말하자면, 말의 간에는 독이 있어 이것을 먹으면 목숨을 잃을 수도 있기 때문에 다른 고기는 먹어도 말의 간은 먹지 않는다. 그러나 말의 간을 먹지 않는다고 하여 고기맛을 모른다고 할 수는 없다. 그러므로 「유림열전」에서는 이어서 "학문에 대해서 논하는 사람들이 탕 임금과 무 임금의 천명을 받은 일에 대해서 말하지 않는다고 하여 어리석다고 할 수는 없다"(言學者無言湯武受命, 不爲愚)고 말하는 것이다.

125) 옌푸(嚴復)가 스펜서(Spencer), 밀(J·Mill) 등의 불가지론(不可知論)을 소개한 것은 바로 이런 정신이다. "나는 이전에 이치가 지극한 단계에 이르면 반드시 분명하게 말하기 어려운 불가사의의 단계에 도달할 것으로 늘 생각했다. ……고기를 먹는 사람이 말의 간을 먹어보지 않았다고 해서 고기맛을 모른다고는 할 수 없다. ……그 이치를 통하려고 재빨리 좇아갈 필요는 없다", "미신을 믿는 자는 반드시 이와 같다고 말하지만 그것은 틀린 것이다. 반대로 '미신을 믿지 않는 자는 반드시 이와 같지 않다고 말하지만 그것 역시 근거가 없다. 그러므로 헉슬리, 스펜서 등의 유명한 학자들의 경우에도 그것을 알 수 없는 것(不可知, Unknowable)이라고 하고 스스로를 불가지론자(不可知論者, Agnostic)라고 했다. 인간의 지식은 여기서 한계에 도달하게 되는데, 그 일을 따지고 논의하지 않는 단계에 놓아두고 각자가 하고 싶은 대로 놓아둘 수밖에 없는 것이다."(『엄기도선생유저』嚴幾道先生遺著, 『엄복가서』嚴復家書)

는 영혼불멸을 추구하는 것이 아니라, '불멸'과 '구원'을 모두 현생(現生) 세간의 공업(功業)*이나 문장 속에 놓아두고 있다. "나를 써주면 도를 행하고, 알아주지 않으면 숨어버린다"[126)는 것으로 세상에 나아가서는 공을 세우고, 벼슬에서 물러나면 글을 짓고 책을 쓴다. 이런 모든 것은 종교적 열광이나 신비적 교의를 필요로 하는 것이 아니라, 다만 이성을 실천으로 이끌어가는 길잡이로 삼아 감정과 욕망, 의지를 조절하고 규제하기만 하면 될 뿐이었다. 여기서 중요한 것은 말이나 사변이 아니라 행동 자체이다.

군자는 말이 어눌하지만 행동은 민첩하다.[127)
그 말을 들어본 뒤에 그 행동하는 것을 보고 나서…….[128)
옛날에 말을 함부로 내뱉지 않는 것은 몸소 실천함이 미치지 못할까 부끄러워해서였다.[129)

여기서는 고대 그리스의 아폴로 정신이나 디오니소스 정신의 분열 또는 대립, 충분한 발전(더욱 발전된 사변이성과 더욱 발전된 신비적 관념) 등은 찾아볼 수 없고, 그 두 가지가 실천이성 속에 하나로 녹아 있다.[130)

결국 혈연 · 심리 · 인도 · 인격은 이러한 실천(용)이성을 특징으로 하는 사상양식으로서의 유기적 전체를 형성했다. 그것이 유기적 전체를

---

* 현실세계 속에서 성취한 공훈과 업적을 말한다. 구체적으로 벼슬을 통한 경세와 제민, 백성의 교화 등을 지칭한다.

126) 『논어』, 「술이」, "用之則行, 舍之則藏."
127) 같은 책, 「이인」, "君子欲訥於言, 而敏於行."
128) 같은 책, 「공야장」, "聽其言而觀其行."
129) 같은 책, 「이인」, "古者言之不出, 恥躬之不逮也."
130) 러셀(Bertrand Russell)의 『서양철학사』(A History of Western Philosophy)에 나오는 그리스 철학의 논의를 참조하라(구체적으로 이런 언급은 Chapter I의 'The Rise of Greek Civilization'을 중심으로 논의되고 있다).

가지게 되는 이유는, 이들 요소 상호간의 견제와 작용을 통해 상호균형과 자기조절, 자기발전을 할 수 있었고, 또한 어느 정도의 폐쇄성을 가지고 있어서 항상 외재적인 간섭 또는 파괴를 배척해왔기 때문이다. 예를 들면 두번째 요소인 심리원칙(사랑에는 차등이 있다는 차별애를 가리킴)의 억제 아래 세번째 요소인 인도주의의 경향이 한쪽으로만 발전하려는 경향을 저지시킴으로써 '겸애'(兼愛)와 '비공'(非攻: 먼저 공격하지 않음)을 강조하는 묵가 학설의 공격이 끝내 성공하지 못하도록 만들었다. 또한, 세번째 요소인 인도주의의 제약 아래 개체인격의 경향이 일방적으로 발전하여 개인의 공적이나 향락 또는 자기구원을 추구하는 것 역시 불가능하게 되어버렸다.

이것은 선진 시기의 양주(楊朱) 학파나 후세의 한때를 풍미하던 불교의 각 종파들이 모두 똑같이 이런 흐름에 흡수되어 소멸된 것을 통해서도 알 수 있다. 그 외에 예를 들면 충(忠: 타인에 대한 것)과 서(恕: 자신에 대한 것), 모든 사람을 함께 구제하려는 '겸제'(兼濟: 함께 힘을 합쳐 해내는 것)로서의 광(狂)과 '자기독선'으로서의 견(狷)이 서로 대립하면서 서로 보충하는 것으로, 모두 이런 유기적 구조의 작용과 기능을 안정되게 만든다. 결국 모든 요소는 다른 요소에 작용을 미치고 전체 체계에 영향을 주기 때문에 개개의 요소가 서로 이탈되면 어떠한 의미도 가질 수 없게 된다.

공자의 인학은 원래 씨족통치 체계가 철저히 와해된 시기에 발생했는데, 그로 인해 그 시대의 계급적(씨족귀족) 낙인이 분명하게 찍혀 있다. 그러나 이데올로기와 사상적 전통이 그전부터 계속적으로 항상 소극적인 역량만을 가진 것은 아니었다. 그것들이 일단 하나의 정해진 형태로 만들어지거나 형성되었을 때, 상대적으로 독립적 성격을 가지게 되면서 오히려 거대한 전통적인 힘이 되어버린다. 원시 무사문화(巫史文化: 예의를 말함)가 붕괴된 후에 이런 새로운 양식을 제기한 첫번째 인물이 바로 공자이다. 반드시 자각적으로 의식한 것이라고는 할 수 없으나, 혈연적 기초 위에서 '인정미'(人情味: 사회성)를 바탕으로 하는 친자 사이의 사랑을 복사(輻射)의 핵심으로 삼아, 바깥으로는 그것을 인도주의로 발전시키고 안으로는 이상적 인격을 수립하려는 목적을 가지고 있었다. 이것은 확실히 실천적 성격을 지니고 있으며 외부에 의존하지 않는 심리적 양식을 구성하고 있다.

공자는 학생을 가르치는 방식이나 시서(詩書:『시경』과『서경』) 등의 경전을 '수정하고 취사하는 과정'들을 통하여 이러한 심리적 양식이 사회적 영향을 가지도록 만들었다. 또한 이러한 심리적 양식이 보통사람들의 생활·관계·습관·풍속·행위방식과 사유방식 속으로 더욱더 침투하게 만들고, 아울러 그것을 전파하고 훈도하며, 교육을 통하여 현실 속에서 확산될 수 있도록 했다. 공자는 인생이나 현실생활을 대하는 적극적이고 진취적인 정신, 이성적인 태도에 복종하는 깨어 있는 태도, 실용을 중시하는 반면에 사변을 강조하지 않고, 현실적인 인간사는 중요하게 여기지만 귀신에 대해서는 관심을 두지 않으면서 전체 공동체와의 조화를 강조한다. 일상적인 인간사 속에서 감정과 욕망을 적절하게 만족시키면서 평형을 잘 유지하여 반(反)이성적인 열광과 맹목적인 복종을 피하는 이런 경향들은 결국 중국 민족의 무의식적인 집체원형(集體原型)[131] 현상이 되어 민족성의 문화심리 구조[132]를 구성하게 된다. 공자학(孔子學)이 거의 중국 문화(한민족漢民族을 주체로 하며, 아래에서도 같은 의미로 사용된다)의 대명사처럼 되는 것은 결코 우연이 아니다. 엥겔스는 "모든 현실의 실제로 일어나는 일 속에서…… 중국인

---

131) 이 개념은 융(C. G. Jung)이 말하는 원형(原型, Archetype)이라는 것을 그대로 사용한 것은 아니다. 즉, 융이 말하는 초사회적(超社會的)·비역사적(非歷史的)인 신비한 개념이 아니라 일종의 집적(集積)된 산물이라는 의미를 가지고 있다.
132) 문화심리 구조라는 것이 무엇인가라는 문제는 별도의 논문이나 문장을 통해 전문적으로 논의해야 할 문제이다. 우선 참고할 만한 것으로는 루스 베네딕트(Ruth Benedict)의 *Patterns of Culture*라는 책이 있다. 그러나 이 책에서는 문화적 유기체에 대해서만 말하고 있으므로 이 책에서 말하려는 것과는 크게 다르다.

들은 다른 모든 동양민족들보다 훨씬 뛰어났다"[133]고 말했는데, 이것 역시 실천('용')이성의 표현이다.

오직 이런 문화심리 구조를 파악해야만 비로소 중국 철학 사상의 어떤 특징도 비교적 정확하게 이해할 수 있을 것이다. 예를 들면, 중국에서는 윤리학적 토론이 본체론 또는 인식론의 연구를 훨씬 압도하고 있다. 유물론이나 관념론을 떠나서 중국 고대의 철학적 범주들, 예를 들면 음양 · 오행 · 기(氣) · 도(道) · 신(神) · 이(理) · 심(心)의 특징들은 대부분 작용적 개념이지 실체적 개념은 아니다. 중국 철학이 중시하는 것은 사물의 성질, 기능, 작용과 관계이지 사물을 구성하는 원소나 실체는 아니다. 물질세계에 대한 실체적 관심은 그런 사물이 인간생활에 대해 어떤 관계를 맺고 있는가에 대한 관심에 비해서 크게 떨어진다.

중국의 '금(金) · 목(木) · 수(水) · 화(火) · 토(土)'의 오행은 그리스나 인도에서 말하는 '지(地) · 수 · 화 · 풍(風)'의 4원소와는 다르다. 중국의 오행은 생활의 기능성이라는 측면에 더욱더 초점을 맞췄기 때문에 '금'(金)이 포함되어 있는 것으로 보인다. 이런 관점과 상통하는 것으로 중국 고대의 변증법이 있다. 여기서 더욱 중시하는 것은 모순과 대립 사이의 상호침투와 보충(음양) 및 자기조절을 통해, 전체 유기체와 구조의 동적인 평형과 안정을 유지하는 것이다. 중국 고대 변증법에서 강조하는 것은 음이나 양, 한 가지만으로는 어떤 것도 생성해내지 못한다는 것이다. 음 속에 양이 있고, 양 속에 음이 있다.

한의학의 이론들은 이런 특징들을 더욱 두드러지게 표현하고 있다. 한의학 이론들은 페르시아 철학에서 강조하는 빛과 어둠의 배척, 그리스 철학이 강조하는 투쟁을 통한 이룸과 파괴와는 다르다. 이런 특징[134]

---

133) 『마르크스 · 엥겔스 전집』 제12권, 人民出版社, 1960, 109쪽.
134) 이에 대한 자세한 언급은 이 책의 「진한 철학의 특색」을 참조하라. 『주역』의 「설괘전」에 "천도를 세워 음과 양이라고 했다"(立天之道, 日陰日陽)고 했고, 『황제내경』(黃帝內經)의 「소문」(素問)과 「천원기대론」(天元紀大論)에 "그러므로 양 속에 음이 있고, 음 속에 양이 있다"(故陽中有陰, 陰中有陽)고 했다.

들은 그 기원이 아주 오래되고, 심지어 역사 이전의 단계로까지 소급될 수 있다. 공자는 바로 이러한 역사적 특징을 파악하고 그것들을 실천이성이라는 인학의 양식 속에 개괄하여, 갖가지 요소간의 동적인 협조와 균형을 통하여 '권'(權)·'시'(時)·'중'(中)·'화이부동'(和而不同: 조화를 이루지만 각자의 다른 견해를 가지고 있는 것)·'과유불급'(過猶不及) 등을 강조했다. 그리고 이러한 양식은 후세에 여전히 계승되고 발전되었다. 공자는 비록 정치적인 면에서는 실패했지만, 중국 민족의 문화심리 구조를 형성한 점에서는 큰 성공을 거두었다. 공자의 사상이 중국 민족에 미친 영향은 다른 어떠한 철학적 학설도 감히 비교할 수 없을 정도로 크다.

중국 역사 속에서 공자의 철학 사상이 차지하는 지위와 그 중요성도 바로 여기에 있는 것으로 보인다.

3 약점과 장점

공자가 세상을 떠난 후, 유가는 여덟 개의 학파로 분리되어 더욱더 변화하고 발전하게 되며 앞서 말한 구조 속의 어떤 요소에 편중하는가에 의해서 새로운 관념체계 또는 파생적인 구조가 형성되기도 한다. 그러나 결국에는 모체구조(母體構造)에 의해 흡수되거나, 그렇지 않으면 모체구조의 보완적 존재로 남아서 발전하기도 한다. 예를 들면, 증자(曾子)는 혈연관계와 등급제도를 더욱 강조한 것 같은데, 『논어』에 나타나는 그의 모습은 극단적인 보수로 치우쳐 마치 바보처럼 보인다. 안연(顏淵)은 개체로서의 인격완성을 더욱 강조하는 것 같은데, "대바구니 밥 한 공기와 표주박으로 뜨는 한 잔의 물을 먹으며 살아가는 보잘것없는 생활을 사람들은 두려워하며 그것을 이기지 못하지만, 안연은 자신의 그 즐거움을 바꾸지 않는구나"[135]는 표현처럼 끝내는 도가의 장자(莊子) 학파로 발전했다(궈모뤄의 관점에 따름).

그러나 전체 중국의 고대사회에서 도가는 항상 유가의 대립적·보완적 존재로서 강력한 생명력을 유지해왔다고 할 수 있다. 순자는 '치국평천하'의 외재적 방면을 두드러지게 발휘하여 '인'을 '예'(또는 이理

---

135) 궈모뤄의 『십비판서』「장자 비판」을 참조하라.

라고 할 수 있음)에 종속시킨다. 이런 경향은 법가의 한비자가 그것을 극단적으로 발전시키는 데 이르러 오히려 반대방향으로 나아가지만, 한대에 이르러서는 인학의 모체구조에 의해서 흡수되고 소화된다. 자사(子思)와 맹자 일파는 심리원칙을 분명하고도 과장되게 강조하여 '인'·'의'·'예'·'지'를 선천적인 인간의 '본성'과 정치를 행하는 이론으로 삼고 있다. 그들은 혈연관계를 중시할 뿐만 아니라 인도주의와 개체로서의 인격을 강조하여 공자 인학의 정통이 된다.

그러나 맹자·순자·장자·한비자를 막론하고 그들은 모두 인생에 대해 냉정하고도 깨어 있는 이지적 태도를 보여주고 있다. 말하자면 그들은 모두 공자학의 실천이성의 기본정신을 보존하고 있다. 인간사를 넘어서는 사변적 관심(예를 들면, 명가) 또는 비이성적인 강렬한 신앙(예를 들면, 묵가)에 관한 것들은 근본적으로 인학적인 양식과 부합하지 않기 때문에 결국은 중국 문화의 주류 바깥으로 밀려나게 된다. 앞서 지적한 것처럼 공자가 창립한 문화사상 체계는 유구한 중국의 노예제와 봉건제 사회 속에서 광범위하게 사람들의 관념·행위·습속·신앙·사유방식과 감정상태 속으로 구석구석 스며들지 않은 곳이 없을 정도이다. 이것들은 자각하든 그렇지 않든 각종의 현실적인 문제와 생활 속에서 하나의 지도원칙이나 기본방침이 되어 중국 민족의 어떤 공통적인 심리상태와 성격의 특징을 구성한다.

여기서 주의를 기울여야 할 점은, 공자의 문화사상 체계가 사상이론에서 이미 일종의 문화심리 구조로 전환되었다는 점이다. 좋아하든 그렇지 않든 간에, 그것은 이미 일종의 역사적이고 현실적인 존재이다. 또한 계급과 시대적인 여러 가지 변화를 거치면서 오히려 어떤 형식구조의 안정성을 보유하게 되었다. 민족문화와 민족심리적인 어떤 특징을 구성하고 있는 공자학은 경제와 정치변혁에 완전히 직접적으로 복종하거나 의존하지 않는 상대적인 독립성과 그 자체의 발전법칙을 가지고 있다.

한편으로 공자학은 일단 생기면 절대로 변하지 않는 비역사적인 선험구조가 아니라, 역사적으로 소생산적인 농업사회의 경제적 기초 위에서 성립된다. 이런 기초는 중국 역사의 여러 단계를 거치면서도 크게 파괴되지 않았는데, 이 속에서 종법 혈연관계와 이와 관련되는 관념체계 또한 오랫동안 유지되어왔다. 이것이 바로 공자학이라는 문화심리구조를 장기적으로 연속시킨 주요한 원인이라고 할 수 있다. 그러나 다른 한편으로, 공자학은 비교적 안정된 심리형식과 민족의 성격을 이미 형성하면서 여러 다른 계급적 내용들에 적응할 수 있는, 상대적으로 독립적인 기능과 작용들을 지니고 있다. 만약 이 점을 부인한다면 한 민족의 문화·심리·사상과 예술이 가지고 있는 계승성과 공통성이라는 여러 가지 문제들을 해석하기 어려울 것이다.

계급성이라는 것은 결코 모든 역사현상을 포괄해서 담을 수 없다. 어떤 것들——특히 문화현상(물질문명이나 정신문명을 모두 포함하고, 아울러 언어 등을 포함해서)——은 여러 가지 비계급적 성질을 가질 수 있지만, 오히려 비역사적·초사회적 성질은 가지지 못한다. 어떤 계급 또는 계급투쟁의 결과로 얻어지는 산물은 아니라 할지라도, 그것들은 여전히 일정한 부분에서는 분명히 사회적·역사적 산물이다. 문화의 계승이라는 문제에서 계급성은 항상 유일한 것이 아니고, 심지어 어떤 경우에는 주요한 결정요소에 속하지 않을 때도 있다.

이런 복잡한 상황들에 대해 충분한 검토와 주의를 기울일 때에야 비로소 다양하고 복잡한 문화전통과 민족적 성격을 구체적으로 분석하고 연구해낼 수 있다. 내용이나 형식을 막론하고 모든 민족은 이런 측면에서 장점과 단점, 정화(精華)와 찌꺼기(糟粕)를 모두 함께 가지고 있다. 공자의 인학 구조 또한 마찬가지이다.

지금까지 말한 것을 대략적으로 정리해보면 공자학은 씨족통치 체계가 철저하게 붕괴되는 시기에 탄생했다. 공자와 유가가 제기한 구체적인 경제나 정치방안은 어쩌면 시의(時宜)에 부합하지 않던 보수적인 주장이라고도 할 수 있다. 그러나 그 속에 포함되어 있는 씨족적 민주주의의 유풍, 원시적 인도주의와 씨족제가 거의 붕괴되어 가던 시기에 와서 비로소 가능하던 개체인격 추구 등의 문제는 분명히 합리적 요소를 가지고 있는 정신적 유산이라고 할 수 있을 것이다.

후대의 사람들은 자신들의 현실적 이익이나 요구에 따라 자신들이 필요로 하는 어떤 측면만을 끄집어낸다. 예를 들면 보수적인 측면을 과장하거나 합리적 요소를 강조하여 그것들을 새롭게 해설하고 구조를 세우고 평가하여 당시의 계급이나 시대가 필요로 하는 것에 짜맞추고 있다. 여기에 동중서(董仲舒)가 해석한 공자가 있고, 주자(朱子)의 공자도 있으며, 또 캉유웨이(康有爲)의 공자가 있는 것이다. "주나라를 배척하고 노나라를 왕으로 여기며"(絀周王魯), "소왕(素王)으로 개제(改制)"하는 한대 공양학(公羊學: 춘추春秋 공양전公羊傳을 근거로 한 학설)의 공자도 있고, "사람의 마음은 오직 위태하고 도심은 오직 미미하다"(人心唯危, 道心唯微)는 송명이학(宋明理學)의 공자도 있다.

공자의 모습은 때에 따라, 계층의 다름에 따라 변화하여 원래의 모습과는 크게 차이가 있거나 멀어져 있다. 공자는 분명히 "기술은 하되 함부로 짓지 않는다"(述而不作)고 했는데, 갑자기 또 "고대에 의탁하여 개제하려 하는 것"(托古改制)을 말한 것으로 해석되기도 한다. 공자는 결코 금욕사상이 없음에도 송대 유가의 손에서는 오히려 "천리를 보존하고 인욕을 없애려 함"(存天理滅人欲)으로 새롭게 해석된다.

그러나 이런 여러 가지 다른 차원의 해석과 변이가 출현했어도 여전히 인학의 모체구조를 완전히 벗어나지는 않았다. 실천이성을 중요한 지표로 삼는 중국 민족의 문화심리 상태는 여전히 연속되고 보존되어 왔다. 또한 이러한 구조형식은 장기적인 봉건사회 가운데 봉건주의의 각종 내용과 하나로 혼합되어, 분리하기 어렵게 서로 결합되었다. 오늘날에 보이는 공자는 기본적으로 송대 유가들이 만들어놓은 형상이다. 이 점은 안원이 이미 지적했다. 5·4신문화운동이 타도한 공자는 바로 이런 공자이다. 예를 들면 이것은 리다자오(李大釗)가 말한 것과 같다.

공자를 배격하는 것은 공자 자체를 배격하는 것이 아니라 역대

군주들에 의해서 조각된 우상과 권위를 가진 공자를 배격하는 것이다. 공자를 배격하는 것이 아니라 전제정치의 영혼을 배격하는 것이다.[136]

바로 이런 군주전제주의, 금욕주의, 등급주의에 나타나는 공자의 형상은 봉건적인 상부구조와 의식형태를 인격화한 상징적 부호이다. 그것은 당연히 부르주아 계급의 민주혁명의 대상이 된다. 오늘날에 이르기까지 이런 봉건주의적인 공자가 가지고 있는 여독(餘毒)을 완전하게 제거하는 일은 여전히 매우 중요하고도 어려운 임무이다. 또 이런 봉건적인 공자와 원형적(原型的)인 공자학 중에서 혈연을 기초로 하는 종법적 등급제를 계속 유지하려는 입장과 각종의 전통적 예의에 대한 존중, 또 그것을 답습하고 지키려는 동시에 그것을 변혁하고 갱신하려는 모든 시도에 반대하는 입장들은 서로 하나로 연결되어 있다.

이러한 원형적인 공자학은 생산수준이 매우 낮은 고대의 조건 속에서 탄생했기 때문에 생산의 발전이나 생활수준을 높이려는 문제에는 주의를 기울이지 않고 있다. 이것은 다만 어떤 평균적인 빈곤 속에 있는 것에 만족하며 정신적인 승리 또는 인격적 완성을 얻어 보존, 획득하고 일깨우는 것에 만족하려는 사실과도 관련된다. 이른바 '안빈낙도'(安貧樂道), '하필왈리'(何必曰利)*라고 말하는 것은 모두 물질이 아니라 도덕을 가치의 척도로 삼는 것이었다. 그리고 이러한 도덕적 가치의 척도는 어떤 평균화된 경제적 평등을 요구하여 농업 소생산의 노동생활과 폐쇄적 체계라는 기초 위에서 성립된, 오랜 역사를 가진 종법제도 등을 유지하고 만족스러운 것으로 여기게 만들었다.

이와 같은 것들은 봉건제도와 농업 소생산 사회의 산물일 뿐만 아니

---

136) 『리다자오 선집』(李大釗選集) 「자연적 윤리관과 공자」(自然的倫理觀與孔子),
　　 人民出版社, 1959, 80쪽.
　 * 『맹자』의 「양혜왕」에 나오는 맹자와 양혜왕과의 대화에서 '이'(利)이외에 '인의'
　　 (仁義)가 있음을 강조하는 것에서 나온 말.

라, 또한 공자의 인학적 원형과 확실히 관련되어 있다. 그것은 줄곧 중국의 공업화, 현대화로 나아가는 길을 가로막는 심각한 장애로 작용해왔다. 만약 이런 구조가 지니고 있는 심각한 사회적 · 역사적인 결함과 약점을 분명하고도 냉철하게 보지 못한다거나, 또는 그것이 많은 사람들(어떤 계급에 한정되는 것은 아니다)에게 심리적 · 관념적 · 습관적으로 초래하는 심각한 영향에 대해 사려 깊게 살피지 않으면 장차 크나큰 오류를 범하게 될 것은 너무나 자명하다.[137]

루쉰(魯迅)의 위대한 공적 중의 하나는, 바로 그가 중국의 '국민성'이라는 문제에 대해 예리하게 비판하고 탐구해왔다는 사실이다. 그는 '아큐정신'(阿Q精神)을 비판하여 일종의 감각이 없는 마목불인(麻木不仁) · 자기폐쇄 · 무사안일 · 노예주의와 빈곤, 그리고 무비판적으로 과거를 답습하는 것, '도덕'과 '정신문명' 속에서 스스로 만족하려는 그런 본래적 속성을 드러내어 신랄하게 비판했다. 이런 것들은 모두 어떤 지배계급의 계급성일 뿐만 아니라 특정 사회조건과 계급통치 속에서 매우 보편적으로 가지고 있는 민족성과 심리상태의 문제, 또는 결점과 약점이다. 사실 이것이 바로 공자 인학의 문화심리 구조의 문제이다. 이런 것들을 모두 공자의 직접적인 죄로 돌릴 수는 없지만, 공자학의 구조와 관련이 있다는 사실은 분명한 것 같다. 그러므로 루쉰은 비판의 핵심을 항상 공노이(孔老二)*에게 겨누었다.

인학 구조의 원형인 실천이성은 그 자체로도 약점과 결점을 가지고 있다. 그것은 어떤 의미에서 과학과 예술의 발전을 저해하는 작용을 했다. 현실세계를 강조하고 실용과의 연관성에 지나치게 치우친 나머지 과학적인 추상적 사변을 상대적으로 무시하거나 경시하고, 심지어 반

---

137) 공자의 이 방면에 관한 논의는 저자의 『중국 근대사상사론』을 참조하라.
 * 공자를 폄하해서 부르는 명칭으로, '공씨(孔氏)네 둘째 아들'이라는 말이다. 공자의 어머니인 안씨(顔氏)는 공자의 아버지인 숙량흘(叔梁紇)의 셋째 부인이다. 첫째 부인은 아들이 없었고, 둘째 부인은 아들이 하나 있었다. 말하자면 공자는 아들의 순서로 말하면 둘째이다. 5·4운동 시기의 반봉건적인 사조 속에서 공자를 폄하해서 지칭하는 이런 명칭이 출현한 것으로 보인다.

대하기도 했다. 그 때문에 중국의 고대 과학은 오랫동안 경험론의 수준 (이것은 단지 인식론의 관점에서만 말하는 것이다. 물론 사회경제와 계급적 · 시대적인 원인도 있다. 아래에서도 마찬가지이다)에만 머물러 있었고, 이론의 깊이 있는 발전이나 순수사변적인 관심 또는 애호(愛好)를 기대하기 어려웠다. 추상적 사변이론의 발전 없이는 현대과학의 충분한 발전은 있을 수 없는 것이다. 이 점은 오늘날에도 반드시 주의를 기울여야 한다. 반드시 사유방식 속에 나타나는 민족성의 약점과 습관을 온 힘을 다해 극복해야만 한다. 이런 약점은 공자학의 성격과 관련이 있다.

동시에 실천이성은 감정이 드러내는 표현들에 대해 지속적으로 극기 · 인도(引導)와 자기조절의 방침을 보여주기 때문에, 이로써 정(情)을 조절하는 것(以理節情)과 '감정에서 생겨나지만 예의에 부합해야 한다'(發乎情止乎禮儀)는 것들은 바로 생활과 예술 속의 정감이 항상 자아억압의 상태 속에 놓이도록 하여 그것을 통쾌하게 표현해내지 못하게 만들어버렸다. 중국의 길거리에서는 술주정꾼을 찾기가 쉽지 않은 편인데, 이것은 민족성의 장점이라고 할 수 있다. 그러나 무조건 참아야만 하는 것을 장점으로 여기는 '장공백인'(張公百忍)*과 같은 태도 등은 일종의 노예적 성격이라고 할 수 있다. 예술에서도 '의재언외' (意在言外: 뜻은 말의 바깥에 있다) 또는 고도의 함축이라는 말은 분명히 성공적인 미학적 풍격(風格)이라고 할 수 있다.

그러나 '문이재도'(文以載道)**, '원이불노'(怨而不怒: 원망은 하지만 화내지 않는다) 등과 같은 생각들은 예술이 현실의 편협한 지배와 정치에 복종하고 봉사할 것을 요구하는 것으로, 이 역시 문학예술의 발전에 크게 해를 끼친 심각한 단점들이다. 다만, 노장의 도가나 굴원(屈原)에서 비롯된 『초사』(楚辭)의 전통이 이러한 경향의 대립물로서 보

---

 * 한 집안이 9대에 걸쳐서 함께 화목하게 살고 있는 장공(張公)에게 당 태종이 그 비결을 묻자, 인(忍)자를 100번 썼다고 대답한 데서 나온 말이다.
 ** '도(道)를 싣고 있다'는 말로, 한유(韓愈)와 송대의 주렴계(周濂溪) 등이 말했다.

완적인 위치에 선 뒤부터 중국의 고대 문화예술은 지금과 같은 눈부신 발전을 이룰 수 있었다. 물론 인학 가운데 인도주의 정신이나 이상적인 인격 등이 문학 예술의 내용에 매우 좋은 영향을 미친 것은 분명하다.

그러나 앞서 논의한 것들을 분석해 보면 모두 사태의 한 측면, 즉 문화심리 구조의 약점에 불과할 뿐이다. 다른 한편으로 문화심리 구조는 뛰어난 장점과 강점을 동시에 지니고 있다. 그러므로 오히려 다음과 같이 말하는 것이 좀더 적절한 표현이 될지도 모르겠다. 중국 민족과 그 문화가 이처럼 끈질긴 생명력을 가지고 수천 년 동안 발생한 수많은 내우외환을 겪으면서도 그것을 끝내 보존·연속하여 더욱 발전시키고, 세계 문명사에서 거의 유일한 정도로(고대 이집트, 바빌로니아, 인도 등의 문명은 이미 모두 발전이 중단되었다) 지금껏 살아남아 있을 수 있던 원인은 분명히 공자 인학이 지니고 있는 구조상의 장점과 크게 연관되어 있는 것은 부정할 수 없는 사실이다.

씨족민주제에서 유래하는 인도주의적인 정신과 인격의 이상, 현실적인 경세치용을 중시하는 이성적인 태도, 낙관적·진취적인 기상을 가지고 '나 이외에 누가 있는가'(舍我其誰) 하는 자신있는 태도를 가진 실천정신 등은 모두 수천 년을 이어온 유구한 중국 역사 속에서 많은 지사와 인인(仁人)을 감화시키고 교육하며 훈도해왔다. 이것이 바로 유구한 중국의 역사에서 끊임없이 진보적인 역할을 담당해온 전통이라 할 수 있다.

이러한 전통은 공자의 사상이 이미 봉건적인 지배체제와 융합되어 하나로 일체화된 후기 봉건사회에서도 마찬가지로 유지되었다. 예컨대 범중엄(范仲淹)은 "천하의 사람들이 근심하는 것에 앞서서 근심하고, 천하의 사람들이 기뻐하고 난 뒤에 기뻐한다"[138]고 했고, 장재(張載)는 "백성은 나의 동포요, 만물은 나의 짝이다"[139]라고 했다. 또한 문천상

---

138) "先天下之憂而憂, 後天下之樂而樂."

(文天祥)＊은 "공자는 인을 이루는 것에 대해 말했고, 맹자는 의를 취하는 것에 대해 말했다"[140]고 했고, 고염무(顧炎武)는 "천하의 흥망에는 필부도 책임이 있다"[141]고 했다. 왕선산(王船山)의 "육경은 나에게 새로운 것을 열도록 요구하고, (만약 그 책임을 다하지 못하면) 7척밖에 안 되는 이 몸뚱아리는 하늘의 뜻에 따라 생매장당하기를 원한다"[142]는 말들은 찬란한 빛을 발하는 것들이다. 이러한 말들은 중국 민족의 기본적인 관념ㆍ정감ㆍ사상과 태도이며, 그 하나하나의 근원은 모두 인학의 구조로 거슬러올라갈 수 있을 것이다.

루쉰은 이 점에 대해 다음과 같이 말한다.

옛부터 우리 민족은 한눈팔지 않고 오직 일에만 몰두하는 사람, 온 힘으로 노력하는 사람, 백성을 위해 목숨을 던지는 사람, 자기 한 몸을 바치면서까지 진리를 추구하는 사람들이었다. ……비록 제왕과 장수, 재상들만을 위해 만든 가계도(家系圖) 같은 역할을 하는 '정사'(正史)이기는 하지만 계속 그들의 휘황찬란한 빛을 덮는 데는 실패했던 것이다. 이것이 바로 중국의 역사를 지탱하는 골간이라 할 수 있을 것이다.[143]

루쉰이 말하는 이러한 핵심내용과 공자를 대표로 하는 문화심리 구조는 결코 무관한 것이라고 할 수 없을 것이다.

『예기』에는 "이런 까닭에 성인이 예를 지어 사람들을 가르치고, 사람

---

139) 『장자전서』(張子全書) 「서명」(西銘), "民吾同胞, 物吾與也."
  ＊ 문천상(1236~1282)은 남송의 학자이자 관료로, 중국의 대표적인 충신이다. 1278년 몽골군(원군)과의 싸움에서 포로가 되었으나 끝까지 변절하지 않아 결국 처형당했다.
140) "孔曰成仁, 孟曰取義."
141) "天下興亡, 匹夫有責."
142) "六經責我開生面, 七尺從天乞活埋."
143) 『차개정잡문』(且介亭雜文) 「중국인들은 자신감을 잃어버렸는가?」(中國人失掉 自信力了嗎)

들에게 예를 가지도록 만들어 자신들이 금수와 구별된다는 점을 알게 만들었다"[144]고 말한다. 외재적인 강제력과 구속력을 지니고 있는 '예'가 바로 옛날 인간을 금수와 구별시키는 하나의 지표였다.

그런데 공자는 '예'를 '인'으로 해석하고, 아울러 이런 외재적인 예의를 문화심리 구조로 바꾸어놓았다. 그리고 동시에 그것을 인간이라는 같은 부류라는 자각 또는 자아의식으로 만들어 놓아서 사람들이 개체로서의 인간의 위치와 가치, 의의를 의식하게 하고, 다른 사람과의 일상적인 교류, 즉 세속의 현실생활 가운데 존재하게 만들었던 것이다. 바꾸어 말하면 현실생활 속에서 하루하루 살아가는 공동체 안에서 사회이상을 실현하고, 개체로서의 인격이 완성되며, 마음의 만족과 위안을 얻을 수 있게 되는 것이다. 이것이 '도' 또는 '천도'(天道)이고, "도는 인륜적 도리인 윤상(倫常)과 일용(日用)의 한가운데에 있다"는 말이 의미하는 바라고 할 수 있다. 따라서 현실세계를 버리거나 일상생활을 부정하면서 영혼의 초월이나 정신의 위안 또는 이상사회를 추구할 필요가 없다.

바로 이러한 특성 때문에 중국은 과거에 종교신학의 지배에서 벗어날 수 있었고, 또한 그 이후에도 미국의 '인민사원교'* 같은 반이성적이고 광신적인 신앙이 출현하지 않는 것이 아닐까? 왜냐하면 그러한 광적인 신앙은 중국 민족(특히 중국의 지식인층을 지칭함)의 심리구조나 인학 사상과는 너무 큰 차이가 있기 때문이다.

동시에 문화심리 구조 속에서 이미 인간의 존재 의미를 '일상적인 인륜 질서 한가운데'에 놓아두고 있기 때문에 인생의 이상이 인간의 사회적인 관계와 일상적인 교류 가운데 만족된다면 혹시 미래의 모두 획일화되고 기계적인 자기소외의 세계 속에 '진실한 존재'(개체로서의 인

---

144) 『예기』「곡례」(曲禮), "是故聖人作禮以敎人, 使人以有禮, 知自別於禽獸."
  * 남아메리카 가이아나의 오지에 들어가 집단생활을 하던 신흥 종교집단으로, 1978년 자신들을 조사하러 온 미국 하원의원 4명을 사살하고, 교주를 비롯한 신도 1,000여 명이 독극물을 마시고 자살한 사건으로 유명하다.

간)가 방치되어 한층 더 고독감과 적막함을 느끼는 상황이 일어나지는 않을까? 또는 똑같이 획일화된 동물적이고 추상적인 정욕에 빠져들어가 인간의 본질을 상실해버리는 사태가 일어나지는 않을까 하는 이런 문제들은 모두 현대 물질문명이 고도로 발달하고 과학기술이 특별히 더욱 발전되고 난 후 자본주의 사회에서의 소외가 만든 산물이며, 실존주의에 의해 과장된 이른바 '익명성'의 공포이다. 혈육으로 이루어진 신체를 기초로 삼고 있는 감성적인 심리에 이성적 요소를 집적하여 심리학과 윤리학이 하나로 합해 있기 때문에, 인학 구조는 고도의 물질문명이 존재하는 동시에 현실의 정신이 안식할 수 있는 이런 곳에서 사람들이 유쾌하고 온화하게 생활할 수 있도록 해주는 그런 공헌을 할 수 있을까? 어버이와 자식의 혈연관계를 핵심적인 유대와 심리적인 기초로 삼는 따뜻한 인정미가 화인(華人: 중국 민족을 가리킴) 사회로 하여금 자신들의 전통에 대한 심리적 즐거움(쾌락)을 보존하고 향유할 수 있도록 만들어줄 수 있을 것인가?

그러나 이 모든 것들은 중국이 물질적인 측면에서 빈곤과 낙후성을 완전하게 벗어나고, 제도적·심리적인 입장에서 인학 구조가 보존하고 있는 소생산의 흔적과 봉건적인 독소(이것이 우리가 당면한 주요과제라 할 수 있다)를 남김없이 모두 청산하고 난 뒤에야 비로소 가능하게 될 것이다. 그때가 되면 전 인류의 5분의 1에 해당하는 인구를 거대한 매개로 삼아 인학 구조의 우량한 전통이 인류문명에 중요한 공헌을 할 수 있을지도 모른다.

그것이 가능한 시기는 빠르면 21세기가 될 것이다.

지금은 멀리 내다보아야 하고, 넓은 역사적 시야를 가지고 중국 민족이 참으로 세계 여러 민족의 대열에 발을 들여놓고 중국 문명과 전 세계의 문명이 서로 만나고 융합하는 전망 위에서 중국 문화의 전통과 인학의 구조를 새로이 연구·탐구해야만 한다. 공자 사상에 대한 재평가는 이러한 작업의 전제 위에서 진실로 중요한 의의를 지닐 수 있는 것이다.

4 맹자의 철학

1. 공자가 세상을 떠난 이후 유가는 여덟 학파로 갈라졌지만, 한유(韓愈)나 왕안석(王安石)이 맹자를 높이고 주자(朱子)가 『맹자』를 『사서』에 편입한 이후 『논어』와 『맹자』가 병칭됨에 따라, 맹자는 '아성'(亞聖)으로서의 지위를 수백 년간 누리게 된다. 공자와 맹자는 사상적인 측면에서 많은 부분이 서로 다르다. 그러나 공자가 '예'를 '인'으로 해석하여 외재적인 사회규범을 내재적인 자각의식으로 전환시켰다는 이 주제는, 확실히 맹자에 의해서 발양되어 끝까지 추진되었다고 할 수 있다. 그러므로 전체 역사가 아닌 오직 순수한 사상사적인 각도에서만 볼 경우, 공자와 맹자를 서로 연결하여 말하는 입장은 분명한 의미를 가지는 것으로 볼 수 있다.[145]

공자나 춘추전국 시대의 수많은 유세가들처럼, 맹자 역시 처음에는 '치국평천하'의 포부와 이상을 가슴에 가득 담고 여러 나라를 돌아다니

---

145) 송명이학(宋明理學)과 오늘날의 '현대신유가'(現代新儒家)는 바로 이런 사상적인 연계라는 관점에서 이론을 세우고 있다. 그러므로 순자를 철저히 배격하고, 공자와 맹자만을 높인다. 그들은 객관적인 역사에서 이루어지는 사상의 작용과 의의, 그 위치에 대해서 거의 고려하지 않고 있다. 상세한 것은 이 책의 「순자 · 역전 · 중용의 철학」과 「경세치용과 명청 시기의 철학」을 참조하라.

면서 군주들에게 계책을 올림과 동시에, 자신의 정치경제적인 주장을 제시했다. 선진 시대의 주요학파들과 똑같이 맹자의 사상도 정치론과 사회철학의 체계로 구성되어 있는데, 『맹자』 7편의 주된 내용과 출발점은 여전히 정치와 경제문제이다.

맹자의 가장 분명한 특징은 '급진적'인 인도주의와 민주적인 색채라고 할 수 있다. 이것은 사실 사상사에서 고대 씨족의 전통이 공자 이후 마지막으로 잠시 최후의 그 빛을 발하는 회광반조(回光反照)와 같은 것이라고 할 수 있다. 그러나 그 눈부신 빛은 이제 영원히 꺼지고 말 것임을 예고하고 있다. 사유의 변증법이라는 것은 늘 이와 같다. 말하자면 역사가 전진하면 할수록 비평가들은 더욱더 과거의 황금시대에 대한 공상을 미화시켜, 그것을 현실과 대조하기도 하고 또 현실에 반대하기도 한다.

공자는 다만 '천하에 도가 행해지지 않는다'(天下無道)는 것을 탄식할 뿐이었지만, 맹자는 현실세계의 혼란을 맹렬하게 공격했다. 공자가 모범으로 삼는 인물은 주공(周公)이었지만, 맹자는 입만 열면 요(堯)·순(舜)·문왕(文王)을 벗어나지 않았다. 공자는 '인구를 늘리고'(庶之), '부유하게 하고'(富之), '교화시키며'(敎之)[146], 동시에 "가까이에 있는 사람들은 기뻐하며 복종하고, 먼 곳에서 사람들이 모여든다"[147]라고만 말했지만 맹자는 훨씬 완전하고, 더욱 공상적인 '인정왕도'(仁政王道)를 구상했다. 이와 같이 되는 현실적인 원인은 씨족제도가 전국시대에는 이미 완전히 붕괴되었고, '예'가 '의'와 거의 동등한 것으로 되면서 그 중요성을 상실했기 때문이다. 그러므로 맹자는 더이상 공자처럼 그렇게 '인'으로 '예'를 해석하면서 '예'를 지지할 필요가 없이 바로 직접적으로 '인정'(仁政)이란 관점을 제기한다.

경제적인 면에서 맹자는 정전제의 회복을 주장한다. "인정(仁政)이

---

146) 『논어』, 「자로」, 孔子只講 "庶之"·"富之"·"敎之".
147) 같은 책, 「자로」, "近者悅, 遠者來."

라는 것은 토지의 경계를 바로잡는 것에서 시작해야 한다"[148]는 주장은 요컨대 "백성의 생업을 제정한다"[149]는 의미로 해석할 수 있다. 맹자는 다음과 같은 말로 설명하고 있다.

위로는 부모를 봉양하기에 충분하고 아래로는 처자식을 먹여 살리기에 충분하게 하고, 풍년이 계속되는 경우에는 오래도록 배불리 먹을 수 있게 하고, 흉년이 들더라도 굶어 죽는 일만은 면하도록 한다.[150]
농민 한 세대에 5무(五畝)의 주택을 주고, 뽕나무를 심어 누에를 기르게 하면 50세 이상의 노인은 비단옷을 입을 수 있게 된다. 또한 닭·개·돼지 등의 가축을 기르게 하여 그 번식과 생육의 시기를 놓치지 않도록 하면 70세 이상의 노인은 평시에도 고기를 먹을 수 있게 될 것이다.[151]

정치적인 면에서 맹자는 '현자를 존경할 것'(尊賢)과 '고국교목'(故國喬木)*의 주장을 들고 있다. 말하자면 그의 주장은 "현자를 존중하고, 유능한 이를 임용하며, 재덕이 뛰어난 사람이 중요한 자리에 있게 한다"[152]는 것과 "대신의 집안에 죄를 짓지 않아야 한다"[153]는 점으로 요약할 수 있다. 그런데 여기서 노리는 전체적인 목표는 "백성(의 생활)을 보호하며 왕 노릇을 하여"[154] 천하를 통일하고자 하는 것이다. 아울러

---

148) 『맹자』 「등문공」(滕文公) 상편, "夫仁政, 必自正經界始."
149) 같은 책, 「양혜왕」 상편, "爲民制産."
150) 같은 책, 「양혜왕」 상편, "仰足以事父母, 俯足以畜妻子, 樂歲終身飽, 凶年免於死亡."
151) 같은 책, "五畝之宅, 樹之以桑, 五十者可以依帛矣. 鷄豚狗彘之畜, 無失其時, 七十者可以食肉矣."
  * "세상에서 말하는 고국(故國)이란 키가 큰 고목(喬木)이 있는 것을 지칭하는 것이 아니라, 대대로 임금을 섬기는 신하가 있다는 것이다"(所謂故國者, 非謂有喬木之謂也, 有世臣之謂也)는 말에서 나왔다.
152) 같은 책, 「공손추」(公孫丑) 상편, "尊賢使能, 俊傑在位."
153) 같은 책, 「이루」(離婁) 상편, "不得罪於巨室."

맹자는 당시의 정치를 다음과 같이 격렬히 비판했다.

　왕의 부엌에는 살찐 고기가 있고 마구간에는 살찐 말이 있는데도 백성은 굶주린 기색이 있고, 들에는 굶어 죽은 시신들이 쓰러져 있으니, 이는 짐승을 몰아다가 사람을 잡아먹게 하는 것과 다를 바가 없는 것입니다.[155]
　오늘날 어질고 충성스러운 신하들이라고 하는 자들은 옛날 같았으면 백성을 해치는 도적이나 다를 바 없다.[156]

군사적인 측면에서는 다음과 같이 말하고 있다.

　싸움에 능한 자가 가장 무거운 중형을 받아야 한다.[157]
　사람 죽이기를 좋아하지 않는 자가 통일을 할 수가 있다.[158]
　이들로 하여금 몽둥이를 만들어 진나라와 초나라의 견고한 갑옷과 예리한 무기를 매질하게 할 수 있을 것입니다.[159]

사회구조적인 측면에서는 다음과 같이 말한다.

　죽은 자를 안장하거나 산 사람이 이사하여도 살던 고향을 벗어남이 없다. 향리의 경작지는 여덟 호(戶)가 하나의 정(井)을 공동으로 소유하여 경작지를 출입할 때도 함께 다니고, 도적을 지키고 망을 볼 때도 서로 도우며, 병자가 생겼을 때는 서로 도우며 간호해준다.[160]

154) 같은 책, 「양혜왕」 상편, "保民而王."
155) 같은 책, 「양혜왕」 상편, "庖有肥肉, 廐有肥馬, 民有飢色, 野有餓莩, 此率獸而食人也."
156) 같은 책, 「고자」(告子) 상편, "今之所謂良臣, 古之所謂民賊也."
157) 같은 책, 「이루」 상편, "善戰者服上刑."
158) 같은 책, 「양혜왕」 상편, "不嗜殺人者能一之."
159) 같은 책, 「양혜왕」 상편, "可使制挺以撻秦楚之堅甲利兵."

전체적으로 말하면 '인정왕도'(仁政王道)는 모든 '민중'의 이해와 서로 관련되어 있고, 근심도 기쁨도 그들과 함께 나누어야 한다는 것이다. 『맹자』에서는 다음과 같은 말을 하고 있다.

국가에서는 백성이 가장 귀하고, 사직이 그 다음이고, 군주는 가장 덜 중요하다.[161]

백성의 기쁨을 함께 즐거워하는 임금이라면 백성들 또한 그 임금의 기쁨을 함께 나누고, 백성들의 근심을 걱정하는 임금이라면 백성도 임금의 근심을 함께 생각하게 되는 것입니다. 이렇게 하면 기쁨도 천하의 모든 이와 함께하고, 근심도 천하의 모든 이와 함께하게 되는 것입니다. 이와 같이 하면서도 왕자(王者)가 되지 못한 이는 아직까지 없었습니다.[162]

걸(桀)·주(紂)가 천하를 잃은 것은 그 백성을 잃었기 때문이다. 백성을 잃었다는 것은 백성의 마음을 잃었기 때문이다. 천하를 얻는데는 방법이 있는 것이니, 그 백성을 얻으면 천하를 얻을 수 있는 것이다. 백성의 마음을 얻는 데도 또한 방법이 있는데, 백성이 원하는 것은 주고, 이것을 모아 주고, 백성이 싫어하는 것은 시행하지 않으면 될 뿐이다.[163]

맹자가 말하는 '인정'과 위에서 말하는 '백성의 마음을 얻는다'(得民心)는 것은 모두 사람들의 현실적인 물질생활에 대한 관심과 명백히 관

---

160) 같은 책, 「등문공」 상편, "死徙無出鄕, 鄕田同井. 出入相友, 守望相助, 疾病相扶持."
161) 같은 책, 「진심」 하편, "民爲貴, 社稷次之, 君爲輕."
162) 같은 책, 「양혜왕」 하편, "樂民之樂者, 民亦樂其樂; 憂民之憂者, 民亦憂其憂. 樂以天下, 憂以天下, 然而不王者, 未之有也."
163) 같은 책, 「이루」 상편, "桀紂之失天下也, 失其民也; 失其民者, 失其心也. 得天下有道: 得其民, 斯得天下矣; 得其民有道: 得其心, 斯得民矣; 得其心有道: 所欲與之聚之, 所惡勿施爾也."

련되어 있고, 아울러 그것을 주요 내용으로 하고 있다. 그것은 결코 순수한 도덕관념은 아니다.

2. 그러나 맹자 철학의 특징은 다음과 같은 점에 있다. 맹자는 공자의 인학 사상체계를 계승하는 데 있어서 의식적으로 두번째 구성요소인 심리원칙을 전체 이론구조의 기초와 출발점으로 삼고 있다. 그 이외의 다른 구성요소들은 모두 이것에서 파생되어 나온다. 맹자는 자신의 '인정왕도'의 정치적·경제적인 강령을 완전히 심리적인 정감의 원칙 위에서 세우고 있다. 즉 '인정왕도'가 가능한 것은 결코 어떤 외재적인 조건에 있는 것이 아니라, 오직 통치자의 '일심'(一心)에 달려 있을 뿐이다. 맹자는 다음과 같이 말한다.

> 사람은 모두 다른 사람의 불행을 보고 차마 그대로 보지 못하는 불인인지심(不忍人之心)이 있다. 옛날의 성왕(聖王)은 이러한 불인인지심을 지니고 있어서 불인인지정(不忍人之政)을 행한 것이다. 만약 불인인지심을 가지고 불인인지정을 행한다면 천하를 다스리는 일은 손바닥 위에서 작은 물건을 굴리는 것만큼이나 쉬운 일이다.[164]

'인정왕도'는 바로 "백성의 불행을 차마 그대로 보지 못하는 정치, 즉 '불인인지정'이다. 이 '불인인지정'은 '불인인지심'의 기초 위에서 수립된 것이다. '불인인지심'은 '인정왕도'의 필요충분 조건이다. 이 '불인인지심'은 결코 특수하고 신비스러운 그 어떤 것이 아니라, 누구나 다 지니고 있는 것이다. 이 때문에 어떠한 군주나 지배자도 자신이 지니고 있는 '불인인지심'을 인식하고 자각하기만 한다면, 곧 '불인인지정'을 행하기만 한다면 천하를 통일할 수 있는 것이다.

---

164) 같은 책, 「공손추」 상편, "人皆有不忍人之心. 先王有不忍人之心, 斯有不忍人之政矣. 以不忍人之心, 行不忍人之政, 治天下可運於掌上."

왕이 "과인과 같은 사람도 백성을 보호할 수 있겠소?" 하고 물었다. 맹자는 "가능하다"고 대답했다. 왕이 다시 "어떤 이유로 내가 그런 일을 할 수 있다는 것을 아느냐?"고 묻자, 맹자는 다음과 같이 대답했다. "왕을 모시고 있는 호흘(胡齕)에게서 다음과 같은 이야기를 들은 적이 있습니다. 왕께서 당상(堂上)에 앉아 계실 때 소를 끌고 당하(堂下)를 지나가는 자가 있었습니다. 왕께서 이를 보시고 '소가 어디로 가느냐?'고 물으셨습니다. '새로 종(鐘)을 만들었기에 소를 죽여 그 피를 종에 바르고 제사를 드리려고 하는 것입니다'라고 대답을 했습니다. 그러자 왕께서는 '그만두어라. 소가 무서워 벌벌 떨면서 아무 죄 없이 사지(死地)로 끌려가는 광경을 차마 볼 수가 없구나'라고 말씀하셨습니다. ……당신의 그러한 마음이야말로 왕이 되기에 충분한 것입니다. ……저는 물론 왕께서 차마 소를 죽일 수 없었다는 것을 잘 알고 있습니다.[165]

소가 희생당할 것이라는 것을 보고 마음에 참지 못하는 측은함이 발동했다면, 이러한 동정심을 백성에게 미치게만 하면 바로 '인정왕도'가 이루어지는 것이라고 맹자는 강조한다.

내 가까이에 있는 나이 든 노인을 노인으로 섬겨서 남의 노인에까지 미치며, 내 가까이에 있는 어린이를 어린이로 사랑해서 그런 사랑을 다른 어린이에까지 미치도록 한다면 천하를 다스리는 일도 손바닥 위에 작은 물건을 올려놓고 움직이는 것만큼이나 쉬운 일입니다. ……이 마음을 가지고 천하의 다른 사람들에게 미치게 하는 것임을 말하는 것입니다. 그러므로 은혜의 마음을 널리 미치게 하면 충분히

---

165) 같은 책, 「양혜왕」상편, "若寡人者, 可以保民乎哉? 曰: 可. 曰: 何由知吾可也? 曰: 臣聞之胡齕曰, 王坐於堂上, 有牽牛而過堂下者, 王見之, 曰: 牛何之? 對曰: 將以釁鐘. 王曰: 舍之! 吾不忍其觳觫; 若無罪而就死地. ……是心足以王矣. ……臣固知王之不忍也."

천하를 보존할 수 있고, 반대로 은혜의 마음을 널리 확대하지 못하면 자신의 처자도 보전할 수가 없게 되는 것입니다.[166]

여기서 맹자는 공자의 '자신을 헤아려 다른 사람에게 미친다'(推己及人)라는 '충서(忠恕: 스스로 정성을 다하여 남의 사람을 헤아릴 줄 아는 인(仁)의 실천방법)의 도'를 최대한 확대하여 그것을 마침내 '치국평천하'의 기초로 만들어놓고 있다. 사회적인 인륜의 도리, 질서와 행복, 이상 등은 모두 심리적인 원칙인 '불인인지심'이라는 정감적인 원칙에 입각해 있다. 이것은 본래 씨족의 전통이 붕괴해버렸기 때문에 이상적인 '인정왕도'가 이미 현실적 근거를 완전히 상실했다는 역사를 반영하는 것이기도 하다. 그러나 이론적으로 말하면, 맹자는 확실히 유학의 가장 핵심이 되는 문제를 끄집어내어 부각시켰다고 할 수 있다. 맹자는 유학이 묵자의 겸애, 노자의 무정(無情), 그리고 한비(韓非)의 이기(利己) 등의 여러 주장들과는 구별되는 더욱 명확한 경계선을 가지게 만들었다.

맹자는 '불인인지심'이라는 정감적인 심리를 최대한 부각시켰을 뿐만 아니라, 또한 그것에 형이상학적인 선험적 성질을 부여하기까지 했다. 맹자는 '불인인지심'이 무엇인가에 대해서 다음과 같이 말하고 있다.

사람에게 모두 불인인지심이 있다고 말하는 까닭은, 예를 들면, 문득 어린아이가 우물에 빠지려는 것을 보게 되면 누구라도 모두 놀라고 측은하게 여기는 마음을 가질 것이다. 이것은 아이를 도와주는 것을 기회로 삼아 그 아이의 부모와 교분을 맺으려고 하고자 함도 아니고, 향리의 친구들에게 칭찬을 듣고자 함도 아니고, 도와주지 않았을

---

166) 같은 책, 「양혜왕」 상편, "老吾老以及人之老, 幼吾幼以及人之幼. 天下可運於掌. ⋯⋯ 言擧斯心加諸彼而已. 故推恩足以保四海, 不推恩無以保妻子."

경우에 비난받을 것을 두려워하여 아이를 구한 것도 아니다. 이로 말미암아 본다면 측은하게 여기는 마음이 없는 사람은 사람이라고 할 수 없으며, 수치스럽게 여기고 미워하는 마음이 없는 사람도 사람이라 할 수 없으며, 다른 사람에게 양보하는 사양의 마음이 없는 사람도 사람이라 할 수 없으며, 선악을 판단하는 마음(是非之心)이 없는 사람도 사람이 아닌 것이다. 이러한 측은하게 여기는 마음은 인의 단서이며, 수치스럽게 여기고 미워하는 마음은 의의 단서이며, 사양하는 마음은 예의 단서이며, 시비(是非)의 마음은 지(智)의 단서이다. 사람에게 이러한 네 가지 단서가 갖추어져 있는 것은 두 다리와 두 발의 사지가 있는 것과 마찬가지이다. ……만일 이러한 네 가지 단서를 확충시킬 수 있다면 천하를 충분히 안정시킬 수 있고, 만일 그렇게 하지 못하면 부모를 섬기기에도 부족할 것이다.[167]

위의 문장이 바로 유명한 '사단'(四端)의 설로 맹자의 성선설이다. 사람이 다른 금수와 구별되는 이유는 곧 사람이 선험적으로 가지고 있는 '인·의·예·지'라는 내재적이고도 도덕적인 소질 또는 품덕(品德: 이 중에서도 '인'이 가장 중요하고 근본적이다) 때문이다. 어린아이가 우물에 빠지려고 할 때 누구나 돕는 것은 다른 사람들에게 명예를 얻고자 함도 아니고, 그 외의 어떤 다른 이익 때문이 아니다. 그것은 자신 속에 내재하는 '측은지심', 곧 '불인인지심'에 무조건 복종하기 때문이다. 이것은 어떠한 사색에 의존하지 않고 직접적으로 작용하는 '양지'(良知)와 '양능'(良能)이다.

공자가 재아에게 '너는 편안한 마음으로 지낼 수 있는가?'(女安之)라

---

167) 같은 책, 「공손추」상편, "所以謂人皆有不忍人之心者, 今人乍見孺子將入於井, 皆有怵惕惻隱之心, 非所以內交於孺子之父母也, 非所以要譽於鄕黨朋友也, 非惡其聲而然也. 由是觀之, 無惻隱之心, 非人也; 無羞惡之心, 非人也; 無辭讓之心, 非人也; 無是非之心, 非仁也. 惻隱之心, 仁之端也; 羞惡之心, 義之端也; 辭讓之心, 禮之端也; 是非之心, 智之端也. 人之有是四端也, 猶其有四體也. …… 苟能充之, 足以保四海; 苟不充之, 不足以事父母."

는 반문으로 '3년상'을 해석한 심리적·윤리적 원칙을 맹자는 일종의 도덕적인 심층심리적 '사단'이론으로 발전시키고, 또한 그것에 선험적인 성질을 부여했다. 이것은 중국 철학, 특히 윤리학에 엄청난 영향을 미쳤다.

윤리학 이론에는 동서고금을 막론하고 두 가지 유형 또는 경향이 있다. 즉, 윤리적 상대주의와 윤리적 절대주의이다. 윤리적 상대주의에 의하면, 도덕은 현실의 조건과 환경, 이해, 교육 등에 뿌리를 두고 있는 것이기 때문에 보편적인 도덕원칙이나 윤리기준과 같은 것은 없을 뿐만 아니라, 또한 존재할 수도 없다는 것이다. 따라서 인간의 본성은 본래 선한 것이 아니고, 선해질 수도 악해질 수도 있거나 본래부터 악한 것으로, 인간성에는 결코 선험적인 도덕적 성질이 없다는 것이다. 고자, 순자, 동중서, 프랑스의 유물론, 벤담, 막스 베버(Max Weber), 그리고 현대의 베네딕트(Ruth Benedict)의 문화유형설(文化類型說) 등은 대부분 이러한 입장으로 분류될 수 있을 것이다. 또 다른 하나의 유형에는 맹자, 송명이학, 칸트, 무어(G. E. Moore), 기독교 등이 여기에 속하는 것으로 볼 수 있다.

이런 관점들에 의하면 도덕은 인간의 이해타산, 환경, 교육 등과는 분리되어 있는 보편적·객관적인 것으로, 모든 사람은 오로지 그것에 따르고 복종해야만 한다는 것이다. 윤리적 상대주의에 속하는 도덕의 기원은 바로 인간세계이다. 말하자면 결국 도덕의 기원은 인간이라는 감성적 존재와 필연적인 관련이 있다는 것이다. 이에 비해 윤리적 절대주의의 경우는 도리어 도덕은 인간세계보다는 한 차원 높은 것이기 때문에 그 근원은 감성과 관계가 없고, 그것은 오히려 감성을 주재하고 지배하는 초경험적·선험적인 명령으로 보고 있다.

맹자를 대표로 하는 중국의 절대적 윤리주의는 다음과 같은 특징을 가지고 있다. 즉, 한편으로는 도덕의 선험적 보편성과 절대성을 강조하기 때문에 도덕적인 의무를 무조건적으로 실천할 것을 요구한다. 이런 점에서는 칸트의 '정언적 명령'과 매우 유사하다.[168] 또 다른 한편으로 중국의 절대적 윤리주의는 이런 '정언적 명령'의 선험적 보편성과 경험세계의 인간의 정감(주로 '측은지심', 실제로는 동정심을 가리킴)을 직접적으로 연결하고, 아울러 심리와 정감을 기초로 삼는다. 따라서 인간의 본성이 본래 선하다는 선험적인 도덕본체는 현실의 인간세계에서 나타나는 심리나 정감을 통하여 확인되고 검증된다. 초감성적인 선험적 본체는 감성적 심리 속에 함께 섞여 존재하고 있다. 따라서 보편적인 도덕이성은 감성과 분리되지 않으면서 한편으로는 감성을 초월해 있는 선험적인 본체인 동시에 경험적 현상이기도 하다.

맹자는 "이(理)나 의(義)가 나의 마음을 즐겁게 하는 것은 소나 양, 개, 돼지의 고기가 나의 입맛을 즐겁게 하는 것과 마찬가지이다"[169]고 했으며, "인·의·예·지가 내 마음에 뿌리내려 그 얼굴 빛에 나타남이 온화하고 윤택하여 그것이 얼굴에도 드러나고, 등뒤에도 밝게 나타나며 두루 팔과 다리에까지 골고루 미쳐서 아무런 말을 하지 않아도 저절로 깨달아 행해진다"[170]고 했다. 선험적인 도덕본체가 바로 감각·생리·신체·생명과 직접 소통하여 연계되는데, 이로부터 그것은 그 자체 역시 감성적인 것 또는 감성적인 부분이나 성질을 지니는 것처럼 보인다. 이것이 바로 중국 철학의 중요한 특징인 '체용불이'(體用不二) 또는 '천인합일'(天人合一) 등이 윤리학적인 측면에서 보여주는 초기적 표현이라고 할 수 있다.

송명이학의 '성'(性)과 '정'(情)에 대한 대대적인 논의와 논쟁도 바로 이러한 문제에서 출발했다. '성'(性: 인·도덕·이성·본체 등을 가리킴)과 '정'(情: 측은지심·경험·감성·현상 등을 가리킴)은 도대체 어떠한 관계를 가지고 있는가? '성'은 '정'에 의해서 드러나고 '정'이 '성'을 드러내는 것인가, 아니면 '성'은 '정'에 근거하여 생기는(生) 것으로

---

168) 이 책의 「송명이학」을 참조하라.
169) "理義之悅我心, 猶芻豢之悅我口."
170) 『맹자』「진심」상편, "仁義禮智根於心. 其生色也, 睟然見於面, 盎於背, 施於四體, 四體不言而喩."

'정'과 '성'은 구분하기가 어려운가? 어느 것이 앞이고 어느 것이 뒤인가? 어느 것이 어느 것을 지배하는가? 일원론인가 아니면 이원론인가? 이상의 여러 가지 의문과 그에 따른 여러 가지 해답들이 있다.

'정'은 심리적인 사실로서 다른 심리적·생리적·사회적인 현실과 밀접히 연결(예를 들면 '칠정육욕'七情六欲과 직접적으로 연결되어 있다)되어 있어서 순수이성 원칙으로서의 '성'처럼 그렇게 초연히 독립해 있는 것과는 다르다. 그렇기 때문에 이로부터 이 주장은 주자가 말하는 "인은 성이고, 애는 정이다"(仁性愛情)라든가 인이란 "심의 덕이고, 애의 리"(心之德, 愛之理)라고 강조하면서 '감각을 통하여 인을 해석하는'(以覺訓仁) 경향에 대해서는 반대했다. 또 육왕학파(陸王學派)는 '성'과 '정'은 동일한 것이라고 주장하고 또한 대진(戴震: 1723~77)은 '혈기심지'(血氣心知)*를 강조하며, '성'을 '이'(理)로 해석하는 것에 반대하고 정욕(情欲)을 긍정했다. 이들은 모두 그들 자신이 공자와 맹자를 정통으로 전수하여 올바르게 이해하고 있는 것으로 생각했다. 그러나 여기에는 많은 근본적 차이와 대립이 분명히 존재한다. 사실 맹자 자신에게는 그러한 발전이나 분별이 없었다. 인간은 도덕주체로서의 존재와 사회심리적인 존재가 혼연일체가 되어서 이것들이 분화(分化)되어 있지 않다. 맹자가 강조한 것은 다만 이런 선험적 선을 도덕과 심리의 통합체로 삼아, 이것이 인간과 물(物)을 구별시키는 점이라고 본 것이다.[171]

---

* 『예기』의 「악기」에 나오는 말로 인간의 정서와 감성작용을 가리킨다. 청나라의 고증학자이며 사상가인 대진은 『원선』(原善) 등에서 모든 선과 덕의 근원이라는 의미로 사용한다.

171) 맹자의 '인·의·예·지·성(聖: 전통적으로는 '신'信이다)은 심리적인 원칙(인), 치국과 평천하의 이상(의), 혈연적 기초(예), 개체인격(지), 실천이성(성)이라는 공자 인학의 구조와 완전히 대응하고 있다. 마지막 항목인 '실천이성'에 대해 주자가 『사서집주』(四書集注)의 주(注)에서 말하는 것을 참조해보자. "내가 생각건대 사단(四端)의 신(信: 인·의·예·지·신)이란 오행의 토(土)와 같이 정해진 위치가 없고, 정해진 이름도 없으며, 그것을 지배하는 기도 없다. 수(水)·화(火)·금(金)·목(木)은 모두 토(土)에 의존해서 생겨난 것이

3. 그러므로 맹자는 선험적인 '선'을 강조하는 동시에 경험적인 '학' (學)을 강조했다. 맹자는 만일 후천적인 배양과 교육이 가해지지 않으면, 선험적인 '선'은 매몰되어 사라질지도 모른다고 생각했다.

인간이 금수와 다른 점은 거의 없다. 보통사람은 그것(인의)을 버리지만 군자는 그것을 여전히 보존하고 있다.[172]
구하면 얻을 수 있지만, 내버리면 잃는다. ……구하려는 것은 본래 내가 스스로 지니고 있던 것이다.[173]

맹자와 순자는 모두 공자의 문하에 속해 있는데, 그들은 둘 다 학습을 무척 강조한다. 순자의 '학'은 인성(악한 것으로 봄)을 개조하기 위한 것이며, 맹자의 '학'은 인성(선한 것으로 봄)을 확충하기 위한 것으로 보았다. 맹자에 대해 말하면, 모든 후천적인 경험과 학습은 자기자신 속에 내재하는 선험적인 선한 본성을 발견하여 발양하는 것, 즉 그 선을 자각하여 보전하면서 확충하는 것으로 이른바 '존선'(存善)이다. 맹자는 공자와 증자가 제시한 개체로서의 인격을 '인정(仁政)→불인인지심(不忍人之心)→사단(四端)→인격본체'라는 안을 향해 돌아가는 이런 노선에 종전에는 찾아볼 수 없는 빼어난 철학적 깊이를 가미하고 있다.
순자가 인간은 외재적인 '예'(禮)라는 규범을 지니고 있다는 점에서 금수와 구별된다고 생각한 것과는 달리, 맹자는 인간과 금수의 구분을 사람이 내재적인 도덕적 자각을 가지고 있을 수 있고 동시에 그것을 발양할 수 있다는 점에서 찾고 있다. 이런 도덕적 자각은 인간이 금수와 구별되는 점인 동시에, '성인'(聖人)이 '평범한 사람들'과 구별되는

기 때문에 토는 사행(四行) 모두에 대하여 벗이 아닌 것이 없고 사시(四時)에 붙어서 왕성하다."
172) 『맹자』「이루」하편, "人之所以異於禽獸者幾希, 庶民去之, 君子存之."
173) 같은 책, 「진심」상편, "求則得之, 舍則失之……, 求在我者也."

점이기도 하다. "순 임금은 어떤 사람인가? 나는 어떠한 사람인가? (다 같은 사람이지만) 어떤 일을 하고자 하는 노력 여하에 따라 이와 같은 성인이 될 수도 있는 것이다."[174] 성인은 누구나 도달할 수 있는 인격이다. 맹자는 여기서 "사람은 모두 요(堯) · 순(舜)과 같은 성인이 될 수 있다"(人皆可以爲堯舜)는 유명한 명제를 말한다. 그러나 이와 같은 도덕적 인격에 이르기 위해서는 한 걸음 한 걸음 완성에 도달하는 단계가 있다.

누구나 바라는 것을 선(善)이라고 하고, 그러한 선을 자기 것으로 하는 것을 신(信)이라 하고, 그러한 신을 자기자신에게 충실하게 하는 것을 미(美)라 하고, 충실하게 되어 밖으로까지 광채를 발하는 것을 대(大)라 하고, 대(大)로서 천하를 교화하게 되는 것을 성(聖)이라 하고, 성이면서 그 작용을 도저히 알 수 없는 것을 일러 신(神)이라고 한다.[175]

여기서 말하는 최고 단계의 '신'(神)이란 사실 공자가 말하는 "나이 70이 되어서는 마음이 하고자 하는 대로 놓아두어도 법도를 벗어나지 않는다"(七十而從心所欲, 不踰矩)는 경지를 말한다. 즉, 도덕본체 속에서 합법칙성과 합목적성이 하나로 융합된다. 따라서 포착하기가 어렵거나 추측 불가능한 것 같지만, 그것은 결코 어떤 인격신(人格神)과 같은 존재는 아니다.

이런 이유에서 특히 주의해야 할 것은, 맹자가 묘사한 그러한 단계적 과정과 도덕적 경지는 모두 어떤 선명한 감성적인 특징을 지니고 있다는 점이다. 이것은 맹자가 말하는 '사단'의 도덕적인 본성이 인간의 감성적인 심리에서 분리되지 않는다는 것과 꼭 같다. 맹자는 다음과 같이 말한다.

---

174) 같은 책, 「등문공」 상편, "舜何人也, 予何人也, 有爲者亦若是."
175) 같은 책, 「진심」 하편, "可欲之謂善, 有諸己之謂信, 充實之謂美, 充實而有光輝之謂大, 大而化之之謂聖, 聖而不可知之之謂神."

천하의 가장 넓은 집에 살고, 천하의 올바른 위치에 서며, 천하의 대도(大道)를 행하는 것으로, 뜻을 얻어 등용되면 백성과 함께 같은 길을 나아가고 뜻을 얻지 못하면 홀로 자신의 도를 행할 뿐이다. 부귀가 나를 유혹하여도 내 마음을 혼란케 할 수 없고, 빈곤함과 천함의 괴로움도 나의 뜻을 굽힐 수는 없고, 권위와 무력에 의한 압력도 나의 절개를 굴복시킬 수는 없다. 이러한 사람을 일컬어 대장부(大丈夫)라고 한다.[176]

그러므로 하늘이 장차 어떤 사람에게 큰 임무를 내리려 할 때는 반드시 그 사람의 심지를 괴롭게 하고, 그 사람의 근육과 뼈를 피곤하게 만들고, 그의 위장을 굶주리게 하고 육신을 곤궁하게 만들어 어떤 일도 뜻한 바대로 이루어지지 않도록 만든다. 이것은 다름 아니라 그 사람의 뜻을 분발케 하고, 성정을 참을 수 있게 만들고 불가능한 일도 할 수 있도록 더욱 배가시켜주었다.[177]

문왕(文王)을 기다린 뒤에 흥기(興起)하는 사람은 보통의 범용(凡庸)한 사람이다. 호걸지사(豪傑之士)와 같은 사람은 문왕과 같은 성군이 없어도 스스로 흥기한다.[178]

위의 문장들은 2,000년 이상 사람들의 마음을 계속 격려하며, 끊어지지 않고 전해져 내려온 유명한 구절들이다. 중국 민족, 특히 지식인들에게 이상적인 인격이란 다름 아닌 이와 같은 것들이다. 이러한 이상적인 도덕인격은 결코 종교적인 정신이 아니며, 심미적으로 빛을 발하는

---

176) 같은 책, 「등문공」 하편, "居天下之廣居, 立天下之正位, 行天下之大道; 得志, 與民由之, 不得志, 獨行其道. 富貴不能淫, 貧賤不能移, 威武不能屈, 此之謂大丈夫."
177) 같은 책, 「고자」 하편, "故天將降大任於是人也, 必先苦其心志, 勞其筋骨, 餓其體膚, 空乏其身, 行拂亂其所爲, 所以動心忍性, 曾益其所不能."
178) 같은 책, 「진심」 상편, "待文王而後興者, 凡民也. 若夫豪傑之士, 雖無文王獨興."

것으로 매우 감성적이고 현실적인 품격을 지니고 있다. 신(神)의 '충실한 종'이라기보다는 오히려 독립적이고 자족적인 도덕적 의지를 가진 주체이다. 맹자는 다음과 같이 말한다.

> 인이 부자 사이에 있고 의가 군신 사이에 있고 예가 주객 사이에 있고 지가 현자에게 있고, 성인(聖人)이 천도에 있으면 천명이다. 그러나 이들 덕목은 인간의 본성이므로, 군자는 본성에서 추구하고, 그것을 명이라고 하지 않는다.[179]

말하자면 '인'·'의'·'예'·'지'·'성'(聖)이라는 도덕적 품격을 외재적인 '명'(命)에 복종하는 것으로 볼 수는 없고, 마땅히 내재적인 '성'(性)으로 보아야 한다. 비록 맹자도 '천명'이나 '명'을 말하고 있지만, 오히려 명을 세우는 '입명'(立命)이나 명을 바로 세우는 '정명'(正命)을 더욱 강조한다. 이것은 신의 의지나 천명에 근거하는 타율적인 도덕으로부터 '사단'이나 '양지'(良知)와 같은 자율적인 도덕으로의 전환을 의미한다.

맹자는 도덕적 자율을 강조하기 때문에 개체의 인격가치와 개체가 떠맡은 도덕적인 책임과 역사적 사명을 극도로 부각시키고 있다. 공자 인학 구조의 네번째 구성요소인 개체인격이 사상사 속에서 마침내 형이상학화되었다는 것은 바로 맹자의 최대 공헌이라고 평가해야 할 것이다. 이러한 점은 생사의 갈림길에 놓인 위기상황에서도 그대로 드러나고 있다.

> 삶(生)도 내가 바라는 바이고 의도 내가 원하는 바이지만, 이 두 가지를 겸하여 얻을 수는 없기에 삶을 버리더라도 의는 취할 것이

---

179) 같은 책, 「진심」 하편, "仁之於父子也, 義之於君臣也, 禮之於賓主也, 智之於賢者也, 聖人之於天道也, 命也, 有性焉, 君子不謂命也."

다. 삶도 내가 바라는 바이지만 삶보다도 한층 더 바라는 것이 있는 까닭에, 그것을 포기하면서까지 삶을 얻고 싶지는 않기 때문이다. 죽음을 물론 싫어하지만, 죽음보다도 더 싫어하는 것이 있는 까닭에 죽음이라는 재앙도 감히 회피하려 하지 않는 것이다.[180]

여기서 강조하고 있는 것은 종교적인 헌신이 아니라, 자아의 주체적인 선택이다. 즉, 외재적 권위인 신에 복종하는 것이 아니라 자신에게 내재하고 있는 '내가 바라는 바'(所欲), 곧 무상의 도덕명령에 따르는 것이다. 이것은 세상에서 가장 높은 최고의 본체와 존재로서, 모두 이것에 종속되어 있다.

맹자가 이렇게 도덕적 인격의 주체성을 높이는 것에는 당연히 그 현실적 근거가 있다. 맹자는 다음과 같이 말한다.

세상에는 천작(天爵)이라는 것이 있고 인작(人爵)이라는 것도 있다. 인의와 충신(忠信)을 행하고 선을 즐거워하며 싫증을 내지 않는 것, 그것이 바로 하늘로부터 부여받은 천작이다. 공(公)·경(卿)·대부(大夫) 등은 인작이다. 옛날의 현자에게는 천작을 닦으려고 노력함에 의해 인작이 저절로 주어졌다. 지금 사람들은 인작을 얻기 위해 천작을 닦으며, 이미 인작을 얻었으면 천작은 버려버리니 참으로 미혹함이 심하다.[181]

여기서 말하는 '천작'이라는 도덕적 품격이야말로 현실세계의 '인작'인 '공·경·대부' 등의 근원이라고 할 수 있다. 이런 것은 원래 이전부

---

180) 같은 책, 「고자」 상편, "生, 亦我所欲也；義, 亦我所欲也. 二者不可得兼, 舍生而取義者也. 生亦我所欲, 所欲有甚於生者, 故不爲苟得也；死亦我所惡, 所惡有甚於死者, 故患有所不辟也."

181) 같은 책, 「고자」 상편, "有天爵者, 有人爵者. 仁義忠信, 樂善不倦, 此天爵也. 公卿大夫, 此人爵也. 古之人修其天爵, 而人爵從之. 今之人修其天爵, 以要人爵；旣得人爵；而棄其天爵, 則或之甚者也……."

터 있어온 태고의 씨족제도의 전통이라고 할 수 있는데, 지금은 이러한 제도가 붕괴되고 없다. 여기서 맹자는 '공·경·대부' 등의 '인작'을 위해 '인의충신'이라는 도덕적 '천작'을 부정해버리는 당시 세상의 풍조를 비판하는 동시에, 도덕적인 '천작' 그 자체의 초월적·형이상학적인 의의를 강조하고 있다. 맹자가 주장하는 이러한 도덕적 자율을 최고의 기준으로 삼는 독립적인 개체로서의 인격은 공자 시대에는 도저히 상상할 수 없었다. 공자는 다음과 같이 말한다.

> 대인(大人)을 외경한다.[182]
> 상위의 대부와 이야기할 때는 아첨하지 않았다.[183]
> 임금의 부름을 받으면 수레에 말이 매어지길 기다리지 않고, 곧바로 나갔다.[184]

그러나 맹자의 경우에는 이야기가 달라진다.

> 자기의 생각을 대인에게 말하려 할 때는 상대방을 업신여기고 대담하게 행동하라. 상대방의 귀하고 거만한 모습은 안중에도 두지 말고 무시하라.[185]
> 장차 크게 훌륭한 일을 하려는 임금에게는 반드시 함부로 부리지 못하는 뛰어난 신하가 있게 마련이다.[186]
> 천하가 모두 인정하는 존경받는 것이 세 가지 있다. 작위가 하나요 덕이 하나요 연령이 하나이다. ……어찌 작위 하나만을 가지고 있는 자가 나머지 둘을 가지고 있는 사람을 깔볼 수 있겠는가?[187]

---

182) 『논어』 「계씨」 "畏大人."
183) 같은 책, 「향당」 "與上大夫言, 誾誾如也."
184) 같은 책, 「향당」 "君命召, 不俟駕, 行矣."
185) 『맹자』 「진심」 하편, "說大人則藐之, 無視其巍巍然."
186) 같은 책, 「공손추」 하편, "將大有爲之君, 必有所不召之臣."

위의 맹자의 발언을 통해 보면, 실제로 당시의 사회가 이미 씨족의 전통적인 예의 제도에서 자유민을 해방시켜 자유민이 독립적인 지위를 얻고 있다는 객관적인 현실을 반영하는 것으로 보인다.[188] 어떠한 사상이든 모두 현실적·사회적인 근거를 가지고 있다. 그러나 맹자는 이러한 현실적 상황을 개체의 숭고한 도덕과 품격의 수립이라는 단계로 끌어올려 사상사에서 하나의 위대한 창조적 체계를 이루고 있는데, 이것이 후대에 미친 영향은 엄청나다.

4. 그렇다면 맹자가 말하는 그러한 독립된 인격의 경지에 도달하려면 어떻게 해야 하는가? 앞서 말한 '학습' 이외에 맹자는 매우 특이한 이론을 언급하고 있는데 그것이 바로 기(氣)를 기르는 '양기'(養氣)이론이다.

지(志)는 기의 장수이며, 기는 사람의 몸 안에 충만해 있다. …… 그 지를 확고하게 견지하여야 하며 그 기를 함부로 남용하여서는 안 된다. ……나는 나의 호연지기를 잘 기른다. ……그 기라는 것은 지극히 정직함으로 잘 기르고 그것을 손상시키는 일이 없으면 광대한 천지 사이를 가득 채우고 남을 정도이다. 그 기라는 것은 의와 도와 짝하는 것으로, 만일 도의가 없으면 굶주려 활동하지 않게 된다. 이 기는 안에 의를 모은 결과 생겨나는 것으로, 일시적으로 밖에 있는

---

187) 같은 책, 「공손추」 하편, "天下有達尊三, 爵一, 德一, 齒一 ; ……惡得有其一以慢其二哉?"

188) 그런데 이것과 똑같은 사상이 다른 곳에서도 반영되어 있다. 예를 들면 『전국책』의 「제책」(齊策)에 나오는 다음 구절을 참조할 수 있다. "제나라의 선왕(宣王)이 안촉(顔觸)을 만나서 '안촉이여, 이리 가까이 오라'고 했다. 그러자 안촉도 왕에게 '왕이시여, 이리 가까이 오소서'라고 대꾸했다. 그러자 왕은 안색을 바꾸어 화를 내면서 '왕이 귀한가, 아니면 사(士)의 지위가 귀한가?'라고 물었다. 그 말에 안촉은 '사가 왕보다 귀하고, 왕이 더 귀하지 않습니다'라고 대답했다."(齊宣王見顔觸曰 : 觸前. 觸亦曰 : 王前. ……王忿然作色曰 : 王者貴乎? 士貴乎? 對曰 : 士貴耳, 王者不貴)

의가 들어와서 호연지기를 얻은 것은 결코 아니다. 인간의 행위에 있어 마음에 불만이 생기면 이 기는 굶주려 활동하지 않게 된다. 그래서 나는 고자는 아직도 의를 모르는 것이라고 말한다. 그는 의가 마음 밖에 있다고 생각하기 때문이다.[189]

위의 문장이 주는 느낌은 상당히 신비스럽다. 2,000여 년 동안 이 구절에 대한 여러 가지 다양한 해석들이 출현하였다. 내 생각으로는 이 가운데 양생학(養生學)과 관련되는 생리학(生理學)적인 이론을 제외하고 나면, 주로 말하는 내용은 윤리학에서 일종의 이성을 응집하는 것에 관한 문제가 주된 쟁점이 된다고 본다. 즉, 이성을 응집하여 그것을 의지로 삼아 감성적인 행동이 이성에 의해 지배되고 통솔되도록 만들기 때문에 의지 스스로 충실한 느낌을 얻을 수 있게 된다. 도덕 실천의 필요조건으로서의 의지의 힘이 일반적인 감성과 다른 점은, 그 속에 이미 이성을 응집하고 있다는 사실이다. 이것이 바로 '집의'(集義)이다 그것은 스스로가 의식적·목적적으로 배양하고 발양한 것으로 이른바 '양기'이다.

맹자는 의가 모인다는 뜻의 '집의'를 '이성의 응집'으로 보는데, 이러한 응집은 단순한 인식만이 아니라 반드시 행위나 활동(반드시 실천한다는 '필유사언'必有事焉)을 통하여 배양할 수 있다. 그러므로 그 속에는 지(知)와 행(行)의 두 가지가 모두 포함되어 있다. 바로 인간의 의지와 감정 중에 이성의 응집이 있기 때문에 외재적인 '의'(고자의 주장을 말함)가 그것을 대체할 수 있는 것은 결코 아니다. 그렇다면 이러한 '의가 모이는 것'에서 생겨난 '기'는 '사단', 예를 들면 '불인인지심'(여기는 '측은지심'을 가리킨다고 할 수 있다) 등과 어떤 관계가 있는가? 맹

---

189) 『맹자』 「공손추」 상편, "夫志, 氣之帥也; 氣, 體之充也. ……持其志, 無暴其氣. ……我善養吾浩然之氣. 其爲氣也, 至大至剛, 以直養而無害, 則塞於天地之間. ……其爲氣也, 配義與道; 無是, 餒也. 是集義所生者, 非義襲而取之也. 行有不慊於心, 則餒矣. 我故曰, 告子未嘗知義, 以其外之也."

자는 이 점에 대해서는 분명한 언급을 하고 있지 않다. 다만 분명한 사실은, 맹자가 강조하고 있는 것은 이성을 응집한 감성의 역량이다. 사람은 이런 '의가 모여서 생겨난' 감성('기'를 말함)을 통해 우주천지와 서로 교통(交通)한다. 이것이 바로 맹자가 거듭하여 강조하는 것들이다.

> 마음을 보존하고 본성을 기르는 것은 하늘을 섬기기 위함이다."[190]
> 군자가 지나가는 곳에서는 많은 백성들이 모두 그 덕에 감화되고, 마음에 두고 있는 것은 신령의 감응과 같아서 마치 위로는 하늘, 아래로는 땅의 운행과 함께한다.[191]

이것은 맹자에 의해 처음으로 제창되어 훗날 『중용』을 거쳐 송명이학의 유학이 주창하는 '내성'(內聖)의 도가 되었다(문천상의 「정기가」正氣歌는 맹자가 말하는 '호연지기'를 윤리학적으로 크게 발휘한 것이라고 말할 수 있다). 그것은 순자, 『역전』(易傳)에서 동중서로 이어져 후대의 '경세치용'에서 말하는 '외왕'(外王)의 도에 이르는데 이는 꼭 '내성의 도'와 '외왕의 도'가 유학을 이끌어가는 두 바퀴처럼 서로 다른 두 계열의 대립적인 노선으로 된다. 어떤 경우 이 둘은 서로 보완·융합하여 통일되던 적도 있고, 어떤 경우는 대립·분열한 적도 있었다. 또한 그것들은 서로 다른 방향에서 공자의 '인학 구조'를 끊임없이 풍요롭게 만들어 동시에 중국의 문화심리 구조의 주체적 부분이 된다. 이에 대한 상세한 논의는 이 책의 다른 부분들을 참조하기 바란다.

> •『중국 사회과학』 1980년 제2기에 게재됨.
> '맹자의 철학'은 이번에 따로 증보함.

---

190) 같은 책, 「진심」 상편, "存其心, 養其性, 所以事天也."
191) 같은 책, 「진심」 상편, "夫君子所過者化, 所存者神, 上下與天地同流."

묵가의 철학

　이 글에서 나는 어떤 단체 또는 갈래를 구별한 묵가에 관해서는 언급하지 않으려고 한다. 그러나 논의하려는 내용을 묵자 한 사람만으로 제한하지는 않겠다. 나는 묵자가 소생산 노동자의 사상을 대표하는 특징을 지니고 있는 인물이라고 생각한다. 그래서 후대의 농민반란의 의식형태와 몇몇 저명한 유가의 '이단적인' 인물, 예를 들면 안원, 장타이옌 등의 사상 속에서도 여전히 묵자의 사상적 요소와 유사한 내용들이 끊임없이 드러나고 있다. 이것은 꼼꼼히 따져보아야 할 중요한 현상들이다.

1 소생산 노동자의 사상적 전형

선진 시기의 씨족 전통이 점차적으로 붕괴되면서 초래된 지배적 의
식형태로부터의 급격한 해방은 수공업의 소생산 노동자의 사상을 대표
하는 묵가로 하여금 한때 대단한 주목을 받게 만들었다. 그리하여 묵가
는 유가에 대항할 수 있는 정도의 거의 동등한 위치를 가진, 중요한 학
파가 되었다.[1] 이것은 당시의 비교적 자유로운, 특정한 정치나 사상적
조건과 관련이 있다. 또한 사회 생산역량으로서의 각종 수공업자들이
씨족구조의 엄밀한 통제를 벗어나게 된 상황과 관련이 있다. 묵자는 이
런 상황 속에서 출현했다.

중국의 소생산 노동계급의 사상적 특징은 그 이전에도 없었고 이후
에도 없는 것으로 체계적인 이론형태가 묵자와 그 책 속에서 나타난다
(여기에 묵변墨辯은 포함되지 않는다). 나는 이것이 바로 묵자에서 가
장 연구하고 주의할 만한 가치가 있는 부분이라고 생각한다.

만약 이런 각도에서 출발하여 묵자사상의 기초와 출발점을 개괄하여
말하면 노동, 특히 물질생산의 노동이 사회생활 속에서 가지는 중요한

---

1) '묵'(墨)의 원래 의미는 줄자인 승묵(繩墨)을 사용하는 목수를 뜻한다. 치우스(求
是), 「경사잡고」(經史雜考), 『학습여사고』(學習與思考), 1984. 6)에 보인다.

지위—이른바 '힘'(力), '강함'(强)—에 대한 강조라고 할 수 있을 것이다. 심지어 묵자는 사람이 금수와 다른 점을 '사람은 반드시 자신의 노동력에 근거하여 생존한다'는 점에 있다고 생각하는 것 같다.

사람은 진실로 금수 · 사슴 · 새 · 파충류 등과는 다르다. 금수 · 사슴 · 새 · 파충류 등은 자신이 가지고 있는 날개와 털을 자신의 옷으로 삼는다. 그들은 자신들의 발가락을 신으로 삼는다. 그들은 물풀을 음식으로 삼는다. ……사람이 이들과 다른 점은 자신들의 노동력에 의지하여 사는 것으로, 자신의 노동력에 의지하지 않으면 생존할 수가 없다.[2]

이것은 매우 간단한 사실이지만 매우 중요한 진리이다. 바로 여기서 출발하여 묵자는 오로지 상하가 모두 노력하여 노동하고 일해야만 사회가 존재할 수 있고, 쇠퇴하지 않을 수 있다고 생각했다.

오곡은 백성들이 모두 의지하는 것이다. 그러므로 군주는 그것을 가지고 백성을 기르며, 백성이 오곡에 의지하지 않으면 군주도 백성을 기를 방법이 없다. 백성들이 먹을 식량을 가지지 못하면 어떠한 일도 하지 못한다. 그러므로 식량을 생산하지 않을 수 없고, 토지를 경작하는 데 힘쓰지 않을 수 없고, 물자를 쓸 때 절약하지 않을 수 없다.[3]

농부들이 일찍 나가서 늦게 들어오고 힘써 노력하여 밭을 갈고 재배하고 식량을 모으는 일에 전혀 게으름을 피우지 않는 이유는 무엇

---

2) 『묵자』「비락」(非樂) 상편, "今人固與禽獸麋鹿蜚鳥貞蟲異者也. 今之禽獸麋鹿蜚鳥貞蟲因其羽毛, 以爲衣裘; 因其蹄蚤, 以爲絝屨; 因其水草, 以爲飮食. ……今人與此異者也, 賴其力者生, 不賴其力者不生."

3) 같은 책,「칠환」(七患), "凡五谷者, 民之所仰也, 君之所以爲養也. 故民無仰則君無養, 民無食則不可事. 故食不可不務也, 地不可不力也, 用不可不節也."

인가? 그들은 노력하면 부유해지고, 노력하지 않으면 가난해지고, 또 노력하면 배부르고, 노력하지 않으면 배고프게 될 것이기 때문에 감히 게으를 수 없다고 생각한다. 지금 아녀자들이 일찍 일어나고 늦게 잠들면서 베를 짜고 옷을 만드는 데 온 힘을 다하고, 거친 마나무와 갈나물을 처리하여 옷감을 만드는 데 게으르지 않는 것은 무엇 때문인가? 그들은 노력하면 부유해지고, 노력하지 않으면 가난해지고, 노력하면 따뜻해지고, 노력하지 않으면 추위에 떨게 되기 때문에 감히 게으름을 피우지 못하는 것이다.[4]

묵자의 전체 사회·정치철학은 이런 소박하고 간단한 도리 위에서 성립되었다고 할 수 있다. 그가 걱정하고 관심을 두는 것은 "배고픈 자가 음식을 얻지 못하고, 추운 자가 옷을 얻지 못하고, 일하는 자가 휴식을 얻지 못한다"는 것이다. 그가 요구하는 것은 "배고픈 자는 음식을 얻어야 하고, 추운 자는 옷을 가져야 한다"는 것이다. 또한 노동자는 일정한 휴식을 해야 한다. 만약 조금도 쉬지 못하고 계속적으로 통치자를 위해 복역하고 봉사한다면 단순한 재생산조차도 할 수 없게 되는 것이다. 이렇게 극단적으로 사회의 존재기초로서의 생산노동 활동을 중시하는 관점을 공자가 '극기복례'(克己復禮) 또는 '문행충신'(文行忠信)* 이라는 관점에만 편중하여 번수(樊須)가 농사짓는 방법에 대해서 묻는 것을 힐난하는 관점[5]과 비교해보면 그들이 각기 대표하고 있는 계급관

---

4) 같은 책, 「비명」(非命) 하편, "今也農夫之所以蚤出暮入, 强乎耕稼樹藝, 多聚叔粟而不敢怠倦者, 何也? 曰彼以爲强必富, 不强必貧; 强必飽, 不强必飢, 故不敢怠倦. 今也婦人之所以夙興夜寐, 强乎紡績織紝, 多治麻統葛緒捆布縿而不敢怠倦者, 何也? 曰彼以爲强必富, 不强必貧; 强必煖, 不强必寒, 故不敢怠倦."

* 『논어』의 「술이」에 나오는 말로, 공자가 사람을 교육하는 데 가장 중요한 근본으로 삼은 네 가지 덕목을 말한다.

5) 『논어』 「자로」, "번지(樊遲)가 농사짓는 일에 대해 배우기를 청하자, 공자께서는 '(그 점에서는) 나는 늙은 농부만 못하다'고 하셨다. 밭을 가꾸는 일에 대해 배우기를 청하자, '나는 늙은 원예사보다 못하다'고 하셨다. 번지가 나가자 공자께서는 '번수는 소인이구나' 하고 말씀하셨다."(樊遲請學稼. 子曰, "吾不如老農." 請

념의 차이가 매우 분명하게 나타난다.

당연히 묵자가 말하는 '강함' 또는 '힘'은 씨족 귀족통치자를 그 속에 포함하고 있다.

왕공대인(王公大人)이 아침에 일찍 조정에 나와 늦게까지 백성들의 소송을 들으며 정치에 여념이 없는 것은 무슨 까닭인가? 그들은 노력하면 반드시 바르게 다스려지고, 노력하지 않으면 위태로워진다는 것을 알기 때문에 감히 게으를 수가 없는 것이다.[6]

군자들이 정사를 처리하고 다스리는 데 힘쓰지 아니하면 곧 형정이 어지러워지며, 천한 사람들이 일에 종사하지 아니하면 곧 쓸 재물이 부족하게 된다.[7]

묵자는 결코 계급차별과 계급통치를 반대하지 않았다. 궈모뤄가 말한 것처럼, 묵자는 확실히 '왕공대인'을 위해서 정책을 개진하고 봉사했다. 또한 묵자는 생산에 직접적으로 종사하지 않는 유세객들처럼 "왕공대인이 나의 말에 따라서 정치하면 나라가 반드시 올바로 다스려질 것"이라고 하여, 그 공로가 직접 생산에 종사하는 농부나 베 짜는 여인들보다는 훨씬 크다고 생각했다.

모든 노력을 기울여도 한 사람의 수확밖에 되지 않으니, 한 사람이 경작한 것을 천하에 나누어준다고 해도 한 사람이 좁쌀 하나를 얻기가 어려울 것입니다. ……그것으로 천하의 배고픈 백성들을 먹여 살릴 수 없는 것은 너무나 분명합니다.[8]

學爲圃. 曰, "吾不如老圃." 樊遲出. 子曰, "小人哉, 樊須也!)

6) 『묵자』「비명」하편, "王公大人之所以蚤起晏退, 聽獄治政, 終朝均分而不敢怠倦者何也? 曰彼以爲强必治, 不强必亂, 强必寧, 不强必危, 故不敢怠倦."

7) 같은 책, 「비락」상편, "君子不强聽政卽刑政亂, 賤人不强從事卽財用不足."

8) 같은 책, 「노문」(魯問), "……一農之耕分諸天下, 不能人得一升粟…… 其不能飽天下之飢者, 卽可睹矣."

옛날 성왕의 도를 외워서 그 진리를 찾고 성인의 말씀을 통하여 …… 위로는 이것을 정치하는 사람들에게 설명해주고, 아래로는 서민들에게 일러주는 것만 못하다고 생각합니다.[9]

이런 관점은 공맹과 같은 것으로, 묵자 역시 노심(勞心)과 노력*, 통치자와 피통치자의 '분업'에 대해서 반대하지 않았다. 또한 '현자를 우대하고 능력 있는 자를 부려서' 천하를 다스리는 것을 특별히 강조하여, '현자를 우대하는 것'(尙賢使能)이 정치의 근본이라고 생각했다. 여기에 공맹과 구별되는 점이 있다.

첫째, 공맹은 현자를 천거하는 '거현'(擧賢)을 말하나, 기본적으로 친친존존(親親尊尊)의 씨족혈연이라는 전통적인 범위 내에 제한되고 복종하는 것으로 상층귀족들의 이익을 반영하고 있을 따름이다. 이에 비해 묵자의 '상현'(尙賢)은 이런 전통을 타파하고 '가까운 혈육(骨肉之親) 또는 별탈없이 부귀하게 지내는 용모가 미끈한 자(無故富貴面目好者)'를 천거하는 것에 반대했다. 즉, 출신의 귀하고 천함, 또는 혈연의 친소를 불문하고, 오직 '현'한 사람이면 우대해야 한다고 생각했다. 이것은 바로 하층의 이익을 반영한 것이라고 할 수 있다.

옛날의 성왕들은 현자를 매우 숭상했다. 능력 있는 자들을 등용하고 가까운 집안 사람들과 결탁하거나 부귀한 자들을 편애하지 않았다.[10]

능력 있는 자에게 상을 주고 난폭한 자들에겐 벌을 주는데, 친척이

---

9) 같은 책, 「노문」, "不若誦先王之道…… 上說王公大人."

* 이 말은 『맹자』의 「등문공」 상편에 나오는 말이다. "또는 마음을 수고롭게 하여, 또는 힘을 수고롭게 하나니, 마음을 수고롭게 하는 자는 남을 다스리고, 힘을 수고롭게 하는 자는 남에게 다스림을 당한다."(或勞心, 或勞力, 勞心者治人, 勞力者治於人).

10) 같은 책, 「상현」(尙賢) 중편, "古者聖王, 甚尊尙賢而任使能, 不黨父兄, 不偏貴富, ……."

나 형제를 돌봐주는 사사로움은 결코 없다.[11)

　비록 농사짓거나 물건을 만들어 파는 사람이라 할지라도 능력이 있
으면 천거했다.[12)

　둘째, 공자나 맹자가 현인을 천거하는 것은 예악을 정비하고 인의를
행하기 위한 것인데, 그들은 그런 후에 비로소 천하가 태평해지고 백성
이 부유하게 된다고 생각했다. 반면 묵자는 백성들의 배부름과 따뜻함
을 가장 먼저 강조한다. "현자가 읍을 다스리기 위해서 아침 일찍 집을
나가고 저녁 늦게 들어온다. 밭을 갈고, 재배하고, 열매와 곡식을 모아
식량이 많아져야 백성이 풍족하게 먹게 될 것이다."[13) 이 때문에 '정치
의 근본'(爲政之本)으로서 '현자를 우대하는 것'은 직접적으로 물질생
산에 노력하여 백성들의 생존에 필요한 것들을 만족시킨다는 궁극적
목표를 가지고 있다. 기타의 다른 모든 것, 예를 들면 예악 등은 부차적
인 것으로, 모두 궁극적인 목표에 종속되는 것이기 때문에 결코 이것을
벗어나 위반할 수는 없다.

　그러므로 묵자는 이런 궁극적 목표를 위반하는 씨족 귀족통치자들의
사치생활에 대해 비판하고 '절용'(節用 : 아끼어 씀)을 강조한다.

　다섯 가지 맛의 조화와 향기로움의 조화를 다하지 않고, 먼 나라의
진귀하고 기이한 물건들을 사용하지 않는다. 옛날의 성왕들은 의복
을 만드는 법에 대해 말했다. 겨울옷은 짙은 칡 베옷을 입는데 가볍
고 따스해야 하고, 여름옷은 굵고 고운 옷을 입어야 하는데 가볍고
시원하면 된다. 그밖에 더 많은 비용을 써서 백성들의 이익에 전혀
이익이 되지 않으면 성왕은 하지 않았다.[14)

---

11) 같은 책, 「겸애」(兼愛) 하편, "賞賢罰暴, 勿有親戚弟兄之所阿."
12) 같은 책, 「상현」 중편, "雖在農與工肆之人, 有能則舉之."
13) 같은 책, 「상현」 중편, "賢者之治邑也, 蚤出莫入, 耕稼樹藝, 聚菽粟多而民足
　　乎食."

142

묵자는 음식·옷·배·수레·집 등의 모든 의식주에서는 다만 생존의 기본적 수요에 만족하는 것만을 추구하고, 기타의 다른 모든 것들은 낭비라고 생각했다. 그러므로 묵자는 '비락'(非樂: 절약하고 검소한 생활을 위해서 음악공연 등의 활동을 반대함)을 말한다.

어진 사람이 천하를 위해 헤아릴 때에는 그 눈에 아름다운 것이나 귀에 아름다운 음악, 입에 단 것이나 몸에 편안한 것만을 위해 일하지 않는다. 이런 것들로 백성들이 입고 먹을 재물을 축내고 빼앗게 되기 때문에 어진 사람은 그런 짓을 하지 않는다.[15)]

묵자가 음악과 아름다운 미인, 맛있는 음식, 좋은 집과 멋진 방이 사람들에게 즐거움을 준다는 것을 모르는 것은 결코 아니다. 그러나 그러한 것들을 좇다보면 "조만간 백성들에게서 엄청난 가렴주구를 해야 한다." 이것은 생산을 하는 데 직접적인 도움이 될 수도 없고, 또 국가를 보위할 수 없게 만들 가능성이 크다. 또한 이것은 통치자가 "아침 일찍 나가고 저녁에 퇴근하여 정사를 듣고 다스리는 것"을 방해하고, 농부와 베 짜는 여인들이 "밭을 갈고 열매를 모으는" 것을 방해하기 때문에 반드시 모두 관리하고 조절해야 한다.

묵자는 당연히 후장(厚葬: 후하게 치르는 장례)을 반대한다. 왜냐하면 후장은 "백성들이 일을 하지 못하게 만들고, 백성들의 재물을 없애며"[16)], "국가는 빈곤해지고, 인민은 줄어들어 형정은 어지럽게 되기"[17)] 때문이다. "의식(衣食)이라는 것은 인생의 이익이므로 반드

---

14) 같은 책, 「절용」(節用) 중편, "不極五味之調, 芬香之和, 不致遠國珍怪異物. ……古者聖王制爲衣服之法, 曰冬服紺緅之衣, 輕且暖, 夏服絺綌之衣, 輕且清, 則止. 諸加費不加於民利者, 聖王弗爲……."

15) 같은 책, 「비락」 상편, "仁者之爲天下度也, 非爲其目之所美, 耳之所樂, 口之所甘, 身體之所安. 以此虧奪民衣食之財, 仁者弗爲也."

16) 같은 책, 「절장」(節葬) 하편, "輟民之事, 靡民之財."

17) 같은 책, 「절장」 하편, "國家必貧, 人民必寡, 刑政必亂."

시 절제해야만 한다. 매장은 죽은 사람의 이익이므로 여기에도 어찌 유독 절제가 없겠는가?"[18]

결론적으로 일반 백성들이 먹고 입는 것을 보증하는 것이 가장 중요한 것이기 때문에, 기타의 다른 모든 소비는 철저하게 절약하고 관리하고 폐지되어야 한다. 물질적인 조건이 충족되지 못하여 많은 노동자들이 늘 배고픔과 추위가 연이어 밀려오는 상황에서 생존하던 고대에 묵자가 이런 사상적 관점을 가지고 있다는 점은 충분히 이해할 만한 것이라고 할 수 있다. 묵자는 귀족 통치자들의 여러 가지 사치스러운 생활을 폭로하고 배격하는 것으로 그 나름대로의 진보적 의미를 보여주고 있다.

그러나 문제가 되는 것은 사회가 발전하고 생산이 확대되고, 잉여가치가 증가하고, 재정이 계속적으로 증대되고 집중되면서 사회적 소비와 수요(특히, 상부계층의 씨족귀족의 경우)가 신속하게 확대되었으며 이것은 막을 수 없는 하나의 역사적 조류가 되었다는 사실이다. 생산과 소비는 서로 인과관계를 가지면서 영향을 준다. 이 때문에 묵자는 철저하게 기본생존에 필요한 것을 제외한 모든 소비를 제한하고, 심지어 억제하면서 실제로는 사회발전의 객관적 규율을 위반하기도 했다. 하지만 이것은 현실적으로 실현되기 어렵고, 또 어떤 결과를 가지고 올 수도 없다. 이것이 바로 소생산 노동자의 좁은 시야가 초래한 비극이다.

노동자로서 그들은 농사짓는 것의 어려움과 생산의 어려움을 알고 있기 때문에 일체의 모든 과소비와 사치와 향락을 즐기는 것에 대해 반대했다. 그런데 소생산자들인 그들이 친히 보고 들은 것들은 그들이 존재하고 있는 좁은 환경 속에 철저하게 제한되어 있었다. 그래서 마음을 사용하여 남을 다스리는 데 애쓰고 힘을 수고롭게 하여 남에게 다스림을 당하는 노력, 지배자와 피지배의 분화가 생기면서 점차적으로 사회

---

18) 같은 책, 「절장」 하편, "衣食者, 人之生利也, 然且猶尙有節. 葬埋者, 人之死利也, 夫何獨無節于此乎?"

상층부의 소비생활 방식은 날로 부유하고 윤택하여 사치스럽게 변해갔다. 그에 따라 소비에 대한 요구가 날로 더 높아지면 사람들은 단순히 배부르게 먹고 따뜻하게 입는 것으로만 만족하지 못한다. 만약 이것에 주관적으로 인위적인 제한을 가하려는 것은 다만 하나의 공상일지도 모른다.

묵자의 기타의 다른 사상 역시 이러한 이중적인 기초 위에서 성립되어 있다. 예를 들면, 묵자는 철저하게 '명'(命)에 반대하고 있다.

명이 있다고 믿는 운명론자의 말을 따르면, 위에 있는 사람은 정사를 돌보려 하지 않고 그 밑에 있는 백성들은 일을 하려 하지 않을 것이다. 위에서 정사를 돌보지 않으면 그 나라의 형정은 어지러워질 것이 분명하고, 밑에 있는 백성들이 일에 힘쓰지 않으면 그 나라의 재물은 부족하게 될 것이다.[19]

배고픈 백성에게는 반드시 먹을 것을 주고, 추위에 떠는 백성에게는 옷을 주고, 일에 지친 백성은 쉬게 해주고, 난폭한 무리는 바로잡아 준다. 이리하여 세상에서 빛나는 영예를 얻게 된 것, 이것을 어떻게 운명이라 하겠는가? 이것은 그들의 노력 덕분이다.[20]

이전의 성왕들이 어찌 오곡을 항상 풍족하게 추수하고 가뭄의 재앙을 오지 않게 하겠는가? 그런데 춥고 배고프지 않은 백성들은 어떻게 가능한가? 그들은 온 힘을 다하여 쉬지 않으면서 쓰는 데는 스스로 절약했기 때문이다.[21]

---

19) 같은 책, 「비명」상편, "今用執有命者之言, 則上不聽治, 下不從事. 上不聽治則刑政亂, 下不從事則財用不足."
20) 같은 책, 「비명」상편, "必使飢者得食, 寒者得依, 勞者得息, 我者得治, 遂得光譽令問於天下, 夫豈可以爲命哉, 故以爲其力也."
21) 같은 책, 「칠환」, "雖上世之聖王豈能使五穀常收而旱水不至哉? 然而無凍餓之民者, 何也? 其力時急而自養儉也."

묵자는 '명'(命)을 '힘'(力), '강함'(强)과 대립시켜 굶주림과 배부름, 추움과 따뜻함, 질서와 혼란, 영예와 치욕, 귀함과 천함, 편안함과 위태로움의 모든 것들이 인간의 노력(생산을 말한다) 여하에 달려 있는 것이지 운명으로 정해진 것은 아니라고 했다. 심지어 사회도덕과 도덕적 표준 역시 이것에 의해서 전이되는 것으로 보기도 한다.

그러므로 풍년이 드는 좋은 때에는 백성이 인자하고 선량하다. 흉년이 드는 나쁜 때에는 백성이 인색하고 포악하다.[22]

이처럼 공격과 정벌을 좋아하는 군주들은 이것이 어질지 않고 의롭지 않은 것을 알지 못한다. 그 이웃나라의 군주들도 이것이 어질지 않고 의롭지 않은 행위임을 알지 못한다. 이 때문에 공격과 정벌이 대대로 끊어지지 않게 되는 것이다. 그래서 나는 큰 사물에 대해서는 알지 못하고 이른바 작은 사물에 대해서만 안다고 하는 것인데, 어떠한가? 지금 여기 어떤 사람이 남의 채소밭으로 들어가 복숭아나 오얏 또는 호박이나 생강을 훔친다면, 윗사람은 그를 잡아 벌줄 것이고 다른 사람들은 그 말을 듣고 비난할 것이다. 이것은 무엇 때문인가? 그것은 자신은 수고하지 않고 그 결과를 취했고, 자기 것도 아니면서 그것을 취했기 때문이다.[23]

백성들의 '본성'(性)의 선량하고 나쁜 것은 추수한 결과의 풍족함과 흉년에서 나오는 것이고, 추수한 결과의 풍족함과 그렇지 않음은 주로 인위적인 노력에 달려 있는 것이지, 결코 명에 의해서 정해진 것은 아니다. 그러므로 반드시 '비명'(非命: 정해진 운명을 부정함)하여야 한

---

22) 같은 책, 「칠환」, "故時年歲善, 則民仁且良 ; 時年歲凶, 則民吝且惡."
23) 같은 책, 「천지」(天志) 하편, "好攻伐之君不知此爲不仁不義也, 其鄰國之君不知此爲不仁不義也, 是以攻伐世世而不已者, 此吾所謂大物則不知也, 所謂小物則知之者, 何若? 今有人于此, 入人之場園, 取人之桃李瓜薑者, 上得且罰之, 衆聞則非之, 是何也? 曰不與其勞, 獲其食, 以非其有所取之故."

다. 이른바 '인의'의 도덕도 반드시 노동의 결과를 존중하는 모든 권리 위에서 성립되어야만 한다.

묵자는 당시에 전란이 빈번하게 일어나고 서로 공격하며 약탈하는 상황이 생기는 이유를, 이런 기본적 도리를 분명히 알지 못했기 때문이라고 말한다. 이런 관점들은 묵자가 사회생활 속에서 발생하는 일체의 현상을 소생산 노동자의 입장에서 평가·판단하고 긍정 또는 부정하고 있음을 표명한 것이다. 그는 소생산 노동자의 입장에서 절용·절장과 비락을 주장하고 있다. 재화를 만들어내거나 축적하는 일은 모두 어려우므로 온 힘을 다해 절약할 수밖에 없다는 것이다. 그가 비명(非命)·주강(主强: 강함을 강조함)·중력(重力: 힘을 중요하게 여김)을 주장하는 이유도 마찬가지이다.

묵자는 이런 관점에 근거하여 매우 소박한 도리를 주장하지만, 그의 주장은 상부의 지배계층에 속하는 사상가들에 의해서 의식적 또는 무의식적으로 철저하게 무시되거나 말살당해버린다. 왜냐하면 상부 지배계층에 속하는 사람들은 직접적인 생산의 경험을 가지고 있지 못하기 때문에, '중력'이나 '비명'에 대한 절실한 체험을 가지기는 힘들었을 것이다. 그들은 비교적 많은 재화와 질 높은 삶을 향유하고 있었기에, 절약·검소의 이런 생활방식에 관심있게 주의를 기울일 수는 없었을 것이다. 따라서 그들은 치국(治國)에 대한 전략이나 사회적 이상을 물질생산을 근본으로 하는 관점에서 형성하기보다는, 대부분 인성이나 제도 등의 상층구조와 의식형태(일종의 지배 이데올로기)의 구축이라는 관점 사이를 선회하고 있을 뿐이다. 구체적으로 유가가 바로 이런 경우이다.

묵자는 도덕적 요구와 윤리적 규범을 물질생활과의 직접적인 연계 속에 놓아두고 있다.[24] 즉, 그것들을 현실생활의 공리적 기초 위에 세

---

24) 묵자는 유가의 3년상에 반대했다. 만약 3년상을 하게 되면 '남녀간의 자연스런 교배를 해치는' 결과를 가져와 인구의 증가에 나쁜 영향을 미치게 될 것으로 보고 있는 것 같다.

위두고 있는 것이다. 묵자의 가장 저명한 겸애설(兼愛說)은 현실적인
공리를 기초로 하는 것으로, 바로 "서로 다 같이 아끼고, 서로 이익이
되어야 한다"(兼相愛, 交相利)는 관점이다.

 ……다른 사람이 그의 부모를 사랑하고 이롭게 해주기를 바란다.
그러면 나는 먼저 어디서부터 일을 착수해야만 이런 결과를 얻을 수
있는가? 내가 먼저 다른 사람의 부모를 사랑하고 이롭게 해준 다음에
다른 사람도 나의 부모를 사랑하고 이롭게 해주지 않겠는가? ……나
에게 복숭아를 보내주면 거기에 오얏으로 보답한다는 말은, 남을 사
랑하는 사람은 반드시 남의 사랑을 받고 남을 미워하는 사람은 반드
시 남의 미움을 받는다는 것을 말한 것이다.[25]

 이것은 바로 소생산 노동자들이 서로 주기도 하고 받기도 하는 상
호교환의 관계라는 문제를 확대한 것이다. "비록 현명한 군주라 할지
라도 공적이 없는 신하를 아끼지 않으며, 자애로운 아버지가 있으나 아
무런 이익도 되지 않는 자식을 아끼지는 않는다."[26] 그런데 여기서 주
의해야 할 것은, 다 같이 '사랑'을 말하고 있다는 점이다. 묵가가 말하
는 '사랑'은 유가가 그것을 친자의 혈연관계라는 심리적 기초 위에서
성립시키고 있는 것과는 근본적으로 다르다. 이런 다른 점들은 여러
가지로 중요한 결과들을 포함하고 있다. 그것들을 살펴보면 다음과
같다.
 첫째, 유가의 '사랑'은 무조건적이고 초공리적(超功利的)이다. 반면
에 묵가의 '사랑'은 조건적이며 현실의 물질적 공리를 기초로 삼고 있
다. 묵가의 관점은 내재심리적인 '인'에서 나온 것이 아니라, 외재적인

---

25) 『묵자』「겸애」하편, "……卽欲人之愛利其親也, 然卽吾惡先從事, 卽得此. 若我
  先從事乎愛利人之親, 然后人報我愛利吾親乎……, 投我以桃, 報之以李, 卽此言
  愛人者必見愛也, 而惡人者必見惡也."
26) 같은 책, 「친사」(親士), "雖有賢君, 不愛無功之臣, 雖有慈父, 不愛無益之子."

상호이익에 바탕을 두고 있는 '의'(義)에서 나왔다. '이익'에 기초한 '의'야말로 소생산 노동자의 척도와 표준이다. 그리고 이런 관점은 후대의 법가들이 유가가 말하는 인의를 일종의 허위라고 배척하고 일체의 현실적 이해를 따지는 것을 기초로 삼는 입장을 만드는 데 이론적 기초를 제공했다. 이런 의미에서 궈모뤄는 묵가와 법가 두 학파가 진(秦)나라에서 합류하는 것은 분명히 일리가 있는 것이라고 말했다.

둘째, 유가는 친자의 혈연관계와 심리원칙에서 출발하고 있기 때문에, '사랑에는 차등이 있다'는 관점을 강조하여 혈육상으로 가까운 사람과 먼 사람에 대한 애정을 구별하는 차등적 사랑을 말한다. 이에 비해 묵자의 '겸애'는 '상호이익을 교류하는' 관점에서 출발하기 때문에, 사랑에 차등이 있다는 관점에 반대하는 주장을 펼치고 있다. 그러나 유가는 현실적인 씨족혈연의 종법적 기초를 가지고 있으므로 강력한 현실적 버팀목을 가지게 된다. 묵가는 친소를 구분하지 않는, 겸상애(兼相愛)라는 관점을 통하여 전란을 피하려는 거대한 공리(功利)[27]를 생각했지만 이것은 오히려 실제의 현실을 벗어난 공상이 되어버린다.

'보편적 사랑'으로 전란을 종식시키고 평화를 얻으려는 시도는 소생산 노동자들에게 자주 나타나는 일종의 유토피아 의식이다. 소생산 노동과정의 협소한 범위 내에서 상호합작한다면 상호이익이 된다는 실제 경험의 획득을 통하여, 그들을 대변하는 사람이나 사상가들이 쉽게 그

---

27) 『묵자』의 「겸애」상편에서는 다음과 같이 말하고 있다. "분란은 왜 일어나는가? 그것은 서로 아껴주지 않기 때문이다. ……도적들은 자신의 집만 아끼고 다른 사람의 집은 아끼지 않는다. 그러므로 다른 집의 물건을 훔쳐 자기집을 이롭게 한다. 강도는 자신의 몸만 아끼고 다른 사람의 몸은 아끼지 않는다. 그러므로 다른 사람을 상하게 하여 자기몸을 이롭게 한다. 대부는 각각 자기집을 아끼고 다른 집을 아끼지 않는다. 그러므로 다른 집을 분란시켜서 자기집을 이롭게 한다. 제후는 각각 자기나라만 아끼고 다른 나라를 아끼지 않는다. 그러므로 다른 나라를 공격하여 자기나라만 이롭게 한다. 천하를 분란하게 만드는 이유는 모두 여기에 있다."(亂何自起? 起不相愛. ……盜愛其室, 不愛異室, 故竊異室以利其室; 賊愛其身不愛人, 故賊人以利其身, ……大夫各愛其家不愛異家, 故亂異家以利其家; 諸侯各愛其國不愛異國, 故攻異國以利其國. 天下之亂物, 具此而已矣)

것을 일종의 '정치'와 '구세'(救世) 이론으로 승화, 발전시킬 가능성이 크다. 후대의 중국이나 다른 나라의 사상사 속에서도 이와 같이 유사한 현상들을 쉽게 발견할 수 있다. 묵자의 겸애 역시 그 연원이 있다. 『회남자』(淮南子)의 「요략훈」(要略訓)에서는 묵자가 "주나라의 도를 버리고 하나라의 정치를 사용했다"(背周道而用夏政)고 말한다. 묵자 역시 "서로를 아끼고 서로 이익을 주고받는다는 것은 앞선 네 분의 성왕들이 친히 실행한 것이다"[28]라고 말했다.

기타의 여러 경전 역시 묵자는 하나라의 우 임금을 계승했다고 말한다. 이것은 묵자사상이 매우 오래된 역사적 유래가 있음을 말하는 것이다. 대체로 상고의 씨족 종족제도가 아직 완전하게 정착되지 않았던 하우(夏禹) 시대의 무계급·무차등의 원시체제가 상당한 정도로 연속되어 남아 있는 것으로 볼 수도 있기 때문이다. 이런 유풍의 단편들이 여전히 사람들의 기억과 감회 속에 잔존하고 있는데, 이런 것이 바로 묵자가 말하는 겸애사상을 낳을 수 있었던 유래이다. 그러므로 어떤 사람들은, 지금은 유가에 의해서 『예기』에 편입되어 있는 「예운」(禮運)의 대동사상(大同思想)에 관한 구절이 실제로는 묵가의 사상이라고 보기도 한다. '우·탕·문·무·성왕(成王)·주공' 이전의 '대동' 세계가 전개한 것은 바로 다음과 같은 광경이었을 것이다.

사람들은 다만 그 어버이만을 친애하지 않고, 오직 자기자식만을 사랑하지 않았다. 연로한 사람들이 안락하게 그 수명을 다할 수 있게 하고, 힘이 있는 장년은 충분히 그 힘을 다 발휘하게 하고, 어린아이는 건전하게 자랄 수 있게 하여 홀아비, 과부와 고아, 자식 없는 사람과 장애인들이 모두 충분히 그 몸을 기를 수 있게 했다. ……재화는 백성들이 살아가는 데 없어서는 안 되는 것이기에 그것을 땅에 버리는 것을 싫어했지만, 자기자신을 위해서 사사로이 숨겨두지는 않았다.[29]

---

28) 같은 책, 「겸애」하편, "夫兼相愛交相利, 此自先聖六王者親行之."

이것은 근본적으로 유가의 '소강'(小康)의 이상을 초월하여, 공자로 하여금 "내가 아직도 이를 수 없는"(丘未之逮也) 것이라고 한탄하게 만든 경지이다. 이런 입장은 묵자사상 속에 어느 정도 보존되어 드러나고 있다. '겸애'는 그중에서 가장 분명하게 드러나는 한 부분이라고 할 수 있다. 예를 들면 다음과 같다.

다른 사람들의 나라를 마치 자신의 나라로 보고, 다른 사람의 집을 자신의 집으로 보고, 다른 사람의 몸을 마치 자신의 몸으로 본다.[30]

힘이 강한 자가 약한 자를 겁탈하지 않고, 귀한 자가 천한 자를 업신여기지 아니하고, 약삭빠른 자가 어리석은 자를 속이지 않는다.[31]

늙어서 처자가 없는 자는 보살핌을 받아 수명을 다한다. 어리고 약한 아이들이 부모가 없을 때는 의지할 바를 마련해주어 그 몸을 다 자라게 해준다.[32]

위에서 말하는 것들이 모두 대동의 이상과 매우 비슷하게 보이지는 않는가? 이것은 약탈과 억압, 박탈이 없는 노동자들이 서로 돕고 우애하며 서로 이익을 주는 낙원을 꿈꾸는 것으로 보인다.

여기서 중요한 것은 묵자사상은 한편으로 겸애를 주장하며 대동을 꿈꾸지만, 다른 한편으로는 유가가 주장하는 따스함이 흐르는 인도주의의 면사포를 걸친 정감심리(情感心理)는 가지고 있지 않다는 점이다. 오히려 '현인이 되려 하고'(爲賢), '다른 사람을 돕고'(助人), '재산의 분배'(分財)를 포함한 도덕적 공상들은 모두 현실적 공리(부귀)라는

---

29) 『예기』「예운」(禮運), "人不獨親其親, 不獨子其子, 使老有所終, 壯有所用, 幼有所長, 鰥寡孤獨廢疾者皆有所養. ……貨惡其棄於地也, 不必藏於己; 力惡其不出於身也, 不必爲己."
30) 『묵자』「겸애」 하편, "視人之國若視其國, 視人之家若視其家, 視人之身若視其身."
31) 같은 책, 「겸애」 중편, "强者不劫弱, 貴者不傲賤, 多詐者不欺愚."
32) 같은 책, 「겸애」 하편, "老而無妻子者有所侍養, 以終其壽; 幼弱孤童之無父母者有所放依, 以長其身."

기초 위에 세워져 있다.

오늘날 천하의 선비와 군주들은 모두 부귀하려고 하고, 빈천을 싫어한다. 묻기를, '너는 어떻게 하여 부귀를 얻고 빈천을 피할 수 있었는가?' "현인이 되는 것이 최고다. 현인이 되는 방법은 무엇인가?" 대답하기를, "힘이 있는 자는 빨리 뛰어가서 다른 사람을 도와주고, 재산을 가진 자는 힘써 다른 사람들에게 나누어주고, 도가 있는 자는 성실하게 다른 사람을 가르치는 것이다."[33]

이것은 모순적인 것처럼 보이지만 분명한 사실이다. 소생산 노동자 그 자체가 가지고 있는 모순적 성격이 전형적으로 반영된 것이라고 할 수 있다. 이미 물질적인 현실의 공리를 근본적 기초로 삼고 있을 뿐 아니라 상호부조하고 겸애하는, 심지어 이를 위해서 자신을 희생할 수 있음을 강조하고 있다.

앞에서 말한 '중력'과 '겸애'와 함께 묵자사상의 체계를 정립하고 있는 세번째 지주는 바로 '천지'(天志)와 '명귀'(明鬼)이다.

이것은 언뜻 보면 매우 이상하다. 경험과 공리에서 출발하여 현실에 아주 충실하고 이성적으로 깨어 있는 사상이론인 것 같은데, 왜 이렇게 살아서 활동하는 상제(上帝)라는 인격신을 필요로 하는가? 왜 '강력'을 강조하여 숙명에 반대하는 묵자가 오히려 선한 사람에게 상을 내리고 악한 자에게 벌을 줄 수 있는 '천'(天), '귀'(鬼)를 통해서 인간세상을 통치하려고 하는가?

이것은 여전히 소생산 노동자가 가지고 있는 특징을 통해서만 올바르게 해석할 수 있는 문제이다. 그들은 자신들의 좁은 경험적 범위를 넘어서는 정신적 근거를 제공할, 일종의 신앙의 힘을 필요로 했다. 소

---

33) 같은 책, 「상현」 하편, "今也天下之士君子, 皆欲富貴而惡貧賤, 曰然: 女何爲而得富貴而辟貧賤? 莫若爲賢. 爲賢之道奈何? 曰有力者疾以助人, 有財者勉以分人, 有道者勸以敎人."

생산 노동자의 일상경험의 좁은 시야로부터 정신적 근거를 귀납할 수는 없었고, 진정한 의미의 넓은 시야와 과학적이고 전체적인 세계관을 연역하거나 추론해내는 것이 더욱 어렵기 때문이다. 이런 이유로 묵자는 순자의 『천론』(天論)이나 『역전』과 같은 체계적인 사상은 가질 수 없던 것으로 보인다. 전통적인 종교의식은 이들 좁은 견문만 가지고 폐쇄적으로 낙후되어 있는 소생산자의 심리, 관념 속에 더욱 쉽게 잔류하여, 외부로부터 오는 자극에 조금의 반응도 없이 변화를 거부하고 항상 전통적인 습관을 완강하게 보존하고 옹호하는 역할을 하게 된다. 그러므로 사회존재라는 측면(소생산자의 자유분방하고 좁은 생활환경과 지위에 관련됨)이나 사회의식의 측면(종교적 전통이 남아 있다는 측면)에서 이들 소생산자들은 절대적 권위를 가지고 있는 인격신을 최고의 주재자로 삼는 환상을 매우 쉽게 만들어낸다. 왜냐하면 '겸상애, 교상리'나 '힘에 의지하는 자만이 생존한다'는 등의 사회원칙과 정치이상은 반드시 이러한 절대적 복종과 신앙의 기초, 동력과 표준을 만드는 것에 의존해야만 비로소 실제적으로 실행 가능하기 때문이다.

그러므로 묵자의 사회·정치원칙은 현실적 공리를 기초로 하고는 있지만 결코 근대적인 의미의 개인과 개인 사이의 평등한 계약론의 원리 위에서 성립된 것이 아니라, 모든 개인은 반드시 인격신의 주재에 복종해야 한다는 기초 위에 성립되어 있다. 말하자면 세간의 법도는 사람들의 협상에 의해 확립된 것이 아니라, 그것은 하늘에서 온 것이기 때문에 반드시 복종해야 한다는 것이다. 이것이 바로 묵자가 말하는 '천지'(天志)와 '천의'(天意)이다.

하늘의 뜻에 따르는 것을 일러 훌륭한 형정이라 하고, 하늘의 뜻에 거역하는 것은 훌륭하지 못한 형정이라고 말한다. 그러므로 이것을 놓고 법으로 삼고, 이것을 세워 표준으로 삼아 천하의 왕·공·대인·경·대부의 어짊과 어질지 못함을 헤아린다. ……하늘의 뜻을 따르지 않을 수가 없고, 하늘의 뜻을 따른다는 것은 바로 올바른 법

도이다.[34]

천자에게 선함이 있으면 하늘이 상을 내릴 것이고, 천자에게 잘못이 있으면 하늘이 벌을 내릴 수 있다. 천자가 내리는 상벌이 합당하게 주어지지 않고 옥사(獄事)의 처리가 적절하지 못하면 천하에 질병과 재난이 빈번하고, 서리와 이슬이 바른 때에 내리지 않게 된다. 그러면 천자는 반드시…… 하늘에 제사 지내며 복을 빌게 된다. ……이런 까닭에, 의로움이란 것은 어리석거나 천한 자로부터 나오는 것이 아니라 반드시 귀하고도 지혜로운 사람에게서 나온다. 그러면 누가 가장 지혜로운가? 하늘이 지혜롭다.[35]

정해진 규범·규칙·원칙·법도, 예를 들면 겸애·비공(非攻)·인의·절용 등등은 모두 '어리석고도 천한 하층 인민'인 백성들이 규정한 것이 아니다. 그것은 천자보다도 더욱 '고귀하고 지혜로운', 즉 인격신으로서의 '천'이 규정한 것이다. 소생산 노동자는 항상 자신의 희망과 욕망을 하늘에 투사하여 어떤 공평하고 정직한 주재자가 세계를 통치하며, 제멋대로인 귀족을 제약하기를 희망하고 있다. 또한 스스로 이 구조가 만들어낸 주재자의 앞에 엎드려 모든 것을 바치려고 한다. 묵자의 '강력', '겸애'라는 관점은 결코 근대적인 의미의 개인주의를 끄집어내지는 못했고, 도리어 하나의 종교적 인격신을 통하여 그것을 반포하고 집행하려는 특징을 매우 분명하게 보여주고 있다.

이 때문에 비록 자력과 비명을 어떻게 강조하든 간에, 여전히 인간 스스로가 자신의 운명을 장악하여 자신의 법도·형정·제도와 선악 등

---

34) 같은 책, 「천지」 중편, "順天之意, 謂之善刑信, 反天之意, 謂之不善刑政, 故置此以爲法, 立此以爲儀, 將以量度天下之王公大人卿大夫之仁與不仁. ……天之意, 不可不順也, 順天之意者, 義之法也."

35) 같은 책, 「천지」 하편, "天子有善, 天能賞之; 天子有過, 天能罰之; 天子賞罰不當, 聽獄不中, 天下疾病禍福, 霜露不時, 天子必且 ……禱祠祈福于天. ……是故義者, 不自愚且賤者出, 必自貴且知者出, 曰誰爲知? 天爲知."

을 규정하고 감독하지는 못했다. 그러므로 반드시 '귀하고도 지혜로운' 상제나 귀신에게 의탁하고 의지해야만 하는 것이다.

지금 만약 온 천하의 사람들 모두에게, 귀신이 현명한 사람에게는 상을 주고 포악한 자에게는 벌을 주고 있음을 믿도록 한다면 천하가 어찌 어지러워지겠는가?[36]

그러므로 고대의 성왕들이 천하를 다스릴 때는 반드시 귀신을 먼저 우대하고 난 뒤에 사람을 말했다.[37]

귀신의 밝음은 성인보다 지혜로운데, 그것은 마치 귀 밝고 눈 밝은 사람을 벙어리와 소경에 비교하는 것과 같다.[38]

천하의 조화를 통일하고 온 세계를 총화시켰다. 천하의 백성들을 거느리고 농사짓고, 신하들로 하여금 하늘과 산천의 귀신들을 섬기게 했다.[39]

이것을 유가가 말하는 "공자께서는 괴·력·난·신에 대해서는 말씀하시지 않았다", "아직 살아 있는 사람도 섬기지 못하는데 어찌 귀신을 섬기겠는가"라는 말들과 비교해보면, 유가가 인간 자신의 독립적 가치와 우선적 지위를 강조하고 있는 데 비해 묵가의 관점들은 오히려 더욱더 낙후되어 버렸다는 것을 알 수 있다. 이런 낙후성은 바로 소생산 노동자와 문화적인 성과들을 거의 독점하다시피 하고 있는 지배자간의 차이에 의해 조성된 것으로 보인다.

정치적인 의미의 '상동'(尚同) 역시 이와 거의 비슷하다. '상동'은 의지를 통일하고, 관념을 통일하고, 행동을 통일하기를 요구한다. 그런데

---

36) 같은 책, 「명귀」(明鬼) 하편, "今若使天下之人, 偕若鬼神之能賞賢而罰暴也, 則夫天下豈亂哉?"
37) 같은 책, 「명귀」 하편, "故古聖王治天下也, 故必先鬼神而后人."
38) 같은 책, 「경주」(耕柱), "鬼神之明, 智于聖人, 猶聽耳明目之與聾瞽也."
39) 같은 책, 「비공」(非攻) 하편, "一天下之和, 總四海之內焉, 率天下之百姓以農, 臣事上帝山川鬼神."

이때 무엇을 중심으로 통일하여야 하는가? '상'(上)에 통일하여야 한다. '상'에 통일하여야 한다는 것은 바로 '경장'(卿長) · '국군'(國君) · '천자'와 '천'에 통일하는 것을 말한다. "경장이 옳다고 말하면 반드시 모두 옳아야 한다. 경장이 틀렸다고 하면 반드시 모두 틀렸다고 해야 한다", "국군이 옳다고 말하면 반드시 모두 옳아야 한다. 국군이 틀렸다고 하면 반드시 모두 틀렸다고 해야 한다", "천자가 옳다고 말하면 반드시 모두 옳아야 한다. 천자가 틀렸다고 하면 반드시 모두 틀렸다고 해야 한다."[40] 결론적으로 하나의 경(卿), 하나의 나라와 천하는 반드시 최고 통치자에 통일되어야 한다

이처럼 "천하라는 나라를 다스리는 것은 한 집안을 다스리는 것과 같다. 천하의 백성을 부리는 것은 한 명의 사내를 부리는 것과 같다."[41] 바로 종교상의 인격신을 통하여 정신을 통치하는 것을 요구하는 것과 똑같이, 정치적인 측면에서 요구하는 것 역시 절대 전제적인 통치자이다.

결국, 묵자의 사상체계는 현자와 능력을 가지고 있는 사람에게 맡기는 것을 한편으로는 주장하면서, 다른 한편으로는 상동의 복종을 강조하고 있다. 겸애와 평균을 추구하면서도 다른 한편으로는 전제통치를 주장한다. 또 한편으로는 '강력'과 '비명'을 강조하면서 다른 한편으로는 귀신을 존중하고, '천지'를 높이고 있다. 이렇게 본다면 마치 어떤 모순이 있는 것처럼 보이는데, 이것은 오히려 산만하게 분산될 수밖에 없고 나약한 소생산 노동자가 가지고 있는 이중적 성격을 전형적으로 표현한 것으로 볼 수 있다. 이 때문에 '천리만리가 한 집이요 한 사람이다'라고 말하는 것은 사회적 이상이라는 측면에서 보면 박애적인 유토피아를 말한 것이라고 할 수 있고, 정치적 주장이라는 입장에서 보자면 하나의 현실적 전제제도일 수도 있다. 또 생활경험에 기초하고 있는 상당히 냉철한 적극적 태도일 수도 있고, 종교관념 속에 빠져서 완전히

---

40) 같은 책, 「상동」(尙同) 상편, "天子之所是, 必皆是之; 天子之所非. 必皆非之."
41) 같은 책, 「상동」 하편, "治天下之國. 若治一家; 使天下之民, 若使一夫."

취해 있는 광신적인 정신이라고 할 수도 있는데, 실제로는 이 두 가지를 다 겸해서 가지고 있다.

'비명'(非命)과 '절용'(생산을 중시함), '교리'(交利)와 '겸애'(낙원에 대한 공상), '천지'와 '상동'(종교적 전제) 등이 바로 묵자의 사상체계를 구성하는 3대 지주이다. 이 3대 지주는 서로 스며들어 완전하게 분리하기는 상당히 어렵다. 그것은 박탈을 일삼는 계급에 결핍되어 있는 노동 중시와 호애(互愛) 같은 매우 뛰어난 관점을 가지고 있다. 그러나 전체적인 관점에서 말하면 사회발전의 객관적 추세와 부합하지 못하고, 역사적인 이율배반의 진행과정이 그것을 아주 난처한 상태로 빠뜨리고 만다. 소생산 노동자는 기나긴 역사과정 속에서 항상 핍박당하며 지배받는 지위에 있었고, 그 사상체계를 대표하는 묵가는 점차적으로 사라져버렸다. 묵자사상을 형성하고 세운 주체들은 당시와 후대 사상가들의 올바른 호응을 받지도 못하고, 오히려 계속적인 비판만 받게 된다. 예를 들면 아래와 같은 주장들이 있다.

묵자가 주장하는 겸애에는 자신의 애비가 없다. 군주도 없고 애비도 없는 것은 바로 금수이다.[42]

살아서는 애를 써야 하고, 죽어서도 박하게 대접받아서 그 도가 매우 척박하다. 사람들을 걱정하고 고달프게 만들어 행동하기 어렵게 만든다. 이러한 것은 성인의 도라고 말할 수 없는데, 왜냐하면 천하 사람들의 심정과는 반대되는 것으로 천하가 감히 따르기 어렵고……그리하여 왕도와는 거리가 멀다.[43]

묵자는 쓰는 것에 가려서 장식을 모른다.[44]

묵자는 평등만을 알고 차등을 알지 못하며…… 평등만 있고 차등

---

42) 『맹자』「등문공」 상편, "墨子兼愛, 是無父也, 無父無君, 是禽獸也."
43) 『장자』「천하」(天下), "其生也勤, 其死也薄, 其道大觳. 使人憂, 使人悲, 其行難爲也. 恐其不可以爲聖人之道, 反天下之心, 天下不堪. ……其去王也遠矣."
44) 『순자』「해폐」(解蔽), "墨子蔽於用而不知文."

이 없어서 정령(政令)이 시행되지 않는다."[45)]

만일 묵자가 크게는 천하를, 작게는 한 나라를 가지고 있다면, 장차 걱정스러운 얼굴로 누추한 옷을 입고 거친 밥을 먹고 걱정스러운 얼굴로 음악조차도 없애버릴 것이다. 이렇게 된다면 빈궁에 빠져서 백성의 욕망도 채워주지 못하고, 백성의 욕망을 채워주지 못하면 상을 주는 일도 하지 못할 것이다.[46)]

묵가의 무리들은 검약을 강조하므로 그들을 따르기가 어렵다. ……천하의 법을 이와 같이 부린다면 존비의 구별도 없어질 것이다. 세상이 달라지고 시속이 바뀌어지면 일도 반드시 같지 않게 될 것이다.[47)]

그중 특히 순자는 자신의 경제적·정치적인 입장을 새롭게 개발하고 생산을 더욱 확대하려는 통치계급의 입장에 서서, 오직 '정치를 잘해야' 양식·과일·채소·고기가 충분히 먹을 만큼 있고 옷도 풍족하게 될 수 있을 것이라고 말한다.

재물이 샘물처럼 마르지 않고, 바다같이 가득 찰 정도로 많은데, ……세상의 물자부족을 왜 걱정하고 있는가?[48)]

물자가 부족하다는 것은 천하의 공통된 걱정이 아니고, 오로지 묵자만의 걱정이요 지나친 생각이다.[49)]

이 때문에 통치자는 반드시 성대한 음악, 아름다운 미녀, 맛있는 음

---

45) 같은 책, 「천론」(天論), "墨子有見於齊, 無見於畸, ……有齊而無畸, 則政令不施."
46) 같은 책, 「부국」(富國), "墨子大有天下, 小有一國, 將蹙然衣粗食惡, 憂戚而非樂, 若是則瘠, 瘠則不足欲, 不足欲則賞不行……."
47) 『사기』「태사공자서」(太史公自序), "墨者儉而難遵 …… 使天下法若此, 則尊卑無別也. 夫世異時移, 事業不必同."
48) 『순자』「부국」, "財貨渾渾如泉源, 汸汸如河海…… 夫天下何患乎不足也?"
49) 같은 책, 「부국」, "夫有餘不足非天下之公患也, 特墨子之私憂過計也."

식 등으로 스스로 즐기고 스스로를 장식하고 또 위엄 있게 만든다.

무릇 군자가 장엄하고 화려한 수식이 없으면 백성을 하나로 통일할 수 없으며, 부유한 재력이나 후한 태도가 없으면 백성을 관할할 수 없으며, 강하고 위엄이 있지 아니하면 거칠고 난폭한 것을 막을 수 없게 된다. 그러므로 종을 울리고 북을 치고 피리를 불고 거문고를 울려 귀를 만족시키고, 금과 옥으로 만든 장식과 매우 화려하게 빛나는 옷에 있는 문장의 광채를 가지고 눈을 만족시키고, 고기와 쌀과 맛있고 향기로운 음식으로 입을 채우고⋯⋯[50]

지배자와 피지배자, 부귀와 빈천에는 즐기는 것, 의식주나 행동에서는 반드시 차별이 있어야 한다고 말한다. 그러나 순자는 묵자가 주장하는 균등한 소비와 하향평준화의 동일성[51]은 오히려 천하를 어지럽고 빈곤하게 만들어버리는 것으로 생각하고 있다. 즉, "검소함을 추구하면 할수록 더욱 빈곤해지고, 투쟁을 못하게 하면 할수록 매일 싸울 것"[52]이라는 주장이다. 이것은 분명히 상승단계에 있는 지배계급이 생산을 높이고 생활수준을 향상시키려는 점에서는 훨씬 더 넓은 시야와 기개를 가지고 있음을 보여주고 있다. 이론적·실제적인 측면을 막론하고, 모두 역사적인 현실에 부합하는 필요성을 이야기하고 있다.

---

50) 같은 책, 「부국」, "知夫爲人主上者不美不飾之不足以一民也, 不富不厚之不足以管下也, 不威不强之不足以禁暴勝悍也. 故必將撞大鐘·擊鳴鼓·吹笙竽·彈琴瑟以塞其耳. 必將雕琢刻鏤·黼黻文章以塞其目, 必將芻豢稻粱·五味芬芳以塞其口⋯⋯."

51) 묵자도 '부귀작록'(富貴爵祿)을 가지고 사람들을 끌고 있는데, 예를 들면 "벼슬이 높지 않으면 백성들은 존경하지 않고, 녹봉이 많지 않으면 백성들이 믿고 따르지 않는다"(爵位不高則民不敬也, 蓄祿不厚則民不信也:「상현」 중편)고 말하고 있다. 그러나 이런 것이 묵자사상의 핵심을 이루는 주요한 부분은 아니다.

52) 『순자』「부국」, "尙儉而彌貧, 非鬪而日爭."

2 묵가 사상은 사라지지 않았다

진한 이래, 사상체계와 학파로서의 묵가는 점점 소리 없이 사라져버린다. 그 이후에 이와 유사한 독립적인 학설이나 사조 또는 학파는 더이상 출현하지 않았다. 이것은 소생산 노동자인 수공업자와 농민들이 여전히 존재하고 있음에도, 이미 씨족구조가 철저하게 와해된 춘추전국 시대와 같은 그런 자유로운 사회환경이나 의식적 분위기가 없었기 때문일 것이다. 특히 한대의 독존유술(獨尊儒術: 다른 제자 백가들은 배척하고 오직 유가만을 높임)과 불교가 서쪽의 인도에서 전래된 이후 소생산 노동자들의 문화는 낙후되어 견문이 좁아지고, 시간이 갈수록 자신들의 좁은 세계에 갇혀 속박되는 상황 속에서 계속적으로 사회 통치의식의 규제와 지배를 받으면서 자생적으로 묵자와 같은 사상가나 학파를 다시 만들어내기는 어려웠을 것이다.

이 때문에 사회의 분열, 즉 계급간의 대립이 매우 격렬하여 계급간의 경계를 명확히 구분하려는 요구가 높아질 때에, 온 힘을 다하여 자기계급의 독특한 이익, 요구와 이상적인 의식, 사상, 강령과 구호 등을 표현하여 그 내용들을 분명하게 구체화시켜 나간다. 이 시기에 주로 표현되는 것이 바로 농민봉기와 농민전쟁이다. 농민봉기는 여러 다양한 직종의 수공업자들을 그 속에 포함하고 있는데, 그들은 나름대로 정해진 기율과 조직(예를 들면, 사도師徒와 직종職種 등) 훈련을 받고 있다가 항상 봉기를 일으키는 무리의 핵심 또는 우두머리가 된다.

중국 역사에서는 농민봉기와 농민전쟁이 매우 빈번하게 발생했다. 그러나 그것과 관련된 문헌들은 대부분 사라져버렸기 때문에 그들의 의식형태가 어떠한지 고찰할 수도 없으며, 이해할 수도 없게 되어버렸다. 또한 대부분은 "위험을 마다않고", "억압과 착취가 심하면 백성은 반항하게 마련이기" 때문에 반드시 조건이나 시기가 성숙되었거나 진정한 의미의 자각적 사고나 이론적 준비를 갖추고 있던 것은 아니었다. 그러나 매우 불완전하게 잔존하는 마치 '겨우 하나만 건지고 1만 개는 빠뜨려버린' 자료 빈곤 속에서도 여전히 그중 어떤 사상들은 위에서 말한 묵자사상과 일맥상통하는 점이 있음을 분명하게 발견할 수 있을 것이다.[53]

가장 일찍 나타난 예로, 진승(陳勝)이 말한 "제왕과 장수, 재상의 종자가 어찌 따로 있겠는가?"라는 유명한 이야기가 있다. 이것은 물론 어떤 깊은 뜻을 가지고 말하는 것은 아니다. 그러나 이 말은 묵자가 말하는 "관리가 항상 귀한 것도 아니고, 백성도 끝까지 천한 것은 아니다" (官無常貴, 民無終賤)는 것과 사상적인 특징에서 서로 같은 것이라고 하여도 무방한 것으로 보인다. 다만 하나는 평화로운 시기에 '상현'을 말하고, '천인'(賤人) 중에서도 훌륭하고 우수한 사람들을 선발할 수 있다는 것이고, 다른 하나는 농민봉기 시기에 '천인' 역시 장상 또는 제왕이 될 수도 있다는 것이다. 그들은 등급을 뛰어넘을 수 없다는 것과

---

53) "내가 보기에 중국에서 발생한 농민전쟁 구호들의 연원은 전국(戰國) 말기 묵협(墨俠) 일파의 하층 종교단체에서 제기한 공법(公法)에서 찾아야 한다고 생각한다. 즉, 『여씨춘추』(呂氏春秋)에서는 '살인자는 죽이고, 사람을 상하게 한 자는 형을 내리는 것이 묵자의 법이다'라고 했다. 이런 관점은 이전의 학자들에게 크게 주의를 끌지 못했다."(허우와이루侯外廬,「나의 중국 사회사에 대한 연구」,『역사연구』1984년 제3기) 그러나 허우와이루는 오히려 그것을 '인신권(人身權)을 요구하는 기치'로 해석하고 있는데, 이것은 근대화의 관점에서 과장된 것으로 묵가의 본질적 특징을 무시한 것으로 보인다.

'부귀는 하늘에 있다'라는 명정사상(命定思想)을 반대하는 입장에서는 역시 같은 말을 하고 있다.

또한『태평경』(太平經)에 보존되어 있는 "하늘이 사람을 낳음에, 다행히 모든 사람들에게 체력을 주어 세상 사람들이 자신의 힘에 의지하여 옷과 음식을 마련했다"[54]는 등의 말을 강조하고 있지만 "지혜가 많은 사람은 부족한 사람을 속이거나, 힘이 강한 자가 약한 자를 기만하거나 젊은이가 나이 든 사람을 기만하는 것은 모두 비정상적인 것이기 때문에, 하늘은 그들을 끝까지 돌보지 않는다"[55]는 명정론적인 관점에 대해서는 다시 한 번 반대하고 있다. 하지만 묵자가 주장하는 '강력'과 '겸애'와 서로 관련되어 있는[56] 것으로 보인다.『태평경』은 일찍이 통치계급의 '권선징악'과 도를 닦아 신선이 되려는 사람들에게 가장 중요한 서적이 되었다. 그러나 도가가 모아놓은 이 책의 어떤 부분들은 확실히 농민봉기(예를 들면, 특히 장각張角)와 관련이 있는 것으로 보인다.

역대의 농민봉기와 농민전쟁에서 나타난 어떤 의식형태의 공통된 특징을 통해 보면, 거의 대부분이 어떤 초자연적 인격신(즉, '천의' 天意)을 주재 또는 명령의 주체로 삼아 농민봉기의 합리성과 합법성을 지지하고 증명하고 있다. 그리고 이를 통하여 무리를 조직하고 의지를 통일하는 한편, 엄격한 규율을 만든다. 농민봉기 또한 항상 탐관오리에 반대하며 '훌륭한 관리'와 '훌륭한 황제'를 추대하는 한편 박애·평등을

---

54)『태평경』(太平經)「육죄십치결」(六罪十治決), 中華書局, 1960, 242쪽. "天生人幸使其人人自有筋力, 可以自衣食者."
55) 같은 책,「태평경초신부」(太平經鈔辛部) 695쪽. "或多智反欺不足者, 或力强反欺弱者, 或後生反欺老者, 皆爲逆, 故天不久佑之."
56) 징시타이(卿希泰)는 다음과 같이 말한다. "『태평경』의 이런 사상들은 선진(先秦) 묵가와 관련된 사상의 계승과 발전이다. ……묵가 학설은 바로 도교 사상의 연원 중의 하나이다"(『중국 도교사상사강』中國道敎思想史綱 제1권, 四川人民出版社, 1980, 129~131쪽). 아울러 왕밍(王明)의『도가와 도교사상연구』(道家和道敎思想硏究, 中國社會科學出版社, 1984)도 참조하라.

내세우며 어려움을 함께 이겨나갈 것을 강조한다. 또 다른 한편으로는 계급과 상하의 차별을 인정하거나 심지어 더욱 강조하여, 묵자철학이 가지고 있는 모순적인 측면과 서로 통하거나 공통되는 측면을 보여주고 있다.

어찌 보면 농민봉기가 대부분 도교나 불교의 기치를 내걸어 묵자와는 조금의 관련도 없는 것처럼 보인다. 그러나 이것은 그들이 묵자를 전혀 이해하지 못했기 때문이다. 물론 묵자 자신도 신이나 부처는 아니다. 당연히 농민봉기와 농민전쟁 중에서 어떤 기본관점은 묵자사상에 비해서 훨씬 더 급진적이고 철저하다. 예를 들면, 대규모의 살육을 행하여 '비공'(非攻)을 말할 수 없게 되는 경우이다. 그리고 토지와 재산의 평균적 분배를 주장하는 것은 묵자 사상이 가지고 있는 것과는 크게 다르다.

한대 이래 지배 이데올로기를 만든 유가 역시 빈부의 불균형을 반대하여 인애를 말한다. 또한 천명, 심지어 참위(讖緯)*의 '부명'(符命)** 을 만들어 정권 '천수'(天授)의 근거로 삼거나, 더 나아가 농민봉기에 참가하기도 했다. 그러나 농민봉기 중의 종교신앙과 박애정신은 그것을 주로 의지를 통일하고 군중을 움직이게 만드는 행동강령과 조직역량으로 삼아, 직접적으로 집단의 전투행동 속에 구체화시키고 있다. 그런데 이것은 유가가 말하는 것과는 분명히 다르며, 오히려 묵가의 특색과 더 잘 어울린다고 하는 편이 나을 것이다.

이러한 특색이 가장 분명하고 철저한 형태로 나타난 것은 근대의 태평천국(太平天國) 운동이다. 그들은 서양기독교의 인격신을 끌어와 인간세계와 사물을 주재하는 최고의 권위로 삼았다. 그들은 '천년왕국'을 현 세상의 천국을 만드는 태평의 이상으로 삼아서, 아래와 같은 정치적 강령을 정식으로 제기했다.

---

* 미래를 예언하는 '참'과 재이(災異)를 말하는 '위'를 합한 말이다.
** 군주가 천명을 받은 증거. 하늘이 군주에게 상서로운 징조를 내려주는 것을 말한다.

천하의 모든 사람이 천부(天父)인 황상제(皇上帝)의 위대한 큰 복을 같이 누릴 수 있도록 힘쓴다. 밭을 같이 갈고, 밥을 같이 먹고, 옷을 같이 입고, 돈을 같이 쓰도록 하여, 균등하지 않는 것이 없게 하여 배부르게 먹지 못하고 따뜻하게 입지 못한 사람이 없도록 하여야 한다.[57]

여기서 그들은 "천하의 많은 남자들은 모두 형제들이고, 천하의 많은 여자들은 모두 자매들이다"[58]는 인륜적인 박애원칙을 강조했다. 다시 말해, 같은 하나의 상제 앞에서 사람들은 마땅히 서로 아끼고, 똑같이 나누며, 함께 노동하고, 각각 얻은 바를 누리고, 따뜻하게 입고, 배부르게 먹는 천하태평을 이루어야 한다. 이것은 묵자가 말하는 "하늘은 반드시 사람들이 서고 아끼고 서로 이익이 되게 하려 하며, 서로 미워하고 적이 되는 것을 바라지 않는다. ……지금 하늘 아래에는 큰 나라와 작은 나라의 구별이 없고, 모두 하늘의 읍(邑)일 뿐이다. 사람에게는 나이가 어리고 많거나 귀하고 천한 구분이 없고, 모두 천하의 신하일 뿐이다"[59]는 기본정신과 상통하는 것으로 볼 수 있다.

2,000여 년 후의 태평천국의 사상, 강령과 체계는 당연히 묵가에 비해 훨씬 더 급진적이고, 또한 구체화되어서 더욱 완벽하다. 특히 전쟁 중에 농민군대가 요구하는 함께 어려움을 겪는 겸애원칙은 투쟁을 강조하는 비명사상(非命思想)을 요구하고 있는데, 이 점은 매우 강하게 표현된다. 예를 들면 일찍이 적을 놀라게 만든 그들은 "많은 무리를 모으는 것을 기술로 삼고, 죽음을 두려워하지 않게 만드는 것을 기술로 삼고, 엄청나게 고통스런 노역을 인내하고 배고픔과 목마름을 참아내

---

57) 홍슈취안(洪秀全), 『천조전무제도』(天朝田畝制度), "務使天下共享天父上主皇上帝大福, 有田同耕, 有飯同食, 有衣同穿, 有錢同使, 無處不均勻, 無人不飽暖."

58) 『원도성세훈』(原道醒世訓), "天下多男子, 盡是兄弟之輩; 天下多女子, 盡是姉妹之群."

59) 『묵자』 「법의」(法儀), "天必欲人之相愛相利, 而不欲人之相惡相賊也 ……今天下無大小國, 皆天之邑也, 人無幼長貴賤, 皆天之臣也."

게 만드는 것을 기술로 가지고 있었다. ……죽으려는 자가 스스로 죽고, 건너는 자는 스스로 건너고, 오르는 자는 스스로 오르도록 만들었다"[60]는 것은 여전히 "묵자의 학설을 따르는 사람은 모두 180여 명인데, 모두 뜨거운 불로 들어가고 날카로운 칼날을 밟으면서도 죽을 때까지 돌아오지 않았다"[61], "스스로의 고통을 지극히 한다", "비록 말라 비틀어져도 버리지 않는 것"과 서로 비교할 수 있는 것이 아닌가?

이렇게 비교하는 의미는 제멋대로 표현되는 우연적인 것을 임의적으로 선택하는 것이 아니라 노동자가 구비하고 있어야 할 보편적인 계급적 품격을 농민군대가 똑같이 가지고 드러내는 것으로, 그것은 결코 상층사회의 사람들이 쉽게 실천할 수 없는 내용들이다. 다른 한편으로 평등과 박애는 다만 유토피아일 뿐이고, 엄격한 등급제가 오히려 현실이다. 특히 수도를 난징으로 정한 후의 태평천국의 여러 가지 등급규정(예를 들면 전제통치, 금욕주의, 상업을 금지하는 공상, 상제에 대한 미신 등)은 묵자의 천지·명귀·절용·상동 등의 사상과 유사한 점이 매우 많다.

이런 유사함은 우연하게 나타나는 외부적 현상이 아니다. 설령 홍슈취안(洪秀全)의 사상이 묵자로부터 직접 나온 것이 아니고 그가 기독교 선교사들의 선전내용을 받아들인 것 이외에 또한 유가와의 관계가 더욱 깊은 것으로 보인다 할지라도, 여기서 가장 중요한 것은 정신적인 실질내용이 무엇인가라는 것이다. 홍슈취안과 농민봉기의 사상이 묵자에서 직접적으로 도출된 것은 아니지만, 묵가와 서로 통하고 있다는 것은 이 사상이 가지고 있는 현실적 토대가 얼마나 깊고 두터운 것인가를 잘 설명하고 있다. 이런 정신적 내용은 바로 폭넓은 하층 노동군중의 의식형태 속에서 나타나는 여러 가지 장단점과 독특한 성격 속에서 발

---

60) 홍슈취안, 『적정회찬』(賊情滙纂), "以人衆爲技, 以敢死爲技, 以能耐勞苦忍飢渴爲技 ……死者自死, 渡者自渡, 登者自登."

61) 『회남자』(淮南子)「태족훈」(泰族訓), "墨子服役者百八十人, 皆可使赴湯蹈火, 死不還踵."

견된다.

묵가는 더이상 존재하지 않는다. 대규모의 농민봉기와 농민전쟁 역시 자주 있는 것은 아니다. 그러나 소생산 노동자는 오랫동안 존재해왔다. 이러한 사회기초는 묵가의 어떤 관념, 행위 또는 조직형태가 끝없이 하층의 비밀결사 속에서 일정한 의미로 표현되도록 했다. 예를 들면 의기(義氣)를 말하거나, 약속을 중히 여기거나, 겸애를 행하기 위해서는 심지어 "뜨거운 탕 속으로 걸어가거나 불 위를 걷는 것"도 할 수 있을 정도였다. 그리고 『수호전』(水滸傳)의 량산(梁山)의 영웅들처럼 억압당하여 함께 어려움을 이겨내고, 서로 형제를 칭하고, 서열을 나누는 것 또한 신분을 말하거나 관직을 숭상하는 것들을 통해서 나타난다. 또한 기타의 여러 가지 변화된 모습과 노선들도 간접적으로 표현된다. 이처럼 묵자사상의 계승과 영향에 관한 문제는 결코 단순하지가 않다.

간단히 보자면, 적어도 두 가지의 상황이 있다. 하나는 사회의 주류적인 통치의식에 의해서 흡수되거나 소화되어버린 경우이다. 묵가의 어떤 사상, 예를 들면 공리나 중력(重力) 등은 이미 다른 방식으로 법가와 유가사상 속에 융합되거나 스며들어가 버렸다. 특히 유가나 묵가는 모두 고대의 씨족전통을 배경으로 하기 때문에 그들은 씨족제도라는 이런 사회체제와 질서에 대해 기본적으로 인정하고 있고, 인간사와 세상사 및 정치·경제 등의 문제에 대해서도 적극적으로 참여하는 태도를 취하고 있다. 그리고 모두 부자자효(父慈子孝)와 형제간의 우애를 말하고, 아울러 현자를 등용하고 능력 있는 선비를 발탁하는 것을 말하고 있다.

다만 유가는 씨족귀족의 입장에서 출발하여 등급과 차별을 강조하며 예악문화와 개체의 가치를 중시하고, 주나라의 예제(禮制)를 유지할 것을 주장할 뿐이다. 여기에 비해 묵자는 하층의 생산자에서 출발하여 사치스런 생활에 대해 반대하고, 비생산적인 모든 소비를 비난하고 공격하며, 집단 사이의 상부상조를 강조하여 박애적 세계를 그리며, 하나라의 이상정치가 실현되기를 주장한다. 그러나 묵자의 관점은 도가가 씨족제도를 철저히 부정하고 가장 오래 전의 거의 동물적인 세계로 돌아가기를 요구하면서, 모든 문명과 질서를 부정하여 현실적인 세상사에 대해 허무적·소극적인 태도를 취하는 입장과는 크게 다르다. 또 후대에 단순히 지배계급의 이익만을 대변하는 법가와 어떤 과학기술 문화를 전파하거나 정치책략을 제공하는 것을 특색으로 하여, 상층부 속에서 이리저리 왔다갔다하고는 있지만 오히려 자기들 스스로의 절실한 현실적 기반을 가지고 있지 못하는 명가(名家)·음양가(陰陽家)·종횡가(縱橫家)들과는 크게 다르다. 그러므로 왕중(汪中)이 말한 것처럼, 묵자는 "전국 시기의 구가(九家) 제자백가 가운데 오직 유가만이 이것과 서로 어깨를 나란히 할 수 있고, 나머지의 다른 제자백가는 그것과 비교될 수 없다"[62]는 것이다. 위에서 말한 것처럼 유가와 묵가는 공통되는 기초와 특징을 가지고 있기 때문에, 유가 역시 큰 힘을 쓸 필요도 없이 묵자 중의 받아들일 만한 가치가 있는 많은 사상과 관념들을 조금의 흔적도 남기지 않고 흡수했다. 한유는 다음과 같이 말한다.

유가는 상동·겸애·상현·명귀를 주장하는 묵가를 비판한다. 그러나 공자는 대인을 경외하여 (예에 의해) 이 나라(邦)에 머물고 있으면 그 나라의 대부(大夫)를 비판하지 않는다. 『춘추』에서 제멋대로 하는 신하들을 비판하는 것은 묵자가 말하는 상동이 아닌가? 공자는 널리 많은 사람들을 아끼고 어진(仁) 사람과 친하여서 널리 베풀어 많은 사람들을 구하는 것을 성(聖)으로 간주하는데, 이런 것이 묵자가 말하는 겸애가 아닌가? 공자는 현인을 현인으로 존중하여 모시고 네 개의 학과에서 우수한 성적을 낸 제자들을 포상하여 제자들이 더욱 노력하여 성적을 향상시키도록 했고* 종신토록 이름이 다른 사람

---

62) 왕중(汪中), 『술학』(述學) 「묵자서」(墨子序), "其在九流之中, 惟儒足與之相抗, 自余諸子, 皆非其比."

* 『논어』의 「선진」에서는 사과(四科)를 덕행, 언어, 정사(政事)와 문학으로 말하고 있다.

들에게 칭송되지 못함을 원망했으니(『논어』「위령공」-옮긴이) 이는 묵자가 말하는 상현이 아닌가? 공자가 제사를 지내실 적에는 선조가 그곳에 계신 듯이 하셨으며, 형식적으로 제사에 참여하면 제사에 참여하지 않은 것과 같은 것이라고 비판하는 것은 묵자가 말하는 명귀가 아닌가(『논어』「팔일」-옮긴이)? 유가와 묵가는 다같이 요순(堯舜)을 인정하고, 똑같이 걸주(桀紂)를 비판한다. 다같이 몸을 닦고 마음을 바르게 하여 천하와 국가를 다스리려고 하는데 어찌 서로 좋아하지 않음이 있겠는가……. 공자는 묵자의 사상을 분명히 이용했고, 묵자도 공자의 사상을 적절히 이용했다.[63]

한유는 '도의 수호자'로서 유가의 공맹지도(孔孟之道)를 보위하고, 불교라는 이단을 배척하는 것으로 이름이 나 있다. 하지만 놀랍게도 묵자를 이렇게 보고 있는 것은 이상하지 않은가? 물론 한유는 공자와 묵자의 공통점을 지나치게 과장하는 측면이 있지만, 묵자의 비락(非樂)이나 절장(節葬) 등 직접 유가와 충돌하는 것들에 대해서는 전혀 언급하고 있지 않다.

그러나 공자와 묵자는 분명히 어떤 공통된 현실적 기초를 가지고 있기 때문에 '상현'·'절용'·'비공'과 '겸애' 및 '상동' 등은 유가학설과 매우 쉽게 소통할 수 있다. 또 '천지'(天志)·'명귀'라는 묵자의 관점들은 유가(예를 들면, 동중서의 경우)와 어떤 공통점을 찾아낼 수 있다. 왜냐하면 이런 문제들은 농업 소생산 국가에서 상하의 어떤 계층을 막론하고 일반적으로 받아들일 수 있는 것들이기 때문이다. 다만 계급의 차이로 말미암아 이런 것들을 흡수하거나 접근하는 방식에서는 분명한

---

63) 『한창려집』(韓昌黎集) 「독묵자」(讀墨子), "儒譏墨, 以尙同兼愛尙賢明鬼, 而孔子畏大人, 居是邦不非其大夫; 春秋譏專臣, 不尙同哉? 孔子泛愛親仁以博施濟衆爲聖, 不兼愛哉? 孔子賢賢, 以四科進襃弟子, 疾沒世而名不稱, 不尙賢哉? 孔子祭如在, 譏祭如不祭者, 不明鬼哉? 儒墨同是堯舜, 同非桀紂, 同修身正心以治天下國家, 奚不相悅如是哉……. 孔子必用墨子, 墨子必用孔子."

한계가 여전히 있음을 인정해야만 한다.

한유가 말하는 '널리 사랑하는 것을 인이라고 한다'(博愛之謂仁)는 것은 묵자가 말하는 겸애와 다르다. 그것은 오히려 유가가 강조하는 '친친존존'과 '사랑에는 차등이 있다'는 관점을 기본적 토대로 삼아 그것을 어떤 다른 방식으로 확대한 것에 지나지 않는다. 묵가가 강조하는 '차등을 없애고', '평등함을 드러내고', '군신상하가 똑같이 노고를 하는' 평균사상과 반(反)문화적인 고행사상은 사회 상층부를 대표하는 유가들에 의해 거부되는 것이 너무나 당연했을 것이다.

더욱 재미있는 것은, 묵가 중에서 정통유가들이 받아들일 수 있는 한계를 넘어서거나 정통유가에 의해서 배척되거나 거부당하는 것들이 어떤 경우에는 유학의 '이단적' 인물들의 사상 속에 출현하고 있다는 점이다. 바로 이들 이단적인 인물이나 사상들이 정통유학이 용납하여 받아들일 수 없는 것들을 매우 분명하게 표현하고 있기 때문에 그들은 '이단'이 되어버린다. 그러므로 '이단'이라는 의미는 소생산 노동자들의 관점·사상·정서 또는 경향을 그들이 매우 지극하고 자세하게 반영하고 있는 것에서 찾을 수 있다. 이것이 바로 이 글에서 더욱 주의해야 하는 또 다른 경우이다.

안원이 그 좋은 예이다. 안원의 호는 습재(習齋)인데, 그가 가장 강조하는 것이 바로 '습'(習)이라는 글자이다. 이 글자는 정통유가가 강조하는 문화학습이 아니라, 주로 현실에서 행해지는 실제의 조작을 위한 체력활동과 기예의 훈련을 지향하는 것을 의미한다. "습재의 학문은 그 근본이 하고 싶어하는 욕심을 참고, 육체적인 힘을 쓰면서 집안을 힘써 돌보고, 부모를 부양하고 나서 그 나머지 시간에 육예(六藝)를 학습하고, 세상사를 이야기한다⋯⋯."[64]

안원은 농사짓는 일을 본인이 직접 체험하기도 했다. "나는 농사에

---

64) 방포(方苞), 『방망계집』(方望溪集) 「이강주묘지명」(李剛主墓志銘), "習齋之學, 其本在忍嗜慾, 苦筋力, 以勤家以養親, 而以其餘習六藝, 講世務⋯⋯."

온 힘을 써서 편하게 먹지도 않고 잠을 자지도 않으니, 저절로 간악하고 망령된 생각이 일어나지 않았다"[65]고 하는데, 그는 이런 체력적인 노동(체력을 필요로 하는 다양한 기예의 훈련을 포함하여)을 통하여 정통유가인 이학을 개혁하려고 했다. 여러 곳에서 그는 모든 일에는 반드시 "친히 그 일에 뛰어들어야 할 것"(親自下手一番), "우리는 다만 실제의 조작활동 속에서 공부할 뿐이지, 언어문자의 측면에서 힘을 쏟을 수는 없다"(吾輩只向習行上做工夫, 不可向言語文字上着力)고 강조했다. 또한 "책을 읽는 것이 많으면 많을수록 의혹이 더 많이 생기고, 일의 사태를 살피는 것에 더욱 식견이 줄어들게 되어 현실을 경영하고 다스리는 데 더욱 무력해진다."[66] "책을 읽은 사람(지식인)은 바보이고, 더 많은 책을 읽은 사람은 더 큰 바보가 된다", "많은 책을 읽는 것을 학문으로 여기기 때문에 성인의 학문이 망하게 되는 것이다"[67]라고도 했다.

이처럼 현실에서의 실제 조작을 강조하는 안원의 경험론은 확실히 묵자를 생각나게 만든다. 묵자는 "선비가 비록 학식을 가지고 있으나 행동이 근본이다"[68], "말에는 반드시 신용이 있어야 하고, 행동에는 반드시 과단성이 있어야 하는데, 언행이 합치되게 하는 것을 마치 부절(符節)을 맞추는 것처럼 하게 한다면 말하고서 실천되지 않는 것이 없게 될 것이다"[69]는 등의 말을 하고 있다. 어떤 철학사가가 "안원의 실증적 지

---

65) 『안습재선생언행록』(安習齋先生言行錄) 하권 「왕차정」(王次亭), "吾用力農事, 不遑食寢, 邪忘之念, 亦不自起."

66) 안원, 『주자어류평』(朱子語類評), "讀書愈多愈惑, 審事機愈無識, 辨經濟愈無力." 안원이 말하는 독서우준론(讀書愚蠢論: 독서를 하면 할수록 바보가 된다는 관점)은 나름대로의 도리가 있는데, 특히 그는 이 문제를 송명이학이 가지고 있는 큰 병폐와 관련지어 말하고 있다.

67) 안원, 『사서정오』(四書正誤) 권2, "讀書人便愚, 多讀更愚", "以多讀爲學, 聖人之學所以亡也."

68) 『묵자』 「수신」(修身), "士雖有學而行爲本焉."

69) 같은 책, 「겸애」 하편, "言必信, 行必果, 使言行之合, 猶合符節也, 無言而不行也." 『논어』의 "말에는 반드시 신용이 있어야 하고, 행동에는 반드시 과단성이 있어야 하는 것은 포부가 좁은 소인일지라도"(言必信, 行必果, 硜硜然, 小人哉)라는 말과 대조해보라.

식론은 표면적으로 보면 마치 유학 같지만, 실제로는 묵자사상의 부활이다"[70]라고 말하고 있는데, 이것은 너무나 당연한 말이다.

사회사상의 입장에서 보면 안원은 '의리를 중시하고 이익을 경시하는' 관점에 철저하게 반대하여, "의리를 이익으로 삼는 것은 성현들의 광명정대한 도리이다. ……군자는 의리 속의 이익을 귀하게 여긴다. 후대의 유가들은 그 마땅한 바를 바르게 하고 그 이익되는 바를 도모하지 않는다"고 말하는데, 그것은 잘못된 것이다"[71], "세상에 밭을 갈고 씨앗을 뿌리면서 수확을 바라지 않는 자가 있겠는가? 그물을 지니고 낚싯줄을 가지고 있으면서 고기를 잡으려고 하지 않는 자가 있겠는가?"[72]라고 말한다. 이것은 바로 생산활동의 물질이라는 실제 생활에서 출발하여 말한 것으로, 묵자가 인의와 겸애 등의 윤리원칙이나 도덕적 규범을 현실적인 공리생활의 기초 위에 두고 있는 관점과 매우 비슷하다.

안원은 특히 의례를 강조하여, 그것이 신성한 준종교적 성질을 가지도록 만들었다. 안원의 토지평균 사상, 예를 들면 "천지 속의 전답은 마땅히 천지 속의 사람들이 함께 누려야 하는 것을 어찌 생각하지 않겠는가……부모 된 자로서 한 명의 자식만이 부유하고, 다른 자식은 가난하여도 좋다고 생각하는 자가 어디에 있겠는가?"[73] 등등은 묵자의 종교신앙과 겸애라는 공상적인 이론과 상통되는 부분이 있다. 그러므로 안원은 습(習)과 동(動)을 주장하고, 실용을 강조하고, 복고를 주장하고, 평균을 제창하여 성리(性理)를 공담하는 송명이학을 신랄하게 공격했다. 그리하여 그는 17~18세기 중국의 민족주의적·민주적 사조 속에서 독특

---

70) 허우와이루, 『중국 사상통사』(中國思想通史) 제5권, 人民出版社, 1980, 374쪽.

71) 안원, 『사서정오』 권1, "以義爲利, 聖賢平正道理也. ……義中之利, 君子所貴也. 後儒乃云正其誼不謀其利, 過矣."

72) 『안습재선생언행록』 하권 「교급문」(教及門), "世有耕種而不謀收穫者乎? 世有荷网持鉤而不計得魚者乎?"

73) 『존치편』(存治編) 「정전」(井田), "豈不思天地間田, 宜天地間人共享之……爲父母者, 使一子富而諸子貧, 可乎."

한 풍모를 가진 사상가로 평가받게 되는 것이다. 그는 왕부지(王夫之)
나 고염무처럼 사상을 총괄적으로 정리하는 성향을 가진 정통 이학자
도 아니고, 또한 황종희(黃宗羲) · 당견(唐甄) · 대진처럼 근대적인 성
향의 계몽사상을 가지고 있는 학자도 아니다.

안원의 이론은 급격한 변화를 싫어하고, 시야가 약간은 좁아서 직접
적인 경험과 실용적 가치에 상당히 집착하여 힘든 체력적 노동을 통해
끊임없이 노력하는 소생산 노동자의 특징을 가지고 있다. 그의 이론과
실천, 그리고 그를 따르는 학파는 묵자와 마찬가지로 오랫동안 유행하
지 못하고 금방 사라져버렸다. 또한 "안이(顔李) 학파의 역행(力行)이
드러내고 있는 뜻은 매우 의미심장하지만, 여전히 장자가 묵자를 비판
하여 말하는 그 도가 지나치게 메말라서 천하의 사람들이 도저히 실천
하기 어렵다"는 비판을 벗어나기 어렵다. 그리고 "원래의 도를 실천하
는 것이 지나치게 힘들고 고생스러운 것이 거의 묵자와 비슷한데, 그것
을 전하는 자가 거의 드물어 오래지 않아 끝내 단절되었다."[74]

시간이 100~200년 더 지나 근대 중국에 이르자, 묵자는 다시 한 번
새롭게 발견된다. 『민보』(民報) 제1기에는 공맹노장(孔孟老莊)을 제쳐
두고 묵자를 '평등박애'의 중국 최고의 스승으로 치켜세우며, 상상으로
그린 묵자의 초상화를 싣고 있다. 심지어 량치차오(梁啓超)는 『신민총
보』(新民總報)에서 "양학(楊學 : 양주楊朱의 위기爲己 사상을 말함)이
마침내 중국을 망하게 했는데, 지금 구하려고 한다면 그것은 묵가를 배
우는 것이다"[75]라고 호소했다. 당시와 그 이후에 여러 가지 다른 각도
에서 묵가 · 묵학과 묵자의 입장에 동조하는 관점을 연구하는 경향이
크게 유행했다. 청대 말엽에 광학과 물리학으로 억지 논리를 만들어내
어 묵학을 해석하는 것에서 손이양(孫怡讓)의 역작인 『묵자한고』(墨子
閑詁)가 나왔다. 이후 무산혁명가인 '묵자두로'(墨者杜老 : 두서우쑤杜

---

74) 량치차오, 『청대학술개론』(清代學術概論).
75) 『자묵자학설』(子墨子學說).

守素를 말함)[76]에 이르기까지 근대의 많은 중요한 학자들은 모두 묵자에 관해서 언급하고 있다. 그러나 묵자에게 부여되는 '위대한 평민사상가', '노동계급 철학의 대표' 등의 미화된 표현 역시 끊이지 않고 늘 이야기되었는데, 어떤 사람들은 그것을 '묵학(墨學)의 부흥'[77]이라고 말한다.

한편, 거의 비슷한 시기에 안원 역시 숭배받기 시작했다. 물론 안이학(顔李學)의 부흥은 당연히 묵학의 인기만큼 좋은 것은 아니었다. 그러나 장타이옌은 『구서』에서 안원을 매우 높이 평가하고 있는데, 그에 의해 안원은 순자를 이은 최고 스승의 지위로 격상되었다. 북양(北洋) 군벌시기의 서세창(徐世昌) 역시 안이학을 크게 숭배했다. 듀이가 중국에 온 이후, 많은 사람들은 안원을 실용주의자로 격상시켰다. 최근 몇십 년간 이루어진 많은 연구 논저 속에는 안원을 위대한 유물론적 철학자로 찬양한 글들이 많다. 그러나 소수의 논저만이 안원 사상 가운데 언급된 이중성의 특색에 무게를 두고 언급하고 있을 뿐이며, 안원 사상이 가지고 있는 낙후된 측면에 대해서는 대부분 주의를 기울이지 않고 있다. 두웨이밍(杜維明)은 안원이 벽지에 살아서 역사 지리와 시사에 관한 지식이 없기 때문에(고염무·황종희나 왕부지에 비해 엄청나게 미치지 못한다) 의례를 종교화했다고 말한다. 이 때문에 안원의 그런 경향은 혁명적·과학적이라기보다는 차라리 보수적인 논점이라고 말하는 것이 나을 것이다.

두웨이밍은 어떤 다른 저작보다도 안원의 본래 모습을 더욱 사실적으로 기술하고 있다.[78] 그러나 두웨이밍의 문장은 여전히 이런 사상적

---

76) 궈모뤄, 『십비판서』 후기를 참조하라.*

  * 여기서 '묵자두로'(墨者杜老)는 궈모뤄의 일본 유학시절 친구인 두서우쑤를 말한다. 두서우쑤는 묵자를 매우 존경하여 마치 묵자처럼 청빈한 삶을 살려고 노력했다. 이런 두서우쑤의 생활태도와 신념을 보고서, 그를 '묵자를 따르는 두선생님'이라는 의미의 '묵자두로'라는 말을 한다.

77) 팡서우추(方授楚), 『묵학 원류』(墨學源流).

특징이 어디서부터 유래하는 것인지에 관해서는 지적하지 못하고 있다. 또 그것의 현실적 근거, 즉 중국 소생산 노동자의 역사적 특색에 대해서도 제시하지 못하고 있다. 이런 기초와 특색을 지적해내는 작업은 매우 중요하다고 생각한다. 그러므로 이 글에서는 비록 안원이 공자 사상의 올바른 전달을 스스로의 사명으로 생각하는 이학자이기는 하지만, 특별히 안원과 묵자를 연계시켜 그들을 중국 사상사에서의 중요한 경향 또는 단서로 삼으려고 한다.

이러한 문제들을 묵자에서부터 논의하는 이유는, 특히 묵학과 안원이 근대에 와서 갑작스럽게 부각되어 엄청난 환영을 받는 것은 상당히 깊은 의미를 담고 있는 하나의 현상으로 보이기 때문이다. 당연히 묵자와 안원을 높이는 경향 속에는 각기 다른 배경과 내용, 의의가 들어 있는 것으로 보아야 한다. 예를 들면 그러한 경향은 묵학을 근대적인 의미의 평등한 박애주의로 오해하기도 한다. 그러나 그중 가장 주의할 만한 것은, 그 경향이 근대의 인민주의*와 사상적 혈연관계를 가지고 있는가라는 문제이다. 중국 근대에서 오늘날에 이르기까지, 줄곧 농민 소생산자를 현실적 기초로 하는 인민주의 사조의 보이지 않는 흐름이 작용을 해왔다.

세계 각지의 역사적 조건의 차이로 인해(예를 들면, 러시아에서 마르크스주의가 인민주의를 압도한 것 등등) 중국의 인민주의의 사조는 러시아처럼 그렇게 독립적 발전과정을 거칠 수는 없었다. 이 때문에 이러한 사조는 완전한 체계이론과 명확한 정치강령, 구체적인 단체조직과

---

78) Tu Wei-Ming: "Yen Yuan: From Inner Experience to Lived Concreteness." 이 문장은 두웨이밍이 지은 아래의 책에 보인다. *Humanity and Self-Cultivation*, Asian Humanities Press, Berkeley, 1979, 186~215쪽.

* 소생산자의 이익을 대표하는 공상적 사회주의 사조이다. 1860~90년대에 러시아에서 일어난 운동으로, 라푸로프와 미하일로프스키 등이 대표적인 인물들이다. 그들은 스스로 인민의 정수임을 자처하며 '인민 속으로' 라는 구호를 내세워 차르를 퇴위시키는 운동을 벌였다는 의미에서 인민주의라고 한다. 『철학 대사전』, 上海辭書出版社, 1992년, 442쪽 참조.

실제적인 사회행동을 가지고 있었지만 러시아의 인민주의처럼 '인민 속으로'라는 지식분자의 하향운동 같은 것은 일으키지 못했다. 그러나 이런 사조는 여전히 음양으로 강력하게 중국의 근대 정치와 사상무대에 침투되고 영향을 주었다. 특히 농촌과 비교적 깊은 관계를 가지고 있는 지식분자 또는 농민적 기질을 가지고 있는 사상가, 정치가에게 자각적으로 또는 비자각적으로 표현되고, 심지어 마르크스주의 혁명가들의 사상 깊은 곳까지도 침투되었다.

나는 위의 관점들을 『중국 근대사상사론』의 몇 부분에서 일찍이 강조했는데, 특히 장타이옌을 전형적인 예로 들었다. 레닌의 전형적인 표현에 의하면, 인민주의의 가장 큰 특징은 당시의 보수적 농민들이 자본주의에 반대하고 회피하기를 바라는 것을 반영하는 것에 있다. 그들은 확고한 근거 위에 서 있지만, 이미 밝은 미래가 없는 것으로 정해진 소생산자의 입장에서 자본주의에 반대하고 공격한다. 그들은 착취와 억압에 반대하고, 자본주의의 경제·정치·사상·문화·생활의 향수와 사치로운 풍습에 대해서 항상 소생산자의 노동·도덕·종교를 가지고 그것들에 대항하며 반대하는 수단으로 삼고, '부패'한 현대 문명을 조절하고 비판하는 무기로 삼았다. 그들의 사회이상은 항상 평균주의적인 유토피아이다.

그들의 인식론은 늘 범위가 좁은 실용경험론으로, 몸소 앎, '실천'과 역행, 고생을 감수할 것 등을 강조하며 간접적 지식, 추상적 사변, 독서, 이론 등을 경시하거나 심지어 반대하기도 했다.[79] 장타이옌은 자본주의를 증오하여 차라리 구시대의 '원시적 원만(圓滿)'을 유지하는 것이 낫다고 생각했다. 그리고 "종교를 이용하여 믿음을 일으키고 국민의 도덕을 증진시킬 것"을 주장했으며, 현대화된 경제발전을 반대하고 자산계급의 대의정치에 반대하며 허무주의적·공상적인 해탈론

---

79) '문화대혁명'의 어떤 이론과 실천은 이런 측면의 성격들을 극단적인 것으로 밀어붙였을 때 나올 수 있는 것들이다.

을 제기하고 있다.

묵자에서 안원, 장타이옌에 이르기까지 표면상으로 그 주장들은 어떤 연계도 없는 것처럼 보인다. 예를 들면, 장타이옌은 결코 묵자를 좋아하지 않는다. 그러나 중요한 것은, 그들이 내재적으로 깊은 관련을 가질 수 있다는 점이다. 또한 장타이옌뿐만 아니라 다른 어떤 사람들, 즉 위대한 혁명가(마오쩌둥)에서 유명한 보수파(예를 들면, 량수밍梁漱溟은 분명히 묵자를 반대하고 있다)에 이르기까지, 그 속에는 각각 다른 정도와 의미상에서 이런 특색(그 구체적인 내용, 작용, 성질에 크게 차이가 날 수 있지만)을 가지고 있다. 사실 이것은 중국이라는 유구하고도 거대한, 소생산 노동자를 기초로 하고 농민혁명을 특징으로 하는 나라에서 반드시 출현해야 할 사상현상이라는 게 어쩌면 너무나 당연한 일인지도 모른다.

그러나 중국 근대에 소생산자의 입장에 서서 현대 문명에 반대하는 사상이나 사조는 항상 다른 방식으로 표현되거나 폭발되어, 강력한 힘을 가지고 광범위한 영향력을 행사한다. 그것은 많은 사람들의 머리로부터 공감을 이끌어내는데, 이 점은 오히려 무시되기 쉽다. 또한 중국이 현대화로 나아가는 데 결코 유리하지도 않다. 현대의 농민과 수공업자는 이미 소생산자가 경제적인 측면에서 가지고 있는 한계를 벗어나 현대적인 의미의 생활과 생산의 단계로 나아가서 자신들을 확실하게 변화시켰다. 어떻게 하면 중국의 전통이 바탕으로 삼고 있는 의식형태와 사유양식(예를 들면, 묵자가 말하는 세 개의 지주로 구성된 사회관념)을 사상적인 입장에서 분석하고 처리하여 그것의 장단점을 분석할 것인가? 예를 들면 묵자가 귀신을 믿고 전제주의를 주장한다고 하여 노동자가 가지는 장점을 무시한 것은 아니고(궈모뤄), 또 이런 측면을 가지고 있어서 소생산자가 가지고 있는 여러 가지 심각한 약점을 무시하는 것도 아니다(대부분의 많은 논저의 관점들이 여기에 속한다). 그것이 가지고 있는 이중성과 두 가지 측면을 모두 의식하여 분명하고도 과학적인 탐구를 해냈을 때 비로소 현실적 의미의 사상사적 과제가 될 수 있을 것으로 본다. 이로부터 고대 묵자를 어떤 사상의 전형으로 삼아 역사의 큰 흐름과 현실 속에 놓아두고 하나의 문제로 제기하거나, 결코 억지로 꿰맞추어 제멋대로 평가해서는 안 될 것이다. 이 점에 대해서 독자들은 어떻게 생각하는지?

• 원래 「묵자논고」라는 제목으로 『학습과 사고』 1984년 제5기에 게재됨

손자 · 노자 · 한비자의 철학 사상

들리는 말에 의하면, 마오쩌둥(毛澤東)은 『노자』(老子)[1]라는 책을 한 권의 병서(兵書)라고 말했다고 한다. 그 이전의 사람들도 이런 말을 한 경우가 많이 보인다. 당나라 때의 왕진(王眞)은, "5,000글자의 말은······ 모든 장(章)이 병(兵)에 대해서 말하지 않은 것이 없다"[2]고 했다. 소철(蘇轍)은 "이것은 거의 지모(智謀)를 쓰는 것으로, 관중이나 손무(孫武)와 무슨 차이가 있는가?"[3]라고 했고, 왕부지(王夫之)는 노자에 대해 평가하기를 "군대에 대해 말하는 것은 노자를 스승으로 삼는다", "남을 속이는 올바르지 않는 임기응변을 통하여 요행을 찾는 것의 선구라고 할 수 있다"[4]고 했다. 장타이옌은 『노자』에 대해, "(병서인)『금판』(金版)이나, 『육도』(六韜)의 의미를 요약하고 있다"[5]고 했다.

마오쩌둥은 위대한 군인이자 정치전략가인데, 앞서 나온 그의 말은 대체로 자신이 몸소 체험한 것에서 나온 것으로 보인다. 내가 보기에 『노자』 자체는 결코 군사나 병법만을 말하는 책은 아니다. 그러나 그것은 병가(兵家)와 밀접한 관계를 가지고 있다. 이 관계는 주로 후세에 뛰어난 전략가들이 그것을 어떻게

---

1) 이 글에서 말하려는 것은 『노자』에 관해서인데, 이 책의 저자와 책이 쓰어진 연대에 대해서는 상세하게 논의하지 않을 것이다. 일단은 춘추(春秋) 말엽의 책으로 보려고 한다.

2) 『도덕진경논병요의술』(道德眞經論兵要義述) 「서표」(敍表), "五千之言······ 未嘗有一章不屬意於兵也." 이 책은 대단히 진부하여 사실 볼 만한 것이 없다.

3) 『노자해』(老子解) 권2, "······此幾於用智也, 與管仲, 孫武何異?" 소철은 유도합일(儒道合一)을 시도했기 때문에 노자를 성인으로 배치하고 있다. 그러므로 그는 "성인을 세속의 사람들과 비교하면 그 행위의 흔적은 서로 비슷한 점을 가지고 있지만 다른 점은 성인은 이(理)에 따라 행동하지만 세속의 사람들은 지교(智巧)를 운용한다는 것이다"(聖人之於世俗, 其迹因具相似者也, 聖人乘理而世俗用智)라고 했다.

4) 『송론』(宋論) 「신종」(神宗), "言兵者師之", "持機械變詐以徼幸之祖也."

5) 『구서』「유도」(儒道), "約『金版』『六韜』之旨."

잘 이용했는가라는 점이 아니라, 그것의 사상적 근원이 병가와 관련이 있을 수 있다는 점에 있다.

『노자』는 병가의 현실적 경험에 역사적 관찰과 깨달음을 총괄한 것을 더하여 이루어진 정치철학적 이론서이며, 중국 고대사상의 중요한 단서이다. 『노자』가 중요한 것은 우선 중국의 전제정치에 깊은 영향을 미쳤고, 동시에 이런 단서 속에서 인간사와 세계에 대해 극단적으로 "매우 냉정하게 깨어 있는 이지적 태도"[6]로 일관하여 중국 민족에 지울 수 없는 흔적을 남겨두고 있기 때문이다. 이것은 또한 중국의 문화심리 구조 중 중요한 구성요소가 된다.

6) 이 책의 「공자와 맹자의 철학」에서 "맹자·순자·장자·한비자를 막론하고"라고 했지만 노자는 말하지 않았다. 왜냐하면 노자와 공학(孔學)은 기본적으로 관련이 없기 때문이다. 노자는 자신만의 독특한 방식으로 냉정하게 깨어 있는 이지적 태도를 표현하고 있다.

1 병가 변증법의 특색

나는 『미의 역정』(美的歷程)*이라는 책에서, 중국은 신석기 중기 이래로 대규모의 전쟁들을 매우 빈번히 겪었다는 것을 말했다. "숲의 나무들을 베어(무기를 만들어) 전쟁을 시작한 이래 전쟁이 없던 날이 있었는가? 대호(大昊)의 난은 70번의 대회전이 있은 후에 끝나고, 황제(黃帝)의 난은 52번의 싸움 끝에 종결되고, 소호(小昊)의 난은 48번, 곤오(昆吾)의 싸움은 50여 차례를 치른 후에 끝이 났다."7) 역사책에 의해 인정되는 황염(黃炎)의 전쟁과, 황제(黃帝)와 치우(蚩尤)의 전쟁은 그중 규모가 가장 크고 보다 중요한 의미를 가지고 있는 전쟁의 일부에 불과하다.

이처럼 일찍이 성숙하게 발달해온, 중국의 병서(兵書)들은 수천 년이 지난 지금도 참고할 만한 가치가 있다. 그것들은 오랜 시간 동안에 발생한 격렬하고 빈번한 현실의 전쟁경험을 기초로 하고 있기 때문이다. 『손자병법』(孫子兵法)을 말하는 논저는 매우 많지만, 내가 강조하려고 하는 것은 병가사상 속에 표현되어 있는 이성적 태도이다.

---

* 리쩌허우의 『미의 역정』은 우리말로 번역되어 있다.
7) 라필(羅泌), 『노사』(路史) 「전기」(前紀) 권5, "自剝林木而來, 何日而無戰? 大昊之難, 七十戰而後濟; 黃帝之難, 五十二戰而後濟; 少昊之難, 四十八戰而後濟; 昆吾之戰, 五十戰而後濟."

그렇다면 무엇을 이성적 태도라고 하는가?

첫째, 모든 것은 현실 속의 이해를 근거로 하여 모든 감정상의 희로애증(喜怒愛憎)과 관념상의 귀신이나 천의(天意)의 영향에 반대했다. 그 대신에 이지적(理智的)인 판단과 계획을 중시했다.

군주는 노여움으로 군사를 일으킬 수 없고, 장수는 성냄으로써 전투에 나갈 수 없다. 이로운 일에 맞으면 움직이고, 이로운 것에 맞지 않으면 그친다. 노여움으로써 다시 기뻐해야 한다. 성냄으로써 다시 즐거워해야 한다. 망한 나라는 남아 있을 수 없고, 죽은 자는 다시 살아날 수가 없다. 그러므로 현명한 군주는 삼가할 줄 알고 훌륭한 장수는 경계할 줄 안다.[8]

현명한 군주와 뛰어난 장수가 움직여 남보다 우수하고 무리보다 앞서서 성공을 이루는 것은, 남보다 먼저 알기 때문이다. 먼저 아는 것은 귀신에게서 취할 수 없고, 일을 통해서 아는 것도 아니며(유비적類比的 추측을 하는 것을 가리킴), 도(度)에서 관측할 수 없고(천상天象에서 징험하는 것을 가리킴), 반드시 사람에게서 취하여 적의 정세를 아는 것이다.[9]

오직 전쟁중에 전쟁을 계획하고, 전략을 짜고, 상황을 판단하고, 전쟁의 시기를 선택하고 전술을 채용하는 가운데 비로소 사람의 고도의 냉정한 이지적 태도를 충분하게 발휘할 수 있으며, 그 뛰어난 가치를

---

8) 『손자병법』 「화공」(火攻), "主不可以怒而興師, 將不可以慍而致戰; 合於利而動, 不合於利而止, 怒可以復喜, 慍可以復悅, 亡國不可以復存, 死者不可以復生. 故明君愼之, 良將警之……."

9) 같은 책, 「용간」(用間), "明君賢將, 所以動而勝人, 成功出於衆者, 先知也. 先知者不可取於鬼神, 不可像於事(指作類比推測), 不可驗於度(指證驗於天象), 必取於人, 知敵之情者也."

매우 분명하게 표현해낼 수 있다. 왜냐하면 어떤 감정(예를 들면 기쁨과 분노)의 간섭이나 미신적 관념, 비이성적인 것에 의해 주도되는 경우 모두 즉시 나쁜 효과가 나타나거나 순식간에 멸망하기도 하여 더이상 돌이킬 수 없는 생사존망(生死存亡)의 엄청난 결과를 만들어 낼 수도 있기 때문이다. 반드시 "먼저 따져보고 전쟁을 하라"고 하여, 만약 감정에 따라서 하거나 어떤 초월적인 신령(神靈)의 소리를 듣고 지휘한다면 그것은 나라를 망하게 하고 민족을 소멸시킬 수밖에 없는 것으로, 대단히 위험한 것이라고 했다. 그러므로 『손자병법』의 첫머리에서 "전쟁이란 나라의 중대한 일이다. 사람들이 죽고 사는 일이며 나라가 계속되어 망하는 길이 되는 것이니, 살펴보지 않을 수 없는 것이다"[10]고 말한다. 이런 특징은 보통사람들의 일상생활이나 어떤 다른 영역에서도 찾을 수가 없거나 찾아보기가 어려운 것이다.

둘째, 각종 현실과 현상을 아주 구체적으로 관찰하며 이해와 분석을 하고, 특히 경험을 중요시한다. 작전을 짜려면 인사(人事)·천시(天時)·지리(地利)를 고려해야 한다. 지리는 지형의 높고 낮음·멀고 가까움·험준함과 평준함(險易)·넓고 높음(廣狹) 등등을 포함하고, 인사는 장수(將帥)·법령·사병(士兵)·기량(技倆)·군수(軍需) 등의 내용을 포함하고 있다. 또한 "자신을 알고", "적을 알아"야 하며, "나의 군사로 칠 수 있다는 것만을 알고, 적을 (형세로 보아) 칠 수 없다는 것을 알지 못하는 것은 승리의 절반밖에 이르지 못했다. 적을 쳐도 된다는 것을 알고도, 나의 군사로 쳐서는 안 된다는 것을 알지 못하면 승리의 절반밖에 이르지 못한다. 적을 칠 수 있음을 알고, 내 군사가 칠 수 있다는 것을 알아도, 지형이 싸울 수 없는 곳임을 알지 못함은 승리의 절반밖에 이르지 못한 것이다"[11], "군사는 정해진 세가 없고, 물은 정

---

10) 같은 책, 「계」(計), "兵者, 國之大事, 死生之地, 存亡之道, 不可不察也."
11) 같은 책, 「지형」(地形), "知吾卒之可以擊, 而不知敵之不可擊, 勝之半也; 知敵之可擊, 而不知吾卒之不可擊, 勝之半也; 知敵之可擊, 知吾卒之可以擊, 而不知地形之不可以戰, 勝之半也."

해진 일정한 형태가 없다. 적으로 말미암아 스스로를 변화시켜 이길 수 있는 자를 신(神)이라고 말한다."[12] 결국, 전체적·구체적으로 실제상황을 이해하고, 현실의 형세를 중시하는 것은 전쟁에서 매우 중요한 의미를 가진다. 지상(紙上)에서 군대를 논하는 것은 병가가 크게 꺼리는 것이다. 전쟁중에는 결코 사상누각 식의 헛된 사변적 생각이나 해결하지 못하는 문제에 대한 내용 없는 논의들은 결코 용납되지 않는다. 여기선 사유의 구체적 현실성과 실용성의 중요성이 기타의 다른 부분보다 더욱 강조된다.

셋째, 이런 현실경험과 구체적 상황에 대한 관찰, 이해, 분석을 통해, 매우 복잡한 여러 현상에서 전쟁과 관련된 본질이나 핵심요소를 신속하게 찾아내야만 한다. 그중에는 가상(假象)을 잘 감별하는 것을 포함하고 있는데, 이것은 외재적으로 나타나는 표면적 현상에 의해서 미혹되지 않아야 한다는 것이다.

가까이 가도 고요한 자는 그 험한 것을 믿기 때문이다. 멀리서 싸움을 거는 자는 다른 사람이 나아가기를 바라는 자이다.[13]
여러 나무가 움직이는 것은 적이 오는 것이다. 풀숲에 장애가 많은 것은 의심하게 하는 것이다. 새가 날아오르는 것은 매복한 것이요, 짐승이 놀라는 것은 복병이 있음을 말한다.[14]

이것은 어떤 경험적인 현상으로부터 교전에 이롭거나 해로운 것을 발견해내는 데 있어서 관건이 된다. 그러므로 그가 중시하는 것은 현상의 나열이 아니라, 어떤 현상을 신속하게 추리하여 관련되는 본질을 찾아내는 것이다.

---

12) 같은 책, 「허실」(虛實), "兵無常勢, 水無常形, 能因敵變化而取勝者, 謂之神."
13) 같은 책, 「행군」(行軍), "敵近而靜者, 恃其險也. 遠而挑戰者, 欲人之進也."
14) 같은 책, 「행군」, "衆樹動者, 來也. 衆草多障者, 疑也. 鳥起者, 伏也. 獸駭者, 覆也."

전쟁이란, '속이는 수단'을 쓰는 것이다. 그러므로 능력이 있으면서도 능력이 없는 척해야 한다. 쓰고 있으면서도, 쓰지 않은 것처럼 보여야 한다. 가까운데도 멀리 보이게 하고, 멀리 있는데도 가까이 있는 듯 보이게 한다.[15)

말을 낮추고 준비를 더 하는 것은 앞으로 나아가는 것이고, 말을 강하게 하고 앞으로 달려 나아가는 자는 뒤로 물러난다. ……약속함이 없이 화해하기를 청하는 자는 다른 것을 도모하려는 자이다. ……분주하게 진을 벌려놓은 것은 무엇인가를 기대하는 것이며, 반쯤 나아가고 반쯤 물러나는 것은 상대를 유인하는 것이다.[16)

이것은 현상과 본질 사이의 차이와 모순에 주의하는 것이다. 이런 상황은 일상생활과 일반경험 속에서도 모두 존재한다. 그러나 그들이 매우 중요하고 심각한 의미를 가지고 있음을 인식하는 것은 오직 전쟁 중에 분명하게 나타날 뿐이다. 그렇지 않고 약간이라도 방심하면 큰 잘못을 만들어내게 되는데, 이는 처음에 매우 미소한 호리(毫釐)의 차이가 있던 것이 끝에 가서는 천리(千里)의 차이가 나는 것과 같은 이치이다.

또한 바로 이와 같은 이유에서, 고대의 병가들이 전쟁중에 취한 사유방식은 단순한 경험적 귀납이나 관념의 연역이 아니다. 그것은 명확한 주체활동과 이해를 목적으로 삼아 감정에 휩쓸리지 않는 관찰과, 현실을 빠르게 파악하는 바탕 위에서 다른 많은 부차적 요소들을 가능한 한 빨리 제거해버리고 잡다한 세부적인 내용들을 피하여 사물의 핵심을 분명하고 집중적으로, 신속하고 분명하게 발견하고 파악하려는 것이다. 이로부터 잡다한 현상들에 대해 보다 구체적으로 주의를 기울이

---

15) 같은 책, 「계」, "兵者, 詭道也. 故能而示之不能, 用而示之不用. 近而示之遠, 遠而示之近."
16) 같은 책, 「행군」, "辭卑而益備者, 進也; 辭强而進驅者, 退也. ……無約而請和者, 謀也; 奔走而陳兵車者, 期也. 半進半退者, 誘也."

는 동시에 개괄적인 이분법으로, 즉 모순적인 사유방식을 파악하여 명확·신속·확실하게 사물을 분별하고 전체를 파악하여 사태를 결단한다. 이른바 개괄적 이분법의 사유방식이라는 것은 바로 대립항의 모순형식을 이용하여 사물의 특징을 끄집어내고, 사물이 가지고 있는 본질을 신속하게 파악하는 것에 있다.

이것이 바로 『손자병법』에서 제기하고 있는 서로 반대되면서 서로 이루어주는 모순대립항, 즉 적과 나·화친과 전쟁·승부·생사·이익과 해로움·진퇴·강약·공수(攻守)·동정(動靜)·허와 실·수고로움과 편안함·굶주림과 배부름·중과(衆寡)·용겁(勇怯) 등등이다. 모든 형세와 상황, 그리고 사물을 이와 같은 대립항으로 나누어 그것들을 분명하게 파악하여, 이를 통해 주체적 활동을 조정하고 계획한다 (작전계획을 말하며, 진격할 것인지 후퇴할 것인지, 공격할 것인지 수비할 것인지 등을 결정한다). 이것은 일종의 귀납이나 연역으로 대신할 수 없는 직관적 파악의 방식으로 단순화되었지만, 매우 유효한 사유방식이다.

일반경험 중에서 이 방식은 대부분 비자각적 또는 은폐된 상태 속(예를 들면, 레비 스트로스Levi-Strauss가 분석한 인류의 모든 민족신화가 가지고 있는 이분적 구조)에 놓여 있다. 왜냐하면 일상생활 속에서는 결코 모든 곳에서 이런 사유방식을 채용할 필요성이 없으며, 어떠한 대상을 이분법적으로 인식하거나 처리할 필요가 없기 때문이다.

이러한 모순적 사유방식은 군사적인 경험에 기원하여 생겨난 것으로, 논변이나 언어에서 발견되는 개념적 모순으로부터 생긴 것은 아니다. 이 때문에 그것들은 여전히 세속적인 생활과 구체적인 내용의 현실관계를 계속적으로 유지하고 있으면서 매우 풍부한 경험적 성격을 지니고 있다. 『손자병법』에서 거론된 여러 개의 서로 모순된 대립항들은 상당히 구체적이고 다양하다. 생활경험과 매우 긴밀하게 연결되어 있는 대립항들은 실제 삶 속의 투쟁에서 체득한 것이지 언어적 논변과 연관된 사변적 추상은 아니다.

넷째, 병가의 이런 변증법적 사유는 주체가 자신이 처해 있는 생사존망(生死存亡)과 자신과 밀접한 관련이 있는 절실한 이해라는 실제의 투쟁 가운데 획득되고 요구되는 인식방식이다. 자연현상, 예를 들면 '지형' 역시 전쟁의 이해('지리'地利를 말함)라는 각도에서 착안된 것이지만, 위에서 말한 일체의 관찰·이해·분석·평가·고려·결정 등은 모두 주체(아군)의 행위 속에서 진행된 것들이다. 이 때문에 객체는 여기서 정관적(靜觀的)인 인식대상이 아니라, 주체와 서로 관계가 밀접하다. 즉, 주체의 공리적 실용을 목적으로 파악할 때 객체는 주체와 이해·행동이 서로 분리되는, 항상 안정된 대상으로 관찰되고 처리되는 것이 아니다. 이로부터 변증법은 대립항 모순 쌍방의 상호의존과 상호침투를 중요하게 여길 뿐만 아니라, 또한 대립항 모순 사이의 줄어들고 늘어나면서 서로 전환하는 관계와 어떻게 그것들을 주동적으로 운용할 것인가에 더욱 관심을 둔다.

어지러운 것은 질서 있는 것에서 나오고, 비겁함은 용기에서 나오고, 약한 것은 강한 것에서 나온다.[17]

……적의 힘이 실하면 준비하고, 적이 강하면 피하고, 적을 성나게 하여 어지럽게 만든다. 비굴하게 행동하여 적을 교만하게 만들고, 편안하게 있으면서 수고롭게 만들고, 친하면 이간시키고, 준비하지 않을 때 공격하고, 생각하지 않을 때 친다.[18]

전체적으로, 여러 가지 모순을 단순히 묘사하거나 발견하고 이해하여 사색하는 데 그치지 않고, 실제의 활동 속에서 모순을 이용하고 전개한다. 구체적 조건과 정황에 따라서 신축성 있게 주체의 활동을 결정

---

17) 같은 책, 「세」(勢), "亂生於治, 怯生於勇, 弱生於强."
18) 같은 책, 「계」, "……實而備之, 强而避之, 怒而撓之, 卑而驕之, 佚而勞之, 親而離之, 攻其無備, 出其不意."

하고 변화시켜, 기존에 이미 정해지거나 원래 있던 인식구조에 국한되거나 구속 또는 속박되지 않는다.

오행(五行)은 상생상극(相生相克)하지만 어떤 하나가 늘 이기는 것은 없고, 사시(四時)는 항상 서로 교체하여 어떤 하나의 일정한 위치가 정해져 있는 것은 아니다.[19]

위의 말처럼 오직 최후에 적을 물리칠 수 있는 자만이 자신을 보존할 수 있다. 그러므로 다음과 같은 상태가 될 수 있다.

어떤 길은 가지 말아야 하고, 어떤 적의 군대는 치지 않아야 하고, 어떤 성은 공격하지 말아야 하고, 어떤 땅은 쟁탈하지 않아야 하고, 어떤 군주의 명은 받아들이지 않아도 된다.[20]

후대의 병가들 역시 항상 "운용의 묘는 마음에 있다"(運用之妙, 存乎一心)고 말한다. 이런 모든 것은 대자연에 대한 관찰이나 추상적 사변에서 얻은 모순관념 또는 사유방식과는 완전히 다르다.

결국 중국 고대의 변증법을 진정으로 이해하려면, 즉 중국 고대의 변증관념은 왜 자신만의 독특한 형태를 가지고 있는가를 이해하려면, 반드시 선진(先秦) 병가의 관점을 소급하여 추적해봐야 할 것이다. 병가는 원시사회의 모호하면서도 간단하고 신비로운 대립항의 관념, 예를 들면 주야(晝夜)·일월(日月)·남녀, 즉 후세의 음양관념을 다양화하고 세속화시켰다. 그것은 무술적(巫術的) 종교의 신비로운 옷을 벗었지만, 자연과 인간사에 대한 순수한 객관적 기록이라기보다는 주체와 객

---

19) 같은 책, 「허실」, "五行無常勝, 四時無常位."
20) 같은 책, 「구변」(九變), "塗有所不由, 軍有所不擊, 城有所不取, 地有所不爭, 君命有所不受."

체가 '누가 누구를 먹어치우는' 식으로 신속하게 변화하는 행동 속에서 간략해진 사유방식을 형성한다. 전체를 파악하면서 구체적인 실용을 가지고 있고, 능동적인 활동을 하면서 동시에 냉정한 이지를 가지고 있는 근본특징이 바로 중국 변증법적 사유의 독특한 본질인데, 이는 그리스의 변증법적인 논변술과는 다르다. 이것은 중국의 실용이성이 가지고 있는 하나의 중요한 특징을 이루고 있다.

이러한 특징은 『손자병법』에서도 볼 수 있는데, 『손자병법』은 군사적인 측면을 통해 정치를 말하고 다룬다. 군사(軍事)는 본래 정치투쟁의 특수한 수단으로, 『손자병법』은 정치가 군사를 통솔해야 함을 매우 분명하게 말하고 있다. 『손자병법』은 여러 곳에서 군사를 말하지만, 실제로는 이미 군사의 문제를 넘어섰다. 예를 들면 아래와 같은 유명한 말이 있다.

백전백승하는 것만이 최상의 선(善)은 아니다. 싸우지 않고 다른 군사를 굴복시키는 것이야말로 최상의 선이다. 그러므로 최고의 전쟁방법은 적의 계획을 깨는 것이다. 그 다음 방법은 적의 외교를 깨는 것이다. 맨 마지막 방법이 무기로 성을 공격하는 것이다…… 그러므로 용병을 잘하는 자는 남의 군사를 굴복시키되, 싸우지는 않는다. 또 남의 성을 함락시키려 공격하지 않는다.[21]

계획을 짜는 것이 실제로 전투를 하는 것보다 더 중요하고, 정치가 군사보다 더 중요하고, 지모가 힘을 쓰는 것보다 더 중요하고, 천지나 귀신보다 인간사가 더 중요하다는 것이다. 『손자병법』을 대표로 하는 이런 병가사상은 후대 중국의 중요한 사상적 전통이 된다. 특히 그것은

---

21) 같은 책, 「모공」(謀攻), "是故百戰百勝, 非善之善者也 ; 不戰而屈人之兵, 善之善者也. 故上兵伐謀, 其次伐交, 其次伐兵, 其下攻城……. 故善用兵者, 屈人之兵, 而非戰也 ; 拔人之城, 而非攻也."

『노자』에서 하나의 철학체계로 승화한다. 그러나 이것은『노자』가 분명히 손자나 병가에서 직접 나왔다는(어떤 사람은『손자병법』이 전국 시대에 출현했음을 고증하여,『노자』이후에 출현한 것으로 보기도 한다)[22] 것을 의미하는 것은 아니다. 다만『노자』철학의 기본관념이 선진의 병가 사조와 관계가 있음을 말할 뿐이다.

---

22) 예를 들면 치스허(齊思和),『중국사탐구 · 손자병법시대의 고찰』(中國史探究 · 孫子兵法時代考), 中華書局, 1981을 참조하라.

2 노자 철학

『노자』는 매우 복잡하고 해석이 분분한 책이다. 이 책 속의 여러 가지 다양한 내용이나 방향 및 그들 사이의 복잡한 관계를 상세하게 감별하는 것은 대단히 어렵다. 이런 문제들이 중요하기는 하지만 내가 이야기하려고 하는 핵심적인 측면은 아니다. 여기서는 다만 위에서 말한 중국 변증법적 사유의 특징이라는 각도를 통해 초보적인 탐색만 해보려고 한다.

『노자』에서는 확실히 몇몇 부분에서 직접적으로 군사(兵) 문제에 대해 말하고 있다. 어떤 구절들은 『손자병법』의 직접적인 파생이나 확대 해석처럼 보이기도 한다.

약하게 하려면 반드시 강해야 하고, 없애버리려고 한다면 반드시 세워주어야 한다. 빼앗으려고 한다면 주어야 한다.[23]

군대를 잘 이끄는 자는 무력을 쓰지 않는다. 작전을 잘 짜는 사람은 화를 내지 않는다. 적을 잘 이기는 자는 적과 싸우지 않는다.[24]

---

23) 『노자』제36장, "將欲弱之, 必固强之 ; 將欲廢之, 必固興之 ; 將欲奪之, 必固與之."

군대를 쓰는 사람들은 이런 얘기들을 한다. 나는 결코 주동적으로 전쟁을 일으키지 않고, 다만 피동적으로만 움직일 뿐이다. 나는 한 뼘도 나가지 않고, 그저 한 걸음 물러설 뿐이다.[25)]

그러므로 어떤 사람은 "하편(下篇)의 『덕경』(德經)은 직접적으로 군사와 관련되는 전략과 전술을 언급할 뿐만 아니라, 아울러 전쟁을 수행하는 법칙을 전체적으로 정리하는 방식을 통하여 사회관·역사관·인생관까지 동시에 끄집어내고 있다고 말한다. 그 상편(上篇)인 『도경』(道經)은 전략과 전법 사상에 개략적·이론적인 체계를 부여하여 우주관과 세계관의 논증을 부가하는 단계로까지 격상시켰다."[26)] 이러한 관점은 약간 지나친 감이 있다. 『한서』(漢書)의 「예문지」(藝文志)에서는 다음과 같이 말한다.

도가는 모두 사관(史官)에서 나왔는데, 두루 성패와 존망, 화복과 고금지도(古今之道)를 기록했다. 그런 후에 요점을 잡고 근본을 잡아 깨끗하게 비우는 것으로 자신을 지키고, 낮추고, 약하게 하여 스스로를 유지하는 것을 아는 사람들이다. 이것이 군주의 남면지술(南面之術: 군주가 국가를 다스리고 관리하는 책략과 방법)이다.[27)]

그러므로 『노자』의 변증법은 병가에서 많은 관점들을 흡수하여 보존하고 발전시켰다고 말할 수 있지만, 『노자』라는 책의 전체적인 내용이나 그것의 주요논점이 군사나 전쟁에 있는 것이라고는 말할 수 없다.

---

24) 같은 책, 제68장, "故善爲士者不武. 善戰者不怒. 善勝敵者不與."

25) 같은 책, 제69장, "用兵有言曰: 吾不敢爲主而爲客, 不敢進寸而退尺."

26) 탕야오(唐堯), 「노자병략개술」(老子兵略槪述), 『중국철학사문집』(中國哲學史文集), 吉林人民出版社, 1980, 32쪽.

27) 『한서』 「예문지」, "道家者流, 蓋出於史官, 歷記成敗, 存亡, 禍福, 古今之道, 然後知秉要執本, 淸虛自守, 卑弱以自持, 此君人南面之術也."

위의 「예문지」에서 지적하는 것처럼, 도가를 대표하는 『노자』는 역사상의 '성패·존망·화복·고금지도'를 기록하고 사색하며 총괄하는 것과 서로 관련이 있다. 이런 '도'는 군사와 관련되는 것일 뿐만 아니라, 또한 정치이다. 『노자』는 당시의 복잡한 군사투쟁, 정치투쟁과 빈번한 전쟁 속에서 수많은 씨족과 국가가 멸망하거나 전복되는 역사적 경험에 대한 사색과 그것을 정리한 책이다.

그리고 이러한 사고의 결과, 군사변증법은 정치변증법으로 변한다. 손자는 "대체로 싸움은 바름(正)으로써 모으고 기이함(奇)으로써 이긴다"[28]고 했다. 이에 비해 『노자』는 "바름으로 나라를 다스리고, 기이함으로 군사를 움직인다"[29]고 했다. 그러나 『노자』는 실제로 군사를 움직이는 '기이함'을 나라를 다스리는 '바름'으로 변화시키고 있다. 그리고 군사변증법을 '군인남면지술'(君人南面之術), 즉 국가를 통치하고 관리하는 근본원칙과 책략으로 승화시켰다.

이러한 승화를 통하여 병가의 변증법은 『노자』에서 보존되면서 약간의 변화를 거쳐 한 단계 더 발전된다. 그것은 기본적으로 위에서 말한 병가 변증법의 특징들, 즉 주체적 활동과 구체적 운용 속에 있는 이분법적이고 직관적인 사유방식을 여전히 보존하고 있다. 사람들은 항상 『노자』의 소극적인 무위(無爲)만을 강조하여 말하지만, 사실 『노자』는 계속해서 '성인'(聖人)·'후왕'(侯王)을 말한다. 이것은 일종의 "무사함으로 천하를 취하는"(以無事取天下) 적극적 정치이론이다.

노자의 변증법은 실질적인 측면에서 주체의 적극적 활동이라는 성격을 결코 상실하지 않고 있다. 다만 그것은 순간적으로 변화하는 군사활동 속에 있는 것이 아니라, 오히려 더욱 오래된 역사적 파악에서 얻어서 응용된 것이라고 말하는 게 나을 것이다. 이로부터 노자의 변증법은 정관적이라는 외재적 특징을 가지게 되는데, 이는 마치 차가운 눈으로

---

28) 『손자병법』 「세」, "凡戰者, 以正合, 以奇勝."
29) 『노자』 제57장, "以正治國, 以奇用兵."

방관하고 있는 것처럼 보인다.

『노자』는『손자병법』에 열거된 군사활동 속에 나타난 여러 가지 대립항(모순)을 자연현상과 인간사의 경험 속으로 한 걸음 더 확장시키고 있다. 이러한 대립항을 예로 들면, 밝고 어두움(明昧)을 비롯하여 높고 낮음·길고 짧음·앞과 뒤(先後)·굽음과 바름·아름답고 추함·영예와 모욕·완전함과 모자람(成缺)·뺌과 더함(損益)·말 잘함과 어눌함·교묘함과 서투름(辯訥) 등이 있다.[30] 결국 모순이라는 것은 모든 사물을 하나로 관통하는 보편적인 원리임을 밝혀놓은 것이다. 병가의 냉정한 이지는 역사적 경험을 관찰하고 총괄하기 때문에, 즉 무관심한 눈으로 방관하는 듯한 정관적 기질 때문에 정감에 쉽게 흔들리지 않는 특색을 매우 분명하게 드러내고 있다. 결국 "천지는 인(仁)하지 않아서 만물을 추구(芻狗)*로 삼는다. 성인은 인하지 않아서 백성을 추구로 삼는다"[31], "덕을 잃어버린 후에 인하게 된다"[32]는 기본적인 철학원리로 승화하게 된다.

한편, 주자는 "노자의 마음이 가장 독하다"[33]고 말하고, 한비자는 "인이라는 것은 그 마음속으로부터 참으로 다른 사람을 사랑하는 것이다…… 이것은 내심에서 억제할 수 없이 나오는 것이다"[34]고 하여 당연히 서로 배척하는 입장에 서 있다. 바로 이런 핵심적 요소에서

---

30) 사물이 가지고 있는 대립항에 대해 주의를 기울이는 것은 당시의 대변혁사회에서 생긴 하나의 사조이다.『좌전』,『국어』(國語) 등에는 이런 식의 내용들이 많이 기록되어 있다. 예를 들면『좌전』「소공(昭公) 20년」에 "맑고 흐림, 작고 큼, 짧고 김, 긴장과 완화, 슬픔과 즐거움, 강하고 부드러움, 느리고 빠름, 높고 낮음, 나가고 들어옴, 긴밀함과 소원함 등이 서로 조화된다"(淸濁, 小大, 短長, 疾徐, 哀樂, 剛柔, 遲速, 高下, 出入, 周疏, 以相濟也)는 말이 있다.

* 짚이나 풀로 만든 개. 옛날 제사에 이것을 사용하고 끝나면 버렸다. 성인은 편애함이 없는 것처럼 관심없이 스스로에게 맡겨둔다는 의미.

31)『노자』제5장, "天地不仁, 以萬物爲芻狗; 聖人不仁, 以百姓爲芻狗."

32)『노자』제38장, "失德而後仁."

33)『주자어류』권137, "老子心最毒."

34)『한비자』「해로」(解老), "仁者, 謂其中心欣愛人也, ……生心之所不能已也."

『노자』의 도가와 인학을 기초로 하는 공자의 유학은 서로 뚜렷이 구별된다. 똑같이 사람의 활동을 말하고 있지만 병가와 도가는 객관적 현실을 강조하며, 인간의 감정에 대해서는 말하지 않는다. 유가는 인간의 감정 심리를 활동의 중요한 근거로 보고 있다. 장타이옌은 다음과 같이 말한다.

내가 유가와 도가의 구분에 대해서 말하면 마땅히 먼저 음험하고 악랄한 것에 대해 말해야 할 것이다. ……하나를 행함에 의롭지 않고, 한 명이라도 억울한 사람을 죽이면, 비록 나라를 얻는다 하여도 부끄러울 뿐이다. 유가와 도가의 구분은 그것을 높이는 것과 비판하는 것 여기에 있을 뿐이다. 그러므로 주공은 제(齊)나라의 정치를 나무라고 공자는 이여(伊呂)를 칭찬하지 않았는데, 나름대로의 이유가 있었다.[35]

『노자』의 입장에서 보면, 천지의 운행변화에는 정감이 없을 뿐만 아니라 또 필요도 없다. '성인'의 통치 또한 그러하다. 중요한 것은 객관적 법칙, 즉 '덕'과 '도'를 따르기만 하면 된다는 것이다.

그렇다면 '덕'과 '도'는 무엇인가?

'덕'의 원시적 의미가 무엇인가 하는 것은 지금까지 분명하게 정리되지 않았고, 여전히 연구되어야 할 문제로 남아 있다. 나는 「공자와 맹자의 철학」에서 "덕의 본래 의미는 분명히 도덕이 아니라, 아마도 씨족의 습관적 법규인 것으로 보인다"고 주장했다. 최근 어떤 사람이 '덕'은 원래 노예를 구속하거나 속박하여 그들을 정벌하며 재물을 약탈하고 빼앗는 의미에서 나왔는데, 그것이 후대에 점차적으로 등급질서와 천명(天命)의 윤리로 변천되었다는 것을 논증하기도 했다.[36]

---

35) 『구서』「유도」, "吾謂儒道之辨, 當先其陰鷙……行一不義, 殺一不辜, 雖得國可恥, 儒道之辨, 其揚摧在此耳. 故周公誣齊國之政, 而仲尼不稱伊呂, 抑有由也." 장타이옌은 도가와 병가(음모나 영리한 술수)가 관련이 있음을 강조하고 있다.

'덕'은 은대의 복사(卜辭)와 『상서』의 「반경」(盤庚)에서 많이 보이지만, 일반적으로 주요관념과 중심사상으로 통용된 시기는 주대(周代)이다. 주나라 초기부터 계속 '경덕'(敬德)과 '명덕'(明德)을 강조하고 있고, 금문(金文)에서도 '덕'자가 많이 발견되고 있다. '제'(帝: 은나라 시기의 경우)가 당시의 의식형태에서 가지고 있던 지위는 주나라 초기에 이르게 되면 이미 천의(天意)와 인사적(人事的) 의미의 '덕'이 결합되는 것에 의해 대체된다.[37] '덕'자는 갑골문에서 직(直)과 행(行)이 결합되어 있는데, 이것은 '순'(循)이란 글자와 매우 가깝다(룽 컹容庚의 관점). "행함을 보고서 본받는다는 뜻"(원이둬聞一多의 주장), 『장자』의 「대종사」(大宗師)에는 "덕을 순으로 본다"(以德爲循)는 말이 있다.[38]

내 생각으로는, '덕'은 바로 '따라 행하는'(循行), '그대로 따르는'(遵循) 기능과 규범의 뜻에서 실체적인 의미로 변화하고, 최종적으로는 심성이 요구하는 의미로 변화했다고 본다. '덕'은 주초(周初)에 매우 높은 위치로 승격되었는데, 그것은 아마도 주공 당시에 전면적으로 규범화된 씨족제도를 세운 것과 연관성이 있는 것으로 보인다. '덕'은 점차적으로 '따라 행'해야 하는 습관적 법규에서 품격의 요구라는 의미로 전환한다. 이것과 병행하여 '천'(天: 복사卜辭 중에선 거의 보이지 않는 것 같다)은 은대(殷代)의 '제'(帝)의 위치를 이어받아 인격신이 가지고 있던 강한 주재적(主宰的) 의미를 약화시켰다. 이것은 은주 변천시기의 사상과 의식분야에서 생겨난 매우 큰 변혁이라 할 수 있다. 또한 이것은 주공의 뛰어난 공적으로 공자로부터 계속적으로 칭송을 받았는데, 아쉽게도 지금까지 이에 관한 연구는 매우 부족한 실정이다.

---

36) 원쭈어펑(溫作峰), 「은대 시기 노예주 계급의 덕 개념」(殷商奴隷主階級德的觀念), 『중국철학』(中國哲學) 제8집.

37) 장광즈(張光直), 『중국 청동시대』(中國靑銅時代), 三聯書店, 1983, 307쪽.

38) 치우쓰(求是), 「경사잡고」(經史雜考), 『학습과 사고』(學習與思考), 1984년 제5기.

'덕'은 아마도 처음에는 어떤 모종의 행위에 해당된 것 같다. 이는 일반적인 행위가 아니라, 대부분 씨족부락의 영도자를 대표로 하는 제사나 출정 등의 중대한 정치적 행위와 관련이 있는 것으로 보인다. 그것은 고대 씨족부락의 조상에 대한 제사활동의 무술적(巫術的) 의례와 결합되어 점차적으로 씨족부락의 생존과 발전을 유지해가는 일련의 사회규범·질서·요구·습관 등의 비(非)성문적 법규로 변화한다. 주대 초기에는 '경덕'의 관념이 두드러지게 나타난다. '경'은 준수와 복종을 요구하여, 그 속에는 근신과 숭배라는 의미가 포함되어 있다. 이 '덕'은 본래 원시무술적 의례의 전통과 관련이 있고, 신비한 조상숭배와 '천의'(天意)·'천도'(天道)에 대한 신앙 또는 관념과 관련이 있기 때문이다.

주공은 '예악을 제작'하여 후세에 이름을 떨치고 역사에 기록되었다. 왕궈웨이는 『은주제도론』에서 주공이 적장자(嫡長子) 제도, 분봉제(分封制), 제사제도를 만든 중요한 역사적 의미를 가지고 있음을 강조했다. 이런 의미는 여전히 혼란 속에 있던 '은례'(殷禮)를 다시 완비하여 체계화하고 규범화한 것에 있다. 여기서 주공은 이런 '덕'이 하나의 전체적인 '예'의 형식적 전범을 가지도록 만들고, 혈연적 종족을 유대로 하는 '제사―사회―정치'의 조직체제를 수립하고 확정하도록 해주었다. 이것이 바로 '덕'이 '예'에 보존되어 있다는 의미이다.

『예기』에서는 "성을 이루고 이를 거느림에 있어서 공경하게 하는 것을 '예'라고 말한다. 또한 예에 따라서 장유가 성립함을 '덕'이라고 말한다"[39]고 했다. 『대대례』(大戴禮)에선 "명당이라는 것은 하늘의 법이다. 예의라는 것은 덕의 법이다"[40]라고 했고, 춘추 시기에 이르러 '예'·'덕'·'경'이라는 말들은 항상 자주 결합되어 함께 사용된

---

39) 『예기』「향음주의」(鄕飮酒義), "聖立而將之以敬曰禮, 禮之體長幼曰德."
40) 『대대예기』(大戴禮記)「성덕」(盛德), "明堂者, 天法也. 禮度者, 德法也."

다. '덕'에 대한 것과 마찬가지로, '예'에 대해서도 '경'하기를 강조한다. "경은 예의 수레이다. 불경하면 예는 행해질 수 없다"[41]고 한다.

위에서 '덕'의 본원에 대해서 대략적으로 살펴보았다. 덕은 통치자의 방술(方術)과 품덕(品德)으로 이해되고 나중에는 도덕으로 해석되는데, 이것은 더욱 후대의 일이다. 그러나 『노자』 중에서, '덕'은 후대에 생긴 함의(특히, 통치방술이라는 함의)로 응용되고 논의되었다. 다만 『노자』는 이런 통치방술을 철학적인 차원으로 끌어올려 논의하고 있는데, 마치 그것은 앞서 말한 병가의 변증법을 이런 차원으로 끌어올린 것과 똑같다.

"최고의 덕은 덕이 아니다"[42], "최고의 덕은 억지로 함이 없으면서 하지 못함이 없는 것이다"[43]라고 하여, 『노자』의 변증법이 병가와 크게 다르게 발전시킨 '무위'라는 개념을 제기하고 있다. '무위'가 바로 '최고의 덕'(上德)이다. 말하자면, 아주 오랜 옛날의 습관이나 규범에 해당되는 '덕'까지도 억지로 강조하거나 잊어버리지 않으려고 노력할 필요는 없다. 다만 사회 · 생활 · 인사 · 통치가 매우 자연스럽게 존재하도록 놓아두기만 하면 이것이 바로 '무위'이고, '상덕', 즉 '도'이다. '상덕' · '무위' · '도' · '무'(無) · '일'(一) · '박'(朴)은 노자 철학의 가장 중요한 핵심적 범주들이다.

노자 철학의 중요한 개념들은 여러 단계의 뜻을 가지고 있다. 먼저 그것이 가지고 있는 정치적 단계의 의미에 대해서 이야기해 보자.

선진 시기의 여러 철학 유파들은 기본적으로 사회적인 정치철학이라고 할 수 있다. 도가의 노자 또한 그러하다. 『노자』는 병가의 군사적 전쟁론을 정치적 단계의 '군인남면술'로 승격시켜 통치자인 후왕(侯王), 즉 '성인'(聖人)에게 봉사하도록 만들어놓고 있는데, 기초적 의미인 '무위'는 일종의 '군도'(君道)[44]이다. 군주는 반드시 '무위'하여야 '무

---

41) 『좌전』 「희공(僖公) 33년」, "敬, 禮之輿也, 不敬則禮不行."
42) 『노자』 제38장, "上德不德."
43) 『노자』 제38장, "上德無爲而無不爲."

불위'(无不爲)할 수 있는 것이다. 겉으로는 관여하지 않는 것 같으나 실제로는 관여하지 않는 것이 없다.

만약 '무위'가 아니라 '유이위'(有以爲: 하는 바가 있음)라면 통치자는 '무'에 처한 것이 아니라 '유'(有)를 점유한 것으로, 그것은 '유'에 국한되어 전체를 파악할 수 없게 되어버린다. 왜냐하면 하나의 '유'가 얼마나 크든 간에 결국은 제한적 한계가 있고 순간적인 것이 되어, 다만 한 부분에 불과할 뿐이기 때문이다. '무'·'허'(虛)·'도'는 겉으로 보기에는 다만 별다른 내용 없는 논리적 부정 또는 혼돈스러운 전체로 보일지 모르나 실제로는 어떠한 '유'·'실'(實)·'기'(器)보다 우월하거나 초월적이다. 왜냐하면 그것은 바로 전체인 동시에 근원이며, 진리인 동시에 존재이기 때문이다. 이것은 군주가 마땅히 처해 있어야 하는 무상(無上)의 위치이고, 반드시 가지고 있어야 할 우월한 태도이며, 반드시 실시해야 하는 통치방략이다.

『한비자』의 「해로」(解老)에서는 다음과 같이 말하고 있다. "무릇 덕이라는 것은 아무것도 아니함으로써 생기고, 아무런 욕심을 가지고 있지 않음으로써 이루어지고, 생각하지 않음으로써 편안해지고, 작용하지 않음으로써 굳건해진다. 마음 먹고 어떤 행동을 하고 욕심을 두면 덕이 깃들 곳이 없어지고, 덕이 깃들 곳이 없으면 온전하지 못하다."[45] 아울러 '덕'은 『손자병법』 중의 병가의 방법인 "할 수 있으면서 하지 못하는 것으로 보이고, 쓰면서도 쓰지 않는 것으로 보이는"[46] '궤도'

---

44) 크릴(H. G. Creel)은 일찍이 『노자』에서 모두 12번에 걸쳐 '무위'를 말하고 있음을 통계로 처리하고 있다. 그중 6번(꼭 반에 해당함)은 통치와 관련되는 것으로(What is Taoism?, Chicago and London, 1970, 54쪽) 결론짓고 있다. 크릴은 도가를 정관적 도가(Contemplative Taoism)와 목적을 가진, 즉 통치방략을 주로 말하는 도가(Purposive Taoism)와 신선을 희망하는 도가(Hsien Taoism), 이렇게 세 가지로 나누고 있다. 이 관점은 대단히 뛰어난 견해이다. 그러나 『노자』의 시대에 관한 것이나 법가와 도가와의 관계 등에 관한 논점 등에서는 상당한 오류를 범하고 있다.

45) "凡德者, 以無爲集, 以無欲成, 以不思安, 以不用固. 爲之欲之, 則德無舍, 德無舍則不全."

(詭道 : 기만하고 속이는 방법)와 일맥 상통한다.

『노자』는 "크게 이루어진 것은 무엇인가 모자란 것 같다", "크게 찬 것은 빈 것 같다", "크게 곧은 것은 굽은 것 같고, 크게 빼어난 것은 서 툰 것 같고, 최고로 말 잘하는 것은 더듬는 것 같다" 등을 매우 강조한 다. 여기서 말하는 '약'(若)은 '마치 ~와 같다'는 말로 해석할 수 있다. 이 때문에 어떤 사람들은 노자가 말하는 것들은 "실제로는 하나의 장 (裝)자, 즉, '~을 가장하는' 것에 불과하고"[47] "후대의 음모자의 법에 불과하다"[48]고 말한다. 후대의 여러 차원의 통치자와 정치가들, 심지어 보통사람들도 모두 여기서 적지않은 처세의 학문을 배운다. 그것은 '재 능을 숨기고 드러내지 않는' 경우나 '시치미 떼는' 것, '물러나는 것을 나아가는 것으로' 삼거나 '수비를 공격으로 삼는' 것 등등이다. 『노자』 는 군사투쟁 중의 대립적인 항들을 추상화하고 보편화하는 동시에, 구 체적인 응용성을 잃어버리지 않고 있다. 또한 그것은 사회생활의 실용 성과 적용범위를 엄청나게 확대시키고 있다.

『노자』 변증법 중에서 또 하나 두드러진 특징은, 대립항의 열거 중에 서 특별히 '유'(柔)·'약'(弱)·'천'(賤)이라는 측면을 강조한다는 점이 다. 이것이 바로 "부드러움을 지키는 것을 강함이라고 한다"[49]는 유명 한 사상이다. 『노자』는 계속해서 "약함이라는 것은 도의 쓰임이다"[50], "제후는 귀함을 높이 사지 않는데, 장차 무너질 것을 두려워하기 때문 이다"[51], "무력이 강하면 멸망하고, 나무가 강하면 곧 꺾이게 될 것이 다"[52], "그러므로 귀한 것은 천한 것을 근본으로 하고, 높은 것은 아래 를 기초로 삼아야 한다"[53], "천하에서 가장 부드러운 것은 천하에서 가

---

46) 『손자병법』 「계」, "能而示之不能, 用而示之不用."
47) 장쉰훼이(張舜徽), 『주진도론발미』(周秦道論發微), 中華書局, 1982, 12쪽.
48) 장타이옌, 『구서』 「유도」, "以爲後世陰謀者法."
49) 『노자』 제52장, "守柔曰强."
50) 같은 책, 제40장, "弱者, 道之用."
51) 같은 책, 제39장, "侯王無以貴高, 將恐蹶."
52) 같은 책, 제76장, "兵强則勝, 木强則折."

장 견고한 것 속으로 뚫고 들어갈 수 있다"[54] 등을 말하고 있다.

이것은 통치자를 가르쳐 지도하여 겸허하고 근신하게 하며, 기초를 중요시하도록 하는("성인은 자기의 고정된 마음을 가지고 있지 않는데, 백성의 마음을 자기의 마음으로 삼는다"[55]) 것 외에도, 사람들로 하여금 오직 '부드러움'(柔), '약함'(弱)이라는 곳에 처해 있기만 한다면 영원히 패하지 않는다는 것을 강조하고 있다. 그리고 과분하게 자신의 재능이나 역량, 우수함을 드러내어서는 안 되고, 자신이 가지고 있는 우수함이나 강함을 잘 숨길 수 있어야 할 뿐만 아니라 그러한 강함을 뺏으려고 하거나 경쟁하지 않아야 한다는 점을 강조한다. '암컷을 지킴'(守雌), '부드러움을 귀하게 여김'(貴柔), '족함을 앎'(知足)을 가져야 자신을 보존할 수 있고, 또 지속시켜 강하게 만들 수 있다. 이럴 경우 상대방을 이겨서, 자신이 다른 것의 영향을 받았을 때 변화되지 않고도 자신을 유지시켜 나갈 수 있게 된다.

이러한 관념은 세상사의 경험을 총괄하고 인생의 지혜를 여는 것에서 일찍부터 작용했다. '노자는 천하보다 앞서려 하지 않는다', '먼저 한 보 양보한 후에 다시 돌아간다'는 것에서 '(부모를 잃은) 슬픈 병사는 싸움에서 반드시 이긴다', '무릎 꿇는 치욕을 편안히 받아들인다', '군자의 복수는 10년 뒤라도 늦지 않다' 등에까지 영향을 미친다. 이러한 인내와 굴욕 속에서 생존의 가능성을 추구하고 힘을 축적하여 최후의 승리를 얻으려 하는 것이다. 이것이 바로 중국의 지혜에 속한다. 이것은 또한 요동하지 않는 감정과, 분명하고 냉정한 이지적 태도와, 주체적 활동을 잃어버리지 않는 특징을 이어받고 있으며 가족·국가와 개체의 생존에 봉사한다. 이것은 명석한 사변의 개념적 변증법이 아니라, 생존을 이어가고 보호할 수 있는 생활변증법이라고 할 수 있다. 그러나 『노자』의 이런 생존을 보존하고 전환을 피하려는 정치변증법과

---

53) 같은 책, 제39장, "故貴以賤爲本, 高以下爲基."
54) 같은 책, 제43장, "天下之至柔, 馳騁天下之至堅."
55) 같은 책, 제49장, "聖人無常心, 以百姓心爲心."

생활의 예술은 상당히 깊이 있는 사회적 근거를 가지고 있다.

『노자』는 가슴 속에 두려움과 탄식을 가득 담고 있으면서 역사 속에 보이는 '성패·존망·화복·고금지도'의 내용들을 총괄하고 있는 것 같다. '오랫동안 질서 있고 편안하게 다스려진' 씨족사회의 상고(上古) 전통은 신속하게 붕괴되고 있었고, 많은 나라들이 격렬한 쟁탈의 회오리 속에 있었다. 이러한 쟁탈과정 속에서 어떤 나라는 강대국으로 변하고, 또 어떤 나라는 졸지에 망해버리기도 했다. '금은보물이 온 집 안에 가득하여도, 지킬 수가 없다'면 어떻게 하여야 하는가? 마치 유가나 묵가 등의 제자백가들이 하나같이 모두 요순을 말하며 멋진 고대의 회상을 통해 현실세계를 구하는 것을 가장 효과 있는 처방으로 삼고 있는 것과 똑같다. 『노자』에서 추구하고 칭찬하며 환상적으로 그리고 있는 이상사회는 공자나 묵자의 이상보다도 더욱더 오래된 고대의 '소국과민'(小國寡民: 나라는 작고 백성의 수는 적다는 말)의 원시시기이다.[56]

배와 수레가 있으나 탈 기회가 없고, 갑옷과 무기가 있어도 진열할 기회가 없고, 백성들이 다시 결승(結繩)*하여 사용하는 상태로 돌아가버렸다.[57]

성인이 되려는 마음을 끊고 지혜를 버리면 백성의 이익이 100배가 된다. 인을 끊고 의를 버리면 백성은 다시 효도하고 자애롭게 된다. 교묘함을 끊고 이익을 버리면 도적이 있을 수 없게 된다.[58]

---

56) 이것은 전설 속에서 말하는 노자가 남방(南方)에서 왔다는 것(원시씨족들은 중원中原 지역에 비해 훨씬 더 이전부터 오랫동안 존재해 있었다)과 관련이 있을 가능성이 있다.

 * 글자가 없던 시대에, 노끈이나 새끼 따위로 매듭을 맺어서 그 모양이나 수로 기억의 편리를 꾀하고 의사소통하는 방편으로 삼던 것.

57) 『노자』 제80장, "雖有舟輿, 無所乘之 ; 雖有甲兵, 無所陳之 ; 使人復結繩而用之."

58) 같은 책, 제19장, "絶聖棄智, 民利百倍. 絶仁棄義, 民復孝慈. 絶巧棄利, 盜賊無有."

이런 사회에서 모든 것을 '자연'에 맡겨버리면 사람은 마치 동물처럼 생존하고 생활하여 아는 것도 없으며 욕심도 없어 어떤 것을 추구하거나 바라는 것이 없게 된다. "욕심 부리는 것보다 더 큰 죄는 없다", "족함을 모르는 것보다 더 큰 재앙은 없다"는 말에 의하면 일체의 인위적 진보, 예를 들면 문자나 기예부터 여러 가지 문명들은 폐기되어야 할 것들에 속한다. 이것은 바로 위험한 단계에 처해 있는 씨족귀족이 과거에 대한 회고를 이상적인 그림으로 그려 자신들을 구원하려는 표현이라고 할 수 있다. 이런 원시적 상고사회는 모든 것이 분명히 상대적으로 평정과 안녕, 완만함을 가지며 부드러웠을 것이다. "이웃나라가 서로 바라다보이지만"[59] 결코 침범하지 않고, 또 교류하지 않아 "백성은 늙어 죽을 때까지 서로 왕래하지 않았다."[60] 모든 사람들이 과분한 단계로 나아가지 못하도록 하고 편안한 상태에 머물도록 하면 별다른 일이 없이 서로 물어뜯는 쟁탈이나 끝없는 파괴나 소멸이라는 것은 생길 수 없을 것이다.

『노자』의 '무위' 사상은 이런 의미의 사회적인 함의를 담고 있다. 이런 문제들에 대해서는 과거 주요 철학사들에서 말한 것이 매우 많기 때문에, 더 이상 중복하여 논의하지 않겠다. 최근의 몇몇 논저들은 이런 측면을 완전히 부정하기도 하고, 또는 『노자』는 다만 '군인남면술'일 뿐임을 강조하거나, '무위'(無爲)가 '무위'(無違)라는 것을 강조하여 사회적인 측면에선 오히려 더욱 적극적이라고 말하기도 한다. 그러나 이것은 모든 것을 너무 단순화시키고 있다는 생각이 든다. 『노자』에서 '무위'나 '수자'(守雌)는 적극적인 정치철학, 즉 군주의 통치방법으로 보인다. 그러나 이러한 적극적인 정치적 함의는 또한 이 책이 가지고 있는 소극적인 사회적 측면의 함의를 기초와 근원으로 삼고 있다.

우리는 역사를 거꾸로 돌리거나, 문자나 어떠한 기술도 완전히 사라

---

59) 같은 책, 제80장, "隣國相望."
60) 같은 책, 제80장, "民至老死不相往來."

져버린 그런 사회적 이상을 '적극적이고 진보적이다'라는 것으로 주장하는 관점을 받아들이기가 참으로 어렵다. 장자(莊子)가 이런 사회적 이상을 계승하여 발전시켰지만, 장자는 이미 사회론의 정치철학은 아니다. 한비자 등의 법가와 한대 초기의 도가가 계승하여 발휘한 것들은 대부분 '군인남면술'의 '무위'의 정치철학이고, 『노자』가 원래 가지고 있던 사회적 측면의 의미들을 대부분 변화시켰다. 이 시기에 신흥 노예주 계급에 봉사한 것들을 어떻게 적극적이고 진보적인 것이라고 할 수 있겠는가.

문제는 복잡하다. 그렇기 때문에 『노자』의 정치론과 사회론에서 각기 다른 측면의 차이와 구분, 모순, 그들 사이의 연계와 상호침투라는 문제에 주의를 기울여야 한다.

그러나 『노자』의 가치와 특징은 사회와 정치를 형이상학적인 성질을 가지고 있는 사변철학으로 끌어올린 것에서 찾아야 할 것이다.[61] 이것은 주로 '도'라는 범주 속에서 표현된다. 만약 '덕'과 '무위'가 『노자』의 정치사회 이론이라고 한다면, '도'와 '무명'(無名)은 『노자』의 철학적인 본체라고 할 수 있다. 비록 '천도'(天道)와 연관이 있는 관념들은 중국 고대에서 그 유래가 매우 오래되었던 것으로 보이지만, 그것이 철학적 성질을 가진 것으로 정화되고 순수화된 것은 바로 『노자』이다. 이것이 바로 『노자』가 『노자』인 까닭이다. '덕'과 '도'의 순서를 '도덕'으로 바꾸어놓은 것도 바로 이런 이유에서이다. "도를 도라고 할 수 있는 것은 참된 도가 아니다"는 이 말은 얼마나 깊고 미묘한 철학적 이치인가. 동양문화를 멸시한 헤겔 역시 이것은 철학에 속하는 것이라고 인정했다.

"돌아오는 것은 도의 움직임이다"(反者道之動)[62]라는 이 말은 『노

---

61) 어떤 사람은 『노자』라는 책이 노담(老聃)이라는 이름을 내걸고 도가의 사조를 끌어모은 일종의 편저집에 불과한 것이라고 주장하기도 한다. 이런 관점은 리우 (D. C. Liu)의 *Lao Tzu: Tao Te Ching. Introduction*(Penguin Classics, 1963) 에서 보인다.

자』의 '도'에 관한 주요내용, 즉 운동 속에서 상반상성(相反相成)하는 대립항이 상호전환하는 것을 가장 핵심적으로 개괄하고 있다. 병가가 본래부터 가지고 있던 변증법 관념은 여기서 '도'의 전체법칙이라는 의미로 정화되었다. '도'는 전체의 법칙으로 최고의 진리이고, 가장 진실한 존재이다. 이 세 가지(법칙 · 진리 · 존재)는 『노자』에 하나로 뒤섞여 있어서 쉽게 구분하기가 어렵다. 바로 이와 같은 이유에서 어떤 유한한 개념이나 언어를 이용하여 도를 정의하거나 또 그것을 표현하거나 설명할 수는 없다. 일단 언어적인 수단으로 표현하는 단계로 떨어지면 한계가 생기게 되어 그것은 더이상 무한한 전체와 절대진리가 아니게 된다. 그러므로 "나는 그 이름을 알지 못하는데 '도'라고 부르고, 억지로 이름하여 '크다'고 말한다"[63]고 했다.

『노자』가 강조하려는 것은 유한한 언어와 견문, 경험 등을 통하여 '도'를 제한 · 규정하고 규격화할 수 없다는 것이지, '도'가 초감각적이거나 초인식적 실체라는 것을 강조하려는 것은 아니다. '도'를 '일'(一)자로 또는 '소박'한 것(朴)으로, '황홀'한 것(恍惚) 등으로 표현하는 것이 바로 이런 의미이다. 고대의 사상가들에게서는 법칙과 기능, 실체와 존재라는 두 가지 측면이 아직 분명하게 분리되지 않는 현상을 자주 발견할 수 있다. 이 두 가지(기능과 실체, 법칙과 존재)를 가지고 말하면, 그것은 일종의 통일적 전체에 대한 직관적 파악이라고 할 수 있다. 바로 실체와 기능, 법칙과 존재가 하나로 혼합되어 있기 때문에 여러 가지의 범신론과 물활론(物活論) 등의 초경험적 · 초감성적인 신비한 색채들이 드러나는 것이다. 근래 『노자』에 관한 유물론 또는 관념론의 여러 가지 논쟁이 일어나는 원인 중의 하나는, 아마도 고대 철학이 가지고 있는 이러한 특징에 관해서 충분히 주의를 기울이지 못했기 때문으로 보인다.

---

62) 『노자』 제40장, "反者道之動."
63) 같은 책, 제25장, "吾不知其名, 字之曰道, 强爲之名曰大."

동시에 『노자』의 '도'는 요즘의 철학사에서 생각하는 것처럼, 결코 자연현상에 대한 관찰과 종합이라고 할 수는 없다. 『노자』에 나오는 "강풍은 아침을 넘기지 못하고, 소낙비는 하루를 넘기지 못한다"[64]와 "천지가 만든 것도 오래 가지 못하는데"[65] 등의 말들은 자연을 빌려서 인간사를 설명한 것에 불과할 뿐이며, 결코 자연지식에 대한 진정한 연구나 종합은 아니다. 이른바 "사물이 서로 뒤섞여 있는데, 천지에 앞서서 생겨났다"[66], "황홀한 그 속에 상이 있고, 황홀한 그 속에 물이 있다"[67]는 말은 도의 '상'(象) · '물'(物) · '천지'에 대한 우선적 지위를 강조하고 있을 뿐이다. 그러나 우선이라는 것이 반드시 시간적인 의미를 가지고 있는 것은 아니다. 『노자』는 결코 우주발생론(이 부분은 선진 시기의 『노자』와 한대의 『회남자』와의 차이가 드러나는 부분이다)을 말하려는 것이 아니었다.

『노자』의 변증법을 마치 자연이나 우주의 법칙에 대한 탐구와 개괄로만 본다면, 이것은 『노자』의 진정한 판단의 근거로서의 출발점과 근원지인 사회 속의 투쟁, 그리고 인간사의 경험을 무시하는 것이라고 생각한다. 바로 이런 근원지와 출발점은 선진 철학을 그리스 철학과는 매우 다른 것으로 만들어버린다. 그리스의 '변증법'이라는 말은 본래 논변과 직접적인 관계를 가지고 있기 때문에, 그리스 철학의 각 학파들은 대부분 자연에 대한 탐구에 주의를 기울인다. 철학의 기원에서 중국과 서양은 아마도 이런 차이를 가지는 것 같다. 일반 사람들이 서양의 철학은 앎을 사랑하는 '애지'(愛智)에 있고 중국 철학의 특색은 도를 듣는다는 의미의 '문도'(聞道)에 있다고 말하는데, 이는 나름대로 일리가 있는 말이다.

중국 철학의 변증법이나 우주론은 모두 인간의 활동을 벗어나서 말

---

64) 같은 책, 제23장, "飄風不終朝, 驟雨不終日."
65) 같은 책, 제23장, "天地尚不能久."
66) 같은 책, 제25장, "有物混成, 先天地生."
67) 같은 책, 제21장, "惚兮恍兮, 其中有象; 恍兮惚兮, 其中有物."

하지 않는다. "항상 무로 그 오묘함을 보려 하고 항상 유로 그 끝가는 곳을 보려 한다"[68]고 했는데, 이 말은 어떤 목적성을 배제하고 나서 '도' 자체를 인식하거나, 또는 어떤 목적성을 가지고 '도'의 작용을 관찰하는 것이라고 할 수 있다. 그런데 이 둘은 실제로는 동일한 것으로, 잠시의 명칭이 다를 뿐이다. 이런 관점은 변증법적인 체용일원(體用一源: 본체와 작용은 다른 것이 아님)과 인간사를 벗어나지 않는 특징을 매우 분명하게 말하고 있다. 표면적으로 보면 『노자』의 '도'는 인간사와 관련이 없는 객관적 법칙으로 보이지만, 인간의 감정과 무관할 뿐이지 결코 인간의 활동과 관련이 없는 것은 아니다. 『노자』의 철학적 단계의 변증법은 바로 노자의 정치적 · 사회적 측면의 군사 · 정치 · 역사 · 사회사상을 한 단계 더 끌어올린 것일 뿐이다.

앞서 말한 것처럼, 중국 변증법의 대립항은 구체적이고 경험적인 것들이다. 이것들은 『노자』와 같은 차원 높은 추상적 철학의 수준에 도달했다고 하나, 여전히 이러한 특징들을 버리지 못하고 있다. 『노자』는 모순전환(矛盾轉換)의 보편성을 "보아도 보이지 않고, 들어도 들을 수 없고, 잡아도 얻을 수 없는"[69] 도의 단계로 끌어올렸다. 그러나 여전히 『노자』는 '수자' · '귀유' 하고, "마음을 허의 극단에 이르게 하여 마음의 고요함을 독실하게 지키는"[70] 단계가 되어야 비로소 '도'를 얻을 수 있다는 것을 강조하고 있다. 즉, 서로 모순하는 대립항의 한가운데에서 어느 한쪽을 여전히 구체적 · 경험적으로 집착하고 인정한다.

여기서 말하는 모순은 줄곧 그들의 구체적인 경험을 벗어나지 못하는 것으로, 결코 순수논리적 · 형식적인 추상이 아니다. 『역전』 역시 이러하다. 다만 그것이 집착하고 긍정하는 것은 강(剛) · 양(陽) · '자강불식'(自强不息)이라는 어떤 하나의 측면일 뿐이다.[71] 그것들의 공통

---

68) 같은 책, 제1장, "常無欲以觀其妙, 常有欲以觀其徼."
69) 같은 책, 제14장 "視之不見, 名曰夷, 聽之不聞, 名曰希, 搏之不得, 名曰微"이란 말에서 나왔다.
70) 같은 책, 제16장, "致虛極, 守靜篤."

점은 모두 변증법과 특정한 사회생활, 질서, 규범, 요구 등을 밀접하게
연계하고 결합하여 그것을 치국평천하(정치적 지배)를 행하여 나가는
보편적 법칙으로 삼는 것에 있다. 전체적으로 보면, 여기서 변증법의
중요성은 여전히 주체의 구체적인 인사활동과 경험의 운용에 있다. 후
세 사람들이 『노자』의 변증법에서 얻은 것은 결코 자연에 대한 인식 또
는 사유의 정확성이나 신(神)과의 회통(會通) 등에 있는 것은 아니다.
무엇보다 중요한 것은 『노자』의 변증법에서 생활의 지혜를 발견했다는
점이다. 다만 이러한 깨달음 속에서 변증법 그 자체가 가지고 있는 다
의성, 불확정성과 범위가 대단히 넓은 개괄적인 성격과 포용성을 갖게
되며, 또한 어떤 초월적인 철학상의 이치나 원리를 체험하여 정신적으로 차
원 높은 만족을 얻는 것처럼 보인다.

어떤 유한한 감각으로 알 수 있는 사물은 모두 진실한 존재가 아님을
강조하고, 게다가 '도'가 가지고 있는 '황홀한' 형상에 대한 묘사와 『노
자』가 이미 가지고 있던 것을 후대의 장자가 크게 발전시킨 양생(養生)
학설, 예를 들면 『노자』에 나오는 "곡신(谷神)은 죽지 않는데, 이를 일
러 현빈(玄牝)이라 한다. 현빈의 문은 천지의 뿌리이다"[72), "오직 몸의
기능에 따라 자연스럽게 놓아두어 조화롭고 부드러운 단계에 이르면,
어린아이와 같아질 수가 있는가"[73) 등의 기이한 관점들은 『노자』에서
말하는 '도'에 어떤 원시적인 무술적 신화가 여전히 잔재하고 있다는
느낌을 주었다. 이런 연유에서 후세 사람들에 의해서 노자를 교주로 모
시는 도교가 출현하게 되는 것이다.

그러나 만약 책의 전체 또는 주요부분과 특징으로 살펴보면, 구체적
으로 잡아내기 힘든 '도'가 가지고 있는 어떤 신비감은 결코 종교적·
신학적 성격을 가진 이론적 논리의 필연성으로 귀결되지는 않는다. 왜

---

71) 위둔캉(余敦康), 「역전과 노자 변증법의 이동에 관해」(論易傳和老子辨證法的異
    同), 『철학 연구』, 1983년 제7기.
72) 『노자』 제7장, "谷神不死, 是謂玄牝; 玄牝之門, 是謂天地根."
73) 같은 책, 제10장, "專氣致柔, 能嬰兒乎."

냐하면 이런 신비감은 주로 '도'의 불가확정성(不可確定性)에서 기원하고 있기 때문이다. '도'가 이처럼 불가확정성을 가지게 되는 현실적인 이유 중의 하나는 바로 '도'가 구체적인 운용에서 나타나는 다양성과 신축성에 의해서 생겨난 것이기 때문이다. 조금의 신비감도 없는 매우 실제적이고 구체적인 『손자병법』에는 "미묘하고 미묘하여 형태를 발견할 수 없는 것에 이르렀다. 신묘하고 신묘하여 소리가 없는 것에 이르렀기 때문에, 적을 마음대로 호령하는 명령자가 될 수 있다"[74]는 말이 있다. 이러한 군사적인 변증법에 대한 형용이나 묘사가 강조하는 것은 바로 변증법의 장악과 운용의 다양성과 신축적인 융통성이 초래한 불가확정성이다.

장자를 거쳐 후대의 예술창작 영역에서는 이러한 '무법지법'(無法之法)의 불가확정성이 더욱 분명하게 두드러진다. 그러므로 『노자』의 '도'는 어떤 객관적 존재의 법칙이지만 그것이 위에서 언급한 신비로운 느낌을 주는 것은, 주관적인 운용 가운데 나타나는 탄력적인 융통성이 중요한 원인 중의 하나가 되기 때문이다. 이로부터 '제(帝)'에 앞서 있는 듯한'[75] 것과 "홀로 서서도 바꾸지 아니하고, 두루 행하여서 위태하지 않다"[76]는 것은 종교적 신(종교신학)이나 영원한 자연계(유물론) 또는 절대불변의 이념(관념론)을 의미하는 것이라기보다 주관적으로 파악한 전체법칙이 실체적 의미의 객관적 존재를 가지고 있다는 점을 강조하고 있다.

결국, "맞이하여서 그 머리가 보이지 않고, 따라가서도 그 등이 보이지 않는다"[77], "재앙 속에 행복이 기대어 있고 행복 속에 재앙이 누워 있는 것이니, 누가 그 지극함을 알겠는가? 화복에는 이미 정해져 있는 것이 없다. 정상적인 것이 특이한 것이 되고, 올바른 것이 다시 나쁜 것

---

74) 『손자병법』, 「허실」, "微乎微乎, 至於無形, 神乎神乎, 至於無聲, 故能爲敵之司命."
75) 『노자』, 제4장, "象帝之先."
76) 같은 책, 제25장, "獨立不改, 周行而不殆."
77) 같은 책, 제14장, "迎之不見其首, 隨之不見其後."

으로 된다"[78]는 것들은 주로 이런 법칙의 변역성(變易性), 융통성, 불가확정성을 기술하고자 하는 데 초점이 있다. 다만 그것을 객체화하기 때문에 이런 불가확정성이 신비한 특징을 갖게 되는 것이다. 그러나 이러한 신비한 특색이 병가에서 기원하는 '궤도'와 관계가 없는 것은 아니다. 실제로 사마담(司馬談)이 "도가는 무위를 말하면서 또 무불위를 말한다. 그 실제내용은 쉽게 행할 수 있으나 그 말은 알기가 어렵다. 도가의 술수는 허무를 근본으로 삼고, 있는 대로 따르는 것을 작용으로 삼는다. 집착하지 않고 정해진 형이 없기 때문에 만물의 실정을 충분히 궁구할 수 있다. 다른 사물에 의해 앞서지도 않고 뒤처지지도 않기 때문에 만물의 주인이 될 수가 있다"[79]고 했는데, 이는 매우 적절한 말이다. 이것은 도의 철학적 단계와 정치적 단계가 가지고 있는 연관 관계를 매우 분명하게 표현하고 있다.

『노자』에서 분명하게 보이는 정제되고 정화된 모순적인 보편관념과 부드러움을 귀하게 여기는 '귀유', 여성적인 것을 지키는 '수자', 천하에 앞서나가지 않는 '불위천하선'(不爲天下先) 등의 상대적 모순의 구체적 태도는 모두 중국적 사유를 형성하고 규정하는 역사의 흐름 속에서 이정표와 같은 중요한 의의를 지니고 있다. 순자와 『역전』은 분명히 『노자』를 이어받아 흡수하고 있는데, 바로 동시이거나 또는 조금 앞서서 'A'이면서 'A'가 아닌(A를 한정하여, 과분하게 A'로 발전하지 않게 하는 것) 중용적인 변증법의 형식으로 '정도'(程度)를 적절하게 유지해야 하는 중요성에 주의하고 있다. 이렇게 했을 때 비로소 전체 생명의 조화로운 안정을 유지하며 모순이 지나치게 격화되어 대립항이 서로 위치를 바꾸는 상황을 피할 수 있다. 이것은 『노자』에서 말하는 '귀유'·'수자'와 공통되거나 또는 서로 비슷한 입장을 가지고 있다.[80] 오

78) 같은 책, "禍兮福之所倚, 福兮禍之所伏, 孰知其極? 其無正. 正復爲奇, 善復爲妖."
79) 『사기』 「태사공자서」(太史公自序), "道家無爲, 又曰無不爲, 其實易行, 其辭難知. 其術以虛無爲本, 以因循爲用. 無成執, 無常形, 故能究萬物之情 ; 不爲物先, 不爲物後, 故能爲萬物主."

늘날 여러 학자들은 '귀유'(노자)와 '중용의 도'(공자)를 소극적이고 보수적이며 낙후성을 지니고 있는 것으로 주장하고, 심지어 반동이라고 비판한다. 하지만 이런 관점은 다만 모순투쟁의 근대적 추상형식으로부터 구체적인 경험내용을 지니고 있는 중국의 고대 변증법을 평가하는 것일 뿐이다. 그러므로 결코 정확한 것은 아니다.

군사투쟁의 특수한 상황을 제외하고, 현실생활, 특히 고대의 농업사회 속에서 어떠한 모순도 과격하게 변화하거나 전환되는 것은 아니다. 특히 어떤 생명의 유기체를 가지고 말하면, 유기체는 유기체 체계의 조화와 안정을 유지하는 것을 목적으로 삼아서 대립항의 상호의존과 침투, 상호조화하고 보충하는 것을 강조하여 급격한 동요와 부정, 파멸 및 전환을 피하는데, 이는 어떤 특정한 대상과 상황 속에서 중요한 합리성을 가지고 있다. 바로 중국의 변증법이 사회질서와 정치통치, 인사적 경험에 근원을 두고 또 그곳에 응용되는 이러한 특성을 가지고 있는 것은 결코 무시할 수 없는 현실적 근원과 생활근거를 가지고 있기 때문이다. 우리는 어떤 일반적인 형식표준을 가지고 추상적으로 그것을 부정할 수 없다. 『노자』의 철학적 단계의 변증법 역시 그러하다.

---

80) 유명한 계찰(季札)이 주나라 음악(周樂)을 보고 난 후에 찬탄하는 말이 『좌전』의 「양공(襄公) 29년」에 보인다. "지극하게 좋습니다. 강직하면서도 거만하지 않고, 완곡하면서도 비굴하지 않고, 친근하면서도 아주 가까이하지 않으니, 먼 듯하면서도 떨어지지 않고, 옮긴다 하더라도 도를 벗어나지 않고, 제자리에 돌아가도 싫어하지 않으며, 슬퍼하면서도 슬픔을 드러내지 않고, 즐거워하면서도 지나치지 않으며, 쓰되 다 쓰지 않고, 넓되 드러내지 않으며, 남에게 혜택을 베풀면서도 낭비하지 않고, 얻는 것이 있어도 탐욕을 부리지 않고, 편안히 거처하더라도 그것에만 멈추어 있지 않고, 앞으로 나아가도 멋대로 흘러가지 않습니다." (至矣哉! 直而不倨, 曲而不屈, 邇而不偪, 遠而不攜, 遷而不淫, 復而不厭, 哀而不愁, 樂而不荒, 用而不匱, 廣而不宣, 施而不費, 取而不貪, 處而不底, 行而不流) 이런 사유방식은 이미 당시(춘추 시기)의 중요한 이론성과로 그것은 또한 인간사의 경험에서 나온 것이지 자연의 관찰을 통하여 보편적인 의식으로 상승한 것이 아님을 설명하고 있다.

3 한비자의 철학 사상

　한비자가 『노자』를 이어받았다는 것은 상당히 자연스런 관점이라는 생각이 든다.[81] 이것은 『한비자』에 「해로」(解老)와 「유로」(喩老)라는 글이 있어서만이 아니라, 전국과 진한 무렵에 '황로학'(黃老學)으로 불리는 '도법가'(道法家)[82]가 상당히 긴 시간 동안 통치지위를 획득하고 있었고, 한비자는 바로 이 과정에서 최고의 인물로 손꼽히기 때문이다.

　사상적·논리적인 과정이나 사회적 발전과정을 막론하고, 병가에서

---

81) 크릴은 '술'(術)을 강조하고 '도'(道)를 말하는 신불해(申不害)를 집중적으로 연구하면서 신불해가 말하는 '도'는 다만 치술일 뿐임을 말하고 있다. 아울러 신불해의 '무위'는 공자가 말하는 "무위하여서 다스리는 자는 순 임금이 아닌가? 그는 무엇을 했는가? 다만 공손하게 남쪽을 향했을 뿐이다"(無爲而治者其舜也與? 夫何爲哉, 恭己正南面而已矣: 『논어』「위령공」)라는 것에서 나온 것이라고 생각했다. 이른바 법가의 '법'은 법률이 아니고 방법, 즉 통치술이다. 신불해의 형명(刑名), 즉 관직의 명분에 따라 그 실제의 효과를 따지는 '책명순실'(원문에는 '책명순실'責名循實이라고 되어 있는데, 『한비자』의 「정법」定法에서는 분명히 '순명책실'循名責實로 되어 있다—옮긴이)이라는 것은 유가와 관련이 있다. 신불해와 한비자가 다른 점은 연구해볼 만한 가치가 있다.

82) 추시구이(裘錫圭), 「마왕퇴노자갑을본권의 전후 일서와 도가」(馬王堆老子甲乙本卷前後佚書與道家), 『중국 철학』 제2집을 참조하라.

도가와 법가, 다시 도법가로 이어지는 것은 매우 재미있는 사상적 단서들이다. 이 사이의 복잡한 관계는 아직도 자세하게 연구해야 되지만, '도생법'(道生法: 마왕퇴백서馬王堆帛書에 보임)의 관점과 「해로」, 「유로」의 문장에서도 살펴볼 수 있다. 전체적으로 말하면, 법가는 정치적 측면에서 얘기되는 『노자』의 '무위'가 가지고 있는 의미상의 '군인남면술'을 계승하여, 그것을 본격적인 통치의 정치이론으로 바꿔놓았다.

『노자』는 병가의 변증법을 철학적인 이론으로 끌어올리고 역사적 경험에 대한 사색을 더하고 있다. 그러나 "지나간 것의 득실의 변화를 살펴보는"[83] 이런 철학적인 사색이 비록 약간의 애매한 감성적인 내용을 가지고 있고 또 현실적 원망들이 뒤섞여 있다고 해도, 겉으로는 조금의 감정적 표현을 드러내지 않는 그 냉철한 이지적 태도가 여전히 매우 두드러지게 표현되었다고 가정한다면(예를 들면, 『역전』과 대비하여), 한비는 이런 태도를 여전히 계승하고 있을 뿐만 아니라 그것을 더욱 극단적으로 발전시켰다. 한비에 관해서는 당연히 많은 것을 이야기할 수 있다. 그러나 이 글에서 이야기하려고 하는 것은 다만 『노자』의 사유특징에 대한 발전방향이다. 이것은 크게 세 가지의 특징으로 나눌 수 있다.

첫째, 무관심한 눈으로 방관하는 듯한 비정한 태도에서 극단적으로 냉혹하고 무정한 이기주의로 발전되었다. 한비는 모든 것을 매우 차가운 이해관계의 계산 속에 집어넣고, 사회의 모든 질서·가치·관계와 인간의 모든 행위·사상·관념과 정감 자체를 냉혹한 개인적 이해로 환원시키고 귀결시켰다. 그것은 일체를 따져보고 고찰하며 계산하는 척도의 표준이 되었다. 이런 문제에 대해 한비자는 매우 유명한 논증을 하고 있다.

……자식은 모두 부모가 낳았는데, 아들을 낳으면 축하받고 딸을

---

83) 『사기』「노자한비열전」(老子韓非列傳), "觀往者得失之變."

낳으면 죽여버린다. 이것은 부모가 자신의 이익을 고려하고 자신의 이후의 이익을 따졌기 때문이다. 그러므로 부모는 친자식에 대해서 항상 계산하며 자신에게 이익이 있는가 없는가라는 관점을 가지고 대한다. 하물며 부모와 자식간의 은혜로운 관계가 없는 군신간의 관계에서는 어떠하겠는가![84]

수레를 만드는 사람은 다른 사람이 부자가 되기를 바란다. 목수는 관을 만들고 다른 사람들이 일찍 죽기를 희망한다. 이것은 수레를 만든 사람이 인자하고 목수가 잔인한 것이 아니라, 다른 사람이 부자가 아니면 수레를 팔 수가 없고, 다른 사람이 죽지 않으면 관을 사가는 사람이 없기 때문이다. 목수의 본의는 결코 다른 사람을 증오하는 것이 아니라, 그의 이익이 다른 사람의 사망에 달려 있기 때문이다.[85]

돈을 써서 인부를 고용하여 농사를 지으면 주인은 집안의 재산을 이용해 그들에게 풍성한 식사를 제공하고, 비단을 가지고 멋진 옷을 만들어 그들에게 대가를 지불한다. 이것은 인부를 사랑해서가 아니라, 이렇게 해야 밭을 가는 사람들이 더욱 깊이 갈고 모든 기교를 다 동원하여 밭이랑을 바르게 정돈해주기 때문이다. 인부가 자신의 모든 힘을 다 사용하여 재빠르게 밭을 갈고 다듬고 모든 기교를 다 사용하여 밭이랑을 정돈하는 것은 결코 주인을 사랑해서가 아니다. 이렇게 해야 먹는 밥과 반찬이 비로소 풍성해질 수 있고, 그들이 얻는 옷감이나 돈이 풍족하리라고 생각하기 때문이다.[86]

---

84) 『한비자』 「육반」(六反), "父母之於子也, 産男則相賀, 産女則殺之. 此俱出於父母之懷衽, 然男子受賀, 女子殺之者, 慮其後便, 計之長利也. 故父母之於子也, 猶用計算之心以相待也, 而況無父母之澤乎!"
85) 같은 책, 「비내」(備內), "故輿人成輿則欲人之富貴, 匠人成棺則欲人之夭死也, 非輿人仁而匠人賊也, 人不貴則輿不售, 人不死則棺不買, 情非憎人也, 利在人之死也."

위의 말들은 하나같이 영리하고 냉정하며 '분명하다'. 실제로 이런 것들은 더이상 반박할 수 없는 일들이다. 이것은 참으로 계급사회와 인간세상 속의 모든 따뜻하고 아름다운 면사포를 찢어버리고, 원래의 잔학한 얼굴로 돌아간 것이라고 할 수 있다. 사람은 모두 생존을 위해 서로 이해득실을 따져보고, 거래하고, 쟁탈하고, 삼켜버리려 한다. 일체의 모든 것은 오직 이해관계에 얽혀 있고 모두 냉정히 계산한 결과일 뿐이지, 결코 다른 어떤 것이 아니다.

이것은 전국(戰國) 말기의 원시씨족 전통과 그 관념의 철저한 붕괴를 반영하고 있다. 신성하고 엄숙하며 온정이 넘치는 정감 형태 속에 있던 군신·부자·부부 등의 사회관계와 사회질서는 원래 가지고 있던 근거들을 상실해버렸다. 대신에 '신하가 군주를 시해하고' '자식이 부모를 시해하는' 등의 격렬한 쟁탈과 잔혹한 병탄이라는 현실적 삶과 역사만 가득 차 있을 뿐이다. 이미 어떤 다른 표준이나 척도가 없었고, 신성한 원시적 예의 또한 그것이 가지고 있던 믿을 만한 장엄함도 사라져버리고, 따뜻한 온정이 흐르는 공맹의 인도주의적 가르침 또한 조금의 실효성도 없는 진부한 공담으로 전락했다. 어떤 것도 믿을 수 없고 오직 냉정하고 이지적인 이해계산만이 일체를 이해할 수 있고 음모와 간계를 이길 수 있기에, 오직 이것만이 통치자의 생존과 안전을 유지하고 보호할 수 있다. 통치질서는 다만 냉정한 이지에 의해 분석되는 이해관계 속에서만 성립되고, 또 이런 관계 위에서 군주전제의 절대적 권위가 수립된다.

군주의 이익은 오직 재능이 있어서 그 관직을 임명하는 데 있고, 신하의 이익은 재능이 없으면서도 관직을 얻는 데 있다. 군주의 이익은 공로가 있는 자에게 작위와 봉록을 주는 것에 있고, 신하의 이익은

---

86) 같은 책, 「외저설좌상」(外儲說左上), "夫賣庸而播耕者, 主人費家而美食, 調布而求易錢者, 非愛庸客也, 曰: 如是, 則耕者且深耨者熟耘也. 庸客致力而疾耕耘者, 盡巧而正畦陌畦畔時者, 非愛主人也, 曰: 如是, 羹且美, 錢布且易云也."

공로가 없이도 부유하고 고귀한 데 있다. 군주의 이익은 호걸을 발견하여 그들의 재능을 이용하는 데 있고, 신하의 이익은 결당하여 자신들의 패거리를 임용하는 데 있다.[87]

성인이 나라를 다스리는 데는 본래 다른 사람이 나를 아끼지 않을 수 없도록 만들고, 다른 사람에게 기대지 않고 나를 좋아하도록 한다. 다른 사람에게 기대어서 나를 좋아하도록 하는 것은 위험스럽다. 나에게 의지하여 다른 사람들이 나를 위하여 온 힘을 쓰도록 만드는 것으로 그렇게 했을 때 안정된다. ……영명한 군주는 이 도리를 알고 있어서 이익을 얻고 손해를 보는 방법(상벌제도)을 설치하여서 천하에 공포할 뿐이다.[88]

위의 인용문들은 조금의 가식도 없는 것으로, 확실히 이전에는 듣지 못하던 것들이다. 유가의 진부한 인의, 묵자의 억지스러운 겸애와 각종 아름다운 말들, 여러 가지 사랑스런 감정과 낭만적 이상들은 냉혹한 이지적 검증과정을 통하여 모두 매우 웃기는 허튼소리 또는 아주 사악한 위장에 불과한 것이 되어버렸다. 흔히 군사(軍事)는 정치의 연속이지만, 여기서는 거꾸로 정치가 군사의 연속이다. 사람과의 관계는 마치 무정한 전쟁과 같은 것으로, 모든 사람은 자기자신의 이익을 위해 온 힘을 다해 투쟁하고, 인생은 바로 전쟁이다. 여기서부터 『손자』와 『노

---

87) 같은 책, 「고분」(孤憤), "主利在有能而任官, 臣利在無能而得事; 主利在有勞而爵祿, 臣利在無功而富貴; 主利在豪傑使能, 臣利在朋黨用私." 한비자의 이 말은 아래의 맹자의 말과 대비할 수 있을 것이다. "신하된 자가 이익을 생각하여 그 군주를 섬기며, 자식된 자가 이익을 생각하여 그 부모를 섬기며, 아우된 자가 이익을 생각하여 그 형을 섬긴다면 이는 군신과 부자와 형제가 끝내는 인의를 버리고 이익을 생각하여 서로 대하는 것이니 이러면서도 망하지 않는 자는 아직 없었습니다."(『맹자』「고자」하편)

88) 같은 책, 「간겁시신」(奸劫弑臣), "聖人之治國也, 固有使人不得不愛我之道, 而不恃人之以愛爲我也. 恃人之以愛爲我者, 危矣. 恃吾不可不爲者, 安矣. ……明主知之, 故設利害之道以示天下而已矣."

자』 같은 병서(兵書)들이 정치적 영역이나 생활의 영역 속에 완전히 적용가능한 것으로 된다. 이것이 바로 사상사에서 한비가 가지고 있는 업적이다.

마치 『손자병법』이 군사투쟁 속에서 가지고 있는 의미처럼, 한비의 이런 관점 역시 정치투쟁 속에서 매우 큰 실용성과 쓰임새를 가지고 있다. 2,000년 후의 '문화대혁명' 과정에서도 여전히 "정치투쟁 속에서 진실이라는 것은 있을 수 없다"는 식의 행위나 이론이 있지 않던가. 이런 모든 것은 한비의 사상 속에 매우 상세하게 설명되어 있다. 후대 사회의 일상적인 경험과 세상사 속에서 한비의 책을 읽는 것이 왜 '사람의 총명함과 재주를 더욱 증가시키게' 하는가? 대체로 그것은 사람들이 몇 겹의 아름다운 외투로 포장되어 있는 냉혹한 사실과 '세상사람들의 진면목'을 냉정하게 벗겨서 투시할 수 있도록 도와주는 것에 있다.

둘째, 한비는 더욱 세밀하게 냉정한 계산을 한다는 점이다. 여러 철학사 저작에서 말하는 것처럼, 한비는 '이'(理)의 철학범주를 제시하고 '이'를 통하여 '도'를 설명한다.

도(道)는 천지만물이 그렇게 된 이유이고, 여러 가지 이치에 상당하는 것이다. 이(理)는 만물을 이루는 구체적 법칙이다. ……도는 각종 사물이 구체적인 법칙을 가지도록 만드는 것이다. 사물에는 각자의 이치가 있어서 서로 충돌하지 않기 때문에, 이 구체적인 법칙이 구체적인 사물의 지배자가 된다. 각종 사물은 각기 다른 구체적 법칙을 가지고 있는데, 도와 각종 사물의 구체적 법칙은 서로 비슷하다. 그러므로 그것은 다른 구체적 법칙을 따라서 변화하지 않을 수 없다. 도는 다른 구체적인 법칙을 따라서 변화하지 않을 수 없기 때문에, 영원불변한 법칙을 가질 수 없게 된다.[89]

---

89) 같은 책, 「해로」, "道者, 萬物之所然也, 萬理之所稽也. 理者, 成物之文也……. 道, 理之者也. 物有理, 不可以相薄, 故理之爲物之制, 萬物各異理. 萬物各異理而道盡. 稽萬物之理, 故不得不化; 不得不化, 故無常操."

대체로 말하여 이(理)라는 것은 바로 네모와 원, 장단, 거칠고 세밀함, 견고함과 부드러움 등과 같이 다른 성질을 구별하는 것을 말한다. 그러므로 이가 정해진 후에 비로소 이런 성질들이 설명될 수 있다.[90]

한비는 온갖 사물의 '이'(구체적 모순)의 파악을 통해 '도'에 이르는데, 이것은 바로 '도'로 하여금 구체적 구분을 가능하도록 만들어 더욱 세밀하게 만들었다.

'이'는 객관사물의 구체적 규율로 특히 대립항의 두 측면, 즉 모순의 대립과 충돌이다. 한비는 도가의 전통을 계승하여, "마음을 비워서 안정시켜 자신의 지혜와 재능을 사용하지 않는다", "기쁨과 미워함을 없애고, 마음을 비워서 도가 깃들게 한다"[91]고 했다. 결국 한비는 극단적인 냉정함을 요구한다. 냉정해야만 마음을 '비울' 수 있고, 객관적으로 대상을 인식할 수 있다. 주관적인 기쁨과 노여움의 정감은 사람에게 선입견과 편견을 가지게 한다. 한비는 또한 '참험'(參驗: 비교·고찰하여 검증함)의 방법을 제기한다. 이것은 "뒤섞여 있는 것들을 모아 징험(徵驗)하여, 말한 것의 실제 내용을 되짚어본다"[92], "실제내용과 검증 없이 그렇게 하려는 것은 어리석음이다"[93]라고 강조한다. 다방면의 상황들을 수집하고 이해하여 안배와 참조, 검증을 거쳐야 한다는 것이다.

『한비자』라는 책은 매우 구체적이고 다양한 역사적 고사(故事)와 인정 세속을 인용하여 말하는데, 자신의 관점과 주장을 매우 상세하게 논증하고 있다. 그중 가장 중요한 것은 한비가 실천행동을 가지고 검증하기를 강조한다는 점이다.

---

90) 같은 책, 「해로」, "凡理者·方圓·短長·粗靡·堅脆之分也. 故理定而後可得道也."
91) 같은 책, 「양권」(揚權), "虛以靜後, 未嘗用己", "去喜去惡, 虛心以爲道舍."
92) 같은 책, 「비내」, "偶參伍之驗, 以責陳言之實."
93) 같은 책, 「현학」(顯學), "無參驗而必之者, 愚也."

단련한 주석(朱錫)을 상세히 살펴보고 색깔이 푸른지 노란지 관찰하는데, 칼을 주조하는 것을 보고 그 칼이 날카로운지 둔한지를 단정할 수는 없다. 물 위에서는 거위와 기러기를 베고 땅 위에서는 크고 작은 말들을 벤다면, 비천한 종이라 할지라도 그 칼이 날카로운 것인지 둔한 것인지를 알 수 있을 것이다. ······용모와 의복을 살펴보거나 말하는 것을 들어보거나 하는 것을, 공자라 할지라도 이것에만 의지하여 그 선비가 현(賢)한지 그렇지 않은지를 분명하게 알지 못한다. 실제로 맡은 관직을 통하여 그를 시험하고 그의 업무능력을 가지고 심사한다면, 보통의 평범한 사람이라 할지라도 그가 바보인지 총명한 사람인지를 분명하게 파악할 수 있을 것이다.[94]

여기서 '도'의 철학적 이치는 시적(詩的)인 정취의 몽롱함을 버리고 오히려 현실의 세밀함을 얻게 된다. 한비의 사상 속에서 '깨어 있는 냉정한 이지적 태도'는 인정과 세속사, 사회관계, 정치활동 등의 다방면에서 다각도로 보고 다층적으로 세밀하게 탐색하는 것으로 발전하고, 시비·훼손과 명예·선악·성패의 다변성과 복잡성에 대해서도 분석했다. 또 인정과 세태 속의 여러 가지 미묘하고 세밀한 부분에 대해 구체적으로 말하고 있는데, 예를 들면 권력과 이익을 얻기 위해 서로 한편으로 기울어지고 질투·결탁·사기·폄하·무고 등을 일삼는 여러 가지 현상과 사실들에 대해 충분한 분석과 구별을 하고 있다. 그 사유의 세밀함과 날카로움은 확실히 그 이전에도 없었고 이후에도 없을 정도로 빼어나서 사람들에게 깊은 인상을 주었다. 이런 측면에서 볼 때 한비의 관점은 손자의 군사적 변증법을 크게 넘어서고 있을 뿐만 아니라, 노자의 형이상학 또한 넘어서고 있다.

셋째, 이런 모든 냉정한 태도와 사려 깊은 세밀함은 매우 분명한 공

---

94) 같은 책, 「현학」, "夫視鍛錫而察靑黃, 區冶不能以必劍; 水擊鵠雁, 陸斷駒馬, 則臧獲不疑鈍利. ······觀容服, 聽辭言, 仲尼不能以必士; 試之官職, 課其功伐, 則庸人不疑於愚智."

리적 목적을 가지고 있다. 이런 점에 대해서는 앞서 이미 많이 이야기 했다. 이것은 손자·노자·한비자의 공통된 특징이다. 그러나 한비자 는 그것을 최고도로 발휘하여 다음과 같이 말하고 있다.

실제의 효용이 말과 행동을 판단하는 표준이 되어야 한다. 동물을 잡는 날카로운 화살을 새롭게 갈아 만들고 제멋대로 발사한다면, 화 살의 뾰족한 부분이 가는 짐승의 털과 같은 작은 물건을 맞추지 못하 라는 법도 없다. 그러나 이것을 두고 활을 잘 쏜다고 말할 수는 없다. 왜냐하면 그것은 고정불변한 표적을 목표로 하고 있지 않기 때문이 다. ……지금 만약 언론을 청취하고 행위를 관찰할 때 판단의 표준 을 실제효용으로 삼지 않으면, 말이 매우 명쾌하고 관찰한 행위가 분 명하다 하더라도 표적 없이 날아가는 화살과 같이 공담일 뿐이다.[95]

바로 이런 한비의 사유방식이 공손룡(公孫龍)·혜시(惠施) 등의 논 리학가(명가名家)들과 구별되는 부분이다. 한비가 강조하고 흥미를 느 끼는 것은 현실에서 실제적 쓰임새가 없는 추상적 변론이 아니라, 생활 에 구체적으로 유용한 사유이다. 그러므로 이런 구체적으로 유용한 사 유가 주의를 기울이는 주도면밀함은 논리적 가능성 또는 개념 중의 변 증법을 연구하고 토론하려는 것이 아니라(한비가 유명한 모순이론을 제기했지만 그 목적은 여전히 생활을 논증하려는 것에 있는 것이지, 개 념을 드러내려는 것은 아니다), 각종 현실의 가능성과 생활 속의 '역 설'을 고찰하려는 것이다. 심지어 시비를 밝히고, 참됨과 거짓을 구별 하고, 맞고 틀림을 정하는 것들 또한 모두 이차적인 것이다. 더욱 중요한 것은 현실의 실제문제를 어떻게 운용하고 처리할 것인가라는 것이다. 왜냐하면 동일한 시비(是非)가 다른 실제상황과 조건하에서는 근본적

---

95) 같은 책, 「문변」(問辯), "夫言行者, 以功用爲之的彀者也. 夫砥礪殺矢而以妄發, 其端未嘗不中秋毫也, 然而不可謂之善射者, 無常儀的也. ……今聽言觀行, 不以 功用爲之的彀, 言雖至察, 行雖至堅, 則妄發之說也."

으로 다른 실제의 의미와 처리방법을 가지고 있기 때문이다. 이 때문에 '진리'는 실제의 응용, 인간관계, 이해목적 등의 기타 조건들에 의존하고 있고, 결코 그 자체에 의존하고 있는 것이 아니다. 예를 들면 다음과 같다.

송나라에 어떤 부자가 있었는데, 비가 내려 벽이 무너졌다. 그의 아들이 말하기를, 벽을 빨리 고치지 않으면 반드시 도적이 올 것이라고 했다. 이웃의 노인 역시 이렇게 말했다. 이윽고 밤이 되자 도둑이 와서 많은 물건을 훔쳐가버렸다. 그 집안의 사람들은 그의 아들이 매우 총명하다고 생각했지만, 오히려 이웃노인에 대해서는 의심했다. ……사리를 아는 데 어려움이 있는 것이 아니라, 이를 아는 것을 처리하는 데 어려움이 있는 것이다.[96]

'어려움'이 결코 도리를 분명하게 알지 못하거나 지식을 얻기 어렵다거나 하는 데 있는 것은 아니며, 이러한 것을 분명하게 말하지 못한다는 것에 있는 것도 아니다. 전체적으로 말하면 순수인식의 문제가 아니다. 이때 말하는 어려움은 어떻게 지식을 처리하고 운용하는가에 있고, 그것의 실제효과가 어떠할 것인가를 계산하는 데 있다.

무릇 유세가 어렵다는 것은 내가 가지고 있는 지혜로 사람들을 설득하기 어렵다는 것이 아니라…… 나의 유세로 설득하려는 군주의 마음을 알아서 나의 설득이 합당하게 하는 데 있다. 설득하려는 상대가 명예를 높이 여기는데도 부국강병과 같은 큰 이익을 바라며 설득하면, 곧 너절하게 보여 비천한 자를 만났다고 여겨져 반드시 멀리 버림을 당할 것이다. 설득하려는 상대가 부국강병과 같은 이익을 높

---

96) 같은 책, 「설란」(說難), "宋有富人, 天雨墙壤, 其子曰不築必將有盜. 其鄰子之
父亦云. 暮而果大亡其財, 其家甚智其子而疑鄰人之父 ……非知之難也, 處知則
難也."

이 여기는데도 높은 명예로 그를 설득하면 곧 내가 현실을 보지 못하는 마음이 있는 것으로 보아, 현실에 어두운 자로 여겨져 반드시 받아들여지지 않을 것이다. 설득하려는 상대가 속으로는 공리를 두터이 여기면서 겉으로는 명예를 높이는 사람인데도 명예를 내세워 설득하면 겉으로는 그 사람을 받아들이지만 실제로는 그를 멀리할 것이며, 공리를 중요시하는 것으로 설득하면 속으로는 그 말을 받아들이면서 겉으로는 그 사람을 버릴 것이다. ……그러므로 임금과 더불어 대신들을 평론하면 임금은 곧 자기를 비평하는 것으로 여긴다. 임금과 더불어 낮은 사람들을 평론하면 임금의 권세를 파는 것으로 여기며, 임금이 총애하는 사람들을 평론하면 임금은 그들(총애하는 사람들)을 이용할 바탕을 마련하려는 것으로 여기며, 임금이 미워하는 사람들을 평론하면 임금은 자기를 시험하는 것으로 생각할 것이다.[97]

위의 문장은 매우 상세하고 세밀할 뿐만 아니라, 실제적이고 구체적이다. 한비의 문장은 본래 매우 엄밀하고 예리한 것으로 소문 나 있다. 다시 말해, 한비자의 문장은 매우 분명하게 추리하는 논리적 역량을 갖추고 있다고 할 수 있다. 이런 논리적 역량은 논리적 형식의 엄밀함에 있다기보다는, 오히려 그가 어떠한 감정도 가지지 않고 (정감이 없는 것으로) 모든 것을 논단하는 것에 있다고 말하는 편이 나을 것이다.

예를 들면, 논설에 관해 전문적으로 토론하는 위의 문장에서 무슨 형식논리학이나 논변방법에 관한 문제들에 대해서는 전혀 연구하거나 토

---

97) 같은 책, 「설란」, "凡說之難, 非吾知之有以說之之難也……在知所說之心, 可以吾說當之. 所說出於爲名高者也, 而說之以厚利, 則見下節而遇卑職, 必棄遠矣. 所說出於厚利者也, 而說之以名高, 則見無心而遠事情, 必不收矣. 所說陰爲厚利而顯爲名高者也, 而說之以名高, 則陽收其身而實疎之; 說之以厚利, 則陰用其言而顯棄其身矣……
……與之論大人則以爲閑己矣; 與之論細人則以爲賣重; 論其所愛, 則以爲藉資; 論其所憎, 則以爲嘗其也……"

론한 것이 없었다. 또 사유경험 중의 맞고 그름, 참됨과 거짓, 시비 등의 문제를 토론한 것이 아니라 주로 구체적인 다른 인사관계 속에서 지식을 어떻게 대하고 처리할지, 어떻게 응용할 것인가라는 문제만 토론하고 있다. 즉, 한비가 연구하고 토론한 문제는 주로 인간세상의 복잡성과 변이성이다. 이런 '지식'은 한비의 입장에서 보면 지식 자체보다 더 중요하다. 후대 사람들이 말하는 "세상사에 밝은 것이 모두 학문이고, 인간사의 정리에 통달한 것이 바로 문장이다"(世事洞明皆學問, 人情練達卽文章)는 것이 바로 이것이다. 또한 이것이 중국의 전통이며, 좋은 전통이지만 한편으론 더욱 나쁜 전통이기도 하다.

한비는 신흥 노예주 계급의 대일통(大一統: 모든 것을 하나로 통일시키는 것)의 전제정권 군주통치에 봉사하기 때문에, 『노자』가 말하는 소국과민(小國寡民)의 사회적 이상과는 차이가 많이 난다. 한비는 줄곧 '귀유' · '수자' · '부쟁'(不爭)에 대해서 반대하고, 오히려 대립항의 충돌과 투쟁을 강조했다. 즉, 대립적인 둘이 동시에 공존하기 힘들다는 '불병용'(不幷容) · '불양립'(不兩立)을 말하고, 강함(强)과 군대(兵), 힘(力)을 강조했다. 그래서 "힘이 많으면 다른 사람들이 조공을 바치러 오고, 힘이 부족하면 다른 사람에게 조공을 바쳐야 한다"[98]고 하여 철저하게 인의를 배제하고, 엄격한 법률과 엄한 형벌을 지킬 것을 말하고 있다.

현명한 군주의 도는 법을 통일성 있게 시행하지만 지혜로운 자의 소리를 들으려 하지 않고, 권술을 굳건하게 장악하되 진실한 사람들을 우러러보지는 않는다.[99]

나는 이로써 권세와 지위는 의지할 만한 가치가 있고, 현자와 지자의 재주나 지혜를 부러워할 필요가 없음을 알았다.[100]

---

98) 같은 책, 「현학」, "力多則人朝, 力寡則朝於人."
99) 같은 책, 「오두」(五蠹), "明主之道, 一法而不求智, 固術而不慕信."
100) 같은 책, 「난세」(難勢), "吾以此知勢位之足恃, 而賢智之不足慕也."

『노자』에서 나온 도법가가 세(勢)와 술(術)을 말하는 것은 바로 이른
바 '무위'하는 '군인남면술'의 전제가 반드시 지고무상한 지위와 권세,
즉 생사여탈(生死與奪)을 가능하게 하는 절대적 권력을 가지고 있어
야 하기 때문이다. 결코 개인의 도덕이나 지혜가 아니라, 객관적인 권
세지위가 정치에서 결정적인 작용을 일으킨다. 『노자』에서는 "나라의
이기(利器)를 함부로 다른 사람에게 보여줄 수 없다"[101]고 했고, 한비
는 "요 임금이 보통의 사내였다면 세 사람도 다스릴 수 없었을 것이지
만, 걸 임금은 천자이기 때문에 천하를 어지럽힐 수 있다"[102]고 했는
데, 바로 이런 의미이다.

그러나 '술'(術)은 전제군주가 "군주의 마음속에 숨겨두었다가, 여러
가지 다른 사정들을 검증하여 암암리에 그것을 이용하여 여러 신하들
을 부린다"[103]고 했다. 즉, 전제군주는 반드시 발견하기 어렵고 측정하
기 어려운 권술을 가지고 백성들을 지배한다. 그러므로 각종 음모와 계
략을 배척하지 않을 뿐만 아니라, 여러 가지 더욱 잔인한 수단을 이용
하여 자신의 권세와 위치를 유지하려고 한다. 여기서 이기주의는 최고
봉에 도달하는데, 그것은 후세의 궁정투쟁에서 가장 적나라하게 드러
난다. 이런 한비의 관점은 개체 도덕의 자질에서 출발하는 유가의 내성
외왕의 정치이론과는 확연히 다르다.

*　　*　　*

앞의 「공자와 맹자의 철학」에서, 나는 엥겔스가 말하는 "일체의 실제
상황 속에서…… 중국인들은 다른 동방의 민족보다 훨씬 뛰어났다"는
구절을 이용하여 유학정신으로서의 실용이성에 관해 설명한 적이 있
다. 『노자』와 한비는 또 다른 각도, 즉 구체적인 경험의 변증법이라는

---

101) 『노자』 제36장, "國之利器不可以示人."
102) 『한비자』 「난세」, "堯爲匹夫不能治三人, 而桀爲天子能亂天下."
103) 같은 책, 「난삼」(難三), "藏之於胸中, 以偶衆端而潛御群臣者也."

측면에서 이런 실용이성을 보충하고 강화시켰다.

중국인들은 각종의 실제사무, 정치·상업, 경험과학, 인간관계 등에서 심사숙고하는 것이 습관이 되어, 어떠한 속내나 표정도 드러내지 않은 채 냉정하고 신중하게, 주도면밀하게 계산하고 평가한다. 그뿐만 아니라 실제로 그것을 과연 현실 속에서 행할 수 있을까라는 현실적 논리(가능성·필요성·질서 등등)에 주의하며, 충동적이지 않고 열광하지 않는 대신 그것이 가지고 있는 기능과 효과를 매우 중요하게 생각한다. 이것은 좋은 측면들이다. 그러나 동시에 이런 생각은 낭만적 상상의 자유로운 발전, 논리적 형식의 순수한 제련과 추상적 사변을 충분하게 발전시키려는 것을 속박·제한하고 억압한다. 그로 인해 이성형식과 사유능력이란 측면에서 일상생활의 경험을 벗어나지 않는 구조를 모든 곳에 적용하는 바람에, 이성형식과 사유능력의 새로운 전개와 발전을 가로막는 작용을 했다.

그러므로 진정한 논리적 사변으로 보면 중국의 이런 식의 사유방식은 주도면밀하지 못하고, 대단히 거칠며, 애매모호하고 대략적일 뿐이다. 그것은 엄밀하게 규범적인 보편추론의 형식과 정확하고 명석한 개념규정을 결핍하고 있기 때문에, 추상적 사변이 가지고 있는 중요한 가치를 무시해버린다. 이런 것들은 또한 손자·노자·한비의 군사―정치―생활의 변증법적 지혜와 지적인 구조형식으로 유가사상과 결합하여, 중국 문화의 심리와 사유양식에 나쁜 영향과 흔적을 남겨놓았다.

『사기』에서는 신불해(申不害)와 한비의 주장을 "매우 냉혹하고 잔인하여 은덕을 결하고 있는데, 그들의 사상은 모두 도덕의 뜻에서 기원한다"[104]고 말하고, 법가를 "오로지 명분에 의해서만 결정하여 실제의 인정을 잃어버렸다"[105]고 했다. 『노자』와 한비, 도법가는 인간의 심리적 감정을 원칙으로 삼고 있는 공자의 인학과는 서로 대립되는 최종적 결

---

104) 『사기』 권63 「노자한비열전」(老子韓非列傳), "慘礉少恩, 皆原於道德之意."
105) 같은 책, 권63 「노자한비열전」, "專決於名而失人情."

과를 낳았다. 사회기초의 근본적인 원인 때문에 정치적으로는 '양유음법'(陽儒陰法 : 겉으로는 유가이지만 속은 법가라는 의미), '왕도와 패도(覇道)를 섞어서 이용'(雜王覇而用之)하는 전제적인 정치전통을 형성했다.

그런데 문화심리상에서 『노자』의 '유를 귀하게 여기고 암컷을 지키는' 것, 그리고 한비가 강조한 이기주의와 극단적인 공리주의는 끝내 폐기되고 온정이 넘치는 인도 · 인의와 공동체를 중요하게 여기는 도덕윤리가 끝내 주도권을 잡게 된다. 왜냐하면 모든 사회는 한비와 같은 그러한 극단적 이기주의의 기초 위에서는 성립되기 어렵고, 더욱이 혈연적 종법을 유대로 하는 소농업 가정생산의 사회에서는 더욱 그럴 수밖에 없기 때문이다.

바로 이런 사회는 심리적 감정과 윤리적 의무를 원칙으로 삼는 유가사상에 연속과 보존의 강력한 기초를 제공해주고 있다. 손자 · 노자 · 한비자 등의 생활지혜와 세밀한 사유의 특징은 유가의 실용이성 정신과 서로 부합하고 있기 때문에 유가가 위에서 말한 원칙을 잃어버리지 않는 기초 위에서 흡수 · 동화되었고 아울러 정치와 생활 속에 응용되었다. 『노자』의 인생진리에 대한 사색과 추구는 나중에 『장자』와 결합된 후, 유가사상에 대한 보충역할을 하게 된다. 『노자』의 모순에 대한 여러 측면의 표현은 직접적으로 『역전』 속에 흡수되어 유가의 세계관을 이루게 되고, 한비의 삼강(三綱) 전제주의는 한대의 동중서 등의 유가체계 속에서 인정을 받게 된다. 그들의 '냉정한 이지적 태도'는 유가의 실용이성과 더불어 중국인들의 지혜의 본질적 특징을 구성한다. 결론적으로 그들은 유가 속에 용해되고 흡수되어버린다.

• 『철학 연구』 1984년 제4기에 게재됨

순자 · 역전 · 중용의 철학

1 순자 철학의 특징

순자는 법가로 분류되거나, 유가에서 법가로 발전하는 과도기의 인물로, 또는 '매우 분명하게 제자백가의 영향을 받은 것'으로 알려져 있다. 그러나 전통적 관점에 따르면, 그가 유가라는 관점이 더욱더 정확할 것이다. 하지만 유가 자신들이 가지고 있는 전통적 관점에 따르면 항상 순자와 공맹(孔孟)의 정통적인 지위, 특히 맹자와의 분립(分立)과 대립이 두드러지게 나타난다. 실제로 여기에서 더욱 기본적이고 중요한 것은 순자와 공맹의 공통점과 일맥상통하는 점일 것이다. 순자는 중국 사상사에서 위로는 공맹의 전통을 계승하고 있고, 아래로는 『역전』과 『중용』에 연결되며, 옆으로는 제자백가들을 흡수하여 한대 유가들에게 문을 열어 준 학자라고 할 수 있다. 말하자면 순자는 선진에서 한대를 이어주는 하나의 중요한 관건(關鍵)이라고 할 수 있다.

순자는 공맹과 마찬가지로, 이른바 "그와 같은 사람은 지금 세상에 태어나서 옛날의 도에 뜻을 두는 사람이다"[1]라고 할 수 있다. 정치 · 경제 · 문화 · 사상 각 방면에서 순자는 실제로 공맹의 노선을 대부분 따

---

1) 『순자』 「군도」(君道), "彼其人者, 生乎今之世而志乎古之道."

르고 있다.

하나의 불의를 행하고 죄가 없는 자를 한 명이라도 죽여서 천하를
얻는다 하여도, 인자(仁者)는 그 일을 하지 않을 것이다.[2]
어짊의 자질이 똑같으면 친근한 자를 먼저 등용하고, 능력이 같으
면 옛날 연고가 있는 자를 쓴다.[3]

비록 분명한 전제조건("어짊의 자질이 똑같음", "능력이 같으면")을
하나 더 추가하고 있지만, 순자는 여전히 '친친'(親親)·'존존'(尊尊)
을 주장하고 있다. 그리고 "하나의 불의를 행하고 죄가 없는 자를 한 명
이라도 죽여서 천하를 얻는다 하여도, 인자는 그런 짓은 하지 않을 것
이다"는 순자의 말은 『맹자』에서 이미 본 듯한 것이 아닌가?

밭과 들에 흉년이 들면 세금을 징수하지 않는다. 산림과 못은 때에
따라 금하고 세도 받지 않는다.[4]
밭의 세금은 가벼이 하고, 시장의 징수를 평시처럼 하고, 장사하
는 사람들의 수를 줄이고, 부역을 적게 하여 농사짓는 때를 빼앗지
않는다.[5]
그러므로 가(家)에는 오묘, 택(宅)에는 백묘의 밭을 준다.[6]

위의 인용문은 맹자가 말하는 "관문과 시장을 살펴보기만 하고 세금
은 걷지 않는다"[7], "농사짓는 때를 빼앗지 않는다"[8] 등과 서로 대조된

2) 같은 책, 「왕패」(王覇), "行一不義, 殺一無罪, 而得天下, 仁者不爲也."
3) 같은 책, 「부국」(富國), "賢齊則其親者先貴 ; 能齊則其故者先官."
4) 같은 책, 「왕제」(王制), "田野什一, 關市幾而不征, 山林澤梁, 以時禁發而不稅."
5) 같은 책, 「부국」, "輕田野之稅, 平關市之征, 省商賈之數, 罕興力役, 無奪農時."
6) 같은 책, 「대략」(大略), "故家五畝宅百畝田."
7) 『맹자』 「양혜왕」 하편, "關市譏而不征."
8) 같은 책, 「양혜왕」 상편, "五畝之宅, 樹之以桑."

다*(특히, 「대략大略」 등은 맹자의 사상이 다분히 침투되어 있는 것으로
보인다).

> 하늘이 백성을 낳은 것은 군주를 위한 것이 아니다. 하늘이 군주를
> 세운 것은 백성을 위해서이다.[9]
> 도로 말미암는 것이지 군주로부터 말미암은 것이 아니다.[10]

위의 인용문은 맹자의 "백성이 귀하다"[11], "하늘이 현자에게 주게 하
면 현자에게 주고"[12]라는 유명한 구절 등과 서로 비교가 된다.[13]

이런 모든 것들은 맹자와 마찬가지로 공문(孔門)의 전통을 유지하고
있다. 이 전통은 앞에서 내가 이미 언급한 씨족민주제와 인도주의의 유
풍(遺風)이다. 그 근원은 상고 씨족사회의 세습적인 귀족지배 체계에
있다.

그러므로 이런 경제나 정치주장의 공통점에는 하나의 중심되는 초점
이 있다. 이것이 바로 "하나같이 모두 수신을 근본으로 하는 것"(一是
以修身爲本)이다. '수신'(修身)에서 '제가'(齊家), '치국'(治國)에서
'평천하'(平天下)로 이어지는 이것이 바로 원시적인 씨족제도가 통치

---

* 리쩌허우는 원문에서 "無奪農時"가 『맹자』에서 출현하는 것으로 말하는데, 실제
  로 이 구절은 보이지 않는다. 다만 「양혜왕」 상편에 "不違農時"나 "勿奪其時"라
  는 말은 있다.
9) 『순자』, 「대략」, "天之生民, 非爲君也; 天之立君, 以爲民也."
10) 같은 책, 「신도」(臣道), "從道不從君."
11) 『맹자』 「진심」 하편, "民爲貴."
12) 같은 책, 「만장」(萬章) 상편, "天與賢則與賢."
13) 맹자와 순자의 공통된 점에 대해 궈모뤄는 이렇게 말하고 있다. "그런데 이런 견
   해(義榮勢榮, 義辱勢辱의 문제에 대해)는 분명히 맹자의 천작(天爵)과 인작(人
   爵)의 설에서 변천되어 나온 것이다"(『십비판서』, 205쪽), "맹자와 마찬가지로
   원칙상에서는 왕도를 중시한다"(같은 책, 206쪽), "맹자의 '하늘이 현자에게 주
   게 하면 현자에게 주고, 하늘이 그대에게 주면 그대에게 주고'라는 관점과는 방
   법은 다르나 내용은 같은 것이다"(같은 책, 214쪽). 그러나 궈모뤄는 공자, 맹
   자, 순자가 일치된 사회적 근원을 가지고 있다는 것을 말하지 않았다.

자들에게 요구하는 필연적 과정이다. 자신에서 시작해야 자기씨족 내에서 위신을 보여줄 수 있고, 그런 후에 부락과 부락연맹의 위엄과 명망을 가진 수령이 될 수 있다. 이른바 "사람은 모두 요순이 될 수 있다"(맹자), "거리의 사람은 누구나 우 임금 같은 사람이 될 수 있다"(순자) 등과 같은 도덕원칙은 사실 수천 년을 이어져온 역사적 진실이다. 비록 춘추전국 시기에 이르러 이러한 고대의 제도는 이미 붕괴되어버렸지만, 사람들의 사상에 남기고 있는 흔적, 관념과 전통은 여전히 사라지지 않고 있다. 그래서 "옛것을 믿고 좋아하는"[14] 공문 유학이 그것을 보존하여 원래 현실사회의 정치체제를 의식형태 속의 지켜야 할 도덕정신으로 변화시켰다. 나는 이것이 바로 유가사상 중의 주요한 특징 가운데 하나라고 생각한다. 그것이 후대의 중국 문화에 미친 영향은 매우 큰데, 공자·맹자·순자는 이런 측면에서 일맥상통하는 공통점을 가지고 있다.

그러나 시대가 달라졌다. 전국 말기에 씨족적인 정치·경제 제도는 철저하게 와해되어 지역성을 띤 국가가 출현하기 시작한다. 이 때문에 순자는 공문의 전통을 따르면서도 많은 융통성을 발휘하고 있다. 예를 들면, 공맹은 오직 '인의'만을 말하지만 전쟁에 대해서는 거의 말하지 않고 있다. "군사에 관한 것들은 아직 배우지 않았다."[15] 순자는 오히려 군대에 관해서 많은 이야기를 하고 있으며, 군대를 논의하는 중에서도 또한 인의를 떠나지 않고 있다.

저 인자라는 사람은 사람을 사랑하고, 사람을 사랑하는 까닭에 사람을 해치는 사람을 미워한다. ……저 병사는 포악한 것을 금하고 다른 사람을 해치는 자를 없애려는 것이지, 쟁탈을 하는 것이 아니다.[16]

---

14) 『논어』「술이」, "信而好古."
15) 같은 책,「위령공」, "軍旅之事, 未之學也."
16) 『순자』「의병」(議兵), "彼仁者愛人, 愛人故惡人之害之也. ……彼兵者, 所以禁暴除害也, 非爭奪也."

공맹은 '인의'로 '예'를 해석하여 '형정'(刑政)을 중요하게 여기지 않지만, 순자는 '형정'을 대단히 강조하는 동시에 '예'와 '법'을 아울러 말한다. 이 점에서 순자사상은 공맹과 구별되는 어떤 다른 기본적 특징을 가지고 있다. 그러나 이런 특색 역시 여전히 위에서 말한 유가적 궤도에 속하는 것이라고 할 수 있다.

> 혼란한 군주는 있지만 혼란한 나라는 없다. 사람을 잘 다스리는 것은 있지만 법을 잘 다스리는 것은 없다.[17]

> 그러므로 기계와 기술은 정치에서 말단의 일이고, 정치의 근원이 아니라 군자가 정치의 근원이다.[18]

여기서도 여전히 '사람을 얻는 것'(得人)이나 '군자' 등으로 귀결되는데, 이것은 '수신'에서 출발하여 "나라를 다스리는 법을 묻기에 몸을 닦는다는 말은 들었어도, 나라를 닦는다는 말은 아직 듣지 못했다"[19]는 것으로 결론짓는다. 순자는 새로운 시대적 조건 속에서 활동한 유가이지 법가는 결코 아니며, 공자나 맹자와 같은 그런 유가는 더더욱 아니다. 이처럼 '같지 않다'라는 것이 의미하는 말은 순자의 철학 중에 원시적인 의미의 민주주의와 인도주의적 유풍이 크게 사라져버렸다는 것을 지적하는 것이며, 또한 그것이 가지고 있는 계급적 지배의 면모를 더욱 분명하게 표현하고 있다.

근대 사람들이 『순자』를 읽을 때 『맹자』만큼 큰 감동을 얻지 못하는데, 이것의 근본원인은 바로 위에서 말한 것들에 있는 것으로 보인다.[20] 순자의 이론은 더욱 조리 있고 논리적이며, 유물론적인 정신도

---

17) 같은 책, 「군도」, "有亂君, 無亂國 ; 有治人, 無治法."
18) 같은 책, 「군도」, "故械數者, 治之流也, 非治之原也 ; 君子者, 治之原也."
19) 같은 책, 「군도」, "請問爲國, 曰聞脩身, 未嘗聞爲國也."
20) 궈모뤄는 다음과 같이 말하고 있다. "나는 원래 순자를 좋아하지 않는 사람이다.

가지고 있다. 그러나 사람들의 원시적인 인도주의 감정을 일으키고 원시적인 민주역량을 흡인하는 데에는 부적합하다.

이와 같이 되는 원인을 이론 자체 속에서 찾아보면 둘 다 똑같이 '수신'을 말하지만 맹자가 강조하는 '인의'가 내재심리를 발굴하는 데 편중되어 있는 것과는 달리, 순자는 외재규범(外在規範)의 구속을 특별히 강조한다. '예'는 본래 일종의 외재적 규정, 구속, 또는 요구이다. 공자는 '인'으로 '예'를 해석하여 오래된 외재규범에 모종의 심리적 근거를 세우려는 시도를 했다. 맹자는 이런 단서를 발전시켜 내재론적 인성철학을 확립하여 예악 자체의 외재적 사회강제성의 규범적 기능은 더이상 크게 강조하지 않는다. 순자는 맹자가 "대략 고대 선왕을 본받고 있으나 그 통류를 모른다"[21]고 비판했다. 말하자면 고대의 '예'가 사회공동체에 대한 것과 개체의 수신이 반드시 갖추고 있어야 할 객관적인 사회의 기강과 통합의 작용이라는 사실을 맹자는 모르고 있다는 것이다.

여기서 공맹순(孔孟荀)이 가지고 있는 공통점은 공동체*로서의 인간사회의 질서규범(外)과 개체로서의 인간성이 가지는 주관적 심리구조(內)가 서로 상응한다는 문제를 중요하게 보아 더 많은 주의를 기울이고 있다는 점이다. 이것이 바로 인성론의 문제이다. 그들 사이에서 보이는 차이점은 공자는 다만 인학의 문화심리 구조만을 제기했고, 맹자는 이런 구조 중의 심리와 개체로서의 인격의 가치라는 측면(인학 구조의 두번째와 네번째 요소)을 발전시키고 있으며, 이것은 안(內)에서 밖(外)으로 나아가는 방향이다. 순자는 치국평천하에서 공동체의 질서규

……내가 공자와 맹자를 비교적 더 좋아하는 이유는, 그들의 사상이 제자백가 중에서는 비교적 인민 본위의 색채를 가지고 있기 때문이다. 이에 비해 순자는 점차적으로 이런 중심에서 이탈하고 있다."(『십비판서』, 423~424쪽)

21) 『순자』「비십이자」(非十二子), "略法先王而不知其統."

* 순자 철학에서 말하는 '군체'(群體)라는 말을 '공동체'로 번역했다. 물론 '군'(群)이라는 말은 '무리', '사회', '공동체'라는 말로 번역이 가능하지만, 이 장에서는 '공동체'라는 말로 번역하려고 한다.

범의 측면(세번째 요소)을 강조하여 응용하면서 '예'를 표준적인 척도로 해석하고 있는데, 그것은 밖(外)로부터 안(內)을 향해 발전된 것을 말한다.

주지하다시피 '예'는 순자 철학의 핵심개념이다. '예'가 무엇인가? 그것은 어디에서 나오는가? 이런 문제들은 당시에는 분명하지 않았다.

무릇 예라는 것은 살아서는 즐겁게 꾸미고, 죽은 사람을 보낼 때는 슬픈 것을 꾸미고, 제사를 지낼 때는 공경함을 꾸미고, 전쟁을 치를 때는 위풍을 꾸미는 것이다. 이것은 모든 왕들에게 똑같이 예나 지금이나 동일한 것이지만, 그 시작된 유래에 대해서 아는 이가 아직까지 없다.[22]

'예'라는 것은 샤머니즘이나 토템 활동에서 기원한 것이지만, 당시에는 이미 어떤 것을 장식한다는 의미의 예의문식(禮儀文飾)으로 세속화되었다. 순자는 이 문제에 대해서 이성주의적인 해석을 가하고 있다.

예는 어디에서 생겨나는가? 사람은 태어나면서부터 욕망을 가지고 있고, 욕심을 부려서 얻지 못하면 구하지 않을 수가 없고, 구하여서 제한과 절도가 없으면 싸우지 않을 수 없다. 싸우면 어지러워지고, 어지러워지면 막다른 곳으로 치닫게 된다. 옛날의 성왕이 이런 사회의 혼란을 싫어한 까닭에 예의를 세워서 상하와 귀천을 나누어 사람의 욕망을 길러주고, 구하는 것을 주었다. 욕심이 사물에 굴하지 않게 하여, 이 두 가지가 서로 견제하면서 균형 있게 발전하도록 한 것이 예가 생겨난 기원이다.[23]

사람이 생존하기 위해서는 무리를 짓지 않을 수 없고, 무리가 있

---

22)『순자』「예론」(禮論), "凡禮: 事生, 飾歡也; 送死, 飾哀也; 祭祀, 飾敬也; 師旅, 飾威也. 是百王之所同, 古今之所一也, 未有知其所由來者也."

으면서 나눔이 없으면 쟁탈이 일어나고, 쟁탈이 생겨나면 어지러워
진다.24)

그러므로 고대의 성왕이 이를 위하여 예의로 절제해서 분별했다.
귀천의 차등과 장유의 차등이 있게 하고, 어질고 어리석음, 능하고
무능한 것의 구별을 알게 하여 그 일을 모두 맡아 각각 적합함을 얻
게 한 연후에 녹의 많고 적음, 후하고 박한 정도의 적절한 한계가 있
게 했으니, 이것이 바로 공동체를 전체적으로 화합시켜 통일하는 도
리이다.25)

여기서 '예'는 더이상 엄격하게 규정되어 있는 형식적 의식이나 더이
상 해석할 수 없는 전통관념이 아니라, 이지적인 역사의 산물로 이해된
다. 즉, 사회등급 질서와 통치법규로서의 '예'는 인간공동체의 생존을
유지하는 데 필수적인 것으로 해석되고 귀결된다. 순자가 보기에 '예'
는 인간사회의 나눔(가장 중요한 것은 당연히 음식물의 나눔이다)에서
기원하고 오직 인간들이 서로 양보하여 나눌 수 있을 때에 무질서한 쟁
탈을 피할 수 있다는 것이다. 첫째, 사람은 반드시 공동체 속에서 생존
해야만 한다. 둘째, 이때 일정한 법도나 척도가 없이 여러 가지 차등적
인 제도를 세운다면, 이런 공동체는 더이상 유지될 수가 없을 것이다.
여기서 필요한 것이 바로 '예'이다. 재미있는 것은, 현대의 인류학자들
역시 인간의 본성은 음식물을 나누는 데서 기원한다는 사실을 말하고
있다는 점이다.26) 2,000년 전의 순자는 '예'에 대한 이성주의적인 '군'

---

23) 같은 책, 「예론」, "禮起於何也? 曰人生而有欲, 欲而不得, 則不能無求, 求而無度
量分界, 則不能不爭. 爭則亂, 亂則窮. 先王惡其亂也, 故制禮義以分之, 以養人之
欲, 給人之求. 使欲必不窮乎物, 物必不屈於欲, 兩者相持而長, 是禮之所起也."
24) 같은 책, 「부국」, "人之生不能無群, 群而無分則爭, 爭則亂."
25) 같은 책, 「영욕」(榮辱), "故先王案爲之制禮義以分之, 使有貴賤之等, 長幼之差,
知愚, 能不能之分, 皆使人載其事而各得其宜, 然後使慤綠多少厚薄之稱, 是夫群
居和一之道也."

(群), '분'(分)의 개념으로 인간과 금수의 구별을 해석하고 있고, 매우 뛰어난 견해를 보여주고 있다.

원숭이도 (사람처럼) 웃는 시늉을 하며, 다리가 둘이고 털도 별로 없다. 그러나 군자는 그것을 국으로 만들고 고기로 먹는다. 그러므로 사람이 사람다운 것은 다리가 둘이고 털이 없어서가 아니라, 분별력을 가지고 있기 때문이다. 금수에게는 부자 관계는 있어도 부자의 친함은 없으며, 암수가 있지만 남녀의 분별은 없다. 그러므로 사람의 도리에는 분별이 없을 수 없고 분별에서 가장 큰 작용을 하는 것은 나눔이고 나눔에서 가장 큰 작용을 하는 것은 예에 근거하는 것이다.[27]

물과 불은 기를 가지고 있지만 생명이 없다. 풀과 나무는 생명이 있으나 지각이 없다. 짐승들에겐 지각은 있으나 도의는 없다. 인간은 기도 가지고 있고 생명도 있고, 지각도 있고 도의도 가지고 있다. 그러므로 천하에서 가장 귀한 존재이다. ……사람은 사회공동체를 이룰 수 있으나, 소나 말은 그것을 이룰 수 없다. 사람은 어떻게 무리를 이룰 수 있는가? 나누기 때문이다. 나누는 것을 어떻게 실천할 수 있는가? 그것은 의(義)에 의해서이다.[28]

전체적으로 '예'는 순자에 이르러 사회의 법도·규범·질서로서 그

---

26) 리커(R. E. Leaker), *Origins*, London, 1977, 66~67쪽.
27) 『순자』「비상」(非相), "今夫狌狌形笑亦二足而毛也, 然而君子啜其羹, 食其胾. 故人之所以爲人者, 非特以其二足而無毛也, 以其有辨也. 夫禽獸有父子而無父子之親, 有牝牡而無男女之別, 故人道莫不有辨. 辨莫大於分, 分莫大於禮."
28) 같은 책,「왕제」, "水火有氣而無生, 草木有生而無知, 禽獸有知而無義; 人有氣有生有知亦且有義, 故最爲天下貴也. 力不若牛, 走不若馬, 而牛馬爲用, 何也? 曰人能群, 彼不能群也. 人何以能群? 曰分. 分何以能行? 曰義." 옌푸는 다음과 같이 말하고 있다. "스펜서는 인간세상의 질서와 교화를 담당하는 학문을 군학(群學)이라고 불렀다. 군학이라는 것이 무엇인가? 순자의 말에 의하면, 사람이 금수보다 귀한 것은 인간이 공동체를 이룰 수 있기 때문이라고 했다."(『원강』原强)

기원에 대해 차원 높은 이지적 · 역사적인 이해를 보여주고 있다. "귀천에 차등이 있고, 장유에 차이가 있고, 빈부에 경중이 있는 것은 모두 그것에 맞는 마땅함이 있다"[29]는 예의 '도량분계'(度量分界)는 "역대의 많은 왕들이 누적한 것"으로 파악되며 오랜 역사의 결과에서 나온 것이지 결코 성인이 독창적으로 만들었다는 의미는 아니다.

인류의 생존이라는 이런 현실성을 가지고 있는 근본적인 관점에서 출발했기 때문에, 순자는 '유'(類)를 '예'와 '법'에 비해서 한 단계 더 높은 것으로 보고 있다. 그래서 "예라는 것은 법의 큰 나눔이요, 유의 강기(綱紀)이다"[30]라고 말하는 것이다. 「유효」(儒效)에서는 '아유'(雅儒: 올바른 선비)와 '대유'(大儒: 도를 행하는 큰 선비)를 구별하고 있는데, '아유'에 대해서는 "그 언행이 이미 크게 법도에 맞지만 아직 법도와 가르침이 언급하지 않은 문제는 밝히지 못하고, 스스로 견문하지 못한 문제에 대해서는 미루어 유추하여 알지 못한다"[31]고 말했다. '대유'에 관해서는 "옛것으로 현재를 생각하고, 단일한 것으로 만사를 헤아리며 적어도 인의와 같은 것이라면 비록 금수 속에 있어서도 마치 흰 것과 검은 것을 구별하듯이 분별하며, 이상한 사물과 괴상한 사태가 돌연히 한곳에서 일어나더라도 조금의 주저함이 없이 정해진 법도에 따라 대응한다"[32]고 했다.

이른바 '유'라는 것은 생물의 족류(族類), 특히 인류를 가리켜 말하는 질서규칙을 의미한다. 그러므로 "선조라는 것은 유의 본이다"[33]라고 했다. '유'(統類)는 '예'와 '법'이 '만세불변의 법칙'이 될 수 있는 근본이유이다. 그러므로 순자는 '군' · '분' · '예' · '법'을 말하는데, 그중

---

29) 같은 책, 「예론」, "貴賤有等, 長幼有差, 貧富輕重皆有稱者也." 고대에 유(類)와 족(族)이라는 말은 동의어로 혈연적 공동체를 의미했다.

30) 같은 책, 「권학」, "禮者, 法之大分, 類之綱紀也."

31) 같은 책, 「유효」(儒效), "其言行已有大法矣, 然而明不能齊法教之所不及, 聞見之所未至, 則知不能類也."

32) 같은 책, 「유효」, "以古持今, 以一持萬, 苟仁義之類也, 雖在鳥獸之中, 若別白黑; 倚物怪變, 所未嘗聞也, 所未嘗見也, 卒然起一方, 則擧統類而應之."

에서 최고의 단계는 "방책을 통일하고 언행을 하나로 정제하고, 규칙을 세우고 규범을 하나로 하는"[34] 것이다. 다시 말해 일체의 사회질서와 규칙('예')은 사람이 특수한 유적 존재로 살아남기 위해서 필수적인 것이다.

이런 사회질서와 규칙들은 맹자가 말하는 선험적인 심리 또는 본능적 도덕에 근원하지 않는다. 순자의 '유'는 일종의 현실적인 사회내용을 담고 있다. 순자의 '인도'(人道)는 맹자의 '인도'와 다른데, 그것은 선험적·내재적인 도덕심리가 아니라 인간과 금수의 유적 존재를 구별하는 외재적 사회규범이다. 또한 개체의 자발적이고 선량한 본성이 아니라, 개체에 대해서 강제적인 성질을 가진 공동체의 요구이다.

순자는 내재적인 인의도덕은 반드시 이런 외재적 규범을 통해야만 존재할 수 있다고 생각하는 것 같다. 그러므로 '예'가 바로 '인의'의 '올바른 길'과 '인도'의 준칙일 수 있다. 여기서 순자는 "그러므로 먹줄로 그은 것은 지극히 바른 것이고, 저울로 다는 것은 지극히 공평한 것이며, 반듯한 자와 둥근 자로 재는 것은 온전한 네모와 원이고, 예라는 것은 인도의 지극함이다"[35]고 말한다.

요컨대 순자는 씨족혈연적이고 전통적인 '예'에 대해서 역사적 해석을 부여했는데, '예'라는 전통적인 낡은 병(舊瓶)에 새로운 시대의 술(新酒)을 부어 넣고 있다. '낡은 병'은 순자가 공자와 마찬가지로 '예'의 기초적인 지위를 부각시켜서 여전히 개인의 수신이나 제가 등을 강조하고 있다는 것을 의미한다. 즉, '새로운 술'은 이 모든 것들이 새로운 내용과 함의를 지니고 있음을 말하는 것으로, 그것은 실제로 씨족의 귀족 또는 수령들의 개체의 수양이라는 입장에서 출발한 것이 아니라 사회규범의 전체적 지배를 행하기 위한 입장에서 출발하고 있다. 그렇

---

33) 같은 책, 「예론」, "先祖者, 類之本也."
34) 같은 책, 「비십이자」, "若夫總方略, 齊言行, 壹統類."
35) 같은 책, 「예론」, "故繩者, 直之至; 衡者, 平之至; 規矩者, 方圓之至; 禮者, 人道之極也."

기 때문에 예는 단순하게 개체의 인의나 효제(孝悌)에서 출발하는 것이 아니라 전체의 예법이나 국가의 규율을 더욱 강조하고 있고, 아울러 개체의 인의나 효제는 전체의 예법이나 국가의 규율에 복종해야 한다고 생각하여 순자는 다음과 같이 말하고 있다.

집에 들어가서 부모에게 효도하고 나가서는 윗사람을 공경하는 것은 인간의 작은 행위이다. 위로는 군주나 부모에게 순종하고 아래로는 지위가 낮거나 어린 사람에게 돈독하게 대하는 것이 사람의 적절한 행위이다. 도에 복종하며 군주에게 복종하지 않고, 의에 복종하면서 부모에게 복종하지 않는 것은 사람의 큰 행위이다. 만약 자신의 마음을 예에 편안히 맞추려 하고 자신의 말을 이치에 들어맞게 하면, 유자(儒者)의 도리는 모두 갖추어진다. 비록 위대한 순 임금이라 할지라도 추호도 여기에 더 보탤 것이 없을 것이다.[36]

이로부터 매우 자연스럽게 "법후왕(法后王), 일제도(一制度)", "융군권(隆君權)", 주일존(主一尊)[37] 하게 되는 것이다. 순자는 씨족전통의 민주주의와 인도적인 기미를 던져버리고 계급통치에 대한 현실적 논증을 하는 데 성공했으나, 실제로는 후세의 엄격한 등급적 차별을 통치질서로 하는 전제국가의 사상적 기초를 새로이 만드는 결과를 낳고 말았다. 이런 이유로 탄쓰퉁(潭嗣同)은 "2,000년 이래의 중국 학문은 실제로 순자학(荀子學)이다"라고 했다. 이런 사회통치라는 전체적인 관점

---

36) 같은 책, 「자도」(子道), "入孝出弟, 人之小行也. 上順下篤, 人之中行也. 從道不從君, 從義不從父, 人之大行也. 若夫志以禮安, 言以類使, 則儒道畢矣, 雖舜不能加毫末於是矣."
37) 같은 책, 「치사」(致士), "군주는 나라의 가장 높은 사람이고, 아버지는 집에서 가장 높은 사람이다. 하나를 높이면 올바로 다스려질 것이고, 둘을 다 같이 높이면 혼란해질 것이다. 옛부터 지금까지 둘 다를 높여 존중하면서 장구할 수 있던 것은 아직까지 없었다."(君者, 國之隆也; 父者, 家之隆也. 隆一而治, 二而亂; 自古及今, 未有二隆爭重而能長久者)

에 착안한 이지(理知)-역사 이론을 여전히 씨족전통적인 감정-심리-도덕이론에 따르고 있는 공맹의 관점과 비교해보면, 당시에는 분명히 더욱 현실적·진보적인 의미를 가지고 있던 것으로 보인다. 그런데 이것은 순자가 제(齊)나라에서 (지역성 국가의 통치라는 관점에서 시작하는) 관중의 사상을 흡수한 것과 관련이 있을 가능성이 크다.

현실적 공동체의 규범적 질서에서 출발하고 있기 때문에 순자는 또한 성악론의 관점을 가진다. 맹자가 '성선'(性善)을 말하는 것은 인간이 선험적으로 선한 도덕적 이성을 지니고 있다는 것을 의미한다. 순자가 '성악'(性惡)을 말하는 것은, 사람은 반드시 현실사회의 질서 있는 규범을 통하여 자신들을 변화시키고 개조시키려고 노력해야 한다는 것을 말한다. 그러므로 "그 선한 것은 인위이다"[38]고 말하여 자신 안에 내재되어 있는 자연성(동물성)을 조절, 절제, 변화시킨 결과를 '선'으로 보고 있다. '성선'과 '성악'의 논쟁은 사회질서 규범을 근원적으로 다르게 이해한 것에서 나온 것으로 보인다.

맹자는 심리적인 선험을 근본적인 근거로 들고 있는 반면에 순자는 현실적 역사라는 문제로 귀결시킨다. 이로부터 맹자는 주관적 의식의 내성적 수양을 강조하고, 순자는 객관적 현실의 인위적 개조를 중시한다. 그런데 순자의 이러한 객관적 현실은 이미 외재적 자연을 포괄하고 있을 뿐만 아니라 내재적 '인성'까지도 포함하고 있다. 그러므로 다 같은 하나의 '수신'이라 할지라도 맹자와 순자는 완전히 다른 길을 가고 있는 것으로 보인다.

여기서부터 논리적으로 순자 철학의 두번째 핵심인 '천인지분'(天人之分)을 도출해낼 수 있다. 순자는 인류가 자연과 투쟁해야 비로소 생존할 수 있다고 생각한다. 이 때문에 순자는 인간이 해야 하는 각고의 노력이라는 측면을 강조하여, 인간은 반드시 학습하고 배워야 한다는 '학'(學)을 강조한다. 『논어』가 「학이」편을 제1장으로 둔 것처럼, 순자

---

38) 같은 책, 「성악」(性惡), "其善者, 僞也."

역시 「권학」(勸學)을 첫번째 편명(篇名)으로 배열하고 있다. 순자 역시 "경전을 외우는 데서 시작하여 예를 읽는 것으로 끝나는"[39] '학'의 내용과 과정을 말하고 있다. 순자의 관점에서 '학'은 위에서 이미 언급한 그의 철학적 배경으로 말미암아 더욱 광범위한 의미를 가지고 있다. 그는 "노력하여 행하는 것은 사람이요, 그것을 버리는 것은 금수이다"[40], "배워서 능력을 갖추는 것과 종사하여 노력해서 이루는 것은 사람에게 달려 있는데, 이것을 일러 인위라고 한다"[41]는 논증을 하고 있다.

순자는 '학'과 '위'(僞)를 연결시켜 '권학'과 '성위'(性僞: 인간의 자연적 본성과 후천적 인위)가 서로 내재적 연계성을 가지게 만들었다. 이 '학'은 실제로는 '수신'에만 제한되는 것이 아니라, 전체 인류생존의 특징──외부의 사물을 잘 이용하고, 사물을 제조하여 자신의 목적에 도달하여 사용하는──과 관련을 가지고 있다. 이 문제에 대해 순자는 다음과 같이 말하고 있다.

도자기를 만드는 사람이 흙을 빚어서 그릇을 만드는 경우, 그릇은 도공이 마음 먹은 행동에서 나온 것이지 인간의 본성에서 생긴 것은 아니다.[42]

수레나 말을 이용하여 천리를 빨리 달릴 수 있는 것은 발이 빨라서가 아니다. 배를 타고 노를 저어 물을 건널 때 물을 다루는 능력은 자신에게서 나온 것이 아니라 바깥 사물을 잘 이용했기 때문이다.[43]

이것은 공자가 말한 "어떤 일을 잘하기 위해서는 반드시 그 도구를

---

39) 같은 책, 「권학」, "始乎誦經, 終乎讀禮."
40) 같은 책, 「권학」, "爲之, 人也; 舍之, 禽獸也."
41) 같은 책, 「성악」, "可學而能, 可事而成之在人者, 謂之僞."
42) 같은 책, 「성악」, "陶人埏埴而爲器, 然則器生於工人之僞, 非故生於人之性也."
43) 같은 책, 「권학」, "假輿馬者, 非利足也, 而致千里; 假舟楫者, 非能水也, 而絶江河. 君子生非異也, 善假於物也."

잘 이용할 준비가 되어 있어야 한다"[44]는 경험에서 중요한 이론체계를 끄집어낼 뿐 아니라, 순자의 전체이론의 골간이 되어 순자의 '예론'(禮論) · '성위'(性僞) · '권학'(勸學)과 '천인지분'이 이로부터 하나의 엄밀한 체계를 구성하게 만든다.

이런 엄밀한 체계의 논리적 기초는 바로 다음과 같다. 인류(사회)는 자신의 생존과 발전을 유지하기 위해서 반드시 조합, 즉 공동체('군' 群)를 이루어야 하고 자연과 서로 투쟁(외부적 자연에 대응하는 것)해야 하는데, 여기서 '예'가 출현한다. '예'는 '나눔'과 '전쟁억제'를 위해서, 공동체가 계속적으로 존재하고 연속하기 위해서 세운 규범질서이다.

이런 질서는 바로 자연적 욕구를 초극 · 개조 · 구속 · 절제하는 데 있다. 이 때문에 이런 사회적 질서(外)를 유지하고 자연적 욕구(內)를 절제하기 위해서는 반드시 '학'(學)하여야 하고, 반드시 '위'(僞)하여야 한다. 여기서 사람에 대해 가지고 있는 '학'과 '위'의 근본적 의미를 파악할 수 있을 것이다. 이처럼 '학'과 '위'는 순자의 철학 체계에서 본체의 차원으로까지 격상되어 있다. 맹자의 '학'은 "흩어진 마음을 수습하는 것"(收放心)*으로, 초월적인 선한 심성의 본체로 돌아가는 것에 있다. 반면에 순자의 '학'은 "나무가 곧은 자를 받아야 바르게 되는"[45] 것과 같은 외재규범으로, "하늘은 그 밝음을 드러내고 땅은 그 빛을 드러낸다"[46]는 우주본체에 도달할 수 있다.

바로 이런 기초 위에서 '천인지분'의 관점이 출현한다.

군자는 자신에게 있는 것을 공경하고 하늘에 있는 것을 부러워하지

---

44) 『논어』「위령공」, "工欲善其事, 必先利其器."
* "收放心"이라는 말은 『맹자』의 「고자」 상편에 나오는 "仁, 人心也. 義, 人路也. 舍其路而弗由, 放其心而不知求, 哀哉! 人有雞犬放, 則知求之, 有放心而不知求. 學問之道無他, 求其放心而已矣"의 "求其放心"과 같은 의미를 가진 것으로 보인다.
45) 『순자』「권학」, "木受繩則直."
46) 같은 책,「권학」"天見其明, 地見其光."

않고, 소인은 자기에게 있는 것을 그르치고 하늘에 있는 것을 부러워한다. 군자는 자기에게 있는 것을 공경하고 하늘에 있는 것을 부러워하지 않는 까닭에 날마다 진보하고, 소인은 자기에게 있는 것을 그르치고 하늘에 있는 것을 부러워하는 까닭에 날마다 퇴보한다.[47]

자연을 숭배하여 사모하면, 누가 그것을 있는 대로 보아서 기르고 제재하겠는가? 자연에 순종하여 그것을 찬양하면, 누가 자연의 변화와 질서를 파악하여 이용하겠는가? 자연의 변화를 올려보기만 하고 하늘의 은덕만을 기대한다면, 누가 계절의 변화에 적응하여 그것을 사람들에게 봉사하게 하겠는가? 다른 사물에 의지하여 그것을 중시하면 누가 지혜를 이용하여 변화시키겠는가?[48]

이것은 이미 인생의 송가(頌歌)이자 유명한 구절이 되었다. 또한 인류가 자신의 힘을 통하여 생존하고 발전할 수 있음을 충분히 표현하고 있는 것으로, 인간이 다른 사물과 구별되는 점을 분명히 말하고 있다. 맹자가 중국 사상사에서 가장 먼저 위대한 개체인격이라는 관념을 수립했다고 한다면, 순자는 중국 사상사에서 가장 먼저 위대한 인간의 유적(類的) 존재라는 관점을 수립했다고 말할 수 있다. 순자는 이런 기개를 '천지의 변화에 함께 참여하는' 가장 차원 높은 세계관으로 끌어올렸다.

하늘에는 그 때가 있고 땅에는 많은 존재하는 것들이 있고 사람은 그것을 다스리는 능력을 가지고 있는데, 그것을 능참(能參: 천지의 변화에 참여할 수 있는 능력)이라고 한다.[49]

---

47) 같은 책, 「천론」(天論), "君子敬其在己者, 而不慕其在天者, 是以日進也; 小人錯在己者, 而慕其在天者, 是以日退也."
48) 같은 책, 「천론」, "大天而思之, 孰與物畜而制之; 從天而頌之, 孰與制天命而用之; 望時而待之, 孰與應時而使之; 因物而多之, 孰與騁能而化之."
49) 같은 책, 「천론」, "天有其時, 地有其財, 人有其治, 夫是之謂能參."

천지라는 자연계는 낳는 것의 시작이다. 예의는 다스림의 시작이다. 군자는 예의의 시작이다. 사람들로 하여금 예의를 실행하고, 관철하고, 끊임없이 축적하여 예의에 있어서 가장 완전한 단계에 도달하는 것이 바로 군자이다. 그러므로 천지는 군자를 낳고 군자는 천지를 다스리는데, 군자는 만물을 총괄하는 자이다.[50]

여기서 말하려는 것은, 통치자(군자를 말함)는 배우는 데 힘써야 하고, 사회를 적극적으로 올바르게 다스려 사회의 등급질서와 천지를 '같은 이치'(同理)가 되게 만들려고 한다. 이것은 이론적 단계에서 인간이 만물을 주재하여 천지와 같은 위치로 올라가 병립하여 더 이상 어떤 초월적인 신의 의지가 간섭하는 것을 필요로 하지 않고 스스로의 노력과 분투를 분명하게 보여주고 있다. 순자는 "훌륭한 농부는 홍수나 가뭄에도 농사짓는 것을 버리지 않고, 훌륭한 상인은 물건이 오래 팔리지 않는다고 저자를 버리지 않으며, 선비나 군자는 빈궁할 때에도 도를 지키는 데 게으름을 피우지 않는다"[51]고 했다. 이것이 바로 유가가 가지고 있는 적극적 정신을 최고도로 발휘한 것이다.

만약 맹자의 공자 철학에 대한 발전이 주로 '내성'(內聖) 방면에 있다면, 순자는 '외왕'(外王)[52] 방면에 있다. '외왕'은 '내성'에 비해 더욱 풍부한 현실적·실천적인 성격을 가지고 있고, 또한 더욱 기초적인 측면이 된다. 인간의 심리·도덕은 실천활동의 기초 위에서 비로소 형성될 수 있을 뿐 아니라 그렇게 될 때 점차적으로 내재화되고 응집되고 축적되기 시작한다. 그러므로 순자가 강조하는 측면은 실제로 더욱 근

---

50) 같은 책, 「왕제」, "天地者, 生之始也; 禮義者, 治之始也; 君子者, 禮義之始也. 爲
    之, 貫之, 積重之, 致好之者, 君子之始也. 故天地生君子, 君子理天地. 君子者,
    天地之參也."
51) 같은 책, 「수신」(修身), "良農不爲水旱不耕, 良賈不爲折閱不市, 士君子不爲貧窮
    怠乎道."
52) 여기서 '주로'라는 말이 의미하는 것은 맹자 또한 '외왕'의 측면을 가지고 있고,
    순자 또한 '내성'의 측면을 가지고 있기 때문이다.

본적인 측면이라고 할 수 있다.

뛰어난 준마라도 한 번의 도약으로 한꺼번에 열 걸음을 나아갈 수 없으며, 느린 말도 하루하루 쉬지 않고 열흘을 가면 도달하는데, 그 공은 게으름을 피우지 않았기 때문이다. 계속 노력하지 않고 포기해 버리면 썩은 나무도 꺾지 못하고, 계속 새기려고 노력하면 쇠와 돌에 도 글씨를 새길 수 있다.[53]

이러한 인내성이 있는 노력, 끊임없는 분투, 우공이산(愚公移山)식의 실천하는 행동정신이 바로 중국 민족이 가지고 있는 가장 중요한 전통적 품성이 아니겠는가?

순자에 관한 연구 실적물은 매우 많다. 내가 보기에 순자의 전체 사상체계 중에서 가장 중요하고 두드러지게 연구가 이루어진 부분은 아마도 '예'의 기원과 그것이 인간공동체의 질서에 필요하다는 관점일 것이다. 순자가 강조하는 기본관점은 사람은 끊임없이 학습하고 사회적 규범과 법도를 이용하여 자신을 규제하고 개조하는 한편, 또한 자연을 이용하고 지배하여야 한다는 것이다.

여기서 가장 주의해야 할 문제는 바로 다음과 같다. 대부분의 사람들은 순자가 강조하는 '천명(天命)을 제어하여 이용한다'(制天命而用之)는 '천인지분'의 사상 속에 여전히 '하늘에 복종한다'(順天)는 중요한 의미가 들어 있다는 사실을 올바로 파악하지 못하고 있다. 순자에서 '천'은 이미 인격을 가지거나 의지를 가지고 있는 신이 아니라, 인간사와는 전혀 관련이 없는 자연일 뿐이다. '천'은 인간의 운명을 주재할 수 없을 뿐만 아니라, 인간 역시 '천'에 의지하거나 '천'을 원망할 수도 없다. 인간은 오직 자신의 노력에 의지하여 '천'의 법칙에 순응하고 그 법

---

53) 같은 책, 「권학」, "騏驥一躍, 不能十步; 駑馬十駕, 功在不舍. 鍥而舍之, 朽木不折; 鍥而不舍, 金石可鏤."

칙을 이용하여 생존하고 발전해야 한다.

그러므로 순자는 "농사에 힘쓰고 절약하는 데 노력하면, 자연은 결코 사람들을 빈궁하게 하지는 않는다. 영양을 충분히 공급하고 때에 따라 움직이면, 자연은 결코 사람들을 병나게 하지 않는다. 법도에 따르고 이에 벗어나지 않는다면, 하늘은 결코 인간들에게 재앙을 내리지 않는다. 그러므로 가뭄이나 홍수가 사람을 기아에 빠뜨리지 못하고, 추위나 더위가 사람을 고통스럽게 하지 못하고, 요괴가 사람들을 흉하게 하지 못한다"[54]고 했다.

순자는 "성인은 그 천군(天君)을 맑게 하고, 천관(天官)을 바르게 하고, 천양(天養)을 비축하고, 천정(天政)에 따르고, 천정을 길러 그 공을 온전하게 한다"[55]고 생각했다. 한편 "오직 성인만이 '천'을 알려고 노력하지 않는다"[56]고 말하면서, 다른 한편으로 "그 행동은 곡진하게 다스려지고, 그 몸을 적합하게 보양하여 그 생명이 상해를 입지 않게 하는 것이 바로 천을 아는 지천(知天)이다"[57]고 했다. 즉, 모든 일은 인위에 달려 있는 것이기 때문에 인간의 운명은 결코 '천'에 의해 정해진 것은 아니라는 것이다(실제로 여기서는 이미 묵가의 많은 사상, 즉 '중력'重力·'비명'非命·'강본'强本 등의 사상들을 흡수하고 있다). '천'은 인간사를 주재할 수 없기 때문에(또한 이것은 묵가와 다르다) '천'의 신비로움을 탐구할 필요가 없고, 다만 인간사의 법칙만 분명하게 하면 충분하다고 말한다. 다른 한편으로 인간자체와 그 환경은 자연의 존재물이고, 그 '천'(자연)이 담당하는 분야가 있고, 이로부터 인간의 측면, 즉 사람은 어떻게 객관적인 자연법칙을 따르는가 하는 문제를 잘

---

54) 같은 책, 「천론」, "强本而節用, 則天不能貧; 善備而動時, 則天下能病; 修道而不貳, 則天不能禍; 故水旱不能使之饑, 寒暑不能使之疾, 祆怪不能使之凶."
55) 같은 책, 「천론」, "聖人淸其天君, 正其天官, 備其天養, 順其天政, 善其天情, 以全其天功."
56) 같은 책, 「천론」, "唯聖人爲不求知天."
57) 같은 책, 「천론」, "其行曲治, 其養曲適, 其生不傷, 夫是之謂知天."

처리하여 "천지가 담당하는 일이 있고, 만물이 하는 일도 정해지도록"[58] 만드니 이것이 바로 '지천'이다. 순자가 특별히 강조하는 것도 바로 이 것이다.

순자가 말하는 '천인지분', '제천명이용지'는 결코 자연을 배척하는 의미가 아니라, 자연('천' 天)과 인간사가 어떻게 서로 적응하고 부합하는가에 대한 이해와 강조를 말하고 있다. 순자는 인간사와 무관한 자연을 이해하거나 중요하게 보려고 하지 않고, 오히려 인간사와 서로 관련이 있거나 또는 인간사를 이용하여 조정과 개조가 가능한 자연을 이해하거나 중요하게 여길 것을 요구하고 있다.

이러한 상호관련과 개조 속에는 당연히 자연법칙에 순응하는 문제가 발생한다. 왜냐하면, 만약 인위만 말한다면 맹목적인 것에 빠지거나 희망하던 목적 또는 효과에 도달하지 못하기 때문에, 반드시 객관법칙을 따라야만 하는 필요성을 말해야 하기 때문이다. 그러므로 표면적인 현상과는 달리 순자는 '천인지분'을 말하지만, 오히려 '천인합일'(天人合一)의 사상을 담고 있다. 다만 이런 관점이 맹자처럼 그렇게 신비로운 의지 또는 목적을 가진 주재 등의 내용으로 가득 차 있지 않을 뿐이다. 순자는 다음과 같이 말한다.

……봄에는 밭을 갈고 여름에 김매고 가을에 추수하고 겨울에 저장하는 이 네 가지가 때를 잃지 않으면 오곡이 결핍되지 않아 백성들에게 식량의 여유가 있게 된다. 강과 늪에 접근하는 금지령을 신중히 하므로 물고기와 자라가 더욱 많아지고 백성들이 사용하여 먹어도 남음이 있게 된다. 나무를 벌채하고 심는 것을 때에 맞게 하므로 산림이 벗겨지지 않고 백성들은 목재를 사용하고도 남음이 있게 된다. 이것이 성왕의 재물을 사용하는 방법이다. 위로는 하늘을 관찰하고 아래로는 땅에 베풀고 천지 사이에 충만하게 채워서 만물 위에 널리

---

58) 같은 책, 「천론」, "天地官而萬物役矣."

베푼다.[59)]

여기서는 세 가지의 "그 때를 잃지 않는 것"(不失其時)을 강조하며, 객관세계의 법칙에 근거하여 작물을 심고 경작해야 한다는 것을 강조한다. 그러나 이런 '천인지분' 역시 반드시 '순천'(順天)하여야 함을 말하고 있는데, '순천'('천인합일')은 여기서 더욱 구체적이고 현실적인 것이 된다.

이것은 당연히 일련의 모순들을 가져올 수밖에 없다. 특히 인간본성이 악하다는 문제는 더욱 그러하다. 순자는 한편으로는 "성(性)이라는 것은 태어난 그대로의 자연적인 것으로, ……후천적으로 배울 수 있는 것도 그것을 얻으려 노력한다고 해서 되는 것도 아니고 인간에게 선천적으로 있는 것을 일러 '성'이라고 한다"[60)]고 말한다. 다른 한편으로 순자는 사람은 반드시 "성을 변화시켜 인위를 일으켜야"(化性而起僞)만 하고, "성과 위를 합하게"(性僞合) 했다. 그러면 "성은 천에서 나온다"(性出於天)는 '천'(자연)은 도대체 선한 것인가, 그렇지 않으면 악한 것인가? 순자는 다음과 같은 말을 하고 있다.

성이라는 것은 본래 그 바탕이 소박한 것이다. 인위라는 것은 온갖 문체로 융성하게 만든 것이다. 성이 없으면 인위를 더할 것이 없고, 인위가 없으면 성은 스스로 아름다워질 수 없다. 성과 위가 합한 후에 비로소 성인의 이름이 이루어지고, 천하의 큰 공적을 성취할 수 있게 되는 것이다.[61)]

---

59) 같은 책, 「왕제」, "……春耕夏耘, 秋收冬藏, 四者不失時, 故五穀不絶而百姓有餘食也. 汙池淵沼川澤, 謹其時禁, 故魚鼈優多而百姓有餘用也; 斬伐養長不失其時, 故山林不童而百姓有餘材也. 聖王之用也; 上察於天, 下錯於地, 塞備天地之間, 加施萬物之上."

60) 같은 책, 「성악」, "性者, 天之就也…… 不可學不可事而在天者, 謂之性."

61) 같은 책, 「예론」, "性者, 本始材朴也. 僞者, 文理隆盛也. 無性則僞之無所加, 無僞則性不能自美. 性僞合, 然後成聖人之名, 一天下之功於是就也."

인위적인 개조활동('위' 僞)은 반드시 개조의 대상('성'性)이 있는데, 여기에는 문제가 없다. 문제는 이런 개조('위')가 어떻게 가능한가이다. 말하자면 악한 자연('성')이 또한 어떻게 개조를 받아들이는가? 왕궈웨이는 일찍이 "순자가 인간의 성악을 말하여 그 선한 것은 '위'라고 했다. 그러면 '위'를 가능하게 해주는 것은 또 무엇인가?"[62]라고 물었다. 순자는 이런 물음에 대해, 사람이 심지(心知: 마음의 인식론적인 기능)를 가지고 또 배움을 쌓아서 알기 때문이라고 말했다. 말하자면 '심'(心)으로 예의를 '알기' 때문에 정욕을 절제할 수 있다는 것이다. 그러면 '심'은 또 어떻게 '예의'를 알 수 있는가? 순자는 이 문제에 대해서 어떤 명확한 해답을 내리지 못한 것으로 보인다.

순자가 보기에 이것은 분명히 감성에서 이성에 이르는 유물론적 학습과정이다. 그러나 다른 한편으로 순자는 이성작용으로서의 '심'이 어떤 선험성을 가지고 있음을 강조한다. "지로써 인간의 본성에 대해서 말한다."[63] 이 때문에 인간이 자신을 개조할 수 있고 '예의'를 배울 수 있는 것은 본래 가지고 있는 '심지'에 의지하고 있기 때문이다. 순자는 "예는 인간의 마음을 따르는 것을 근본으로 삼고 있다"[64]고 말하는데, 여기서 '천', '성'의 이중성이 출현한다. 즉, 한편으로는 항쟁·반대·

---

62) 『정암문집』(靜庵文集) 「논성」(論性).

63) 『순자』 「해폐」(解蔽), "凡以知, 人之性也."

64) 같은 책, 「대략」, "禮以順人心爲本." 천등위안(陳登原)은 다음과 같이 말하고 있다. "……(순자는) 사람의 착한 마음을 감동시킬 수 있다거나(「악론」樂論의 '足以感動人之善心'에서 나온 말), 심술(心術)이 물과 같다고 하거나(「성상」成相의 '水至平, 端不傾, 心術如此象聖人'에서 나온 것으로 보임), 또 인심(人心)에 따르는 것이 모두 예이다(「대로」大略의 '順人心者, 皆禮也'에서 나온 말)라고 말했다. 위의 말들은 모두 맹자가 말하는 이른바 '수오지심'(羞惡之心)과 같은 상태의 마음으로, 결코 다른 것이 아니라 거의 같은 것으로 보인다."(『국사구문』國史舊聞 제1분책, 中華書局, 1958, 281쪽) 그러나 이는 사실과 조금 다른 것 같다. 맹자가 말하는 '심'은 주로 선험적인 도덕적 '정감심'(情感心)인 반면에 순자의 '심'은 주로 선험과 경험을 포괄하고 있는 '인식심'(認識心)으로, 결코 정감의 내용을 포함하고 있지 않다.

252

개조·초극되어야 하는 자연성('천')이 있는데, 예를 들면 인간생활에 해를 주는 홍수나 가뭄(외재적), 정욕(내재적) 등이 있다. 다른 한편으로는 반드시 의거, 추종, 인식, 순응해야만 하는 자연성('천'), 예를 들면 사계절의 순서(외재적), 심지의 빼어남(내재적) 등이 있다.[65] 수많은 구체적 논증에서 뒷부분은 오히려 순자에서 더욱 중요한 문제로 다루어진다. 예를 들면 순자는 '허일이정'(虛壹而靜)*을 통하여, '심'의 '대청명'(大淸明)에 도달하여 대상을 인식할 것을 강조하고 있다. 그리고 이로부터 사람들이 인식을 통해 행위하는 중에 객관적인 법칙('도')에 부합하고 따르도록 만들었다.

전체적으로 보자면, '천인지분'은 인간의 주관적인 깨달음의 상태와 분투정신을 가리킨다. 만약 '천인지분'이 실효성을 지니고 있으려면 반드시 '천인합일', 즉 자연의 법칙성을 따르는 것을 기초로 해야 할 것을 강조한다. 중국의 '천인합일' 사상은 역사가 유구한 농업소생산에 근원하고 있는 것으로, 설령 '천인지분'을 강조하는 순자라 할지라도 근본적인 입장에서 '천일합일'의 기초를 벗어나지는 못할 것이다. 또한 『노자』의 변증법이 병가와 관련이 있다고 말한다면, 순자가 이러한 천(天)과의 투쟁을 강조하면서 또한 천에 순응할 것을 말하는 사상은 고대 그리스(항해)나 근대(공업)와는 다르며, 당시에 급격하게 발전하고 성숙

---

65) 순자가 말하는 '심'은 '마음이라는 것은 육체의 군주이고, 신명(神明)의 주체이다. 스스로 명령을 발하고 다른 것의 명령을 받지 않는다'(「해폐」)는 의미의 '군형'(君形) 작용이 있음이 강조되기 때문에, 어떤 신비성이 있을지도 모른다는 생각을 하게 만든다. 그러나 전체적으로 보면 그것은 여러 가지 주관적 정욕에 의해 간섭되지 않는 '심'의 외재적 법칙성에 대한 인식과 파악이기 때문에 맹자와는 크게 다르다. 그보다는 오히려 노자와 묵자의 관점을 흡수하고 받아들였다고 말하는 것이 더 정확할 것이다.

* 순자는 사물을 있는 그대로 살펴볼 수 있는 마음의 상태를 '허일이정'이라고 말한다. '허'(虛)의 의미는 주관적인 편견이나 선입견 또는 주관적인 감정에서 벗어난 상태를 말하고, '일'(壹)은 사물이나 상태를 집중하여 보는 것을 말하고, '정'(靜)은 정확하게 보기 위해서 마음을 정지시키는 것을 말한다. 즉, 이런 마음의 허심(虛心), 집중(集中), 정지를 통하여 '대청명'의 경지에 도달할 수 있다고 설명한다.

하고 있던 농업과 서로 관련되어 있는 것으로 보인다.

다른 기타의 사상가들과 비교해도 순자는 농업생산을 더욱더 강조하면서 구체적인 농사문제에 대해 많은 이야기를 하고 있다. 농업생산은 확실히 한편으로는 도구를 강구하고, 적극적인 경작을 하여 '천'(자연)과 서로 투쟁해야 한다. 다른 한편, 더욱 중요한 측면으로 '천'(자연)의 객관적 규율에 따라 일을 처리해야 할 것을 강조하고 있다. 선진 시기의 농가들에 대해서는 현재 알 수가 없지만, 후대의 농가들에 관한 저작을 참고하면 그들은 다음과 같이 말하고 있다.

주동적인 노력이 빈곤을 이길 수 있다.[66]

농사짓는 사람이 힘써 노력하지 않으면 빈 창고가 차지 않는다.[67]

농사를 잘 짓기 위해서 농기구를 잘 이용해야 하고…… 기계를 적절히 조정하고 이용하여, 반드시 유용하고 효율적으로 되도록 힘써야 한다.[68]

땅의 형세를 살펴보고 마른 곳과 습한 곳이 각기 바로 쓰이도록 선택한다.[69]

흙언덕에 기대어 파종할 봄날을 기다린다.[70]

위의 말들은 순자의 관점들과 매우 가깝거나 거의 유사한 것으로 보인다.

묵자가 사치와 소비를 제한하는 것을 비판할 때 순자는 사람이 충분히 소비할 수 있는 농산품을 생산해내어야 한다는 사실을 강조하는 것에서 출발한다.

---

66) 『제민요술』(齊民要術)「서」(序), "力能勝貧."

67) 같은 책, 「서」, "田者不强, 困倉不盈."

68) 같은 책, 「잡설」(雜說), "欲善其事, 先利其器……需調習器械, 務令快利."

69) 같은 책, 「잡설」, "觀其地勢, 乾濕得所."

70) 같은 책, 「잡설」, "仰著土塊, 幷待孟春."

지금 땅에 곡식을 기르는데 사람이 손질만 잘하면 고랑마다 몇 광주리의 양을 수확할 수 있고, 1년에 두 번이나 수확할 수 있다. 그런 후에 호박·복숭아·대추·오얏은 한 나무에서 몇 광주리 몇 말씩 딸 수 있고, 갖가지 채소도 얼마든지 길러낼 수 있으며, 가축과 금수는 한 마리만 있어도 한 수레의 고기를 얻을 수 있다. ……사람이 먹여서 기를 수 있는 것은 셀 수 없을 만큼 얼마든지 있다.[71]

위의 인용문은 도구와 노동을 강조하여 자연을 이용한 '양생'(養生)을 말하는 동시에, 자연법칙을 따르며 천시(天時)와 지리를 강조하는 농업활동을 말하기도 한다. 이런 관점이 아마도 순자 사상의 참된 근원인 것으로 보인다. 그러한 관점은 순자의 사상이 세계관이란 측면에서는 유물론에 해당되고, 다른 한편으로는 순환론("시작이 있으면 끝이 있고, 끝이 있으면 시작이 있어서 마치 목걸이에 시작과 끝이 없는 것과 같다"[72])이라는 것을 보여준다. 인식론의 입장에서는 '허일이정'을 강조하여 주관적인 선입견이나 감정의 간섭을 배제하기를 요구하며, 냉정하고도 객관적인 태도로 세계를 인식하는 입장을 말하고 있다. 또 다른 한편으로는 모든 실제적이지 못한 추상적 사변[73]을 배척하고, 인

---

71) 『순자』「부국」, "今是土之生五穀也, 人善治之, 則畝數盈, 一歲而再獲之, 然後瓜桃棗李, 一本數以盆鼓, 然後葷菜百疏以澤量, 然後六畜禽獸一而剚車, ……可以相食養者, 不可勝數也."

72) 같은 책, 「왕제」, "始則終, 終則始, 若環之無端."

73) 순자는 철저하게 명가에 반대하고, 매우 분명하게 그가 주장하는 실용이성의 관점을 표현하고 있다. 예를 들면 「수신」에서 "견백(堅白: 공손룡이 말하는 견백론을 말함. 촉각으로 아는 '단단함'〔견〕과 시각으로 아는 '흰백'〔백〕은 결합하기 어렵다는 관점), 동이론(同異論: 혜시의 동이론을 말함. 사물은 동일한 보편성을 가진 동시에 다른 특수성도 가짐)이나 유후무후(有厚無厚: 혜시의 이론으로 『장자』「천하」의 "無厚, 不可積也, 其大千里"에서 나왔다. 예컨대 기하학상의 면은 지극히 작아서 조금도 두터운 것이 없어서 부피가 전혀 없다. 그러나 면적은 있어서 무한대로 확대된다. 부피로 말하면 '무후'에 '무후'를 더해 여전히 '0'이지만, 면적은 천리에 이른다는 말이다)설이 세밀하지 않은 것은 아니지만, 군자가 변론하지 않는 것은 그칠 곳에서 그치기 때문이다"(夫堅白, 同異有厚無厚之察,

식의 경험성과 실용성을 강조한다. 앞서 말한 (냉정한 이지적 태도라는) 관점에서 순자는 노자·한비자와 공통점을 가지고 있지만 다른 점은 노자·한비자는 일종의 방관적인 역사적 지혜를 말하고 있다는 것이다.

순자는 도덕과 심리적 감정에 대해서는 거의 말을 하고 있지 않지만, 여전히 공자 학파에서 말하는 '선을 쌓고서 잊지 않는'(積善而不忘)* 낙관적 분투정신을 분명하게 표현하고 있다. 순자는 "노자가 소극적인 굴종만 알고 적극적으로 늘이고 펼치는 것은 모른다"[74]고 비판하고, 인류주체의 실천적 역량을 강하게 인정하고 있다. 이 때문에 그는 '천지와 함께 병립하는' 인생의 이상을 강조한다. 그것은 냉정한 이지이며 또한 낙관적이고 적극적이다.

바로 이런 식으로 자연을 적극적으로 개조하려는 관점은 전통적인 '천인합일'의 관점 속에 원래 지니고 있던 종교적·신비적 성질을 띤 정감적 요소가 참된 현실적인 물질의 실천기초를 가지게 만들어, 후세에 현실개혁을 위해 헌신한 많은 뜻 있는 사람들이 계승할 수 있는 근거를 제공해주었다. 비록 철학 이론이라는 측면에서 충분한 발전을 이루지는 못했지만, 순자의 위대한 공헌은 바로 이런 점에 있다고 할 수 있을 것이다.

송명이학에서 '현대신유가'에 이르기까지 모두가 순자를 비판하고 맹자를 찬양한다. 또한 주자와 왕양명도 바로 맹자에 연결되는데, 이런

非不察也, 然而君子不辯, 止之也)고 했고, 「정명」(正名)에서는 "도둑을 죽인 것은 도둑을 죽인 것이지, 사람을 죽인 것이 아니다 따위의 말은 모두 이름을 잘못 사용함으로써 올바른 명사를 혼란시킨 것이다"(殺盜非殺人也, 此惑於用名, 以亂名者也)라고 했고, 「비십이자」에서는 "별로 쓸모도 없는 일을 분별하고, 순리에 맞지도 않는 일을 세밀하게 살피는 것은 정치상의 대재앙이다"(言無用而辯, 辯不惠而察, 治之大殃也)고 했다.

* "積善而不忘"은 『순자』의 「성악」에 나오는 "積善而不息"에서 나온 것으로 보인다.

74) 『순자』 「천론」, "老子有見於詘無見於信."

노선이 바로 중국 사상사의 주류와 정통이라고 할 수 있다. 그런데 1949 년 이후 30여 년 이상 중국에서 순자에 관한 연구는 대부분 그의 유물론 을 찬양하고 높이는 데 있거나, 그렇지 않으면 군주를 높이고 예를 숭상 하는 법가적 경향을 비판하는 데 있었다. 이런 것들은 모두 순자 철학의 핵심을 파악하지 못한 관점으로 보인다. 맹자가 비록 빼어난 일면을 가 지고 있지만, 만약 맹자의 노선만을 철저하게 따르며 발전해갔다면 유 가는 신비주의와 종교 속으로 빠져버릴 가능성이 컸을 것이다.

이에 비해 순자는 인위를 강조하고 아울러 자연적 성악론을 개조하 는 것을 주장하여, 맹자가 선험적인 성선론을 추구하는 것과는 선명하 게 대비된다. 그리고 이것은 신비적 방향으로 빠져드는 것을 극복하고 중화시키는 역할을 했던 것으로 보인다. 동시에 묵가 · 도가 · 법가 속 의 냉정한 이지와 실제의 경험을 중시하는 요소들을 최대한 흡수하여 유학에서 인위를 중요하게 여기고, 사회를 중시하는 전통을 더욱더 충 실하게 했다. 여기에서부터 순자는 유가의 적극적 · 낙관적인 인생의 이상을 '천지와 함께 병립하는' 세계관의 숭고한 지위로 끌어올릴 수 있게 된다.

순자가 말하는 '천'은 신비적 · 주재적인 천이 아니며, 또 선험도덕적 인 인간이 아니라 현실생활에서 활동하는 인간이다. 그리고 그들은 '학 문을 축적하여' 만물의 영장이 되고 우주의 빛이 되었다. 바로 이런 관 점이 공맹의 도덕론에서 역용(易庸)의 세계관을 지나 다시 한대 유가 의 우주론에 이르는 역정에 반드시 거쳐 지나가야만 하는 하나의 중간 단계를 제공하고 있다. 순자는 다음과 같이 말하고 있다.

무릇 예란 처음에는 소박한 것에서 시작하여 장식을 이루고……
천지가 화합하고 해와 달이 밝으며, 사계절이 순환하고 별들이 움직
이며, 강물이 넘실대며 흐르고 만물이 번창하며, 좋고 나쁨에 절도가
있고 기쁨과 슬픔이 정당하며…… 예가 어찌 지극하지 않음이 있겠
는가?[75)]

이것은 동중서의 천인감응(天人感應)의 체계적 도식이론이 나오기 이전의 준비단계라고 할 수 있다. 만약 순자가 없었다면 한대의 유가도 출현할 수 없었을 것이고, 한대 유가가 없었다면 중국 문화가 어떤 모습으로 변화했을지 상상하기 어려울 것이다. 그러므로 순자를 통렬하게 비판하는 탄쓰퉁조차 다음과 같이 말했다.

순자는 맹자 이후에 태어나서 법후왕(法後王)*을 제창하고 군주를 높여, 맹자가 주장하는 민주의 설을 적극적으로 반대했다. 나는 그것을 '향원'(鄕愿)**이라고 비판한 적이 있다. 그러나 순자는 천인의 관계를 탐구하여 이전의 사람들이 전혀 말하지 못하던 것들을 많이 말했다. 즉, 위로는 맹자의 부족한 점을 보충하고 아래로는 왕충(王充)의 일파가 출현할 수 있는 계기를 만들어주었는데, 이것도 잘못된 것인가?[76]

위의 인용문은 바로 두 가지의 관점을 이야기하고 있다. 먼저 하나는 "천인의 관계를 탐구하여 이전의 사람들이 말하지 못하던 것들을 많이 드러내어"라는 말인데, 이것이 바로 이 글이 말하는 전통적인 '천인합일' 사상에 객관적·실천적인 성격을 부여했고, 아울러 그것을 세계관적인 단계로 끌어올렸다는 것이다. 다른 하나는 냉정한 이성적인 비판의 태도를 충분하게 드러내고 있다는 점이다. 이것이 바로 장형(張衡)·왕충·유우석(劉禹錫)·유종원(柳宗元)을 비롯하여 후대의 대진·장타이옌 등의 관점들이 기초하고 있는 것이다. 이 두 가지 관점은 서로 섞여 있다. 순자 철학은 이러한 구체적 방식을 통하여 공자 인학

---

75) 『순자』「예론」, "凡禮, 始乎梲, 成乎文 ……天地以合, 日月以明, 四時以序, 星辰以行, 江河以流, 萬物以昌, 好惡以節, 喜怒以當……, 禮豈不至矣哉!"
  * 고대의 성왕을 이상적인 모범으로 삼는 것이 아니라 현실의 왕을 모델로 삼는다는 말.
 ** 시골에서 군자로 불리지만 위선적인 사람을 일컬음.
76) 「치당불진」(致唐佛塵), 『중국 철학』 제4집, 人民出版社, 1980, 424쪽.

의 실용이성을 발전시켰다. 이런 이성은 여전히 자연에 대한 실증적 과학탐구의 의미보다는 일체의 모든 초경험적 미신이나 거짓에 반대하고 자연에 대한 상식적인 관점을 찾아내려 하는 데 있다.

천도의 운행에는 불변의 법칙이 있는데, 이것은 요 임금을 위해서 존재하는 것도 아니고 걸 임금 때문에 없어지는 것도 아니다.[77]

하늘은 사람들이 추위를 싫어한다고 해서 겨울을 멈추게 하지 않고, 땅은 사람들이 멀리 떨어져 있는 것을 싫어한다고 해서 땅을 줄여주지 않는다.[78]

위의 순자의 관점은 왕충에 이르러 다음과 같이 얘기된다.

어떻게 그 자연스러움을 알 수 있는가? 그것은 하늘은 입도 눈도 가지고 있지 않다는 것에서 알 수 있다. ……지금 하늘은 입이나 눈 때문에 생기는 욕망도 가지고 있지 않고 사물에 대해 무엇인가를 추구하고 억지로 얻으려는 것도 없으니, 어찌 작위함이 있겠는가?[79]

하늘은 사물을 낳으려고 움직이지 않는데 사물은 스스로 생(生)하니, 이것이 바로 자연이다.[80]

위의 왕충의 말들은 순자의 관점과 일맥상통하고 있다. 이런 노선은 중국 철학이 의지론과 목적론, 또는 신비주의로 나아갈 때 항상 중요한

---

77) 『순자』「천론」, "天行有常, 不爲堯存, 不爲桀亡."
78) 『순자』「천론」, "天不爲人之惡寒也輟冬, 地不爲人之惡遼遠也輟廣."
79) 『논형』(論衡)「자연」, "何以知其自然也, 以天無口目也……今無口目之欲, 於物無所求索, 夫何爲乎."
80) 『논형』「자연」, "天動不欲以生物 而物自生, 此則自然也."

저항작용을 했다. 예를 들면 자사(子思)·맹자에서 동중서로, 그리고 한대의 참위(讖緯)에 이르고, 위진(魏晉)에서 수당(隋唐)으로 이르는 시기 동안 순자·왕충·범진(范縝)·유우석·유종원 등의 사람들이 출현하여 해독과 저항이라는 이성청각제의 작용을 했다. 이것은 중국의 철학과 문화심리 구조형성에서 충분히 높은 평가를 받아도 될 만한 것들이라고 할 수 있다.

2 『역전』과 유가 세계관의 형성

　『역전』의 시대와 유래, 각 부분의 선후관계 등에 대해서는 여기서 상세하게 다루지 않을 것이다. 그 기원이나 실질내용이 『역전』과는 다른 『역경』(易經)에 관해서도 당연히 얘기하지 않으려 한다. 여기서는 주로 『역전』과 순자 철학이 어떤 관계를 가지고 있는지에 대해 말하려고 한다.[81] 이 관계를 따져보는 것은 주로 이론체계가 발전해나가는 역사적 과정을 살펴보려 하기 때문이다.

　내가 보기에 『역전』의 가장 큰 특징은 바로 순자 철학에서 말하는 강건분투(剛健奮鬪)의 기본정신을 따라가는 것이라고 생각한다. 『역전』은 '천인지분'과 '제천명이용지'(制天命而用之)의 구체적인 방법과 명제를 버리고, 그것들을 "천도(天道)의 운행은 건전하고 군자는 그것을 본받아 스스로 끊임없이 노력한다"[82]는 것으로 바꾸어 자연에 인간의

---

81) 궈모뤄는 다음과 같이 말한다. "『순자』의 「대략」과 『주역』의 「단하전」(彖下傳)이 서로 비슷한 것은 분명하다. 그리고 『역전』은 분명히 순자의 말을 더욱더 발전시키고 있다. 『역전』은 순자의 견해를 군신부자(君臣父子)의 인륜문제에서 천지만물의 우주관으로 확대시켰다", "「계사전」(繫辭傳)에서 적어도 일부분은 매우 분명하게 순자의 영향을 받고 있는데, 사상체계에서 그들의 관계를 볼 수 있다." (「주역의 제작시대」周易之制作時代, 『청동시대』, 群益出版社, 1946, 78쪽)

82) 『주역』 건괘 「상전」(象傳), "天行健, 君子以自强不息."

도덕적 색깔을 부여하고, "한 번 음(陰)하고 한 번 양(陽)하는 것을 도(道)라고 한다"[83]는 형이상학적 차원을 언급하여 하나의 완벽한 세계관을 창조적으로 세우고 있다. 『역전』은 마침내 전체유가에서 가장 기본적이고 차원 높은 철학적 경전이 되었다.

『역전』은 분명하게 유학의 각 파와 『노자』, 법가의 학설을 종합한 특색을 가지고 있는 동시에, 음양가(陰陽家)와도 중요한 관계를 가지고 있다. 『역전』이 말하는 '천'(天)은 대부분 외재적 자연을 말하고 있는데, 이것은 순자의 관점과 거의 비슷하다. 그러나 순자가 말하는 외재적 자연으로서의 '천'은 인간과 무관하며, 그 자체로서 어떠한 가치나 의의를 가지고 있지 않은 인간과 서로 분리되어 있는 '천'이었다. 그러나 『역전』은 외재적 · 자연적인 '천'에 긍정적인 가치와 의의를 부여하고, 아울러 그것을 인간사에 유비적으로 적용하고 있다. 말하자면 『역전』은 '천'을 도덕, 심지어 감정적 내용을 가지고 있는 것으로 해석하고 있다.

앞서 말한 것처럼 공업사회와는 달리 농업생산을 기초로 하는 사람들은 장기적으로 '천'에 순응하는 '순천'(順天)에 습관이 되어 있다. 특히 자연의 법칙에 따라 변화하는 사계절의 변화, 낮과 밤, 추위와 더위, 바람과 비 등이 농업생산과 생활에 미치는 크나큰 작용은 사람들의 관념 속에 깊은 인상을 남겼다. 또한 사람들로 하여금 천지자연에 대해서 친근한 감정과 관념을 가지도록 만들었다. 『역전』은 이런 뿌리 깊은 '천인합일'의 전통관념과 감정을 순자 철학의 기초 위에서 하나의 체계적인 것으로 만들어내었다. 그중에서 가장 중요한 정신은 바로 "천지의 크나큰 공덕을 일러 생이라고 한다"[84]는 것이다.

이것은 이미 순자가 말하는 외재하는 자연적 '천'이 아니고, 맹자가 말하는 내재하는 주재적 '천'도 아니다. 그것은 외재적이면서 오히려

---

83) 『주역』, 「계사전」 상편(繫辭上傳) 제5장, "一陰一陽之謂道."
84) 같은 책, 「계사전」 하편(繫辭下傳) 제1장, "天地之大德曰生." 『순자』에서는 다음과 같이 말한다. "천지는 생의 뿌리이다"(「예론」) "천지는 생의 시작이다."(「왕제」)

도덕적 품격과 감정적 색채를 지니고 있기 때문에 거의 맹자에 가깝다. 그러나 이것은 맹자처럼 개체가 가지고 있는 내재적인 심성의 선험적인 도덕론에서 출발하는 것이 아니라, 순자가 말하는 인류의 외재적 활동과 자연사(自然史)의 과정에서 출발하고 있다. 『역전』은 인류의 역사와 우주사물의 기원, 변천과 발전에 대해 많이 말하고 있기 때문에 맹자보다 순자에 더 가깝다.

옛날 복희씨가 천하를 통치하던 시대에 위로는 하늘의 현상을 살펴보고, 아래로는 땅의 법칙을 관찰했다. 새와 짐승의 무늬와 초목, 나무, 돌 등을 포함한 땅의 지리를 살펴 가까운 곳에서는 몸의 형상에서 취하고, 멀리는 만물의 형상을 취하여 비로소 팔괘를 만들어 신령스럽고도 밝은 조화의 덕행을 분명하게 깨달아 만물의 실정을 나누고 유추해내었다.[85]

『역전』은 이른바 복희 · 신농(神農) · 황제(黃帝) · 요순 이래의 인류역사의 변천을 서술하고 있으며, 그것들을 모두 '팔괘'(八卦)와 연결시켰다. 『역경』의 팔괘는 본래 점을 치는 데 사용한 부호이다. 그 속에는 상고시대 선민(先民)들의 자연현상과 역사적 경험에 대한 기술과 이해를 포함하고 있다. 『역전』은 오히려 그것들을 철학적으로 해석하여 인류의 역사와 전체자연의 역사를 하나로 연결시켜 체계화하고 있는데, 이것이 바로 『역전』의 기본주제이다.

옛날 성인이 역경을 지은 것은 음양의 변화를 관찰하여 괘를 세우고, 강한 것과 부드러운 것에서 효를 드러낸다. 도와 덕에 조화하여 따르며 의리에 의해 다스리게 된다.[86]

---

85) 같은 책, 「계사전」하편 제2장, "古者伏犠氏之王天下也, 仰則觀象於天, 俯則觀法於地, 觀鳥獸之文與地之宜, 近取諸身, 遠取諸物, 於是始作八卦以通神明之德, 以類萬物之情."

옛날 성인이 역경을 지은 것은 성명의 이치에 따르게 하여, 천도를 세워서 음과 양이라 하고, 땅의 도를 세워서 유와 강이라 하고, 사람의 도를 세워서 인과 의라 하여 삼재를 겸하여 둘로 곱했다. 그러므로 역은 6효로 괘를 만든다.[87]

천지가 있은 연후에 만물이 있고, 만물이 있은 연후에 남녀가 있고, 남녀가 있은 연후에 부부가 있고, 부부가 있은 연후에 부자가 있다. ……군신이 있은 연후에 상하가 있고, 상하가 있은 연후에 예의가 시행된다.[88]

이렇게 『역전』에는 천지에서 만물, 남녀와 부부, 도덕과 예의에 이르기까지 '역'(易)이 모두 관통하고 있다. 원래 과거의 일(『역경』은 매우 많은 역사적 이야기로 가득 차 있다)을 가지고 미래를 해설하는 무술의 점괘는 끝내 유가의 인학 정신의 세례와 함께 도가와 법가의 냉정한 이지적 역량의 자극에 의해서 이처럼 이성적이면서도 정감적인 철학적 세계관으로 변화하게 된다. 그것은 세계관, 역사관이면서 동시에 인생관이다. 세계관과 인생관이 합하여 하나가 되는 것이 바로 중국 철학이 가지고 있는 또 하나의 특징이다.

그러므로 『역전』은 역사적 이성이며, 객관적으로 역사의 변천과 인도(人道)의 유래를 기술하고 있다. 또한 남녀의 교배(交配)에서 부자(父子)를 중심으로 하는 가정, 다시 군신간의 예의에 이르는 것을 말하고 있고, 그 속에서 배를 만들고, 소와 말을 부리고, 활과 화살을 만들고,

---

86) 같은 책, 「설괘전」(說卦傳), "昔者聖人之作易也, 幽贊於神明而生蓍, 參天兩地而倚數, 觀變於陰陽而立卦, 發揮於剛柔而生爻, 和順於道德而理於義, 窮理盡性以至於命."

87) 같은 책, 「설괘전」, "昔者聖人之作易也, 將以順性命之理. 是以立天之道曰陰與陽, 立地之道曰柔與剛, 立人之道曰仁與義. 兼三才而兩之, 故易六畫而成卦."

88) 같은 책, 「서괘전」(序卦傳), "有天地然後有萬物, 有萬物然後有男女, 有男女然後有夫婦, 有夫婦然後有父子, 有父子然後有君臣, 有君臣然後有上下, 有上下然後禮義有所錯."

궁실(宮室)을 짓고, 문자를 만드는 것 등은 거의 모두 자연의 역사적 과정을 기술하는 것과 같다. 그리고 귀신 · 삶과 죽음 · 길흉까지도 모두 이 도식에 집어넣으면 이해 가능하고 해석 가능한 부분으로 변한다. 이로부터 『역전』은 우주 · 자연과 인류의 존재는 하나의 조화로운 전체를 구성하여, 이 조화로운 전체는 어떤 다른 것보다도 더 높다는 것을 강조하고 있다.

그러므로 여기서는 더이상 어떤 다른 창조주를 필요로 하지 않는다.[89] "하늘에 앞서서도 하늘을 위배하지 않고…… 하늘이 또한 위배하지 않으니, 하물며 사람은 어떠한가? 하물며 귀신은 어떠한가?"[90] 비록 『역전』에는 여전히 수많은 무술과 미신 등 인간의 이성으로는 합리적으로 해석하기 어려운 설명이나 주장, 논단(이것은 전통적으로 유행한 천문天文과 별점으로 인간사를 점치는 것과 관련이 있을 가능성이 크다)이 사이사이에 끼여 있지만, 전체적인 실제내용으로 말하면 순자가 말하는 무신론적인 사상에 상당히 접근하고 있다. 『역전』은 "하늘의 신도(神道)를 보고 사계절이 어긋나지 않으니, 성인이 신도를 통하여 가르침을 세우자 천하가 복종했다"[91]고 했다. 이것은 순자가 신도를 통하여 생각을 세우는(神道設想) 사상과 완전히 일치한다.

『역전』은 정감적(情感的)이다. 왜냐하면 『역전』은 '인도'(人道)와 '천도'(天道), '인생'과 '세계', '역사'와 '자연'을 하나로 합하고 있으며, 천도의 세계와 자연에 살아서 약동하는 생명의 성질을 부여했기 때문이다. 이것으로 『역전』은 본래 자연적인 '천'이 끝없이 생장하고, 앞으로 계속 발전하는 적극적 · 낙관적인 주조를 띠게 만든다. 이것이 바로 "날로 새로운 것을 일러 성덕(盛德)이라 하고, 낳고 또 낳는 것을

---

89) 니덤이나 보드(Derk Bodde)는 중국 철학에 창조주 관념이 없는 것이 큰 특색이라고 말한다. 이런 특색은 『역전』의 세계관에서 매우 분명하게 나타난다. 이 책의 「중국의 지혜」를 참조하라.

90) 같은 책, 「건괘」(乾卦) 「문언전」(文言傳), "先天而天弗違……天且弗違, 而況於人乎? 而況於鬼神乎?"

91) 같은 책, 「관괘」(觀卦), "觀天之神道而四時不忒, 聖人以神道設敎, 而天下服矣."

역(易)이라고 말한다"[92]는 것이다. 이처럼 낙관적인 인생의 의미를 자연관에 투입시킴으로써 마침내 세계관과 인생관이 서로 통일되는 자연-역사 철학이 성립된다.

『역전』이 철학일 수 있는 까닭은 '천도'(天道)·'지도'(地道)·'인도'(人道)를 '건곤'·'음양'·'강유'의 교감작용, 즉 두 가지 서로 모순되면서 상호보충적인 힘의 삼투·추이와 운동에 통일시키고 있기 때문이다. 그것으로 '팔괘'를 해석하고 이로부터 일체의 사물, 즉 우주의 시원(始原), 만물의 발생, 인간사의 법칙을 해석하고 과거를 알 뿐만 아니라 미래를 점치기도 하여, 만물·시공(時空)과 인간사가 『주역』에서는 서로 견제하면서 영향을 주는 밀접한 관계를 가지고 있는 것으로 말하고 있다.

『역전』은 바로 이런 우주의 보편적 질서('천도')와 사회질서('인도')의 일치, 상호인정을 이용하여 모든 사물을 포괄하고 사물을 통일하려는 시도를 하고 있다. 그 결과 "천지의 조화를 범위로 하여 지나치지 않으며, 만물을 곡진히 이루어 빠뜨리지 아니하며"[93]라고 했다. 자연과 역사에 대한 어떤 합법칙적인 관념을 가지고 질서 있는 도식을 만들려고 한 『역전』의 이러한 특색은 바로 도가와 법가를 흡수하여, 진한(秦漢)이라는 새로운 시대의 유가가 건립하려고 한 통일적 전체를 말하는 우주론으로 향하는 시작이라고 할 수 있다. 이 문제에 대해 『역전』은 다음과 같이 말한다.

하늘은 높고 땅은 낮으니 건곤의 위치가 정해진다. 낮고 높은 것을 진열하니 귀하고 천한 것이 자리잡는다.[94]

역(易)이라는 것은 성인이 덕을 높이고 사업을 넓히는 것이니, 지

---

92) 같은 책, 「계사전」 상편, "日新之謂盛德, 生生之謂易."
93) 같은 책, "範圍天地之化而不過, 曲成萬物而不遺."
94) 같은 책, "天尊地卑, 乾坤定矣. 卑高以陳, 貴賤位矣." 여기에 분명히 법가사상에 대한 흡수가 있는 것으로 보인다.

혜는 높이고 예는 낮추는 것이다. 이때 높이는 것은 하늘을 본받고, 낮추는 것은 땅을 본받는 것이다. 천지의 위치를 설정해놓으면 역이 그 속에서 행하니, 이루어진 성품을 보존하고 또 보존하는 것이 도의의 문(門)이다.[95]

이런 까닭에 법상(法象: 상을 본 받는 것)은 천지보다 큰 것이 없고 변통(變通)은 사시(四時)보다 큰 것이 없다. 상(象)을 걸어서 밝음을 내는 것은 해와 달보다 밝은 것이 없고 숭고함은 부귀보다 더 큰 것이 없고, 사물을 갖추어 사용하니 그릇을 만들어 천하의 이로움으로 사용하는 것은 성인보다 큰 것이 없다.[96]

『노자』와 비교하면 『역전』의 변증법은 자각적 체계를 가지고 있다. 즉, 일정한 순서와 차례가 있고, 더이상 제멋대로 분산되고 흩어지는 것이 아니다. 그것은 변화 중의 불변(不變)이다. 그런데 이런 서열적 도식은 매우 간단명료하다. 그러므로 '변역'(變易: 만물과 인간세상의 끊임없는 변화) · '불역'(不易: 각종 괘상卦象이 공통적인 공식으로 만든 객관적 규율의 확고부동함) · '간이'(簡易: 그 규율에 대한 요령의 파악)가 『주역』의 기본내용을 구성한다. 순자는 "역을 잘하는 사람은 점을 치지 않는다"[97]고 했다. '역'은 순자의 손에서나 순자의 시대에 오면 이미 점복(占卜)에서 철학으로 전환하고, 상제(上帝)에 대한 미신에서 자아의 주재(主宰)로 전환한다. 이미 대량의 점복 중의 공통된 괘의 형식들이 연계하고 있는 각종의 역사적 전문(傳聞)들은 점차적으로 공통적인 양식을 갖춘 추상적인 철리(哲理)로 격상하게 된다. 그러므

---

95) 같은 책, 제7장, "夫易, 聖人所以崇德而廣業也, 知崇禮卑. 崇效天, 卑法地, 天地 設位 而易行乎其中矣. 成性存存, 道義之門."
96) 같은 책, 제11장, "是故法象莫大乎天地, 變通莫大乎四時, 縣象著明莫大乎日月, 崇高莫大乎富貴, 備物致用, 立成器以爲天下利, 莫大乎聖人."
97) 『순자』「대략」, "善爲易者不占."

로 순자는 다음과 같이 말한다.

옛날을 잘 이야기하는 자는 반드시 현재에서 증거를 찾아내고, 하늘에 대해 잘 이야기하는 자는 반드시 인간사에서 그 징험을 찾아낸다. ……그러므로 앉아서는 말하고 일어서서는 펼칠 수 있고, 펼쳐서는 행동을 시행할 수 있다.[98]

이러한 '천인의 관계를 탐구하고, 고금의 변화를 통하게 하는 것'은 자연과 역사에 대해 통일적인 해석을 하는 것인데, 이것은 대체로 상고시대의 전통에 근본을 두고 있다(천상天象으로 인간사를 점친다). 그리고『역전』을 통해 철학적으로 완성된 후에 한대에 이르러 다시 체계화되면서 크게 유행한다.

'천인감응'(天人感應)의 관념을 포함하고 있는『역전』에는 이미 '천도'가 '인도'에 작용과 영향을 주고, '인도' 역시 '천도'에 작용과 영향을 미친다는 생각이 들어 있다. 그러므로 "언행은 군자가 천지를 움직일 수 있게 하는 것이니, 어찌 신중하지 않으리오?"[99]라고 말하는 것이다. 바로 이런 이유에서 인간은 천지의 변화에 참여할 수 있고, "무릇 대인은 천지와 그 덕을 합하고, 일월과 밝음을 합하고, 사시와 더불어 그 순서를 합하고, 귀신과 더불어 그 길흉을 함께하는 사람이다"[100]라고 말하는 것이다. 사람은 반드시 천도에 순응하고 음양의 이치에 따르는 한편 다른 한편으로 '천'(자연) 역시 인간의 품격과 성능을 가지고 있다. 결국 '천'·'인'은 여기서 하나가 되고, 자연적인 '천'과 의지적인 '천'이 여기서 완전히 융합된다.

---

98)『순자』「성악」, "善言古者必有節於今, 善言天者必有徵於人 ……故坐而言之, 起而可設, 張而可施行."
99)『주역』「계사전」상편, "言行, 君子之所以動天地也, 可不慎乎?"
100) 같은 책,「건괘」「문언전」, "夫大人者與天地合其德, 與日月合其明, 與四時合其序, 與鬼神合其吉凶."

그러므로 이것은 『노자』식의 냉정하고 객관적으로 방관하는 듯한 무정한 '도'와 달리, 인간의 존재와 진취적인 정감, 정신으로 충만해 있다. 『노자』는 '인도'를 '천도'로 상승시키고, '덕'으로부터 '도'로 상승시켜 '인도'가 오히려 피동적으로 '천도'에 복종하도록 만들어버렸다. 『역전』은 '천도'에서 '인도'를 연역해내지만, '인도'가 주동적으로 '천도'에 참여하는 것을 말한다. 『주역』은 원래 점쳐서 행동을 결정하는 것인데, 그중에는 길흉화복과 그것을 원하거나 피하려고 하는 주동성을 포함하고 있어서 단순히 정해진 운명에 대한 예언은 결코 아니다. 그러므로 『주역』은 구체적인 변화가 일어나기 전에 이미 기미를 아는 '지기'(知機)와, 분명한 상태나 모습으로 드러나기 이전의 미미한 상태를 관찰하는 '찰미'(察微)를 강조하여 인간사의 성공을 획득할 것을 강조하고 있다.

『역전』은 이러한 특성들을 철학적인 차원으로 전환시켜 "한 번 음하고 한 번 양하는 것을 도라고 하고, 그것을 이어받은 것은 선이고, 그것을 이룬 것은 성이다"[101]라고 하여 '천'에서 '인'에 이르고, '인'에 이르러 사람은 반드시 '천도'를 관찰하고, '천도'를 따라서 자신의 주동적인 작용을 발휘해야 하는 것으로 말하고 있다. 이것이 바로 철학사가들이 항상 말하는 『노자』와 『역전』의 차이이다. 말하자면 『노자』가 부드러움을 귀하게 여기고 여성적인 것을 지키며 고요한 것을 숭상하는(尚靜) 변증법을 강조하는 데 비해서, 『역전』은 강(剛)을 중요하게 여기고(重剛) 굳셈을 행하며(行健) 움직이는 것을 주장하는(主動) 변증법을 말하고 있다.

이런 차이를 구체적으로 분석한다면, 그 차이가 생기는 원인 중의 하나로 우선 『역전』은 '음양'이라는 이러한 변화의 전체적인 규칙에 어떤 고정적인 경험적 의미를 체계적으로 부여하고 있다는 점이다. 전체 『역전』은 '음양'을 중심으로 전개되는데, "음양의 변화를 관찰하여 괘를 세

---

101) 같은 책, 「계사전」 상편, "一陰一陽之謂道, 繼之者善也, 成之者性也."

우고, 강유의 의미를 발휘하여 효를 만든다"[102]고 말했다. "강유라는 것은 근본을 세우는 것이다."[103] 그리고 그것의 구체적인 전개는 바로 건괘(乾卦)와 곤괘(坤卦)이며, 『역전』은 그것들에 각각 '건'(健)· '순'(順)의 철학적 의미를 부여한다.

건이라는 것은 천하의 지극히 굳건한 것을 말하고, 덕행이 항상 쉬우면서도 험난한 것을 알게 한다. 곤이라는 것은 천하의 지극히 순한 것을 말하고, 덕행은 항상 간이하면서도 막힘을 알게 해준다.[104]

많은 사람들은 건괘가 태양(대낮)과 남성을 상징하여 운동·생장·활력·강강(剛强) 등의 성질 또는 기능을 가지고 있다고 말한다. 곤괘는 달(밤)과 여성을 상징하여, 양육·접수·유순·안녕 등의 성질 또는 기능을 가지고 있다고 말한다. 『역전』이 강조하는 것은 이 둘의 분리될 수 없는 불가분리성이다. 『역전』은 아울러 '양'은 주도하는 성질을 가지고 있고 '음'은 기초라는 관점을 확정하지만 주도와 기초라는 것 속에서도 '양'을 더욱 강조한다. 또한 건괘는 『역전』에 의해서 으뜸인 괘로 인정된다.

위대하다, 건원이여, 만물이 여기에 근거하여 시작되고, 하늘을 통솔한다.[105]
위대하도다, 건이여, 강건중정하고 순수하고 정미하다.[106]

이처럼 『주역』은 다시 한 번 '건'을 찬양하고, 건곤음양(乾坤陰陽)이

---

102) 같은 책, 「설괘전」, "觀變於陰陽而立卦, 發揮於剛柔而生爻."
103) 같은 책, 「계사전」 하편, "剛柔者, 立本者也."
104) 같은 책, "夫乾, 天下之至健也, 德行恒易以知險. 夫坤, 天下之至順也, 德行恒簡以知阻."
105) 같은 책, 「건괘」 「단전」, "大哉乾元, 萬物資始, 乃統天."
106) 같은 책, 「건괘」 「문언전」, "大哉乾乎, 剛健中正, 純粹精也."

라는 모순의 구성 속에서 건 · 양은 모순의 발전을 이끄는 동력이 된다. 이것 역시 『노자』와 서로 구별된다. 『노자』는 다만 모순과 그 전환을 산만하고 병렬적으로만 드러내어 이런 전환이 어떻게 가능한가 하는 것을 보여주지 못하고 있다. 즉, 불명확하거나 전환의 동력을 결핍하여 정태적인 것이 되어버린다. 그것은 다만 기존현상의 정태적 기술에 불과할 뿐이다.

『역전』은 모순 중의 "강과 유가 서로 마찰하고, 팔괘가 서로 섞여서"[107]라는 동태적 과정에 주의하여, 전진하고 발전하는 서열의 구조(예를 들면 「서괘전」)를 가지고 있다. 그러나 하나의 체계적 도식을 세워서[108] '양강'(陽剛)을 동력의 주도적 지위로 삼고 있는 측면이 분명하게 드러나면서, 『노자』 식의 냉정한 인생의 지혜와는 다른 점이 많다. 여기서 분명히 계급적 기반의 차이가 생긴다. 『노자』가 당시에 급격하게 움직이며 변화, 변혁중인 사회에 대해 부정적인 태도를 가진 것과 달리, 순자와 『역전』은 모두 이 새로운 시대를 변호하며 논증하고 있다고 말하는 편이 옳을 것이다. 『역전』은 다음과 같이 말한다.

천지가 변혁하여 사계절이 이루어지고, 탕과 무 임금이 혁명을 일으켜 하늘의 뜻에 따르고 백성에 응하니, 변혁의 때가 가지고 있는 의미는 참으로 크도다.[109]

신농씨가 몰하고, 황제 · 요 · 순이 일어나 그 변화에 통달하여, 백성들로 하여금 게으름 피우지 않게 하여 그들을 변화시켜 백성들이 마땅함을 얻게 했다. 역은 궁하면 변화하고, 변하면 통하고, 통하면

---

107) 『주역』 「계사전」 상편, "剛柔相摩, 八卦相盪."
108) 지금까지도 어떤 학자들은 『주역』을 하나의 완벽한 체계(천문학이나 수학 등의 체계)로 만들려고 한다.
109) 같은 책, 「혁괘」(革卦) 「단전」, "天地革而四時成, 湯武革命順乎天而應乎人, 革之時義大矣哉."

오래 간다. 이 때문에 하늘로부터 도움이 있으니, 길하여 어떠한 불리함도 없다.[110]

위의 말들은 모두 이 점을 반영하고 있다. 시대가 진화하고 변동하는 것은 좋은 것이다. 『노자』와 비교하면 『역전』은 미래에 대해 매우 낙관적인 역사주의적 조망을 하고 있다. 그런데 이 점이 바로 『주역』의 중요한 정신이다. 후대의 개혁자들, 청대 말엽의 탄쓰퉁에 이르러서도 여전히 자신들의 관점을 『주역』의 이러한 이론을 통해 이끌어나가는 것이 필요했던 것으로 보인다.

순자와 마찬가지로 『역전』 역시 예를 존중하며 정분(定分: 분수와 나눔을 정함)·주치(主治: 올바른 다스림을 행함)·명벌(明罰: 벌을 밝힘)을 말하는데, 예를 들면 "물이 모인 후에 예가 있기 때문에, 이괘(履卦)로 받는다"[111], "이는 군자가 상하를 나누고, 백성의 뜻을 정하는 것이다"[112] 등등은 『노자』가 '예'를 반대하는 입장이나 태도와는 분명히 다르다.

그러나 『역전』과 『노자』는 여러 가지 공통된 기본특징도 가지고 있다.

첫째, 이 둘은 모두 실용이성적인 변증법으로 현실생활과 정치투쟁, 도덕법칙에 직접 응용되는 것으로, 결코 개념적 변증법이나 순수이론적·사변적인 추상은 아니다. 모두 구체적인 경험적 요구를 가지고 있다. 예를 들면 『역전』은 다음과 같다.

가는 것은 굽은 것이고 오는 것은 늘어난다. 줄어듦과 늘어남이 서로 감통(感通)하면서 이(利)가 생긴다. 자벌레가 몸을 굽히는 것은 늘어나기 위해서이고, 용과 뱀이 겨울잠을 자는 것은 몸을 보존하기

---

110) 『주역』, 「계사전」 하편, "神農氏沒, 黃帝堯舜氏作, 通其變, 使民不倦, 神而化之, 使民宜之. 易窮則變, 變則通, 通則久, 是以自天祐之, 吉無不利."
111) 같은 책, 「서괘전」, "物畜然後有禮, 故受之以履."
112) 같은 책, 「이괘」(履卦) 「상전」, "履, 君子以辯上下, 定民志."

위해서이다. 지극히 신묘하게 하여서 쓰임에 이른다.[113]

　모든 왕래, 굽힘과 폄 등은 모두 사람들에게 유리하고, 실제로 현실에 쓰이는 '치용'(致用)과 관련이 있다. 그러므로 인간사의 경험을 벗어나지 않으면서 모순과 변화를 사색한다는 것은 노자의 입장과 같다.
　둘째, 이 둘은 모두 사물의 균형·조화·안정을 중요하게 보고 그것을 추구한다. 『노자』는 귀유·수자·주정(主靜)을 통하여 이 목표에 도달하고, 『역전』은 '양강'(陽剛)을 강조하여 '음유'(陰柔)와 적당히 배합되어야 하고, '강'과 '유'는 상대적이면서 서로 이루어주는 것이어야 함을 강조하고 있다. 그러나 강과 양은 지나치게 과해서는 안 되며, 과하면 실패·몰락·사망에 이를 수 있다.

　너무 높이 올라간 용은 반드시 후회하는데, 가득 차면 오래 갈 수 없기 때문이다.[114]

　강이 중의 자리에 있고 유가 바깥에 있어서 기뻐하여 곧게 하면 유리하다. 이로써 하늘을 따르고 사람에게 응하여야 한다.[115]

　건도(乾道)가 변화하니 각각 성명(性命)을 바르게 하고, 크나큰 조화를 보존하니 정도에 따르면 이익이다.[116]

　'크나큰 조화를 보존'한다는 것은 바로 조화·균형·안정을 추구하는 것이다. 건(양·강)은 지극히 강건하나 위험을 알아야 하고, 곤

113) 같은 책, 「계사전」 하편, "往者屈也, 來者信也, 屈信相感而利生焉. 尺蠖之屈, 以求信也; 龍蛇之蟄, 以存身也. 精義入神, 以致用也."
114) 같은 책, 「건괘」 「문언전」, "亢龍有悔, 盈不可久也."
115) 같은 책, 「태괘」(兌卦) 「단전」, "剛中而柔外, 說以利貞, 是以順乎天而應乎人."
116) 같은 책, 「건괘」 「단전」, "乾道變化, 各正性命, 保合太和, 乃利貞."

(음·유)은 지극히 순종적이나 막힘을 알아야만 한다. 『역전』 속에는 상당히 구체적으로 여러 가지 곤란함과 곤궁한 사정, 국면상황들을 반복적으로 강조하고, 계속적으로 겸손하고 조심하여야 그 자리를 보존할 수 있다는 것을 말하고 있다.

천지의 큰 덕을 일러 생(生)이라고 한다. 성인의 큰 보물은 자리(位)라고 하는데, 어떻게 이 자리를 지킬 수 있는가? 인(仁)을 통해서이다. 어떻게 사람을 모을 수 있는가? 재물을 통해서이다. 재물을 관리하고 말을 바르게 하여 백성들이 나쁜 짓을 하지 못하도록 금지하는 것을 의(義)라고 말한다.[117]

순자와 마찬가지로 이것은 공자 이후의 유학을 새로운 계급통치의 각도로 정리하고 있다. 결론적으로 말하면, 순자는 공자 철학의 전통을 따라 이미 도가·묵가·법가의 여러 가지 이론들을 흡수하여 더욱더 넓은 바깥세계를 향해 나아갔다. 즉, 천지자연에서 인간의 제도에 이르는 모든 문제를 다루고 있다. 『역전』은 이런 외재적 경향에 차원 높은 철학적 해석을 가했다. 이후 동중서를 대표로 하는 유가는 이런 사상 발전의 논리적 단서를 따라 발전하는데, 그것은 『역전』의 세계관으로부터 발전하여 더욱 복잡하고 세밀한 우주론을 구성하게 된다.

---

117) 『주역』 「계사전」 하편, "天地之大德曰生, 聖人之大寶曰位, 何以守位曰仁, 何以聚人曰財, 理財正辭, 禁民爲非曰義."

3 『중용』의 철학: 천·도·인

슝스리(熊十力)는 "『중용』(中庸)은 본래 『주역』을 풀이한 책이다"[118] 라고 했다. 펑유란(馮友蘭)은 '역용'(易庸: 주역과 중용)을 함께 이야 기하여야 하는데, "『중용』의 주요한 뜻과 『역전』의 주요한 뜻에서 서로 공통되는 부분이 매우 많다. ……그들 사이에는 매우 밀접한 관계가 있 다"[119]고 했다. 실제로는 『역』(易: 모두 『역전』을 가리킴)과 『용』(庸) 은 매우 다르다. 『역전』은 세계관을 말하고 있고, 『중용』은 그것을 내재 론으로 전환시켰다. 『역전』은 천(天)에서 인(人)으로 나아가 외재세계, 즉 우주·역사·생활에 걸친 다방면의 논증을 하고 있다.

『중용』은 완전히 인간의 의식수양을 중심으로 삼아 주로 내재적인 인 간 심성의 형이상학적 발굴에 치중하고 있다. 그러므로 둘 모두 정통유 학에 속하지만, 이 둘은 사상적인 경향에 있어서 결코 일치하지 않는다. 또한 『중용』은 주로 내적 추구의식이 있기 때문에 불교를 신봉하는 양무 제(梁武帝)에서 인성을 크게 강조하는 송명이학을 포함하여, 오늘날의 '현대신유가'에 이르기까지 모두 그것을 매우 중요하게 여기고 있다.

---

118) 『원유』(原儒) 하권, 1쪽.
119) 『신원도』(新原道), 商務印書館, 1945, 61쪽,

만약 『역전』이 순자를 이어서 『노자』의 '도' 사상을 흡수하여, 즉 외재적·역사적인 안목으로 천인(天人)이 상통하는 세계관을 건립했다고 말한다면, 『중용』은 맹자를 계승하고[120] '도' 사상을 흡수하여 내재적 심성으로부터 똑같은 세계관을 논의하고 세웠다고 할 수 있을 것이다. 그것의 기본특징은 유학의 출발점인 '수신'에 세계관적인 형이상학적 기초를 부여하여 "하늘이 명한 것을 일러 성(性)이라 하고, 이 성을 따르는 것을 도라고 하고, 도를 닦는 것을 교(教)라고 한다"[121]는 핵심적 내용을 제기하고 있다.

이로부터 『중용』은 '인성'을 '천명'(天命)의 차원으로 한 단계 더 끌어올려 '천'('명')과 '인'('성')을 연결시키고 맹자의 이론을 발전시켜 나갔다. 이것은 인성이 하늘로부터 부여되었다는 것을 강조하면서, 인간이 가진 본성은 보편적·필연적으로 선험적인 선(善)임을 밝히고 있다. 그리고 사람들은 자신의 선한 본성을 펼치려고 노력하고 실현해야 할 것('진성' 盡性, '성기' 成己)을 주장한다. 이것이 바로 '도'이며, 힘써 수양하여 그것을 자각하고 의식하는 것이 바로 '교'이다.

『중용』은 폭넓은 역사적 발전과정을 외면한 채 약간은 딱딱하고 편협한 것으로 보이지만, 이론구조의 깊이와 세밀함에서는 분명히 『역전』을 넘어서고 있다. 『중용』이 『역전』과 공통되는 부분은 바로 도가적 세계관의 흡수와 개조에 있다. 유가와 도가의 차이는 일정한 의미와 범위 속에서 '천'(天), '도'(道)라는 두 가지 범주의 높고 낮음에서 표현된다.

도가에서 '도'는 최고의 기능을 가진 것이고, 실체이다. 그들은 "하늘은 도를 본받는다"[122]고 하여 '도'가 '천'보다 높은 것으로 보고 있다. 반대로 유가는 '천'이 '도'보다 높다고 보며 "도의 본바탕은 하늘에서

---

120) 이 글은 『중용』이 자사(子思)가 지은 것이 아니라 맹자 이후에 나온 것이라는 관점을 취한다.
121) 『중용』 제1장, "天命之謂性, 率性之謂道, 修道之謂教."
122) 『노자』, "天法道."

나오고, 하늘이 변하지 않으면 도 역시 변하지 않는다"(동중서)고 말한다. 유가가 이와 같을 수 있는 것은 바로『역전』과『중용』을 통하여 확정된 것이다.[123] '도'는 무심(無心)한 것으로 없는 곳이 없지만, '천'은 유심(有心)한 것('생생' 生生 · '성' 誠 · '인' 仁)이고, 사람과 친근하고 상통하는 것이다.『역전』은 사람과 상통하는 생명과 정감을 '천'에 부여하고 있고,『중용』은 '인성'을 더욱 '천명'이 되게 하여 이 '천명'을 따르는 것이 바로 '도'라고 말한다.

그런데 그들의 기본적인 공통성은 모두 '불식'(不息)이다.『역전』은 "하늘의 운행은 건전한데, 군자가 그것을 본받아 스스로를 강하게 만드는 데 쉬지 않는다"고 하고『중용』은 "그러므로 지극히 진실하여 쉼이 없다"[124]고 말한다. 그리하여 둘 다 유학의 '학'(學)을 강조하고 '가르침'(敎)을 중시하며, 인위(人爲)를 높이고 수양을 높이는 내용에 자연적인 '도'와 주재적 '천'을 부여하고 있다.『중용』은 다음과 같이 말한다.

널리 배우고, 깊이 있게 묻고, 신중하게 생각하고, 분명하게 구별하여 돈독하게 실천한다.[125]

다른 사람이 하나로 능하면 스스로는 100을 하고 다른 사람이 10으로 능하면 스스로는 1,000으로 능한다. 과연 이와 같은 도에 능하면 비록 어리석다 하나 반드시 밝아지고, 비록 부드럽다 하나 반드시 강해질 것이다.[126]

---

123) 이정(二程)과 주자 이후에 천(天)은 이(理)와 합일하여 최고 범주가 되는데, 천은 도('기' 器와 대비됨)로 표현된다. 여기서 천은 더 이상 자연실체의 의미를 가지지 않는다.
124) 『중용』제26장, "故至誠無息."
125) 같은 책, 제20장, "博學之, 審問之, 愼思之, 明辨之, 篤行之."
126) 같은 책, 제20장, "人一能之己百之, 人十能之己千之, 果能此道矣, 雖愚必明, 雖柔必强."

위의 말은 구체적으로 인위적 수양의 주동성을 드러내고 있다. 여기서 '도'는 인간과 무관한 것이 아니라, 사람과 밀접한 관계를 가지고 더이상 분할할 수 없는 것이 되어버린다. 『중용』은 "도라는 것은 잠시라도 벗어날 수 없다. 벗어날 수 있으면 도가 아니다"[127]는 것을 강조한다. 이것은 노자나 한비자가 말하는 만물의 위에 군림하여 어떠한 감정도 없이 냉혹하게 객관적 법칙만을 가진 '도'를 사람들의 순간마다의 존재, 작위(作爲), 수양, 의식과 서로 관통하고 융합하여 하나로 합일하고 있는 '도'로 변화시켜 놓았다. 이로부터 '천도'(天道)와 '인도'(人道)는 하나의 '도'가 된다. 이것은 본래 유가의 전통적인 사상이지만, 『중용』은 그것을 형이상학적 세계관의 차원으로 승격시켰다. 바로이 때문에 '천도'와 '인도'가 서로 합일한다. 즉, 객관세계의 법칙성과 주체적 존재의 목적성이 서로 합일하는 '도'를 통하여 사람들은 '천지의 변화에 참여하고'(參天地), '천지가 변화하고 만물을 기르는 것을 도울'(贊化育) 수 있어서 '중화'(中和)의 가장 높은 경지에 도달할 수 있다.

『중용』은 다음과 같이 말하고 있다.

희로애락이 발하지 않은 것을 중(中)이라 하고, 발하여서 절도에 맞는 것을 화(和)라고 한다. 중이라는 것은 천하의 큰 근본이요, 화라는 것은 천하의 마땅히 지켜야 할 도이다. 중화에 이르면 천지가 자리하고 만물이 그곳에서 자란다.[128]

만약 순자가 말한 "무엇을 중이라고 하는가? 예의가 바로 이것이다"[129]는 것과 비교하면, 그 둘은 분명히 다르다. 『중용』은 『역전』과

---

127) 같은 책, 제1장, "道也者, 不可須臾離也, 可離非道也."
128) 같은 책, 제1장, "喜怒哀樂之未發謂之中, 發而皆中節謂之和. 中也者, 天下之大本也, 和也者, 天下之達道也. 致中和, 天地位焉, 萬物育焉."
129) 『순자』「유효」(儒效), "曷謂中? 禮義是也."

크게 다르다. 『중용』이 말하는 이런 '천인합일'은 주로 개체의 수양을 통하여 도달할 수 있는 주관적 정신경계의 고양으로, 외부 물질세계의 변화와는 관련이 별로 없다. 주관의식의 추구가 여기서는 가장 주요한 요소이고 근본적이다.

『중용』의 핵심관념은 '성'(誠)이다. 맹자도 '성'에 대해서 말하는데, "자기몸을 돌아보아 진실하면 이보다 더한 즐거움이 없다"[130]고 했다. 순자 또한 '성'에 관해서 많은 지면을 할애하고 있다.

> 군자가 마음을 수양하는 데는 성이 최상이다. ……천지가 크다고 해도 진실하지 못하면 만물을 화육(化育)시키지 못할 것이다. 성인이 지혜롭다고 하나 진실하지 못하면 만민을 교화하지 못할 것이고, 아버지와 아들이 친하다고 하여도 진실하지 못하면 소원하게 될 것이요, 임금이 아무리 존귀하다고 하여도 진실하지 못하면 비천해질 것이다. 무릇 진실이라는 것은 군자가 지켜야 할 것이요, 정치의 근본이다.[131]

맹자가 내재적 심리를 통하여 '성'을 말한다면, 순자는 외재적인 정사(政事)에서 그것을 말한다. 『중용』은 맹자와 순자의 사상이 서로 일치되는 부분을 말하고 있지만, 맹자를 더욱 근본적인 것으로 삼고 있다.

그렇다면 도대체 무엇이 '성'인가?

『중용』에서는 "성이라는 것은 하늘의 도이고, 성하려는 것은 사람의 도이다"[132]고 했다. '성'은 우선적으로 '천'의 근본성질로 규정되는데,

---

130) 『맹자』「진심」상편, "反身而誠, 樂莫大焉."
131) 『순자』「불구」(不苟), "君子養心莫善於誠. ……天地爲大矣, 不誠則不能化萬物; 聖人爲知矣, 不誠則不能化萬民; 父子爲親矣, 不誠則疏; 君上爲尊矣, 不誠則卑. 夫誠者, 君子之所守也, 而政事之本也."
132) 『중용』 제20장, "誠者, 天之道也; 誠之者, 人之道也."

이런 측면은 『역전』이 자연을 도덕화·인정화(人情化)한 것을 답습했다고 할 수 있다. 그러나 다른 측면에서는 자연의 도덕화나 인정화의 전도라고도 할 수 있는데, 즉 초월적인 것에서 내재적인 것으로 전도되었기 때문이다. 이로부터 이런 사변의 실재적 논리과정은 먼저 우주 본체(천)를 도덕적 품덕화('성'을 말함)하고, 우주를 도덕적 본체의 뜻으로 본 후에 그것을 인간성 자각의 본원과 본질("성誠에서 밝은 것을 성性이라고 한다"[133])로 보고, 사람은 반드시 노력하고 수양하여 그것에 도달한다("밝음에서 진실한 것을 일러 교敎라고 한다"[134])는 것으로 결론짓는다.

이처럼 주관적 도덕수양('인')과 객관적으로 품덕화한 우주본체('천'), 보편적 외재운동('誠者')과 독자적 내재수양('誠之者'), 선험적 본체와 감정적 심리가 같은 하나로 변했을 뿐만 아니라, 주체의 내재적 도덕수양이 결정적인 관건으로 되었다. 이로부터 군신·부자·부부·형제·붕우의 외재적 사회윤리 질서('오달도'五達道)는 오히려 반드시 내재적인 '지(知)·인(仁)·용(勇)'의 '삼달덕'(三達德)의 주관적인 의식수양에 근거해야 비로소 성립되고 존재할 수 있게 된다. 이런 '수신'("이 세 가지를 알면 수신하는 까닭을 알게 된다"[135])'에서 '치국', '평천하'의 길은 완전히 순자나 『역전』에서 보인 현실적 형태와 성질을 상실해버리고, 점차적으로 "비록 성인이라도 알기 어려운", "어쩔 수 없는" 신비스런 과정과 경계가 되어버린다. 『중용』은 귀신을 매우 찬양하여 점쳐서 나타나는 조짐을 많이 이야기하기도 했다.

지극히 진실함은 신과 같다.[136]
참된 진실함의 도는 일이 닥쳐오기 전에 안다.[137]

---

133) 같은 책, 제21장, "自誠明謂之性."
134) 같은 책, 제21장, "自明誠謂之敎."
135) 같은 책, 제20장, "知斯三者, 則知所以修身."
136) 같은 책, 제24장, "至誠如神."

군자는 그 보지 않는 바에도 삼가 조심하고 그 듣지 못하는 바에
도 두려워하는데, 숨어 있는 것보다 더 잘 드러나는 것은 없고 미미
한 것보다 더 두드러진 것은 없기 때문에 군자는 홀로 있을 때에 삼
간다.138)

이런 순수한 내재적 심성에서 천과 인간이 서로 통하는 것을 구하려
면 반드시 준종교적인 색깔을 띠게 마련이다. 이런 모든 것은 일찍이
공자 · 맹자 · 순자 · 『주역』이 가지지 못하던 것으로, 후대의 이학(理
學)에 의해서 발휘된다. 그러므로 외부세계를 대하는 순자 철학과 『역
전』이 비록 같은 유문(儒門)에 속하여 모두 '천인'(天人)을 말하지만,
그 방향은 크게 다르다. 그러나 『중용』은 분명히 후세의 이학은 아니다.
왜냐하면 『중용』은 심리원칙 · 개체수양과 외재적 치평(治平)을 통일
시켜 세계관을 구성하려고 시도하기 때문이다. 비록 이런 세계관이
『역전』과는 다르다고 하지만 여전히 내재론이며 후대의 송명이학에서
말하는 심성윤리의 본체론의 단계에는 도달하지 못하고 있다. 그러나
이것이 분명히 선구적인 역할을 했음에는 틀림없다.

그러나 진한의 전제제국(專制帝國)이 필요로 하는 '치국평천하'의
철학은 주관적 의식의 수양을 강조하는 세계관이기보다는, 차라리 외
재세계(자연과 사회를 모두 포함하여)를 논증하는 것을 위주로 하는
우주체계론이라고 말하는 편이 나을 것이다. 그리고 맹자와 『중용』보다
는 순자와 『역전』이 오히려 이런 우주체계론에 하나의 길을 내주었다.
이것이 바로 내가 다음 장에서 이야기해야 할 문제들이다.

• 『문사철』 1985년 제1기에 게재됨

---

137) 같은 책, 제24장, "至誠之道, 可以前知."
138) 같은 책, 제1장, "君子戒愼乎其所不睹, 恐懼乎其所不聞, 莫見乎隱, 莫顯乎微,
故君子愼其獨也."

진한 철학의 특색

선진 철학과 위진 철학이라는 두 개의 높은 봉우리 사이에 위치한, 동중서를 중심으로 하는 진한 철학은 대부분의 학자들에 의해 폄하되고 도외시되었다. 진학 철학은 때로는 관념론이나 형이상학으로 배척되고, 때로는 '유학의 일대 몰락'으로 인식되었다. 이 글은 그런 견해들과는 완전히 정반대이다. 음양오행을 통해 구축된 체계론적 우주관을 특색으로 하는 진한 철학은 중국 철학의 발전에서 가장 중요하고도 새로운 단계에 해당한다. 진한 시기가 제도, 영토, 물질문명 등의 측면에서 통일국가와 중국 민족을 위해 확고한 기초를 확립한 역할을 한 것과 마찬가지로, 진한의 철학 사상 역시 중국의 문화심리 구조를 구성하는 측면에서 똑같은 역할을 했다.

1 도가·법가·음양가·유가의 통합

진한 철학의 형성은 거대한 통일제국이 요구하던 새로운 상부구조와 어떤 관련을 가지고 있다. 이른바 '새롭다'는 의미는 매우 오래된 씨족 전통구조와 의식형태를 본격적으로 벗어버리고, 분산적·고립적 또는 반(半)고립적인 씨족부락의 기초 위에서 형성되었던 나라(邦國)들이 진정으로 지역성을 띠고 중앙집권화를 중요한 목표로 하는 통일 전제제국(전국 시기의 '칠웅'에서 진한으로)으로 점차 합병되었다는 것을 의미한다.

매우 복잡하고 다양한 여러 사조와 학설 및 학파들이 바로 이 급격하게 변동하는 과도기에 생겨나서 발전했다. 전국 시대 후기로부터 시작된 장기간의 충돌과 대결, 논변의 과정 속에서 그것들을 서로 흡수하고 융합하는 새로운 경향들이 출현했다. 순자에서 『여씨춘추』·『회남자』·『춘추번로』(春秋繁露)에 이르기까지 이러한 경향은 더욱 분명하게 나타난다. 아울러 『문자』(文子)*와 『할관자』(鶡冠子)** · 육가(陸

---

* 제자백가 중의 한 사람인 신견(辛銒)이 지었다고 전해지는 도가의 책을 말함. '문자'(文子)는 그의 자이다.
** 황로(黃老)사상가는 전설상의 황제(黃帝)와 노자의 숭배자를 말한다. 이 책은 작자 미상의 황로학(黃老學) 계열 책으로, 형명(刑名)과 병법을 주로 논의하고 있다.

賈), 가의(賈誼), 그리고 지하에서 발견된 『경법』(經法)* 등도 각각 상이한 정도와 각도에서 이런 종합적인 경향을 드러내주고 있다. 따라서 그것들은 순수한 어떤 학파, 어떤 사상이라고 할 수 없고, 아직 소화되지 않는 몇 개 학파가 섞인 것이거나 어떤 학파를 위주로 하여 다른 학파를 흡수한 것이라고 할 수 있다.

그러나 선진 시대의 모든 학파가 다같이 적극성을 가지고 이러한 종합적인 경향에 참여하거나, 동등하게 이러한 조류에 흡수·보존된 것은 아니다. 이와는 반대로, 선진 시대에 매우 유행하던 사상이나 학설, 학파가 점차 쇠퇴하고 소멸해버린 경우도 생긴다. 또 어떤 학파들은 처음부터 끝까지 대단한 활약상을 보여주며 계속적으로 이어지기도 했다. 선진 시대의 명가와 묵가 두 학파는 점차 쇠퇴하여 소멸해버리는 경우에 속하고 유가·도가·법가·음양가는 끝까지 성장하여 계속적으로 연속된 경우에 속한다. 후자의 것들은 진한 시대에 새로운 의식형태를 구축한 주요한 4대 사조였다. 유가·도법가(道法家)[1]·음양가 세 학파 사이에서 복잡하게 뒤섞여 장기간에 걸친 변화를 겪으며 전개된 과정은 대단히 흥미 있는 사상사적인 과제이기는 하지만 이 문제는 여기서 다루지 않으려고 한다.

많은 곡절에도 불구하고 이 글에서 지적할 수 있는 것은, 유가사상이 점차 다른 세 학파의 사상을 융합하여 주도적인 지위를 차지하는 경향이 갈수록 더욱 분명하고 확실해졌다는 사실이다.

순자와 『역전』은 유가사상이 법가와 음양 관념을 흡수하고 있는 사실을 보여주고 있다. 공자나 맹자와 비교해볼 때 순자와 『역전』은 보다 넓은 외부세계를 대하고 있으며, 천(天)·지(地)·인(人)이 어떻게 통일되는가 하는 세계관의 문제들을 제기하고 있다. 이것은 과거와는 매우

---

* 마왕퇴 한묘에서 발견된 『황제사경』(黃帝四經) 중의 제1편이다. 모두 9절로 이루어져 있고, 자연과 사회에 존재하는 항상적 법칙들을 말하고 있다.
1) 한대 초기에 매우 유행하던 '황로학'이 바로 '도법가'이다. 이 책의 「손자·노자·한비자의 철학 사상」을 참조하라.

다른 양상이다. 비록 맹자나 순자가 모두 엄격하게 이단을 배척하고 다른 제자백가들을 비판했지만, 유가사상 자체가 스스로 끊임없이 변화하고 발전하는 과정에서 다른 학파의 사상을 최대한 흡수했음을 알 수 있다. 이것은 원래 모든 학설이 진정으로 자신을 보존하고 건강하게 발전해가는 데 있어서의 보편적인 법칙이다. 『여씨춘추』에 와서 이러한 상황은 또 다른 모습으로 전개되는 계기를 가진다.

『여씨춘추』는 제자백가의 사상을 종합하여 사상의 통일을 구하려고 노력했다.

많은 사람들의 서로 다른 의견을 듣고 나라를 다스리면 나라가 위태해지는 날은 없을 것이다. 어떻게 그런 줄을 알 수 있는가? 노자는 부드러움을 귀하게 여겼고, 공자는 인을 귀하게 여겼으며, 묵적(墨翟)은 겸애를 귀하게 여겼고, 관윤(關尹)은 깨끗함을 귀하게 여겼다. ……군대에 종과 북이 있는 것은 군사들의 귀를 하나로 하기 위한 것이다. 법령을 일률적으로 하는 것은 사람들의 생각을 하나로 하기 위한 것이다. 지혜로운 자가 교묘한 행동을 하지 못하도록 하고, 어리석은 자가 바보 같은 행동을 하지 못하도록 하는 것은 대중을 하나로 하기 위한 것이다. 용감한 자가 앞에 서지 않도록 하고, 겁 많은 자가 뒤에 서지 않도록 하는 것은 힘을 하나로 하기 위한 것이다. 그러므로 하나로 통일되면 올바로 다스려지고, 통일되지 않으면 어지러워진다. 하나로 통일되면 안정을 이룰 수 있고, 통일되지 않으면 위태로워진다.[2]

천하에 반드시 천자가 있어야 하는 것은 천하의 행동을 하나로 통

---

2) 『여씨춘추』(呂氏春秋) 「심분람」(審分覽) 「불이」(不二), "聽群衆人議以治國, 國危無日矣. 何以知其然也? 老聃貴柔, 孔子貴仁, 墨翟貴廉, 關尹貴淸…… 有金鼓, 所以一耳也. 必同法令, 所以一心也. 智者不得巧, 愚者不得拙, 所以一衆也. 勇者不得先, 懼者不得後, 所以一力也. 故一則治, 異則亂. 一則安, 異則危."

일하기 위한 것이다. 천자가 반드시 근본을 장악하려는 것은 천하를 하나로 단결시키기 위한 것이다. 통일이 되면 잘 다스려지고, 통일되지 않으면 어지러워진다.[3]

이 말은 선진 시기의 제자백가들의 수많은 논의들을 하나로 묶고 통합하는 사상적 통일을 분명하게 요구하고 있다. 사상적 통일의 필요성은 실제정치의 현실적 적용의 필요성에서 나온다. 그러면 어떻게 통일할 수 있는가?

옛날 태평성세의 시기에는 모두 천지를 본받았다고 들었다. 무릇 12기(十二紀)라는 것은 치란(治亂)과 존망을 기재(記載)하기 위한 것이며, 요수(夭壽: 짧게 살거나 오래 사는 것)와 길흉을 알기 위한 것이다. 위로는 하늘을 연구하고 아래로는 땅에서 검증하며, 그 가운데에서 사람을 살핀다. 이렇게 되면 옳은 것과 그른 것, 가능한 것과 불가능한 것이 모두 잘못됨이 없게 될 것이다.[4]

『역전』에는 천(天)으로부터 인간(예컨대, 「계사전」에서 말하는 "건곤이 정해지고…… 귀천이 자리한다"* 등등)이라는 관점, 즉 우주와 자연을 통해 그것과 상호대응하는 방식으로 인간의 일을 논증하는 관점이 있었다. 위의 인용문은 이러한 대응관념을 구체화시키고 체계화하고 있다. 그것은 일종의 조립으로 완성해나가는, 즉 자연에서 사회에 이르는 완전한 하나의 체계를 배치해놓고 인간사와 정치의 문제를 이

---

3) 같은 책, 「심분람」「집일」(執一), "天下必有天子, 所以一之也, 天子必執一, 所以搏之也. 一則治, 兩則亂."
4) 같은 책, 「계동기」(季冬紀) 「서의」(序意), "蓋聞古之淸世, 是法天地. 凡十二紀者, 所以紀治亂存亡也, 所以知壽夭吉凶也. 上揆之天, 下驗之地, 中審之人, 若此則是非可不可, 無所遁矣."
* 원문에서는 「설괘전」이라고 말하는데, 이 구절은 분명히 「계사전」의 "天尊地卑, 乾坤定矣. 卑高以陳, 貴賤位矣"에서 나온 말로 보인다.

종합적인 우주도식 속에 구체적으로 집어넣고 있다. 이른바 "위로는 하늘을 연구하고 아래로는 땅에서 검증하며, 그 가운데에서 사람을 살핀다"는 것이다. 이것이 바로 『여씨춘추』가 기여한 중요하고도 새로운 공헌이다. 그것은 주로 12기(十二紀)나 월령(月令)*이라는 사상적 모델로 표현된다.

한대의 고유(高誘)**는 『여씨춘추』를 높이 평가하여, 그것이 "제자백가 보다 훨씬 뛰어나다"고 했다. 그는 또 "이 책이 숭상하는 것은 도덕을 목표로 삼고, 무위를 기강으로 삼고, 인의를 모범적인 품덕으로 삼고, 공정하고 바른 것을 격식으로 삼는 것"5)이라고 했는데, 이 말에는 여러 학파의 흔적이 뚜렷하게 공존하고 있다. 이 때문에 『여씨춘추』는 잡가(雜家)로 분류된다. 그러나 문제는 이러한 '혼재' 속에서 각 학파가 궁극적으로 어떠한 관계를 가지고 있는가라는 것이다.

여기서 가장 주목해볼 만한 것은, 『여씨춘추』 집필의 현실적 기초는 바로 진나라에서 이미 상당한 성과(여불위呂不韋 자신의 현실적 사공事功을 포함)를 거둔 적이 있는 법가전통에 대한 장기간의 실천이라는 점에 있다. 그러나 이 치국의 방략 속에는 유가사상의 요소가 엄청나게 많이 보존되어 있다. 음양가의 우주도식을 이용하여 나라를 다스리는 방략의 기본적 골격을 만들었다는 이치는 우리가 비교적 쉽게 이해할 수 있을 것으로 보인다. 왜냐하면 음양가와 정치는 매우 직접적인 관련을 가지고 있기 때문이다.

추연(鄒衍)은 일찍이 '오행상승'(五行相勝: 오행의 상극을 말함)을 통해 왕조의 교체를 설명했다. 그러나 무엇 때문에 유가를 중심적인 주간(主幹) 위치에 올려놓았는가에 대해서는 쉽게 이해하기 어렵다. 이

---

* 철과 시후 등을 뜻하는 말이다. 그러나 이것은 주로 열두 달을 각각 어떤 하나의 특정한 정령(政令)과 연결시켜 실행하도록 규정하는 형식을 의미한다.
** 후한의 경학자로, 『회남자』와 『여씨춘추』의 주석으로 유명하다.
5) 『여씨춘추』 「서」(序), 천치유(陳奇猷) 『여씨춘추교석』(呂氏春秋校釋), 學林出版社, 1984.

때문에 『여씨춘추』의 유가사상과 원시유학은 분명히 비교할 만한 가치가 있는 것으로 보인다. 예를 들면, 『여씨춘추』는 "무릇 천하를 위하고 국가를 다스리는 데 있어서는 무엇보다 먼저 반드시 근본에 힘쓰고 말단을 나중에 해야 한다. ……근본에 힘쓰는 일에 효보다 귀한 것은 없다"[6]고 했는데, 이것은 『논어』에서 강조한 "군자는 근본에 힘쓰니…… 효제는 인을 실천하는 근본이다"[7]는 말과 대단히 유사하다.

그렇지만 『여람』(呂覽)*은 '효'가 군주의 통치라는 각도에서 시작되는 것임을 분명히 강조하고 있다.

군주가 효를 행하면 그 명성이 온 천하에 빛나게 되고, 아랫사람들이 바로 복종하며 온 천하가 그를 칭송한다. 신하가 효를 행하면 임금을 충성으로 섬기고, 관직에 나아가서는 청렴하며, 어려운 때를 당하여서 죽음도 불사한다. 백성이 효를 행하면 부지런히 밭을 갈고 김을 매며, 전쟁을 할 때는 수비가 견고해지고, 도망가지 않게 된다. …… 하나의 법칙을 잡음으로 인하여 모든 좋은 것들이 생겨나고 나쁜 것들이 사라져, 온 천하가 순종하게 만드는 것은 오직 효일 뿐이다.[8]

선왕의 가르침 중에서 효보다 더 영예로운 것은 없고, 충성스러운 것보다 더 명성이 높은 것은 없었다. 충효는 임금과 왕실이 진실하게 원하는 것이고, 영예롭게 빛나는 것과 명성이 높아지는 것은 백성들과 신하들이 진실하게 원하는 것이다.[9]

---

6) 『여씨춘추』「효행람」(孝行覽)「효행」(孝行), "凡爲天下治國家, 必務本而後末. ……務本莫貴於孝."
7) 『논어』「학이」, "君子務本……孝弟也者, 其爲仁之本與!"
 * 『여람』(呂覽)은 『여씨춘추』의 별칭이다.
8) 『여씨춘추』「효행」, "人主孝, 則名章榮, 下服聽, 天下譽. 人臣孝, 則事君忠, 處官廉, 臨難死. 士民孝, 則耕芸疾, 守戰固, 不罷北. …… 夫執一術而百善至, 百邪去, 天下從者, 其惟孝也."

표면적으로 볼 때『여씨춘추』는 원시유학과 거의 비슷한 것 같지만, 사실은 크게 구별된다. 그 구별되는 점은, 우선 원시유학은 씨족귀족의 개체 구성원과 종법적 유대를 강화하기 위해 이론적 체계를 세우고 있는 데 비해,『여씨춘추』는 통일제국과 전제군주의 통치질서라는 측면에서 이론적 틀을 짜고 있다. 원시유학은 윤리적 정서를 가지고 있는 데 비해『여씨춘추』는 완전히 공리적 필요성에 따르고 있다. 원시유학은 씨족구성원의 혈연관념과 심리기초 위에서 성립되고 있는데 이것이 바로 원시유가이다. 이에 비해『여씨춘추』는 황족 통치에 복종시키려는 정치적 목적을 가지고 있고, 여기에는 법가의 정신이 침투해 있다. 말하자면 외모는 비슷한 것 같지만 실질은 완전히 다르다. 이 점은 바로 새로운 사회조건 아래에서 새로운 지배계급이 원시유가 사상에 대해 진행하던 구체적인 개조와 이용의 모습을 보여준다.

이밖에도『여씨춘추』에서는 '예'의 관념을 '이'(理)의 관념으로 대체하고[10] 무력사용에 대한 긍정, "이(理)에 의지하여 나라를 다스리면 법이 정립되고, 법이 정립되면 천하가 복종한다"[11]는 관념의 강조, 「심분람」(審分覽)의 여러 편에서 보이는 법가의 술(術)이나 세(勢) 이론*, 그리고 '주정'(主靜: 정적인 수양방법을 위주로 함)과 '무위'를 중심되는 가르침으로 하는 통치술(도법가의 통치술) 등이 분명하게 발견된

---

9) 같은 책, 「맹하기」(孟夏紀) 「권학」(勸學) "先王之敎, 莫榮於孝, 莫顯於忠. 忠孝, 人君人親之所甚欲也. 顯榮, 人子人臣所甚願也."

10) 이것은 순자-한비자의 노선을 따른 것이 아닌가 싶다. 그러나『여씨춘추』는 '예'가 '효도를 실천하는 것'임을 지적한다. 이것은 고대의 역사적 사실에 대한 상당히 정확한 해석으로, 앞서 지적한 것처럼 고대의 이른바 예로써 다스리는 '예치'가 씨족적 혈연의 '효제' 질서에서 나온 것이라는 견해와 일치하고 있다.

11)『여씨춘추』「적음」(適音), "勝理以治國則法立, 法立則天下服矣."

* 법가의 사상은 춘추 시대에 관중과 자산(子産)에서 출발하여 전국 시기의 상앙(商鞅), 신도(愼到), 신불해 등에 의해 발전되었다. 상앙은 '법'(法)에 중점을 두고, 신불해는 '술'(術)에, 신도는 '세'(勢)에 중점을 두었다. '술'은 군주가 상벌의 힘을 이용하여, 신하가 자신의 능력을 충분히 발휘하도록 만든다. '세'란 지위와 권력을 의미하는 것으로, 이를 이용하여 신하와 다른 사람을 제압하는 것을 말한다.

다. 『여씨춘추』는 농가(農家)사상의 흡수에 있어서도 군주통치의 공리적 필요성(법가적 시각)이라는 출발점을 결코 버리지 않고 있다.

옛날 성왕들이 백성을 다스리는 방법은 우선 농사에 힘쓰도록 하는 것이었다. 백성이 농사에 힘쓰도록 하는 것은 단지 땅에서 나오는 이익을 위해서 뿐만이 아니라, 그들의 뜻을 더욱 귀중하게 여기기 때문이다. 백성이 농사에 힘쓰면 순박해지고, 순박해지면 이용하기가 쉽고, 그러면 나라의 경계인 변경이 안정되고 임금의 지위가 존중된다. 백성이 농사에 힘쓰면 사람들이 신중해지고 사람들이 신중해지면 사사로운 의논이 적어지고, 그러면 공공의 법제가 정립되고 힘을 통일시킬 수 있다.[12]

어떤 사람들은 『여씨춘추』가 새로운 유가에 속하는 것으로 보고 있지만 '어떻게 새로운가?'라는 문제에 대해서는 분명하게 언급하지 못하고 있다. 나는 그것의 새로움을 다음과 같은 점에서 찾아야 한다고 생각한다. 즉, 법가의 현실정치에 대한 장기간의 실천이라는 경험적 기초 위에서, 그리고 새로운 사회기초와 중앙집권적인 정치구조(통일 전제 제국)의 필요와 요구 속에서 유가의 혈연씨족의 체제와 관념들을 보존하는 한편으로 또한 새롭게 개조했다는 점이다.

문제는 당시에 법가사상을 지도이념으로 하여 시행된 시책들이 계속적인 성공을 거두고 있었음에도, 어떤 이유로 사상이론적인 측면에서 법가를 계속 응용하고 발전시키지 않았는가 하는 것이다. 이 문제는 물론 복잡할 수밖에 없다. 하나는 여불위를 포함한 일군의 사상가들이 가지고 있는 관점에 대한 것이다. 즉, 그들은 비교적 깊고 멀리 내다보아 법가의 경전(耕田)정책이 당장은 성공했다고 해도 엄격하고 혹독한 형

---

12) 같은 책, 「상농」(上農), "古先聖王之所以導其民者, 先務於農. 民農非徒爲地利也, 貴其志也. 民農則樸, 樸則易用, 則邊境安, 主位尊. 民農則重, 重則少私義, 少私義則公法立, 力專一."

벌과 법률, 그리고 술(術)·세(勢)만을 강조하는 고압적·기만적인 조작수단이 계속적인 효과를 내기 어려울 것임을 알고 있었다는 것이다. 다른 하나의 문제는 매우 중요하고 또 대단히 흥미로운 측면인데, 아래와 같은 현상을 참고해볼 수 있다.

최근 출토된 『운몽진간』(雲夢秦簡)*의 「위리지도」(爲吏之道)에는 "관대하고 넉넉하게 행동하며 충(忠)·신(信)을 행한다. 화평함을 이루고 원망을 하지 말라"(寬裕忠信, 和平毋怨), "아랫사람을 자애롭게 대하고 능멸하지 말라"(慈下勿淩), "공경하고 사양하며, 관대함으로 다스린다"(恭敬多讓, 寬以治之), "엄격하면 다스려지지 않는다(有嚴不治)" 등의 말이 있다. 이것은 당시 진나라의 현실정치가 한비자의 이론이나 진시황의 행동처럼 극단적이지 않았다는 점을 의미하는 것으로 보인다. 이런 점에서 아래의 『여씨춘추』의 주장은 크게 이상할 게 없을 것이다.

백성을 부리는 데도 나름대로의 기강이 있어야 한다. ……백성의 기강으로 삼는 것에는 어떤 것이 있는가? 원하는 것과 싫어하는 것이다. 무엇을 원하고 싫어하는가? 영예나 이로움을 원하고, 치욕과 해로움은 싫어한다. ……그 방법을 얻지 못하고 다만 위엄만 더하면, 위엄이 많아질수록 백성들을 이용하기가 더욱 어렵다. ……그러므로 위엄이 없을 수는 없지만 오직 이것에만 의지할 수는 없다. 비유하자면, 그것은 맛을 내는 데에서 소금이 하는 역할과 같다. 무릇 소금의 쓰임새는 의탁하는 바가 있다. 소금의 양이 적당하지 않으면 의탁하는 것을 못 쓰게 만들어 먹을 수 없게 된다. 위엄도 마찬가지이다. 반드시 의탁하는 바가 있은 후에야 위엄을 행할 수 있는 것이다. 무엇에 의탁하는가? 백성을 사랑하는 것과 이롭게 하는 것에 의탁해야 한다.

---

* 중국 산시(陝西)성 서북쪽 윈멍(雲夢) 지방에서 발견된 진나라의 죽간(竹簡)을 말한다.

백성을 사랑하고 이롭게 하여야만 위엄을 행할 수 있다. 위엄이 지나치게 과하면 사랑하고 이롭게 하려는 마음이 사라진다.[13]

위의 말은 엄격한 형벌이나 법률이 다만 수단일 뿐이고, 근본('기강')이 아니라는 점을 분명히 지적하고 있다. 이런 이유에서 여러 번에 걸쳐 법가를 통렬하게 비판하고, '위엄'에는 반드시 '의탁하는 것'이 있어야 함을 주장하고 있다. 그러나 『여씨춘추』는 '백성을 사랑하는 것과 이롭게 하는 것'에 '의탁'하여야 하고, '백성을 부리는 기강'은 '하고 싶은 것'(영예와 이로움)과 '싫어하는 것'(치욕과 해로움)이라고 주장했는데, 이것은 유가의 정신이 아니다. 이른바 '새로운' 유가의 기초라는 것은, 실천적·이론적인 측면에서 원시유가와 모두 크게 다르다. 오히려 그것은 공리와 효용을 추구하는 법가의 정치적 실천이라는 기초 위에서 여러 학파의 학설을 최대한 흡수하고 변혁한 후에 나타난 일종의 새로운 창조라고 할 수 있다.

이 새로운 창조 속에서 유가가 우세를 점하고 주도적인 지위를 차지할 수 있던 것은, 다른 학파와 비교해볼 때 유가는 중국의 전통적인 경제사회적 전통과 보다 깊은 현실적 연관을 가지고 있었기 때문이다. 또 그것은 잠시 유행하고 그치는 순수한 이론적 주장이나 공허한 환상이 아니라, 매우 오랫동안 존재해온 씨족혈연의 종법제도를 자신의 확고한 기초로 하고 있었기 때문이다. 따라서 유가는 가정을 중심으로 하는 소생산농업을 경제의 본격적 단위로 하는 사회에서 현실적 역량과 전통의 유효성을 줄곧 보존할 수 있었다. 설령 후기노예제 단계로 진입했다 하더라도 여전히 그것으로 사회를 유지하는 것이 필요했다.

---

13) 같은 책, 「용민」(用民), "用民有紀有綱⋯⋯爲民紀綱者何也? 欲也, 惡也. 何欲, 何惡? 欲榮利, 惡辱害. ⋯⋯不得其道而徒多其威. 威愈多, 民愈不用. ⋯⋯故威不可無有而不足專恃. 譬之若鹽之於味, 凡鹽之用, 有所托也, 不適則敗托而不可食. 威亦然, 必有所托然後可行. 惡乎託? 託於愛利. 愛利之心諭, 威乃可行. 威太甚, 則愛利之心息."

유가는 일관되게 '효제'가 나라를 세우는 근본임을 강조하고 사회등급으로서의 윤리적 질서의 중요성을 강조함으로써, 결과적으로는 대단히 현실적으로 유용한 결과들을 초래했다. 그러므로 전체적으로 도가를 숭상하던 사마담(司馬談)이 유가를 평가하면서 "군신과 부자의 예를 서열화하고, 부부와 장유의 구별을 세운 것은 바꿀 수 없다"[14]고 말한 것은 하나도 이상할 것이 없다. 즉, 유가가 강조하는 윤리규범과 사회질서는 바꿀 수 없다고 한 것이다. 『운몽진간』도 "임금이 되어서는 백성을 품어주고, 신하가 되어서는 충성한다. 부모가 되어서는 자애로워야 하고, 자식이 되어서는 효도한다"[15), "임금은 신하를 품어주고 신하는 백성에게 충성하며, 부모는 자애롭고 자식은 효도하는 것이 정치의 기본이다"[16)고 했다. 여러 사조와 학파가 합류하는 과정에서 유가가 주도적 지위를 차지한 것에는 현실의 살아 있는 사회역사적 기초가 있다. 『여씨춘추』에서 의식적으로 이러한 합류와 통일을 시도한 것은 야심만만하게 주나라를 대신하여 일어나 통일과 안정된 중국의 신왕조를 세우는 데 이론적 기초를 세우려 한 것이었다. 또한 그것이 유가학설을 중심적 지위에 올려놓은 것으로 보아, 결코 개인적 취향에 따른 우연적인 사건은 아니었던 것으로 보인다.

진시황이 여불위를 제거하고 전적으로 법가에 의존한 이후, 이 새로운 왕조는 매우 신속하게 중국을 통일했지만 얼마 지나지 않아 바로 멸망하게 된다. 이러한 전례 없는 거대한 흥망의 교훈은 중국의 역대 왕조에서 줄곧, 그리고 가장 먼저 한대 사람들에 의해 깊은 생각을 하게 만들었다. 여기서 사상가들은 결론을 내렸다. 이 문제에 대한 가의(賈誼)의 유명한 결론은 "인의를 베풀지 않았고, 천하를 쳐서 얻는것과 천하를 바르게 다스려 유지하여 가는 상황은 다르기 때문이다"[17)는 것이

---

14) 『사기』「태사공자서」, "序君臣父子之禮, 列夫婦長幼之別, 不可易也."
15) 『운몽진간』, "爲人君則懷, 爲人臣則忠, 爲人父則慈, 爲人子則孝."
16) 같은 책, "君懷臣忠, 父慈子孝, 政之本也."
17) 가의, 『과진론』(過秦論), "仁義不施而攻守之勢異也."

었다. 이것은 공격을 할 경우는 법가를 사용해도 무방하지만, 천하를 '지키려고' 할 때는 반드시 '인의를 베풀어야 한다'는 의미이다. 말하자면 유가로 돌아가야 한다는 뜻이다.

그러나 엄청난 변란이 일어난 이후 한대 초기의 통치자들은 필연적으로, 또 필수적으로 인민에게 휴식하면서 생활을 도모하는 기회를 제공하는 '무위'의 정책을 채택할 수밖에 없었다. 이 때문에 당시 사상계는 도가적 색채를 띠게 된다. 육가(陸賈)는 '인의'나 '교화', 심지어 '예를 제정하고 음악을 만드는 일' 등 분명하게 유가적인 것을 이야기했으나, 오히려 그 모든 것을 도가의 '무위' 이론과 관련지으려고 했다.

……인(仁)에 자리하고 앉으며, 의(義)에 기대어 굳건하게 한다. 허무하고 고요한 모습을 가지고, 움직임에 통하여 끝이 없다.[18]

육가는 또 우주·자연과 인류사회가 발생하고 변천해가는 모습을 말하기도 했다. 가의 역시 유가의 구체적인 정치주장을 "덕에는 여섯 가지 이치(道·德·性·神·明·命)가 있다"는 관점에 종속시켰다. 가의는 이것을 기본골격으로 하여 우주만물을 광범위하게 논의하면서 "여섯 가지 이치와 여섯 가지 아름다움은 덕이 음양과 천지, 사람과 만물을 만들어내는 근거이다"[19]고 했다. 이것은 어떤 우주론의 도식을 만들어내려는 시도로 보인다. 『문자』는 항상 위서(僞書)로 간주되었으나 사실은 도가로서 유가와 법가를 통합적으로 종합하고 있다. 또한 자연에서 인간사를 추론하며, 노자를 존중하면서도 인의를 강조하는 등『문자』가 가지고 있는 특색은 한대 초기에 진행되던 사상의 혼재와 통합의 색채를 선명하게 잘 드러내주고 있다. 이러한 사실들은 후대에서 쉽게 위조할 수 있는 성질의 것은 아니다.[20]

---

18) 육가, 『신어』(新語) 「도기」(道基), "……席仁而坐, 仗義而强, 虛無寂寞, 通動無量."
19) 가의, 『신서』(新書) 「도덕설」(道德說), "六理, 六美, 德之所以生陰陽, 天地, 人與萬物也."

여기서 중요한 것은 도가의 자연-정치이론, 이른바 '무위'가 이 시기에 새롭고 실제적인 함의를 가진 이론을 통해 해설되었으며, 더이상 노자와 장자의 퇴영적인 환상도 도법가의 통치이론도 아닌, 당시의 현실적인 정치경제적 조치 위에서 이미 구체화된 사상이었다는 점이다. 도가의 우주관은 여기서 어떤 현실적·정치경제적인 기반을 가지게 된다. 그리고 그것은 이러한 기초 위에서 한 걸음 더 나아가 철학적으로 '인간'(정치, 사회)을 '천'(자연, 우주)과 연결하고 소통시켜 통일제국의 상부구조에 이론체계를 제공함으로써, 선진 시대의 원시도가와는 전혀 다른 면모를 가지게 된다.

마침내 『회남자』가 새로운 체계를 제시한다. 만약 『여씨춘추』가 이러한 체계를 세운 첫번째 단계였다고 한다면, 논리적으로 『회남자』는 두번째 이정표가 된다고 할 수 있을 것이다.

『회남자』는 천상(天上)의 일과 인간사의 일을 포함하는 만물과 만상에 대해서 논의한다. "그러므로 이 책 20편을 저술하니 천지 사이의 모든 도리가 분명하게 탐구되고, 인간사의 일이 모두 연결되며, 제왕이 천하를 통치하는 방법도 온전히 갖추어놓았다. 이 책 속의 말에는 작은 것도 있고 큰 것도 있으며, 미세한 것도 있고 성긴 것도 있다."[21] 그것은 우주의 시작과 변화에 대해 자세히 묘사하고, 현존하는 사물의 형태와 변이에 대해 자세히 서술하며, 객관세계의 다양성과 복잡성, 변화가능성을 자세하게 드러내주고 있다. 그중 기본골격으로서의 음양오행의 기능은 보다 더 정밀하고 내재적이다. 이러한 모든 것들이 『여씨춘추』보다 훨씬 뛰어나다.

그러나 매우 재미있는 사실은, 이 책이 비록 당시의 시대적 요구에

---

20) 사실 『등석자』(鄧析子), 『할관자』 등도 모두 도가의 관점으로 유가와 법가를 통합·융해하는 성격을 가지고 있다. 이런 책들을 모두 위서라고 쉽게 간주해버릴 수는 없다.

21) 『회남자』「요략훈」, "故著書二十篇, 則天地之理究矣, 人間之事接矣, 帝王之道備矣. 其言有小有巨, 有微有粗."

부합하여 도가의 모습으로 나타나 여전히 인의를 배척하고 유가를 심하게 비판했음에도 불구하고, 이 새로운 체계 속에 유가의 특징이 여전히 침투되어 있다는 점이다. 예를 들어 '무위'라는 도가의 가장 근본적인 관점이 여기서는 어떤 경우 객관적 법칙에 순응하여 적극적으로 활동하여 현실적인 공적과 업적을 이루는 것으로 해석되기도 한다. 그러므로『회남자』가 반대한 '유위'(有爲)는 결코 원래의 도가가 반대한 것이 아니라, 다만 객관적 자연법칙을 위배하여 행동하지 말아야 한다는 것을 가리킬 뿐이다.

　　땅의 형세에 따라 물은 동쪽으로 흐르지만, 사람은 반드시 물의 흐름에 따라 다스려야 한다. 그런 후에 흐르는 물은 낮은 계곡에 괴어 있다가 골짜기로 흘러 들어간다. 곡식은 봄에 자라나고, 사람은 반드시 이런 특징에 따라 (밭을 매고 잡초를 제거하여) 공을 들여야 오곡이 자라는 것을 바랄 수 있다. 물이 저절로 흘러가는 대로 맡겨두고 곡식이 저절로 자라는 것을 기다린다면 곤(鯀: 우왕의 아버지)이나 우왕의 공이 이루어지지 않았을 것이며, 후직(后稷)*의 지혜도 소용 없었을 것이다. 내가 말하는 무위라는 것은 치우쳐 있는 사사로운 뜻이 공도(公道: 사회에 통용되는 바른 도리)에 들어가지 않고, 기호와 욕심이 정도(正道)를 왜곡하지 않으며, 이치에 따라 일을 하고 바탕에 따라 공을 세우는 것이다. ……만약 불로 우물을 태우고 회수(淮水)를 산 위로 끌어댄다면, 이것은 사사로운 자기의 뜻에 의거해서 자연을 위배한 것이다. 그러므로 그것을 '유위'라고 한다.[22]

---

* 중국 주나라의 선조. 농사일을 잘 다스렸다 함.

22) 같은 책, 「수무훈」(修務訓), "夫地勢水東流, 人必事焉, 然後水潦得谷行. 禾稼春生, 人必加功焉, 欲五穀得遂長. 聽其自流, 待其自生, 則鯀禹之功不立, 而后稷之智不用. 若吾所謂無爲者, 私志不得入公道, 嗜欲不得枉正術, 循理而擧事, 因資而立功. ……若夫以火熯井, 以淮灌山, 此用己而背自然, 故謂之有爲."

이렇게 작위(作爲)할 것을 주장하고, '스스로 흐르는 것'이나 '스스로 자라나는 것'에 반대한다. 그런데 이것을 원시 도가사상에 대한 심각한 위반이자 근본적인 수정이라고 말할 수 있는가? 또한 이것은 『역전』이 제기한 "하늘에 순응하면서 행동한다"는 명제와 정신적인 실제 내용에서 오히려 더 접근해 있다고 말할 수 있는가? 이렇게 된 원인은 매우 간단하다. 즉, 농사를 짓거나 정치를 하거나 모든 것에는 반드시 활동과 작위가 있다. 노장(老莊) 식의 완전한 방임을 통해 원시사회로 돌아가려는 진정한 '무위'는 실제적·근본적으로 존재할 수가 없다. 사회가 생존하고 인류가 존재하기 위해서는 유가와 농가, 그리고 법가의 적극적인 현실참여적인 태도에 의지해야 한다.

이런 태도 역시 객관법칙을 위반할 수는 없다. 그러므로 도가가 진정으로 현실적 정치와 경제 위에서 구체화되기 위해선 이와 같은 변화가 출현하는 것은 불가피한 것이다.[23] 실제로 객관적 자연법칙을 준수하는 것(도가와 음양가가 중시한 것)과 주관적인 능동성을 발휘하는 것(유가, 법가가 중시한 것)을 어떻게 결합할 것인가 하는 것이 오히려 한대 사상이 처리해야 할 가장 핵심적인 문제였다. 이러한 상황에서 천문과 역법의 규칙을 이야기하는 음양가와 자연법칙의 준수를 강조하는 도가가 사회의 정치체계를 구축하는 외재적 골격을 제공해주는 것은 매우 자연스러운 일이었다. 그러나 만일 도가의 옷을 걸치고 있는 겉모습에 집착하지 않는다면, 그것에 내재하는 정신이 바로

---

23) 매우 흥미 있는 사실은, 동중서까지도 심지어 '무위'를 주장했다는 사실이다. "그러므로 임금은 무위를 도로 삼는다. ……무위의 지위에 서서 식견을 갖춘 관리를 거느리니…… 그러므로 일하는 것을 보지 않아도 공이 이루어진다. 이것이 하늘을 본받는 임금의 행동이다"(故爲人主者, 以無爲爲道……立無爲之位而乘備見之官, ……故莫見其爲之而功成矣, 此人主所以法天之行也: 『춘추번로』, 「이합근」離合根), "그러므로 임금은…… 뜻은 꺼진 재처럼 하고 모습은 내버린 옷처럼 한다. 정신을 편안히 하고 잘 길러서 고요하게 아무것도 작위하지 않는다"(故爲人君者, …… 志如死灰, 形如委蛇, 安精養神, 寂寞無爲: 같은 책, 「입원신立元神」). 이러한 말들을 통해서 유가가 도법가를 흡수했다는 사실을 분명하게 발견할 수 있을 것이다.

인위(人爲)와 적극적인 현실 참여적 태도를 중시하는 유학이었음을 발견하게 될 것이다. 비록 그것이 책의 전편을 관철하고 있지 않다 하더라도, 이것이 사실 『회남자』가 드러내려고 하는 중요한 정보와 내용이다.

『회남자』의 또 다른 중요한 특색은 '천인감응'이란 문제와 깊은 관련을 가지고 있다는 것이다.

성인은 하늘의 마음을 품고, 명성과 위엄으로 천하를 움직이고 변화시키는 자이다. 그러므로 정성이 안에서 느껴지고 형기가 하늘을 감동시키면 상서로운 별이 출현하고, 황룡이 내려오며, 상서로운 봉황이 날아온다. ……하늘과 사람은 서로 통하는 바가 있다. ……만물은 서로 연결되는 부분이 있고, 정기는 서로 움직이게 하는 것이 있다.[24]

위의 말은 오늘날의 관점에서 볼 때 매우 황당하다. 그러나 『회남자』에 보존되거나 기록되어 있는 자연과 관련이 있는 대량의 소박한 과학 지식을 결합해보면, 당시의 이런 천과 인간을 소통시키려는 시도에서 여러 가지 사회적 현상과 자연물 사이에 그 인과관계를 관찰할 수 없고 인식할 수 없는("말미암는 바를 보지 못한다"[25], "지혜와 교묘함으로 행할 수는 없다"[26]) 객관적 법칙("신명의 일"[27])이 존재한다고 인식하는 것은 대단히 중요하다. 그 가운데에는 확실히 주관적 억측이 많이 들어 있지만 동시에 그것은 자연계에 대한 당시 사람들의 경험적 지식을 총괄하여 이루어진 것이기도 하다.

---

24) 『회남자』「태족훈」(泰族訓), "聖人者, 懷天心, 聲然能動化天下者也. 故精誠感於內, 形氣動於天, 則景星見, 黃龍下, 祥鳳至. ……天之與人, 有以相通也. ……萬物有以相連, 精禨有以相蕩也."
25) 같은 책, 「태족훈」, "不見其所由."
26) 같은 책, 「태족훈」, "不可以智巧爲."
27) 같은 책, 「태족훈」, "神明之事."

하늘이 바람을 일으키려고 할 때에는 초목이 아직 움직이지 않았는 데도 새들이 먼저 날아 오르고, 비를 내리려고 할 때는 어두침침한 기운이 아직 몰려들지 않았는데도 물고기의 호흡이 빨라진다. 이것 은 음양의 기운이 서로 감동하여 움직였기 때문이다. 그러므로 추위 와 더위, 마르고 습한 것은 같은 종류끼리 서로 따른다.[28]

땅은 각자 다른 종류에 따라 특성이 다른 사람을 낳는다. 그러므로 산의 기운이 있는 곳에는 남자가 많이 나오고, 못의 기운이 있는 곳 에는 여자가 많이 나오며, 물의 기운이 있는 곳에는 장님이 많이 나 오고, 바람의 기운이 있는 곳에는 벙어리가 많이 나온다. ……모두 그 기운을 본받고 같은 종류에 감응하는 것이다.[29]

앞의 것은 모종의 경험적 관찰이며, 뒤의 것은 주관적 억측이다. 앞 의 것은 일정한 과학적 경향을 가지고 있고, 뒤의 것은 의지론이나 목 적론적 신비종교적 경향을 가지고 있다. 그러나 이 두 가지는 항상 혼 재되어 있어서 쉽게 구분되지 않는다. 후세에도 이러했는데, 하물며 2,000년 전에는 어떠했겠는가. 세부적인 것을 따지지 않고 총괄적으로 이야기한다면 다음과 같다. 당시의 역사적 조건 아래에서 천문·지 리·기상·기후·초목·금수·인사제도·법령·정치·형체·정신 등 만사만물을 모두 하나의 통일적인 관점에서 상호연관과 상호영향을 주 면서 보편법칙을 따르는 우주도식——같은 종류(類)를 기준으로 하 는——에 집어넣어, 총체적인 각도에서 인식하고 파악하려 했다. 이것 은 이론적 사유에서 하나의 진보라고 말할 수밖에 없을 것이다.

비록 이 책의 저자들은 주관적으로는 중앙정권에 대한 불만과 반감

---

28) 같은 책, 「태족훈」, "天之且風, 草木未動, 而鳥已翔矣. 其且雨也, 陰曀未集, 而 魚已瞼矣. 以陰陽之氣相動也. 故寒暑燥濕, 以類相從."
29) 같은 책, 「지형훈」(地形訓), "土地各以其類生, 是以山氣多男, 澤氣多女, 漳氣多 暗, 風氣多聾. ……皆象其氣, 皆應其類."

을 가지고 있었을 수도 있지만, 객관적으로는 한대 수십 년 동안 이루어진 생산의 커다란 발전, 국력이 날로 신장되어가는 상황, 자연에 대한 광범위한 정복 등을 반영하고 있다. 『회남자』는 이 넓은 세계의 모습과 풍부한 경험적 지식, 그리고 호연한 기개 등으로 우주론의 체계구조를 보다 성숙한 경지로 끌어올렸다.

동중서는 다만 이러한 구조를 기본정신의 측면에서 완성했을 뿐이다. 『여씨춘추』나 『회남자』와 달리, 동중서는 제후나 왕의 높은 신분을 빌려 작가들을 모으고 책을 편찬해낼 수는 없었다. 외관상으로 볼 때도 그의 『춘추번로』는 하나의 체계를 구축한 완전한 저작으로 볼 수는 없다. 그는 당시 유행하던 공양학(公羊學)*을 통해서 구체적인 정치를 논의했고, 『춘추』의 여러 가지 사례들에서 보편적으로 적용될 수 있는 어떤 정치규범들을 추출하려고 했다. 그의 특징은 정신내용이라는 측면에서, 앞에서 언급한 『여씨춘추』의 개척적인 방향을 계승하는 동시에 인사·정치와 천도(天道)의 운행을 견강부회하면서 억지로 결합시키려 했다는 점이다. 특히 그는 음양가를 뼈대로 하는 체계의 틀을 밖으로 분명하게 드러내어, 음양오행('천')과 왕도정치('인')의 일치와 상호영향을 강조하는 이른바 '천인감응'을 이론의 축으로 하고, 그것을 중심으로 모든 것을 전개시키고 있다.

무릇 왕노릇하는 자는 하늘을 모를 리가 없다. ……하늘의 뜻은 알기가 쉽지 않고, 하늘의 도는 다스리기가 매우 어렵다. 이런 까닭에 음양이 나가고, 들어오고, 차고 빈 것을 밝힘으로써 하늘의 뜻을 관찰하고, 오행의 본말(本末)·순역(順逆)·대소·광협을 변별하여 하늘의 도를 관찰한다. ……임금이 된 자는 주거나, 뺏거나 또는 죽이든 살리든 간에 반드시 모두 의에 합당하는 것이 마치 사계절과 같아야 한다. 관리를 임명할 때는 반드시 그 능력에 따라 임명하여 마치

---

* 「춘추공양전」을 근거로 하여 성립된 일종의 정치철학.

오행과 같아야 한다. 인을 좋아하고 도리에 어긋나고 흉악한 것을 미워하며, 덕에 의지하고 형벌에 의지하지 않아서 마치 음양과 같아야 한다. 이런 것을 일러 능히 하늘과 짝한다고 하는 것이다.[30]

동중서는 위의 인격적 천(천지天志, 천의天意)은 자연적 천(음양·사시·오행)에 의지하여 자신을 드러내고 있다고 말한다. 인격적 천은 종교에서 온 것이고, 자연적 천은 과학(예컨대 천문학)에서 온 것이다. 또 인격적 천은 신비적 주재성과 의지, 목적성을 지니고 있으며, 자연적 천은 기계적이거나 반(半)기계적이다. 인격적 천이 자연적 천에 의지하여 드러난다는 것은 음양, 사시, 오행의 기계적 질서에 순응하는 것이 곧 '하늘의 의지'나 '하늘의 뜻'에 복종하는 것임을 의미한다. '천'의 의지역량이나 주재작용은 여기서 객관현실의 법칙(음양·사시·오행)과 서로 합일되고 있다. 생물적 존재로서의 인간의 형체와 사회적 존재로서의 존비의 등급이나 윤리강상 제도는 모두 '천', 즉 음양오행이 현실세계를 미루어 연역한 것일 뿐이다.

이처럼 관건이 되는 것은 어떻게 인사·정치·제도와 음양·사시·오행이 서로 유비(類比)되면서 존재하고 있고, 또 서로 관련되면서 어떤 영향을 주고 있는가라는 문제를 인식하고 처리할 것인가에 있다. 이를 통하여 하나의 조화롭고 안정적인, 평형적이고 통일적인 유기체 조직을 구성하여 계속적으로 보존과 공고함을 얻을 수 있다.

동중서의 공헌은 그가 유가의 기본이론(공맹이 말하는 인의 등[31])과 전국 시대 이래 계속적으로 유행해온 음양가의 오행우주론(五行宇宙論)을 명확하게 구체적으로 배합시켜서 유가의 강상적(綱常的) 윤리와 정치강령에 체계론적 우주도식을 그 기초로 제공했다는 데 있다. 동시

---

30) 『춘추번로』「천지음양」(天地陰陽), "夫王者不可以不知天. ……天意難見也, 其道難理. 是故明陽陰出入實虛之處, 所以觀天之志. 辨五行之本末順逆大小廣狹, 所以觀天道也. ……爲人主者, 予奪生殺, 各當其義, 若四時. 列官置吏, 必以其能, 若五行. 好仁惡戾, 任德遠刑, 若陰陽. 此之謂能配天."

에 『역전』과 『중용』 이래 유가가 지향하던 "사람이 천지와 함께 셋으로 병립한다"는 세계관을 구체적으로 실현시키고, 『여씨춘추』의 「십이기」(十二紀)에서 시작된 유가를 중심으로 다른 학파를 융합하여 하나의 거대한 체계를 세우려는 시대적 요청을 끝내 완성시켰다.

---

31) 팡푸(龐朴)는 다음과 같이 말한다. "문헌을 살펴볼 때, 오상(五常)인 인·의·예·지·신을 수·화·목·금·토의 오행에 배합시키는 우스운 수작은 『관자』(管子)의 「사시」(四時)와 「오행」(五行)──전국 시대 작품으로 보인다──에서 보이지 않을 뿐만 아니라, 『여씨춘추』의 「십이기」와 『예기』의 「월령」에서도 보이지 않는다. 또 유안(劉安)의 『회남자』「시칙훈」(時則訓)에서도 보이지 않는다. 이것은 바로 이들 문헌 이전에 그러한 사상이 존재하지 않았음을 증명하는 것이라고 할 수 있다. 『춘추번로』에 이르러 동중서가 비로소 전대 학자들의 방대한 오행체계 위에 이런 새로운 항목을 덧붙여 인·의·예·지·신의 오상을 목·화·토·금·수에 배합시키고 있음을 발견할 수 있을 것이다. 이것은 동중서의 발명이다."(『백서오행편연구』帛書五行篇硏究, 齊魯書社, 1980, 82쪽)

2 동중서와 천인우주론의 도식

동중서의 천인이론(天人理論)을 보다 구체적으로 살펴보기로 하자.

동중서는 '천'을 우주와 인간의 최고 주재자, 곧 "모든 신의 대군"[32] 으로 보고 있다. 동중서의 사상체계에서 '천'은 단일한 인격적 의미에만 머물러 있지 않고, 다른 많은 요소들과 연관·배합되어 있는 구조체이다. 이들 요소는 천(天)·지(地)·인(人)·음·양·오행 등 모두 10가지이다.

하늘에는 10가지 근본단서가 있으니, 그 10가지 단서로 모든 것을 말할 수 있다. 하늘이 하나의 단서가 되고, 땅이 하나의 단서가 되며, 음이 하나의 단서가 되고, 양이 하나의 단서가 되고, 화가 하나의 단서가 되고, 금이 하나의 단서가 되고, 목이 하나의 단서가 되고, 수가 하나의 단서가 되고, 토가 하나의 단서가 되고, 사람들이 하나의 단서가 된다. 10가지 단서로 모든 것을 드러내는 것이 하늘의 법칙이다.[33]

---

32) 『춘추번로』「교어」(郊語), "百神之大君也."
33) 같은 책, 「관제상천」(官制象天), "天有十端, 十端而止已. 天爲一端, 地爲一端, 陰爲一端, 陽爲一端, 火爲一端, 金爲一端, 木爲一端, 水爲一端, 土爲一端, 人爲一端, 凡十端而畢, 天之數也."

이 10가지 요소가 조합하여 사시와 오행을 이룬다.

천지의 기는 합하여 하나가 되고, 나누어지면 음양이 되고, 쪼개지면 사시가 되고, 나열하면 오행이 된다.[34]

'천'은 한편으로 주재자('대군')이지만, 그와 동시에 하나의 요소(10가지 요소 중의 하나)이기도 하고 또 전체구조 자체이기도 하다. 이중에서 가장 나중의 것이 실제로는 가장 중요한 지위에 있다. 이것이 바로 동중서가 말하는 '천지'(天志)가 다만 인격신의 의미만을 가지고 있는 선진 시대 묵가의 '천지'[35]와 구별되는 다른 점이다.

하늘에는 오행이 있는데, 첫번째는 목이고, 두번째는 화이고, 세번째는 토이고, 네번째는 금이고, 다섯번째는 수이다. 목은 오행의 시작이고, 수는 오행의 끝이며, 토는 오행의 중간이다. 이것은 하늘이 질서 지은 순서이다.[36]

여기서 중요한 것은 '하늘이 질서 지은 순서'라는 것이다. '천'은 오행의 순서를 통해서 자신의 성격과 기능을 표현하기 때문이다. 동중서

---

34) 같은 책, 「오행상생」(五行相生), "天地之氣, 合而爲一, 分爲陰陽, 判爲四時, 列爲五行."

35) 예컨대 『묵자』의 「천지」(天志) 중편에는 "천자가 착한 일을 하면 하늘은 상을 줄 수 있고, 천자가 포악한 짓을 하면 하늘이 벌을 줄 수 있다(天子爲善, 天能賞之 ; 天子爲暴 : 天能罰之)", "하늘이 백성을 진심으로 두터이 사랑한다는 것을 알 수 있는 근거가 있다. 곧 (하늘은) 일월성신을 나누어 천하를 비추고, 사계절의 춘하추동을 제정하고, 그것을 변하지 않는 법도로 삼아, 눈이나 서리, 비, 이슬을 내려 오곡과 옷감의 재료들을 생장시킴으로써 백성들이 재화를 이용할 수 있게 한다"(天之愛民之厚者有矣, 日以磨爲日月星辰, 以昭道之, 制爲四時春秋冬夏, 以紀綱之雷降雪霜雨露, 以長遂五谷麻絲, 使民得財利之)는 등의 말이 있다.

36) 『춘추번로』 「오행지의」(五行之義), "天有五行, 一曰木, 二曰火, 三曰土, 四曰金, 五曰水. 木, 五行之始也 ; 水, 五行之終也 ; 土, 五行之中也. 此其天次之序也."

는 두 가지 기본적인 순서와 두 가지 기본적인 작용이 있다고 생각했다. 그 하나는 "가까이 붙어 있는 것끼리 상생한다"(比相生)는 것이다.

하늘에는 오행이 있는데, 목·화·토·금·수가 이것이다. 목은 화를 낳고, 화는 토를 낳고, 토는 금을 낳고, 금은 수를 낳는다. 수가 왕성한 때는 겨울이 되고, 금이 왕성한 때는 가을이 되고, 토가 왕성한 때는 늦여름이 되고, 화가 왕성한 때는 여름이 되고, 목이 왕성한 때는 봄이 된다. 봄은 탄생을 주관하고, 여름은 생장을 주관하고, 늦여름은 양육을 주관하고, 가을은 수확을 주관하고, 겨울은 저장을 주관한다. 이 때문에 부모가 낳은 것은 그 자식이 이어받아 더욱 무성하게 자라도록 하고, 부모가 자라게 한 것은 그 자식이 양육하며, 부모가 양육한 것은 그 자식이 완성한다.[37]

또 다른 순서와 기능은 '하나를 사이에 둔 것끼리 상승한다'(間相勝)는 것이다.

목이란 것은 농사짓는 것에 해당하고, 농사짓는 사람은 곧 백성이다. 백성들이 순종하지 않고 반란을 일으키면 사도(司徒)에게 명하여 그들의 우두머리를 주살(誅殺)하여 바른 데로 돌아오게 한다. 그러므로 '금은 목을 이긴다'고 하는 것이다. ……금이라는 것은 사도의 관직에 해당한다. 사도가 무능하여 군사를 다스릴 수 없을 때는 사마(司馬)를 시켜서 주살한다. 그러므로 화는 금을 이긴다고 하는 것이다. ……토라는 것은 임금의 관직에 해당한다. 임금이 지나치게 사치하고 크게 예를 잃으면 백성이 반란을 일으키고, 백성이 반란을

---

37) 같은 책, 「오행대」(五行對), "天有五行, 木火土金水是也. 木生火, 火生土, 土生金, 金生水. 水爲冬, 金爲秋, 土爲季夏, 火爲夏, 木爲春. 春主生, 夏主長, 季夏主養, 秋主收, 冬主藏. 藏, 冬之所成也. 是故父之所生, 其子長之; 父之所長, 其子養之; 父之所養, 其子成之."

일으키면 임금이 곤궁에 빠진다. 그러므로 목은 토를 이긴다고 하는 것이다.[38]

동중서의 오행우주론은 완전히 정치적인 강상윤리와 사회제도라는 측면에서 출발한다. 오행상생(五行相生)의 관점은 부자관계에 비유된다.[39] 자식이 반드시 부업(父業)을 계승, 보존하여 더욱 흥하게 만들어야 하는 것은 마치 추위와 더위가 서로 이어지는 것과 같다. 또 오행은 관제(官制)로 표현된다. 그들은 서로를 구속하고 감시하는데, 이것을 '상승'(相勝)이라고 말한다. '상생'과 '상승'이 자연의 피드백 체계를 구성하는데, 이것이 바로 '천도'이다.

오행의 운행은 각각 그 자체의 순서에 따르며, 오행이 담당하고 있는 임무는 자신의 직능을 충분히 발휘하는 것이다. ……이 때문에 목은 생을 주관하고, 금은 죽음을 주관하며, 화는 더위를 주관하고, 수는 추위를 주관한다. 사람을 부릴 때는 반드시 그 순서에 따라서 하며 일을 맡길 때도 반드시 그 능력에 따라야 하니, 이것이 바로 하늘의 법칙이다.[40]

---

38) 같은 책, 「오행상승」(五行相勝), "……夫木者, 農也. 農者, 民也, 不順如叛, 則命司徒誅其率正矣, 故曰金勝木. 金者, 司徒. 司徒弱, 不能使士衆, 則司馬誅之, 故曰火勝金. 夫土者, 君之官也, 君大奢侈, 過度失禮, 民叛矣, 其民叛, 其君窮矣, 故曰木勝土."

39) 동중서의 이러한 체계는 사맹(思孟) 학파의 "지나간 옛 일들을 자세히 살펴서 새로운 학설을 만든 것을 오행이라고 했다"는 관점을 직접 계승한 것이라고 할 수 있다. 장타이옌이 말한 것처럼 자사(子思)의 저작으로 전해지는 『예기』의 「표기」(表記)에서는 "수·화·토를 자식에 대한 부모의 관계로 비유하고 있는데, 그것은 동중서가 오행을 군주와 부모에 대한 신하와 자식의 관계로 비유하고 있는 것과 같다"(『태염문록』太炎文錄 「자사맹가오행설」子思孟軻五行說)고 한다.

40) 『춘추번로』「오행지의」, "五行之隨, 各如其序. 五行之官, 各致其能. ……是故木主生而金主殺, 火主暑而水主寒, 使人必以其序, 官人必以其能, 天人之數也."

'오행'뿐만 아니라 '사시'(四時)도 마찬가지이다. 군주가 정치를 행하는 것도 반드시 사시의 절기에 부합해야 한다. 동중서는 오행보다도 사시에 대해 이야기하는 경우가 실제로 더 많다.

왕은 하늘에 짝하고 있는데, 그것을 일러 도(道)라고 한다. 하늘에는 사계절이 있고, 왕에게는 사정(四政)이 있다. 사정은 마치 사계절과 같은 것인데, 그 둘은 같은 종류로, 하늘과 사람이 다 함께 가지고 있는 것이다. 가벼운 상은 봄이고, 큰 상을 주는 것은 여름, 벌을 주는 것은 가을, 형을 내리는 것은 겨울이다. 이 네 가지(경慶 · 상賞 · 벌罰 · 형刑) 상벌이 없을 수 없는 것은 마치 봄 · 여름 · 가을 · 겨울이 모두 갖추어지지 않을 수 없는 것과 마찬가지이다.[41]

천의 사시(四時)는 사람 또는 군주의 희(봄) · 노(가을) · 애(겨울) · 락(여름)과 같다.

오직 사람의 도리를 가지고 있어야 하늘의 화육에 참여할 수 있다. 하늘은 항상 만물을 사랑하고 이롭게 하는 것을 뜻으로 삼고 양육하여 기르는 것을 일로 삼으니, 봄 · 여름 · 가을 · 겨울은 모두 그것을 운용하는 도구이다. 왕 또한 항상 백성을 사랑하고 이롭게 하는 것을 뜻으로 삼고 온 세상 사람들을 편안하고 즐겁게 하는 것을 일로 삼으니, 좋아하고 미워하고 기뻐하고 노함이 바로 그것을 운용하는 도구이다. 그러나 왕의 좋아하고 미워하고 기뻐하고 노함이 바로 하늘의 봄 · 여름 · 가을 · 겨울이다. ……왕은 좋아하고 미워하고 기뻐하고 노함으로 습속을 변화시키고 하늘은 따뜻함 · 깨끗함 · 추위 · 더위로 초목을 변화시킨다.[42]

---

41) 같은 책, 「사시지부」(四時之副), "王者配天, 謂其道. 天有四時, 王有四政, 四政若四時, 通類也, 天人所同有也. 慶爲春, 賞爲夏, 罰爲秋, 刑爲冬. 慶賞罰刑之不可不具也, 如春夏秋冬之不可不備也."

사람이 희로애락을 느끼는 것은 마치 하늘이 봄·여름·가을·겨울을 가지는 것과 같다. ……모두 천기의 자연스러움이니, 그들도 반드시 정상적으로 운행하여서 멈추지 않는 것은 똑같다.[43]

결론적으로 동중서는 인간사의 정치와 자연법칙이 종류별로 같은 모습, 같은 서열을 가진 동형(同形)구조가 존재하며, 이로부터 그들은 상호간에 서로 영향을 미치고 서로 배합되고 있다는 점을 확인할 수 있다. 이것은 바로 천시(天時)·기후·인체·정체(政體)·상벌 등을 모두 각 부문과 종류로 나누어, 비록 내용은 다르지만 같은 형식을 가지고 있고, 이질적이지만 같은 구조를 가지는 오행의 도식 속에 집어넣고 상생·상극하는 우주-인생의 구조체계를 확립하고 있다. 이러한 구조체계를 이용하여 제국을 다스리는 정치의 근거로 삼으려고 했다. 즉, 군주는 오행의 특성에 따라 정치를 펼쳐야 한다. 예를 들면, 봄에는 농사일에 힘써야 한다. "목은 시간상으로는 봄이니 생장의 성질을 가지고 있으며, 농사의 근본이다. 농사일을 권장하여 백성들이 농사짓는 때를 빼앗지 말아야 한다."[44] 또 가을과 겨울은 쌀쌀한 숙살(肅殺 : 가을의 기운이 식물을 말라 죽게 만듦)의 기운이 왕성한 때이므로 "모든 관리들에게 경계를 내리고, 법을 어긴 사람은 주살한다."[45] 이렇게 하여야 사람의 생활이 태평해질 뿐만 아니라 기후도 순조로워지게 되는 것이다.
　만약 오행이 가지고 있는 특성을 거스르고 제멋대로 행동하여 봄에 가을의 정사(政事)를 행하고 겨울에 여름의 정사를 행하면 여러 가지

---

42) 같은 책, 「왕도통삼」(王道通三), "惟人道可以參天, 天常以愛利爲意, 以養長爲事, 春秋冬夏皆其用也. 王者亦常以愛利天下爲意, 以安樂一世爲事, 好惡喜怒而備用也. 然而主好惡喜怒乃天之春夏秋冬也……人主以好惡喜怒變習俗, 而天以暖淸寒暑化草木."
43) 같은 책, 「천지지행」(天地之行), "人有喜怒哀樂猶天之有春秋冬夏也…… 皆天然之氣也, 其宜直行而無鬱滯, 一也."
44) 같은 책, 「오행순역」(五行順逆), "木者春, 生之性, 農之木, 勸農事, 無奪民時."
45) 같은 책, 「오행순역」, "警百官, 誅不法."

부작용이 많이 발생하고, 백성들의 분노와 질병을 초래한다. 또한 그것은 우주의 질서를 파괴하는 행동이기 때문에 자연계에서도 여러 가지 재난과 이변이 발생하고, 왕조 역시 위기를 맞게 되면서 모든 것이 끝나게 된다. 동중서는 오행운행의 기계론과 천을 주재로 하는 의지론 또는 목적론을 혼합시켜 놓은 체계를 말하고 있다. '천'의 이중적 성질 (신학적 인격성과 자연적 물질성)은 기계론과 목적론의 합일, 즉 목적론에 기계론이 들어 있고 기계론에 목적론이 들어 있다는 관점을 전개하고 있다.

동중서와 그의 추종자들은 어떤 자연현상, 예를 들면 일식, 지진, 수재, 가뭄, 동식물의 이상현상(가령 "목木에 변화가 생기고, 봄에 나무가 시들고 가을에 나무가 자라는" 경우) 등을 군주에 대한 하늘의 경고로 해석했는데, 이것은 후세에도 거의 불변하는 법칙이 되었다. 동중서가 이러한 체계들을 만들어낸 것은, 주로 그것을 통해서 군주의 전제권력과 사회의 통치질서를 확고히 하려고 했기 때문이다.

오직 천자만이 하늘로부터 명을 받으며, 천하는 천자로부터 명을 받는다.[46)
왕도의 삼강(三綱)은 하늘에서 구할 수 있다.[47)

절대적인 군주의 권력(君權)과 삼강(三綱)의 질서는 진(秦)나라에도 있던 법가의 이론이지만,[48) 동중서는 우주론의 차원에서 그것을 확

---

46) 같은 책, 「위인자천」(爲人者天), "……惟天子受命於天, 天下受命於天子."
47) 같은 책, 「기의」(基義), "王道之三綱, 可求於天."
48) 『한비자』의 「충효」(忠孝)에는 "신하는 군주를 섬기고, 자식은 부모를 섬기며, 지어미는 지아비를 섬긴다. 이 세 가지가 잘 시행되면 천하가 올바로 다스려지고, 거역하면 천하가 어지러워진다. 이것은 천하의 불변의 도리이다. ……임금이 비록 못났다 하더라도 신하는 감히 침범할 수 없다"(臣事君, 子事父, 妻事夫, 三者順則天下治, 三者逆則天下亂, 此天下之常道也. ……人主雖不肖, 臣不敢侵也) 는 말이 있다.

인했다. 아울러 그는 모든 곳에 존재하는 음·양의 양쪽에 선악의 가치적 의미를 보편적으로 부여했다. "음을 낮추고 양을 높인다"[49], "양을 귀하게 여기고 음을 천하게 여긴다"[50], "악에 속하는 것은 모두 음이고, 선에 속하는 것은 모두 양이다"[51], "양은 정도를 따라 움직이고, 음은 정도를 거역하면서 움직인다"[52], "선은 모두 임금에게 돌아가고, 악은 모두 신하에게 돌아간다"[53] 등이 말하는 목적은 아마도 당시 전제 군주의 절대적 권위와 군신·부자라는 엄격한 통치질서를 이론적으로 분명하게 체계화하는 데 있던 것으로 보인다.

그러나 이것은 동중서 이론의 한 부분일 뿐이고, 또 다른 측면이 있다. 그것은 그가 이러한 통치질서를 긍정함과 동시에, 그 질서를 오행의 도식이라는 누구도 벗어날 수 없는 보편적 틀 속에 넣어두고 있다는 점이다. 동중서가 자연적 사물을 도덕화하고, 자연으로서의 천에 인격(의지나 명령, 감정)을 부여한 것은 일종의 신학적 관념론이다. 그러나 이 신학적 관념론의 기본정신은 사회질서(곧 왕조의 통치)와 자연법칙이 서로 연계되어 조화롭고 안정된 전체질서를 만드는 중요성을 강조하기 위한 것이었다. 그것은 모든 개별적인 요소, 설령 그것이 가장 존귀한 요소(천왕天王이나 부모)라 할지라도 여전히 이 전체 아래 위치한다.

그러므로 천지의 자리를 분명히 변별하고 음양의 질서를 바로잡으려 할 때는 정직하게 그 도를 행하면서도 그 어려움을 두려워하지 않는 것이 의(義)의 지극함이다. 이런 까닭에 엄숙한 사직을 위협하지만 결코 그것은 신령을 공경하지 않는 것이 아니고, 천왕을 축출하지

---

49) 『춘추번로』「양존음비」(陽尊陰卑), "卑陰高陽."
50) 같은 책, 「양존음비」, "貴陽而賤陰."
51) 같은 책, 「양존음비」, "惡之屬盡爲陰, 善之屬盡爲陽."
52) 같은 책, 「양존음비」, "陽行於順, 陰行於逆."
53) 같은 책, 「양존음비」, "善皆歸於君, 惡皆歸於臣."

만 결코 그것은 윗사람을 존중하지 않는 것이 아니고, 아비의 명을 듣지 않았지만 결코 그것은 아비를 버리는 것이 아니고, 어머니와의 관계를 끊으면서도 효도와 자애를 하지 않은 것이 아니니 의로움이 아니겠는가?[54]

이처럼 군주나 신하든, 형벌이나 덕을 막론하고 모든 하나하나의 사항에는 모두 정해진 위치가 있으며, 그것들은 모두 전체구조의 제약을 받는다. 전제군주로서 천자의 시정과 법령의 실천도 똑같이 전체구조의 제약과 구속을 받는다. 이는 한비자나 이사(李斯) 등의 법가이론처럼, 절대권력을 가지고 자기가 하고 싶은 것을 마음대로 하는 것과는 다르다. 비록 황제가 만민의 위에 자리하고 있지만, 그 역시 이 체계의 제약을 벗어나지 못한다.

이러한 제약은 주로 형(刑)을 통하여 마구잡이로 살상을 행하는 정책에 대한 반대로 나타난다. 그러므로 동중서는 누차 '덕'(德)이 '양'이고 '형(刑)'이 '음'이며, '천'은 '인을 좋아하고 죽이는 것을 미워하는' 성질을 가진다거나 "천은 인이다"[55]고 강조했다.

따뜻하고 더운 것이 100을 차지하고 있다면 쌀쌀하고 추운 것은 하나를 차지한다. 덕으로 가르치는 덕교(德敎)와 형벌의 관계도 이와 같다. 그러므로 성인이 정치를 펼 때는 그 사랑을 많이 베풀고 엄격한 형벌을 간략하게 하며, 덕을 두터이 하고 형벌을 간략히 한다. 이렇게 하늘에 짝한다.[56]

정치를 하면서도 형벌에 맡겨놓아버리는 것을 하늘을 거스른다고

---

54) 같은 책, 「정화」(精華), "故變天地之位, 正陰陽之序, 直行其道而不忘其難, 義之至也. 是故脅嚴社而不爲不敬靈, 出天王而不爲不尊上, 辭父命而不爲不承親, 絶母屬而不爲不孝慈, 義矣夫."
55) 같은 책, 「왕도통삼」, "天, 仁也."
56) 같은 책, 「기의」, "煖暑居百而淸寒居一, 德敎之與刑罰, 猶此也. 故聖人多其愛而少其嚴, 厚其德而簡其刑, 以此配天."

말하는데, 이것은 왕도가 아니다.[57)]

왕은 하늘의 뜻을 이어받아 일을 해야 하기 때문에 덕교에 의지하고 형벌에 맡겨두지는 않는다.[58)]

위의 내용들은 모두 한대의 사상가들이 총괄해낸 진나라 멸망의 교훈과 유가가 일관되게 강조하는 '인의'를 우주론의 차원으로까지 끌어올리고 확대하여 절대군권을 제약하려는 시도에서 나온 것이라고 할 수 있다. 『춘추번로』에는 확실히 백성들을 존중하는 문구들이 있는데, 표면적으로 볼 때 이것은 원시유학에 가까운 것으로 보인다.[59)] 그러나 실질적 내용은 분명히 다르다. 왜냐하면 그것들은 군주에게 절대권위를 부여하여 실제로는 법가사상을 수용한 기초 위에 세워져 있기 때문이다. 이것은 동중서가 말하는 것과 같다. 동중서는 스스로 "백성의 힘을 누르고 임금의 힘을 신장시키고, 임금의 힘을 누르고 하늘의 힘을 신장시키는 것이 『춘추』의 대의이다"[60)]라고 했다. 이것이 바로 동중서 사상의 특징이다.

군주는 백성의 절대통치자이고, 백성은 다만 '천'을 통해서만 군주를 견제할 수 있다. 이때의 '천'은 주로 오행구조로서의 우주도식이다. 여기서 가장 중요한 것은 오행구조 자체이고, 또 이 구조전체의 질서와 생명을 유지하는 것에 있다.

동중서의 입장에서 말하면, 천과 인간이 서로 교통·감응하고 화

---

57) 같은 책, 「양존음비」, "爲政而任刑, 謂之逆天, 非王道也."
58) 『한서』(漢書) 「동중서전」(董仲舒傳), "王者承天意以從事, 故任德敎而不任刑."
59) 예를 들면 "하늘이 백성을 낳은 것은 왕을 위한 것이 아니다. 하늘이 왕을 세운 이유는 백성들을 위해서이다. 그러므로 그 덕이 충분히 백성을 안락하게 할 수 있는 자에게 하늘은 왕권을 주며, 그 악이 백성을 해칠 수 있는 자에게서 하늘은 왕권을 빼앗는다"(天之生民非爲王也, 而天立王以爲民也. 故其德足以安樂民者, 天予之. 其惡足以殘害民者, 天奪之: 『춘추번로』 「요순불천이탕무부전살」堯舜不擅移湯武不專殺) 등이 있다.
60) 『춘추번로』 「옥배」(玉杯), "故屈民而伸君, 屈君而伸天, 春秋之大義也."

314

합·통일함으로써 전체 구조의 균형과 안정성, 지속성을 확보할 수 있었는데, 이것이 바로 '도'이다. 이 '도'는 '천도'(天道)이면서 동시에 '인도'(人道)이기도 하며, 자연사물의 운행법칙이면서 또한 인간세상(사회)의 통치질서이기도 하다. "하늘이 변하지 않으면 도 역시 변하지 않는다"(天不變道亦不變), "그 도를 바르게 하고 이익을 도모하지 않으며, 그 이치를 닦고 그 공을 긴요한 것으로 여기지 않는다"(正其道不謀其利, 修其理不急其功)[61]는 구절들은 모두 이러한 의미들을 말하고 있다. 즉, 중요한 것은 전체적인 '도'와 '이'(理)이지 국부적이고 세부적인 '이'(利)나 '공'(功)은 아니었다. 이런 관점은 법가의 공리론과도 다르고, 마찬가지로 "어찌 반드시 이익만을 이야기하는가?"*라는 원시 유가의 입장과도 다르다. 왜냐하면 이것은 주체적인 도덕윤리에서 출발하는 것이 아니라 객체적인 우주론 체계로부터 시작하는 것이기 때문이다.

그러면 동중서가 우주론 체계를 사용하여 논증한 통치질서와 사회유기체의 구체적 내용은 무엇인가? 이 체계는 사회적 측면에서, '효제'와 '의식'(衣食)을 강조한다.

하늘은 효제로써 만물을 생장시키고, 땅은 입고 먹는 것으로 만물을 기른다.[62]
무릇 효란 항상 사람이 지켜야 할 하늘의 도이며, 땅의 대의이다.[63]

'효'를 '천지의 상도'(天地之經) 또는 '인륜의 근본'으로 삼는 것은

---

61) 동중서의 이 말은 『한서』의 「동중서전」에 처음으로 나온다. 그런데 이 말은 오랫동안 전해온 "그 마땅함을 바르게 하고 이익을 도모하지 않으며, 그 도를 밝히고 그 공을 계산하지 않는다"(正其誼不謀其利, 明其道不計其功)는 말보다 훨씬 더 차원 높은 뜻을 함축하고 있는 것 같다.

* "何必曰利"라는 이 말은 『맹자』의 「양혜왕」에서 나온다.

62) 『춘추번로』 「입원신」, "天生之以孝悌, 地養之以衣食."

63) 같은 책, 「오행대」, "夫孝, 天之經, 地之義."

앞 절에서 이야기한 것처럼, 가족 중심의 소생산 농업경제로 지탱되는 당시의 사회적 구조에 의해 요청되는 것이다. 이런 사회경제적 구조를 공고히 하기 위해 자연스럽게 효를 강조하게 되는 것이다. 원대(元代) 왕정(王禎)은 다음과 같이 말한다.

효제를 행하고 힘써 농사지었는데 왜 옛날 사람들은 모두 그 둘을 함께 말했는가? 효제는 입신의 근본이고, 힘써 농사짓는 것은 양생의 근본이기 때문에 그 둘은 서로 바탕이 될 수 있는 것으로 결코 서로 분리될 수 없는 것이다.[64]

정치체제라는 측면에서 앞서 말한 절대적 군권(君權)의 확립 이외에 이 체계에서 가장 중요한 의미를 갖는 것은 문관체제 건립에 대한 동중서의 적극적인 건의와 참여이다.

동중서는 「대책」에서 "큰 선비를 양성하는 데 있어서는 태학(太學)이 가장 중요합니다. 태학은 현명한 선비를 키워내는 관건이고, 교화의 본원입니다. 원하건대, 폐하께서는 태학을 일으키시고 훌륭한 선생을 두어 천하의 선비들을 잘 대해 주십시오"라고 했다. 무제가 학교의 관직을 세운 것은 모두 동중서에서 시작되었다.[65]

동중서는 "신이 생각하기에, 모든 제후·군수·이천석(二千石)*에게 자신의 관리와 백성 가운데 뛰어난 인재를 선발하여 매년 두 사람

---

64) 왕정(王禎), 『농서』(農書) 「효제역전편제3」(孝悌力田篇第三), "孝悌力田, 古人曷爲而並言也? 孝悌爲立身之本, 力田爲養生之本, 二者可以相資而不可以相離."
65) 『서한회요』(西漢會要) 「학교상·태학」(學校上·太學), "董仲舒對策曰: 養士之大者, 莫大乎太學. 太學者, 賢士之所關也, 教化之本原也. 顧陛下興太學, 置明師, 以善天下之士. 武帝立學校之官, 皆自仲舒發之."
  * 지방장관인 태수(太守)를 말한다. 이렇게 불리는 것은 한대에 그들의 녹이 이천석이었기 때문으로 보인다.

씩 천거하도록 하여……"라고 했다. 그러므로 주군(州郡)에서 뛰어
난 인재와 효성이 있고 품행이 방정한 사람들을 천거하는 것은 모두
동중서로부터 시작된 것이다.[66]

『춘추번로』는 다음과 같이 강조한다.

　왕이 관제(官制)를 만들 때는 삼공(三公)과 구경(九卿), 27명의
대부(大夫), 81명의 원사(元士)까지 모두 120명의 군신들이 전부 갖
추어졌다. 내가 들으니 훌륭한 임금이 제도를 만들 때는 하늘의 큰
법칙을 본받았다고 한다. (하늘의 큰 법칙은) 3개월이 한 계절을 이
루고, 사계절이 운행하여 한 해가 이루어진다. 관제도 마찬가지이니,
이것이 관제를 만드는 법칙이 아닌가.[67]

『사기』에서는 다음과 같이 말한다.

　(한 무제 때) 일 년이 지나면 전부 시험을 보게 하여 그 중 한 권의
경서 이상에 능통한 사람으로 문학이나 장고(掌故)*의 빈자리를 보
충하도록 했고, 높은 성적을 얻어 낭중(郎中)의 벼슬을 담당할 수 있
는 자는 태상(太常)이 명부를 작성하여 그것을 상주했다. 만약 재주
가 남달리 뛰어나고 탁월한 자가 있으면 그때마다 이름을 알렸다. 그
중에서 학업을 게을리 하거나 재능이 부족한 자, 그리고 하나의 경서
에도 능통하지 못한 자는 쫓아내었다. ……이로부터 공경·대부·사
리(士吏)에 문질(文質)을 겸비하고 학문에 소양이 있는 선비가 점차

66) 같은 책, 「선거하·거렴」(選擧下·擧廉), "董仲舒曰, 臣愚以爲使淸列侯, 郡守,
　　二千石各擇其吏民之賢者, 歲貢各二人. ……故州郡擧茂才孝廉, 皆自仲舒發之."
67) 『춘추번로』「관제상천」, "王者制官, 三公九卿·二十七大夫·八十一元士, 凡百
　　二十八, 而列臣備矣. 吾聞聖王所取儀, 金天之大經, 三起而成, 四轉而終, 官制亦
　　然者, 此其儀與?"
　* 문학이나 장고는 모두 학술을 담당하던 관명이다.

로 많아졌다.[68]

동중서는 '교화'를 강조하고, 관제를 제정하고 문사(文士)를 중용했
지만 무사(武士)는 경시했다.[69] '효제'하는 자나 글을 읽은 선비 출신
들, 그리고 추천과 심사를 통하여 구성된 문관제도는 전제주의적인 황
권(皇權)의 행정적 지주가 되었다. 동중서가 참여하고 확립한 이 교
육-정치('사-관료')의 체계는 중국 역사에서 하나의 큰 사건이며 진
한 시대 이후의 중국 역사를 이해하는 데 필수적인 관건이기도 하다.
이러한 체계는 씨족국가의 (개체적인) 혈연적 귀족들을 기초로 하여
성립된 원시유학의 '수신 · 제가 · 치국 · 평천하'라는 정교(政教)원칙
과는 다르다. 이 원칙은 통일제국의 입장에서 고안된 관료체계였다.
원시유학의 정치이상과 통치체제는 혈연적 윤리와 씨족수령의 엄격한
개체의 도덕표준 위에서 성립되었다. 이에 비해, 한대는 정치윤리와
통치체제를 우주 · 자연의 질서에 연결시켜 형성하고 있다. 한대에서
는 정치의 질서와 혼란 및 흥망성쇠가 단지 지도자로서의 '성인'(聖
人)에만 의지하는 것이 아니라 객관적인 '천도'를 따르는가의 여부에
달려 있으며, 그 '천도'에는 관료행정 체제까지도 포함되어 있다. 이른
바 '관제는 하늘을 본떴다'(官制象天)는 말이 바로 이것이다.

이 관제는 표면적으로 볼 때 근대적인 의미의 관료체계와 유사하다.
직능의 분화와 각각의 기능에는 나름대로의 규정과 집행의 권위를 가
지고 있고, 개인적인 정실(情實)을 돌보아주지 않는 등 비인격적 · 기계

---

68) 『사기』「유림열전」(儒林列傳), "······一歲輒一課, 能通一藝以上, 補文學掌故闕,
其高第可以爲郎中者, 太常籍奏卽有秀才異等, 輒以名聞, 其不事學若下材及不能
通一藝者, 輒罷之. ······自此以來, 則公卿, 大夫, 士吏彬彬多文學之士矣."
69) 『춘추번로』의 「복제상」(服制像)에서는 "갑옷과 투구를 쓰고 무기를 갖춘 이후
적을 막는 것은 성인들이 귀하게 여긴 바가 아니다. ······그러므로 문덕(文德)을
귀하게 여기고, 위엄과 무력은 중요하게 보지 않았다. 이것이 천하가 계속 온전
할 수 있는 방법이다"고 했다. 이렇게 문을 중시하고 무를 경시하는 것은 중국에
서 거의 하나의 심리적 전통으로 되었다. 서양의 귀족들은 결투를 영광으로 알
지만, 중국에서 결투는 '필부의 용기'로 조롱받는다.

적인 특징과 이성적인 양식들을 지니고 있다. 또한 나름대로의 의미를 가지고 있는 분권도 가지고 있다(예를 들어 한대에서 청대까지는 어사御史나 청의淸議에 의한 감찰과 행정이 서로를 견제했다). "부모는 자식을 위해 (그 죄를) 숨겨주며……"70)와 같은 것은 이야기하지 않으며 나라의 대의를 위해서는 부모형제도 돌보지 않는다는 '대의멸친'(大義滅親)을 주장하는데, 이것은 법가전통의 계승과 발전이라고 할 수 있다.71)

실제로는 중국 고대의 이런 관료체계는 근본적으로 혈연종법적인 사회적·경제적 구조에 여전히 복종하고 종속되어 있기 때문에, 관료체계와 사회인정(人情)의 관계가 하나로 복잡하게 뒤섞여 있다. 한대는 이런 체계의 작용과 역할을 완화하고 계속 보존하려는 측면에서 대단히 탄력적인 기능을 발휘한다. 다양하게 얽히고 설킨 친족관계의 네트워크는 전체사회에 만연되어 있는 전체적인 인정관계의 구조에 관료정치를 종속시켰다. 종족이나 지역 외에도 '문생'(門生: 문하생)이나 '고구'(故舊: 오래 사귀어온 친구)가 한때 극성하던 것은 그러한 관계의 기초 위에서 정치적이고도 인간적인 의존관계가 뚜렷하고 엄중하게 존재했음을 보여준다. 이것은 "나라를 다스리는 사람은 있지만 나라를 다스리는 법은 없다"(有治人無治法)는 유가의 전통을 계속적으로 이어받고 있다. 따라서 실제로 그것은 근대적 효능을 가지고 있는 자본주의 관료기구와는 확연히 달랐다고 할 수 있다. 동중서가 한 무제를 도와서 세우고 또한 이론적인 논증을 한 것은 바로 이러한 '사(士)-관료'라는 조숙형(早熟型)의 문관정교(文官政敎) 체계였다. 그것은 서양의 근대와도 다르고, 서양의 중세와도 다르며, 상하의 사이, 즉 민(농민), 사

---

70) 『논어』「자로」, "父爲子隱."
71) 『사기』의 「태사공자서」에서는 "법가는 친소를 구별하지 않고, 귀천을 나누지 않으며, 모든 것을 법에 의해 처리한다. 그래서 친족을 친애하고 존귀한 사람을 존중하는 은혜로운 관계가 끊어졌다. ……군주를 존중하고 신하를 비천하게 여기며, 명분과 직분이 서로 뛰어넘지 않도록 밝힌 것은 백가의 학설로도 고칠 수 없다"고 했다.

(문관), 황제 사이에 분명히 정해진 통치규범과 정보채널을 제공해주었다. 아울러 그것은 춘추 시대 이래 진행된 씨족제도의 철저한 붕괴와 공동체의 구속에서 해방됨에 따라 '마음대로 논의를 하고'(橫議) '법을 어지럽히는'(亂法) 개체적인 자유로운 지식인들을 조직 속으로 다시 새롭게 편입시켰고, 제도적으로는 "배우고 남은 힘이 있으면 벼슬을 한다"(學而優則仕)는 유가의 이상을 다시 새롭게 구체화시켰다.

이것은 여러 가지 점에서 통일제국의 안정을 유지하고 보호하는 데 매우 유리하다(후대의 제왕이 공개적으로 말한 '천하의 영웅을 모두 내 손 안으로 집어넣게 한다'는 것까지 포함하여). 그뿐 아니라 이것이 바로 동중서의 체계론적 우주도식이 구조와 기능에서 가지는 중요한 한 측면이다. 그러나 만약 이러한 체계가 한번 파손되거나 동요되면 사회는 스스로의 조합능력을 상실해버리고, '흩어진 모래알'과 같이 되어버린다. 그러므로 왕정은 다음과 같이 말한다.

성인은 법도를 수립하고, 등급을 제정하여 천하의 사람들이 자신의 옷을 입고 자신의 음식을 먹으며, 자신의 부모를 친애하고 자신의 어른을 공경하지 않으면 안 되게 했다. 그러나 천하를 교화하는 데는 선비가 가장 앞서며, 천하를 먹여 살리는 데는 농민이 가장 중요하다. 선비의 근본은 학문에 있고, 농부의 근본은 경작에 있다. 천하에는 농사를 중히 여기지 않음이 없으니…… 한나라에서 '힘써 농사 짓는 것'을 하나의 과목으로 삼은 것이 이것이다. ……천하에는 또한 농사를 짓지 않는 학자가 적으니…… 한나라에서 '효성과 우애하는 것'을 하나의 과목으로 삼은 것이 이것이다.[72]

---

72) 『농서』「효제역전편제3」, "聖人樹其法度, 制其品節, 使天下之人, 莫不衣其衣而食其食, 親其親而長其長. 然而敎之者, 莫先於士. 養之者, 莫重於農. 士之本在學, 農之本在耕. 天下無不事之農, ……漢力田之科是已. ……天下亦少不耕之學, ……漢孝悌之科是已."

선비와 농민, 학문과 농사일, 이런 것이 바로 고대의 동중서에서 근대의 쩡궈판(曾國藩)에 이르기까지 그들이 모두 온 힘을 다하여 추구하던 유가의 '제가치국'(齊家治國)의 가장 큰 방략이었다. 시대의 차이로 인해 "밭 갈고 독서하는 것을 근본으로 삼는다"는 쩡궈판의 사상은 반(反)역사적인 조류가 되었으며,[73] 2,000년 전 동중서의 주장은 오히려 날로 발전하는 새로운 사회와 새로운 왕조가 제정한 통치질서의 선진적 이론이 되었다.

그러나 자세히 살펴보면 이 새로운 이론이라는 것에는 별다른 창조적인 요소는 발견되지 않는다. 그것들은 대부분 그전 사람들의 이론을 거의 그대로 베껴온 것이다. '군주를 높이고 신하를 낮춘다'는 것은 한비자의 관점이다. '천인감응'의 이론 역시 『회남자』에 일찍이 있었다. 그러므로 '새롭다'는 의미는 동중서가 이 모든 것을 하나의 체계로 구성했다는 것일 뿐이다. 만약 『여씨춘추』가 유가의 정신을 통해 법가를 변환시키고 『회남자』가 유가의 정신을 도가에 침투시켰다고 말할 수 있다면, 동중서의 특징은 유가의 정신을 이용하여 음양가의 우주체계를 매우 자각적으로 개조하고 이용했다는 것에 있다. 그러므로 『한서』에서는 동중서를 "처음으로 음양의 변화를 미루어 연역하여 유자(儒者)의 으뜸으로 존중받고……"[74], "큰일(제왕의 도)에 온 마음을 다 집중하여 연구하여 후학들에게 누구나 따라야 하는 통일된 표준을 물려주었으니, 모든 유자들의 으뜸이 되었다"[75]고 평가한 것이다.

그러면 동중서는 어떻게 음양가를 개조했는가?

사마담은 음양가에 대해 다음과 같이 말한다.

누구나 따라야 하는 음양, 사시, 팔위(八位: 8괘를 말함), 십이도(十二度: 황도를 12부분으로 나눈 행성의 위치), 이십사절(二十四

---

73) 리쩌허우, 『중국 근대사상사론』, 人民出版社, 1979, 481~483쪽을 참조하라.
74) 『한서』「오행지」(五行志), "始推陰陽, 爲儒者宗."
75) 같은 책, 「동중서전」(董仲舒傳) "……潛心大業, 令後事有所統一, 爲群儒首."

節: 24절기)에는 각각의 해야 할 것과 삼가야 할 것이 있다. 그것에 순응하는 사람은 흥하고 그것을 거스르는 자는 죽지 않으면 망한다고 하지만 반드시 그런 것만은 아니기 때문에 사람을 그것에 얽매이게 하여 두려움을 많이 가지도록 만든다고 말하는 것이다. 무릇 봄에 태어나고 여름에 생장하며, 가을에 거두고 겨울에 저장하는 것은 천도의 큰 법칙이다. 이것에 따르지 않으면 천하의 기강을 제정할 수 없다. 그러므로 일년 사시의 큰 운행순서는 결코 버릴 수 없는 것이다.[76]

말하자면 음양가가 말하는 천시와 지리의 법칙을 인간(통치자)은 반드시 주의하여 따라야 한다는 말이다. 그러나 음양가의 단점은 마치 모든 일들이 미리 규정되어 있는 것처럼 사람들이 그 앞에서 어떻게 할 바 없이 그저 두려워하고, 소극적으로 순응하게 만드는 것이라고 사마담은 지적한다. 즉 "얽매이게 하여 두려움을 많이 가지도록 만든다"고 말한다.

동중서는 세 가지 관점에서 음양가가 가지고 있는 결점을 극복하고 개조한다. 첫째, 유가의 인의 학설과 적극적인 작위(作爲)의 관념을 이용하여, 사람들을 지나치게 조심스럽게 만들고 복종하게 만드는 음양가의 수동적 경향을 바꿔놓는다. 동중서가 말하는 음양오행의 우주체계에서 비록 객관적 구조의 법칙이 강조되기는 하지만, 여전히 인간의 주동적 정신이 충만해 있다. 그는 인간의 숭고한 지위를 부각시키는 데 온 힘을 다하고, 다른 어떤 사물도 아닌 오직 사람만이 "천지와 함께 셋이 될 수 있다"는 점을 널리 떨쳐 말한다.

천지 사이의 생명 중 사람이 가장 귀하다.[77]

---

76) 『사기』「태사공자서」, "夫陰陽四時・八位・十二度・二十四節, 各有敎令, 順之者昌, 逆之者不死則亡, 未必然也, 故曰使人拘而多畏. 夫春生夏長, 秋收冬藏, 此天道之大經也, 弗順則無以爲天下綱紀, 故曰, 四時之大順, 不可失也."
77) 『한서』「동중서전」, "天地之性人爲貴."

사람은 만물을 초월하여 천하에서 가장 존귀한 존재이다. 사람은 아래로는 만물을 기르며, 위로는 천지와 함께 셋이 된다.[78]

이 세 가지 것(천·지·인을 가리킴)은 마치 수족처럼, 합하여서 하나의 몸을 이루니 하나라도 없어서는 안 된다.[79]

즉 이 우주에 인간이 없어서는 안 되고, 인간의 힘은 이 우주의 체계 속에서 최고의 작용과 의의를 가지고 있다. 이것은 단지 '천'이 사물에게 가능성만을 부여했고, 그것이 현실성으로 전환되기 위해서 반드시 인간의 노력을 필요로 하기 때문만은 아니다.

동중서의 유명한 인성론은 다음과 같다.

선(善)은 마치 쌀과 같고 본성은 벼와 같으니, 벼가 쌀을 생산하지만 벼는 쌀이라고 말할 수 없다. 선은 본성에서 나오지만 본성을 선이라고 할 수는 없다. 쌀과 선은 사람이 하늘을 계승하여 그 바깥에서 가공하여 완성하는 것이지 하늘이 만든 범위 내의 것은 아니다.[80]

또 인간은 예견과 적극적인 노력에 의해 기존의 불리한 국면들을 바꾸고 변경할 수 있다. 예를 들면 다음과 같다.

제나라의 환공은 근심이 되는 일을 근심했기에 공명을 세웠다. 그 것으로 미루어보건대, 무릇 근심이 있으면서도 걱정을 알지 못하는 자는 흉하고, 근심이 있으면서 깊이 걱정할 수 있는 자는 길하다.[81]

---

78) 『춘추번로』「천지음양」(天地陰陽), "人之超然萬物之上, 而最爲天下貴也. 人, 下長萬物, 上參天地."
79) 같은 책, 「입원신」, "三者相爲手足, 合以成體, 不可一無也."
80) 같은 책, 「실성」(實性), "善如米, 性如禾, 禾雖出米, 而禾未可謂米也. 性雖出善, 而性未可謂善也. 米與善, 人之繼天而成於外也, 非在天所爲之內也."
81) 같은 책, 「옥영」(玉英), "齊桓憂其憂而立功名, 推而散之, 凡人有憂而不知憂者凶, 有憂而深憂之者吉."

길흉은 결코 피동적으로 객관적 조건에 의해 결정되는 것이 아니며, "치란과 흥망은 자신에게 달려 있다." 동중서가 '천인감응'을 강조한 것은 '인간'은 '천'에 영향을 줄 수 있으며, '인사'(人事)가 '천의'에 영향을 줄 수 있다는 사실을 말하기 위한 것이었다. 신비적인, 심지어 신학적 형식을 채택하긴 했지만 그 핵심적 내용은 바로 인간과 군주의 정치력의 능동성에 대한 강조에 있다고 할 수 있다. 여기서 재미 있는 것은, 이미 고정된 듯한 객관적 도식 속에서 오히려 다른 학파보다 더 충만하게 인간의 주관적 능동성을 강조하고 있는 점이다.

> 하늘이 긴 목숨을 주었지만 사람이 그것을 손상하면 긴 수명 또한 짧아지고, 하늘이 짧은 목숨을 내려주었지만 사람이 그것을 잘 기르면 짧은 수명 또한 길어질 수 있다. (목숨을) 단축하고 연장시킬 수 있는 것은 사람에게 달려 있으니, 사람은 하늘의 뜻을 계승하여 어떤 일을 한다는 것인가? 하늘이 (장수할 수 있는) 바탕을 내려주어도 사람이 이어받지 않으니 어찌 홀로 서겠는가?[82]

이 때문에 사람은 능히 "천지와 함께 셋이 된다."[83]

둘째, 동중서는 융통성을 중시했다. 이것은 유가에서 전통적으로 논의되던 문제들인데, 동중서에 의해서 많이 이야기된 것으로 바로 '경'(經)과 '권'(權)이다.

---

82) 같은 책, 「순천지도」(循天之道), "天長之而人傷之者, 其長損; 天短之而人養之者, 其短益. 夫損益者皆人, 人其天之繼歟? 出其質而人弗繼, 豈獨立哉?"
83) 여기서 반드시 지적해야 할 것은, 이런 능동성의 강조는 결코 우연적인 것이 아니라는 점이다. 그것은 전체 시대역량을 반영한 것이다. 한대의 세력이 왕성해진 이후 생산력은 비약적으로 발전했고, 과학도 날로 발달했으며, 자연정복의 폭과 깊이는 이전 시대와는 비교할 수 없을 정도로 발전했다. 한제국의 이러한 현실적인 사공(事功)의 역량은 대담한 기백을 가진 한대의 문예에서 표현되고, 한대의 철학에서 표현되었다. 리쩌허우, 『미의 역정』, 제4장을 참조하라.

『춘추』에는 본래 진실로 변치 않는 정도가 있고, 또 사물변화에 적응하는 방법이 있다.[84]

『춘추』에는 변하지 않는 예가 있고, 변통하는 예도 있다.[85]

권은 비록 경에 위반되는 것이지만, 또한 반드시 그렇게 할 수 있는 범위 내에 있어야 한다. 만약 그렇게 할 수 있는 범위내에 있지 않으면 비록 죽더라도 끝내 하지 않아야 한다.[86]

반드시 확정된 원칙('경')이 있고, 또 반드시 원칙이 허락하는('그렇게 할 수 있는 범위 내') 유연성이 있다는 것이다. 이것은 무엇 때문인가? 동중서가 중요하게 여기는 것은 전체 체계구조의 안정과 지속이며, 어떤 세부적인 것의 불변이 아니었기 때문이다. 동중서는 변혁에 반대하지 않기 때문에, 정치체제의 새로운 조절을 주장한다. 그가 추구한 것은 전체구조의 동태적 평형이지 현상의 고착화가 아니다. 동태적인 것 속에서 평형과 질서, 그리고 안정을 유지하는 이것이 바로 유가의 중용 사상의 진일보한 발전이다. 모순의 쌍방은 운동 가운데에서 균형을 얻으며, 전체 또한 화해와 안정을 얻게 된다.

부자에게는 자신의 고귀함을 충분히 드러내 보일 수 있으면서도 교만함에 이르지 않도록 하고, 가난한 자는 충분히 먹고 살 만하여 근심에 이르지 않도록 한다. 이것으로 법도를 삼아 균형 있게 조절하니, 이 때문에 재물이 바닥나지 않고 상하가 서로 편안하여 무사하다. 그러므로 쉽게 다스리는 것이다.[87]

---

84) 『춘추번로』 「정화」(精華), "春秋固有常義, 又有應變."
85) 같은 책, 「옥영」, "春秋有經禮, 有變禮."
86) 같은 책, 「옥영」, "權雖反經, 亦必在可以然之域. 不在可以然之域, 故雖死之, 終弗爲也."

동중서에게 오행기능의 상생·상승도식은 분명하게 정해진 규범과 순서를 가지고 있기는 하지만, 그것의 구체적 운용과 설명은 상당히 유연하고 관용적이다. 이것은 단순히 자기조절 능력으로서의 피드백 기능을 가지고 있는 유기적 체계의 도식에 본래 일정한 융통성과 적응성이 존재하기 때문만은 아니다. 그뿐만 아니라 이것은 또 유치한 단계에 머물러 있던 고대 과학 문화의 수준이 매우 쉽게 사람들로 하여금 자유로우면서도 심지어 주관적이고 임의적인 해석을 하도록 했기 때문이기도 하다. 동중서 본인도 정치적 필요에 적응하기 위해서 제멋대로 해석한 부분이 상당히 많다.

셋째, 가장 중요한 것으로 동중서의 우주체계가 음양가의 "얽매이게 하여 두려움을 많이 가지도록 만드는" 것과 다르게 되는 근본적인 원인은, 그가 공자의 인학에 들어 있는 정감의 심리원칙을 이 체계 속으로 끌어들여 자연을 인정화(人情化)했기 때문이다. 동중서는 계속해서 이것을 말하고 있다.

인은 하늘의 마음이다.[88]

화(和)는 천지가 생성한 것이다.[89]

하늘의 뜻을 살펴보면 무한한 인을 포함하고 있다. 사람이 하늘로부터 명을 받은 것은 하늘에서 인을 얻어서 인을 표현하여야 한다.[90]

하늘도 기뻐하고 노하는 기운과 슬퍼하고 즐거워하는 마음이 있으니, 사람과 서로 부합한다.[91]

---

87) 같은 책, 「도제」(度制), "使富者足以示貴, 而不至於驕; 貧者足以養生, 而不至於憂, 以此爲度, 而調均之, 是以財不匱, 而上下相安, 故易治也."

88) 같은 책, 「유서」(兪序), "仁, 天心."

89) 같은 책, 「순천지도」(循天之道), "和者, 天地之所生成也."

90) 같은 책, 「왕도통삼」, "察於天之意, 無窮極之仁也, 人之受命於天也, 取仁於天而仁也."

91) 같은 책, 「음양의」(陰陽義), "天亦有喜怒之氣, 哀樂之心, 與人相副."

비록 황당한 인격적 색채가 있기는 하지만, 동중서가 말하는 세계는 음양가나 도가처럼 인간세계를 벗어나 초월하여 삭막하고 별다른 정서를 느낄 수 없는 그런 것과는 달리, 인간과 유사한 정감적 색채를 지니고 있다. 이로부터 우주론 체계의 도식도 완전히 인간을 벗어나 외재하는 순수객관적인 법칙이 아니라, 인간의 내재심리와 관련이 있는 것으로 변하게 된다. 동중서의 '천'은 자연성도 가지고 있지만 동시에 도덕성도 있으며, 신학적인 성질과 정감적인 성질도 가지고 있어서 그것들은 완전히 복잡하게 함께 뒤섞여 있다.

한편으로 이러한 체계는 분명히 신비화된 특색을 지니고 있으며, 그때문에 오늘날의 사람들에게 신학적·목적론적이며, 근본적으로 자연에 대한 과학적 인식을 위배했다고 비판받는다. 그러나 천과 인을 동일체로 보는 것은 물질적·자연적인 상호연관성을 가지고 있기도 하지만, 정신적·정감적으로 통하는 것이기도 하다. 이것은 "천지의 큰 공덕은 생이다", "하늘의 운행은 굳건하니 군자는 그것을 본받아 스스로 강건하고 쉼이 없다"는 유가의 정신을 계승한 것으로, 적극적이고 건강한 세계관과 인생관을 세우는 데 있어서 중요한 의의를 가지고 있다. 또한 이것은 유학과 중국 철학의 기본특색을 보존하고 발전시킨 것이라고 할 수 있다.[92] 동시에 운명, 법칙을 포함한 모든 것이 위와 같은 도식전체에서 결정되기 때문에, 초월적인 주재신을 필요로 하지 않는 것이다.

---

92) 후대의 송명이학은 불교 철학을 비판적으로 흡수한 이후 이런 외재적 우주론의 체계를 내재적 심성론으로 전환시켰으며, 도덕윤리를 본체의 단계로 끌어올렸다. 그러나 여전히 이렇게 정감적 태도를 충만하게 하는 것을 중요한 특색으로 삼고 있다. 이 책의 「송명이학」을 참조하라.

3 음양오행의 체계론

　의식형태와 과학적 진리(또는 학술사상)의 관계는 매우 오래되었으면서도 늘 새로운 문제이다. 그 둘의 동일성을 강조하여 통치의식이 곧 학술적 진리라고 생각하는 것은 의심할 것도 없이 문제를 매우 단순화시킨 것일 뿐 아니라 유치하게 만들었다는 지적을 받을 수 있다. 그러나 둘의 대립을 강조하며 학술사상은 과학이고 의식형태는 허구라고 생각하여, 그 둘을 별개의 것으로 치부하는 것 역시 마찬가지로 문제를 단순화시킨 것이라고 할 수 있다. 사실상 이 두 가지는 항상 서로 복잡하게 결합되어 일체가 되어도 분리할 수는 있지만 또한 상호침투되어 있다. 그 구체적인 모습은 매우 다양하고 서로 얽혀 매우 복잡하다. 진한 시대의 음양오행 사상이 바로 이러하다.

　동중서를 대표로 하는 '천인감응'의 음양오행 학설은 어용적인 관방(官方) 철학으로 자리잡은 후, 한대의 수백 년을 통치하면서 거의 모든 의식형태의 영역 속에 침투되었다. 그러나 이것은 어떤 의지에 의한 우연적 사건이 아니라 시대적인 조류라고 할 수 있다. 앞서 말한 것처럼, 기본적으로 동시대의 저작인 『회남자』나 그보다 시기적으로 조금 앞선 『경법』(經法)이나, 그리고 더욱 후대의 많은 문헌들은 모두 정치나 기타 문제에 대한 논의에서 천과 인간을 함께 연결시키는 경향을 보여준다. 예를 들면, 『경법』에는 이러한 말이 있다.

형벌과 덕(德)이 밝게 빛나는 것이 마치 해와 달이 번갈아 빛을 밝히듯이 매우 적절하게 배합되어 있다. 만약 배합이 적절하지 못하면 하늘은 재앙을 내릴 것이고…… 형벌과 덕이 서로를 기르고, 거스르고 순응함이 이에 따라 정해진다. 형벌은 음에 속하는 것으로 어두운 성질을 가지고 있고, 덕은 양의 범주에 속하는 것으로 밝은 성질을 가지고 있다. 이것이 번갈아 나타나니 형벌이 적어지면 덕이 왕성해지고, 형벌이 감추어지면 덕이 드러나며, 형벌이 미미해서 드러나지 않으면 덕이 빛을 발한다. ……천도가 사람을 둘러싸고 운행하고 있지만 오히려 사람에게는 손님이 되어버린다.[93]

출토된 한대의 거울에 새긴 글에서도 "성인이 거울을 만들어서 오행에서 기를 취했구나", "오행의 덕이 아름다운 거울의 정(精)이다"[94]는 말이 보인다. 음양오행과 천문·역수(曆數)를 사회적인 일과 연관짓는 것은 동중서 한 사람이 만든 것이 아니며, 상당히 오랜 유래를 가지고 있음을 알 수 있다.

음양오행의 연원과 변천은 오래되고 복잡한 문제로, 여기서 상세하게 논의할 문제는 아니다. 오행의 기원은 대단히 이른데, 복사(卜辭) 중에도 오방(五方: 동·남·서·북·중)관념과 '오신'(五臣)이라는 글자가 발견된다. 은주 교체기의 「홍범」(洪範)의 「구주」(九疇)에는 오재(五材: 수·화·금·목·토)에 대한 규정이 있다. 춘추 시대에는 오미(五味: 신맛·쓴맛·단맛·매운맛·짠맛), 오색(청·적·황·백·흑색),

---

93) 『십대경』(十大經) 「성쟁」(姓爭), 文物出版社, 1976, 65쪽. "刑德皇皇, 日月相望, 以明其當. 望失其當, 環視其央. ……刑德相養, 逆順若或, 刑晦而德旺, 刑陰而德陽, 刑微而德彰. ……天道環于人, 反爲之客."

94) 『문물』(文物), 1982년 제3기, 67쪽. "聖人之作鏡兮, 取氣於五行", "五行德令鏡之精."

330

오성(五聲: 궁·상·각·치·우), 오칙(五則: 천天·지地·민民·시時·신神), 오성(五星: 목성·화성·토성·금성·수성), 오신(五神)* 등의 관념이 보편적으로 유행했다.

사람들은 이미 5(五)라는 숫자를 사용하여 천문·지리·역산(曆算)·기후·형체·생사·등급·관제와 복식(服飾) 등 인간이 접촉, 관찰, 경험할 수 있는 것에서 접촉·관찰·경험할 수 없는 것까지 확대하고 사회·정치·생활과 개체적 생명의 이상과 현실까지 모두 하나의 가지런한 도식에 집어넣고 있다. 한편으로 보면 이것은 신비주의적으로 보일지 모른다. 분명히 음양가들은 이것을 통해 자연의 현상과 왕조의 변천을 신비적으로 예언했다. 유명한 '오덕종시설'(五德終始說)이 바로 여기에 해당한다.

그러나 다른 한편으로, 앞서 말한 것처럼 이러한 도식 중에는 당시까지 축적되어온 대량의 경험적 지식이 포함되어 있다. 사람들은 기꺼이 경험적 지식을 전체적이고 체계적인 도식의 구조에 집어넣어 이론적으로(경험적 인식이나 수학을 통해서) 이해하고 파악하려 했다. 당시에는 "수(數)는 5를 기준으로 한다"는 도식뿐만 아니라 '8'이나 '6'[95] 또는 '4'를 기준으로 하는 도식이 있던 것으로 보인다. 그러나 그것들은 크게 발전하지 못했으며, '수는 5를 기준으로 한다'는 도식에 압도되어버렸다. 이런 점들은 의식형태나 경험적 인식면 모두에서 어떤 체계를 세우려는 요구가 당시에 존재했다는 것을 말해준다. 의식형태의 체계

---

* 오신에는 오방(五方)의 신이란 뜻과 다섯 임금(五帝) 등 여러가지 설이 있다.

95) "수(數)는 5를 기준으로 한다"는 관념은 동양에서 유래한 것으로 보인다. 아마도 은나라 민족(예를 들면 '복사'에서 「홍범」에 이르기까지 '오행'은 기자箕子와 연관이 있는 것으로 되어 있다)과 관련이 있을 수 있다. '8'과 '6'은 서부의 주나라 또는 진나라 민족의 전설과 관련이 있는 것 같다. 진나라는 '6'을 도식으로 삼았으며, 그와 관련하여 『사기』의 「진시황본기」(秦始皇本紀)에는 "수는 6을 기준으로 했다"(數以六爲紀)는 말이 있다. 가의(賈誼)도 "6을 법으로 삼으며"(以六爲紀), "여섯 가지 법칙이 갖추어졌다"(六則備矣)는 말을 했다. '6'과 '5'의 상호대립과 승부관계는 대단히 흥미 있는 진한 사상사의 중요한 부분일 수 있다.

는 새로운 통일정치에 봉사하는 것이었고, 경험적 인식이라는 측면은 체계사유와 학술 자체의 발전이라는 필요에서 나온 것 같은데 이 도식은 자질구레하게 분산된 여러 가지 경험을 조직화하고 있다. 숫자를 이용한 조직과 정리로 우주를 해석하는 것은 사상의 발전이 일정한 단계에 이르렀을 때 자연스럽게 나타나는 현상이다(고대 그리스에는 유명한 피타고라스 학파와 이론이 있었다). 그중에는 신비주의가 충만해 있는 것도 있지만, 동시에 매우 귀중하게 평가할 만한 과학 사상도 존재한다. 실제로 오행의 우주도식 자체는 이성과 비이성이라는 두 측면의 내용과 각기 다른 방향으로 발전할 수 있는 가능성을 포함하고 있다. 그것은 바로 체계의 객관적 운용을 강조하는 것과 신비적인 천인감응을 강조하는 것이다.

오행학설의 발전과 변화, 전개과정에서는 줄곧 이 두 가지 요소가 작용을 하고 있다. 한 측면은 신비적 교의이고, 다른 측면은 경험적 지식에 대한 모종의 과학적 조직, 개괄과 정리이다. 이 두 가지 측면은 상호 침투하고 있다.

현존하는 문헌에서 보았을 때, 음양관념은 서주(西周) 시기에 백양보(伯陽父)의 말에서 가장 먼저 발견되는 것 같다. "무릇 천지의 기가 그 질서를 잃지 않았는데 만약 그 질서에 맞지 않는 것이 있다면 사람들이 그것을 어지럽힌 것이다. 양기가 잠복하여 나오지 못하고, 음기가 눌러서 올라가지 못하기 때문에 지진이 생기는 것이다."[96] 음양은 자연변화 중의 두 가지 작용 또는 힘이다. 후대에 『노자』는 "만물은 음을 지고 양을 안는다"[97]고 했다. 다시 『역전』에 이르면 음양은 두 가지의 가장 기본적인 관념으로서 팔괘(八卦)를 해석하고 만사 만물을 해석한다. 그래서 『장자』의 「천하」편에서는 "『주역』은 음양을 말한 것"[98]이라

---

96) 『국어』(國語) 「주어」(周語) 상편, "夫天地之氣, 不失其序. 若過其序, 民亂之也. 陽伏而不能出, 陰迫而不能烝, 於是有地震."
97) 『노자』, "萬物負陰而抱陽."
98) 『장자』 「천하」, "易以道陰陽."

고 말하는 것이다. 이것은 대체로 후대에 들어간 말이겠지만, 유가가
이미 음양이라는 관념을 받아들였다는 것은 확실한 역사적 사실로 볼
수 있다.

전국 시대에는 대체로 음양가가 가장 먼저 오행과 음양을 혼합하여
통일시켰다. 이러한 혼합 또는 통일은 양자가 모두 어떤 근본적인 기능
과 힘의 상호작용, 상호관계를 통해 우주와 인생의 관계를 해설하고 논
증했다는 사실에 근거하고 있다. 중요한 것은, 음양과 오행의 결합이
이루어짐으로써 오행의 구조조직은 두 가지의 내재적인 보편적 동력을
가지게 되었으며, 그에 따라 오행구조는 확정된 자기운동과 자기조절
기능을 지니게 된다는 점이다. 즉, 오행이 '상생'(相生)과 '상승'(相勝)
이라는 구체적인 작용을 할 수 있는 것은 음양이라는 두 가지가 상호의
존하며 상호보완하고 또 사라지고 자라나는 기능 또는 모순적인 역량
을 끊임없이 추진하기 때문이다. 음양이 이 오행도식의 작용과 전환을
추진함으로써, 이 도식이 고정불변하거나 해석하기 어려운 경직된 도
표로 전락하는 것을 막을 수 있다. 동중서는 다음과 같이 말한다.

금·목·수·화는 각각 자기가 주관하는 직책을 행하여 음양을 따
라 서로 힘을 합하여 공(功)을 함께 이룬다. 오행이 실제로 음양만은
아니지만, 음양이 이로 말미암아 일어나서 그것이 주관하는 직무를
행한다. 소양(少陽)은 목에 의거하여 일어나서 봄의 탄생을 돕고, 태
양(太陽)은 화에 의거하여 일어나서 여름의 성장을 도우며, 소음(少
陰)은 금에 의거하여 일어나서 가을의 수확을 돕고, 태음(太陰)은 수
에 의거하여 일어나서 겨울의 저장을 돕는다.[99]

---

99) 『춘추번로』「천변재인」(天辨在人), "金木水火, 各奉其所主, 以從陰陽, 相與一力
而幷功. 其實非獨陰陽也, 然而陰陽因之以起, 助其所主. 故少陽因木而起, 助春
之生也; 太陽因火而起, 助夏之養也. 少陰因金而起, 助秋之成也; 太陰因水而起,
助冬之藏也."

여기서 음양은 오행 이외의 어떤 다른 독립적인 힘이 아니다. 음양은 오행의 원동력으로서 오행과 '서로 공동으로 힘을 합하여 함께 작용하는' 것을 말한다.

문화인류학의 자료들은 모든 원시사회의 신화 속에서 주요한 구조는 적극적인 것과 소극적인 두 가지 요소와 힘을 기본적인 동력이나 측면 또는 양상으로 하고 있음을 보여준다. 중국 상고 시기의 밤과 낮, 해와 달, 남성과 여성 등에 관한 원시적 대립관념은 대체로 최후의 단계에 이르러 음양 범주로 환원된다. 그러나 음양은 시종 오늘날 우리가 말하는 '모순'과 같은 추상적 성격을 가지고 있지는 못했다. 음양은 시종일관 상당히 실재적이고 구체적 · 현실적 · 경험적인 성격을 여전히 보유하고 있으면서 결코 완전히 순수한 사변적 · 논리적인 범주의 차원으로 추상화되지는 않았다.

그러므로 음양은 특정한 인간의 감성적 조건, 시공(時空), 환경과 생활경험 등과 직접 · 간접적으로 계속 연관을 맺고 있다. 예를 들면 양은 빛, 뜨거움, 여름, 한낮, 남성, 상승, 운동 등과 서로 연관을 가지고 있으며, 음은 어두움, 차가움, 겨울, 밤, 여성, 하강, 정지 등과 관련을 가지고 있었다. 그러므로 철학적 범주로서의 음양은 '오행'과 마찬가지로 순수하게 추상적인 사변부호도 아니며, 순수하게 구체적인 실체(susbstance) 또는 요소(elements)도 아니었다. 음양은 특정한 성질을 지니고 상호대립하면서 또한 상호보완하는 개괄적인 경험적 기능(function)과 힘(forces)이었다. 구체적으로 다른 구조방식에 따라서, 이런 개괄적인 현실경험의 성격을 지니고 있는 '음양의 대립 · 의존 · 침투 · 보완 · 전환들은 각각 구체적으로 다른 구조방식을 가지고 있다. 그중 '음양'에는 주도하는 것('양')과 기초가 되는 것('음') 등 구체적인 구별이 있다. 따라서 그것들은 사변적 이성도 아니고 또 경험적 감성도 아닌 일종의 실용이성이다. 이것이 바로 음양이라는 철학적 범주에 대한 특징이며, 동시에 또한 중국 철학과 중국의 전통적 사유방식의 특징이다.

만약 다시 오행학설을 살펴본다면 이러한 특징은 더욱 명확해진다.

그리스나 인도의 지·수·화·풍(또는 기氣)과 비교해보면, 중국의 오행에 있는 '목'(木)이 '기'(氣)나 '풍'(風)과 다르다는 점을 제외하고도 '금'이라는 요소가 확실하게 하나 더 많다. 이 두 가지 점은 중국의 오행관념이 적어도 무술종교의 원시적 신령관념을 벗어난 이후 특히 인간의 생활경험과 더욱 밀접하게 연관되어 있음을 말하는 것으로 보인다. 그래서 『좌전』에서는 "하늘이 오재(五材)를 낳아 백성들이 그것을 사용하니, 하나라도 없앨 수는 없다"[100]고 했으며, 『상서대전』(尙書大傳)에서도 "수·화는 백성들이 먹고 마시는 데 쓰이는 것이다. 금·목은 백성들이 살아가는 데 쓰이는 것이다. 토는 만물이 바탕하여 생명을 얻는 것이다. 이것들은 사람들의 쓰임이 된다"[101]고 했다.

연료와 각종 도구의 재료와 건축재료로서의 '목'은 제련과 관계가 있는 '금'과 함께 사회생활에서 당연히 중요한 위치를 차지한다. 그리고 '토'가 오행 중에서도 특수한 지위를 차지하는 이유가 "선왕은 토를 금·목·수·화와 섞어서 만물을 만들었고"[102] "오부(五部: 오행을 말함) 중에서 비교하면 가장 존귀한 것"[103]이기 때문이라면, 그것은 또 농업생산을 생활의 근거로 삼는 것과 관련이 있다. 더욱이 오행관념은 생활경험의 종합에서 출발하는 것이지, 자연현상을 해석하고 기술하려는 데서 출발하는 것은 아니다. 그렇기 때문에 중국의 오행관념이 중시하는 것은 다섯 가지 물질적 요소나 재료 또는 실체라고 하기보다는 다섯 가지 작용과 기능, 힘, 순서, 그리고 효과라고 하는 말하는 편이 나을 것이다. 「홍범」이 오행을 말할 때 중요하게 여기던 것이 바로 오행의 성질이었다.

---

100) 『좌전』(左傳) 「양공27년」(襄公二十七年), "天生五材, 民並用之, 廢一不可."
101) 『상서대전』(尙書大傳), "水火者, 百姓之所飮食也. 金木者, 百姓之所興作也. 土者, 萬物之所資生也, 是爲人用."
102) 『국어』 「정어」(鄭語), "先王以土與金木水火雜, 以成萬物."
103) 『태평어람』(太平御覽) 권17 「시서부2」(時序部二)에 수록된 「악기」(樂記)의 일문(佚文).

오행의 첫번째는 수이고, 두번째는 화이며, 세번째는 목이고, 네번째는 금이고, 다섯번째는 토라고 말한다. 수의 성질은 아래로 젖어들고, 화의 성질은 위로 타오르며, 목의 성질은 휘어지거나 곧은 것이고, 금의 성질은 힘에 따라 변하며, 토의 성질은 곡식을 심어서 기를 수 있다. 아래로 젖어드는 수는 짠맛을 가지고, 위로 타오르는 불은 쓴맛을 가지며, 휘어지거나 곧은 목은 신맛을 가지고, 마음대로 구부러지는 금은 매운맛을 가지고, 곡식을 생산해내는 토는 단맛을 가지고 있다.[104)

귀모뤄는 일찍이 "물에서 아래로 적시는 이치를 뽑아내고, 불에서 위로 타오르는 이치를 뽑아냈으며, 나무에서 휘어지거나 곧다는 관념이 나왔고, 쇠에서 힘에 따라 변할 수 있다(이것은 대체로 늘일 수 있고 단단하게 할 수 있다는 의미임)는 생각이 나왔고, 땅에서 심어서 기를 수 있다는 생각이 나왔다. 또 오미(五味)에서…… 아래로 젖어드는 물이 짜다는 것은 바닷물에서 나온 관념이고, 불이 위로 타오르는 것이 쓰다는 것은 태우면 쓴맛으로 변하기 때문이다……"[105)고 해석했다.

오행의 '상생'과 '상승'의 서열관계는 생활의 경험에서 기원하는 것이다. 예를 들면 나무는 불을 낳을 수 있고(목은 화를 낳는다), 불이 난 후에는 재가 생기며(화는 토를 낳는다), 광석의 원료는 땅 속에서 나오고(토는 금을 낳는다), 금속이 찬 기운을 만나면 이슬이 맺히고(금은 물을 낳고), 물은 식물을 기를 수 있고(물이 나무를 낳고), 물이 불을 꺼버리고, 불은 쇠를 녹이며, 쇠는 나무를 벨 수 있고, 나무는 흙을 뚫고 나오고, 제방은 물을 막을 수 있다. 이런 사실들은 모두 일상적인 사회생활에서 그것들의 성질과 기능이 맺고 있는 상호관계와 연관이다.

---

104) 『상서』「홍범」(洪範), "五行, 一曰水, 二曰火, 三曰木, 四曰金, 五曰土. 水曰潤下, 火曰炎上, 木曰曲直, 金曰從革, 土爰稼穡. 潤下作鹹, 炎上作苦, 曲直作酸, 從革作辛, 稼穡作甘."
105) 귀모뤄, 『중국 고대사회연구』, 人民出版社, 1964, 114쪽.

이런 성질과 기능, 순서, 효용에 대한 전체적 종합은 물론 자연자체의 성질에 대한 법칙적 이해와 인간의 실천적 경험이라는 두 가지 내용을 잘 혼합하여 짜고 있다.

언뜻 보기에 '상생'은 자연의 발생적 법칙에 대한 관찰기록을 중시하는 것 같지만, 실제로는 그 속에 사람들의 이들 법칙에 대한 운용내용을 포함하고 있다. 예를 들어 땅을 파서 광석을 채취하여야 '토 또는 금을 낳는다'는 관념이 생길 수 있는 것이다. '상승'은 인간사와 실천적 경험에 대한 개괄만을 강조하는 것 같지만, 사실은 그 가운데 이들 사물의 본성에 대한 이해가 분명히 포함되어 있다. 예를 들면 쇠나 돌은 어느 정도의 강도가 있어야만 '목을 이길' 수 있다. 바로 객관적 사물자체의 성질과 인간의 실제활동 및 경험이 서로 하나로 섞이고 혼합되어 순수한 실체(예를 들어 지·수·화·풍 또는 원자론)나 순수수학(예를 들어 피타고라스 학파)과는 다른 중국 오행설의 특징을 구성하게 된다.

여기서부터 뜻을 더욱 확장시켜 자연의 법칙, 성질, 인간의 활동, 경험을 서로 연관시키고 상호침투시키고 다시 그것을 확대함으로써 마침내 전체우주의 오행구조도 인간의 경험에서 벗어나지 않는 특색을 보존하게 만든 것이다. 이런 입장에서 '천인감응'을 중심으로 하는 동중서의 이론체계와 관념형태가 출현하는 것은 일종의 논리적 필연성을 가지는 것으로 보인다.

말하자면 실제적인 생활과 직접적 연관을 가지고 있는 이러한 실용이성은 추상·분석·추리라는 깊이 한쪽으로만 치우친 사변의 방향으로 발전하거나 관찰·귀납·실험 등의 순수한 경험론의 방향으로 발전하지 않고, 횡적으로 확대되어 사물 사이의 상호관계와 상호연관에 대한 전체적 파악의 방향으로 전개되어 나갔다. 즉, 실용이성은 기능에서 구조로 발전해갔으며, 기능상으로 가깝거나 유사함에 따라 많은 다른 일과 사물을 하나의 체계형식 속에 안배하고, 실용이성의 차원에서 그것들을 개괄적으로 파악하려고 시도한다. 이로부터 원시적이고 소박한 체계론적 사유의 특징들이 생긴다.

간단하게 말하면 이들 특징들은 다음과 같다. 첫째, 중요한 것은 어떠한 개별적인 기능이나 힘, 성질 또는 요소가 아니라 전체의 체계적 구조가 결정적인 영향력을 발휘하는 중요한 단계라는 것이다. 전체는 모든 기능과 요소를 합한 것과 다르며 그것들 또는 그것들의 합보다도 크다. 전체는 각각의 기능이나 힘, 요소와는 다른 성질을 가지고, 개별적인 것으로 환원될 수 없는 그 자신의 성질을 가지고 있다. 둘째, 간단한 단선적 인과율이 아니라 이 체계 속의 여러 가지 기능과 힘의 상호작용, 즉 그 안에 피드백 기능을 포함한 것이 바로 이 체계의 유기적 생명을 유지하는 관건이 된다. 셋째, 이 때문에 전체 체계는 정지되거나 불변하는 존재가 될 수 없다. 그것은 운동하고 변환하는 기능과 힘의 동태적 평형 속에 자리하며, 자기조절의 성격을 지니고 있다. 넷째, 비록 운동과 변화가 일어난다고 하더라도 이 체계는 반복적으로 끊임없이 순환하는 것으로 이미 존재하고 있는 체계의 안정과 지속을 뛰어넘거나 파괴하지는 않는다. 다섯째, 이러한 체계에 대한 전체적 파악은 기본적으로 분석적 처리를 거치지 않고(예컨대 진정으로 수학을 운용할 수 없는 경우) 어렴풋한 직관이라는 원시적이고 소박한 수준에 머물러 있다.

이것은 2,000년 전의 오행설에 현대적인 의미로 견강부회의 해석을 가한 것이 아닌가? 아니다! 현대의 체계론(시스템 이론―옮긴이)의 창시자들은 고대에 변증법 관념이 있던 것처럼 체계론의 사상이 존재했다는 것을 인정한다. 그것들은 모두 소박한 생활경험에서 나왔다. 중국이라는 특정한 조건 속에서 체계론의 관념은 변증법과 마찬가지로 이미 매우 충분하게 발전했다.[106) 동시에 거기에는 대략적이고 직관적이며 조잡하고 황당하면서 또 신비적인 고대의 원시적 흔적으로 가득 차

---

106) 청중잉(成中英)은 중국 철학의 특징(외재적이고 기계론적인 서양의 사상에 비해)으로 유기적 전체, 내재적 운동, 조화의 변증법, 다원적 구조 등을 제시하고 있다. 그러나 청중잉은 체계론과 중국 의학의 특징 등의 문제에 대해서는 이야기하지 않았다. "Toward Constructing a Dialectics of Harmonization: Harmony and Conflict in Chinese Philosophy", *Journal of Chinese Philosophy* 4, 1977, 209~245쪽을 보라.

있다. 특히 동중서처럼 선악·윤리·관제·행정·복식 등 모든 것을 이 우주도식에 집어넣는 경우[107]는 더욱 그러하다. 당시 정치적으로 나름대로 작용을 했지만, 그것들은 완전히 비과학적이고 반(反)과학적이다. 그것들은 의식형태의 허구적 측면에 속하는 것으로, 역사에 의해 비교적 빨리 버려지고 도태되었다.

음양오행 체계론의 과학적 측면은 그것이 어느 정도로 사물의 객관적 모습을 반영하고 있고, 아울러 일정한 범위와 일정한 정도로 유효하게 실제생활에 응용할 수 있기 때문에 이에 따라 보존과 계승을 거치면서 끊임없이 세밀해지고 풍부해졌다는 것에 있다. 이 체계론에서 여러 가지 성질과 기능의 순서와 연관, 유비와 감응관계에서는 의지론과 목적론에 비해 주관적 억측이 비교적 적게 나타나며, 그보다는 기계론과 결정론적 경향이 더 많이 나타나고 있다. 이 체계론의 가장 큰 성취와 전형적 형태는 중국의 의학 이론이라고 할 수 있을 것이다.

최근 많은 논저들은 중국 의학이 체계론의 특성을 가지고 있다고 말한다. 중국 의학의 기초이론은 『황제내경』(黃帝內經)에서 찾을 수 있다. 이 책이 씌어진 시기는 진한 시대로 보이며, 적어도 그것의 기본사상은 이 시기에 성숙되었다. 이 책은 오늘날까지도 여전히 중국 의학의 실천을 유효하게 지도하는 가장 중요한 책이다. 중국 의학과 그 이론은 수천 년을 거치면서도 쇠퇴하지 않았고, 역사의 오랜 실천적 검증을 거

---

107) 이 우주도식은 한대 철학에서 매우 유행하던 '원'(元)의 관념을 기초로 하고 있다. 동중서는 "원은 만물의 근본이다. 사람의 원도 있는데 그것은 어디에 있는가? 천지가 형성되기 이전에 있다(元者, 萬物之本. 而人之元安在乎? 乃在乎天地之前)"(『춘추번로』「옥영」)고 했다. 『황제내경』에도 "이른바 근본이라 하니 이것을 천원(天元: 어떤 판본에는 '六元'이라고 되어 있다)이라고 한다(所謂本也, 是謂天元)"(「소문·천원기대론」)는 말이 있다. 또 하휴(何休)는 "원이라는 것은 기이다. 형체 없이 생겨나서, 형체 있는 것으로 각각 나누어져 천지를 만들어 세우니 천지의 시작이다(元者氣也, 無形以起, 有形以分, 造起天地, 天地之始也)"(『춘추공양해고』春秋公羊解詁)라고 했다. 동중서의 '원'에 대해서는 철학가들 사이에 많은 논쟁이 있었다. 만일 이러한 언급들을 참조하여 위와 같은 우주론 체계의 입장에서 본다면, 이 '원'은 주로 '기'를 가리키는 것이지 정신이나 신령을 가리키는 것은 아님이 매우 분명한 것 같다.

치면서 지금까지 여전히 유효하다. 이것은 분명히 세계문명사의 기적 중의 하나로 보아야 할 것이다. 이런 중국의 의학 이론은 진한 시대의 우주론과 관련되어 있다.

중국의 의학 이론은 아주 먼 옛날에 생겼는데, 오늘날의 관점에서 볼 때 매우 견강부회하고 이상하고 괴이한 관점과 사상, 주장들이 그 속에 포함되어 있다. 예를 들면 무슨 '천인감응'이니 '오운육기' (五運六氣)니 하는 것이 그것이다. 이런 까닭에 중국 의학은 현대인들에 의해 매우 쉽게 미신으로 배척당하고, 황당한 이야기로 간주되기도 한다. 특히 발달한 현대의 실험과학, 현미경, 엑스선 등과 비교하여보고 대조할 경우는 더욱 그렇다. 그러나 특이한 것은 수천 년 동안의 실천적 경험, 그리고 오늘날에도 여전히 매우 광범위하게 행해지는 실천적 경험이 오히려 중국의 의학 이론이 말하는 관점들을 계속적으로 증명해주고 있다는 사실이다. 경락이론(經絡理論)을 예를 들어 말한다면, 비록 경락의 물질적 실체가 아직까지 발견되지는 않았지만 그것은 존재근거를 가질 뿐만 아니라 매우 영험하기까지 하다. 그리고 경락이론과 중국 의학의 오행설, 장상이론(藏相理論)은 불가분적으로 하나로 연결되어 전체 체계를 구성한다.

……서양의학의 방법은 구체에서 추상에 이르는 것이지만 이와 반대로 중국 의학은 대체로 추상에서 구체로 이른다는 느낌을 준다. ……일종의 추상적인 음양오행의 원리에서 출발하지만 결과는 오히려 매우 구체적이다. 즉 이때, 이곳, 이 사람, 이 병에서 구체화시켜 '증세를 판단하여 치료를 하는'(辨證論治) 것이다. 그러므로 봄과 가을에 따라 처방이 다르고, 성별과 나이에 따라 병의 치료가 다를 수밖에 없다. ……중국과 서양의 치료방법에는 다같이 정해진 법칙이 있지만 중국 의학의 정해진 치료법칙에는 보다 많은 융통성과 가변성, 다양성이 들어 있는 듯하다. ……나는 현대 의학이 몇 십 년 더 발전한 이후가 되어야 비로소 과학적인 엄밀성을 가지고 중국 의학

이 몇 천 년의 경험에 의거하여 귀납하여 구축한 전체 체계를 해석하고 판단할 수 있을 것이라고 항상 생각해왔다. 왜냐하면 현재 서양의학의 과학적 수준은 여전히 부분적인 경험을 요약하는 이론적 단계에 머물러 있고, 전체성으로서의 인간이라는 생물적이고 생리적인 메커니즘에 대해서는 전혀 이해하지 못하고 있다. 또 당분간 서양의학은 중국 의학이 제기하고 있는 여러 가지 실천적 경험과 이론체계에 대해 진정한 해석을 하기는 힘들 것으로 보인다. 그러나 중국의 의학 체계가 여전히 시대에 뒤떨어진 흔적들, 직관과 황당함, 견강부회와 실소를 자아내게 하는 이론 등을 그 속에 일정부분 포함하고 있다는 것은 분명하다.[108]

이미 온 세계에 명성이 자자한 중국의 침구술은 경락이론을 바탕으로 만들어진 것이며, 당연히 경락에는 아직 발견되지 않은 전자기나 화학 같은 물질적 담지체나 매개가 있는 것으로 보인다. 그러나 중국 의학이 파악한 것은 정보채널로서의 기능적 특징과, 스스로 제어하고 스스로 조절하며 피드백 기능을 지니고 있는 폐쇄적 순화체계로서의 구조체계였다. 경락은 중국 의학 이론의 한 부분에 불과하지만, 사실 중국의 의학 이론은 기능과 구조의 전체 체계에 대한 파악이라는 관점에서 성립된 것이다. 또한 생물 유기체가 생장·발전하는 동태적 평형과 자아조절의 조직구조를 유지하면서 일체를 파악하고 이해하며, 설명하고, 치료할 것을 요구한다.

예를 들면 중국 의학의 장부(오장육부를 말함—옮긴이)이론에서 장부는 주로 기능전체를 말하는 것이며 비록 그것이 실체적인 기관과 연관을 가지고 있다 하더라도, 해부학적 의미를 갖는 실체적인 기관은 아니다. 그것이 중요하게 여기는 것은 이러한 기능 사이의 서열관계와 구

---

108) 리쩌허우, 리우창린(劉長林), 『내경의 철학과 중국 의학 방법론』(內徑的哲學和中醫學方法論)「서문」, 科學出版社, 1982, 8~9쪽.

조적 연관이지 어떤 독립된 기관의 실체적인 상황을 말하는 것이 아니다. 중국 의학의 이러한 면모는 바로 천과 인간을 유비적으로 연결하는 음양오행의 도식을 철학적 기초로 삼고 있다.

하늘에 해와 달이 있는 것처럼 사람에게는 두 눈이 있다. 땅에 아홉 개의 주(州)가 있고, 사람에게는 아홉 개의 구멍이 있다. 하늘에는 바람과 비가 있는 것처럼, 사람에게는 기뻐함과 노함이 있다. 하늘에는 천둥과 번개가 있는 것처럼, 사람에게는 음성이 있다. 하늘에는 사시가 있고, 사람에게는 사지가 있다. 하늘에는 오음(五音)이 있고, 사람에게는 오장이 있다. 하늘에는 육률이 있고, 사람에게는 육부가 있다. 땅에는 12경수(十二經水: 중국 대륙을 관통하여 흐르고 있는 12개의 중요한 강)가 있고, 사람에게는 12경락이 있다. 1년에는 365일이 있고, 사람에게는 360개의 뼈마디가 있다.[109]

이러한 언급은 다음과 같은 동중서의 말과 비교해볼 수 있다.

인체가 360개의 관절을 가지고 있는 것은 하늘의 수와 합치하는 것이다. 사람의 신체와 뼈, 살은 땅의 두터움에 합치하는 것이고, 머리에 귀와 눈의 총명이 있는 것은 해와 달의 상징이며, 몸에 빈 구멍과 혈맥이 있는 것은 하천과 계곡의 표상이고, 마음에 희로애락이 있는 것은 신묘한 기와 동류이다. ……사람의 몸에서 머리가 크고 둥근 것은 하늘의 모양을 상징한 것이고, 머리카락은 뭇별들을 상징한다. ……작은 관절이 366개인 것은 한 해의 날 수에 짝하는 것이고, 큰 관절이 12조각인 것은 달 수를 본뜬 것이며, 안에 오장이 있는 것은

---

109) 『황제내경』「영구」(靈枢)「사객」(邪客), "天有日月, 人有兩目. 地有九州, 人有九竅. 天有風雨, 人有喜怒. 天有雷電, 人有音聲. 天有四時, 人有四肢. 天有五音, 人有五藏. 天有六律, 人有六府. 地有十二經水, 人有十二經脈. 歲有三百六十五日, 人有三百六十節."

오행의 수를 본뜬 것이고, 밖으로 사지가 있는 것은 사시의 수를 본
뜬 것이고, 눈을 감았다 떴다 하는 것은 밤과 낮을 본뜬 것이고, 어떤
때는 강하기도 하고 어떤 때는 약하기도 한 것은 겨울과 여름을 본뜬
것이고, 어떤 때는 슬펐다가 어떤 때는 기뻤다가 하는 것은 음양을
본뜬 것이다.[110]

위 말은 기본적으로 서로 같은 것들인가? 모두 다같이 황당한 견강부
회와 절대적인 착오를 범하고 있다.[111] 그러나 이들은 또한 똑같이 과

---

110) 『춘추번로』「인부천수」(人副天數), "人有三百六十節, 偶天之數也. 形體骨肉,
    偶地之厚也. 上有耳目聰明, 日月之象也. 體有空竅理脈, 川谷之象也. 心有哀樂
    喜怒, 神氣之類也. ……人之身, 首頒員, 象天容也. 髮, 象星辰也. 耳目戻戻, 象
    日月也. ……小節三百六十六, 副日數也. 大節十二分, 副月數也. 內有五臟, 副
    五行數也. 外有四肢, 副四時數也, 乍視乍暝, 副晝夜也. 乍剛乍柔, 副冬夏也. 乍
    哀乍樂, 副陰陽也."
111) 아래의 것은 2000년 전에 생겨서 지금까지도 중국 의학 이론 중에서 여전히 보
    존되어 유행하는 오행 분류도식이다. 그중에서 견강부회한 황당한 부분을 쉽게
    발견할 수도 있다. 합리적인 동류구조가 제법 깊이 있는 메커니즘을 그 속에 담
    고 있는가 하는 문제는 주의해서 탐구할 만한 가치가 있다.

오행	목	화	토	금	수
방위	동	남	중앙	서	북
계절	봄	여름	늦여름	가을	겨울
오곡	보리	콩	차기장	참깨	메기장
오기(五氣)	바람	더위	습기	건조	추위
시간	아침	한낮	오후	저녁	한밤
반응(應)	탄생	성장	변화	수확	저장
맛	신맛	쓴맛	단맛	매운맛	짠맛
소리	각	치	궁	상	우
색깔	청색	적색	황색	백색	흑색
오관(五官)	눈	혀	입	코	귀
오장	간장	심장	비장	폐	신장
육부	쓸개	소장	위	대장	방광
신체	근육	혈맥	살	피부	뼈
감정(志)	화냄	기쁨	걱정	슬픔	두려움
소리	부르는 소리	웃는 소리	노래소리	곡하는 소리	신음소리
맥	현맥	홍맥	유맥	부맥	침맥

학적 부분들을 가지고 있기도 하다. 다음과 같은 말을 보자.

하늘이 장차 비를 내리려고 하면 사람의 아픈 곳이 먼저 발작한다.
이것은 음기가 서로 감응하여 일어난 것이다. ……병자는 밤이 되면
아픈 것이 더 심해지고, 새벽이 가까워지면 닭의 우는 소리가 서로
부딪힌다. ……음양의 기는 그 종류에 따라서 늘어나기도 하고 줄어
들기도 한다.[112]

이것은 『황제내경』에서 이야기하고 있는 인간의 생리병리설(生理病
理說)과 크게 차이가 없는데, 모두 물질성의 음기와 양기의 유(類)를
통해서 천(밤과 낮)과 인간(체질이나 질병)이 감응하는 도리를 설명
하고 있다. 예를 들면, 동중서와 『황제내경』에서 이질적인 사물은 모
두 구조의 위치가 동일함에 따라 서로 영향을 줄 수 있다고 생각한다.
그 예로 여름, 남풍, 무더움, 불, 낮, 적색, 쓴맛이나 겨울, 북풍, 차가
움, 물, 백색, 단맛 등은 모두 계열적인 종류별 관련성을 가지고 있다.
즉, 질적으로는 다르지만 구조가 같기 때문에 상호작용할 수 있다는
것이다. 바로 동중서의 정치이론 중에서 여러 가지 인체생리상의 '천
인감응'을 말하고 있는 것과 같이(『춘추번로』의 「순천지도」처럼),
『황제내경』의 의학 이론도 여러 가지 정치적인 '천인감응'을 말하고
있다.

바람의 기는 동쪽에서 생기고 바람의 기는 목의 성질을 가진 사물
을 낳는다. 그 성질은 온화한 기를 퍼뜨리는 것이고, 그 기화(氣化)작
용은 만물이 생장하고 번성토록 하는 것이며, 그 정치는 양기가 퍼져
나가 만물이 생겨나오도록 하는 것이고, 그 명령은 바람과 같다.

---

112)『춘추번로』「동류상조」(同類相助), "天將陰雨, 人之病故爲之先動, 是陰相應而
　　起也. ……病者至夜而疾益甚, 雞至幾明皆鳴而相薄……陰陽之氣因可以類相
　　益損也."

……서쪽은 건조한 기운을 낳고, 건조한 기운은 금의 성질을 가진 사물을 길러 왕성하게 한다. 그 성질은 정결하고, 그 기화작용은 만물이 움츠러들고 수렴되도록 하는 것이며, 그 정치는 강하면서도 급하다. …… 그 성질과 기화, 정치, 명령 등의 정상적인 기후와 재변, 재이(災異) 같은 비정상적인 기후가 있는 것을 살펴보면 만물의 생장 변화는 모두 이것으로 말미암고 사람 역시 이것과 밀접한 관련을 가지고 있다.[113]

비록 그것들은 서로 다른 신분을 가지고 있고 그중 의식형태와 학문적 진리의 성분도 크게 다르지만, 당시 시대의 철학적 세계관으로서 이 체계론의 우주도식은 상당히 일치한다. 한 무제는 다음과 같이 말한다.

하늘에 대해서 제대로 말한 사람은 반드시 인간사 속에서 검증을 얻고, 옛것에 대해 제대로 말한 사람은 반드시 오늘의 현실 속에서 검증을 얻는다고 했다.[114]

황제가 말했다. "좋은 말이다. ……내가 듣건대, 하늘에 대해서 잘 알고 있는 사람은 반드시 사람의 신체에서 검증할 수 있어야 한다. 옛것에 대해 잘 알고 있는 사람은 반드시 오늘에 검증할 수 있어야 한다. 기에 대해서 잘 알고 있는 사람은 반드시 사물의 인식에 적용할 수 있어야 되고, 감응에 대해서 잘 알고 있는 사람은 천지의 변화의 규율에 적응할 수 있어야 한다. 변화에 대해 잘 알고 있는 사람은 신명(神明)의 이치에 통하여야 한다."[115]

---

113) 『황제내경』「소문」(素問)「기교변대론」(氣交變大論), "東方生風, 風生木, 其德敷和, 其化生榮, 其政舒啓, 其令風. …… 西方生燥, 燥生金, 其德淸潔, 其化緊斂, 其政勁切. ……有德有化, 有政有令, 有變有災, 而物由之, 而人應之也."
114) 『한서』「동중서전」, "善言天者, 必有徵於人. 善言古者, 必有驗於今."

이것 역시 대부분 기본적으로 일치하고 있다. 하나는 정치에서 출발하고 있고 다른 하나는 의학에서 출발했지만, 모두 천인(天人)과 고금(古今)에 대해 이야기하며, 그중에서 상호감통하고 상호감응하는 공통의 원칙을 찾고 있다. 이것이 당시의 시대정신이었다. 고대 중국 철학에서 '천인'과 '고금'은 항상 연관되어 있는데 『역전』, 『여씨춘추』, 『회남자』 및 음양가에서 동중서에 이르기까지 모두 그러했다.

하늘과 인간이 서로 감응하여 징험하는 것은 고금의 도이다. 공자가 『춘추』를 지을 때 위로는 하늘의 도를 깊이 연구하고 아래로는 인정을 탐구했으며, 옛날의 일을 참고하고 오늘날의 일을 고찰했다.[116)

자연철학과 역사철학을 하나로 동일시하는 것은 중국 철학에서 주의를 기울여볼 만한 주요특징이다.

그러나 오늘날에는 천과 인간, 자연과 사회, 그리고 신체와 정신을 반드시 유기체적 생명을 가진 화해적이고 통일적인 전체존재로 강조하는 관점이 비웃음과 질타를 당하고 있으며 황당한 관점일 뿐이라고 매도당한다. 하지만 그러한 관점들은 여전히 분명한 의미와 가치를 가지고 있다는 사실에 주목해야만 할 것이다.

인간(개인과 집단을 포함해서)과 환경, 사회, 자연 사이에 변화하면서 동시에 적응이 이루어지는 합리적·동태적인 평형관계를 어떻게 조화시키고 협조하게 할 것인가 하는 문제는 오늘날에도 여전히 중요하다. 이것은 단지 환경보호, 생태계의 평형, 인체의 생리가 어떻게 대자연과 협조할 것인가 하는 종류의 문제일 뿐만 아니라, 어떻게 인간의

---

115) 『황제내경』 「소문」 「기교변대론」, "(黃)帝曰: 善. ……余聞之, 善言天者, 必應於人. 善言古者, 必驗於今. 善言氣者, 必彰於物. 善言應者, 因天地之化. 善言化言變者, 通神明之理."

116) 『한서』 「동중서전」, "天人之徵, 古今之道也. 孔子作春秋, 上揆之天道, 下質諸人情, 參之於古, 考之於今."

심리적 · 정신적 상태를 대자연과 일치시키고 서로 박자를 맞추어 나갈 것인가 하는 보다 심각한 과제와도 관련되어 있다. 예를 들면, 현대 의학의 '바이오리듬' 학설은 『황제내경』에서 이야기하는 사계절과 밤낮에 따른 인체기운의 각기 다른 상태, 즉 '자오유주'(子午流住)*설 같은 것과 관련이 있다. 현대의 체계론에서 논의되는 기능과 구조의 복잡한 관계, 예를 들면 동일한 구조가 서로 다른 기능을 가질 수 있고, 동일한 기능이 서로 다른 구조를 가질 수 있다는 것 등은 또한 『황제내경』에서 말하는 같은 병에 치료가 달라질 수 있고, 다른 병에 치료가 같아질 수 있다는 관점들과 서로 공통된 연계점을 발견할 수 있을 것이다.

당연히 고대의 과학과 근대 과학은 수준에서 본질적인 차이가 있음을 고려해야 할 것이다. 결론적으로 어떻게 인간의 존재와 자연의 존재를 통일시키고 일치시킬 것인가 하는 매우 어려운 문제가 남는다. 물론 이 문제들은 원시적인 체계론 사상이나 낡고 고루한 도식을 통해서 해석되거나 제시될 수 있는 성질의 것은 아니다. 그러나 그 오랜 옛날에 이렇게 중요한 문제를 포함하고 있는 우주론이 성립되었다는 사실은 하나의 뛰어난 성과라고 말하지 않을 수 없을 것이다.

---

* 한의학에서 침을 놓는 자리와 혈을 배합하는 방법을 말한다. 인체의 기혈이 경락을 순환할 때, 시간의 변화에 따라 성하기도 하고 쇠하고, 또 열리기도 하고 닫히기도 하는 차이가 생기게 된다는 관점을 말한다.

4 오행도식의 역사적 영향

　앞서 말한 것처럼, 이런 체계론적 우주도식은 결코 하루아침에 이루어진 것이 아니다. 그것이 이미 사회의식과 학술사상의 주도적 지위를 가지게 된 이후로는 그 막강한 영향력이 하루아침에 쉽게 소멸될 수 없게 되었다. 오히려 반대로 이것은 중국에서 난공불락의 전통관념과 사유습관이 되었다.

　체계론적 우주도식이 직접적으로 미친 아주 나쁜 영향은, 진한 말기에 크게 유행하고 후한 시대에 정식으로 어용화된 이른바 참위신학(讖緯神學)이다. 참위신학은 일반적으로 동중서가 단서를 마련한 것으로 보고 있다. 참위신학이 미친 나쁜 영향은 모두 동중서에 의해 야기된 것으로 비판된다. '신학'이라고 말하는 것은 약간 지나친 감이 있다. 무엇보다 참위신학은 매우 단순하고 유치한 미신적인 관념으로, 주로 어떤 특정한 시기의 정치적 선전이나 신비적 미신으로 이용되었기 때문에 실제로 그 속에서 특별한 학문적 체계나 이론을 찾아보기는 어렵다. 참위신학은 일상적인 사회생활에서도 중요한 위치를 차지하지 못했으며, 이 때문에 후한 시대 이후에는 점차 사라져버린다. 물론 참위신학은 체계론적 우주도식의 진정한 영향을 실제로 대표할 수 있는 위치에도 있지 않았다.

오행도식이 미친 더욱 실제적이고도 깊은 영향은, 그것이 중국 사회사상과 관념형태의 수많은 영역에 침투되어 있다는 점이다. 이것을 통해서 보면 흡사 과학과 유사하지만 실제로는 많은 황당한 이론들로 구성되어 있다. 오행의 도식들은 수천 년 동안 소멸되지 않은 채 공적·사적 생활에 작용하여 행위와 사상면에서 별다른 비판적 자각없이 모델 또는 습관이 되었다. 심지어 오늘날에도 그것은 가끔 가라앉은 찌꺼기가 다시 올라오듯이 나타날 때가 있다. 아직까지도 '풍수'(죽은 사람을 매장한 곳의 지리적 위치가 산 사람의 운명에 영향을 줄 수 있다는 것)를 믿는 사람이 있고, 아직도 점 치는 것을 믿고 따르는 사람이 있지 않은가.

이 모든 이론적 근거와 사유의 모델은 모두 체계론적 우주도식의 오행, 음양, '천인감응' 등과 관련을 가지고 있다. 그것들은 보기에는 '객관' 또는 과학과 유사하며, 경험과 이론, 그리고 수천 년 동안 이어져온 신앙적 전통을 가지고 있다. 그리고 심지어 자신만만하게 중국 의학의 음양오행설은 영험하지 않은가? 그렇다면 풍수나 팔자의 음양오행설은 왜 영험하지 않는가? 하고 말한다.

이런 것들은 아직 외재적 현상에 불과하다. 더욱 중요한 것은 오행도식의 우주론이 인간의 심리구조에 미친 영향일 수도 있다. 예를 들면, 이러한 폐쇄적인 실용이성의 체계에 만족하여 진정한 과학적인 경험관찰이나 실험검증을 행하지 않고, 또 경험을 초월하는 이론적 사변이나 추상적 사유의 방향으로 나아가지 않았다는 것이다. 중국의 사유전통과 각종 과학(심지어 수학까지 포함해서)은 오랫동안 경험론의 이성적 수준에 만족하여 정체되어 왔다.[117] 이러한 결점은 아마도 조숙형의 체

---

117) 아인슈타인은 이런 유명한 말을 한 적이 있다. "서양과학의 발전은 두 가지 위대한 성과를 기초로 한다. 그것은 그리스 철학자들이 발명한 (유클리드 기하학 중에서의) 형식논리학의 체계와 체계적인 실험과 발견을 통해 (문예부흥기에서의) 인과론(因果論)을 찾아낼 수 있던 것 등이다. 내가 보기에 중국의 현철(賢哲)들이 이 두 가지 방향으로 발을 내딛지 않았다는 것에 놀라워할 필요는 없다. 사람들을 놀랍게 만드는 것은 이러한 발견이 (중국에서) 모두 이루어졌다는 사실이다."(『아인슈타인 문집』제1권, 商務印書館, 1976, 574쪽) 이 말은

계론적 사유와 관계가 있는 것으로 보인다.

왜냐하면 이러한 체계론 속에서는 모든 경험이 적절하게 안배되어 있는 것 같고, 모든 문제가 이 체계를 통해 해결가능한 것으로 보이기 때문이다. 그리고 사유가 현재의 경험을 벗어나 어떤 초월적인 성찰과 사변적인 추상을 진행하여, 사물의 본질을 보다 깊이 탐구할 것을 요구하는 것으로는 보이지 않기 때문이다. 이는 중국인들에게 추상적 사변의 능력과 흥미가 결핍되어서 그런 것이 아니다. 선진 시대의 명가(名家)나 묵변(墨辯)이 시도하던 추상적 사변에 대한 능력과 흥미는 이 점을 증명해준다. 다만 사유가 이러한 경험체계에 의해 속박되고 규범화됨으로써 정형화된 전통적 습관과 심리적 모델을 형성하게 되었던 것이다. 그와 동시에 체계전체를 중시함으로써 자각적이든 비자각적이든 많은 사물과 경험 각각에 대해서 독립적으로 깊이 있는 관찰과 연구를 하는 것을 상대적으로 경시하거나 도외시하면서, 구체적 사물의 분석이나 해부, 실험 등이 무시되는 것이다.

그 결과 중국 의학은 현실에서 행해지는 유효한 경험체계에 만족함으로써 인체의 해부를 더이상 중시하지 않았고, 그에 따라 오랫동안 발전이 늦어졌으며, 중요한 돌파나 갱신의 계기를 거의 마련하지 못했다. 이것들은 모두 직관적이고 원시적인 성숙하지 못한 체계론적 우주 도식이 초래한 전통적 사유구조의 약점과 결함이다.

더욱 중요한 것은, 이런 우주도식이 전체적인 정신의 특성과 민족성의 문제를 초래할 수도 있다는 점이다. 위의 우주도식은 폐쇄성, 순환성, 질서성이라는 특징을 갖는다. 폐쇄성은 인간의 심리와 성격에 자기만족감을 줄 수 있다. 그것은 과대망상과 보수적인 태도로 표현되며, 본래의 체계에 없는 것이 없이 모든 것이 갖추어져 있고 완전무결

중국 철학사 연구자들이 매우 관심을 가지고 주목해야 할 만한 문제를 제기한 것으로 보인다. 내가 보기에 중국에서는 추상적 사변의 수준이 아니라 단지 경험론적 수준에서 서양 과학기술의 성과를 "이루어냈고", 이런 것들이 오히려 과학의 비약적 발전을 극도로 제약한 것 같다.

하기 때문에 더 이상 밖에서 다른 것을 구할 필요가 없다고 생각한다. 순환론은 진정한 진화를 부정하는 것이기 때문에 앞으로 나아가는 것은 다만 복고에 불과할 뿐이고, 역사의 변천은 천도(天道)의 순환에 불과하다. 그러므로 "천하의 통합이 오래면 반드시 분열되고, 오랫동안 분열되어 있었으면 반드시 통합된다"(天下合久必分, 分久必合)고 말하는 것이다.

질서라는 성격은 자기분수를 지키고, 주어진 명에 따르는 숙명론적 태도를 동반하는 것으로, 인간의 모든 노력은 이미 정해진 질서도식(천도)의 제한과 제약을 받는다고 생각하고 있다. 사람들은 자신이 이미 정해진 위치에 고정되어 있다는 것, 그리고 그것을 벗어날 수 없다는 도식의 그물 속에서 살아가고 있다는 것을 스스로 인정하여 '생각은 자신의 지위가 가지고 있는 범위를 넘지 않게' 되고, 바깥에서 오는 압력을 참고 견뎌 더욱 노예근성을 배양하여, 누구도 '아니오!'라고 감히 말하지 못한다. 개체의 가치는 외재적 권위로서의 초개성적 보편적 질서에 완전히 종속되며, 폐쇄적인 네트워크 속에 갇히게 된다.

이에 따라 임금은 포용하고 신하는 충성하며, 부모는 자애롭고 자식은 효도하고, 지아비가 말하면 지어미가 따르는 등의 규범들은 사람들이 마음놓고 따를 수 있는 장구하고 보편적인 우주의 법규가 된다. 후대에 송대의 유학자들이 제기하던 '천리론'(天理論)이 오랫동안 인간의 마음을 장악할 수 있던 이유도, 아마 일찍이 진한 시대에 인간의 생활 속으로 침투해 들어가기 시작해서 하나의 전통이 된 이러한 우주도식관과 관련이 있던 것으로 보인다. 순환적이며 변동이 크지 않은 농업 소생산, 자급자족적인 폐쇄적 자연경제, 오랫동안 견고하게 영향을 미치던 혈연적 종법규범 등은 이러한 우주관을 유지하는 강력한 현실적 기초들이었다.

그러나 실제의 사정은 매우 복잡하다. 폐쇄적·순환적이고 질서를 강조하는 우주론의 체계도식은 인간의 심리에 어떤 적극적인 것을 던져주기도 하기 때문이다. 그것은 한편으로 외부사물을 배척하는 폐쇄성을 가지고 있고, 다른 한편으로는 또 외부의 사물을 흡수·소화하여 자신을 성장시킬 수 있는 관용과 유연성을 가질 수도 있다. 예를 들면 그것은 외래종교가 유학의 기본적인 정교(政敎) 구조를 위협하지 않는 범위 내에서 함께 존재하고 발전하도록 허용하며, 사람들이 자유로이 믿도록 놓아두었다. 오랫동안의 중국 역사에서 삼무(三武)*의 불교 탄압이라는 짧은 시기를 제외하면, 잔혹한 종교전쟁이나 탄압은 없었다. 이것은 이 도식자체가 여전히 일정한 운동·변환·갱신을 통해서 새로운 환경에 적응하고 자신을 조절함으로써 원래 체계의 생존을 유지할 수 있었기 때문으로 보인다. 곧, "궁하면 변하고, 변하면 통하고, 통하면 오래간다"는 것이다.

한당(漢唐)의 역사를 통해서 볼 때, 중국은 근본적인 원칙에서 원래의 체계와 충돌하지만 않으면 외래의 사물들을 거부하지 않았을 뿐 아니라 오히려 기꺼이 흡수·소화하는 데 적극적이었다. 또한 중국인들은 숙명론을 믿고 진화를 부인하는 순환론의 관점을 가지고 있다. 이 관점은 다른 한편으로는 엄청난 인내심을 가지고 계속적으로 분투하는 신념의 기초가 될 수 있다는 점에서 진정으로 철저한 비관주의자는 거의 드물다.

중국인들은 낙관적으로 미래를 바라보려고 하며, 매우 어려운 처지에 놓여 있다 하더라도 끝까지 "어려움이 극에 달하면 태평한 때가 오는"(否極泰來) 날이 있을 것이고 "때가 되어 좋은 운이 돌아온다"(時來運轉)는 점을 믿는다. 이것은 '천도' 또는 '천의'(天意: 객관적인 운행법칙)와 부합하기 때문이다. '천도'나 '천의'는 끊임없이 순환하는 객관적인 운행[118]이며, 따라서 중국인들은 자기마음대로 주재하는 인

---

* 불교를 금지하던 북위(北魏)의 도무제(道武帝), 북주(北周)의 무제(武帝), 당(唐)의 무제(武帝)를 삼무라고 한다.
118) 이것은 중국 상고시대에 이미 상당히 발전하던 천문학이나 점성술과 관련이 있다. 그것들은 음양오행 학설을 형성하는 과정에서 매우 중요한 근간이 되는 작용을 했다. 이른바 "하늘과 사람의 관계를 연구한다"는 것이 바로 여기서 연원한다.

격신(종교)을 크게 믿지 않는다. 또한 위에서 말한 질서는 사람을 보수적이고 나약하게 만들어 감히 모험을 하지 못하게 만들었다. 그러나 다른 한편으로는 사람들에게 어떤 일을 하거나 사람도리를 할 경우 전체를 살펴보고 전체국면을 파악하여 극단으로 흐르지 않아야만 전체적인 균형을 얻어서 생활과 신체, 인간관계의 화해와 안정을 유지할 수 있다는 점을 교육시킨다. 그에 따라 개개인도 이 체계 속에서 소속감을 얻게 되며, 고독하거나 쓸쓸하고 황당하여 의지할 곳이 없다는 감정에 빠져 하느님에 귀의하려는 느낌이 들지 않게 한다.

장점과 단점은 본래 이처럼 불가분의 관계로 결합되어 있다. 나는 "『황제내경』이 표현하는 것과 같은 중국 철학의 특징은 대단히 분명하다. 즉 음양의 상호보충, 오행의 피드백 기능, 동태적 평형, 중용과 조화, 전체에 대한 파악 등의 이러한 사유방법, 관념, 습관이나 취향은 바로 오늘날 중국의 실생활에서도 여전히 작용하고 있는 것이 아니고 무엇인가?"[119]라는 말을 한 적이 있다. 그러므로 그것들에 대해 보다 이분법적으로 진일보된 구체적인 역사분석을 가해야 한다. 물론 오늘날의 중국인들에게 더욱 중요한 것은 이러한 폐쇄적 전통과 습관, 관념을 인식하고 그것을 무너뜨리고 타파하는 것이지, 그것을 보존하고 '발양시킬 것'을 강조하여 절충주의와 아큐(阿Q)의 비극처럼 손댈 수 없는 매우 곤혹스런 상태로 빠져드는 것은 대단히 곤란하다.

나는 이 글의 서두에서 진한 시기가 물질문명(생산에서 과학기술까지)과 영토를 넓힌 측면에서 후대의 중국인들을 위해 건실한 기초를 제공했을 뿐만 아니라, 정신문명의 측면(문예, 사상, 풍속, 습관 등의 영역을 포함)에서도 마찬가지 역할을 했다고 말한 적이 있다. 바로 한대에 중국의 독특한 문화심리 구조가 최종적으로 형성된다. 이 문화심리 구조의 연원은 먼 고대까지 소급되지만, 한대에 이르러 그것은 비로소 성숙된다. 공자가 고대의 정신을 계승하여 새롭게 제기한 인학 구조[120]

---

119) 리쩌허우, 리우창린, 『내경의 철학과 중국 의학의 방법』「서문」.

는 주로 한대에 존재하던 일련의 행정규정, 예를 들면 유학에 대한 존중·효도의 제창·종법질서에 대한 존중을 통해서, 동시에 또한 동중서의 유학을 대표로 하는 '천인감응'의 우주도식을 통해 구체적으로 실현되었다.

비록 동중서의 유학이나 오행도식이 공자의 학설과 많은 차이가 있지만, 공자가 제시한 원시유학의 기본정신인 혈연의 기초, 심리원칙, 치국평천하의 이상, 실용이성, 중용관념 등은 오히려 모두 이 음양오행 체계론의 도식을 통해서 보존되고 확대되었다.[121] 이처럼 신앙 또는 종교적 기능을 가지고 있는 우주도식을 이론적 기초로 삼게 되면서 유학은 도리어 더욱 강화된 것으로 보인다. 유학은 여기에 이르러 다시 새로운 단계로 진입한다. 그것은 과거를 전체적으로 총결하여 도가와 법가, 음양가 등의 여러 학파를 흡수하고 포용했을 뿐만 아니라, 전체 사회생활 속으로 점차 깊숙이 침투하기 시작하여 민족심리와 민족성격에서 지우기 힘든 흔적을 만들어놓으면서, 여기서 나중에 외래세력에 의해서도 쉽게 동요되지 않는 것으로 되었다.

그러므로 다음과 같은 의문을 던져보지 않을 수 없다. 위진 시대 이후 불교가 동쪽으로 와서 커다란 세력을 확보하고 제왕의 극진한 대우와 대중의 추앙을 받으면서도, 여전히 중국의 정치, 문화, 사상의 면모를 근본적인 차원에서 변화시킬 수 없던 이유는 무엇인가? 그 이후의

---

120) 이 책의 「공자와 맹자의 철학」을 참조하라.
121) 다만 원시유학에서 강조하던 개체인격의 독립성과 자주성, 예를 들면 맹자가 "대인에게 유세하려면 그를 하찮게 여기라"(說大人則藐之:「진심」하편)고 한 그런 정신은 상당히 퇴색되었다. 이것은 물론 대체로 사회적 원인에서 기인한다. 씨족시대는 이미 지나갔고 이미 정해진 도식에 복종하는 것은 사상적 원인에서 온 것이다. 그러나 한대의 지식인들은 재이설(災異說)을 이용해 황제에게 경고하거나 심지어 '선양'(禪讓)을 요구하기도 했다. 염철회의(鹽鐵會議)에서 '문학(文學)·현량(賢良)'과 어사대부(御史大夫)의 격렬하던 논쟁, 지조와 명예에 대한 강조, 그리고 한말 태학생들의 운동 등은 모두 어렴풋하나마 원시유학 정신의 인격적 요구가 완전히 상실되지 않고 있음을 보여주는 예들이다. 그러나 후세와는 여전히 다른 점이 있다.

많은 다른 종교 교파들 특히 응집력이 대단히 강한 유대교와 이슬람교까지 모두 이러한 양상을 벗어나지 못한 이유는 무엇인가? 왜 모든 교파의 신도들이 대부분 도리어 한문화(漢文化)에 동화되었는가? 무엇 때문에 중국에서는 서양 중세기나 이슬람 국가처럼 정교(政敎)의 모순을 드러내거나 정치가 종교에 복종하는 것과 다른 현상이 나타나는가? 불교는 남북조(南北朝) 시대에 최소한 두 차례에 걸쳐 국교로 선포되었음에도 불구하고, 왜 중국 역사에 계속적인 작용과 영향을 주지 못했는가?

이것은 아마도 진한 시대에 이미 확립된 관료정치 체제와 그것에 적응하는 우주론의 체계도식의 의식형태와 어떤 관계가 없지 않을 것이라고 생각한다. 앞서 이미 말한 것처럼 이 체계의 도식 속에서 위로는 황제에서 아래로는 서민에 이르기까지, 또 신령의 세계를 모두 포함한 사물들이 모두 확정된 위치에서 규정되며, 다른 사물과 모두 나름대로의 정해진 관계나 연관, 제한을 가지고 있으면서 모두 각각 일정한 구속과 견제를 받으면서 결국에는 이 체계자체에 제약되어버린다.

이 체계자체는 최고의 권위와 신념이 될 만한 근거를 지니고 있는데, 그것은 바로 '천도', '천의', '천'이다. 이에 근거하여 천자(天子)는 '천'으로부터 '명을 받으며', 황권은 이미 신이 부여했다. 황제는 '천도'에 따라 행동함으로써 세상의 절대적 권위를 가지게 된다. 따라서 이론적·신앙적으로, 그리고 실제적으로 어떤 다른 종교적 인격신이 최고의 위치를 차지하게 하여 정교의 모순이나 정치가 종교에 복종하는 현상이 필요하지도 않을 뿐만 아니라 또한 불가능했다. 종교단체도 마찬가지이다. 그것은 이미 형성된 체계의 문관제도에 끼어들 방법이 없었다.

이와는 반대로 종교가 살아남기 위해서는 중국이 원래 가지고 있으며 이미 형성되어 있던 체계의 의식형태와 정교구조에 적응하거나 부합해야만 했다. 그래서 끊임없는 논쟁 끝에 승려들은 결국 천자에게 무릎을 꿇었고 이후 『보부모은중경』(報父母恩重經) 등의 책도 출현하게 된다. 불교의 교의와 그 종교적 힘이 결국 전통적 유학에 굴복한 것이다. 더욱이 중국의 실용이성이 포용하고 있는 회의론(懷疑論)의 정신은 중국의 지식인들이 사상적인 관점에서 광기를 띤 비이성적 종교숭배에 대해 끊임없이 비판하고 대항할 수 있도록 했다. 그리고 최종적으로 송명이학이 외재적 권위로서의 한대의 우주법칙을 도덕적 자각의 심성 이론으로 전환시키고 또 우주도식의 객관성을 윤리주체의 주체성으로 전환시킴으로써 불교에 대해 이론적인 승리를 거두게 된다.

진한 시기의 우주론과 마찬가지로 송명이학 역시 종교가 아니었다. 하지만 송명이학은 오히려 종교의 내용을 포용하여 모종의 종교적인 성능과 작용을 가지고 있었다. 그렇기 때문에 다른 종교를 필요로 하지 않았던 것으로 보인다. 공자는 "새나 짐승과는 함께 무리지어 생활할 수 없으니, 내가 이 사람들이 아니면 누구와 함께하겠는가"[122]라고 했고, 동중서는 "『춘추』가 다스리는 것은 너(타인)와 나다. ……인으로써 다른 사람을 편안하게 하고, 의로써 나를 바르게 한다"[123]고 했다.[124]

이것들은 모두 인간이 동물과 다른 차이점이 동류를 위해서 공헌을 할 수 있는가, 스스로 도덕적 책임(의義)을 다할 수 있는가, 다른 사람을 동정하고 사랑(인仁)할 수 있는가에 달려 있음을 보여준다. 이 때문에 개체적 존재의 의의는 자신에게 있는 것도 아니고, 신과 교통하는 것에 있는 것도 아니며, 육체적·정신적 향락을 누리는 것에도, 내세나 제도(濟度: 현실의 고해에 있는 중생을 피안으로 인도함)하는 것에 있는 것도 아니다. 개체적 존재의 의의는 바로 이 현세적 삶 속에, 보통의 생활 속에, '날마다 행하는 일상적인 윤리' 속에, '너-나'의 관계 속에 있다.

---

122) 『논어』 「미자」(微子), "鳥獸不可與同群, 吾非斯人之徒與而誰與?"
123) 『춘추번로』 「인의법」(仁義法), "春秋之所治, 人與我也……, 以仁安人, 以義正我."
124) 재미있는 것은, 동중서가 여기서 말하고 있는 것은 '인외의내'(仁外義內)로 맹자나 송명이학의 주장과 같지 않다. 이 점은 매우 극명하게 우주체계론과 심성 윤리학의 차이를 잘 보여주고 있다.

이러한 '너-나'의 관계는 근대 자본주의에서 말하는 원자적인 개인과는 다르다. 중국 고대에서 그것은 엄격한 친소관계를 가지고 있기 때문에 차별애(差別愛)를 가지고 있는 조직체계로 간주되었다. 이 조직체계를 완전하게 만들고 아울러 '천인감응'의 우주론적 차원으로까지 끌어올린 것이 바로 동중서를 대표로 하는 진한 철학의 근간('근간'이라고 말하는 것은 이외에도 왕충 등 다른 사상가들의 사상과 사조가 있기 때문이다)이었다. 이전의 공자의 인학은 주로 씨족귀족이 '자신을 법칙으로 삼는' 도덕론이었지만, 한대에 이르면 그것은 '천인감응'이라는 제국질서의 우주론으로 된다. 그것은 의식형태와 과학 문화라는 두 가지 측면에서 모두 한 단계 더 위로 끌어올린 것이었으며, 아래로는 위진 시대의 본체론과 송명이학의 심성론을 위해 충분하게 이론적인 저축을 한 것이라고 할 수 있다. 동중서 철학을 포함하고 있는 진한 철학에 대해 이러한 각도에서 관찰하고 이해한다면 그것이 가지고 있는 역사적 의미를 더욱 분명하게 발견할 수 있을 것이다.

• 『중국 사회과학』 1984년 제2기에 게재됨

장자 · 현학 · 선종의 철학

『사기』는 노자 · 장자 · 신불해 · 한비자를 같은 전(傳) 속에 놓고 있다. 그런데 노자와 한비자를 한곳에 놓는 것에는 나름대로의 이유가 있다. 왜냐하면 그들은 모두 사회 · 정치철학을 말하고 있고, 아울러 음모와 권모술수의 측면에서는 서로 연결되는 부분이 있기 때문이다. 그러나 장자[1]를 그 중간에 놓는 것은 분명히 왜곡된 점이 있는 것 같다. 장자와 노자는 매우 가까우며 서로 연결되는 관계를 가지고 있지만, 그들이 가지고 있는 기본적인 특징은 결코 같지 않다. 노자가 적극적으로 세상에 관심을 두는 정치철학을 말하는 반면, 장자는 초탈의 형이상학을 말하고 있다. 장자는 노자나 기타의 다른 철학자들과는 달리 '치국평천하'의 방책과 도리에 대해서는 매우 적게 이야기하고 있다. 그가 말하는 것은 주로 제물아(齊物我)*와 생사를 동일하게 보고, 이해의 초월과 양생 등의 다른 체계들에 대해 말하고 있다.

그러나 『사기』는 장자를 노자 · 한비자와 같이 놓고 있는데, 그것은 나름대로 충분한 이유가 있다. 『장자』 중에는 사회나 정치에 대해 매우 격분하는 말들이 많이 보인다. 이런 점에서 장자와 노자는 확실히 같은 맥락을 가지고 있다. 인의를 비판하고 유가와 묵가를 공격하며 '절성기지'(絶聖棄知)를 주장하고, 원시상태로 돌아가기를 원하여 "근본을 노자의 말에 둔다"고 했다. 이 때문에 진정한 사변과 정감의 형이상학이 아직 유행하지 않던 진한 시대에 사마천(司馬遷)은 정치철학을 가장 중요한 주제로 삼아 장자와 노자, 한비자를 한곳에 놓고 있다. 여기서 사마천은 다만 장자의 외편과 잡편(예를 들면 「어부」漁父,

---

1) 이 글에서는 『장자』 전서(全書)를 하나의 학파로 삼아 말한다. 따라서 그 속의 차이나 모순(예를 들면 공자에 대한 태도), 선후(先後)와 유가 및 법가사상의 침투 문제 등에 관해서는 말하려 하지 않는다.

* 피차(彼此)나, 다른 사물과 나의 구별은 나를 중심으로 해서 보는 것일 뿐, 상대적인 것이다. 상식이나 상대적 차별에서 벗어나서 보면 다른 사물과 나는 차별이 없고 똑같다는 것이다.

「도척」盜跖, 「거협」胠篋 등)만을 언급하고 가장 장자다운 내편(內篇)에 대해서는 말하지 않고 있는데, 이런 관점 역시 이해가 가능하다.

하지만 후대의 사대부 지식인들은 대부분 그의 내편을 가장 좋아한다.[2] 『장자』 내편 중의 사상은 후대의 중국 선불교의 탄생과 깊은 관련이 있다. 그것은 중국의 문예발전이라는 측면에서도 중요한 영향을 미쳤고, 오늘날의 중국이나 해외의 학자들은 장자를 실존주의 관점에 비교하기도 한다.[3] 다른 기타의 철학과 구별되는 특색을 가지고 있는 장자가 장자다운 특성들은 유가·묵가·노자·한비자의 사회·정치철학과 구별되고, 또 진한의 우주론 철학과도 다르다는 점이다. 장자와 선종을 대표로 하여 이상적 인격과 인생경계를 추구하는 본체론 철학은 중국 사상의 발전에서 또 다른 중요한 측면을 구성하고 있다.

---

2) 왕부지의 『장자해』(莊子解)에서는 다음과 같이 말한다. "『장자』의 내편은 『노자』와 비슷한 부분도 있지만 분명히 구별되고 일가(一家)를 이루고 있다. 여기에는 더이상 사람을 속이거나 기만하는 내용들은 보이지 않는다. 외편은 단지 『노자』의 훈고(訓詁)에 불과하여 깊이 있는 철리는 보이지 않는다."
3) 예를 들면 복영광사(福永光司)의 『장자: 고대 중국의 실존주의』 같은 책이 있다.

1 장자 철학과 미학

어떤 사람도 시대를 완전히 초월하거나 벗어날 수는 없다. 그런데 『장자』의 내편과 외편이 기본적으로 하나의 전체를 이룰 수 있는 점이나 『장자』 속의 '유유자적하게 스스로를 낮추는'(洸洋自恣以適己) 내용들은 마치 현실에서 크게 벗어난 말로 보일지도 모른다. 그러나 시대를 초월하는 이런 순수철학적인 인생에 대한 사변과 처세의 지혜가 여전히 장자와 장자 후학들이 속한 그런 현실적 공간과 토양을 벗어나서 성립된 것들은 결코 아니다.

그 시기는 마치 하늘이 무너지고 땅이 갈라지듯이 '완벽하게 아름다웠던' 전통사회가 철저히 와해되고, 잔혹한 새로운 제도가 다시 형성되는 때였다. 말하자면 씨족전통을 보존하고 있는 경제정치 체제의 초기 노예사회는 이미 붕괴되고, 물질문명이 신속히 발전하면서 역사는 크게 전진하여 생산과 소비가 대규모로 확대되고, 자본·향수(享受)·욕망이 끊임없이 누적되고 증가하여 노골적인 착취·약탈·압박이 갈수록 극렬해지는 시기였다. "부끄러움을 모르는 자가 잘살고, 교묘하게 말재간을 부리는 자가 높은 관직에 나아간다"[4]고 하여 끝없는 욕심은

---

4) 『장자』 「도척」, "無恥者富, 多信者顯."

부끄러움을 모르게 하고, 교활한 말로 자기욕심을 채우고 남을 음해하여, 문명의 진보가 가지고 온 죄악과 고난은 우리의 눈과 마음을 슬프게 한다. 이것은 그 이전에는 찾아보기 힘든 것들이다. 사람들이 날로 '물'(物)에 의해서 통치되고, 자신이 만든 재산·권세·야심·탐욕에 의해서 통치되어 그것들은 이미 거대한 소외의 힘이 되어 사람들의 심신을 주재하고 지배하고 또 조정하고 있다.

여기서 장자는 이 문제에 대해 강렬한 저항을 보여주고 있다. 그는 "사람이 외물(外物)에 의해서 부려지는 것"(人爲物役)에 항의하여 '물이 다른 물에 의해 부려지지 않는 것'(不物於物)을 바라고, 인간의 '본성'을 회복하여 그곳에 돌아가기를 희망했다. 이것은 아마도 세계역사상 가장 일찍 출현한, 반(反)소외의 호소인 것으로 보인다. 그것은 문명의 출발기에 생겨났다. 오늘날 철학사가들에 의해서 비판되는 장자의 그런 낙후성·반동성과 도태적인 사회·정치사상의 경향은 실제로 바로 이렇게 소외에 반대하는 것에서 기인한다.

옛날 황제(黃帝)가 처음으로 인의를 말하여 사람들의 마음을 어지럽게 만들었고, 요와 순은 넙적다리에 솜털이 없어지고 다리의 굵은 털이 없어질 만큼 자신들의 몸을 혹사시키고 수고롭게 하면서도 천하 사람들의 몸을 기르기에 힘썼다. 자신의 오장에는 고통을 주면서 천하를 위해서는 인의를 행하고, 자신의 혈기를 억제하면서 법도를 규정했으나, 천하는 여전히 잘 다스려지지 않았다. 요 임금은 환두(讙兜)를 숭산(崇山)으로 추방시켰고, 삼묘(三苗)를 삼위산(三峗山)으로 쫓아냈으며, 공공(共工)을 유도(幽都)로 유배시켰다. 이것은 바로 천하가 잘 다스려지지 않았기 때문이다. 그 뒤를 이어 하나라의 우왕, 은나라의 탕왕, 주나라의 문왕 등이 통치하는 삼왕시대가 되자 천하는 더욱 소란해졌다. 아래로는 걸왕·도척과 같은 사람이 나타나고, 위로는 증삼(曾參)과 사추(史鰍)와 같은 사람이 있고, 유가와 묵가가 모두 일어났다. 그래서 사람들은 기뻐하거나 슬퍼하면서 서로 의심하고, 어리석은 자와 교활한 자가 나타나 서로 속이며 서로 옳다 그르다 하여 비방하고, 허위니 진실이니 하여 서로 따지게 되어 천하는 쇠약하게 되었다.[5]

장자는 비단 '인의'를 필요로 하지 않을 뿐만 아니라 기술적 진보 역시 필요가 없다고 말한다.

활·쇠뇌·그물·주살·돌로 만든 기계 등 새를 잡기 위한 지혜가 많아졌기 때문에 하늘을 나는 새들은 어지러이 흩어져버린다. 낚시 바늘과 미끼, 큰 그물, 던지는 그물, 손그물, 통발 등 물고기를 잡는 지혜가 많아지면서 물고기는 물에서 어지러이 흩어져버린다. 칼과 둘러치는 큰 그물, 토끼잡이 그물, 우산 모양의 그물 등 짐승을 잡는 지혜가 많아지면서 짐승들은 연못가에서 어지러이 다닌다.[6]

자공이 말하기를, "여기에 기계가 있습니다. 하루에 100이랑의 밭에 물을 댈 수 있습니다. 힘은 적게 들고 효과는 큽니다……." 밭일을 하는 노인은 화난 듯이 얼굴색을 바꾸고 빙그레 웃으면서 말했다. "나는 나의 스승으로부터, '교묘한 기계를 가지고 있는 자는 틀림없이 지혜를 짜내어 교묘한 일을 하려 한다'는 말을 들었다. 그러한 일을 하려는 자는 분명히 어떤 일을 도모하려는 마음을 가슴 속에 가지고 있다. 어떤 일을 도모하려는 마음이 가슴 속에 있으면 순수한 혼은 자리잡을 수 없게 된다. ……나는 그런 것을 모르는 것은 아니지

---

5) 『장자』「재유」(在宥), "昔者黃帝始以仁義攖人之心, 堯舜於是乎股無胈, 脛無毛, 以養天下之形. 愁其五藏以爲仁義, 矜其血氣以規法度, 然猶有不勝也. 堯於是放驩兜於崇山, 投三苗於三峗, 流共工於幽都, 此不勝天下也. 夫施及三王而天下大駭矣. 下有桀·跖, 上有曾·史, 而儒·墨畢起. 於是乎喜怒相疑, 愚知相欺, 善否相非, 誕信相譏, 而天下衰矣."
6) 같은 책, 「거협」, "夫弓弩畢弋機變之知多, 則鳥亂於上矣; 鉤餌罔罟罾笱之知多, 則魚亂於水矣; 削格羅落罝罘之知多, 則獸亂於澤矣."

만 그것을 사용하는 것은 부끄러운 일이기에 하지 않을 뿐이다."[7]

그러면 어떻게 한단 말인가? 여기에 대한 해답은 가장 오래 전의 원시사회로 돌아가는 것이다.

당시에는 산 속에 좁은 길도 없었고, 호수에는 배나 다리도 없었다. ……금수와 더불어 함께 살고, 무리를 이루어 만물과 함께했다. …… 백성은 자신이 무엇을 하고 있는가를 모르고, 또 어디에 가는지를 모른 채 행동하고, 그저 입 속에 먹을 것을 넣고 우물거리며 배를 두드리고 놀았다.[8]

누워 있을 때는 쉬는 듯이 쉬고, 일어나 있을 때는 편안히 아무것도 하지 않았다. 사람들은 그 어머니는 알았으나 아버지를 몰랐으며 사슴들과 함께 살았다. 밭을 갈아 음식을 먹었고, 실을 뽑아 옷을 해서 입어 남에게 해를 입힐 생각이 없었다. 이것이 바로 훌륭한 덕을 높인 때이다.[9]

이것은 자연히 원시생활을 극단적으로 미화시킨 공상이다. 역사적으로 근대 문명을 비판한 낭만주의 사상가들, 예컨대 루소에서 현대 낭만파에 이르기까지 모두 자연(생리적 자연이나 생활적 자연을 막론하고)을 미화하고 과장하여, "자연으로 돌아가자"는 것이야말로 '인간성'을 회복하는 것 또는 해방하는 것이라고 생각했다. 그들과 비교하면 장자

---

7) 같은 책, 「천지」(天地), "子貢曰, 有械於此, 一日浸百畦, 用力甚寡而見功多……. 爲圃者忿然作色而笑曰, 吾聞之吾師, 有機械者心有機事, 有機事者必有機心. 機心存於胸中則純白不備. ……吾非不知, 羞而不爲也."
8) 같은 책, 「마제」(馬蹄), "當是時也, 山無蹊隧, 澤無舟梁……同與禽獸居, 族與萬物並……民居不知所爲, 行不知所之, 含哺而熙, 鼓腹而遊."
9) 같은 책, 「도척」, "臥則居居, 起則於於, 民知其母, 不知其父, 與麋鹿共處, 耕而食, 織而衣, 無有相害之心, 此至德之隆也."

는 이런 주장을 가장 빨리, 가장 철저하게 주장한 사람이라고 할 수 있다. 왜냐하면 그는 모든 문명과 문화를 전면 부정하고, 문명과 문화를 포기하여 원시상태로 돌아가 마치 아무것도 없는 듯, 바보처럼 정신이 없는 듯, 무의식·무목적을 가지고 "백성은 자신이 무엇을 하고 있는가를 모르면서 있고, 또 어디에 가는지를 모르고 행하고", "태어나서도 그 태어난 이유나 목적을 모르는"[10] 마치 동물과 똑같이 생활하기를 요구하고 있다. 이렇게 하여야 진정한 행복을 성취할 수 있다고 장자는 생각했다.

그러나 역사는 결코 이런 이론을 따라서 전이(轉移)되지 않는다. 전체적으로 말하면 역사는 결코 과거로 돌아가지 않고, 또 물질문명은 소멸하는 것이 아니라 갈수록 더욱 발달해가며, 생활에 대한 기술의 간섭과 생활 속에서의 기술의 위치 역시 마찬가지로 더욱 공고해진다. 비록 이런 진보 때문에 심각한 대가를 지불하기는 하겠지만, 역사는 본래 이런 문명과 도덕, 진보와 착취, 물질과 정신, 환락과 고난이라는 이율배반과 심각한 충돌 속에서 진행되므로 당연히 비극적 모순을 초래할 수밖에 없다. 이런 모순은 발전하는 현실과 그것을 가로막을 수 없는 필연성 때문에 생겨난다. 이는 바로 마르크스와 엥겔스가 일찍이 깊이 있게 토론하던, 역사 속에서의 자본주의의 발전과정과 꼭 같다.

이 때문에 장자(후대의 문명을 비판하는 진보적 사상가들까지 포함하여) 철학이 가지고 있는 의미는 결코 이런 "자연으로 돌아가자"는 비현실적이고 공허한 외침과 적극적 주장에 있는 것이 아니라, 그것들이 계급사회의 어두운 측면을 드러내어 현실의 고난을 기술하고 인간의 불평등을 경청하여 강자의 비열함을 드러내는 데 있다. 장자의 많은 부정적 의미를 가진 언어와 논단, 예를 들면 유명한 "저 허리띠에 붙은 장식을 훔치는 작은 도둑은 주살당하지만 나라를 훔친 자는 제후가 되고, 제후의 권문세가는 인의를 빙자하고 있다"[11]는 식의 경구는 매우

---

10) "生而不知其所以生."

깊이 있고 예리하여, 지금도 여전히 비판적 생명력을 유지하며 사람들로 하여금 깊은 반성을 하도록 만들고 있다.

장자는 이런 문명비판 속에서 더욱 중요한 독창성을 보여주고 있다. 노자와 크게 다른 점은 예를 들면, 첫번째로 개체적인 존재를 부각시키는 것을 들 수 있다. 기본적으로 그는 인간의 개체라는 각도에서 이런 비판을 하고 있다. 그가 관심을 두고 있는 부분은 윤리나 정치문제가 아니라 개체존재의 몸(생명)과 마음(정신)의 문제에 있다. 이것이 바로 장자 사상의 실질적인 내용이다.

그러므로 이것에 대해 논하여보자. 하은주의 삼대 이후 천하에는 외물(外物)에 의해서 자신의 본성을 바꾸지 않는 자가 없게 되었다. 소인은 이익을 위해 자신을 버리고, 선비는 몸으로 명예를 얻으려 하고, 대부(大夫)는 가문을 위해 자신을 희생하고, 성인은 몸을 천하를 위해 희생했다. 이들 몇몇 사람들은 자신들이 하는 일들이 다르고 명성이나 평판은 다르지만, 천성을 손상시키고 몸을 희생했다는 점에서는 똑같다. ……백이는 도의의 명예를 지켜 수양산 아래에 숨어 살다 굶어 죽었고, 도척은 이익을 탐내다 동릉산(東陵山) 위에서 죽었다. 이 두 사람이 죽은 이유는 다르지만, 그 생명을 없애고 본성을 손상시켰다는 점에서는 똑같다.[12]

오늘날 세속의 군자들은 대부분 자신의 신체를 위험하게 하며 목숨을 버려서라도 다른 것들을 위해 희생하고 있는데, 어찌 슬픈 일이라 하지 않을 수 있는가?[13]

일단 조화를 받아 형체를 이루면, 바로 죽지는 않는다 해도 결국에

---

11) 『장자』「거협」, "彼竊鉤者誅, 竊國者爲諸侯, 諸侯之門而仁義存焉."
12) 같은 책, 「변무」(騈姆), "故嘗試論之, 自三代以下者, 天下莫不以物易其性矣. 小人則以身殉利, 士則以身殉名, 大夫則以身殉家, 聖人則以身殉天下. 故此數子者, 事業不同, 名聲異號, 其於傷性, 以身爲殉, 一也. ……伯夷死名於首陽之下, 盜跖死利於東陵之上, 二人者, 所死不同, 其於殘生傷性均也."
13) 같은 책, 「양왕」(讓王), "今世俗之君子, 多危身棄生以殉物, 豈不悲哉."

는 다하여 없어지는 것이다. 신체는 외물과 서로 부대끼고 시달려 그 진행하는 것이 마치 말을 달리듯 빠르며, 누구도 그것을 정지시킬 수 없으니 또한 슬프지 아니한가! 평생토록 일하고 애쓰면서도 어떤 성공을 얻었는지를 보지 못하고, 피로해져 지치고 병들면서도 그 가는 곳이 어디인지 모른다. 이 또한 슬프지 아니한가! 그런데도 사람들은 인간이 헛되이 죽는 것이 아니라고 하는데, 이것이 무슨 보탬이 되겠는가? 신체가 변화하여 생명이 다할 뿐 아니라, 인간의 마음도 이와 함께 다하여 끝난다. 이것을 큰 슬픔이라고 말하지 않을 수 있겠는가? 인간의 삶이라는 것은 진실로 이와 같이 분명하지 않는 것일까?[14]

장자는 끊임없이 분투해야 하는 인생살이에 대해 매우 슬퍼했다. 또한 마음이 신체에 의해 부려지는 것에는 어떠한 의의도 없는 것으로 찬탄하고, 만약 삶이 이와 같다면 그것은 사망한 것이나 마찬가지라고 보았다. 대부에서 소인까지, 도적에서 성현에 이르는 모든 사람들이 각기 다른 외물들에 의해서 부려진다. 예를 들면 사람들은 이름, 이익, 가족, 국가에 의해서 끊임없이 분투, 노력하고 희생을 강요당한다. 그러나 그것들은 다만 자신의 신체를 해치는 것일 뿐으로, 자기개체의 자연 '본성'을 손상시키는 것이나 마찬가지이다. 똑같이 슬픈 것은 '사람(개체적 심신)이 외물(사회화된 각종 존재)에 의해서 부려진' 결과에 있다.

어떤 학자들은 장자가 다름 아닌 양주(楊朱)라고 보기도 한다. 왜냐하면 그들은 모두 생명을 귀하게 생각하여(貴生) 생명존재를 아껴야 할 것을 강조하기 때문이다. 사람은 여러 가지 '몸 바깥의 사물'(명예

---

14) 같은 책, 「제물론」(齊物論), "……一受其成形, 不亡以待盡. 與物相刃相靡, 其行進如馳而莫之能止, 不亦悲乎! 終身役役而不見其成功, 茶然疲役而不知其所歸, 可不哀邪! 人謂之不死, 奚益? 其形化, 其心與之然, 可不謂大哀乎? 人之生也, 固若是芒乎?"

나 재산 또는 인의의 도덕을 모두 포함해서)들에 의해 부려져서는 안 된다. 그런 것들은 모두 쓰임새가 없고 가치도 없고 의미도 없는 것으로, 오로지 사람이 살아 있을 때만 진실할 뿐이다. 그리하여 "도의 진실은 그것으로 몸을 다스리는 데 있다"[15]고 했다. 장자의 "나는 장차 재목됨(材)과 재목되지 못함(不材)의 사이에 처할 것이다"[16]는 유명한 이야기와 「양생주」(養生主)에서 말하는 "선한 일을 해도 세상의 좋은 평판을 얻지 못하고 나쁜 일을 해도 형벌을 받지 않는 것처럼……몸을 보존할 수 있고, 생명을 온전하게 할 수 있다"[17] 등은 모두 장자의 '보신전생'(保身全生), 즉 생명을 보존하는 근본적 관점을 나타내는 것으로 보인다.

이것에는 진실로 "지금 세상에서 특별한 형을 당해 죽은 자가 서로 포개져 있고, 형틀을 찬 자들이 너무 많아 서로 밀리고, 살육을 당한 자들이 온 눈에 찰 정도이다"[18], "오늘날에는 다만 형을 약간 면할 뿐이다"[19] 등의 어지러운 사회현실에 대한 두려움이 반영되어 있다. 그러나 이런 점을 이론적으로 말하면, 사람을 개체의 혈육을 가지고 있는 몸으로서의 존재와 어떤 공동체(가家·국國……)로서의 사회존재 및 어떤 목적(명名·이利……)의 수단존재 사이의 모순과 충돌을 가진 존재로 의식했다는 사실은 고대사상사에서 하나의 중요한 발견이라고 할 수 있다. 여기서 장자는 무엇을 인간의 '진실한' 존재라 할 수 있고 무엇을 인간의 '본성'이라고 할 수 있는가, 또 인간은 어떻게 해야 외재하는 환

---

15) 같은 책,「양왕」, "故曰, 道之眞以治身."
16) "吾將處於材與不材之間."
17) 『장자』「양생주」(養生主), "爲善无近名, 爲惡无近刑……可以保身, 可以全生."
18) 같은 책,「재유」(在宥), "今世殊死者相枕也, 桁陽者相推也, 刑戮者相望也."
19) 같은 책,「인간세」(人間世), "方今之時, 僅免刑焉." 생명을 보전하는 것은 유가의 일관된 사상이다. 『논어』의 「헌문」(憲問)에 "나라에 도가 있으면 말과 행실을 높게 하고, 나라에 도가 없으면 행실을 높게 하고 말은 겸손하게 할 것이다"(邦有道, 危言危行; 邦無道, 危行言孫)라고 했다. 또 『중용』 제27장에 "나라에 도가 있으면 그 말이 나라를 진흥시키고, 나라에 도가 없을 때에는 그 침묵이 난세를 받아들이기에 족하다"(國有道, 其言足以興, 國無道, 其默足以容)고 했다.

경·조건·제도·관념 등에 의해서 결정·제어·지배·영향을 받지 않을 수 있는가 하는 인간의 '자유'문제를 말하고 있다. 장자는 가장 일찍이 개체의 각도에서 이런 거대한 문제를 언급하고 있는데, 이것이 바로 장자 철학의 주제이다.

당연히 장자는 이 문제를 이해할 수도 없었을 것이고, 또 진정으로 제기할 수도 없었을 것이다. 이것은 『독일 이데올로기』(*Das Deutsche Ideologie*)에서 말하는 것과 꼭 같다.

모든 개인은 자신의 생활조건이 이미 벌써 정해져 있다는 것을 알 수 있을 것이다. 계급이 그들의 생활상황을 결정하는 동시에, 또한 그들의 개인운명을 결정하여 그것으로부터 지배를 받기 때문이다. 이것은 개인이 분업에 복종하는 것과 거의 유사한 현상이다. 이런 현상은 오로지 사적 소유제를 없애고 노동 자체를 없애는 것을 통해서만 비로소 제거될 수 있는 것이다.

역사의 진보과정을 통해서만 사적 소유제와 소외된 노동을 없앨 수 있다. 여기에 앞서서 인류문명사의 발전과정 속에는 필연적으로 소외가 존재하고, 어떤 역사시기로 도약하기 위해서는 인간의 자연스러운 '본성'을 '회복'하여야 한다. 이로부터 '자유'의 상고(上古) 시기로 돌아가 장자가 이야기한 것처럼 사적 소유제와 일체의 모든 문명 및 '노동 자체'를 즉시 없애버릴 것을 요구하여, 마치 동물이 살아가는 것처럼 어떠한 지식이나 의식도 없는 생활을 하도록 하는 것은 현실적으로 불가능하다. 이것은 역사라는 수레를 거꾸로 돌리는 것일 뿐이다. 왜냐하면 인간의 '본성'·'독립'·'자유'와 인간의 '진실존재'는 모두 구체적인 역사이기 때문이다. 자연성이 결코 '인간의 본성'은 아니며, 동물성의 개체적 자연존재는 결코 자유롭지 못하다. 동물성의 자연적인 생존 또한 인간의 자유로운 이상 상태는 아니다. 동시에 개체적인 인간은 자연육체로서 결국 죽어야 하는 것이기 때문에, 몸의 보존이라는 것은 영원할 수가 없다.

이 점은 장자 스스로도 알고 있는 문제이다.[20] 여기에서 어떻게 고난의 세계를 초탈하고 생사라는 이 큰 관문을 넘어설 수 있을까라는 문제는 결국 물질세계 속에서 현실적으로 실현할 수 없는 것이기 때문에, 결국에는 인격이상의 추구라는 이 정신 위에서 구체화될 수밖에 없다. 개체존재의 형(形: 육신)과 신(神: 마음)의 문제는 최종적으로 인격의 독립과 정신의 자유로 귀결된다. 이것이 장자 철학의 핵심이다.

장자는 이러한 이상적 인격을 형성하기 위해 이야기를 과장하고, 이야기를 재미있게 풀어가려고 한다. 「소요유」(逍遙遊) 중의 많은 아름다운 이야기 속에서 '지인'(至人)ㆍ'진인'(眞人)ㆍ'신인'(神人) 등의 고급스러운 호칭을 말하고 있는데, 이들이 장자가 추구하는 이상적 인격이다. 장자의 이런 이상인격에 대한 추구는 '도'의 논증을 통하여 전개되고 도달한다. 이것이 바로 그의 본체론적 철학이다.

장자 철학 중에서 '도'는 매우 복잡한 개념이다. 철학사가들은 이 문제를 놓고 많은 논쟁을 했다. 어떤 사람들은 '도'를 정신으로, 또 어떤 이들은 '물질'로, 또는 그것을 상제(上帝)로 판단하기도 했다. 어떤 사람들은 '도'가 객관적이라고 하고, 또 어떤 이들은 주관적인 것이라고도 했다. 결국 도의 특징은 어디에도 없는 곳이 없는(無所不在) 것이고, 영원히 계속 존재하는(萬古長存) 것 같다. 도는 천지보다 앞서고 만물보다 이르며, 어떤 다른 것보다 높은 것이며, 귀신ㆍ상제ㆍ자연ㆍ문명 모두를 포괄하고 있어서 우리의 감각기관으로는 감지할 수 없다. 또한 사변을 통해서는 인식이 불가능하고, 언어를 통해서도 표현해낼 수 없는 것이다. 하지만 사람들에 의해서 깨닫고 알 수 있는 것이기도 하다. 도는 의지가 없고, 하려고 하는 욕망이나 원하는 것이 없고, 인격

---

20) 장자가 신선가(神仙家)인가라는 문제에 관해서는 이 글에서 언급하지 않을 것이다. H. G. Creel, *What is Taoism*을 참조하라. 크릴은 신선이 되는 것과 철학적 사고가 모순됨을 과도하게 강조할 뿐이며, 그것들이 바로 인격문제에서 통일되고 있다는 관점은 모르고 있다.

이 없고 작위(作爲)하는 바가 없지만, 하지 못하는 것이 없다. 장자는 다음과 같이 말한다.

　　도라는 것은 정감을 가지고 있고 진실함도 가지고 있지만 작위하지 않고, 알 수 있는 형체도 없다. 도는 전할 수는 있어도 받을 수는 없고, 얻을 수는 있어도 볼 수 없다. 옛부터 도는 본디부터 존재하여 귀신과 상제에게 신령함을 주고, 하늘과 땅을 만들어내었다. 또 하늘의 극에 있으면서도 그 높음을 드러내지 않고, 천지사방의 아래에 있으면서도 심오함을 모두 드러내지 못했다. 그것은 천지가 생기기 이전부터 존재하면서 그 유구함을 드러내지 않고, 태곳적부터 작용을 계속하면서도 늙음을 드러내지 않는다.[21]

　　"도라는 것이 어디에 있습니까?" 하고 묻자 장자는 "없는 곳이 없다"고 했다. "……도라는 것은 들을 수 없는 것인데, 들을 수 있었다면 도가 아니다. 도라는 것은 표현할 수 없는 것인데, 표현할 수 있다면 도가 아니다. 도는 말할 수 없는데, 말했다면 도가 아니다! 감각으로 표현할 수 있는 형을 이루는 도는 형이 없는 것이 아닌가! 도는 도라는 이름으로 부를 수 없는 것이다. ……도는 물을 수도 없고, 물음에 대답할 수도 없는 것이다."[22]

　　도는 신비감으로 가득 차 있는 무한한 실체이다. 그러면 이 실체가 가지고 있는 특징은 무엇인가?

---

21) 『장자』 「대종사」(大宗師), "夫道, 有情有信, 無爲無形; 可傳而不可受, 可得而不可見; 自本自根, 未有天地, 自古以固存; 神鬼神帝, 生天生地; 在太極之上而不爲高, 在六極之下而不爲深, 先天地生而不爲久, 長於上古而不爲老."
22) 같은 책, 「지북유」(知北遊), "……所謂道, 惡乎在? 莊子曰: 無所不在……道不可聞, 聞而非也; 道不可見, 見而非也; 道不可言, 言而非也! 知形形之不形乎! 道不當名. ……道無問, 問無應."

노자는 "도는 자연을 본받는다"[23], "도를 잃은 후에 덕을 얻고, 덕을 잃어버린 후에 인(仁)한다"[24], "도를 하는 자는 날마다 덜어주고, 덜고 또 덜어서 무위에 이른다"[25] 등등을 말했다. 여기서 노장의 '도' 또한 확실히 일치한다. 즉, '도'의 특징은 자연스러워 조금의 작위(作爲)도 하지 않는 것에 있다. 그러므로 그것은 일체의 위에 있으면서 또한 일체 속에 있다. 사람들은 이것을 마땅히 숭배하고 배워야 할 것이다.

나의 스승이여! 나의 스승이여! 나의 스승은 만물을 바르게 조화하고도 의롭다 하지 않고, 은혜로운 덕택을 만세에 미쳐서도 인하려는 것이 아니다. 태곳적부터 끊임없이 작용을 계속하면서도 늙었다고 하지 않고, 영구히 하늘은 덮고 땅은 싣게 하여 만물의 여러 가지 모습을 새겨내고서도 훌륭한 솜씨라고 자랑하지 않는다. 이것이 자유롭게 노니는 경지이다![26]

천뢰가 소리를 내는 것은 모두 다른데, 그것들로 하여금 각기 다른 소리를 내는 것처럼 보이게 하는 것이 있다. 소리를 내는 것들은 스스로 내는 것이라고 생각하는데, 진실로 그것들로 하여금 소리를 내게 하는 것은 무엇인가?[27]

모든 사물에는 생사(生死)와 처음과 끝이 있어서, 어떤 정해진 구체적인 시공의 범위 속에 제한된다. 오직 이 '도'만이 이런 모든 것을 초월한다. 도는 처음과 끝이 없고, 생사가 없고, 기쁨과 노여움, 사랑과 증

---

23) 『노자』 "道法自然."
24) 같은 책, "失道而後德, 失德而後仁."
25) 같은 책, "爲道者日損, 損之又損, 以至於無爲."
26) 『장자』, 「대종사」, "吾師乎! 吾師乎! 鼇萬物而不爲義, 澤及萬世而不爲仁, 長於 上古而不爲老, 覆載天地, 刻雕衆形而不爲巧, 此所遊已!"
27) 같은 책, 「제물론」, "夫天籟者, 吹萬不同, 而使其自己也. 咸其自取, 怒者其誰邪?"

오도 없다. 그것은 만물의 자생자화(自生自化)로 표현되고, 그것 자체는 이 만물 속에 있다.

하늘이 이것을 얻지 못하면 높을 수 없고, 땅은 이것을 얻지 못하면 넓을 수 없으며 해와 달은 이것을 얻지 못하면 운행하지 못할 뿐 아니라 만물도 이것을 얻지 못하면 번창할 수 없다. 이것이 바로 그 도이다.[28]

그러므로 도는 일체이고, 일체 또한 이 '일'(一)이다.

여기서 지적할 만한 것은, 이런 범신론적인 색채로 가득 찬 본체론이 장자 철학에서는 결코 진정한 우주론이 아니라는 것이다. 장자가 관심을 두는 부분은 우주의 본체가 무엇인지, 즉 유(有)인지 무(無)인지, 또는 정신이나 물질을 탐구하거나 논증하는 데 있는 것이 아니고, 자연이 어떻게 생성되고 진화하는가라는 문제를 탐구하거나 논증하는 데 있지 않다. 장자가 보기에 이런 문제는 그다지 큰 의의가 없다. 그가 '도'와 '천'을 말하고 '무위'·'자연' 등을 말하는 이유는 엄청나게 많은 "아득한 옛날의 이야기, 쉽게 생각할 수 없는 황당한 말들, 끝없이 이어지는 이야기"[29]들과 또 그렇게 많은 우언과 고사를 말하는 것과 마찬가지로, 다만 이상적 인격의 표본을 보다 분명하게 세우기 위한 것일 뿐이다. 그러므로 그가 말하는 '도'는 결코 자연본체가 아니라 사람의 본체이다. 그는 우주론적 차원에서 사람을 본체로 삼아 이야기하고 있을 뿐이다. 그리고 그것이 제기하는 것은 인간의 본체존재와 우주자연 존재의 동일성이다.

장자가 보기에 이런 인간의 본체존재는 다른 것에 의해 부림을 당하는 일체의 '물역'(物役)에서 벗어나 절대적 자유를 획득했기 때문에 그

---

28) 같은 책, 「지북유」, "天不得不高, 地不得不廣, 日月不得不行, 萬物不得不昌, 此
其道與."
29) 같은 책, 「천하」, "謬悠之說, 荒唐之言, 無端崖之辭."

것은 무한한 것이다. 그는 "만물을 만물로 삼아야 하고, 다른 만물에 의해서 만물이 되어서는 안 되는"[30] 상태가 되어야 소요(逍遙)할 수 있다고 말한다. 즉, "푸른 하늘을 등에 싣고 나아가면 아무도 그를 상하게 하거나 막지 못한다"[31]는 것이다.

도가 '기대는 바가 없는'(無所待) 어떠한 현실관계의 규정이나 속박, 제한을 받지 않음으로써, 이로부터 "큰 못을 태울 수 있는 불이어도 뜨겁게 할 수 없고, 황하와 한수의 흐름을 얼어붙게 할 수 있어도 춥게 할 수 없으며, 성난 우레가 산을 깨뜨려도 놀라게 할 수 없으며, 큰 바람을 일으켜 바다를 뒤집어도 놀라게 할 수 없다. 만약 이러한 자라면 구름의 기를 타고 해와 달에 걸터앉으며 사해(四海)의 바깥을 노닐 것이며, 여기에는 생사가 변하지 않으니 하물며 이해 따위가 무슨 문제가 되겠는가!"[32]라는 주장이 나온다. 심지어 생사마저 그들에게 어떠한 영향도 주지 못하는데, 하물며 이익에서야 어떠하겠는가? 또 세속적인 문제에서도 마찬가지가 아니겠는가? 바로 이런 사람들이 '지인'·'진인'·'신인'·'대종사'(大宗師: 도를 통하여 깨달음을 얻은 사람)라는 것인데, 이들이 장자의 이상적 인격들이다. 그러므로 나는 다른 사람들에 의해서 크게 주목받지 못한 어떤 한 권의 철학사에서 표현된 하나의 전통적 논단에 동의하려고 한다.

장자의 진실한 학문은 대종사라는 한 편에 있다. 대종사가 무엇인가? 도이다. 도를 밝히는 것은 진인이고, 대종사이다. 이름은 비록 셋이나 가리키는 내용은 하나이다. 다만 그 본체를 말하면 도라고 한다. 그것이 사람에게는 진인이고, 대종사일 뿐이다. 장자는 오

---

30) 같은 책, 「산목」(山木), "物物而不爲物所物."
31) 같은 책, 「소요유」(逍遙游), "背負靑天, 而莫之夭閼者."
32) 같은 책, 「제물론」, "大澤焚而不能熱, 河漢沍而不能寒, 疾雷破山而不能傷, 飄風振海而不能驚. 若然者, 乘雲氣, 騎日月, 而遊乎四海之內, 死生無變於己, 而況利害之端乎!"

직 이런 점을 파악했기 때문에 생사를 하나로 하고 장수와 요절을 동일시하여, 만물이 그 마음을 빼앗을 수 없다고 말했다. ……생사에서 편안히 따르면 슬픔과 즐거움이 끼어들 수가 없다. ……오늘날 사람들이 장자를 말하면 이것들에서 문제를 다루지 않고…… 마치 구슬을 버리고 껍데기만 가지려는 것이 아닌가?[33]

본체론과 마찬가지로 인식론 역시 이런 독립자족과 절대자유의 무한한 인격본체를 논증하기 위한 것이다. 장자의 상대주의 · 허무주의 · 불가지론은 모두 일체의 구체적인 사물의 존재변화, 이른바 유무(有無) · 대소(大小) · 시비(是非) 등등을 포함하고 있다. 그런데 그런 장자의 사상은 그것들이 모두 유한하고 국부적이며 불확정적이어서 의미가 없는 것으로, 깊이 들어가 탐색할 필요가 없음을 밝히려는 것이다. 그렇지 않으면 그저 쓸데없이 애만 쓰게 될 것이다. 왜냐하면 "천지와 나는 함께 생겼으며, 만물과 나는 하나이다"[34]는 것은 본래 하나의 혼돈, 완전함, 완벽한 전체('도' · '일' 一 · '전' 全)이기 때문에 만약 억지로 유무 · 시비 · 대소 등등을 나누어 인식하고 여러 가지 구별을 하게 된다면 그 진실한 본체존재는 잃어버리게 될 것이다. 그러므로 "나눔에는 나누어지지 않는 것이 있고, 구별되는 것에는 구별되지 않는 것이 있다." 또한 "가장 위대한 도는 쉽게 말로 표현할 수 없고, 진실한 논변은 장황하게 말하지 않고, 진실한 인은 인자함을 드러내지 않는다."[35] 각종 지식은 모두 부분적이고 상대적이며 유한하여 진실하지

---

33) 종타이(鍾泰), 『중국 철학사』, 商務印書館, 1929, 43쪽. "莊子眞實學問在大宗師一篇. 所謂大宗師, 何也? 曰道也. 明道也, 眞人也, 大宗師也, 名雖有三, 而所指則一也. 特以其本體言之, 則謂之道. 以其在人言之, 則謂之眞人, 謂之大宗師耳. 莊子惟得乎此, 故能齊生死, 一壽夭, 而萬物無足以攖其心者. ……皆當生死之際而安時處順, 哀樂不入. ……今人談莊子, 不與此等處求之……抑小謂棄照乘之珠而寶空櫝者, 非歟?"
34) "天地與我竝生, 萬物與我爲一."
35) 『장자』「제물론」, "故分也者, 有不分也; 辯也者, 有不辯也"; "夫大道不稱, 大辯不言, 大仁不仁."

않으며, 진실한 앎은 바로 "그 알지 못하는 것에 머무르는 것을 아는 것이다"(知止其所不知). 그것은 언어 · 개념 · 판단 · 논리를 사용할 수 없고, 오로지 직접적인 체험을 통해 파악하고 도달할 수 있다.

참으로 아는 자는 말하지 않고, 말하는 자는 알지 못하기 때문에 성인은 말하지 않는 가르침을 행한다.[36)

누가 언어를 사용하지 않는 변론과 도라고 말하지 않는 도를 알고 있는가? 만약 이것을 알고 있는 자가 있다면 그 사람의 지혜야말로 무한한 보물이 아닐 수 없다. 그것은 아무리 물이 흘러들어가도 가득 차는 일이 없고 아무리 물을 퍼내어도 물이 마르는 일이 없는, 그것이 어디에서 나오는지를 모른다. 이런 것을 일러 안에 감추어진 빛이라고 말한다.[37)

결국, 본체론이든 인식론의 입장이든 간에 장자는 사람들이 반드시 자연사물을 본받아 어떤 분별적 지식도 가지지 않고, 어떤 특별한 욕심도 없이 무의식적이고 무목적적인 어떤 것에 맡겨두고 법칙적인 객관 과정의 자연운행과 합치하기를 요구한다. 장자는 오로지 이와 같을 때 비로소 '도'에 합할 수 있다고 생각한다.

옛날의 진인은 살아 있는 것을 즐거워하는 것을 몰랐고 죽는 것을 싫어하는 것도 몰랐다. 세상에 태어나 살아가는 것을 기뻐하지도 않고, 죽어서 땅에 들어가는 것을 거부하지도 않고, 자신도 모르는 사이에 생기가 살아 들어가고 또 보내오는 그 자연스러움에 모든 것을 맡긴다. ……이와 같이 하는 것을 인간의 얄팍한 마음을 쓰지 않아

---

36) 같은 책, 「지북유」, "夫知者不言, 言者不知, 故聖人行不言之教."
37) 같은 책, 「제물론」, "孰知不言之辯, 不道之道? 若有能知, 此之謂天府. 注焉而不滿, 酌焉而不竭, 而不知其所由來, 此之謂葆光."

도에 어긋나는 짓을 하지 않고, 또 인위로 자연스러움을 무리하게 파괴하는 짓을 하지 않는다고 한다. 이런 사람을 진인이라고 말한다.[38)]

무엇을 천이라 하고 무엇을 인위(人爲)라 하는가? 북해약(北海若)이 말했다. 소와 말이 네 발을 갖고 태어나는 것을 천이라고 한다. 인간들이 그것들을 다루기 쉽게 하려고 말에 마련한 굴레를 씌우고 소에는 코뚜레를 다는 것을 인위라고 한다. 인위에 의해서 천이 멸망하게 되어서는 안 된다.[39)]

일체의 인위와 인간의 의식, 유목적적인 활동, 그리고 인식 · 사려 · 계산들은 오직 '도'를 손상시키는 것일 뿐이다. '도'는 '천'(天)이고, '일'(一)이고, '전'(全)이고, '혼돈'(混沌)스런 전체이다. '인위'는 '치우침'(偏)이고, '오염'(汚)이고, '나눔'(分)으로 "하루에 한 구멍씩 뚫으니 7일 만에 혼돈이 죽었다"[40)]는 것이다.

그러면 어떻게 해야 현실적으로 이런 '도'와 동체(同體)인 이상적 인격에 도달할 수 있는가? '도'는 '무위'로 자연에 순응하는 것인데, 그럴려면 사람 역시 반드시 "때에 맞추고 순리에 응해야"[41)]만 하고, 모든 것에 크게 관심을 갖지 않아야 하는 것인가.

나를 소 같은 놈이라고 말했다면, 나는 나를 소라고 불렀을 것이다. 나를 말이라고 말했다면, 나는 나를 말이라고 불렀을 것이다.[42)]
명이 긴 것을 즐거운 것으로 보려고도 않고, 명이 짧은 것을 슬픈

---

38) 같은 책, 「대종사」, "古之眞人, 不知說生, 不知惡死; 其出不訢, 其入不距; 翛然而往, 翛然而來而已矣……是之謂不以心損道, 不以人助天, 是之謂眞人."
39) 같은 책, 「추수」(秋水), "何謂天? 何謂人? 北海若曰: 牛馬四足, 是謂天; 落馬首, 穿牛鼻, 是謂人. 故曰, 無以人滅天."
40) 같은 책, 「응제왕」(應帝王), "日鑿一竅, 七日而混沌死."
41) 같은 책, 「양생주」, "安時而順處."
42) 같은 책, 「천도」, "呼我牛也而謂之牛, 呼我馬也而謂之馬."

것으로 생각지도 않으며, 높은 지위에 오르는 것을 명예롭게 생각하지도 않는다.[43]

어찌할 수 없어서 명을 편안히 하는 경지를 아는 것을 지극한 덕이라고 말한다.[44]

생사와 존망, 가난하고 비천함, 부유하고 영화로움, 현명함과 어리석음, 수치와 명예, 기갈과 추위와 더위는 인간현상의 변화이며 운명의 순환이다.[45]

이것 또한 하늘을 따르고 천명(天命)에 맡기는 것으로, 조금의 작위도 없다. 만약 어떤 활동을 통하여 생사·존망·빈부·수치와 명예 등의 현실적인 제한과 속박을 변화시키려는 주장을 하지 않았다면, 장자가 말하는 인간의 이른바 '절대자유', '독립자족' 등은 모두 현실생활이나 사회행위의 의식적인 선택과 주동적 활동 속에 존재하는 것이 아니다. 이런 이유에서 이른바 '자유', '자족'과 세속생활의 '초월'은 실제로는 일종의 심리적 추구와 정신적 환상에 불과할 뿐이다. 장자는 '심재'(心齋), '좌망'(坐忘) 등을 통하여 물아(物我)를 하나로 하고, 생사를 함께하고, 이해를 초월하고, 요수(夭壽)를 같은 것으로 보고 있다. 그러나 결코 주동적인 선택이나 현실의 어떤 행동을 통하여 개체의 독립을 얻은 것은 아니다.

장자의 호접(蝴蝶)에 관한 우화, 그리고 부인이 죽었을 때 장자가 북을 두드리며 노래를 불렀다는 유명한 이야기들은 이른바 꿈과 깨어남, 죽음과 삶을 정신적인 측면에서 초월했다는 것을 의미한다고 할 수 있다. 꿈과 깨어남 및 생사를 확정·구별하고 규정하는 것은 진실하지 못한 현상의 한쪽 측면에 집착하는 것으로, 진실하지 않은 외재적 유한사

---

43) 같은 책, 「천지」, "不樂壽, 不哀夭; 不樂通, 不醜窮."
44) 같은 책, 「인간세」, "知其不可奈何而安之若命, 德之至也."
45) 같은 책, 「덕충부」(德充符), "死生存亡, 窮達貧富, 賢與不肖毀譽, 飢渴寒暑, 是事之變, 命之行也."

물에 의해 속박·제한되면서 마음은 끝내 해방을 얻지 못하게 된다. 오직 심리상에서 그것들을 완전히 없애버리고 하나의 동일체로 되었을 때 "그렇게 되었음을 알고, 그렇게 되지 않았음을 알고", "장주가 나비 꿈을 꾸었는지 나비가 장주 꿈을 꾸었는지 알 수 없다"[46]고 하는 것이다. 이것으로 전체 자연, 전체 우주와 합하여 하나가 되고 "아직 사물이 있기 시작하기 이전에는 도와 동일하다"[47]는 진정한 생명질서를 체험할 수 있다. 그러면 "편안히 때에 따르고 환경에 순응하여 슬픔과 기쁨도 여기에 들어올 수 없게 되는 것"이다. "물에 들어가서도 젖지 않고, 불에 들어가서도 뜨겁지 않을 수"[48]있고, "육기의 변화를 부려서 무궁에 노니는"[49] '지인'·'진인'·'신인'이라고 할 수 있다. 이것이 바로 장자 철학이 도달해야 할 최고의 단계이다.

장자는 이런 정신상태를 이상적 인격의 본질적 특징으로 생각하고, 아울러 신비적인 '심재·좌망·모습이 고목과 같고 마음은 죽은 재와 같다'[50], '생기를 잃어버리고 몸을 버리는 것 같은'[51] 등의 이상한 모습으로 성인의 외형을 그리고 있다. 그런데 그 목적은 일체의 모든 것이 인을 행하고, 이(理)를 행하고 진선미(眞善美)와 명(名)·이(利)를 행하는 것에 의해서 지배되고 속박되는 '가아'(假我)·'비아'(非我)를 모두 버릴 것을 강조하려는 데 있다. 오직 '내가 나를 버렸을 때' 비로소 참된 나에 도달할 수 있거나 또는 참된 나를 얻을 수 있다. 이런 '진아'(眞我)가 비로소 우주처럼 자연스럽게 법칙성과 합목적성을 일체로 융합시켜 주관이 바로 객관이고 법칙이 바로 목적이며, 사람이 바로 자연이 된다. 이것이 바로 '도'이다.

그러므로 장자가 추구한 최고의 이상은 결코 어떤 인격신이 아니었

---

46) 같은 책, 「제물론」, "不知周之夢爲蝴蝶歟? 蝴蝶之夢爲周歟?"
47) 같은 책, 「제물론」, "未始有物, 與道同一."
48) "入水不濡, 入火不熱."
49) "御六氣之變以遊無窮."
50) 같은 책, 「제물론」, "心齋", "坐忘", "形如槁木, 心如死灰."
51) 같은 책, 「제물론」, "嗒焉似喪其耦."

다. 그가 묘사하고 추구하려 한 것은 다만 이런 심리-정신을 가지고 있는 이상적 인격일 뿐이었다. 장자 철학은 종교적 경험을 근거로 삼고 있기보다는 오히려 어떤 심미적 태도를 하나의 지향점으로 삼고 있다고 할 수 있다. 실질적으로 말하면 장자 철학은 바로 미학이다.[52] 장자는 전체 인생에 대하여 심미적·관조적 태도를 취하기를 요구하여, 이해·시비·공과를 따지지 않고 물아와 주객, 다른 사람과 나를 잊어버림으로써 자아와 전체 우주를 하나로 합하게 만들었다. 이른바 "천지는 최고로 아름다움을 가지고 있으나 말하지 않는다"[53]고 하거나, "잊어버릴 수 없고, 가지지 않음이 무궁하게 담백하여 수많은 아름다움이 따르는"[54]것 등은 모두 이런 이치를 말하고 있다. 그러므로 우주론·인식론으로부터 장자를 설명하고 이해하는 방식은 미학의 관점에서 장자 철학의 전체 내용을 파악하는 것보다 훨씬 못하다.

미학에 해당할지언정 종교가 아니기 때문에, 장자는 개체의 죽음에 대한 두려움과 슬픔을 해결하려고 하지 않았다. 또 현세의 심신이 가질 수밖에 없는 생존을 고통스럽게 만들어 영혼의 해방과 정신의 초월이라는 방향으로 나아가게 만드는 관점도 추구하지 않았다. 장자는 서양의 기독교나 근대의 도스토예프스키, 키에르케고르와는 다르고, 또 불교식으로 현실의 인생을 부정하거나 외면하여 정욕을 소멸하라고 요구하지도 않았다.

장자는 반대로 현실인생을 강조하고, 감성을 부정하지 않는다. 이것은 앞서 말한 "생명을 보존하고 육신을 온전하게"(保生全身) 하거나 "도끼날에 죽지 않는다"[55], "때에 맞추고 순리에 응하여야"[56] 등의 언

---

52) 리쩌허우, 리우깡지(劉綱紀), 『중국 미학사』(中國美學史) 제1권을 참조하라. 이 부분에서는 장자를 비교적 상세하게 말하고 있지만, 이 글에서는 간단하게 언급하려 한다.

53) 『장자』「지북유」, "天地有大美而不言."

54) 같은 책, 「각의」(刻意), "無不忘也, 無不有也, 澹然無極而衆美從之."

55) 같은 책, 「소요유」, "不夭斤斧."

56) 같은 책, 「양생주」, "安時處順."

급에서 표현되고 있다. 그뿐만 아니라 장자의 죽음에 대한 관점은 종교적인 해탈을 추구한다기보다는 심미적인 초월을 말하고 있는 것에서도 표현된다. 또한 그런 죽음을 구원(救援)으로 보지 않고 해방으로 여기고 있다. 이로부터 감성적 현실성의 자유와 쾌락을 가지게 되는 것 같다.

죽으면 위로는 군주도 없고, 아래로는 신하도 없다. 계절에 따라 힘써야 할 일도 없어 유유히 마음 내키는 대로 천지를 자신의 수명으로 삼으니 천하의 만민을 부리는 왕의 즐거움이라 하더라도 이것보다 더할 수는 없을 것이다.[57]

이것은 비록 우화이지만, 강조하는 것은 '즐거움'(樂)이다. 이 '즐거움'은 비록 세속적인 감성적 쾌락은 아니지만, 그러나 완전히 감정을 벗어난 것도 아니다. 고의로 감성적 쾌락을 버리거나 부정하여 초험적인 것을 추구하거나 고통(감성적 쾌락의 반대)을 통해야 비로소 '신의 은총'을 얻어 '가장 큰 즐거움'(至樂)에 도달할 수 있다는 것을 강조하는 이런 관점은 일종의 유위(有爲)로서, 장자 철학과는 완전히 모순된다. 장자가 추구하고 형성·수립하려는 것은 자연적인 생사를 동일시하고 물아(物我)를 하나로, 이해를 넘어서고 시비를 같은 것으로 보는 인생에 대한 심미적 태도이며, 비록 '모습이 고목과 같고 마음은 죽은 재와 같지만' 이런 것이 바로 '가장 큰 즐거움' 자체라고 생각했다.

그러므로 장자와 노자를 나란히 놓고 이야기하는 것은 어쩌면 잔인한 것일지도 모른다. 사실 장자와 노자는 크게 구별된다. 노자는 권모술수를 말하고 이지(理知)를 중시하여, 정감의 부동을 강조하며 "천지는 인하지 않아 만물을 추구로 삼는다. 성인은 인하지 않아 백성을 추구로 삼는다"[58]고 했다. 장자의 도는 무정하면서 또한 정이 있어 외면

---

57) 같은 책, 「지락」(至樂), "死, 無君於上, 無臣於下; 亦無四時之事, 從然以天地爲春秋, 雖南面王樂, 不能過也."
58) 『노자』, "天地不仁, 以萬物爲芻狗; 聖人不仁, 以百姓爲芻狗."

적으로는 초탈과 냉혹한 말을 많이 하지만, 실제로는 매우 깊이 있게 인생 · 생명 · 감성에 대한 연모와 사랑을 드러내고 있다. 이것이 바로 장자 철학의 특색이다. 그는 인생과 생사라는 문제들에 대해 이미 통달한 것 같다. 그러나 끝내 그것을 버리거나 부정하지는 못하고 있다.

다른 사물을 봄과 같이 따스하게 포용하다.[59]
만물이 그 참된 것으로 돌아가다.[60]
기뻐하고 즐거운 것이 사계절과 통하고, 그와 만물은 서로 적응하지만 사람들은 그것의 극이 어디인지를 알지 못하게 한다.[61]
천과 조화하는 것을 일러 천락이라고 한다.[62]

위의 문장에서 '봄' · '정'(情) · '조화'를 말하거나 강조하는 것은 자연 · 세계 · 인생 · 생활을 완전히 허망하거나 오류적인 것으로 보고 있지 않다는 것을 의미한다. 반대로 여전히 그것들의 존재에 집착하여 '나와 만물이 합하여 하나가 된다'(我與萬物合而爲一)는 인격관념을 요구하고 있다. 장자의 대자연에 대한 기술은 매우 아름다우며 기이한 우화와 고사 속에서 표현되고 있다. 심지어 그의 빼어난 문체는 이런 관점들을 잘 표현하고 있다. 근본적인 기질에서 비교하자면 장자 철학은 유가가 말하는 '인간이 천지에 참여함'(人與天地參)이라는 정신과 상당히 맞닿아 있고, 오히려 불교나 기타 종교 및 현대의 실존주의와는 더욱 거리가 먼 것으로 보인다.

그러므로 장자를 대표로 하는 도가는 실제로는 유가에 대한 보충으로, 유가가 당시에 아직 충분히 발전시키지 못한 인격-마음의 철학을 보충했다. 이로부터 도가는 후대에 유가를 도와서, 불교 등의 외래에서

---

59) 『장자』「덕충부」, "與物爲春."
60) 같은 책, 「천지」, "萬物復情."
61) 같은 책, 「대종사」, "喜怒通四時, 與物有宜而莫知其極."
62) 같은 책, 「천도」, "與天和者, 謂之天樂."

들어온 것들에 저항하며 한편으로 그것들을 소화 · 흡수하여 중국의 전통적인 문화심리 구조 중의 매우 중요한 측면을 구성한다. 그러나 인간의 의식적 · 목적적인 생존활동을 마치 무의식적 · 무목적적인 자연의 운행과 꼭 같은 것으로 보려는 장자 철학의 관점은 완전히 잘못된 것이다. 또한 이로부터 제기되는 절대자유의 이상적 인격은 다만 하나의 허구일 뿐이다. 왜냐하면 개체적 인간의 진정한 심신의 자유는 인류 공동체가 실제로 사물의 필연성을 지배하고 아울러 자연을 인간화한 결과에서 나온 것이기 때문이다.

장자가 취하고 있는 이른바 '초월'은 사물의 필연성(각종 '물역' 物役 현상의 역사적 필연성을 포함하여)에 대한 도피와 같고, 그것은 당연히 성공할 수 없는 것이다. 장자 철학은 확실히 중국 문화와 중국 민족에 여러 가지 소극적인 영향을 미쳤다. 장자는 유가의 '낙천지명'(樂天知命) · '안빈낙도'와 '무가무불가'(無可無不可 : 가능한 것도 없고 불가능한 것도 없음) 등의 관념과 결합하여 외부로부터의 충격을 저항 없이 받아들이고 자신과 다른 사람을 속이고 그럭저럭 되는 대로 살아나가는 노예적 성격에 더욱 나쁜 작용을 불러일으켰다.

2 위진 현학과 인격본체론

전체적으로 보면, 외부환경을 정복하고 사회적 생산의 발전과 세속 생활의 풍부함을 특색으로 삼는 진한 시기에 장자 철학은 크게 중요한 영향을 미치지 못하고 거의 매몰되어버린 것 같았다. 그러나 장자 철학은 위진(魏晉) 시기에 이르러 다시 새롭게 발견된다. 그중 특히 어떤 하나의 관점에 주의를 기울일 만한데, 그것은 선진에서 위진에 이르는 시기, 특히 양한(兩漢)시기에서도 줄곧 단절되지 않던 양생설(養生說)과 장자의 관계이다.

왕부지가 『장자해』(莊子解)에서 「양생주」(養生主)를 주석한 글에서 "연독이위경"(緣督以爲經: 자연의 이치를 따르는 것을 지켜야 할 법칙으로 삼는다는 말)에 관해서 "몸 앞의 중간맥을 임맥(任脈)이라 하고, 몸 뒤의 중간맥을 독맥(督脈)이라고 한다. 독이라는 것은 고요한 데 처하여 좌우 어느 쪽에도 기대지 않는데, 맥의 자리는 있으나 생긴 모습은 볼 수 없다. 독맥을 따른다는 것은 깨끗하면서 맑고 엷은 기를 가지고 허를 따라서 행하고, 행할 수 없는 곳에 이르지만 그 행함이 스스로 자연의 이치에 따르기 때문에 그 중을 바르게 얻는다"[63]고 했다. 이것은 바로 의학적 관점에서 해석한 것이다. '임', '독'이라는 두 가지 맥의 운행이론은 생명을 기르고 몸을 보존하는 것을 강구하는 동양의학의 기공에 관한 요령으로, 오늘날에 이르기까지 마찬가지로 유행하고 있다. 장자는 「양생주」 등의 문장에서 양생의 도술에 대해 많이 말하고 있고, 또 '심재', '좌망', '지인(至人)의 호흡을 따르는 방법'에 대해서도 말하고 있다. 이것은 아마도 생각을 집중하여 호흡을 조절하는 기공의 방법과 관련이 있는 것 같다. 마왕퇴(馬王堆)에서 출토된 도인도(導引圖) 등을 통해서도 이를 추론할 수 있는데, 이런 것들은 당시 한대 사회에서 상당히 유행한 것으로 보인다.

육조(六朝) 시기에 이르러, 예를 들면 『포박자』(抱朴子)의 외편(外篇)은 유가의 치국평천하와 같은 내용을 말하고, 내편(內篇)은 오히려 수련·장생(長生)·등선(登仙: 신선이 되어서 하늘에 오름)을 많이 말하고 있다. 이 시기의 장자 철학은 이미 진한 이래의 신선가(神仙家), 민간의 도교 계통과 함께 섞여 있었다. 장생과 신선이 되는 것 등에 대한 긍정과 추구는 한편으로 장자 철학의 세속화[64]라고 할 수 있지만, 장자 철학의 정신은 결코 여기에 있지 않다. 그러나 동시에 장자가 말하는 '양신전생'(養身全生: 신체를 기르고 생명을 온전히 함)의 사상은 의학 생리학의 발전이고 '구체화'라고 할 수 있다.

이런 양생이론, 예를 들면 『황제내경』은 한대 사상과는 다르다. 즉, 『황제내경』은 전체 우주론체계를 배경과 기초로 하지만 장자의 양생이론은 주로 개체를 대상목표로 하고 있다. 『황제내경』의 정신과 핵심은 유가이지만 양생이론은 도가, 즉 장자에 뿌리를 두고 있다. 그러나 다같이 중국의 의학 생리학으로서 여전히 공통된 사상기초를 가지고 있기 때문에, 그 둘은 매우 빨리 결합하게 된다.

이런 합류에는 그 나름대로의 연원이 있다. 일찍이 선진 시기에 맹자

---

63) "身前之中脈曰任. 身後之中脈曰督. 督者, 居靜而不倚於左右, 有脈之位而無形質. 緣督者, 以淸微纖妙之氣, 循虛而行, 止於所不可行而行自順, 以適得其中."

64) 이것은 이론적 단계에서만 말하는 것이다. 『포박자』 중에서 예를 들면, "得仙道者, 多貧賤之士, 怙勢位之人", "夫有道者, 視爵位如湯鑊, 見印綬如縗絰, 視金玉如糞土, 睹華堂如牢獄" 등의 말은 여전히 장자를 계승하고 있으나 곽상(郭象)과는 다르다.

가 말하는 "나는 나의 호연지기를 잘 기른다"(我善養吾浩然之氣)는 말
과 장자는 서로 통하는 점이 있을 수 있다. 다만 맹자와 오행설이 서로
연계되어 끝내는 한대에서 방대한 우주론체계를 구성할 뿐이다. 장자
의 경우는 줄곧 개체의 심신을 중심으로 하여, 오직 개체가 완전하고
자유롭기만 하면 천인관계와 인간관계 역시 자연스럽게 문제가 없게
될 것이라고 생각했다. 유가는 인간관계로부터 개체의 가치를 확정하고, 장
자는 인간관계를 벗어나서 개체의 가치를 찾으려고 한다.

그러므로 장자가 위진 시기에 갑자기 유행하게 된 것은 매우 자연스
러운 현상이다. 당시의 오래된 규범제도와 사회질서는 이미 붕괴되고
전란이 빈번하게 일어나는 바람에, 인간의 목숨은 한 포기 풀로 여겨지
는 시기였다. "바로 외재적 권위에 대한 회의와 부정이 내재적 인격에
대해 각성하게 만들어 그것을 추구하게 만들었다. 즉, 이전에 이야기
되고 믿어온 그러한 윤리도덕, 귀신에 대한 미신, 숙명론적인 참위(讖
緯), 번쇄(煩瑣)한 경전 연구 등의 규범 · 표준 · 가치들은 모두 허위적
이거나 또는 가치회의적인 것으로 되었고, 그것들은 결코 믿음을 주지
못하고 일고의 가치도 없는 것들로 전락했다. 다만 사람들은 반드시 죽
어야 한다는 것만이 진실이고, 오직 이 짧은 인생에서 그렇게 많은 생
사의 이별, 처절한 슬픔과 불행으로 가득 차 있다는 것만이 진실이었
다."[65] 그래서 외재적 표준과 규범, 속박을 완전하게 벗어나 진정한 자
아를 획득하고 파악하기를 요구하여 위진 이래의 자각적 의식을 형성
하게 된다. 환온(桓溫)은 은호(殷浩)에게 다음과 같이 말했다.

"그대와 나를 비교하면 어떻겠는가!"
은호가 다음과 같이 말했다.
"나는 오랫동안 나 자신과 함께 사귀었다. 차라리 나 자신이었으면
좋겠다."[66]

---

65) 리쩌허우, 『미의 역정』, 89쪽.

자아에 대한 첫번째 긍정과 외재적 표준(권세와 명리를 포함하여)의 무시는 실제로 그것을 할 수 있는지 없는지를 막론하고, 당시의 철학에서 매우 중요한 문제였다. 인간의 자각은 위진 사상의 독특한 정신이 되었고, 인격에 대한 본체의 성립이 바로 위진 현학(玄學)의 중요한 성취라고 할 수 있을 것이다.

이런 의미에서 현학은 바로 장학(莊學)이다. 그러나 하안(何晏)과 왕필(王弼)은 '무(無)를 근본으로 삼는'(以無爲本) 본체이론을 세울 때 주로 노자에서 근거를 가져오고 장자를 빌리지 않았다. 또한 유학을 종주로 삼아 공자가 여전히 노자의 위에 있는 것으로 생각했다. 진정한 의미에서 이론이나 행동에서 유가에 반대하고 장자를 높인 사람은 혜강(嵇康)과 완적(阮籍)이다. 바로 그들이 중국의 의식형태 위에 장자 철학을 지우기 어려운 흔적으로 남겨놓았다. 이른바 죽림칠현(竹林七賢)의 전설은 그 당시나 후대에 엄청나게 큰 영향을 미쳤다. 그뿐만 아니라 그들은 확실히 장자 철학을 비교적 충실하게 계승하고 현실적으로 표현해내었다.

그들의 유학에 대한 태도 또한 매우 모순적이고 복잡하다. 그들은 "탕 임금과 무 임금을 비난하고 주공과 공자를 무시하는"(非湯武而薄周孔: 혜강의 말), "너희 군자들이 천지의 사이에 살고 있는 것이나 또한 이들이 기어다니는 잠방이 안이나 무엇이 다를 것이 있겠는가?"(汝君子之處寰區之內, 亦何異夫虱之處褌中乎: 완적의 말)라고 비판했다. 그러나 이는 루쉰이 말하는 것처럼 "그들은 난세에 살아서 부득이하게 이와 같은 행동을 했을 뿐, 결코 그들의 본래 모습은 아니다"[67]라는 것이다.

그러나 그중 어떤 하나의 관점은 본래 그들의 모습이다. 그것은 바

---

66) 『세설신어』(世說新語)「품조제9」(品藻第九), "卿何如我? 殷云, 我與我周旋久, 寧作我."

67) 『이이집』(而已集)「위진의 풍도 및 약과 술의 관계」(魏晉風度及藥與酒的關係), "因爲他們生於亂世, 不得已, 才有這樣的行爲, 並非他們的本態."

로 장자가 기술한 사상인격에 대한 존경이다. 그들은 이런 인격을 최고의 표준으로 삼아, 모든 세속의 보통사람들과는 완전히 구별되는 '대인'(大人)을 이야기한다. "대인이라는 것은 바로 조물주와 한 몸이고 천지와 더불어 함께 생겼으며 그윽하게 이 세상바깥을 소요하여 도와 함께 생성하여 변화와 취산(聚散)을 하고, 그 형태를 정해진 하나로 하지 않는다."[68]

여기서 중요한 것은, 그들이 한편으로는 약을 먹고 장생을 구하고 형(신체)의 신선됨을 추구하지만, 동시에 또한 신체를 기르기 위해서는 반드시 정신을 길러야 함을 중시하여 정신의 초탈을 더욱더 강조한다는 사실이다. "양생(養生)이 양신(養神)에 있는 것은 혜강에서 발견되는데 그는 형체를 초월하여 정신을 더욱 강조한다."[69] 형신(形神) 문제가 여기서부터 철학('형신지변' 形神之辨)과 예술('이형사신' 以形寫神: 형形으로 신神을 그림)의 중심에 자리잡게 되는 것은 이것과 관계가 있다. 장자에서는 이미 '신으로 형을 지키는'(神以守形), 즉 정신을 길러서 생명을 온전히 하고 신체를 보존하는 이론이 있었다.

그런데 거기에다 『인물지』(人物志) 이래의 정신과 신체를 관찰하여 인물을 품평하는 사회적 흐름과 정치적 표현이 더해져 개체인격(육체와 정신 두 측면을 모두 포함하지만 정신이 중심이 됨)에 대한 추구와 표방이 철학 논의의 주제가 되었다. 사마천이 강조하는 장자 철학의 정치비판적 측면은 이 시기에 계승되고 발전되었다. 예를 들면, 혜강과 완적의 '군신이 없는'(無君臣) 관념과 포경언(鮑敬言)이 말하는 무군론(無君論) 등등이다. 육체와 정신의 문제와 비교하면 그것들은 여전히 상대적으로 덜 중요하다.

만약 이론경향과 철학적 깊이로 말하면, 혜강과 완적의 장자 철학과

---

68) 『완적집』(阮籍集) 「대인선생전」(大人先生傳), "夫大人者, 乃與造物同體, 天地竝生, 逍遙浮世, 與道俱成, 變化散聚, 不常其形."
69) 탕용통(湯用彤), 「위진 현학과 문학이론」(魏晉玄學和文學理論), 『중국 철학사 연구』, 1981년 제1기, 38쪽.

하안과 왕필의 노자 철학을 연결시켜야 할 것이다. 하안과 왕필의 노자 철학은 이미 노자의 원본과는 다르다. 그들이 주장하는, '무(無)를 근본으로 보는' 관점은 여러 가지 구체성 · 번잡성 · 현실성을 가지는 것들에서 생기는 유한적 · 국부적인 '말단'(末)의 일을 초월하여 전체적 · 무한적 · 추상적 본체에 도달하고 파악하기를 요구한다. 이러한 진실본체는 어떠한 언어 · 개념 · 형상 · 사유로도 밝혀낼 수 없다. 사람들은 다만 이런 것을 빌려서 그것을 체험하고 파악한다. 그러나 이미 그것을 파악하면 이런 것들은 버리고 잊어버릴 수가 있고, 아울러 버리고 잊어버려야만 진정으로 그런 본체에 도달할 수 있다. 왜냐하면 말(言)이 있으면 나눔이 있게 되기 때문이다. 그리고 "나눔이 있으면 그 궁극적인 것을 잃어버린다."(有分則失其極矣)

내가 말하지 않으려고 하는 것은 근본을 밝히려 하기 때문이고 근본을 들어서 말단을 조절하여 궁극에 있는 것을 드러내려는 것이다. ……이 때문에 근본을 닦고 언어를 없애면 하늘은 그 변화를 행할 것이다.[70]
도라는 것은 무를 칭하는 것으로, 통하지 않음이 없고 여기서 나오지 않는 것이 없다. 도라고 말하는 것은 고요하여 형체가 없고 형상으로 그릴 수가 없는 것이다. 이 도는 형체로 드러낼 수 없기 때문에 다만 마음으로 그릴 뿐이다.[71]

왕필 등은 유가가 천하를 다스리는 각도에서 이 본체를 말한다. 그들이 이런 본체를 중요시한 이유는, 그것이 통치의 이론이라고 생각했기 때문이다.

---

70) 『왕필집교석』(王弼集校釋), 中華書局, 1980, 633쪽. "予欲無言, 蓋欲明本. 擧本統末, 以示物於極者也. ……是以修本廢言, 則天而行化."
71) 같은 책, 624쪽, "道者, 無之稱也, 無不通也, 無不由也. 況之曰道, 寂然無體, 不可爲象. 是道不可體, 故但志慕而已."

무리가 무리를 다스릴 수 없는데, 무리를 다스리는 사람의 수가 매우 적어야 한다. 움직임이 움직임을 제어할 수 없고, 천하의 움직임을 제어하는 것은 바로 하나(一)일 것이다.[72]

이것은 더이상 한대의 복잡하게 돌아가는 우주론적 체계도식으로는 통치이론을 세우는 것이 불가능하고, 반드시 일체와 '함이 없으면서 하지 못함이 없는'(無爲而無不爲) 것을 포용하는 '도'와 '일'로 천하를 통치하는 이론기초를 세운다는 것이다.

더욱 중요한 것은, 이 '무'의 본체는 우주의 본체라기보다는 인격의 본체라고 말하는 것이 더 정확할 것이다. 장자 철학과 마찬가지로 현학은 실제로 인격의 본체를 가지고 우주를 개괄·통괄하고 있다. 위진 현학의 핵심과 흥미는 결코 우주의 본원적 질서, 자연의 객관적 규칙을 새롭게 탐색하는 데 있는 것이 아니라, 변동하고 혼란한 인간세상과 자연에서 어떻게 근본과 핵심을 파악할 것인가 하는 데 있다. 이런 근본과 핵심은 하나의 최고통치자의 '본체' 형상을 수립하는 데 있다. 그러므로 현학이 유무·본말·언의(言意)·형신(形神) 등을 수없이 말하지만 문제의 핵심은 여전히 어떻게 전체 세계를 통치하는 '성인'이 되는가 하는 것에 있다.

그런데 왕필이 하안보다 차원이 높은 것은 다음과 같은 이유 때문이다. "하안은 성인이 희로애락의 감정을 가지고 있지 않다고 생각했다. ……그러나 나는 다르게 생각하여 성인이 보통사람보다 뛰어난 점은 신명(神明)에 있고, 다른 사람들과 같은 점은 오정(五情)이라고 보았다. 신명이 빼어나기 때문에 충화(沖和 : 천지사이의 조화된 기)를 체득하여 무에 통한다. 오정을 다 같이 가지기 때문에 슬픔과 기쁨이 있어서 다른 사물에 감응하지 않을 수 없다. 그러므로 성인의 정은 다른 사

---

72) 같은 책, 591쪽. "夫衆不能治衆, 治衆者, 至寡者也. 夫動不能制動, 制天下之動者, 貞夫一者也."

물에 감응하면서도 다른 사물에 매이지 않는 것이다."73) 이것이 바로 장자가 말하는 '응물무방'(應物無方)의 정치적 운용이다. 왕필은 '본'(本)과 '말(末)', '일'(一)과 '다'(多), '동'(動)과 '정'(靜)을 구분하여 여러 가지로 섞여 있는 다양성, 그리고 운동하고 변화하는 현상세계와 하나로 비어 있고 고요한 본체세계를 구분했는데, 그 목적은 결코 우주·자연을 해설하려는 것에 있는 것이 아니다. 그보다는 오히려 어떤 만사만물을 주재·지배·통치하는 것으로서의 사회정치상의 이상적 인격('성인')을 탐구하여 수립하려는 데 있다. 이런 인격('성'·본체)은 잠재적으로 무한한 가능성을 지니고 있기 때문에 다양한 현실성을 전개해 드러낼 수 있게 된다.

성인은 "다른 사물에 감응하면서도 다른 사물에 매이지 않는 것"(應萬物而不爲物所累)이다. 그러므로 날마다 사물의 변화를 살펴서 그 변화에 잘 들어맞게 행동할 수 있고, 억지로 함이 없으면서도 하지 못함이 없다. 왜냐하면 "외재적인 모든 사업이나 사물은 대부분 유한하여 온전히 다 실현할 수 있는 것이지만, 다만 내재적인 정신본체는 시원적·근본적이고 무한하기 때문에 온전히 실현할 수가 없는 것이다. 어미(母)가 먼저 있음으로써 자식(子)이 있을 수 있는 것이다."74) 이것이 바로 이른바 오직 성인만이 '무를 체득'(體無)할 수 있다는 것의 진실한 의미이다.

'무위'는 본래 도가가 가지고 있던 '군인남면지술'이다. 왕필은 이런 정치이론을 철학 본체론의 차원으로 끌어올렸다. 그러므로 위진 현학 중의 '무'에 관한 주제는 인간에 대한 탐색이라고 할 수 있다. 왕필·하안의 노자 철학과 혜강·완적의 장자 철학의 초점은 서로 다르다. 하나가 사회정치의 통치이상을 말하고 있다면, 다른 하나는 개체의 심신의

---

73) 같은 책, 640쪽. "何晏以爲聖人無喜怒哀樂…… 弼與不同, 以爲聖人茂於人者, 神明也; 同於人者, 五情也. 神明茂, 故能體沖和以通無; 五情同, 故不能無哀樂以應物. 然則聖人之情, 應物而無累於物者也."
74) 『미의 역정』, 93쪽.

초탈이라는 이상을 말하고 있다. 그러나 이상적 인격이라는 이런 근본 주제를 강조하는 차원에서는 둘 다 다른 것이 없으며, 동일한 사조를 구성하고 있다.

인격의 주제는 '무'의 철학적 본질이다. 그중에서 주의해 살펴볼 만한 것은, 혜강·완적·왕필을 막론하고 이른바 '대인선생'(大人先生) 또는 '무를 체득'한 '성인'들은 고요히 움직이지 않고 지극히 냉철한 것 같지만 속으로는 여전히 감정으로 충만해 있는 것이다. 왕필은 "감정이 사물에 감응한다"(五情應物)는 것을 인정하지만, 결코 그것이 성인이 되는 것을 방해하지는 않는다. 아울러 감정이 사물에 감응한다 해도 스스로 그것에 얽매이지 않을 때 비로소 진정한 '성인'이 될 수 있다는 것이다. 혜강·완적이 감정을 중요하게 여기는 것은 모든 사람들이 다 인정하는 관점이다. 재미있는 것은, 감정을 중시하는 것과 바깥으로 감정을 매우 적게 표현하는 사변철학이 서로 손을 잡고 동행하는 공통된 사조를 보여주고 있다는 점이다. 『세설신어』(世說新語)에는 이런 류의 기록들이 매우 많이 실려 있다.

왕자경(王子敬)은 다음과 같이 말한다. "내가 산음(山陰)의 길을 따라 움직일 때마다 산천의 경치는 잠시라도 눈을 떼기 어려울 정도로 스스로의 자태를 드러내며 빛나고 있었다. 만약 가을과 겨울이 넘어가는 사이였다면 그것을 견디기가 더욱 어려웠을 것이다."[75]
정감들이 스며드는 곳이 바로 우리들 사이이다.[76]
나무가 이와 같으니, 사람이 어떻게 견뎌내겠는가![77]

그들은 모두 상당히 분명하게 '감정을 높이는 것'(尚情)과 감정의 문

---

75) 『세설신어』, "王子敬云, 從山陰道上行, 山川自相映發, 使人應接不暇. 若秋冬之
際, 尤難爲懷."
76) 같은 책, "情之所鍾, 正在我輩."
77) 같은 책, "木猶如此, 人何以堪."

제를 이 한 시기에 두드러지게 반영하고 있다. 이것은『문부』(文賦)에서『시품』(詩品)에 이르는 문예이론에 '시는 감정에 근거한다'는 새로운 미학관을 제시하고, 또 그것을 철학적 사변 속으로 침투시켰다. 이것은 분명히 당시 사회의 혼란과 고난, 외재속박의 감소와 관련이 있다. 그러므로 세세한 내용을 고려하지 않고 전체적으로 볼 경우, 위진 사조와 현학의 정신은 실제로 노자가 아닌 장자에서 나왔다. 왜냐하면 그것이 추구하고 수립하려는 것은 일종의 정감을 풍부하게 하여 독립 자족·절대자유라는 특성을 가지는 것인데 이는 무한초월에 도달하려는 인격본체이기 때문이다.

현학의 다른 한 단계는 또 하나의 특성을 가지고 있는데, 바로 상수(向秀), 곽상의『장자주』(莊子注)로 대표되는 사상이다. 그들이 하안·왕필·혜강·완적과 다른 점에 대해서는 다른 사람들이 이미 상세하게 설명했다. 그 특징은 혜강·완적이 정치사상, 사회관념과 인격이상에서 장자로써 유가를 비판하는 경향을 전면적으로 되돌려놓았다는 점이다.

곽상 스스로 분명하게 말하고 있지만, 그가 전체적으로 장자를 다시 새롭게 해석한 목표는 바로 '내성외왕의 도를 밝히는 것'[78]에 있다. 그리고 내성(이상적 인격)과 외왕(사회정치적 통치질서)을 통일하려는 것으로, 곽상은 정치상에서 군주가 있으면 비록 해로움이 있을지 모르나 군주가 없는 것보다는 낫다는 사실을 분명하게 강조하고 있다. 사회질서에서 곽상은 '존비유별'(尊卑有別)을 인정하고, "그러므로 우리는 어느 것이 군주이고 신하인지, 높은 사람이고 낮은 사람인지, 그리고 어느 것이 손이고 발인지, 안인지 바깥인지를 아는데, 이것이 바로 천리자연이다"[79]라고 했다. 이것은 말하자면 전통유가의 윤리규범이 바로 장자의 자연지도(自然之道)라는 것이다. 특히 이상적 인격에 대해 그가 해석한 「소요유」가 가장 전형적이다. 곽상은 장자가 말한 대붕(大

---

78)『장자』「서」(序), "明內聖外王之道."
79) 같은 책, 「소요유주」(逍遙游注), "故知君臣上下手足內外乃天理自然."

鵬)과 작은 새의 우언(寓言)에서는 매우 높고 멀리 날아가는 것을 이상적 인격으로 보지 않는다. 정반대로 장자가 말하는 대붕과 작은 새가 나는 것이 달라서 멀리 날 수도 있고 가까이 날 수도 있지만 똑같이 소요할 수 있기 때문에 결코 우열을 나눌 수가 없다고 말한다.

작은 것과 큰 것은 비록 다르지만 스스로 얻는 상태에 이르면, 사물은 그 본성에 맡겨두고 하는 일을 그 능력에 맡게 하여 각각 주어진 바를 맡게 하면 소요라는 것은 같은 것이다. 어찌 그 사이에 우월함과 열등함의 차이가 있음을 용납하겠는가.[80]

장자 철학이 본래 가지고 있던 '때를 따라서 세상에 대응하는'(順時而應世), '꼬리를 진흙 속에서 끌다'(曳尾於泥中), '재목과 재목이 되지 못하는 것 사이에 처하다'(處材不材之間)는 것과 연결해 보면 이른바 이상적 인격이라는 것은 다만 세속에 복종하고 환경에 순응하는 것일 뿐이다.

바깥에서 노니는 사람은 안쪽에 의지하고 있고, 인간을 떠나는 사람은 오히려 세속에 합치한다.[81]

성인은 일찍이 세상과 홀로 다르지 않고 반드시 시대와 함께 변화하기 때문에 황제의 자리에 있으면 황제가 되고, 왕의 자리에 있으면 왕이 되니 어찌 세간을 저버리고 나만을 세울 수가 있겠는가.[82]

---

80) 『장자』 「소요유주」, "夫小大雖殊, 而放於自得之場, 則物任其性, 事稱其能, 各當其分, 逍遙一也. 豈容勝負於期間哉."
81) 같은 책, 「천지주」(天地注), "游外者依內, 離人者同俗."
82) 같은 책, "聖人未嘗獨異於世, 必與時消息, 故在皇爲皇, 在王爲王, 豈有背俗而用我哉."

곽상은 사람을 위해서 소의 고삐를 매고 말의 머리를 묶는 것은 여전히 자연스런 천성이라고 생각한다.

사람이 살아가면서 어찌 소를 부리고 말을 타지 않을 수가 있는가? 소를 부리고 말을 타려면 어찌 코를 뚫고 머리를 씌우지 않을 수 있겠는가? 소와 말이 코뚜레를 하고 굴레를 씌우는 것을 사양하지 않는 것은 천명이 진실로 그렇기 때문이다. 진실로 천명에 따르면 비록 인간사에 맡겨두어도 그 근본은 하늘에 있다.[83]

이것은 분명히 장자가 말하는 원래 의미와 반대되는 것이다.[84] 장자는 인간사를 초탈하여 자연에 복귀하려고 한다. 곽상은 오히려 인간사를 인정하고, 인간사 자체가 바로 자연이라고 생각한다.

무위의 일이라는 것은 손 모아 입을 닫고 있는 것이 아니다. 세속의 바깥 산 속에 엎드려 있는 것도 아니다.[85]

신하는 몸소 일을 할 수 있고, 군주는 신하를 부릴 수 있다. 도끼는 나무를 깎을 수 있고, 목수는 도끼를 쓸 수 있다. 각각 그 능력을 맡아 하면 천리가 스스로 그러하여 억지로 유위(有爲)하지 않는다. …… 그러므로 각각 그 맡은 바를 다하면 상하가 모두 바른 자리를 얻어서 무위의 이치가 지극하게 될 것이다.[86]

---

83) 같은 책, 「추수주」(秋水注), "人之生也, 可不服牛乘馬乎? 服牛乘馬, 可不穿落之乎? 牛馬不辭穿落者, 天命之固當也. 苟當乎天命, 則雖寄之人事, 而本在乎天也."
84) 한대의 도가들도 일찍이 유가가 말하는 유위(有爲)를 가지고 '무위'(無爲)를 해석했지만, 실질적인 내용은 크게 다르다. 상세한 것은 이 책의 「진한 철학의 특색」을 참조하라.
85) 같은 책, 「대종사주」(大宗師注), "所謂無爲之業非拱默而已; 所謂塵埃之外, 非伏於山林也."
86) 같은 책, 「천도주」(天道注), "臣能親事, 主能用臣; 斧能刻木, 而工能用斧; 各當其能, 則天理自然, 非有爲也. ……故各司其任, 則上下咸得, 而無爲之理至矣."

위의 말은 현실의 사회 · 윤리 · 정치와 인간세계의 질서를 모두 합리
적인 것으로 인정하여 반드시 '세속에 합치하는 것'(合俗)에 순응해야
한다는 것이다. 이렇게 했을 때만이 비로소 참된 소요를 할 수 있게 된
다. 왜냐하면 이럴 경우 참으로 "사물에 감응해도 사물에 매이지 않게
되기" 때문이다. 통치자인 '성인'에 대해서 말하면, 진실로 "종일토록
그 모습을 드러내지만 신묘한 정신은 변함이 없고, 모든 변화의 기틀을
살펴보고 우러러보아도 스스로 한결같다."[87] 보통의 백성으로 말하면
"이치에는 지극한 나눔이 있고, 사물에는 정해진 한계가 있어서 각각
주어진 것에 따라 적절히 행하면 모두가 같아진다. 만약…… 가장 합당
한 것을 벗어나려고 할 경우 그 하는 일이 적절하지 못하고, 행동이 현
실과 일치하지 않으면……곤경이 없을 수가 없다."[88]

결국 '무위'는 바로 '순유'(順有: 순리에 따라 욕심 내지 않고 소유
함)와 같다. "천지의 바름을 탄다"(乘天地之正)는 것은 바로 "만물의
본성에 따르는 것"(順萬物之性)이다. 그래서 '순유'와 "만물의 본성에
따르는 것"이라는 것은 즉, 사회의 통치질서가 규정한 '만물의 본성'에
따르는 것임을 매우 분명하게 말한 것이다. 그러므로 이것은 장자 철학
의 가장 허위적인 일면을 매우 극단적으로 발전시킨 것으로, 장자 철학
에서 현실을 비판하고 어두운 면을 드러내려는 비판정신을 완전히 상
실해버렸다. 그리고 혜강이나 완적과 같은 반항적인 진보적 의미도 완
전히 상실해버렸다.

동시에 곽상은 왕필이 『주역』과 『노자』에 근거하여 제기한 '무'의 본
체를 말살하고 본질과 현상을 구분하는 의미를 부인하여, 근본도 없고
법칙도 없는 우연적 자생(自生)이 되게 만들었다. 이것은 바로 근본적
인 측면에서 더이상 어떠한 이상적 인격을 묘사 · 추구 · 건립할 필요가
없게 되어, 말 그대로의 순수한 혼세주의(混世主義) 또는 처세철학이

---

87) 같은 책, 「대종사주」, "終日揮形而神氣無變, 俯仰萬機而淡然自若."
88) 같은 책, 「소요유주」, "理有至分, 物有定極, 各足稱事, 其濟一也. 若乃…… 營生
於至當之外, 事不任力, 動不稱情……不能無困矣."

되어버린다. 곽상의 주(注)는 오랜 시간 동안 장자의 본의를 표현한 것으로 여겨졌고 대부분의 사람들은 곽상의 주를 통해 장자를 읽었기 때문에 장자 철학은 극히 나쁜 영향을 지닌 낡은 찌꺼기가 되어버린 것 같다. 그러나 곽상의 주는 순수한 사변이라는 측면에서 확실히 성취한 바가 있다. 예를 들면 우연성의 범주 등은 부각시켰지만, 사실은 장자에 대한 곡해가 주요내용일 뿐이다.

3 선종의 철학

누구나 인정하듯이 선(禪)은 중국의 산물이다.[89] 불교가 중국에 들어와서 많은 변천을 겪은 후에, 육조의 혜능(慧能)이 창시한 남종(南宗)의 돈교(頓教)가 출현한 이후부터 다양한 발전을 거듭하여[90] 선명한 특색을 지닌 중국 선종으로 성립되었다.

여기서 선종사상의 유래 및 전말과 '사요리'(四料理), '사빈주'(四賓主), '오위군신'(五位君臣), '탈경'(奪境), '탈인'(奪人) 등의 세부적인 문제를 소개할 수는 없다. 또 선종과 현실사회의 공과와 득실에 대해 토론하지 않으려 한다. 기존의 논저들은 이미 이런 문제들에 대해 많이 논의했다. 어떤 사람들은 그것이 불학(佛學)의 범위 내에서 자질구레하고 복잡한 교의를 파괴하여 사람의 마음을 해방시키는 진보적 작용을 했다는 것을 인정하기도 한다. 또 어떤 사람은 그들을 사기꾼, 강도

---

89) 스즈키(鈴木大拙), 융, 프롬 등.
90) 『단경』(壇頸)의 돈황본과 현재 유행하는 통행본을 비교해보면 현재의 통행본이 원래의 원작에서 벗어나 있다는 점을 비판하기보다는 차라리 그것을 일종의 발전이라고 인정하는 것이 나을 것이다. 예를 들면 "본래 아무것도 없는데, 어디서 티끌이 생겨날까?"(本來無一物, 何處惹塵埃)라는 구절은 "불성은 항상 깨끗하고 고요하니 어디서 티끌이 생겨날까?"에 비해서 확실히 더욱 철저하고, 분명하고 유창하다.

라고 비판하며 "뛰어난 말솜씨를 마음대로 이용하거나 천연덕스럽게 이해타산을 헤아리는 사람들로, 선종의 대사들은 대부분 이 두 가지 유형에 속한다"[91]고 했다. 이러한 말들은 상당한 근거가 있지만, 여기서는 더이상 반복하지 않으려 한다.

그러나 여기서 간단하게 토론하려는 것은, 다만 중국이 순수사상적인 각도에서 만들어낸 선이 어떤 기본적 특징을 가지고 있는가 하는 문제이다.

혜능은 글자를 모르면서도 '도를 깨우친'(悟道) 가장 전형적인 인물이다. 그의 주요한 교의 중의 하나가 바로 '불립문자'(不立文字)이며 사변추리 속에서 '알음알이를 하는 신도'(知解宗徒)가 아니다. 왜냐하면 그가 보기에 어떠한 언어나 문자도 오직 인위적인 족쇄일 뿐이고, 그것은 유한적·부분적·외재적으로 경직된 것일 뿐만 아니라 사람들로 하여금 그런 진실한 본체를 파악하지 못하게 만들기 때문이다. 또한 그것이 바로 이러한 사변과 인식, 언어에 집착하여 도리어 사람들이 파악하는 것을 속박하고 저해하기 때문이다.

앞의 장자와 현학을 말한 부분에서, 이런 사상이 일찍부터 중국에 있었다는 사실을 어렵지 않게 발견할 수 있었다. 하지만 선종은 그것을 한 걸음 더 발전시켰다. 장자나 현학을 막론하고 선종 또한 항상 언어 개념적인 사변과 토론, 추리를 통해서 표현하고 논술하고 있기 때문이다. 경우에 따라 장자가 사용하는 것이 비유와 우언(寓言)이며 현학에서 사용하는 것은 매우 정교한 추상이긴 하지만, 그들은 여전히 언어·문자·개념·사변을 벗어나지 못한다. 나중에 선종은 이러한 것들까지도 철저하게 벗어던지고, 아예 여러 가지 형상의 직관적 방식을 이용하여 본래 표현할 수 없고 전달할 수 없는 것으로 보이는 그런 것들을 표현하고 전달한다. 이런 표현과 전달은 어떤 약정된 언어나 부호가 아니

---

91) 판원란(范文瀾), 『당대불교』(唐代佛敎), 人民出版社, 1979, 80쪽. "從諗擅利口, 天然工心計, 禪門大師大抵屬於這兩類人."

고, 결과적으로 어떤 특수하고 주관적인 방식으로 뜻을 표현하는 것으로 변화하게 된다. 그것이 가장 두드러진 방식으로 표현되는 것이 바로 이른바 '공안'(公案: 선종에서 도를 깨우치게 하기 위하여 내는 과제)이다.

석두(石頭)를 배알할 때, "만법(萬法)과 더불어 함께하지 않는 사람은 어떤 사람입니까?" 하고 물었다. 이에 석두가 손으로 입을 가리자, 물은 자가 갑자기 깨달은 바가 있게 되었다.[92]

의존(義存) 선사가 승려에게 물었다. "스님께서는 어디서 오시는 길이십니까?" 그러자 "최근에 절중(浙中)을 떠나서 왔습니다" 하고 말했다. 다시 선사가 "수로로 왔소, 육로로 왔소?" 하고 물었다. 답하기를 "수로나 육로의 두 길과 모두 관계없소" 하고 말했다. 선사가 "그러면 어떻게 여기에 도착했소?"라고 묻자, "무슨 장애가 있겠소" 하고 다시 대답하자 선사가 그를 마구 때리기 시작했다.[93]

당에 올라가 승려가 영산에게 묻기를, "꽃을 든 참된 뜻은 무엇입니까?"라고 하자, 선사가 말하기를 "한마디 말이 튀어나오면 아무리 빠른 준마라도 따라잡을 수 없다"고 했다. 이에 또다시 묻기를, "가섭(迦葉) 존자가 띤 미소의 진정한 의미는 무엇입니까?"라고 하자, "입은 재앙의 문이다"라고 말씀하셨다.[94]

92) 『지월록』(指月錄) 권9 「방공」(龐公), "……謁石頭, 乃問不與萬法爲倡者, 是什麽人? 頭以手掩其口, 谿然有省."
93) 『오등회원』(五燈會元) 권7 「덕산」 「설봉의존선사」(雪峰義存禪師), "問僧甚處來? 僧曰近離浙中. 師曰船來陸來? 曰二途俱不涉. 師曰爭得到這里? 曰有什麽隔礙. 師便打."
94) 『고존숙어록』(古尊宿語錄) 권40, "上堂僧問靈山, 拈花意旨如何? 師云; 一言才出, 駟馬難追; 進云; 迦葉微笑意旨如何? 師云; 口是禍門."

'손으로 입을 가린다'는 것은 말할 수 없다는 것을 의미한다. '선사가 마구 때리기 시작했다'는 것은 의미를 파악해내기가 불가능하다는 것이다. 왜냐하면 일단 언어가 수단이 되면 오류가 생긴다. 언어를 통하여 설파하는 과정을 겪은 것은 이미 진실한 것이 아니다. 이 때문에 '입은 재앙의 문'이고, 아무리 빠른 준마라도 혀를 따라잡지 못한다고 하는 것이다. 선종이 강조하려는 '깨달음'(悟)은 결코 이지적인 인식이 아니고, 또한 인식하지 않는 것도 아니며, 다만 말할 수 없는 깨달음과 느낌이다. 그러므로 선종의 공안에는 손으로 때리고 발로 차고 하는 내용들이 매우 많이 들어 있다.

그러나 가르침을 전달하기 위해서는 언어와 문자에서 완전히 벗어나기 어렵다. 언어와 문자를 통하지 않으면 결국 전달과 소통이 어렵게 되어, 선종은 하나의 교파로서 존재할 수도, 연속할 수도 없을 것이기 때문이다. '불립문자'는 여전히 문자(언어)에 근거하는 것이 필요하기 때문에, 많은 문자를 세우고 많은 '도리'를 말한 후에 특별한 여러 가지의 방식을 이용하여 끊임없이 진리 자체가 문자에 있지 않음을 말한다. 또 인위적인 언어나 문자가 결코 진실 자체가 아니라는 것을 끊임없이 게시 · 각성 · 지적하여, 언어나 문자를 이용해서 진실한 본체를 진정으로 말하고 토론하고 접근할 수 없다는 것을 드러내려고 한다. 이것이 바로 경전을 말하고 전도를 하는 것 이외에, 또 많은 '공안'이 나온 유래이다. 공안이야말로 선의 가장 전형적인 성격을 보여준다.

이에 백조(白祖)에게 말하기를, "저는 약간 깨달은 것이 있습니다." 그러자 육조가 묻기를 "무엇을 깨달았소?"라고 하자, 남악(南岳)이 말하기를, "어떤 딱 들어맞는 하나는 아닌 것 같습니다."[95]

---

95) 『오등회원』(五燈會元) 권3 「남악회양선사」(南岳懷讓禪師), "乃白祖云: 某甲有個會處. 祖云: 作麼生? 師云: 說似一物卽不中."

"무엇이 첫번째 뜻입니까?" 하고 묻자, 남악이 "나는 당신에게 두 번째 뜻을 말했다"[96]고 답했다.

지장선사가 문에서 그를 송별하면서 말하기를, "상좌께서는 평시에 삼계(三界)는 다만 심성에서 생기고, 만물은 오직 식에서 생긴다고 했습니다" 하고 묻자, 그는 바로 정원의 돌을 가리키면서 "스님께서는 이 돌을 마음속에 넣어두고 있습니까, 마음 바깥에 둡니까?" 하고 물었다. 그러자 "마음속에 둡니다" 하고 말했다. 지장선사가 말하기를, "걸어가는 사람이 무슨 이유로 돌을 마음 속에 놓아둡니까?" 하고 말했다.[97]

첫번째 뜻은 말할 수 없는 것이기 때문에, "어떤 딱 들어맞는 하나는 아닌 것 같습니다"(說似一物卽不中)라고 하는 것이며 "나는 당신에게 말하겠다"(我向爾道)라는 것은 이미 '두번째 뜻'이다. 만약 '삼계유심'(三界唯心) 등의 이론적 사변에 집착하는 것은 마음속에 돌덩이를 넣어두는 것과 마찬가지이고, 마음속에 돌덩이를 담고 있다는 것은 바로 무겁고 불편한 것을 말하는 것이다(이 공안은 달리 해석될 여지가 있다). 사물에 이끌리고, 설령 정확한 언어문자와 이론적 사변이라 할지라도 구속되는 것은 또한 마찬가지이다. 그들은 바로 진공자성(眞空自性)을 위반했다.

오룡장로(烏龍長老)가 풍제천(馮濟川)을 방문하여 이야기를 나눌 때 풍제천이 물었다. "옛날 어떤 한 관리가 사주대성(泗州大聖)에게

---

96) 『오등회원』 권10 「법안 · 청량 · 문익선사」(法眼 · 淸涼 · 文益禪師), "問如何是 第一義? 師曰: 我向你道是第二義."
97) 같은 책, 「법안 · 청량 · 문익선사」, "……藏門送之. 問曰: 上座尋常說三界唯心, 萬法唯識. 乃指庭下片石曰: 且道此石在心內在心外? 師曰: 在心內. 藏曰: 行脚 人着什麽來由, 安片石在心頭."

대사는 성이 '무엇(何)입니까?' 하고 물었다. 그러자 성사께서는 '제 성은 무엇(何)입니다'라고 대답했다. 또 관리가 묻기를 '어느(何) 나라에 살고 계십니까?' 하고 묻자, 성사는 '어느(何) 나라에 삽니다'라고 대답했다. 이 뜻은 무엇입니까?" 오룡이 말하기를, "대성사의 성은 본래 하(何)씨가 아니고 또 하(何)나라 사람도 아닌, 인연에 따라 교화를 펼칠 뿐입니다"라고 대답했다. 풍제천이 웃으면서 말하기를, "대성사가 성을 하씨로 정하고, 하나라에 산다고 했습니다"라고 했다. 이런 식으로 이야기를 주고받다가 스님(대혜)에게 편지를 올려 이 공안에 대해서 판단해주기를 요청했다. 그러자 성사께서는 "나에게는 몽둥이 60대가 있는데 30대를 대성에게 때린다. 그 이유는 성을 하씨로 말한 것이 맞지 않기 때문이며, 나머지 30대를 풍제천에게 때리는 이유는 대성의 성을 하씨로 결정한 것이 틀렸기 때문이다"라고 했다.[98]

어떤 하나의 해석, 하나의 긍정 또는 부정이 설령 대단히 교묘하다 할지라도, 예를 들면 성이 무엇인가를 묻는 것에 대해 성이 '무엇'이라고 답하거나, 어느 나라에 사느냐는 물음에 '어느 나라'라고 중복하여 답하는 것 등은 억지로 총명한 척하고 억지로 말을 해석하는 것에 불과하기 때문에, 분명히 얻어맞아야 한다고 말한다. 결국 어떠한 언어·사변·개념·추리에 대한 집착은 반드시 제거되어야만 한다. 이것은 바로 혜능 선사가 임종시에 전수한 종지의 '비결'이다.

만약 어떤 사람이 너에게 문제를 묻는데, 유(有)에 대해 물으면 무

---

98) 『종문무고』(宗門武庫), "烏龍長老訪馮濟川說話次, 云: 昔有官人問泗州大聖師何姓? 聖曰姓何. 官云住何國? 聖曰住何國. 此意如何? 龍云: 大聖本不姓何, 亦不是何國人, 乃隨緣化度耳. 馮笑曰: 大聖決定姓何, 住何國. 如是往返數次, 逐致書於師, 乞斷此公案. 師云: "有六十棒. 將三十棒打大聖, 不合道姓何; 三十棒打濟川, 不合道大聖決定姓何."

(無)로 대답하고, 무를 물으면 유로 대답하고, 범(凡)에 대해 물으면 성(聖)에 대해 대답하고, 성을 물으면 범으로 대답한다. 무와 유, 성과 범은 서로 근거가 되어 중도(中道)의 의리를 낳는다.[99]

유무(有無)·성범(聖凡) 등등은 모두 개념언어를 이용하여 분할된 유한성일 뿐으로, 그들은 진실이 아니다. 그러므로 고의로 개념언어의 첨예한 모순과 직접 충돌을 이용하여 이런 집착을 타파하려고 하는 것이다. 무에 관해서 물으면 오직 유에 관해서만 말하고, 유에 관해서 물으면 오직 무만 말한다. 어떤 구분과 한정(인위적 개념, 추상적 사변 또는 도덕적 선악, 심리적 애증, 본체적 공유를 막론하고)을 타파하고 초월해야만 비로소 진실한 절대적 본체를 체득하고 깨달을 수 있다. 그것은 어떠한 언어나 사유의 이전, 위 또는 아래에 있다 하더라도 말할 수 없고 설명할 수 없고 논의할 수 없는 것이기 때문이다. 언어·개념·논리·사변과 이론에 속박되어 있는 것은 마치 유한한 현실사물 속에 속박된 것과 같은 것으로 이것은 근본적으로 '오도'(悟道)할 수 없게 만들어버린다.

선사가 앙산(仰山)에게 묻기를, "『열반경』(涅槃經) 40권에 부처님의 말씀이 어느 정도 들어 있고, 마귀의 말이 어느 정도 들어 있습니까?"라고 했다. 앙산이 대답하기를, "전부 마귀의 말이지"라고 했다.[100]

다만 지금 부처가 본 것으로 간주하고 부처가 풀이한 것으로 간주하기는 하겠지만, 그 경을 보고, 구하고, 지은 사람들의 말은 모두 회

---

99) 『단경』(壇經) 「부촉품」(付囑品), "若有人問汝義, 問有將無對, 問無將有對, 問凡以聖對, 問聖以凡對. 二道相因, 生中道義."

100) 『오등회원』(五燈會元) 권9 「위앙·위산영우선사」(潙仰·潙山靈佑禪師), "師問仰山: 涅槃經四十卷多少是佛說? 多少是魔說? 仰曰: 總是魔說."

론(戲論)과 거친 말, 죽은 말일 뿐이다.[101]

심지어 불가의 경전과 각종 불교 이론까지도 다만 '마귀의 이야기'
(魔說), '희론', '거친 말', '죽은 말'이라고 했는데, 다른 언어와 사변은
더이상 말할 필요가 없다.

선종의 관점은 현학에서 말하는 '언부진의'(言不盡意) · '득의망언'
(得意忘言)에 비해서 훨씬 더 진보한 것이라고 할 수 있다. 그것은 다
만 '망언' 또는 '언부진의'일 뿐만 아니라, 본체는 차라리 항상 언어 ·
사변의 충돌 또는 단절을 통해서 비로소 깨닫고 파악할 수 있는 것임을
가리키고 있다. 혜명(惠明)이 육조(六祖) 혜능에게 법(法)을 구하면서
다음과 같이 말하고 있다.

혜능이 말하기를, "자네가 법을 구하기 위해서 왔다면 모든 인연을
끊고 그 어떤 사사로운 염두도 일으키지 않길 바라네. 그리하면, 내
자네를 위해 이야기하겠네" 하고 말했다. (혜명이 혜능의 말대로 지
키게 된 지 한참 뒤에) 혜능이 다시 말하기를, "선도 생각하지 않고
악도 생각하지 않는 바로 그러한 때, 그것이 바로 혜명 상좌의 본래
면목이 아니겠는가?"라고 했다. 혜명은 이 말에 크게 깨닫고 다시 말
하기를 …… "제가 비록 황매(黃梅)에 있었지만 사실은 아직도 본래
면목(本來面目)*을 깨닫지 못했습니다. 지금 육조의 가르침을 받자
오니, 마치 사람이 물을 마시고 춥고 따뜻함을 저절로 아는 것과 같
습니다"라고 했다.[102]

---

101) 『고존숙어록』(古尊宿語錄) 권2, "只如今作佛見作佛解, 但有所見所求所著, 盡
    名戲論之類, 亦名粗言, 亦名死語."
  * 불교에서 중생이 본디부터 지니고 있는 심성을 이르는 말.
102) 『단경』(壇經) 「행유품」(行由品), "慧能云: 汝旣爲法而來, 可屛息諸緣, 勿生一
    念, 吾爲汝說. 明良久, 慧能云: 不思善, 不思惡, 正與麼時, 那個是明上座本來
    面目? 惠明言下大悟……曰: 惠明雖在黃梅, 實未省本來面目. 今蒙指示, 如人
    飲水, 冷暖自知."

이른바 '본래면목' 또는 '아직 부모도 태어나지 않았을 때의 면목'(還
父母未生時面目)*은 바로 일체의 의식, 일체의 관념, 일체의 인과관념
등을 끊어 없앤 것이다. '어떠한 염두도 일으키지 않는 것'은 마치 이
런 인과현상의 세계로 떨어지지 않는 것과 같다. 이렇게 했을 때 비로
소 '무'(無)와 동체인 선악·시비·인과를 초월한 본체의 세계를 진정
으로 깨달을 수 있다. 이것은 사변을 통하여 도달할 수 있는 것이 아니
고, 오직 일종의 신비적 감수 또는 깨달음이기 때문에 "마치 사람이 물
을 마시고, 춥고 따뜻함을 저절로 아는 것"이라고 말할 수 있다. 그것
은 말할 수 없고 전달할 수 없는 것을 다른 사람에게 주는 것이다. 선
종이 계속해서 강조하는 것은 대체로 모두 이런 의미이다.[103]

스승이 앉아 있자, 선승이 "무엇을 골똘하게 생각합니까?" 하고 물
었다. 스승이 "생각할 수 없는 것을 생각한다"고 하자, 다시 "생각할
수 없는 것을 어떻게 생각합니까?" 하고 물었다. 그러자 스승은 "생각
하지 않음이다"라고 했다.[104]

위의 말처럼 '말할 수 없는 것'은 결국 말하는 것을 요구한다. 왜냐하
면 표현할 수 없는 것은 표현되어야만 하며, 이것들이 평상적인 사변,

---

* 이는 자기자신은 물론이고 심지어 부모가 아직 태어나기 이전 시기의 상태를
 말하는 것으로, 바로 본래면목 또는 인간의 본심이나 본성을 말한다. 이 말은
 『단제심요』(斷除心要)에 보인다.

103) 비트겐슈타인은 이런 말할 수 없는 본체문제에 대해 깊은 흥미를 느끼고 있다.
 그는 언어가 우리 세계의 한계라는 것에 관해서 몇 번이나 말하면서, "확실히
 진술할 수 없는 것이 있는데, 이것은 스스로 표현된 것이고, 이것이 바로 신비
 한 것이다"라고 했다. "말할 수 없는 것에 대해서는 반드시 침묵해야만 한다",
 "나의 명제는 이렇게 설명할 수 있다. 나를 이해하는 사람은 이들 명제가 이들
 명제에 근거하여 넘어섰을 때(그는 그가 사다리를 타고 올라간 뒤에 사다리를
 던져버렸다고 할 수 있다) 마침내 이들 명제가 의미가 없다는 것을 알게 될 것
 이다."(『논리철학 논고』)

104) 『지월록』(指月錄) 권9 「약산」(藥山), "師坐次, 僧問: 兀兀地思量甚麽? 師曰:
 思量個不思量底. 曰: 不思量底如何思量? 師曰: 非思量."

이성과 언어 속에 들어갈 수 없어도 결국엔 어떤 의미를 전달하고 표시해야 하기 때문이다. 이것은 일상언어의 다의성·불확정성·모호성을 충분히 발전시키고 운용할 뿐만 아니라, 또한 선종의 언어와 도의 전달(傳道)을 매우 주관적인 임의로 만들어 일상적인 논리와 일반적인 규범에 부합할 수 없게 만든다.

예를 들면, "조사(祖師)*께서 서역에서 오신 뜻은 무엇입니까?"라는 것은 "도대체 선이 무엇입니까?"라는 근본문제를 묻는 것이다. 그러나 선사들의 대답은 오히려 "뜰 앞의 잣나무"(庭前柏樹子 : 조주趙州)라거나 "서쪽에서 온 것은 아무런 뜻이 없다"(西來無意 : 대매大梅), "하나의 관에 두 명의 죽은 사람"(一個棺材, 兩個死漢 : 마조馬祖) 등등이다. 또한 "부처가 무엇입니까?"라고 묻는 말에 대한 선사들의 유명한 대답은 "마른 똥막대기"(乾屎橛 : 운문雲門), "마가 세 근"(麻三斤 : 동산洞山) 등이다.

이처럼 이미 공식적인 '한 몽둥이를 날리는' 대답들은 모두 "네가 물은 것이 잘못되었다"는 것을 뜻하며, 문제 자체가 틀렸다는 것을 표현하기 위해서이다. 이 때문에 정말 손으로 때리거나 의미 없는 언어를 통하여 내리치는, 예를 들면 '덕산의 몽둥이'(德山棒), '임제의 고함'(臨濟喝) 등은 모두 겁을 먹게 하여 계발 또는 반성하여 깨달음을 얻게 하기 위해서이다. 선종의 공안 가운데 수많은 기괴한 말이나 기행에는 도를 깨닫는 열쇠와 전도의 표준으로서 대단히 음미할 만한 것들이 있는데, 원인은 바로 여기에 있다.

불립문자의 또 다른 의미는, 문자(언어·개념·사변)는 모두 공공적인 소통의 전달도구이고 공동체가 다 같이 준수해야 하는 보편적 규칙을 가지고 있다는 점이다. 그러나 선종이 진정으로 본체에 도달하고 본체를 파악하기 위해서는 이런 공동의 것에 근거해서는 불가능하다. 그래서 오직 개체자신의 개별적인 느낌·깨달음·체득에 근거해야만 비

---

* 한 종파를 세우고 그 종지를 주장한 사람을 높여 이르는 말.

로소 본체에 도달하고 그것을 파악하는 게 가능하다는 것이다. 왜냐하면 '오도'(悟道)는 지식이나 인식이 아니라, 개체로서의 인생에 주어지는 수수께끼 또는 생사와 관련되는 깨달음이기 때문이다. 그러므로 '오도'는 보편적인 법칙과 공통적인 규범을 통해 전수되는 것이 아니라, 오직 개체에 근거하여 몸소 체험했을 때 비로소 획득가능한 것이다. 결국 개체의 독특한 체험 속에서 하나가 바로 일체이고 일체가 바로 하나라는, 불성(佛性)의 전체적 의미를 깨달아야 하기 때문이다.

이런 깨달음은 언어문자 또는 사변에 근거하지 않고 완전히 일상생활의 활동 속에서, 보통의 행위와 실천 속에서 개체의 독특성을 가지고 있는 직각적 방식을 통하여 획득할 수 있거나 또는 그렇게 해야만 한다.

'오도'는 어떠한 외재적 권위와 우상을 빌리거나 그것에 의지해서도 안 되며, 또 그럴 수도 없다. 선종은 자해(自解: 스스로 깨달아 해탈함)·자립(自立)·독왕무전(獨往無前: 앞에 방해되는 것 없이 홀로 용감하게 나아가는 것. 즉, 용감하게 수행정진함을 말함)을 강조하여 미신을 타파하고, 부처와 유명한 조사를 욕하는 데까지 이른다.

……혜림사에서 큰 추위를 만나자, 선사는 나무로 만든 부처로 불을 태웠다.[105]

여기에는 부처도 없고, 조사도 없다. 달마는 낡아빠진 기름덩이, 석가는 말라 비틀어진 똥막대기…….[106]

심지어 보살도 다만 '말라빠진 똥막대기' 종류일 뿐으로, 그것을 가지고 불을 지펴 따뜻하게 하는 것 외에는 다른 쓰임새가 없기 때문에 다른 것은 더이상 이야기할 필요가 없다.

---

105) 『오등회원』권5 「청원」(青原), 「천연선사」(天然禪師), "……於慧林寺遇天大寒, 師取木佛燒火."
106) 『오등회원』권7 「천황」「덕산선감선사」(德山宣鑒禪師), "這裏無佛無祖, 達摩是老臊胡, 釋迦老子是乾屎橛, 文殊普賢是擔屎漢……."

......용담(龍潭)이 돌아와서 말하기를, 바같이 어두워서 종이 촉(燭)에 불을 붙여 선감(宣鑒) 선사에게 손을 뻗어 건네주려 할 때, 용담 선사가 그것을 한 입으로 불어 꺼버렸다. 선감 선사는 여기서 크게 깨달아 용담 선사에게 예배했다.[107]

이 이야기의 의미는 밝음을 표현하기 위해서는 바같의 광명에 의지할 필요가 없고, 마땅히 자신의 본성에 따라서 암흑을 정복하고 올바른 길을 찾아야 한다는 것이다.

일상적인 사유논리가 필요없고 공통의 규범을 따를 필요도 없기 때문에, 선종의 '오도'는 항상 개체의 매우 독특한 감수(感受)나 직관적인 체득이 된다. 말하자면 개체의 감성적 경험의 신비적인 비약이라고 할 수 있다. 이 때문에 어떠한 경우, 어떠한 상황, 어떠한 조건 속에서도 '오도'할 수 있다. 그것은 엄청난 수의성(隨意性)과 우연성을 가지고 있다. 예를 들면 다음과 같다.

(지한智閑이) 하루는 산 속에서 초목을 자르다가 기와조각을 대나무에 던져 소리를 내었다. 실없이 웃는 중에 갑자기 깨달아버렸다.[108]

들오리가 날아올라 갔다고 회답하자 스승에게 콧구멍을 잡혀 아픔을 느껴 오도했다는 공안의 이야기, 엄지손가락이 잘리면서 오도했다는 공안의 이야기와 선종의 여러 가지 '절단법'(截斷法) · '일자법'(一字法) 등은 모두 이 점을 표명하고 있다.

이런 여러 가지 우발적 방식 자체를 강조하는 것은 선 자체는 아니고 다만 선의 표현방식일 뿐이다. 그런 방식에 집착하고 그런 것들을 공식

---

107) 같은 책, 「천황」 「덕산선감선사」, "......回日: 外面黑, 潭點紙燭度與師. 師擬接, 潭復吹滅. 師於此大悟, 便禮拜."
108) 『오등회원』 권9 「위앙」(潙仰) 「덕향암지한선사」(德香岩智閑禪師), "(智閑) 一日芟除草木, 偶抛瓦礫, 擊竹作聲, 忽然省悟."

으로 삼아 고정시켜 모방하려고 하는 것은 언어적 방법, 논리적 형식을 가진 것과 같은 것이 되어 결코 큰 효과를 낼 수 없을 것이다. 선종은 당연히 수련을 말하고, 또한 마음을 깨끗하게 하고 생각을 편안하게 하는 것을 말한다. 그리고 이런 과정은 어떤 경우에는 상당히 긴 시간을 필요로 한다. 이른바 "구름 덮인 많은 산들은 그 꼭대기를 드러내지 않고, 빗물 떨어진 계단 앞은 점점 깊어진다"(雲覆千山不露頂, 雨滴階前漸漸深) 등등이다.

그러나 이런 모든 것들은 다만 돈오*를 만들어내기 위한 하나의 계기를 제공할 뿐이다. 기본정신은 여전히 '오도'는 결코 특정한 형식규범을 가지고 있지 않음을 강조하고, 하루 종일 좌선하여 도달할 수 있는 것이 아니라는 것을 말하는 데 있다.

살아서는 앉아서 눕지 아니하고, 죽어서는 누워서 앉지 못하네. 시체 한 구의 냄새나는 뼈다귀로 어찌 공과(功課)를 세우겠는가?[109]

혜능은 기량도 없었고 온갖 백가지 생각도 끊지 못하네. 바깥세상에 대한 헛된 생각도 자주 일어나니 보리가 어찌 자랄 수 있겠는가?[110]

제자가 "무엇을 수도라고 합니까?" 하고 물었다. 이에 대해 마조(馬祖)가 "도는 닦는 것에 속하지 않는 것인데, 만약 도를 능히 닦을 수 있다고 말하면 닦은 후에 다시 고약한 것으로 돌아갈 것이다"라고 말했다.[111]

---

* 깨달음에 높고 낮음의 질이 있음을 인정하지 않으며 수행의 단계를 거치지 않고 곧바로 깨달음에 도달하는 것.

109) 『단경』「돈점품8」(頓漸品第八), "生來坐不臥, 死去臥不坐; 一具臭骨頭, 何爲立功課."

110) 『단경』「기연품7」(機緣品第七), "慧能沒伎倆, 不斷百思想; 對境心數起, 菩提作麼長."

111) 『지월록』권5「마조」(馬祖), "僧問如何修道? 師云, 道不屬修, 若言修得, 修成還壞."

무엇을 계 · 정 · 혜(戒定慧)라고 합니까?" 하고 묻자 "소승이 사는 이곳에 쓸데없이 한가로이 놓여 있는 가구는 없습니다"라고 답했다.[112]

위의 말들은 모두 '오도'를 가리킨 것으로, 선을 파악하는 것은 심("100가지 생각을 할 수 있으나 바깥사물에 대해서 마음이 전혀 움직이지 않는")과 신(身, '냄새나는 뼈다귀', '오랫동안 앉아서 눕지 않는 것')을 억지로 수도하여 진리를 찾는('주심관정' 住心觀淨) 데 있는 것이 아니라는 것이다. 오히려 보통사람과 차이가 없는(눕고, 앉아 있기도 하고, 또 생각하기도 하는) 일상생활 속에서 일정한 단계적 훈련을 받고, 어떤 상황에 따라서 어느 순간이 되면 깨닫게 된다고 말한다. 이런 독특한 과정을 겪어야 그 진실한 본체에 도달한다.

"스님은 수도를 할 때 공부를 하십니까?" 하고 물었다. 그러자 선사는 "공부한다"고 말했다. "어떻게 공부하느냐?"고 다시 묻자, 선사는 "배고프면 밥 먹고 피곤하면 잠잔다"고 했다. "모든 사람들이 다이와 같습니다. 그들도 스님과 같은 공부를 하는 것이 아닙니까?" 하고 묻자, 선사가 다르다고 대답했다. "어째서 다릅니까?" 하고 묻자, 선사는 "그는 밥을 먹을 때 쉽게 밥을 먹으려 하지 않고 여러 가지의 사색을 한다" 하고 "잠잘 때 쉽게 잠자려 하지 않고 수많은 계교를 하고 있다"고 말했다.[113]

어떤 승려가 선사에게 가르침을 청하자, "학인(學人 : 불가에서 학

---

112) 『지월록』 권9 「약산」(藥山), "問如何是戒定慧? 師曰, 貧道這裏無此閒家俱."
113) 『경덕전등록』(景德傳燈錄) 권6, "……問: 和尙修道, 還用功否? 師曰: 用功. 曰: 如何用功? 師曰: 饑來吃飯, 睏來卽眠. 曰: 一切人總如是. 同師用功否? 師曰: 不同. 曰: 何故不同? 師曰: 他吃飯時不肯吃飯, 百種須索. 睡時不肯睡, 千般計較."

습 중인 중)들이 처음 선문(禪門)에 들어와 선생에게 가르침을 청합니다"라고 했다. 그러자 조주가 "죽을 아직 먹지 않았느냐?" 하고 묻자, 대답하기를 "죽을 먹었습니다" 하고 말했다. 조주가 "밥그릇을 씻으려면 가져가"고 하자 그 승려는 이 때문에 크게 깨달았다.[114]

아침에 죽을 먹고 난 후에는 그릇을 씻어야만 한다. 배가 고프면 밥을 먹고 피곤하면 잠을 자고 하는 이 모든 것은 일상의 자연적인 일들이다. 이런 자연스런 일을 제쳐두고 억지로 사고하고 '오도'를 억지로 구한다면 근본적으로 '오도'는 불가능하다. '오도'는 다만 일상생활에서 자연스럽게 획득될 수 있을 뿐이다. 이것이 바로 선종이 특별히 강조하는 내용들이다.

평상심이 바로 도이다.[115]

"모든 사물들은 머무르지 않고 지나가고, 막히지 않고 통하여 인연에 따라 자재(自在)하여 가는 곳마다 저절로 이치가 이루어진다." "봄에는 100가지 꽃이 피어 있고, 가을에는 달이 있고 여름에는 시원한 바람, 겨울에는 눈이 있으니, 만약 부질없는 생각과 마음을 묶어두는 것이 없다면 그것이 바로 인생의 호시절이라."[116]

"가송(可松)에게 '미륵보살(彌勒菩薩)은 왜 참선을 하지 않고, 계속 번뇌만 합니까?' 하고 물었다. 그러자 진심은 본래 깨끗하기 때문에 참선을 하지 않는다. 망상은 본래 공(空)하기 때문에 끊임없이 번뇌한다라고 답했다. 이 문제를 대윤(大潤)에게 묻자 답하기를, 선심(禪心)은

---

114) 『지월록』 권11 「조주」(趙州), "僧問師學人乍入叢林, 乞師指示. 師云, 吃粥也未? 云吃粥了也. 洗鉢盂去. 其僧因此大悟."

115) 『무문관』(無門關), "平常心是道."

116) 같은 책, "一切聲色事物, 過而不留, 通而不滯, 隨緣自在, 到處理成." "春有百花秋有月, 夏有涼風冬有雪. 若無閒事掛心頭, 便是人間好時節."

이미 공하기 때문에 수련할 필요가 없고, 번뇌를 완전하게 끊었기 때문에 다시 끊을 필요가 없다고 했다. 또 해(海) 선사에게 묻자 답하기를, 본래 선정(禪定)*과 번뇌라는 것은 없는 것이다라고 했다."

세 가지의 답 가운데 가장 마지막 것이 최고이다. 왜냐하면 그것은 본래 수련·번뇌라는 것이 없음을 말하고, 억지로 청정을 추구하고 망상을 제거하려는 것 등은 그 자체가 청정·번뇌를 긍정·집착하고 있음을 의미하여 오히려 '무념'(無念)의 정반대가 되어버렸기 때문이다.

"가야 할 길을 가르쳐주시기를 바랍니다." 그러자 선사는 살인하고 방화하라고 했다.[117)

선의 결과는 결코 어떤 행동을 닦아서 얻을 수 있는 것이 아니다.

스님이 게(偈: 부처의 공덕을 찬미하거나 교리를 나타낸 운문)를 지어 대중에게 보여주었는데, 그 게는 다음과 같았다. "방수(方水)의 깊은 못에 거북이 코 모양을 한 뱀이 있었는데, 마음으로는 이상한 그것에 대해 생각하며 서로 말들을 했지만, 누가 뱀의 머리를 끄집어낼 수 있겠는가?"……황제가 말하기를, "어찌 세 구절밖에 없습니까?"라고 했다. 그러자 선사가 말하기를 "멈추어 기다리라는 뜻입니다"라고 했다. 나중에 대수사(大隋寺) 원정(元靖) 장로가 앞의 세 구절을 읽고서 글을 덧붙여 말하기를, "방수의 연못 속에 거북이 코 모양을 한 뱀이 있었다"고만 했다.[118)

---

* 불교에서, 속세에서의 인정을 끊고 마음을 가라앉혀 삼매경에 이르는 일.
117) 『고존숙어록』 권9, "……請師指示個行路? 師云: 殺人放火."
118) 『속전등록』(續傳燈錄) 권28, "曾作偈示衆曰, 方水潭中鼈鼻蛇, 擬心相向便揄揶, 何人拔得蛇頭出? ……上曰: 如何只有三句? 師曰: 意有所待. 後大隋元靖長老擧前三句了, 乃著語云: 方水潭中鼈鼻蛇."

아무리 뱀의 머리를 끄집어내도 여전히 뱀의 머리이다. 즉, 온 힘을 다해 사고하여 이른바 불성의 근본을 추구하는 것은 별다른 의미가 없고, 결국 어떤 것도 얻을 수 없음을 보여주고 있다. 참된 '오도'란 오로지 의지를 가지고 추구하는 것도 아니고, 또 추구하지 않는 것도 아니다. 의식이 있는 것도 아니고 또 무의식도 아니다. 생각을 없애버린 것도 아니고, 또 모든 생각을 다 잊어버리는 것도 아니다. 즉, '부주(不住)에 있으면서 또 상주(常住)하는 것'이라고 말하거나, '주'(住)나 '부주'(不住)를 상관하지 않는 가운데 '호시절'(好時節) 또는 '홀연성오'(忽然省悟)를 얻게 된다. 이것이 바로 참된 오도이다.

위의 말처럼 선종의 '오도'는 사변적인 추리인식이 아니라 개체의 즉각적 체험이다. 그것은 현실생활을 벗어나지 않고 일상의 경험 속에서 비약을 통해 '깨달음'을 얻을 수 있다. 그러므로 선종의 '오도'는 감성 자체에서 초월을 획득하는데, 초월이면서도 또한 감성을 벗어나지 않는다. 다른 한편으로 그것은 또 일반적인 정신초월과는 다르다. 왜냐하면 그것은 이미 일종의 정신적 초월을 획득한 감성이기 때문이다. 그리고 다른 한편으로는 일반적인 정신초월과도 다르다. 왜냐하면 이러한 초월은 항상 감성을 버리고 또 벗어나기를 요구하기 때문이다.

선종은 여러 가지 특정한 고요한 환경(예를 들면 산림 속) 또는 특정한 의식규범을 통해 좌선하고 수련하기를 요구하지 않는다. 바로 외재 사물에 집착하여 정신초월을 추구하는 방식으로는 초월할 수 없다고 보기 때문이다. 그것은 어떠한 감성세계나 감성경험 속에서 '무소주심(無所住心)하는 것──이것이 바로 초월이다──보다 훨씬 못하다.'

그렇다면 한 걸음 더 나아간 근본문제는, 이런 초월에 도달했으면서도 감성을 벗어나지 않는 '돈오'(頓悟)가 도대체 무엇인가라는 것이다. 이런 '호시절'·'본무번뇌'(本無煩惱)·'홀연성오' 등은 도대체 어떤 의미를 가지고 있는가? 내 생각엔 그것이 가장 분명하고 집중적으로 표현된 것이 바로 시간에 대한 어떤 신비한 깨달음, 즉 이른바 '영원은 순간에 있고', '순간은 영원할 수 있다'는 하나의 직관적인 감수를 말하는 것 같다. 이것이 선종 철학의 비밀 중 하나일 수 있다(선과 무의식의 문제들과 관련된 것은 다른 부분에서 다시 이야기하겠다).

선종이 말하는 것은 '돈'(頓)과 오(悟)이다. 그것이 다루는 것은 바로 시간의 짧은 순간과 세계·우주·인생의 영원한 것 사이의 관계문제이다. 이 문제는 논리적인 것이 아니라 직관적 감수와 체험적인 깨달음에 관한 것이다. 말하자면 어떤 특정한 조건·상황·경지에서 갑자기 어떤 한 순간에 마치 일체의 시공과 인과를 넘어서서 과거·미래·현재가 마치 하나로 섞여 구별할 수 없음을 느끼게 되고, 더이상 구별하려고 하지도 않고, 더이상 자기의 심신이 어느 곳(시공)과 어디에서부터 유래하는지(인과)를 알려고 하지 않는다. 이른바 "마음도 아니고 부처도 아니고 물(物)도 아니다"[119]는 것이 바로 이것이다.

이것은 당연히 일체의 물아(物我)와 인기(人己: 다른 사람과 자기)의 한계를 초월하여 대상세계(예를 들면 자연계와 더불어)와 완전히 일체가 되어 영원한 존재를 이룬다. 그러므로 이것은 진정한 '본체' 자체에 도달하고, 또 그것으로 변화한다. 무엇이 나인가? 일체의 시공·인과("나를 낳은 사람은 부모이다", 나는 왜 이 시간에 여기 존재하는가 등등)를 제거한 것 이외에는 또한 존재하지 않는다. 순간적인 영원의 느낌 속에서 직접 이런 점을 깨달을 수 있다. 선종의 입장에서 보자면 이것이 바로 진아(眞我)이고, 또한 참된 불성이다. 초월자와 현존재(Dasein)가 여기서 통일된다. 이것은 결코 '아'(我)가 이지(理智)·관념·감정이라는 측면에서 부처를 믿고, 부처에 속하고, 부처에 복종하는 것이 아니다. 반대로 이런 순간적인 영원 속에서 내가 바로 부처이고, 부처가 바로 나라는 나와 부처의 일체를 말하고 있다. 선종은 세 가지의 경계에 대해서 자주 말한다.

첫번째 경계는 '낙엽이 빈 산을 채우니 어디에서 행적을 찾을까?'라

---

119) 『오등회원』 「남악」(南岳) 「남천보원선사」(南泉普願禪師), "不是心, 不是佛, 不是物."

는 것인데, 이것은 선의 본체를 찾으려 하나 얻지 못한 상황을 묘사하고 있다. 두번째 경계는 '빈 산에 사람은 없지만 물은 흐르고 꽃은 핀다'는 것으로, 이것은 이미 법집(法執)과 아집(我執)을 버리고 도를 깨달았지만 실제로는 여전히 도달하지 못한 단계를 묘사하고 있다. 세번째 경계는 '기나긴 세월과 무한한 우주 속의 하루 아침의 바람과 달이다'이며, 이것은 순간 속에서 영원을 얻고 찰나가 이미 영원이 된 것을 묘사하고 있다. 시간으로는 순간적 영원이고, 공간으로는 만물일체를 말하는데, 이것이 바로 선(禪)의 최고 경지이다.

여기서 주의해야 할 것은 순간이 바로 영원이다는 것이 가능하기 위해서는 반드시 이런 '순간'(시간)을 가져야 하는데 그렇지 않으면 영원이란 있을 수 없다는 것이다. 또한 이런 영원은 시공을 초월하고 있을 뿐만 아니라 또한 반드시 어떤 감성적인 시간 속에 놓여 있다. 구체적인 감성시간을 가지고 있고, 또 반드시 구체적인 감성적 공간을 가지고 있기 때문에 이런 현실적 감성세계를 여전히 벗어날 수 없어 '인과에 떨어지지 않고' 또 '인과에 어둡지 않은' 것이 되는데, 이것이 바로 초월하면서도 감성을 벗어나지 않는 것을 의미한다. 중요한 것은 이런 하나의 '깨달음'을 얻은 후에도 원래의 대상세계는 크게 다르지 않은 것처럼 보인다는 점이다. 비록 산은 여전히 산이고, 물은 여전히 물이며, 밥은 여전히 먹어야 하고, 잠은 자야 한다. 외재사물은 결코 어떠한 변화도 없고, 또 어떠한 변화도 필요가 없다.

그러나 이런 '순간적 영원'을 경험한 후에 외재사물의 뜻과 성질은 근본적으로 달라지는 것 같다. 그들은 더이상 집착하는 실재로 간주되지 않고, 또한 추구해야 하는 허공으로도 간주되지 않는다. 그들은 실재가 아닐 뿐만 아니라, 또한 공무(空無)도 아니다. 왜냐하면 본래 공(空)·유(有)가 없었기 때문이다. 유와 공, 실체와 허망, 존재와 소멸…… 이러한 것들은 아직 초월하지 못한 집착일 뿐이다. 그것을 허무라고 말하는 것은 허무를 초월하는 실재를 인정하는 것이나 마찬가지이다.

신수(神秀)의 "때때로 힘써 닦아서 먼지가 생기지 않도록 하겠다"는 말이 오류인 까닭은 바로 어떤 이상적인 '보리수'(菩提樹: 불교에서 석가가 그 아래 앉아서 도를 깨쳤다는 나무)나 '명경대'(明鏡臺)*, 즉 불성을 실재(實在)로 간주하여 추구하는 데 집착하고 있기 때문에 "나와 부처는 동체이다"는 신비한 감수성을 신수는 획득할 수 없게 되는 것이다. 내가 부처이고, 내가 부처라는 진정한 초월 속에서 이런 일체(유무 · 색공 · 허실 · 생사 · 애증 · 선악 · 시비 · 영고 · 빈부 · 귀천…… 등등)는 구분을 없애버리는데, 이것이 바로 말할 수 없는 '존재'이다.[120]

"마음이 없는 대상은 아직 없었고, 대상이 없는 마음이란 일찍이 없었다. 대상을 잊어버리면 마음은 저절로 사라져버리고, 마음이 사라져버리면 대상이 끼어들 수가 없다." 일체의 욕구 · 희망 · 사려 · 의식을 제거하여 '무념' · '무심'하며, '심'(心) · '경'(境)도 모두 잊어버렸다. 이미 시공 · 인과를 초월했고, 또한 일체의 유무의 분별을 넘어서서 일체의 세상사와 모든 속박에서 해방된 자유감을 얻었다. 이로부터 세속적 사무를 계교(計較)할 필요도 없고, 고의로 또는 억지로 앉아 수행할 필요도 없다. 배가 고프면 먹고, 피곤하면 잔다. 일체는 모두 공(空)이지만, 또한 공이라고 말하는 어떤 특별한 것이 있는 것도 아니다. 그냥 자연스럽게 원래 생활한 대로 생활하면 실제로는 이미 "범속한 것을 넘어서서 성인의 경계로 들어간 것이다." 왜냐하면 이미 선의 관문을 지나간 것, 즉 스스로의 독특한 과정을 통하여 "순간이 영원할 수 있다" =

---

* 불교에서 저승길의 입구에 있다는 거울. 그 앞을 지나는 사람의, 생전에 행한 착한 일과 악한 일을 사실과 똑같이 보여준다고 함.

120) 바렛(W. Barrett): "하이데거의 한 친구가 나에게 말했다. 어느날 그가 하이데거를 만났는데, 그때 그는 스즈키의 책을 읽고 있었다. 하이데거는 다음과 같이 말했다. 만약 내가 정확하게 이해했다면, 이것은 바로 나의 모든 저작에서 말하려는 것이다."(*Zen Buddhism*, 『스즈키선집 서문』鈴木大拙選集導言, New York, 1956, 11쪽) 이것은 당연히 지나치게 과장된 것이다. 선종이 가지고 있는 동양식의 고전적인 고요함과 하이데거의 격동하는 현대적 행동은 분명히 다르다.

"내가 바로 부처이다"라는 신비로운 느낌을 스스로 획득할 수 있기 때문이다.

이런 '순간적 영원'의 느낌이 가지고 있는 또 다른 특색은 어떤 정신의 유쾌함 또는 환락이다. 각종의 종교적 경험 속에서 모두 어떤 정신의 즐거움, 환락 또는 만족감을 가지고 있다. 그것은 도덕적 유쾌에 접근하지만, 스스로 이미 신과 동체 또는 신에 의해 '인접'(引接) 되었다는 것을 느끼기 때문에 도덕적 유쾌함을 넘어서서 더욱 강렬하고 더욱 순수하고 청결한 유쾌함처럼 보인다. 이것은 심리학적인 방법을 통하여 구체적으로 분석하고 연구할 필요가 있다.

이 점을 부정하거나 무시할 경우 어떤 열광적인 종교신자들이 죽음을 받아들이는 것을 너무나 편안하게 여기고, 자기몸을 희생하는 것을 기꺼이 받아들이는 사실을 해석하기 어렵게 될 것이다. 또 어떤 경건한 종교신자들의 편안하고 깨끗한 내심의 희열을 이해하기도 어려울 것이다. 그것은 도덕적이지만, 또한 도덕을 넘어서는 또 다른 어떤 하나의 심경, 체험과 감수이다. 종교는 사회·정치를 위해 이용되는 아편이라고 비판되지만, 어떤 한 부분은 이런 정감적 체험을 창조하는 것을 통하여 성립된 것이다.

선종이 강조하는 '오'(悟) 또한 이와 같다. 그것은 오랫동안 추구하고 집착한 후에 돌연히 던져버리는 해탈의 쾌감을 가지고 있다. 선종이 과장하고 있는 종교적 신비감이 가지고 있는 특징은 자극적인 열광을 훨씬 적게 가지고 있고, 격동적으로 고양되는 환락이 더욱 적기 때문에 오히려 더욱 평안하고 고요하다고 말하는 편이 나을 것이다. 그것은 급격한 정감의 충돌 속에서, 또는 심각한 죄악감의 고통 속에서 해탈과 초월을 얻으려고 하는 것이 아니라, 오히려 평안하고 조용한 일반생활이 더욱 강조된다고 할 수 있다. 특히 대자연과의 상호소통적인 감상 속에서 이런 느낌을 획득할 수 있다.

그런 강렬하고 자극적인 고통과 환락의 교향악을 비교해보면 그것은 더욱 오랫동안 어떤 시적 느낌의 온유함과 목가적 운치를 가질 수 있을 것으로 보인다. 그러나 그것이 도달한 최고 경계의 즐거움은 일종의 유쾌함 자체를 그 속에 포함하여, 매우 깨끗하고 깊이 있는 심경을 하나로 융합하고 있다. 이것은 이미 부처와 일체가 되었고, 이미 우주 자체의 질서 있는 생명 속에 소실되어 자연스럽게 유쾌함을 그 속에 포함하고 있는 어떠한 '나'의 정감이 더이상 존재하지 않기 때문이다.

선종은 대자연을 말하는 것을 매우 좋아하고, 대자연과 소통하는 것을 좋아한다. 그것이 추구하는 깨끗하고 깊이 있는 심경과 순간적 영원함은 항상 대자연을 빌려와서 사람들이 그것을 느끼거나 깨달음을 얻게 만든다. 사실 그런 여러 가지 부가적인 종교의 신비적 내용을 도려내버린다면, 이런 느낌 또는 깨달음은 일종의 심미적 유쾌함에 더욱 가깝다. 심미적 유쾌함에는 여러 가지 단계와 종류가 있다. 그중에는 '의지를 즐겁게 해주고 정신을 즐겁게 하는' 부류가 있다.

선종이 말하는 신비적 느낌은 신학적 옷으로 그들을 덮고 있는 부분을 벗기고 정신의 열락을 가능하게 만드는 심미적 경험에 더욱 접근하게 만들어준다. 그것은 주·객관을 혼연하게 일치시켜 효과를 따지는 공리(功利)를 넘어서고 사소한 생각을 하지 않게 할 뿐만 아니라, 또한 어떤 전체 세계와 자신이 서로 합일되고 있다는 느낌을 가지고 있는 것 같다. 특히 대자연의 풍경을 감상할 때 대자연과 자신이 일체가 됨을 느끼고 있을 뿐만 아니라 전체 우주의 어떤 합목적성의 존재를 느끼고 있는 것 같다. 이것은 매우 복잡하고 고급스런 심미적 느낌이다.

많은 자연과학자들 역시 이런 체험, 즉 자연을 연구할 때 어떤 경우 우주의 합목적적 존재의 기이한 느낌을 가질 때가 있다고 한다. 그들은 아득한 가운데 어떤 법칙성과 서로 동일한 목적 또는 사물을 느낀 듯하다. 어떤 사람들은 그것을 자유의 상상이라고 말하고 어떤 사람들은 이로부터 하나님을 믿게 되는데, 실제로 이것은 깊이 연구할 만한 가치가 있는 심미적 느낌이다.

선종의 문헌 중에 보존된 오도에 관한 무척 많은 전설과 시 작품은 항상 자연과 관련이 있는데, 그것은 가장 이른 '교외별전'(敎外別傳)*

이라는 믿기 어려운 전설에서 시작된다.

　세존(世尊)께서 영산회상에서 연꽃을 들어 대중에게 보이니, 이때 모든 대중들이 침묵했다. 오직 가섭(迦葉) 존자(尊者)만이 얼굴에 미소를 띠었다. 세존께서 "나는 정법안장·열반묘심·실상무상·미묘법문·불립문자·교외별전을 가지고 있는데, 마하가섭에게 이 모든 것을 부탁하겠노라"고 하셨다.[121]

　염화미소나 도체(道體)의 심전(心傳: 마음을 통해 진리를 전달한다는 말)이라는 것은 매우 아름다운 한 폭의 그림이다. 그 외에 예를 들면 다음과 같다.

　푸르고 푸른 대나무 잎사귀는 모두가 법신(法身)이요, 그윽한 향기가 있는 노란 꽃은 반야(般若)** 아닌 것이 없도다.[122]

　"무엇이 천주가풍(天柱家風)입니까?" 하고 물었다. 선사가 대답하기를 "자주 흰 구름이 와서 문을 막고, 사방의 산 속에 바람도 달빛도 흐르지 않는구나"라고 했다.[123]

　"무엇이 불법의 대의입니까?" 하고 물었다. 선사가 "봄이 오니 풀

---

　* 경전이나 설법 등의 설명적 방식을 통하여 진리를 전달하는 것 이외에 다른 전달방식이 있음을 말함. 바로 마음을 통한 전달이다.
　** 만물의 본질을 이해하고 불법의 참다운 이치를 깨닫는 지혜.
121) 『오등회원』권1 「불조」(佛祖), "世尊在靈山會上, 拈花示衆, 是時衆皆默然. 唯迦葉尊者破顔微笑. 世尊曰: 吾有正法眼藏, 涅槃妙心, 實相無相, 微妙法門, 不立文字, 敎外別傳, 付囑摩訶迦葉."
122) 『대주선사어록』(大珠禪師語錄) 하권, "靑靑翠竹, 總是法身, 郁郁黃花, 無非般若."
123) 『경덕전등록』「전」(傳), "問如何是天柱家風? 師曰: 時有白雲來閉戶, 更無風月四山流."

이 저절로 푸르구나" 하고 답했다.[124]

"말하는 것과 침묵하는 것은 생각과 관련이 있는데, 어떻게 하면 우리의 생각들이 막히지 않겠습니까?" 하고 물었다. 스승이 대답하기를, "늘 강남(江南)의 3월을 생각하니 꿩이 지저귀는 곳에 백 가지 꽃의 향기가 만발하구나"라고 했다.[125]

위의 말들은 모두 시적인 심미정서를 통하여 선의 신학적 깨달음을 지향한다.

그러나 많은 선시(禪詩)의 게송(偈頌)은 어떤 유비를 이용하여 뜻을 표현하려 하기 때문에, 항상 개념화에 빠져 실제로는 윤리시(倫理詩)·선전시·설교시로 변화되어 선종의 본래 취지에 위반된다. 그뿐 아니라, 심지어 심미적인 의미를 결핍하고 있기도 하다. 그러므로 선적인 맛을 가진 시가 진정으로 선에 접근하고 있는 데 비해, 많은 선시들은 실제로 그렇지 못하다.

예를 들면 왕유(王維)의 어떤 시들은 많은 선시들에 비해 더더욱 선적인 맛이 있다. 심지어 도연명의 시 「음주」(飮酒)의 "동편 울타리 아래에서 국화를 따다가 어엿이(멀리) 남산을 바라본다"(採菊東籬下, 悠然見南山), 그리고 두보의 시 「강정」(江亭)의 "강물은 다투어 흐르지만 내 마음은 오히려 고요하고, 구름이 하늘 위에 떠 있듯이 내 마음도 똑같이 여유롭네"(水流心不競, 雲在意俱遲) 등등은 선과 무관하지만 그들은 심미적인 형식을 통하여 어떤 고요하고 담원한 정감과 정서적 신경을 끌어당겨 우주의 목적, 시간의 의미, 영원의 수수께끼 등을 융

124) 『오등회원』 권15 「운문」(雲門) 「문언선사」(文偃禪師), "問如何是佛法大意? 師曰: 春來草自靑."
125) 『오등회원』 권11 「임제」(臨濟) 「풍혈연소선사」(風穴廷沼禪師), "問: 語默涉離微, 如何通不犯(卽問: 沉默與言語涉及意念出入如何能不滯礙)? 師曰: 常憶江南三月裏, 鷓鴣啼處百花香."

합·접촉시키거나 또는 깨닫도록 한다. 그리고 거의 직접적으로 선이
추구하는 의미와 '도체'(道體)에 접근하되, 결코 신비화하지 않는다.
이것은 선이 말하는 신비적인 오도를 증명하는 것 같고, 그것의 실질
내용은 어떤 심미적 감수이다. 우리는 오늘날 마땅히 선의 종교적 포
장을 벗겨내고 '순간적 영원', '만물일체'의 본래면목으로 돌아가야 할
것이다.[126)

선이 대부분 대자연을 기리며 즐기는 가운데 이른바 우주의 목적성
에 대해 얻은 것인데도 마치 신에 대한 깨달음으로 비쳐지는 것은, 바
로 자연계의 사물 자체가 무목적성을 가지기 때문이다. 꽃이 피고 물이
흐르고, 새가 날고 낙엽이 떨어지는 그것들 자체는 모두 무의식·무목
적·무사려(無思慮)·무계획적인 것으로, '무심'한 것에 속하는 것들
이다.

그러나 이 '무심'(무목적성) 중에서 그런 일체를 그렇게 만드는 '대
심'(大心)·대목적성(大目的性)——이것이 바로 '신'(神)이다——을
엿볼 수 있는 것 같다. 또한 오직 '무심'과 무목적성 속에서 비로소 그
것을 느낄 수 있다. 일체의 심(心)·목적·의식·계획을 가진 사물이
나 작위(作爲), 사념을 '무심'과 비교하면 말할 만한 가치가 없는 것으
로, 그것들은 다만 '무심'이 드러내는 것을 방해할 뿐이다. 즉, 인위적
인 것을 기다릴 필요 없이 그것은 이미 자연적으로 모든 것이 불성(佛
性)이다.

국제적인 명성을 가지고 있는 스즈키는 선과 기독교를 비교한 후에,
그들의 일치성을 강조하여 둘 다 모두 '모습이 고목과 같고 마음은 죽
은 재와 같은'[127) 심리적 경지에 도달하는 것을 목표로 삼고 있다고
보았다.[128) 주의하여야 할 것은, 선은 오히려 종교적 경험인 동시에

---

126) 심리학자 매슬로(A. H. Maslow)는 일찍이 비종교적인 '정상의 체험'(Peak
Experience)에 대해 말했다. 그러나 그는 최후에는 이런 고급스런 초생물적인
것을 생물적인 본능에 속하는 것으로 귀착시키고 있다.
127) 『장자』「제물론」, "形固可使如槁木, 而心固可使如死灰乎?"에서 나온 말.

생활·생명·생의(生意)의 감성세계에 대한 긍정적 흥미를 계속적으로 가지고 있다는 점이다. 이 점은 장자와 똑같다. 가령 "모습이 고목과 같고 마음은 죽은 재와 같다"고 하지만 선종은 여전히 생의를 가지고 있는데, 이것은 불교의 기타 교파를 포함한 다른 종교와 완전히 다르다.

선종의 공안 중에는 비유·암시·우의(寓意) 등의 여러 가지 자연사물과 그 감정적 의미를 사용한 것들이 많지만, 결코 차갑거나 쇠퇴적·적멸적(寂滅的)인 것들이 아니다. 반대로 꽃이 피고 풀이 자라고, 또 새가 날고 고기가 뛰놀고, 생명력이 가득 차 있는 대상들이다. 그것이 사람들의 느낌에 호소하는 것은 아마도 "저 대자연을 보라", "생명의 나무는 항상 푸르니 그것을 간섭하거나 파괴하지 말아라" 등이다. 선의 느낌이 가득 차 있는 유명한 일본의 하이쿠(俳句)에서 "아침 햇빛이여! 견우화가 우물가의 작은 통을 휘감았구나! 나는 물을 길으려 한다"고 했는데, 또한 이와 같다.

선종은 세속적인 감성을 벗어난 바깥이나 위에서 초월을 추구하지 않고, 또한 이런 초월이 있음을 인정하지 않고, 초월이 바로 이 감성 중에 있음을 강조하거나 또는 어떤 감성의 정화만을 강조하고 있다. 그렇기 때문에 여러 종교들이 감성을 완전히 버리고 정신의 정화만을 추구하는 것과는 분명히 다른 점이 있다. 앞에서 말한 것처럼 그것은 객관적으로 여전히 감성세계에 대한 인정과 자연생명의 환희를 포함하고 있는데, 이것은 바로 심미적 감수가 종교적 경험과는 다르다는 것을 보여주는 것이다. 이것은 매우 이상하다. 생명을 부정하고 세계를 포기해버리는 불교가 끝내 이런 생의를 가진 선(禪)으로 변화하고, 아울러 시가·회화 등의 예술을 통하여 중국의 사대부 지식인들에게 안위와 의탁, 그리고 힘을 더해주었다. 이것이 바로 중국화가 아니고 무엇이겠는가?

---

128) D. T. Suzuki: "The Zen Doctrine of No-Mind", W. Barrett 편, *Zen Buddhism*(『스즈키선집』), 199쪽을 참조하라.

사람들은 늘 장자와 선종을 밀접히 연관시켜, 선이 바로 장자 철학이라고 생각한다.[129] 확실히 이 둘은 많은 공통점을 가지고 있다. 예를 들면 대대(待對)를 파괴하고, 물아(物我)를 공(空)한 것으로 강조하고, 주객을 하나로 하고, 생사를 같은 것으로 보고, 인지적인 것을 반대하고, 해오(解悟: 진리를 깨달음)를 강조하고, 자연과 친하고, 초탈을 찾는 것 등등이다. 그러므로 특히 예술의 영역 속에서 장자와 선종은 더욱 혼연일체가 되어 구분하기가 어렵다.

비록 같은 것이 다른 것에 비해 또 연계(聯繫)가 차이에 비해 더 중요하지만, 장자와 선종 사이에는 여전히 큰 차이가 있다. 이러한 차이점은 오히려 중국의 사상이 외래사상을 잘 흡수하고 동화시켜 더욱 풍부하게 발전시킬 수 있다는 것을 보여주고 있다.

이런 차이는 다음과 같다. 첫째, 장자의 어떤 사상들이 상대주의적인 이성적 논증과 사변적 토론인 데 반해서 선종은 완전히 직관적 깨달음을 강조한다. 선종은 온 힘을 다하여 추상적 논증을 회피할 것을 강조하고, 더더욱 추상적 본체와 도체는 말하지 않고 다만 눈앞의 생활·풍경·꽃·새·산·구름만을 말하고 있다. 이것은 일종의 분석적·종합적인 것이 아니며 단편적·체계적이지도 않은 비약적·직관적인 영감이다.

둘째, 장자가 수립하고 높이려는 것은 이상적 인격, 즉 '소요유'(逍遙游)하는 '성인'(聖人)·'진인'(眞人)·'신인'(神人)이지만 선종이 강조하는 것은 오히려 신비적 경험의 성질을 가지고 있는 마음의 체험이다. 장자와 위진 현학은 실질내용에서 생사문제에 매우 집착해 있다. 선종의 경우는 생사 문제에 깊은 깨달음을 가지고 있다고 스스로 인정하고 있어서 생사에 관해 큰 관심을 보이지 않는다. 그러므로 장자는 생(生)을 중시하면서 세계를 허환(虛幻)한 것으로 보지 않고, 여러 가지 유한

---

129) 쉬푸관(徐復觀), 『중국 예술정신』(中國藝術精神, 臺灣學生書店, 1979)이 바로 이런 경향을 가지고 있다.

한 구체적 현실사물에 의해서 속박되지 않고 반드시 그들을 초월하려고 했다. 이 때문에 개체를 우주와 더불어 생겨나는(宇宙幷生) 인격의 차원으로 끌어올리기를 요구했다. 그것은 심미적 표현에서 항상 기세가 성하다. 선은 세계와 물아를 모두 허환한 것으로 보고, 전체 우주와 '진인'·'신인' 등의 이상인격을 포함한 모든 것들은 마치 말라빠진 똥막대기'와 같이 조금의 가치도 없는 것이며, 진실한 존재는 오직 마음의 깨달음 속에 있을 뿐이라고 보았다. 그것은 생을 중하게 여기지도 않고 가볍게 여기지도 않는데, 세계 내의 사물들은 그것에 대해서 의의가 있기도 하고 의미가 없기도 하다. 그러므로 근본적으로 무슨 초월을 억지로 구할 필요가 없다. 왜냐하면 이른바 초월이란 것 자체는 황당하고 무의미한 것이기 때문이다.

이로부터 선이 추구하는 것은 어떤 이상적 인격이 아니라, 다만 철저히 깨달은 어떤 심경이거나 인생의 경지, 마음의 경계일 뿐이다. 장자에서도 이런 '관심을 두지 않는' 인생태도를 가지고 있지만, 선은 앞에서 말한 순간적 영원이라는 느낌을 '깨달음'의 기초로 삼고 있다. 그렇기 때문에 선은 이런 인생태도와 마음의 경계로 하여금 우주와 합일하는 정신적 체험이 장자에 비해 더욱 깊이 있게, 더욱 두드러지도록 만들었다. 심미적인 표현에서 선은 운율적인 맛이 강하고, 더욱더 정교함을 보여주고 있다.

장자와 선의 공통점은 상당히 주요한 문제이다. 이것은 중국의 사상이 외래의 많은 것들을 받아들인 후에도 자기정체성을 잃어버리지 않고 보존하고 있을 뿐만 아니라, 또한 진일보하여 스스로 가지고 있던 특색을 더욱 풍부하게 발전시켰다는 점을 통해 드러난다. 이런 의미에서 선종과 유가의 정신 역시 중요한 의미를 가지고 있다. 또한 역사의 추이에 따라서 선은 최종적으로 유가와 도가 속으로 돌아가 그 속에서 사라지거나 용해되는데, 선의 발생과 귀착은 모두 유가와 도가에 근거하고 있다. 이것이 중국의 선과 일본의 선(중국으로부터 전달되어 뛰어나게 발전했으나 유가와 도가로 더이상 돌아가지는 않았다)의 다른 점이라고 할 수 있다.

스즈키는 선이 오직 중국에서만 발생하게 된 하나의 원인으로, 중국의 전통이 실천적인 활동을 중시한다는 점을 꼽는다. 이는 고대 인도에서는 오직 정신의 고귀함만을 인정하고 노동과 조작을 기피하여 승려들은 반드시 다른 사람들에 의해 공양을 받아야 한다는 것과도 다르다. 중국 선종은 스스로 노력하여 의식을 해결할 것을 강조한다. 백장(百丈)은 "물을 긷고 나무를 쪼갠다"(担水砍柴), "하루라도 일하지 않으면 하루 동안 먹지 않는다"(一日不作, 一日不食)고 했다. 그리고 농업생산에 종사하여 보통의 노동생활을 한다. 이 점은 당연히 주의해볼 만한 것이다.

그러나 사상적인 입장으로 보았을 때 더욱 근본적인 것은 중국의 전통적 유가정신의 침투이다.[130] "천도의 운행은 굳건하다"(天行健), "낳고 또 낳는 것을 일러 역이라고 한다"(生生之謂易)라는 말과 선의 생의(生意)는 서로 소통하는 부분이 있다. "여러 자연의 소리가 각기 다르지만 나에게는 어느 것 하나 새롭지 않은 것이 없다"(群籟雖參差, 適我莫非新)는 왕희지(王羲之)의 시 구절은 선종 이전에 지어진 것이지만, 이것을 가지고 선을 말할 수 있고 장자와 『주역』을 말할 수도 있다. 장자·선종·『주역』은 서로간에 통하여 일치될 수 있다.[131]

그러나 선은 일종의 종교적 경험이고, 비어 있는 느낌 이외에 또한 상징적·신비적 성분을 가지고 있다. 이것은 『주역』이나 장자와는 다르

---

130) '규칙', '기강'을 세워 선림(禪林: 선종의 절)을 보장했으며, 또한 조직상에 유가 사상이 침투되어 있다. 예를 들면 저명한 '백장청규'(百丈淸規)가 있다. 또 『선림 보훈필기』(禪林寶訓筆記)에는 "총림(叢林: 강원講阮·선원禪阮·율원律阮의 3 개 교육기관을 모두 갖춘 사찰)의 흥망은 예법에 있다"(叢林興衰, 在於禮法), "기강이 올바르게 진작되지 않으면, 총림은 흥하지 못한다"(紀綱不振, 叢林不 興)고 했다.
131) 선종에서 송대 유가에 이르는 내재적 사상발전의 단서를 살펴볼 수 있는데, 송 대 유가는 선종의 종교신비적 깨달음의 신비감을 도덕윤리적인 심미적 태도로 바꾸어놓았다. 이 책의 「송명이학」을 참조하라.

다. 『주역』은 강건불식한 운행을 말하고, 장자는 대자연의 위대한 모습 자체이기 때문에 둘 다 모두 상징이나 신비를 필요로 하지 않는다. 그러나 여기서 중요한 것은 그들의 공통점이다. 이 공통점들을 한 구절의 말로 결론짓는다면, 장자·주역·선(또는 유가·도가·선종)을 막론하고 중국 철학이 나아가야 할 최고의 목표점은 결코 종교가 아니라 미학이라는 사실이다.

중국 철학 사상의 길은 인식·도덕에서 종교에 이르는 것이 아니라, 인식·도덕에서 심미(審美)에 이르는 것을 말한다. "중국 철학이 추구하는 인생의 최고 경계는 심미적이고 비종교적이다. ……공자의 최고 이상은 '나는 증점과 함께 하겠다'(吾與點也)는 것이기 때문에, 그는 '가는 것은 이와 같구나. 주야를 가리지 않는구나'고 하여 시간·인생·생명·존재에 대한 크나큰 집착과 긍정을 말한다. 공자는 결코 내세 또는 천당 등의 불후를 추구하지 않고 불후(영원)는 바로 이 끊임없이 변화하는 인간세계에 존재하고 있다는 것을 말한다. 격앙하면서 인을 이루는 것은 쉽고, 평정한 마음으로 의(義)에 나아가는 것은 어렵다. 만약에 인을 이루는 것이 어떤 격정적인 종교식의 순교를 가지고 있다면 분명히 매우 어려울 것이다. 그렇다면 평정한 마음으로 대하는 심미방식에서 죽음을 보는 관점은, 중국의 표준에 의하면 한 단계 더 높은 경계이다."[132] 이런 심미경계와 심미적 방식의 인생태도는 인식과 사변이성과 구별되고, 또 사공(事功)이나 도덕, 실천이성과 구별되며, 감성세계를 이탈한 '절대정신'(종교)과도 다르다. 그것은 세간에 있으면서 세간을 초월하며, 감성을 넘어서면서 오히려 감성을 벗어나지 않는다. 그것이 도달하는 최고의 단계는 낙관적·적극적인 것으로 결코 신비로운 것이 아니라, 대자연과 서로 합일하는 유쾌함에 있다. 이것이 바로 공자 철학과 장자 철학, 선종이 서로 소통하는 점이다.

---

132) 리쩌허우, 「중국 미학과 기타」(中國美學及其他), 『미학 술림』(美學述林) 제1기, 武漢大學出版社, 1983, 27쪽.

　　　　　　　*　　*　　*

　　위의 내용을 통해 보면, 장자 · 현학 · 선종을 하나로 이야기하는 것
은 지극히 조잡하고 대략적인 설명인지도 모른다. 이들 세 가지의 어떤
공통점은 중국의 전통사상 전체에 깊은 영향을 미친 측면들을 가지고
있다고 생각하기 때문이다. 그러면 도대체 그것들은 후대에 무엇을 주
었을까? 중국 민족의 문화심리 구조에 그들은 어떠한 지위를 차지하고
있을까?

　　30년 동안 장자 · 현학 · 선종은 줄곧 격렬히 비판받는 대상으로 나쁜
평가가 끊임없이 가해졌다. 장자는 '아큐정신', '교활함', '혼세철학',
'숙명주의', '비관주의', '허무주의'로 평가되었다. 현학은 "향락적 욕심
을 마음껏 부려 퇴폐한 생활을 감추는 것", "비색하면서 허위적인 것"
으로 평가된다. 더욱이 선종은 "천당으로 가는 값싼 표를 파는 자"와 독
단적 관념론, 신비주의, 직관주의 등등으로 평가되었다.

　　이런 비판은 모두 나름대로 일리가 있는 것으로 보인다. 특히 그것들
이 근거하고 있는 계급적 기초와 사회작용을 놓고 따지면 이런 비판들
은 대단히 일리가 있다. 루쉰은 『기사』(起死)라는 소설에서 장자를 격
렬하게 비판하고, 심지어 『아큐정전』에서는 "사람이 천지간에 살아가
면서 어떤 경우 목이 잘리는 것을 면하기는 어렵다"는 장자식의 '태
연' · '초탈'을 풍자하는 것을 잊지 않고 있다.

　　이러한 것들에 관해선 이미 적지않은 논저들이 출현했고, 여기서 나
에게는 더이상 다른 논의가 없고 또 새로운 해석도 없기 때문에 중복하
여 얘기하지 않으려 한다. 남은 문제는, 장자 · 현학 · 선종이 오로지 비
판과 타도의 대상이며 버려져야 할 소극적인 측면만 가지고 있는가는
것이다. 그들은 중국 역사에서 단지 이런 작용만 했는가? 또 어떤 사람
들은 아니라고 생각하면서 레닌의 말을 인용하여 그것들을 '철학사적
결실을 맺지 못한 꽃'이라고 말한다. 이 말은 그중에는 받아들일 만한
부분도 있다는 의미이다. 그렇다면 바로 그 부분들은 무엇인가? 여기에

대해서 구체적으로 설명한 사람은 없었다.

　수신 · 제가 · 치국 · 평천하를 말하는 유가와는 달리, 장자와 선종은 기본적으로 사회 · 정치철학이라기보다는 인격과 마음의 철학에 해당한다. 장자나 선종은 사람들에게 허무 · 소극 · 피동과 일시적 안일을 구하는 것과 같은 마취와 속임수를 통하여 직접 심리구조와 개체의 행위방식 자체에 호소한다. 그러나 이것은 사대부 지식군자의 사상 · 행위와 심리상태를 통하여 전체 사회에 퍼졌고 영향을 미쳤다. 하층의 노동농민은 대체로 장자 · 선종과 조금의 진정한 연분도 없다. 비록 선이 개종될 때 하층계급에 전도(傳道)하여 그 이름이 있기는 했지만, 일본의 선종이 다도(茶道) · 꽃꽂이 등의 형식을 통하여 일반인의 사회생활 속으로 깊숙이 들어간 것과는 크게 다르다.

　장자와 선종은 기본적으로 사대부와 지식인의 생활, 의식의 어떤 측면이나 모종의 정취로서 잔류하여 발전해왔다. 그러므로 장자와 선종이 중국 민족의 문화심리 구조에 미친 나쁘거나 좋은 작용과 영향은 모두 유가에 크게 미치지 못한다. 그러나 유가의 어떤 대립적 보충으로서 지식인 계층을 통하여 문화영역 속에(예를 들면 문학 · 예술의 영역) 두드러진 흔적을 남겨놓고 있다. 만약 이런 각도에서 보면, 그들이 남긴 흔적들은 결코 모두 소극적인 것만이 아니다. 물론 소극적인 측면도 있다. 예를 들면 사대부로 하여금 현실을 도피하는 '초탈'에 사대부를 마취시켜 투쟁적인 용기와 의지를 상실시키는 경우이다. 이것은 확실히 현대의 지식인들에게도 나쁜 영향을 주었다고 할 수 있다.

　그러나 또 다른 측면에서 살펴보면 장자와 선종은 인생을 초탈하는 심미적 태도를 취하고 열악한 환경과 정치에 대해 눈을 감아버리는 태도를 취하고 있다. 그래서 직관과 감수, 직접적인 깨달음을 중시하여 항상 예술을 더욱 빛나게 만들고, 예술가로 하여금 뛰어나고 우아한 작품, 또는 빼어난 작품을 만들어내도록 했다.

　선종이 현대 서양의 학자들에 의해 주목받고 연구되는 이유는, 사람들이 고도로 소외된 현대 자본주의 사회의 생활(예를 들면 기계화 · 추상화 · 표준화 등등)에 반대하게 하여 사람이 자본 · 상품의 노예가 되고 과학 기술의 지성적 노예와 감성적 노예가 되는 것을 벗어나는 데 도움을 주었기 때문이다. 또 개체로서의 자아가 어떤 깨달음을 얻어 더이상 함몰되지 않는다는 측면에서는 분명히 주목할 만한 이유가 있다.

장자 · 현학 · 선종은 바로 이런 의미에서 사람의 정신세계와 마음의 경계를 도야하고 배양하여 풍부하게 만든다. 말하자면 그것들은 사람들이 득실을 따지지 않고, 이해를 벗어나고, 여러 가지 세속적이고 쓸데없는 현실의 계산과 생활의 속박을 초월하여 높고 멀리 생각하고, 유유자적하며 활발하게 움직이고, 생의가 가득 찬 대자연과 하나를 이루어 여기서 생활의 힘과 생명의 의미를 획득하게 해준다. 그래서 장자 · 현학 · 선종은 다른 어떤 초월적인 종교를 대신하여 마음의 상처, 생활의 고난에 대해 어떤 특별한 위안과 위로를 주고 있다. 이것이 바로 중국 역대의 사대부와 지식인들이 실패하거나 불행하게 된 후에 진정으로 자신의 생명을 버리거나 종교로 나아가지 않으면서도, 오히려 더욱 자신의 생명을 보존하고 지조를 지키면서 은밀하게 세상을 등지고 산수를 즐기며 자신을 깨끗하게 하도록 이끈 도리이다.

그런데 오늘날 우리가 주의해야 할 것은, 장자와 선종을 전형적인 예로 삼는 직관적 사유방식이다. 장자는 분명히 철학이다. 그러나 장자는 논리적 논증이나 형식적 추리를 사용하여 고정된 결론을 끌어오는 경우가 드물다. 또한 이와는 반대로 장자는 여러 가지 단계에 속하는 형상의 유비와 우의(寓意)를 이용하여, 다만 어떤 진리의 방향만을 지시한다. 이런 점에서 선종은 장자보다 더하다. 분석을 강구하고, 보편을 중시하고, 추상에 편중되어 있는 사유방식과는 달리 중국의 사유는 더욱 특수하고 구체적인 직관적 깨달음 속에서 진리를 파악할 것을 강조한다. 장자와 혜시(惠施)의 호상(濠上)에서의 논변이나 앞서 말한 선종의 여러 가지 기봉(機鋒)*은 그들이 강구하는 것이 모두 **창조적 직관**임을 말하고 있고, 또 감수 속에서 어떤 우주적 법칙을 깨닫게 하고 있다.

이런 사유의 인식방식은 심미적 특징을 가지고 있는데, 그것은 비개념성·비논리성의 계시이다. 즉 과학 연구 중에서 어떤 경우에 갑작스럽게 어떤 보편형식의 객관적 법칙성, 예를 들면 간단명료한 자연의 단계적 질서가 갑작스럽게 출현함을 느끼거나 깨닫게 된다는 것이다.

이것이 바로 오늘날 미학에서 깊이 탐구하고 있는 '미(美)를 가지고 참됨(眞)을 여는' 문제이다. 어떤 저명한 물리학자는 "미감(美感)은 추상적 부호 속에서 그것들을 끄집어내는 것 같다"고 말한다. 만약 두 가지 이론—하나는 더욱 아름답고, 하나는 더욱 실험에 부합하는—사이에 선택한다면 차라리 앞의 것을 선택하겠다는 등등의 말은 주의 깊게 살펴볼 필요가 있다. 정확하고 경직된 추상적 개념을 타파하고 활발한 감성적 계시를 제공하여 과학적 사유를 예술화하고, 복잡한 풍경을 간결하게 처리하고, 여전히 비개념적 언어가 전달해야 할 뜻을 직관적으로 파악하는 것들은 모두 연구할 만한 가치가 있는 것들이다.

선의 격렬한 기봉이 날카로운 소뿔을 끊어버리는 듯한 논리적 속박을 벗어나는 이런 관점은 인식과 지식의 어떤 고정된 측면을 부정하고, 계발과 깨달음의 작용을 가지게 한다. 이런 작용은 사람들이 어떤 논리적 딜레마나 일반적 지식, 또는 과학으로 보자면 분명히 오류이고, 가능성이 없는 곳에서 어떤 중요한 진실성이나 가능성이 있음을 주의하여 살펴보도록 만든다.

그러나 이런 모든 것들은 공자로부터 심리 전체(예를 들면 정감의 원칙)를 중시하기 시작하여 사유를 단순한 추리적 기계로 보지 않는 기본정신과 일맥상통한다. 즉, 논리에만 의거하는 것이 아니라 전체 마음의 각종 기능에 근거하여 세계를 인식·발견하여 그중에서 특별히 개체의 체험과 깨달음(모든 개체의 선천적 소질과 후천적 경험은 각각 서로 다르면서 또한 관계가 있다)을 중시하는 것이다. 나는 오늘

---

* 원래는 날카롭고 뾰족한 칼 끝을 의미한다. 선종에서 말하는 '기봉'은 남을 깨닫게 만드는 날카로운 말을 의미한다.

날의 사유과학에서 이러한 것들은 참고할 만한 의의가 분명히 있다고 생각한다. 왜냐하면 이런 비분석적·비귀납적인 창조적 직관 또는 형상적 사유는 바로 사람이 계산기와 다른 이유이기 때문이다. 그리고 이러한 것들은 사람이 진정으로 과학적 발견을 하도록 만들어주는 중요한 심리방식이기도 하다.

결론적으로 말하면, 표면적으로 장자·선종 등이 현실세계를 모두 부정하고 허무적멸만을 추구하는 것 같지만, 사실은 여전히 인생·생명·자연·감성의 정취와 인정을 드러내고 있다. 그리고 직관적 깨달음이 추리적 사유보다 더욱 빼어나다는 특징을 더욱 분명하게 표현하고 있다. 이것이 바로 중국 전통이 서양과 다른(히브리의 영육을 분리하는 관점 또는 그리스의 감성과 이성의 대립을 막론하고) 중요한 관점으로 보인다. 그중에서 문제가 되는 조박(糟粕)한 것을 내버린다면, 이런 것들은 중국 민족이 가지고 있는 생명력의 건강한 정신과 총명하고 예리한 지혜로써 세계문화 속에서 스스로 공헌할 수 있는 것으로 보인다. 그러므로 우리는 이를 반드시 귀하게 여겨야 할 하나의 전통유산으로 잘 보존하여야 할 것이다. 먼저 인정 또는 부정하는 것에만 힘을 쏟지 말고, 이런 문제들에 대해 다시 생각해보아야 할 것이다.

• 「만술장선」漫述庄禪이라는 제목으로 『중국 사회과학』 제1기에 게재됨

송명이학

청년 마오쩌둥은 "우리 나라 송대 유가의 학설과 칸트는 같다"고 했다. 이것은 1917~18년에 그가 신칸트주의자인 파울젠(Friedrich Paulsen)의 『윤리학원론』을 읽을 때 한 말이다. 어떤 논저는 주자와 스피노자, 화이트헤드, 헤겔을 서로 비교하기도 하는데, 내 생각에는 주자를 첫번째 대표로 하는 송명이학[1](신유학)은 실질적 내용에서 더욱 칸트에 접근하고 있는 것 같다. 왜냐하면 주자의 기본특징은 윤리를 본체의 단계로 끌어올리고, 인간의 철학을 새롭게 세우기 때문이다.

30여 년 이래 많은 철학사의 논저들은 송명이학을 공식화하는 방식에서 우주관, 인식론, 사회·정치사상 등 몇 개의 큰 무더기로 나누어 논술하기를 좋아한다. 그런데 이런 방식은 오히려 위에서 말한 기본적 특징들을 덮어버린다. 만약 송명이학의 발전과정과 전체 구조로 본다면 '격물치지'(格物致知) 또는 '지행합일'(知行合一)의 인식론과 '무극'(無極)·'태극'(太極)·'이'(理)·'기'(氣) 등의 우주관이나 세계관을 막론하고, 이것들은 실제로는 모두 윤리적 주체(ethical subjectivity)를 세우는 데 봉사하여 그것을 '천지에 참여하는' 초도덕적(trans-moral)인 본체의 지위로 끌어올렸다.

---

1) 황종희(黃宗羲)는 『명유학안』(明儒學案)의 「범례」(凡例)에서 "문장이나 사공을 밝히는 점에서는 전대에 미치지 못함이 있으나 다만 이학 분야에서는 전대가 결코 여기에 미치지 못한다고 말한 적이 있었다……"고 했다. 이 말을 통해 보면 '이학'이라는 말은 심학(心學)과 이학 둘 다를 포함하는 의미로 사용되고 있는 것 같다.

1 우주론에서 윤리학으로

송명이학은 전체의 과정 속에서 대체로 성립기, 성숙기, 와해기로 나눌 수 있다. 세 사람의 저명한 인물인 장재 · 주희(朱熹) · 왕양명은 이 세 시기에서 가장 중요한 관건이 되는 대표들이다.

천인커(陳寅恪)는 비록 불교나 도교가 정치체제 · 생활행위 · 일상관념 등의 많은 기본적인 방면에서 왕성하게 활동했지만 여전히 유가의 주도적 지위와 지배작용을 대신하지 못했다고 생각했다.[1] 그러나 의식형태, 특히 철학적 이론상에서 불교 · 도교(특별히 불교)는 수백 년을 풍미했다. 유학 전통 중에서 불교처럼 그렇게 세밀하고 엄밀한 사변적 이론체계는 없었다. 남조(南朝)에서 한유에 이르기까지 유학의 반불(反佛)은 대부분 사회적 효용과 현실적 이해의 측면에서 진행된 것으로, 외재적 비판만을 하고 있다. 진실로 핵심으로 들어가서 불교와 도교의 철리(哲理)를 비판하고 흡수 · 개조하는 일종의 내재적 비판은 송명이학이 출현한 이후에 비로소 가능했다. 송명이학의 이런 흡수 · 개조와 비판은 불교와 도교의 우주론 · 인식론의 이론적 성과를 주된 영

---

2) 『금명관 총고 2편 · 펑유란 중국 철학사 하책 심사보고』(金明館叢稿二編 · 馮友蘭 中國哲學史下冊審査報告)를 참조하라.

역과 재료로 삼아 다시 공맹의 전통을 세우고 있는데, 주로 다음과 같은 것에서 표현된다.

"불교의 근본교리는 생겨나서 있는 모든 것을 헛된 것으로 보기 때문에 자기 몸뚱이를 잊어버리고, 다른 만물을 구하려 한다. 도교의 교리는 자기를 참되고 진실한 것으로 보기 때문에 약을 먹어서라도 생명을 더욱 기르려고 한다."[3] 불교와 도교, 이교(二敎)는 보통 개체의 생사와 심신을 논증의 요점으로 삼는 방식을 통하여 이론을 전개하는 체계와 구조를 가지고 있다.

불교는 교의를 선양하기 위해서 지(地)·수(水)·화(火)·풍(風)의 사대(四大)가 모두 공(空)한 것으로, 만물이 모두 헛된 것을 논증했다. 그리고 우주론·세계관과 인식론을 말하여 여러 가지 정교하고 완벽한 사변 철학, 예를 들면 유식(唯識, 인도), 화엄, 선종(중국)이 출현했다. 도교는 비교적 간단하지만, 연단(煉丹)*·장생(長生)·정좌(靜坐)를 말하기 위해선 반드시 우주론과 세계도식을 설명해야만 한다. 불교와 도교의 이런 두 가지 특징(개체수련과 우주론·인식론을 말하려는 것)을 기본자료로 빌려와서 나름의 윤리 철학을 세운 것이 바로 송명이학이다.

주돈이(周敦頤)는 줄곧 '송유지수'(宋儒之首)[4]로 존중되는데, 그의 『태극도설』(太極圖說) 중에는 분명히 도교 우주관의 양식이 남아 있다. 그러나 중요한 것은 그가 이러한 우주론으로부터 "성인은 중정인의(中正仁義)를 가지고 자신을 규정하여 고요함을 주로 하고, 인간의 표준을

---

4) 도선 찬(道宣 撰), 『광홍명집』(廣弘明集) 권8 「도안2교론」(道安二敎論) 제2판 (臺北, 中華書局, 1970. 4). "佛法以有生爲空幻, 故忘身以濟物. 道法以吾我爲眞實, 故服餌以養生."

* 기를 단전에 모아 심신을 수련하는 방법. 고대 중국에서는 도사(道士)가 진사(辰砂)로 불로불사의 약을 만들던 일, 또는 그 약을 뜻한다.

4) 이것은 사실 주자가 치켜세운 '도통'(道統)의 결과이지, 결코 역사와 사상사의 진실과 부합하는 것이 아니다. 송대 이학(理學)의 형성에 관한 논리에는 새로운 서술과 해석이 있어야만 하는데, 이 글에서는 언급하지 않겠다.

세운다"[5]는 결론을 끄집어낸다는 것이다. 그의『통서』(通書) 또한 '성'
(誠)이라는 유가적 범주를 제기하여 중심개념으로 삼을 것을 강조하고
있다. 이런 것들은 모두 주돈이가 유가의 현실도덕적 요구와 도교의 우
주도식을 연결시켜서, 우주론에서 윤리학(인간세상의 규범)으로 이르
는 첫번째 교량을 세우려는 시도를 하기 시작했음을 보여주고 있다. 그
속에서 그는 '무욕'(無欲), '주정'(主靜), '사왈예'(思曰睿:『상서』의
「홍범」에 나오는 말로 사색을 통해 사리를 파악한다는 의미) 등을 말하
며 인식론('사' 思)·방법론('주정' 主靜)의 여러 가지 요소를 포함하여
본체론(자연본체)→우주론(세계도식)→인성론→인식론→윤리학(본
체론으로 돌아감)이라는 체계를 보여준다. 즉, 이러한 체계는 '적연부
동'(寂然不動: 무극·본체)→'감이수통'(感而遂通: 음양오행·태극)
→'사' (인식)→'순연지선'(純然至善: 윤리)라는 체계구조의 내재적 순
서를 말한다. 왕부지는 "송대에 주돈이가 나오면서 성스런 도의 출발을
밝히기 시작했는데, 그것은 모두 태극음양과 인도생화(人道生化)의 시
작과 끝에 나왔다"[6]고 했다. 이것은 우주론에서 윤리학에 이르는 이론
적 논리구조를 매우 훌륭하게 밝혀, 주돈이가 송명이학을 처음으로 창
설한 학자로 높이 우러러 공경받는 이유가 어디에 있는가를 분명하게
보여주고 있다.

소옹(邵雍)은 주돈이에 비해 더욱 분명하게 우주시공의 도식을 표현
했다. 그는 다음과 같이 말한다.

물(物)의 입장에서 물을 보는 것은 성(性)이고, 나의 입장에서 물
을 보는 것을 정(情)이라고 한다. 성은 공정하고 밝은 반면에 정은 한
곳에 치우쳐 어둡다.[7]

---

5)『태극도설』(太極圖說), "聖人定之以中正仁義而主靜, 立人極焉."
6)『장자정몽주』(張子正蒙注)「서론」, "宋自周子出而始發明聖道之所由, 一出於太極
   陰陽人道生化之終始."
7)『관물외편』(觀物外篇), "以物觀物, 性也; 以我觀物, 情也. 性公而明, 情偏而暗."

대체로 사물을 본다고 말하는 것은 눈으로 그것을 보는 것이 아니다. 그것을 눈으로 보는 것이 아니라 마음으로 보는 것이며 마음으로 보는 것이 아니라 이치로 보는 것이다. 천하의 사물은 이치를 가지고 있지 않는 것이 없다.[8]

이것은 바로 '천하의 사물'이 가지고 있는 '이'(理)와 사람의 '마음' (心), '성'(性)을 연계하고 통일시켜 일체로 변화시킴으로써 '나'(我) 와 '정'(情) · '눈'(目) 등의 감성적인 측면과 서로 대립시키고 있다. 또한 그런 수학적 도상의 우주론을 마침내 도덕적 심성이란 것으로 구체화시켜 놓았다.

그러나 주돈이와 소강절(邵康節)은 모두 시작을 연 것에 불과하고, 진정으로 송명이학에 기초를 세우고 '심통성정'(心統性情) · '천리인욕'(天理人欲) · '천지지성'(天地之性) · '기질지성'(氣質之性) · '덕성소지'(德性所知) · '견문지지'(見聞之知)와 『서명』(西銘)에서 서술된 송명이학의 기본명제와 기본원칙을 만든 사람은 바로 장재(張載)이다. 장재의 『정몽』(正蒙)이라는 책은 비록 제자들에 의해서 편집되었지만, 「태화편」(太和篇)에서 시작하여 「건칭편」(乾稱篇)으로 끝나는 외재적 서열('태화'太和 · '삼양'參兩 · '천도' · '신화'神化에서 '동물'動物 · '성명'誠明 · '대심'大心을 지나 '건칭'에 이른다)은 송명이학이 우주론에서 윤리학에 이르는 체계구조 위에서 표현되어 분명한 대표적 의미를 가지고 있다.

판원란은 "송학(宋學)은 『주역』으로 불교를 대신하는 철학이다"[9], "주돈이는 한 권의 『법화경』(法華經)은 다만 하나의 간괘(艮卦)만으로 충분할 뿐이다"[10]고 했다. 주돈이 · 소강절에서 장재를 지나 정이천(程

---

8) 『관물내편』(觀物內篇), "夫所以謂之觀物者, 非以目觀之也, 非觀之以目而觀之以心也. 非觀之以心而觀之以理也. 天下之物莫不有理焉."

9) 『판원란 역사논문선집』(范文瀾歷史論文選集), 人民出版社, 1979, 325쪽.

10) 『이정집』(二程集) 「하남정씨외서」(河南程氏外書) 권10, 中華書局, 1981, 408쪽.

伊川)·주자에 이르기까지 모두가 『주역』을 높이는 데는 이유가 있다. 그것은 바로 불교가 현실세계의 진환(眞幻: 독립자존하는 존재가 없음. 다만 그렇게 보일 뿐임)·동정(動靜)·유무(有無)와 사람들의 인식의 가능·필요·진망(眞妄) 등의 문제를 토론하기 때문에, 이에 대항하고 논변하기 위해 전통유학의 경전에서 근거를 찾을 수 있는 것은 오로지 『주역』뿐이기 때문이다.

선진 시기의 이성정신으로 충만한 『주역』은 존재를 공환한 것으로 보고 감성적인 현실세계를 부정하며, 적멸 또는 장생을 추구하는 불교와 도가이론에 대항하는 철학적 비판의 무기가 되었다. 또한 현실생활 속의 봉건적 세간 질서를 인정하는 것이 필요했기 때문에 이런 감성적 현실세계 자체를 인정하고, 이로부터 이 세계의 실재성과 그 존재의 합리성·필연성을 반드시 인정하고 토론하는 것이 필요했다. 그러나 정이천·주자·육상산(陸象山)·왕양명 등의 관념론적 이학가와 불교 철학은 확실히 다르다. 그들은 항상 인간의 감성적 생존, 인간의 감성적 환경과 대상(바로 현실세계)의 존재와 가치를 부정하지 않고 인정한다.

철학 이론상 공개적·직접적으로 불교와 노자를 비판하고 이학을 위해 새로운 길을 개척한 장재는 기일원론(氣一元論)의 우주관으로 불교·도교와 교류하고 부딪히기도 했는데, 이것은 매우 자연스러운 현상이다. 장재의 기철학은 불교·도교와 서로 대항하는 철학 체계라고 할 수 있다. 장재는 기(氣)를 본체로 삼아 우주만물의 자연적 형성, 천변만화(千變萬化), 동정(動靜)과 취산(聚散), 생사와 존망을 해설하고, 원시적 미신(귀신)에서 불교와 도교 이론에 이르는 여러 가지 관념론적인 입장을 비판했다.

태허(太虛: 기의 본체를 이르는 말)가 바로 기라는 사실을 알면 까닭이 없는 것이 없다.[11]

---

11) 『정몽』(正蒙) 「태화」(太和), "知太虛卽氣則無無."

허공이 바로 기라는 것을 알면 있음과 없음, 은밀함과 드러남, 귀신과 조화, 성과 명(命)이 통하여 하나가 되고 둘이 아니게 된다. 모이고 흩어짐, 나감과 들어옴, 형체가 이루어지거나 그렇지 않은 것을 돌아보아 그것이 말미암는 바를 미루어보면 역(易)이라는 것에 대해 깊이 있게 알게 될 것이다.[12]

장재는 운동 · 변화 · 발전 · 대립이라는 변증법적 관념으로 충만한 기일원론으로 우주관 위에서 일련의 현상과 문제를 거론하여, '만물은 환상 같고 허깨비 같은 것이다'(萬物幻化), '유는 무에서 생겨난다'(有生於無)는 불교와 노자의 관념론과 서로 대립하는 관점을 광범위하게 제기하고 있다. 그것은 생기발랄한 힘과 크고 넓은 기백을 드러내고 있다. 이 방면의 문제에 대해서는 현대 철학계에서 많이 연구했기 때문에 여기서는 더이상 이야기하지 않겠다.

더욱 주의할 만한 문제로, 장재와 전체 송명이학 속에서 우주론은 전부 하나의 시작을 위한 것에 불과하다는 생각이 든다. 송 · 명 · 청의 시대를 거쳐서 편찬된 『근사록집주』(近思錄集注), 『성리대전』(性理大全), 『성리정의』(性理正義) 등의 책들은 처음부터 이 · 기 · 무극 · 태극을 모두 포함한 우주관을 말한다. 그러나 이것은 여전히 전주곡에 불과하고, 전주곡은 주제를 끄집어내기 위한 것일 뿐이다. 여기서의 주제는 인간의 윤리질서를 기본적인 주축으로 삼는 공맹의 도를 재건하려는 것이다. 장재와 전체 송명이학이 모두 우주론(이 우주론이 장재와 같은 유물론적인 것이든 이정二程과 같은 관념론적인 것이든, 이 점은 그렇게 중요한 것이 아니다)으로 스스로를 무장하는 것은, 후기 봉건사회의 도덕질서에 적합한 인성론(이것이 가장 주요한 문제이다)을 세우기 위한 것이다. 성리학은 이로부터 모두 '천'(天: 우주)에서 '인'(人:

---

12) 같은 책, 「태화」, "知虛空卽氣, 則有無, 隱顯, 神化, 性命通一無二. 顧聚散, 出入, 形無形, 能推本所從來, 則深於易者也."

윤리)에 이르기까지 그 둘을 서로 연결시키면서 합일하도록 했다.

> 하늘이 명한 것을 일러 성이라 하고, 성을 따르는 것을 도라고 말하
> 고, 도를 닦는 것을 교라고 한다.(『중용』)
> 대학의 도는 명덕을 밝히는 데 있고, 백성을 새롭게 하는 데 있고,
> 지극한 선에 이르는 데 있다.(『대학』)

『중용』과 『대학』이 『주역』에 비해서 송명이학의 근본적인 경전이 된
이유는, 1,000년 동안 냉담하게 방치되어 있는 인성(人性) 이론을 다시
새롭게 소생시켜 선진 시기와 서로 연결시키고, 인성이 '천'·'인'을 연결하며
소통시키는 축임을 설명하고 있기 때문이다. 이것이 바로 우주론에서 윤리
학에 이르는 주요 열쇠이다. 송명이학의 핵심적 체계는 우주론이나 인식
론이 아니라 인성론이다.

그러므로 다 같이 '천인지제'(天人之際: 천과 인간의 관계)를 말하
지만, 송명이학이 말하는 것은 동중서나 한대 유가와는 다르다. 동중서
의 '천인감응'은 유기적 체계론을 갖추고 있지만, 송명이학의 '천인합
일'은 '심성학'(心性學)이다. 동중서의 '천인감응'은 진정한 우주론이
지만 송명이학의 '천인합일'은 진정한 우주론으로 볼 수 없다. 동중서
에서 윤리학은 우주론에 종속되지만, 송명이학은 반대로 우주론이 윤
리학에 종속된다. 송대 유가는 '심성학'을 통하여 위로는 천도와 연결
되고, 아래로는 윤리적 강상질서와 연결되어 불교와 노자를 비판하며,
불교는 적멸을 추구하고 도교는 장생을 구하여 모두 '인성'과 '천도'를
위반하고 있음을 지적한다.

> 불교에는 출가와 출세의 설이 있다. ……이미 출세를 말했다면 하
> 늘을 머리에 이지 않고 땅을 밟지 않아야 비로소 가능할 것이다. 그
> 런데 오히려 목 마르면 물 마시고 배 고프면 먹고, 하늘을 머리에 이
> 고 땅을 밟고 있다.[13)]

즉, 불교는 공적(空寂)*을 추구하면서도 혈육을 가진 몸을 버리지 못하고 있다. 모든 것이 공이라고 생각하면서 여전히 옷을 입고 밥을 먹으면서 자신(신체·생명)과 환경(자연·인간세상)을 포함한 감성세계의 물질적 존재를 유지하려고 하는 것은 모순이 아닌가? 송대 유가의 '심성학'이 실제로 진행하고 있는 것은 본래 이러한 상식적 비판이다. 그러나 송유(宋儒)들이 이런 세속적이고 상식적인 비판을 우주론과 직접 연계하기 시작하면서 상식을 넘어서는 '천인지제'라는 차원으로까지 이런 비판을 격상시켰다.

사람들이 밥을 먹고 옷을 입고, '하늘을 이고 땅을 밟고' 하는 것은 이론상으로 '천'과 '인'을 감성적 물질존재로서의 실재성과 합리성을 가진 것으로 인정하고 긍정하는 것이다. 그리고 이런 존재가 확실히 끊임없이 운동하고 변화하며 생겨나고 없어지는 중(우주론)에 있다는 것을 인정하고 긍정하는 것이다. 동시에 사람이 옷을 입고 밥을 먹으며 '하늘을 이고 땅을 밟는' 것은 하나의 일정한 목적을 가지고 있고 일정한 규범과 질서에 따른다. 또한 이 때문에 이론상으로 이런 보편필연적인 규범·질서와 목적(인식론)을 힘써 찾고, 추구하고, 논증하여야만 한다.

이것은 바로 유한적·감성적·현실적(또한 세속적·상식적)인 도덕질서의 이치 속에서 유한·감성·현상을 초월하는 무한·이성과 본체를 추구하고 논증한다. 왜냐하면 이학가(理學家)들은 바로 이런 규율과 질서, 목적을 본체로 삼아 자연과 사람들의 감성적 현실세계를 지배하고 주재하여야 한다고 생각하기 때문이다. 이처럼 이학가들은 규율과 질서, 목적을 물질세계에서 점차적으로 추상하여 물질세계를 주재·지배·통치하는 것으로 간주한다. 이런 사변의 과정은 중국과 서양의 철학사 속에서 흔히 볼 수 있는 것들이다.

---

13) 『하남정씨유서』(河南程氏遺書) 권18, "釋氏有出家出世之說……旣道出世, 除是不戴皇天, 不履后土始得, 然却又渴飮而饑食, 戴天而履地."
 * 불교에서, 만물이 모두 실체가 없어 생각하고 분별할 것도 없음을 이르는 말.

장재와 송명이학이 말하는 실질적 주축은 인성론으로, 이 문제가 더욱 두드러지게 표현된다. 말하자면 그들은 의식적으로 특정사회의 기존 질서와 규범, 법칙(후기의 봉건제도)을 우주를 통치하는 무상의 법칙으로 간주하려고 했다.

바닷물이 얼면 얼음이 되고 그것이 떠오르면 거품이 된다. 그러나 얼음의 재료와 거품의 성질이 있고 없는 것을 바다가 줄 수 있는 것은 아니다.[14)

생기는 것에는 선후의 순서가 있는데, 이것이 천의 질서(天序)이다. 그리고 작고 크고, 높고 낮은 것이 서로 더불어 있으면서 그 형태를 드러내는 것을 천질(天秩)이라고 한다. 하늘이 만물을 낳음에도 순서가 있고, 만물이 형체를 이룰 때는 차례가 있는 것이다. 순서를 알아야 마땅한 도리*가 바르게 되고, 차례를 알아야 예가 행해진다.[15)

여기서 '질'(秩) · '서'(序) · '성'(性)은 물질('해'海 · '생'生 · '소대고하'小大高下)과 분리되기 시작하여 더욱 중요하고 더욱 근본적이며, 더욱 결정적인 의미를 가지게 되면서 반드시 알아야 하는 것이 되었다. 장재의 경우 '기'는 물질존재의 범주와 그 속에 포함되어 있는 법칙 · 질서 등의 또 다른 의미를 가지고 있다. 그렇기 때문에 자연사물을 논의하는 데 있어서는 여전히 분명하게 분화되지 않고 물질적인 성격과 법칙적인 성격이 혼연일체로 되어 분리가 불가능한 것이지만,[16) 일단

---

14) 『정몽』「동물」(動物), "海水凝則氷, 浮則漚; 然氷之才, 漚之性, 其存其亡, 海不得而與焉."

* 왕부지의 주에서는 경(經)을 의(義)의 뜻으로 해석하고 있다.

15) 같은 책,「동물」, "生有先後, 所以爲天序, 小大高下相幷相形焉, 是謂天秩. 天之生物也有序, 物之旣形也有秩, 知序然後經正, 知秩然後禮行."

16) 어떤 경우에는 '신'(神)을 이용하여 '기'의 작용을 말하지만 그것과는 분명히 구별된다. 예를 들면, "흩어져 형상화할 수 있는 것이 기가 되고, 맑고 통하여 형상

인성의 문제를 논의하면 달라진다.

> 본성을 온전히 다 실현한 연후에 살아서 얻는 것이 없다면 죽어서
> 도 잃는 것이 없음을 알 것이다.[17]
> 죽어서 없어지는 것이 아니라는 것을 알아야 성(性)에 대해 말할
> 수 있다.[18]

장재가 보기에 인간의 생사는 바로 '기'의 취산으로, 사람이 죽는 것
을 기의 흩어짐으로 말한다. 그러나 '성'(性)은 그렇지 않은데, 이것은
인간의 생사와 기의 취산을 초월하여 영원한 존재가치를 가질 수 있다.
이런 특수하고도 유한적이며 감성현실을 초월하는 '성'이 바로 우주만
물의 보편적 규율이다. 바로 여기부터 장재는 처음으로 '천지지성'(天
地之性)과 '기질지성'(氣質之性)의 구분을 제기하여 송명이학에서 가
장 중요한 근본과제를 만들어내었다.

'천지지성'은 천지와 동체이고 공통되는 '성'(性)인 보편필연적인 영
원한 질서와 법칙이다. '기질지성'은 유한하고 특수한 감성과 서로 관
련되는 여러 가지 욕구와 작용이다. 인성은 바로 이러한 두 가지 종류
의 근원·작용·성질이 확연히 구별되는 '성'에 의해서 구성된다. '천
지지성'은 '기질지성' 속에 존재하지만, 오히려 '기질지성'의 주재자·
지배자·통치자가 된다. 아울러 이렇게 되었을 때에야 비로소 사람은
동물이 아닌 진정한 사람이라고 할 수 있다. 왜냐하면 이렇게 되었을
때 비로소 개체는 자신의 유한적 감성이라는 물질존재를 넘어서서 자신을 미
루어 다른 사람을 배려하여, "나의 늙은 부모를 공경하여 다른 사람의

화할 수 없는 것이 신이 된다"(散殊而可象爲氣, 淸通而不可象爲神), "하늘의 헤
아릴 수 없는 것을 일러 신이라고 한다"(天之不測謂神) 등은 아직 충분히 전개
되지 않았다.
17) 『정몽』 「성명」(誠明), "盡性, 然後知生無所得則死無所喪."
18) 같은 책, 「태화」, "知死之不亡者, 可與言性矣."

늙은 부모에까지 미치고, 나의 어린아이를 어리게 대하는 것을 다른 사람의 어린아이에까지 미쳐", "백성은 나의 동포이고, 만물은 나의 형제이다"라고 할 수 있다. 그리하여 천지와 덕을 합하고, 만물과 한몸을 이루어 '불후'의 형이상학적 본체에 도달할 수 있다.

성이라는 것은 만물의 한 가지 근원으로, 내가 사사로이 얻어서 가지고 있는 것이 아니다.[19]

형체가 있은 후에야 기질지성이 있게 되는데, 잘 돌이켜보면 천지지성은 거기에 있다. 그러므로 기질지성은 군자가 성으로 삼지 않는 것이다.[20]

중요한 것은 감성적·경험적인 '기질지성' 속에서 이성적·선험적인 '천지지성'을 찾으려 하는 것이다. 그것이 바로 '천명'(天命)과 '천리'(天理)이기 때문이다. 감성적이고 경험적인 것은 '인욕'과 관련이 있는 '기질'에 불과할 뿐이다.

사람을 알려고 생각한다면 먼저 하늘을 알지 않을 수 없다. 그 본성을 온전히 한 후에야 명(命)에 이를 수 있다.[21]

맑고 한결같은 전체를 말하는 담일(湛一)은 기의 본체이고, 공격하여 뺏는 것은 기의 욕심이고, 입과 배는 음식에 대한 것이고, 코와 혀는 냄새와 맛에 대한 것이니 모두 공격하여 취하려는 기의 성질이다.[22]

---

19) 같은 책, 「성명」, "性者, 萬物之一源, 非有我之得私也."
20) 같은 책, 「성명」, "形而後有氣質之性, 善反之, 則天地之性存焉. 故氣質之性, 君子有弗性者焉."
21) 같은 책, 「성명」, "故思知人, 不可不知天, 盡其性, 然後能至於命."
22) 같은 책, 「성명」, "湛一, 氣之本; 功取, 氣之欲; 口腹於飮食, 鼻舌於臭味, 皆功取之性也."

장재는 "성명의 이치를 따르기를", 즉 "천리를 궁구"하기를 요구하고, "이치를 소멸하고 욕심만을 궁구하는 것"에 반대했다. "하고 싶어하는 욕심으로 마음에 누가 되지 않게 하고, 작은 것으로 큰 것을 해하지 않고, 지엽적인 것으로 근본을 잃어버리지 않아야 한다"[23)는 것은 바로 "인욕을 없애라는 것"을 요구하는 것이다.

칸트가 선험적인 오성범주로 경험적인 감성적 재료를 주재하는 것과 비교해보면, 형식구조는 서로 비슷할지 모르나 내용에서는 완전히 반대이다. 송명이학은 선험적인 '천리' · '천지지성'으로 경험적인 '인욕'과 '기질지성'을 주재하여 윤리적 행위를 완성한다. 칸트는 외향적 인식론으로, 감성적 경험을 가능한 한 많이 제공하여 보편필연성의 과학지식을 형성하기를 요구했다. 송명이학은 내향적 윤리학으로, 가능하면 감성적 욕구를 제거하고 '보편필연'적인 윤리행위를 실천하기를 요구한다. 칸트의 선험범주(인과 등)는 당시의 수학과 자연과학(뉴턴의 물리학)에서 나온 것이고, 송명이학의 선험적 규범(이理 · 도道 등등)은 당시 사회의 질서제도(봉건적 법규)에서 나왔다. 칸트는 인식론과 윤리학을 확실하게 양분하여 상호간섭하지 않고, 각자의 독립적 가치를 가지기를 요구했다. 송명이학은 인식론과 윤리학이 함께 섞여 있어서 분명하게 분리되지 않을 정도인데, 실제로 송명이학에서 인식론은 완전히 윤리학에 종속되어 있다.

그러므로 장재가 말하는 '견문지지'(見聞之知)와 '덕성소지'(德性所知)를 감성인식과 이성인식으로 간주하는 것은, 오해라기보다는 일종의 과장에 속한다. 왜냐하면 '견문지지'는 본래 경험적인 감성의 인식에서 나온 것이다. '덕성소지'는 '견문에서 생긴 것이 아닌 것'일 뿐만 아니라 항상 '견문'을 벗어날 필요가 있고,[24) 심지어 '견문'을 필요로

---

23) 같은 책, 「성명」, "不以嗜欲累其心, 不以小害大, 末喪本焉爾."
24) 같은 책, 「대심」(大心), "상으로 말미암아 마음을 알게 되지만 상에 빠지면 마음을 잃는다. 상을 아는 것이 마음이나 상을 마음에 놓아 두고서 아는 것 역시 상일 뿐이니 마음이라고 불러도 될지?"(由象識心, 徇象喪心. 知象者心; 存象之心,

하지 않기 때문에[25] 일종의 비(非)이지적인 '대심'(大心)이다. '덕성소지'의 '지'는 결코 외물과 세계에 대한 이지적 인식이 아니라 일종의 "그 천하를 봄에 하나의 사물도 자신이 아닌 것이 없다"[26]는 식의 '천인합일'의 윤리에도 속하고, 또 초윤리적인 정신경계이기 때문이다.

그런데 일체의 '견문지지'에서 '궁신지화'(窮神知化: 오묘한 변화를 탐구하여 변화의 도리를 앎)에 이르는 것들은 모두 '스스로 도를 체득하려는 것'을 위한 것일 뿐이다. 즉, 주체로서의 '사람'이 윤리학(인식론이 아니라)을 통하여 '천'과 동일하도록 하여, 윤리에도 속하면서 윤리와 도덕을 넘어서는 본체의 세계에 도달하도록 하는 것이다. 장재의 『서명』은 바로 이러한 최고경계를 제기하여 이학가들이 최고로 생각하는 근본강령이 된다.

역사적으로 보면 관학(關學)과 낙학(洛學)은 거의 같은 시기에 존재하면서 함께 이야기되지만, 이론적 논리로 보자면 이정은 장재에 비하여 '백척간두, 진일보'했을 뿐이다. 그리고 장재의 기초에서 송명이학의 기초를 더 바른 자리에 옮겨놓아 두었을 뿐이다. 장재의 학설 중 '기화'(氣化)에 대한 여러 가지 논의가 상당 부분 토론되고 다양한 비판을 받게 되면서, 『서명』을 특징으로 하는 윤리본체론은 일정한 한도에서 가려지게 된다.

이정(특히 소정小程인 이천伊川)의 작용과 지위는 이런 가려진 것을 최대한도로 제거하는 것에 있다. 그들은 이런 윤리본체를 더욱 분명하고 명확하게 드러나도록 했다. 장재의 외재사물과 객관세계, 현실사회에 관한 여러 가지 과학적인 기술과 진지한 토론은 "고심하고 온 힘을 다한 모습이 있으나, 관대하고 여유 있고 온화한 기미가 없다"[27], "인

亦象而已, 謂之心, 可乎?)

25) 같은 책, 「성명」, "생각하는 것도 없이 알려고 하지도 말고 하늘의 법칙에 따라야 한다. 사색함과 아는 것이 있으면 그 천성적인 것을 잃게 된다."(不識不知, 順帝之則, 有思慮知識, 則喪其天矣)

26) 같은 책, 「대심」, "其視天下無一物非我."

정이 없고 매몰스러운 기상은 있지만 관대한 기미는 없다"[28]는 것으로 비판받았다. 장재에서 이정에 이르면 이런 윤리본체(대정大程, 즉 명도 明道는 마음으로부터 직접 신속하게 깨달을 것을 요구했다. 소정小程, 즉 이천은 사물의 '이'理에 대한 인식과 누적을 통해 파악하기를 요구했다)를 확정하고 직접 추구하기를 요구하여, 이론발전 중에 필연적으로 나타나는 또 하나의 단계가 되었다.

　나의 학문은 비록 다른 사람으로부터 받은 바가 있지만, 천리(天理)라는 두 글자는 나 스스로 들고 나온 것이다.[29]

　천리라고 말하는 것은……요 임금을 위해 존재하는 것도 아니고 걸 임금 때문에 없어지는 것도 아니다. ……더욱이 어찌 존망가감(存亡加減)을 말할 수 있겠는가? 그것은 원래 조금의 부족함도 없이 모든 이치가 구비되어 있는 것이다.[30]

　모든 사물의 흩어짐은 그 기가 마침내 다한 것으로, 더이상 본원의 이치로 돌아가는 것은 없다.[31]

　주희에 이르면 '이'가 '기'보다 높아서 매우 자연스럽게 장재가 말한 '천리'와 '인욕'의 구분, 그리고 '천지지성'과 '기질지성', '덕성소지'와 '견문지지'의 구별 및 도·기·형상(形上)·형하(形下)에 대해 이론상으로 더욱 완벽하고 철저한 체계적 구분을 한다. 이른바 영원하고 무한한 보편적·필연적인 '이'는 물질성이 더 많은 '기'를 대신하여 증감이 없고, 조금의 손상도 없는 본체존재가 된다. '천'—'명'—'성'—'심'은

---

27) 『송원학안』(宋元學案) 권18 「이천이 횡거에게 답하는 편지」(伊川答橫渠書), "有苦心極力之象, 而無寬裕溫和之氣."
28) 『하남정씨유서』 권18, "有迫切氣象, 無寬舒之氣."
29) 『송원학안』 권24, "吾學雖有所受, 天理二字却是自家拈出來."
30) 『하남정씨유서』 권2 상편, "天理云者……不爲堯存, 不爲桀亡……更怎生說得存亡加減, 是它元無少欠, 百理具備."
31) 같은 책, 권15, "凡物之散, 其氣遂盡, 無復歸本原之理."

모두 '이'라는 문제와 관련되어 "성이 바로 이이다", "천에 있을 때는 명이고, 의(義)에 있으면 이(理)이고, 사람에 있으면 성(性)으로, 사람을 주재하는 데 있어서는 심(心)이 되는데 사실은 모두 같은 것이다"[32]라고 하는 것이다. 그래서 신유학을 '이학'(理學)이라고 말하는 것은 매우 일리가 있다.

그러나 바로 '이'를 과도하게 강조하고 '기'를 폄하하면서 '천'은 '천리'(天理) 또는 '이'로 변화해버린다. 이후 '이'라는 법칙은 물질의 체제를 벗어나 날로 사변화되어, 그것이 본래 가지고 있던 현실적 풍부성을 상실하고 추상적으로 말라버린 교조적 구조로 변하게 된다. 장재에서 상당히 장관(壯觀)으로 표현된 형형색색의 세계와 변증법적인 경치는 이정(二程) 형제에 이르러 한꺼번에 퇴색되어버린다. 인간세상, 자연, 사물에 대한 객관적 기술을 통한 연구를 기피해버리면, 남는 것은 당연히 그것을 단순화시키고 단일화한 '이'의 건조하고 내용 없는 설교와 논증일 뿐이다. 물론 이런 '이'의 강조가 이론적인 논리성과 체계성을 더욱 명석판명하게 보이도록 할지도 모른다. 그러나 주자는 장재와 주돈이 등의 사상을 흡수했기 때문에, 이정처럼 그렇게 얇고 단순한 체계를 만들지는 않았다.

인식론 또한 이와 같다. '기'의 현상적인 풍부성과 다양성에 더이상 주의를 기울이지 않기 때문에, '궁리'(窮理)는 날로 보편필연적인 '이'(理)에 대한 파악 또는 깨달음이라는 좁은 범위로 제한되어 버린다. "궁리 · 진성(盡性) · 지명(至命)은 다만 같은 것이다."[33] 모든 격물(格物) · 치지(致知) · 궁리와 모든 사물에 대한 이해와 체득은 모두 다 그 윤리적 본체에 대한 크나큰 깨달음에 도달하기 위한 것일 뿐이다. 그러나 이런 철저한 깨달음은 바로 '행'(行), 즉 윤리적 행위이다. 윤리적 본체는 '이'를 통하여 모든 것을 그 속에 종속시켜버리고 객관세계에

---

32) 같은 책, 권18, "在天爲命, 在義爲理, 在人爲性, 主於身爲心, 其實一也."
33) 같은 책, 권18, "窮理, 盡性, 至命, 只是一事."

대해 과학적 인식을 진행하는 데 있어서의 요구, 노력과 지향을 압도하거나 대체하고 취소해버리는 결과를 초래하게 된다.

중요한 하나의 문제는 북송(北宋) 시기가 바로 중국에서 과학 기술이 가장 발달한 시기에 접어들어 이미 객관사물에 대한 인식이 점차적으로 법칙에 대한 탐구단계로 진입하고 있다는 사실이다. 이처럼 송나라 사람들이 '이'를 중시하는 경향은 철학 · 정치 · 시가 · 예술 · 자연 · 사물 모두를 막론하고 하나의 공통된 특색이라고 할 수 있다. 소동파(蘇東坡)는 "산의 돌, 대나무와 소나무, 물결이나 연기, 구름은 비록 정해진 모습이 없으나 불변하는 이치는 들어 있다"[34]고 했다. '정해진 형태가 없는' 현상배후의 '불변하는 이치'를 추구하는 것은 이미 당시의 공통된 사조경향이었다.[35]

그러므로 이학가 중에서 과학적 경향(예를 들면 정이程頤의 기온과 부추에 관한 유명한 논의, 주자의 많은 자연현상에 대한 해석 등등을 들 수 있다)이 결핍된 사람은 아무도 없는데, 특히 장재의 체계적 내용과 주자가 '격물치지'를 강조하는 것 또한 이와 같다. 그러나 그렇게 많은 과학적 자료와 내용을 가지고 있는 우주론과 과학적 관점은 실증적 자연과학의 방향으로 전개되지 못했고, 오히려 내향적인 도덕적 심성학으로 농축되어버린다. 도대체 무슨 이유에서인가? 송명이학이 우주론에서 윤리학적인 것으로 전향하는 논리구조의 현실적 역사근거는 무엇인가? 이것은 매우 연구해볼 만한 가치가 있는 문제이다.

이 글에서는 이 문제에 대해 대답할 방법이 없다. 그러나 적어도 표

---

34) 『소동파집』(蘇東坡集) 전집(前集) 권31, "至於山石竹木, 水波煙雲, 雖無常形, 而有常理."

35) 진춘평(金春峰)의 「이학의 사조 · 인물 · 학파의 변천과 종결에 대한 논의」(槪論理學的思潮 · 人物 · 學派及其演變和終結)(『구색』求索, 1983년 제3기)를 참조하라. 나는 구양수(歐陽修)가 북송 시기에 이런 기풍(글을 숭상하는 풍습인 문풍文風 · 학문상의 경향인 학풍學風 · 사상의 경향인 사상지풍思想之風)을 개창한 중심인물이라고 늘 생각해왔다. 그러나 대부분의 학자들의 이것에 대한 연구는 매우 부족하다.

면적으로 보면, 그것은 아마도 북송 중기 이래로 상당히 긴장된 내우외환과 정치투쟁(예를 들면 변법투쟁의 심각성이 오랫동안 지속되고 반복된 것 등)과 밀접한 관계를 가지고 있는 것으로 보인다. 또한 이런 사회과제와 폐단은 당시 사상가들의 두뇌 속에서 다른 모든 것을 압도하는 가장 중요한 위치를 차지하고 있었다. 중국 고대의 씨족사회에서 노예제와 봉건제를 지나 지속적으로 영향력을 발휘한 전통은 혈연적 종법제도의 유대 위에 건립되어 있는 온정적·원시적인 인도주의의 유풍이다. 그 전통은 주로 '인학'을 슬로건으로 하는 공맹 철학 속에 보존되어 있다.

육조 시기의 문벌(門閥) 사족(士族) 통치를 특징으로 삼는 전기 봉건제와는 달리, 당나라 중엽에서 시작되는 후기 봉건사회는 더욱 많은 사람들이 독립적인 경제와 사회적 지위를 얻도록 했다. 그래서 한편으로는 이런 전통이 비교적 광범위한 적용대상을 가질 수 있도록 했고, 개체인격이 더욱 자각적인 주체적 역량과 가치를 가지도록 만들었다. 그러나 다른 한편으로 세속 지주계급을 기초로 하는 피라미드식의 황권 정치구조는 전기 봉건제(더욱 많은 외재경제外在經濟와 사회제약, 예를 들면 문벌등급 등이 있었다)에 비해 전체 사회와 개체에 '삼강오상'(三綱五常), '인륜의 근본을 밝히는' 통치질서를 더욱 견실하게 수립하기를 요구받았기 때문에 이것은 더욱 절박하고 중요한 것으로 되었다.[36]

그러므로 의식형태에서 한유의 "박애를 인이라고 한다"(博愛之謂仁), "군주는 명령을 내리는 자이다. 백성은 곡식과 옷감을 생산하고, 그릇을 만들고, 재화를 통용케 하여 자신들의 윗사람을 섬긴다"는 것으로부터 장재의 "사랑하면 반드시 겸애하고, 이루면 홀로 이루지 않는다", "봉건과 정전제를 시행하지만 (백성들에게) 무서운 체벌(體罰)을 가하지 못하는 것은 마치 가르치고 기를 수는 있으나 부릴 수 없는 것

---

36) 여기서 주의해야 할 문제는 한대의 경우 '효'가 가장 우선적이었으나 송명대 이후 '충'(忠君)이 '효'에 비해 더욱 강조되었다. 이것은 바로 후기 봉건제에 적응했기 때문이다.

과 같다"[37])는 것에 이르는, 이 두 단계의 관념과 이론은 모두 시대적 요청에 따라서 생겨난 것이다.

송명이학의 특징이 우주론과 인식론의 철학적 차원을 통해 논증된 것이라고 하지만 사실은 바로 이런 시대적 요청에 의해 이루어진 것이다. 그러므로 한편으로는 최대한 광범위하게 지주계급의 박애정신을 실천하고, 다른 한편으로는 가장 엄격한 인륜적 질서와 등급을 나누기를 요구하며 그것을 내재적·심리적인 법도로 삼으려고 했다. 또 송명이학은 혈연을 중요시하고 종법(宗法)을 높이고, 정감을 말하고, 주체를 세워서 추기급인(推己及人)하기를 요구하고, 노인을 존중하고 어린 아이를 돌보며, 명분·존비·등급을 확정했다. 그리하여 사람들이 종법혈연과 함께 윤리화된 심리정감 중의 정치·경제의 불평등과 억압, 착취받은 고통을 완화하게 하여, 이로부터 후기 봉건제도를 영원히 보존하도록 한다.

송명이학이라는 역사상 엄청난 영향을 미친 이론형태를 연구하기 위해서는 그것의 전체적 특징, 내재구조, 발전순서, 역사적 기초를 반드시 먼저 확정해야 한다. 이것은 어떤 경직된 공식을 이용하여 그것들을 하나하나 분할하는 것보다 더 큰 의의를 가지는 일이라고 생각한다.

---

37) 『경학이굴』(經學理窟)「월령통」(月令統), "封建井田而不肉刑, 猶能教養而不能使."

2 이성본체의 수립과 그 모순

우주론에서 시작하여 윤리학으로 끝나는 장재의 이론적 과정이 다만 반(反)자각적인 성과라고 말한다면, 우주론에서 시작하는 주자의 이론 체계는 정반대이다. 그것은 매우 자각적으로 윤리학을 수립하는 것을 목표로 하고 있고, 아울러 윤리학을 주축으로 하여 이론체계를 가꾸어 나간다. 장재가 바깥에서 안으로 들어갔다면, 주자는 안에서 바깥으로 나아갔다고 할 수 있다.

표면적으로 보자면, 주자는 '이'(理 또는 '태극')로 만물을 관통하여 자아실현을 하는 것처럼 보이지만, 아울러 '이(理)-기(氣)'라는 문제 주위를 돌면서 다방면으로, 다층위적으로 일련의 철학적인 중심범주를 논했다. 예를 들면 형이상(形而上)·형이하(形而下), 도기(道器)·동정(動靜)·무극(無極)과 태극 등을 논증하여 '지극히 광대하고', '매우 자세하고 치밀'하여 만물을 모두 포함하면서 엄밀한 논리를 갖추었다고 할 수 있다.[38] 그래서 어떤 사람들은 그를 헤겔에 비교하

---

38) 천룽제(陳榮捷)의 『주학 론집』(朱學論集, 臺灣學生書局, 1982)을 참조하라. 그 중 어떤 논문은 비교적 매우 세밀한 해석을 구체적으로 하고 있다. 예를 들면, 그 속에는 주자가 정이천의 『역정전』(易程傳)에 대해 불만을 가졌는데, 그는 이 천이 여전히 허리(虛理: 구체적인 인간사에 연관되지 않음)라고 생각했다.

기도 한다. 그러나 이런 번잡하고 풍부한 체계의 외관에 미혹되어서는
안 되며 더욱 중요한 것은 요점을 파악하는 것이다. 즉, 주희의 방대
한 체계의 근본핵심은 하나의 관념적 공식을 세우는 데 있음을 알아
야 한다.

'당연'(當然: 인간세상의 윤리적 법규) = '필연'(必然: 우주의 법칙).

주자가 말하는 온갖 사물을 포함하고 있는 '이'(理)의 세계는 이런
공식을 만들어내기 위한 것이다. 만사만물의 소이연(所以然: '필연')은
바로 사람들이 반드시('당연') 숭배·추종·복종해야 하는 규율·법
칙·질서, 즉 '천리'(天理)이다. 비록 만물과 같이 존재하지만 '이'는
논리상에서 만사만물의 현상세계보다 앞서고, 높으며, 또한 초월해 있
으면서 만사만물의 본체를 구성한다.

아직 천지가 있기 이전에, 필경은 먼저 이 이치가 있었다.[39]

우주의 사이에는 하나의 이치가 있을 뿐이다. 하늘은 이것을 얻어
하늘이 되고, 땅은 이것을 얻어 땅이 되니, 천지 사이에 태어난 모든
것들은 또한 각각 그것을 얻어서 성으로 삼고, 그것을 펼쳐서 삼강으
로 하고, 그것을 단서로 하여 오상으로 삼으니, 대개 이 이치의 유행
은 가 있지 않는 곳이 없다.[40]

성(性)이 바로 이(理)이다. 마음에 있을 때는 성이라 부르고, 사
(事)에 있을 때는 이라 부른다.[41]

『근사록』(近思錄)을 편찬할 때, 본래는 권수(卷首)에 '도체'(道體)를 두려고 하
지 않았다. 내가 생각하기에 이런 것들은 우주관이 다만 표면적 형식이고, 실질
은 윤리학이라는 것을 설명해준다. 그러므로 이는 헤겔과는 근본적으로 다르다.

39) 『주자어류』(朱子語類) 권1, "未有天地之先, 畢竟是先有此理."

40) 『주자문집』(朱子文集) 권70, "宇宙之間, 一理而已, 天得之而爲天, 地得之而爲
地, 而凡生於天地之間者, 又各得之以爲性, 其張之爲三綱, 其紀之爲五常, 蓋此
理之流行, 無所適而不在."

41) 『근사록집주』(近思錄集注) 권1, "性卽理也, 在心喚做性, 在事喚做理."

이런 천·지·인·물(物)·사(事)를 초월하여 그것들을 주재하는 '이'('필연')는 바로 인간세상의 윤리적 법규의 '당연'(當然)이다. 이 둘은 서로 동등하고, 호환이 가능하다.

천리가 유행하여, 닿는 모든 곳이 다 이것이다. 더위가 가면 추위가 오고, 내는 흐르고 산은 치솟아 있고, 부모와 자식은 친함이 있고, 군주와 신하가 의를 가지는 것들에 이 이가 아닌 것이 없다.[42]

모든 사물은 극(極)을 가지고 있는데, 이것은 도리의 지극함이다. 장원진(蔣元進)은 군주의 인(仁)이나 신하의 경(敬) 같은 것들이 바로 극이라고 했다. 이것은 일사(一事) 일물(一物)의 극이며, 천지만물의 이(理)를 총괄하는 것은 바로 태극이다. 태극은 본래 이 이름이 없고 다만 하나의 표면적인 덕일 뿐이다.[43]

이런 우주본체의 '이-태극'은 사회적인 것이고 윤리적인 것으로, '다만 하나의 표면적인 덕'일 뿐이다. 그것을 개체에 대해 말하면, 반드시 준수·복종·집행해야 하는 '절대명령'이다.

명(命)은 영(令)과 같은 것으로, 성(性)이 바로 이(理)이다. 천이 음양오행으로 만물을 화생(化生)함에 기로써 형체를 이루고, 이(理) 또한 여기에 부여되니 명령하는 것과 같다. 이에 사람과 사물이 태어나면서 각각 부여받은 이(理)를 얻음으로 인하여 건순(健順)·오상(五常)의 덕을 삼으니 이것이 이른바 성이다.[44]

---

42) 『주자어류』 권40, "天理流行, 觸處皆是：暑往寒來, 川流山峙, 父子有親, 君臣有義之類, 無非這理."

43) 같은 책, 권94, "事事物物皆有箇極, 是道理之極至, 蔣元進曰, 如君之仁, 臣之敬, 便是極. 曰, 此是一事一物之極, 總天地萬物之理, 便是太極. 太極本無此名, 只是箇表德."

44) 『사서집주』(四書集注) 「중용주」(中庸注) 권1, "命猶令也, 性卽理也, 天以陰陽五行, 化生萬物, 氣以成形, 而理亦賦焉, 猶命令也. 於是人物之生, 因各得其所賦之

사람과 동물이 태어날 때 똑같이 천지의 이(理)를 얻어 성을 삼았고 똑같이 천지의 기를 얻어 형체를 삼았으니, 그 다른 점은 오직 사람만이 그 사이에서 형기(形氣)의 바름을 얻어 본성을 온전히 보존하여 가질 수 있는 것이다.[45]

'천명'('이')은 바로 '성'(性)이다. 이것은 장재가 말하는 '천지지성'으로, '천명지성'(天命之性)·'의리지성'(義理之性)이다. '성'은 개체에 대해 말하는 선험적인 필연요구와 규범이다. 사람이 동물과 다른 점은 사람이 다른 사물과 구별되는 '형기의 바름'을 버리지 않고 계속 실천해가는 이런 '의리지성'을 가지고 있고, 이로부터 '그 본성을 온전히 하려'(全其性) 하기 때문이다. 우주론이 인성론에서 구체화되듯, '이'의 세계는 '성'·'명'에서 구체화된다. 말하자면 인간세상의 인륜적 도덕과 행위규범은 '절대명령'에서 나오고 '천리'에서 나오는데, 이것들은 공리·행복·감성적인 쾌락과는 무관하다.

어린아이가 물에 빠지는 것을 보고 사람들이 놀라 뛰어가 구하는 것은 공을 세우기 위해서나 명예를 높이기 위해서가 아니라, 마땅히('당연') 이렇게 하는 것은 초감성적·초경험적·선험이성적인 절대명령으로 사람들이 이것을 절대로 위반할 수 없기 때문이다. '절대명령'의 힘, 인륜적 도덕의 숭고는 바로 개체경험의 쾌락·행복·이익과 서로 대치되고 충돌하는 가운데 비로소 드러나고, 그것은 확실히 일체의 경험적인 현상세계를 멀리 초월하는 최고로 강대한 이성적 본체를 드러낸다. 이것은 바로 주자가 체용(體用: 사물의 본체와 그 작용)·중화(中和: 치우침이 없는 올바른 상태)·성정(性情)·동정(動靜)·미발(未發: 일이 아직 일어나지 아니함)과 이발(已發) 등을 명석하게 구별하여, 선명한 이원적 체계의 특색을 가지고 이성본체의 주재·지휘·명령·결정하는 작

理, 以爲健順五常之德, 所謂性也."
45) 『사서집주』, 『맹자』 「이루」 하편, "人物之生, 同得天地之理以爲性, 同得天地之氣以爲形. 甚不同者, 獨於人其間得形氣之正而能有以全其性."

용을 최고도로 드러내려는 것이다. 전체 송명이학이 말하려는 것은 바로 이 문제이다.

송명이학은 '의(義)와 이(利)의 차이'를 강조하여 "천리를 추구하여 인욕을 소멸한다"는 것을 강조하고 "굶어 죽는 것은 작은 일이지만 절의를 잃어버리는 것은 큰일이다"는 것을 강하게 드러내려고 한다. 황종희·왕부지(王夫之) 등의 17세기 진보적인 사상가들에 이르러 "이익과 욕심으로 가득 찬 그릇 속에 빠져 있는"[46)]것에 반대하여 "군자와 소인의 큰 구별, 인간과 금수의 차이는 의리일 뿐이다"[47)]라고 생각한 것은 모두 위에서 말한 이학의 기본정신에 대한 확장이다. 이른바 '의리지분'(義利之分: 마땅함과 개인적인 이익의 구분)이 바로 '금수와 사람의 다름'(人禽之異)으로, 인륜·이성('의' 義 = '인' 人)과 감성적 욕구('이' 利 = '금' 禽)의 근원은 분명히 다르고 본질도 다르다는 특징을 매우 분명하게 드러내주고 있다.

주자의 '이세계'(理世界) 중의 이른바 '이일분수'(理一分殊)가 가지고 있는 실질적 내용은 위의 도덕행위가 법규와 같은 보편성을 가지고 있다는 점을 설명하기 위한 것이다. 이를 위해서 사람들의 특정 현실의 경험적 윤리행위가 오히려 선험적인 이성과 늘 함께 같은 곳에 병존하고 있기 때문에, 그것이 보편적으로 적용가능하고 유효하다는 것을 논증하려고 한다. 즉 적용가능하고 유효한 것은 경험적 사실을 통하여 증명되고 보장되는 것이 아니라, 그것들이 동일한 선험이성('천리' 天理)에서 나왔기 때문이다.

만물은 모두 이 이치를 가지고 있는데, 이치(理)는 모두 같은 근원에서 나왔다. 그러나 자리하고 있는 위치가 다르면 그 이치의 작용도 같지가 않다. 예를 들면 군주된 자는 반드시 인자해야 하고, 신하된

---

46) 『명유학안』(明儒學案) 권32, "坐在利欲膠漆盆中."
47) 왕부지, 『독통감론』 권18 「선제」(宣帝), "君子小人之大辨, 人禽之異, 義利而已矣."

자는 반드시 공경해야 하고, 자식된 자는 반드시 효도하고, 부모된 자는 반드시 자애하여야 한다. 모든 사물들은 각각 이런 이치를 가지고 있다. 모든 사물은 각각 그 작용을 달리 하지만 일리(一理)의 유행(流行) 아닌 것이 없다.[48]

'이일분수', 즉 예를 들면 "달이 모든 냇물에 비치다", "달이 하늘에 있으면 단지 하나일 뿐이지만, 수많은 냇물에 흩어져 있다면 어디서든지 볼 수 있다"고 하는 것은 우주자연에 관한 보편적 형상과 구체적인 형상을 말하기보다 도덕적인 보편입법을 논증하기 위한 것이라고 말하는 편이 나을 것이다. 송명이학은 바로 이런 도덕적인 보편입법을 본체론이나 우주론의 차원으로 끌어올려 논증하려고 한다.

송명이학은 사변 가운데에서 보편적 규율('이' 理)을 실현하려는 것이 아니라 실천행동 속에서 실현하기를 강조한다. 이런 실현은 반드시 고도의 자각적인 것으로, 자의식을 담고 있다. 어떤 의미에서 그것은 윤리학상의 '자율'을 추구하고 '타율'에 반대한다. 즉, '절대명령'을 자기완성의 주동적 욕구로 삼고 있는데, 그것은 외재적인 신의 뜻을 의미하는 것도 아니고 외재적인 물질의 공리·행복의 의미는 더더욱 아니다.

주자는 '행동'보다는 '앎'이 앞서기를 요구하여 윤리적 행위의 맹목성·자발성에 반대하는데, 그것은 이런 '자율'을 세워서 자각적 의식을 요구하기 위해서이다. "의리가 분명하지 않은데 어떻게 실천할 수 있는가?", "도리를 분명하게 말할 수 있을 때 저절로 부모를 모시는 데 효하지 않을 수 없고, 형님을 받드는 데 공경하지 않을 수 없고, 친구를 사귐에 진실하지 않을 수 없게 되는 것이다"[49]에서 볼 수 있듯이, "하지

---

48) 『주자어류』 권18, "萬物皆有此理, 理皆同出一原. 但所居之位不同, 則其理之用不一. 如爲君須仁, 爲臣須敬, 爲子須孝, 爲父須慈. 物物各具此理, 而物物各異其用, 然莫非一理之流行也."
49) 같은 책, 권9, "若講得道理明時, 自是事親不得不孝, 事兄不得不悌, 交朋友不得不信."

않을 수 없다"는 것은 반드시 실천해야만 하고 돈으로 계산할 수 없는 '절대명령'('천리')이다. 또한 "도리를 분명하게 말할 수 있을 때"라는 것은 이런 '절대명령', '천리'에 대한 자각의식을 말하는 것이다. 그리고 '격물'(格物) · '치지'(致知) · '궁리'(窮理)는 이런 의식에 도달하기 위한 인식론이다.

격물은 모든 사물에서 그것의 지극한 이치를 탐구하는 것이고, 치지는 내 마음이 알지 못하는 것이 없는 것을 말한다. 격물은 매우 세밀하고 잘게 말하는 것이고, 치지는 전체를 말하는 것이다.[50]

바로 정이(程頤)가 말하는 것처럼 "오늘 하나의 사물을 격하고, 내일 또 한 사물을 격한다"를 요구하는 이유는, 누적하여 "일단(一旦) 활연관통(豁然貫通)"하는 단계에 도달하기 위해서이다. 즉, 도덕본체를 깨달아서 자기의 행위 가운데에서 관철하는데, 이것이 바로 "자명성"(自明誠)이다.

또 '자율'을 강조하기 때문에 이학은 '신독'(愼獨: 홀로 있을 때에도 도리에 어긋남이 없도록 몸을 삼감)을 중시하고, "하나의 생각이 나오는 것이 과연 본성을 따르고 있는가?"는 것을 강조하여 스스로 외재적인 환경 · 이익 · 관념 · 요소의 영향과 지배를 받지 않으려고 노력한다.

위의 말처럼 했을 때 비로소 장재의 『서명』에서 말한 "천지를 가득 채운 것은 나의 몸이며, 천지를 이끌고 가는 것은 나의 본성이다", "살아 있을 동안 거역함이 없이 섬기고, 죽을 때는 편안하게 되리라"는 것처럼 천지와 그 덕을 합하여 만물과 몸을 함께하는 윤리학적 주체성을 세울 수 있게 되는 것이다. 이런 주체성이 실제로는 현실적 도덕 요구

---

50) 같은 책, 권15, "格物是物物上窮其至理, 致知是吾心無所不知. 格物是零細說, 致知是全體說."

를 초월하여 존재의 본체 차원에 도달한다.

그러므로 송명이학은 일종의 윤리학적인 주체성의 본체론이다. 이런
본체론은 평범한 가운데에서 위대함을 보이기를 요구한다. 이른바 "높
고 밝은 것을 지극히 하고 중용에 말미암는"(極高明而道中庸)[51] 것은
일상생활의 실천 속에서 도덕적 명령의 보편필연성과 숭고한 지위를
전개하고 있다. 그것은 개인을 본위로 하여 공적(空寂) 또는 장생을 추
구하는 불교와 도교의 인식론·우주론을 비교해보았을 때 분명하게 한
단계 더 높은 모습으로 그들을 압도하는 기세를 가지고 있다.

주자를 대표로 하는 이학은 도덕적 본체, 비(非)공리적인 절대명령,
입법의 보편성과 의지의 자율성이라는 문제를 말하는 이론적 유형에서
확실히 칸트와 매우 비슷하다.

그러나 칸트와 근본적으로 다른 차이점도 있다. 시대와 계급적인 배
경이 다르다(하나는 중세의 봉건계급이고, 다른 하나는 근대적인 자
산계급에 진입했다)는 점에 의해서 이론적 내용상의 차이(예를 들면
송명이학에는 칸트가 말하는 '자유', '인간은 목적이다'라는 식의 명확
한 규정이 결핍되어 있다)가 생기는 것 외에, 또 하나의 매우 다른 차
이가 있다. 펑유란은 바로 이 차이점에 대해 이미 언급한 바 있다. 그
는 칸트는 '의'(義)만 말하고, 이학은 여전히 '인'(仁)만 말한다고 지
적했다.[52] 칸트의 경우, 이성과 인식, 본체와 현상을 확연하게 분할하
여, 실천이성(윤리행위)은 다만 하나의 '절대명령'과 '의무'일 뿐이지
모든 다른 현상세계의 정감·관념 및 인과·시공과는 조금도 관련이
없다. 칸트는 이처럼 비교적 철저하게 초경험적인 본체의 지위를 보증
하고 있다.

중국의 실천이성은 다르다. 그것은 기본적으로 본체와 현상을 분할
하여 단절하지 않고 현상에서 본체를 구하는 것으로, 말하자면 세간

---

51) 『중용』 제27장.
52) 펑유란의 『신원인』(新原人) 제6장을 참조하라.

속에 있으면서 세간을 초월하는 것으로 줄곧 '천인합일, 만물동체(萬物同體)', '체용일원'(體用一源), '체용무간'(體用無間)을 강조했다. 칸트의 '절대명령'은 해석할 수 없고 유래하는 바가 없는(그렇지 않으면 인과율의 현상계로 떨어져버림) 선험적 순수형식이다. 이학의 '천명지위성'(天命之謂性: '이' 理)은 오히려 인간의 감성적 존재, 심리적 정감과 서로 상통한다. 그것은 단순한 순수형식일 뿐만 아니라 사회심리에 호소하는 근거와 기초를 가지고 있다. 공맹의 전통을 계승하여 송명이학은 '의무'·'절대명령'을 어떤 사회적 정감의 내용을 가진 '인'(仁) 또는 '측은지심' 위에 명확히 세워두고 있다.

만약 칸트가 서양의 고대에서 현대에 이르는 원죄사상의 전통을 여전히 벗어나지 않고 인간의 본성이 악하다고 생각하고 있다면, 송명이학의 경우는 공맹의 전통을 이어받아 인간 본성의 선함을 강조하여 "네가 편안하면 그렇게 하라"(공자의 말), "측은한 마음은 사람이면 모두 가지고 있다"(맹자의 말)는 심리학과 윤리학이 서로 용해된 기본원칙을 관철하고 있다.

송명이학은 본래 문제자체가 매우 차원이 높고 범위가 지극히 큰 '천명과 인성의 문제'(天命人性) 및 도덕법칙, 인륜적 질서들을 결국에는 감성적인 혈연을 바탕으로 하는 심리적 정감의 근거로 귀결시키고 있다. 이것은 또한 윤리적인 본체를 논증하여 설정한 우주론·세계관이 인정화(人情化)되고 생명화되는 의미를 띠도록 만들었다. '인'과 '측은지심'에 대한 절대적인 긍정과 감성적 자연 전체가 생장발전하는 것에 대한 긍정은 함께 연계되어 있다. 이 때문에 송명이학에서 감성적 자연계와 이성적인 인륜질서의 본체계는 분할되어 있지 않을 뿐만 아니라, 오히려 서로 삼투하여 하나로 꼭 들어맞고 있다.

'천'(天)과 '인'(人)은 여기서 모두 이성적인 면을 가지고 있을 뿐만 아니라 정감적인 면도 아울러 가지고 있다. 사량좌(謝良佐)는 '복숭아의 씨'(桃仁)와 '은행의 씨'(杏仁)를 가지고 '인'을 해석하고 있고(과실의 씨인 과핵果核을 생장生長의 뜻으로 비유하고 있다), 주돈이는 뜰 앞의 풀을 베지 않고 천의(天意)를 드러내고 있다는 멋진 이야기가 이 학자들 사이에서 전해지고 있다. "만물을 고요히 살펴보면 (이치를) 모두 저절로 얻고, 사시가 멋지게 일어남은 사람 사는 도리와 다르지 않네", "어렵지 않게 봄바람의 얼굴을 알 수 있으니, 만 가지 자색과 천 가지 홍색이 모두 봄이로다"는 말은 이학자들의 유명한 시구이다.

이런 것들은 모두 자연세계의 생명력과 봄기운을 비유하여 인간세상의 인륜적 도덕법칙을 드러내고 체득하여 서로 비교하려는 것이다. 이것이 바로 송명이학의 중요한 특징이다. 이러한 특징은 송명이학이 『주역』과 『중용』을 다 같이 높이고 존중하는 이유가 된다. 동시에 이것은 또한 장자와 선종의 어떤 성과들을 흡수하고 있다. 송명이학가들은 공맹을 높이 떠받들 것을 소리내어 외치지만, 실제로 그들은 공자의 "나는 증점과 함께하겠다"는 관점에 새로운 형이상학적 해석을 부여했을 뿐만 아니라 맹자의 도덕인격적인 주체성을 넘어서서 그것을 철학적으로 '성스럽게' 했다.[53]

송명이학가들은 항상 '공안낙처'(孔顔樂處)*를 즐겨 말하여 그것을 인생최고의 경계로 삼고 있다. 하지만 사실 이것은 힘들고 괴로운 것을 두려워하지 않고 생명력이 충만하여 윤리에 속하기도 하고 윤리를 넘어서기도 하며, 심미에 속하기도 하고 심미를 넘어서기도 하는 목적론적인 정신경계이기도 하다. 칸트의 목적론은 '자연이 인간을 향해 가서 이루어지는 것'**(自然向人生成)으로 어떤 의미에서는 객관적 목적론이라고도 할

---

53) 『주자어류』권52, "問浩然之氣, 日: 這個孟子本說得來粗……只似個粗豪之 氣……但非世俗所謂粗豪者耳."

　* 북송 이학가들이 자주 사용하는 용어로, 『논어』의 「술이」에서 공자가 말하는 "飯 疏食, 飲水, 曲肱而枕之, 樂亦在其中矣"와 「옹야」의 "一簞食, 一瓢飲……回世不 改其樂"에서 안회의 소박한 삶과 즐거움에 관한 말에서 나온 것이다. 공자와 안 회가 소박한 음식을 먹으면서도 오히려 뜻을 높게 가지는 것에서 즐거움을 찾는 다는 의미이다.

　** 리쩌허우는 그의 『비판철학의 비판』(批判哲學的批判)에서 '자연이 인간을 향해 가서 이루어지는 것'에 대해서 말하고 있다. 즉 '자연이 인간을 향해 가서 이루어 지는 것'이라는 것을 무기물의 생명현상(유기체)에서 사람에 이르는 과정으로 말

수 있는데, 이에 비해서 송명이학이 말하는 주관적 합목적성은 다만 심미적 세계이다. 송명이학은 이런 '천인합일, 만물동체'의 주관적 목적론을 가지고 사람이 도달할 수 있는 초윤리적인 본체경계를 명시하는데, 이것은 인간의 최고존재로 간주된다. 사물의 겉면의 형식상에서 이런 본체경계는 확실히 물아양망(物我兩忘)이면서 비(非)공리적인 심미적 쾌락이나 미학적 심경과는 서로 비슷하거나 가깝다.

그러나 또 이와 같은 이유 때문에 이학, 특히 주자의 철학 체계에 커다란 모순이 초래된다. 본체계와 현상계는 서로 단절되어 있지 않기 때문에, 본체의 영역은 정감(위의 '공안낙처')과 경험 속에 들어갈 수 있어서 감성 자체가 중요한 지위를 얻도록 한다. 그리하여 다시 인간과 세계에 대한 감성존재를 인정하고 긍정했기 때문에 인성론상에서 인간의 감성적 욕구와 수요를 필연적으로 인정해야 한다. 이미 "천지의 크나큰 공덕을 일러 생이라고 한다"고 했다면 감성적 자연의 생장발전에 순응하는 요구나 지향——그중에는 감성적 욕구의 자연규율이 포함되어 있다——은 악이 아닐 뿐만 아니라 오히려 선이다.

그러나 이미 '이'(理)가 반드시 '기'에 의존하여 구체적으로 표현된다면 천리와 인욕을 나누는 것이 매우 어렵다. '악'은 결코 원죄 식의 본원적인 강력한 지위를 가질 수는 없다. '악'은 다만 '선'에 대립되는 것으로, 예를 들면 우주와 공동체의 조화나 생의(生意)의 위배 또는 파괴일 뿐이다. 그것은 '선'과 평등한 대립적 지위를 가질 수 없고, 오직 종속적인 부차적 위치를 가질 수 있을 뿐이다. 선악의 본원성에 대한 대립은 이미 존재하지도 않고, 어떻게 구체적으로 구분할 수 있는지도 상당히 어렵다. 그러므로 주자는 다음과 같이 말한다.

하고 있다. 이 과정에서 칸트가 강조하는 것은 만약 인간이 없다면 아무리 자연 생명이 교묘하게 배합되어 있어도 아무런 의미도 가질 수 없다는 것이다. 즉 '자연이 인간을 향해 가서 이루어지는 것'에서 인간은 '전체 자연의 최종목적'으로 간주된다. 『비판철학의 비판』, 台風出版社, 台北, 1987, 480쪽을 참조하라.

천리와 인욕은 기미의 사이일 뿐이다.[54]

배가 고프면 먹으려 하고, 목이 말라 물을 마시려 한다면 이런 욕망이 어찌 또한 없다고 할 수 있겠는가?[55]

비록 인욕이라 할지라도 인욕 속에는 또한 천리(天理)가 있다.[56]

천리와 인욕의 사이를 확실하게 정할 수 있는 경계는 없다.[57]

위의 말들은 이성본체(천리)와 감성현상(인욕)은 본래 서로 대립적인 것이 없음을 충분하게 보여주고 있다. 그러나 봉건 통치계급의 사회적 요구는 이런 이학가들로 하여금 어떤 특정한 사회나 시대가 만든 통치질서의 행위규범, 즉 봉건제도의 법규를 모든 곳에 보편필연적으로 존재하는 '천리', '성명'(性命)으로 간주하도록 하여 인간의 감성적인 자연적 욕구를 억압하고 말살하도록 만들었다. 이런 결과로 말미암아 금욕주의·봉건주의·등급주의 등이 우주의 '천리'와 인간의 '성명'으로 간주되기 시작한다.

친친지쇄·존현의 차등은 모두 천리이다.[58]*

이른바 천리라는 것이 또 어떤 것이겠는가? 인의예지신(仁義禮知信)이 어찌 천리가 아닌가? 군신·부자·형제·부부·붕우의 도리가 어찌 천리가 아니겠는가?[59]

---

54) 『주자어류』 권13, "天理人欲, 幾微之間."
55) 『근사록집주』 권5, "若是饑而欲食, 渴而欲飲, 則此欲亦豈能無?"
56) 『주자어류』 권13, "雖是人欲, 人欲中亦有天理."
57) 같은 책, 권13, "天理人欲無硬定底界."
58) 『사서집주』「중용주」(中庸注), "親親之殺, 尊賢之等, 皆天理也."
 * 친친(親親)과 존존(尊尊)은 주공이 제정한 예의 주된 내용이다. 친친은 혈육관계를 말하는 것으로 가깝고 먼 것이 있음을 말하는데 그것이 바로 '친친지쇄'이다. 존존은 상하의 등급관계를 말한다.
59) 『주자문집』 권59, "所謂天理, 復是何物? 仁義禮智信豈不是天理? 君臣父子兄弟夫婦朋友豈不是天理?"

이처럼 한편으로 순수이론적인 측면에서는 감성적 자연의 생존과 발전을 인정하지만, 결코 본체와 현상세계의 분리를 요구하지는 않았다. 그러나 다른 한편으로는 실제로 인간의 감성적 자연요구를 억압하거나 심지어 부정하며, 윤리본체가 현상세계와는 확실히 분리되기를 요구하기도 한다. 이런 심각한 모순은 송명이학의 핵심이라고 할 수 있는 인성론의 '심통성정'(心統性情)의 이론에서 잠복된 상태로 있다가 점차 폭발의 단계를 향하여 나아간다.

또 장재에서 제기되어 주자가 집대성한 '심통성정'설은 '심'을 '성'과 '정'의 두 방면으로 나누어, "성은 심이 가지고 있는 이치이고, 천은 이가 나오는 곳이다"고 했다. '성'은 '천리'로, 본체세계에서 나온다. '성'은 이른바 '미발'(未發)이라고 하고, '도심'(道心)이라고 부르기도 한다. 도심의 구체적인 내용은 '인' · '의' · '예' · '지' · '신' 등의 봉건적인 인륜적 규범으로, 순수한 이성이다. 다른 하나는 '인심', 즉 '정'으로 '이발'(已發)의 현상세계에 속한다. 그것의 구체적인 내용은 '측은' · '선악' · '사양'(辭讓) · '시비' 등의 감정 또는 심리상태이다. '이발'은 감성적 성분을 가지고 있거나 또는 감성적 요소와 관련된다.

'성'과 '정'의 구분은 실제로는 '천명지성'과 '기질지성'의 구분과 같은 것에서 나왔다. '이'가 '기'와 분리될 수 없는 것과 마찬가지로, '도심'은 '인심'을 벗어날 수 없으면서도 오히려 '인심'을 관할하려고 한다. '심'의 이런 이중적인 가정은 위의 이학 체계의 모순을 더욱 첨예화시킨다.

본래 초기 주자에 있어서 '성'은 '미발'이고, '심'은 '이발'이었다. 이처럼 '심'과 '성'은 여전히 결렬되어 '성'은 '심'으로 관철되지도 침투되지도 못하는 외재적 요구와 명령이 되었다. 그러므로 나중에 주자는 '심'은 마땅히 '미발'과 '이발', 즉 '도심'과 '인심'을 모두 포괄하고 있다고 생각하여 "체용을 겸하고, 유명(幽明)을 관통하고, 동정에 통하여", '천리'로서의 '성'을 혈육의 신체를 벗어날 수 없는 '심' 속으로 관통시켰다. 그래서 '심'은 오직 둘로(도심과 인심) 나눌 수밖에 없고, 다른 한편으로는 '둘을 하나로 합한다'고 할 수 있다. 결국 이성과 감성, 사회와 자연, 본체와 현상은 이 동일한 '심' 속에 농축되고 집중되어 있다.

성(性)이라는 것은 심의 이치이고, 정이라는 것은 심의 움직임이며, 심이라는 것은 성정(性情)을 채우는 주인이다.[60]

심은 물과 같은데, 성은 마치 물의 고요함과 같고 정(情)이 성의 흐름이라면 욕(欲)은 물의 파란이다.[61]

명(命)은 칙령을 고하는 것과 같고, 성(性)은 일을 맡기는 것과 같고, 정(情)은 직접 베푸는 것과 같고, 심(心)은 (그런 일을 맡아 하는—옮긴이) 사람이다.[62]

이 마음의 신령함이 이치 속에서 깨닫는 것이 도심(道心)이다. 욕망 속에서 깨닫는 것은 인심(人心)이다. ……인심은 형기(形氣)에서 나오고 도심은 성명(性命)에 근본한다. ……인심 속에서 또한 도심을 알아야만 한다.[63]

주희가 보기에 도심과 인심은 본래 같은 심이었지만, 천리와 인욕의 구분이 있다. 만약에 오직 도심만 말했다면, 이학은 "장차 불교나 도교의 학문으로 변했을 것이다." 왜냐하면 형체와 혈기를 가지고 있으면 인심은 있게 마련이기 때문이다. 인심에는 선악이 있지만 도심에는 선하지 않음이 없다. 그러므로 반드시 인심 속에서 도심을 이야기해야만 한다. 만약 음식남녀(飮食男女)의 기본적인 욕구가 '바름'(正)에서 나왔다면 인심은 도심으로 변할 수 있다. 도심은 바로 이 인심을 제한하

---

60) 『주자어류』 권5, "性者心之理, 情者心之動, 心者充性情之主."
61) 같은 책, 권5, "心如水, 性猶水之靜, 情則性之流, 欲則水之波瀾."
62) 같은 책, 권5, "命猶誥勅, 性猶職事, 情猶設施, 心則其人也."
63) 같은 책, 권62, "此心之靈, 其覺於理者, 道心也; 其覺於欲者, 人心也. ……人心出於形氣, 道心本於性命, ……於人心之中, 又當識道心."

는 데 있는데, 음식남녀가 '바름'에서 나오게 만들 수 있다. 이것은 '도심'(성·미발·순수한 천리)이 '인심'(정·이발·인욕으로 향할 수 있는 것)을 관할·통제·지배·주재하기를 요구하는데, 이는 '도심'과 '인심'이 다만 하나의 심일 뿐이며, '도심'은 '인심'을 벗어날 수 없다는 것을 의미한다.

한편 '인심'은 감성적 자연이 추구하는 욕망과 연결되며 이것이 혈육의 육신이라는 물질존재와 관련되면 매우 위험한 것이 되어버린다. 잘못 처리하면 '인심'은 과도한 '사사로운 생각', '사사로운 욕심'으로 변하여 '인욕이 제멋대로 흘러' 악이 되어버린다. 다른 한편으로 '도심'은 물질존재와 서로 관련되어 있는 '인심'에 의존해야 하는데, 그렇게 해야 비로소 존재할 수 있고 작용을 발휘할 수 있기 때문이다. 만약 이런 물질재료가 없다면 '도심'·'성'·'명'은 모두 내용 없는 것이 되어버린다.

성(性)은 다만 이(理)이다. 그러나 천지의 기질이 없다면 이 이(理)가 편안히 정착할 곳이 없게 되어버린다.[64]

'기질'·'인심'·'형기'를 부정하는 것은 바로 물질세계와 감성자연을 부정하는 불교와 같은 것이 되어버린다. 이 때문에 어떻게 이 두 방면을 균형 있게 하고 중용을 취할 수 있는가 하는 점이 바로 주자와 이학이 특별히 관심을 두고 있는 부분이다. "인심은 오직 위태롭고 도심은 미미하니, 자세하고 치밀하게 하나로 집중하여 진실로 그 중을 잡아야 한다"고 하는 이른바 16자의 진결(眞訣)은 자연히 그들의 강령이 되었다. 이학은 이와 욕, 성과 정, 도심과 인심, 윤리와 자연은 전혀 다른, 대립하는 두 개의 세계(본체세계와 현상세계, 이성세계와 감성세계)에서 나온 것이지만, 그들을 일치시키고 융합하고 심지어 동일

---

64) 같은 책, 권4, "性只是理. 然無那天氣地質, 則此理沒安頓處."

하게 되기를 요구한다. 이것은 분명히 매우 어려운 문제이다.

'인'(仁)이라는 이학의 근본범주는 이미 '성'·'이'(理)·'도심'으로 간주될 뿐만 아니라, 동시에 자연적인 생장발전 등의 감성적 요소 또는 내용을 가지고 있는 것으로 간주되기도 한다. '천'·'심' 등의 범주 역시 이와 같은데, 이 것들은 이성적이면서 감성적이고, 초자연적이면서 또 자연적이고, 선 험이성적이면서도 현실경험적이고 봉건도덕이면서 또한 우주질서이기 도 하다. 본체는 이중성을 지니고 있다.

이런 일종의 모순은 전체 이학이 파괴되고 찢어질 수 있는 잠재가능 성을 그 속에 담아두고 있다. 이것은 주자의 방대한 우주론·인식론의 체계 속에 가려져 있어 아직 확연히 드러나지 않고 있는데, '심통성정' (心統性情)·'도심인심'의 명제는 전체 체계의 주도적 지위를 여전히 가지고 있다. 또한 모순은 격물치지·무극태극 등의 논의 속에 숨겨져 있다. 그러나 오직 '심'을 본체로 삼는 명대(明代) 이학의 새로운 단계 에 이르게 되면 '심'(心)만을 '이'(理)에 비해 더욱 체계적인 중심과제 가 되고, 그후 이런 모순은 불가피하게 드러나고 심각해져서 이학 체계 는 이론적으로 끝내 와해되고 만다.

3 '심'의 초월과 감성

　송명이학의 전체과정 속에서 왕양명(王陽明)은 장재·주자의 뒤를 이은 매우 중요한 인물이다. 장재는 이학을 세우고, 주자는 이학을 대성했으며, 왕양명은 그것을 와해시켰다. 이것은 개인이 어떤 뜻을 가지고 그렇게 한 것이 아니라, 역사와 이론적인 논리의 발전과정이 그렇게 하도록 만든 것이다. 만약 장재의 철학적 중심범주('기' 氣)가 우주론에서 윤리학으로 전향하는 논리적 순서와 이학적 출발을 의미하는 것이라고 한다면, 주자의 중심 범주('이' 理)는 이런 이학 체계의 전면적인 성숙과 정교한 구조를 상징한다고 할 수 있다. 그런데 왕양명의 중심범주('심' 心)는 모종의 근대지향적인 이학의 말단이라는 의미를 담고 있다. 그들은 각자 추종자들을 가지고 있으면서 이학의 세 가지 다른 경향, 또는 파벌을 형성했다.

　철학사가들은 보통 왕양명의 이론적 연원을 정호(程顥)와 육상산으로 소급하는데, 나 역시 이런 관점에 동의한다. 정명도(程明道)와 그의 아우는 확실히 다르다. 정명도는 '도'('형이상' 形而上)와 '음양'('형이하' 形而下)의 엄격한 구분을 강조하지 않았고, 오히려 반대로 그것들을 동일한 것으로 간주했다. "하늘은 다만 생을 도로 삼고, 이 도를 이은 것이 바로 선이다"(天只是以生爲道, 繼此道者, 卽是善也). 정명도는 맑은 물이나 흐린 물이거나 모두 물이고, 물이 흐르는 자체가 바로 선(善)이고, 성(性)이며, 도(道)라고 생각했다. "생(生)한 것을 일러 성이라고 하는데 성이 바로 기이고, 기가 바로 성이고, 생한 것을 성이라고 한다"(生之謂性, 性卽氣, 氣卽性, 生之謂性). 여기서 '도'와 '음양', '이'와 '기', '성'과 '생', '천명지성'과 '기질지성' 등이 여전히 엄밀하게 분화되고 구획되지 '않은 상태 속에 있다. 이 때문에 감성적 자연의 존재합리성은 더욱 선명하고, 윤리적 질서와 규범은 명도에 있어서 감성적 빛을 더욱 강하게 드러내고 있다. 이 점은 이천이 하나의 추상적 · 선험적 · 감성현실적인 것을 넘어선 '이'(理) · '도' · '형이상'을 감성자연에서 분리하여 그 위에 군림하도록 하고 있는 것과는 다르다.

정명도의 이런 감성과 이성의 합일이라는 관념체계는 논리적인 분석수준과 이론적 발전단계에서 이천과 주자에 비해 더욱 단순하고 초보적인 상태에 있다.[65] 그러나 다른 측면에서 명도의 관점은 여전히 엄밀한 논리적 규범에 의해서 건조하게 추상화되지 않은 감성의 직접성이 가지고 있는 강점을 더욱 많이 보존하고 있다. 이 때문에 명도는 오히려 이학가들이 추구한 '천인합일'의 최고경계, 즉 '공안낙처'의 목적론적인 정신경계에 더욱 접근해 있는 것으로 보인다.

육상산은 정명도를 자발적으로 계승하고, 이천과 주자에 대해 분명하게 반대한다. 그는 음양이 바로 도(道)라고 생각하여 '도'와 '기'(器)가 일체라고 주장하고, 논리적인 '무극'을 존재적인 '태극' 위에 놓아두는 것에 반대했다. 또한 이로부터 천리(天理)와 인욕 · 도심 · 인심의 분할에 반대한다.

천리인욕에 대한 말은 그 자체로 완벽한 이론이 아닌 것 같다. 만약 천이 이(理)이고 인(人)이 욕이라면, 이것은 천인(天人)이 다른 것이

---

65) 왕궈웨이(王國維), 『정안문집』(靜安文漢) 「석성」(釋性), "송대 유가 중에서 정명도가 성(性)을 논한 것이 가장 소략한 편이다."

다. ……인심(人心)은 인욕이고 도심(道心)은 천리(天理)라는 이런 설은 옳은 것이 아니다. 심(心)은 같은 하나인데 사람이 어찌 두 개의 마음을 가지겠는가?[66]

주자의 '성즉리'(性卽理)와 달리 육상산이 강조하는 것은 '심즉리'(心卽理)이다.

마음 바깥에 이치가 없다.[67]

만물이 좁은 방촌(方寸: 마음이 한 치 사방의 심장에 깃든다는 뜻으로 '마음'을 뜻함—옮긴이)의 사이에 빽빽하게 들어차 있고, 마음에서 가득 차 발산하니 우주에 충만하게 차 있는 것은 이(理)가 아닌 것이 없다.[68]

마음의 본체는 매우 크다. 나의 마음을 극진히 다할 수 있으면 곧 천과 같아진다.[69]

'심'(心)을 만물과 천지에 두루 통하는 본체로 삼고 순수한 '이'(理)의 세계와 비교하면, 당연히 이 '심'의 본체는 객관적으로 감성적이고 육신적인 측면을 더욱 많이 가지고 있다. '심'은 '이'에 비해 더욱 감성적·자연적이고 현실적·경험적이다. 이런 식으로 심성을 말하면 주자가 육상산이 바로 고자(告子)이다라고 말한 것이 결코 이상하지 않게 된다.

육상산은 정명도에 비해 이론적인 측면에서 한 단계 더 발전하여, 정

---

66) 『육구연집』(陸九淵集) 권34, "天理人欲之言, 亦自不是至論. 若天是理, 人是
欲, 則是天人不同矣. ……人心爲人欲, 道心爲天理, 此說非是. 心一也, 人安有
二心?"
67) 같은 책, 권34, "心外無理."
68) 같은 책, 권34, "萬物森然於方寸之間, 滿心而發, 充塞宇宙, 無非此理."
69) 같은 책, 권35, "心之體甚大, 若能盡我之心, 便與天同."

명도의 직관적인 파악방식에 대해 자각적인 논증과 설명을 더하고 있다. '심즉리'의 우주관과 병행하는 것은 직관적 인식론이다. 일체의 인식, 일체의 격물치지가 모두 '활연관통'(豁然貫通: 환하게 통하여 도나 이치를 깨달음)에 도달하고 윤리본체를 깨달으려는 것이라면, 본심에 직접 구하고 온 힘을 다해 생각하여 오늘 하나의 문제를 해결하고 내일 하나의 문제를 해결하는 식으로 외물(外物)을 격(格)하여 나갈 필요가 있겠는가? 오직 마음속의 여러 가지 폐단을 제거하기만 하면 진리의 빛은 자연스럽게 드러나게 되어 있다. "마음의 자연스러움에 따르는 것"(順乎心之自然)은 매우 자연스럽게 도덕적 진리를 실현하고 이행하여 본체와 합일할 수 있다.

> 도가 우주에 가득 차면 은둔하는 것은 있지 아니한다. ……사람에 있어서는 인의라고 말하기 때문에, 인의라는 것은 사람의 본심이다.[70]
> 정신을 수습하여 스스로 주재하면 만물은 모두 나에게 갖추어지니 어찌 부족한 것이 있겠는가? 측은할 때 자연히 측은해지고, 부끄러운 마음을 가질 때 자연히 부끄러워진다.[71]

왕양명은 한 걸음 더 나아가 육상산의 이런 논점을 체계화·세밀화하여 조리 있게 만들었다. 육상산은 '공부'(工夫: 학문을 배우거나 닦음)를 말하지 않기 때문에 '도'의 '본체'는 구할 수 없는 것처럼 보인다. 그러나 왕양명은 '공부'를 강조하여 '공부'가 바로 '본체'라고 생각했다. 이것은 바로 수양을 강조하고 추구하는 이학의 본래적 특색을 유지하는 한편, 동시에 '지행합일'의 철학적 이론을 논증하고 있다. '지'(知)는 바로 '행'(行)이고, '행'은 '지'를 벗어나지 않아서, "지는 행의 시작이고, 행은 지를 이룬 것이다"라고 말한다. 여기서 '지'는 주자가

---

70) 같은 책, 권1, "道塞宇宙, 非有所隱遁……在人曰仁義, 故仁義者, 人之本心也."
71) 같은 책, 권35, "收拾精神, 自作主宰, 萬物皆備於我, 有何欠闕? 當惻隱時自然惻隱, 當羞惡時自然羞惡."

말하는 '격물치지'의 객관적 인식과는 달리, 완전히 도덕의식의 순수한 자각이 된다. 왕양명은 궁극적으로 이런 모든 것을 '치양지'(致良知)라는 가장 핵심이 되는 구호 위에 집중시키고 있다.

충(忠), 효(孝)의 이치가 군주와 부모의 몸에 있는가? 스스로의 마음에 있는가? 만약 자신의 마음에 있다면 오로지 이 마음의 이치를 궁구(窮究)하여야 할 것이다.[72]

만약 부모의 몸에 있다고 한다면, 그러면 부모가 돌아가시고 난 후에 효의 이치는 내 마음속에서 사라지고 마는가?[73]

사람의 마음은 하늘과 같이 넓고 크며 못처럼 깊은 것으로, 담지 못하는 것이 없어서 원래가 하나의 하늘이다. 다만 사사로운 욕심에 의해 덮여 있어서 하늘의 본래면목을 잃어버리게 된다. 만약 지금이라도 마음이 치양지를 잊어버리지 않는다면, 장차 이런 덮고 있는 것과 막힌 것을 하나도 남김없이 깨끗하게 소탕해버리면, 마음의 본체는 이미 원래대로 돌아와 마음은 하늘과 같이 넓고 크며 못처럼 깊게 될 것이다.[74]

격물은 예컨대 맹자가 말하는 대인이 군주의 마음을 격한다라는 것에서 말하는 격이다. 그것은 그 마음의 옳지 않음을 제거하고 본체의 바름을 온전히 하는 것을 말한다.[75]

이학자로서 육왕(陸王)과 정주(程朱)는 똑같이 윤리학적 주체성의 본체론을 건립하기 위해서, 모두 "천리를 밝히고 인욕을 제거"(明天理 去人欲)하려고 한다. 그런데 그들의 다른 점은 정주가 '이'를 본체로 하

---

72) 『전습록』(傳習錄) 상편, "忠興孝之理, 在君親身上? 在自己心上? 若在自己心上, 亦只是窮此心之理矣."
73) 같은 책, 중편, "假而果在於親之身, 則親沒之後, 吾心遂無孝之理歟?"
74) 같은 책, 하편, "人心是天淵, 無所不賅, 原是一個天, 只爲私欲障礙, 則天之本體 失了. 如今念念致良知, 將此障礙窒塞一齊去盡, 則本體已復, 便是天淵了."
75) 같은 책, 상편, "格物如孟子大人格君心之格, 是去其心之不正, 以全其本體之正."

여 감성적 현실을 초월하는 선험적 규범을 더욱 많이 부각시키고 있는데 비해서, 육왕은 심을 본체로 삼아 감성적 혈육과 관련되는 것을 더많이 부각시키고 있다. 그래서 앞서 말한 주자와 이학 속에 잠복되어있는 곤란과 모순은, 양명과 심학(心學)에 이르면 주요한 모순으로 되어버린다.

나는 일찍이 "왕양명의 철학 속에서 '심'은 '도심'(천리)과 '인심'(인욕)으로 구분된다"고 생각했다.[76] '도심'은 '인심'에 반대하면서도 '인심'에 의지해야 비로소 존재할 수 있다. 이 속에는 이미 그 전체 체계를 파열하는 필연적 모순을 담고 있다. 왜냐하면 '도심'은 반드시 '인심'의 지(知)·의(意)·각(覺)을 통해 구현되어야 하고, 양지는 바로 자연에순응하는 것이기 때문이다. 이처럼 지·의·각은 이미 인류의 육체적인 심리성질을 띠는 것으로, 순수한 논리적 이(理)가 아니다. 여기서필연적으로 '천리는 바로 인욕 속에 존재한다', '이는 기 중에 있다'는유물론으로 발전한다.[77]

이런 파열은 우선적으로 '도심'과 '인심', '양지'와 '영명'(靈明)*의불가분리성을 강조하기 때문에 이 둘은 항상 함께 섞여 있어서 하나로합해져, 심지어 날이 갈수록 같은 것으로 표현된다. 비록 심·양지·영명은 양명에 있어서 형체와 물질을 초월하는 선험적 차원으로 추상적으로 승격되지만, 그것은 분명히 '이'와는 다르다. 그것은 구각(軀殼: 육신)·물질과 서로 관련될 수밖에 없기 때문이다. 이로부터 이성과 감성은 항상 어떤 하나의 존재로 변하여 서로 끈끈하게 섞여서 마침내 구

---

76) 도심과 인심의 구분은 장재에서 이미 있었다. 장재의 철학은 바로 이학의 시작으로, 그 핵심은 도심의 초월성에 있었다. 이에 비해 양명은 이학의 발전과정에서 바로 결말에 속하기 때문에, 그 초점은 도심과 인심의 의존성에 있다. 엄밀하게 말하면, '인심'은 결코 '인욕'과 같은 것이 아니다.

77) 리쩌허우, 『캉유웨이·탄쓰퉁 사상연구』(康有爲潭嗣同思想硏究), 上海人民出版社, 1958, 89쪽.

* 마음의 신비스럽고 뛰어난 능력을 말한다. 양명은 『대학문』(大學問)에서 "무엇을 마음이라고 하는가? 몸의 신비스럽고 뛰어난 힘이고 주재를 말함이다"라고 했다.

별할 수 없게 되고, 한 걸음 더 나아가 이성의 지배에서 점차적으로 감성의 지배로 변해버린다.

이른바 너의 마음이라는 것은 너로 하여금 보고 듣고 말하고 행동하게 하는 것인데, 이것이 바로 성(性)이고, 천리(天理)를 가지고 있는 것이다.[78]

양지는 시비를 판별하는 마음일 뿐이고, 시비는 좋아하고 싫어하는 것일뿐이다. 좋아하고 싫어하는 것을 분명하게 하기만 하면 시비를 다하는 것이고, 시비를 다하기만 하면 만물의 변화를 모두 남김없이 온전히 다할 수 있다.[79]

양지는 천리(天理)의 소명영각*처이다.[80]

다만 하나의 영명이다. ……나의 영명은 바로 천지귀신의 주재이다.[81]

천지 · 귀신 · 만물을 벗어나면 나의 영명함이 없는데, 이와 같은 것이 바로 일기(一氣)가 유통하는 것이다.[82]

위의 인용문에서 말하는 '보고 듣고 말하고 행동할' 수 있는 것, 그리고 지각하고 영명한 것은 많게 또는 조금씩 감성적 자연의 내용과 성질 속에 스며들게 된다. 그것들은 심리적인 것이지 순수논리적인 것이 아

---

78) 『전습록』 상편, "所謂汝心, 却是那能視聽言動的, 這個便是性, 便有天理." 여기서 심(心)의 감성적인 방면인 보고 듣고 말하고 행동하는 것은 여전히 이성, 즉 '보고 듣고 말하고 행동할 수 있게' 만드는 것에 의해 지배된다.

79) 같은 책, 하편, "良知只是個是非之心, 是非只是個好惡, 只好惡便盡了是非, 只是非便盡了萬事萬變." '시비'는 '호오'(好惡)와 같다. 그러나 '호오'는 '시비'에 비해 더욱 쉽게 감성으로 향해 간다.

80) 같은 책, 중편, "良知是天理之昭明靈覺處."

 * '소명'은 밝게 드러나고, 또렷이 나타난다는 뜻이다. '영각'은 모든 사람들이 누구나 가지고 있는 마음의 깨달음의 본성을 말한다.

81) 같은 책, 하편, "只是一個靈明……我的靈明便是天地鬼神的主宰."

82) 같은 책, 하편, "離却天地鬼神萬物, 亦沒有我的靈明, 如此便是一氣流通的."

니다. 그리고 경험적인 성질을 더 많이 가지고 있고, 선험적인 성질이 상대적으로 적은 편이다. 더욱 중요한 것은, 이학의 발전과정 속에서 이런 물질적인 성질을 가진 것이 도리어 '성'과 '이'의 근거와 기초가 된다는 사실이다. 원래 주재·통치·지배의 지위를 차지하고 있던 논리적인 '이'는 도리어 '심'·'정'(情)의 응용이나 파생물이 되어버린다. 여기서 '이'·'성'에서 '심'에 이르던 것이 거꾸로 '심'에서 '이'에 이르는 것으로 되어버린다. '성'(性)에서 '정'에 이르던 것이 '정'에서 '성'에 이르는 것으로 변하게 되었다.

(맹자가 말한) 그 측은한 마음을 충만하게 채운다면 지극한 인은 다 쓸 수 없을 만큼 많은 것이니, 이것이 바로 이치를 궁구하는 공부이다.[83]

위의 인용문은 '인'(주자학 중의 '성' 性과 '이' 理)이 '측은지심'(주자학 중의 '정' 情)을 결정·지배하는 것이 아니라, 거꾸로 '인'과 '궁리'가 다만 '측은지심'의 확장과 연역일 뿐임을 뜻한다. '심'(心)이 바로 '이'라고 한다면, '심'은 또한 육신인 '신'(身)을 벗어날 수가 없으므로 차라리 '신'에 의지해야 비로소 존재할 수 있다고 말하는 편이 오히려 맞을 것이다(『전습록』하편에서, "마음이 없으면 몸도 없고, 몸이 없으면 마음도 없다. 그러나 그것이 가득 차 있는 것을 가리켜 말하면 몸이라 하고, 그것의 주재하는 측면을 가지고 말하면 마음이라고 한다"[84]고 했다).

'도심'과 '인심'은 이미 분리할 수 없고 '심'과 '신' 또한 분리할 수 없기 때문에, '이'와 '천리' 또한 감성이나 혈육과 더 많이 충돌하고 분란을 일으키게 되면 될수록 날로 더욱 세속화된다. 우주론과 인식론의 입

---

83) 같은 책, 상편, "充其惻隱之心, 至仁不可勝用, 這便是窮理工夫."

84) 같은 책, 하편, "無心則無身, 無身則無心, 但指其充塞處言之謂之身, 指其主宰處言之謂之心."

장에서 살펴보면 장재에서 주자, 왕양명에 이르는 과정은 유물론(氣)에서 객관적 관념론('이'), 주관적 관념론('심')으로 변화하여 마치 상황이 아래로 가면 갈수록 도태하는 것처럼 보이는데, 현재 많은 철학사의 논저들은 모두 이와 같이 말하고 있다. 그러나 이학의 전체 과정을 두고 살펴보면 자연에서 시작하여 윤리, 심리에 이르는 과정은 바로 이학의 형성단계와 성숙단계에서 와해의 과정으로 향하고, 이것은 오히려 근대를 향하여 가는 하나의 필연적 운동이라고 할 수 있다.

왕양명의 "무선무악은 심의 본체요, 유선유악은 의의 움직임이고, 선악을 아는 것은 양지요, 선을 행하고 악을 버리는 것은 격물이다"[85]라는 '사구교'(四句敎)와 "몸의 주재는 바로 마음이고, 마음이 발하는 바가 바로 의이고, 의의 본체가 바로 지이고, 지가 있는 곳이 바로 물이다"[86]라는 저명한 말 중에서 비록 사구교가 '심'을 초실재적·초도덕(선악)적인 본체경계로 규정하려고 시도했지만 주자의 논리주의적인 '이'와 비교해보면 분명히 더욱더 심리주의화되어 있다. 왕학(王學)은 전체 문제를 신(身)·심(心)·지(知)·의(意)라는 여러 가지 생리적인 육신을 벗어날 수 없는 주체정신과 의지 위에 놓아두고 있다. 그런데 이것의 원래 뜻은 직접적·심리적인 윤리를 구하는 것으로, 봉건적 통치질서를 인민의 마음속에 직접적으로 채워넣으려고 시도한 것이다.

그러나 결과는 오히려 정반대가 되어버렸다. 왜냐하면 '양지'는 오히려 '선의지'(善意志: good will) 또는 '도덕의식'(moral consciousness)으로서 감성적 정감의 색조에 오염되어버렸기 때문이다. 아울러 왕용계(王龍溪)에서 왕심재(王心齋)에 이르는 '무념'을 주된 가르침으로 하여 "마음의 자연스러움에 맡겨둠"(任心之自然), 즉 치양지할 수 있는 것을 강조하기도 하고, 또는 '악'(樂)을 근본으로 삼아 "악은 마음

---

85) 같은 책, 하편, "無善無惡是心之體, 有善有惡是意之動, 知善知惡是良知, 爲善去惡是格物."
86) 같은 책, 상편, "身之主宰便是心, 心之所發便是意, 意之本體便是知, 知之所在便是物."

의 본체이다"(樂是心之本體), "인심은 본래 스스로 즐거우나, 스스로 사욕을 묶는다. ……악(樂)은 이 학(學)을 즐기는 것이고, 학은 이 즐거움을 배우는 것이다"는 것을 강조하여 모두 심학(心學)을 감성적인 방향으로 더욱 발전시켜 나갔다. "마음의 자연스러움에 맡겨둔다"는 것이나 '악'이라는 것은 감각적인 관능의 즐거움, 감성적 쾌락 또는 자연적 욕구를 가리키는 것이 아니라 여전히 어떤 정신적 만족, 도덕적 경계이다. 그러나 어쨌든 그것들은 직접적으로 또는 선악을 초월하는 본체를 통하여 감성과 서로 연결되면서 차츰 차츰 순수한 도덕적 명령(천리)에서 벗어나게 되는 것이다. 그래서 "욕망을 제어하는 것이 결코 인을 체득하는 것이 아니다"는 식의 관점이나 주장들이 얼마 지나지 않아서 계속 출현하게 된다. 왕학은 날로 외재적 규범을 가지고 인위적으로 '심'(心)을 관할하거나 '욕망'을 금하는 필요성을 부인하는 경향으로 나아간다. 즉, 이것은 추상적인 선험적 이성관념을 이용하여 마음을 강제하는 필요성을 부정하는 것을 말한다.

> 백성이 날마다 쓰는 것을 바로 도(道)라고 말하는데…… 그것은 어떤 계획된 안배를 통해 보여주려는 것이 아님을 가리키는 것으로, 들으면 매우 분명해지는 것이다.[87]
> 천리라는 것은 천연적으로 스스로 가지는 이치로 이를 어떻게 안배하려는 순간, 바로 인욕이 되어버린다.[88]

이런 것들은 모두 왕학의 근본원칙인 '심즉리'가 날로 감성화되어 가는 표현으로, 윤리가 바로 심리(心理)인 것이 아니라 점차적으로 심리가 윤리로 변화하고, 논리적 규범이 날로 심리적인 필요성으로 변화되어 간다. '심즉리'의 이(理)는 날로 외재적인 천리·규범·질서에서 내재적 자

---

87) 『명유학안』 권32, "謂百姓日用卽道…… 指其不假安排者以示之, 聞者爽然."
88) 같은 책, 권32, "天理者, 天然自有之理也, 才欲安排如何, 便是人欲."

연과 정감, 심지어 욕구로 변화한다. 이것이 바로 주희가 걱정한 "오로지 지각만을 말하는 것은…… 그 폐단이 욕망을 이(理)로 간주하는 것에 이를 수도 있는"[89] 상황이다.

이것은 근대 자산계급의 자연적 인성론과 상당히 가깝거나 비슷한 경향을 가지고 있다. 인성은 바로 인간의 자연적 정욕과 추구, 욕망이다. 태주학파(泰州學派)*나 즙산학파(蕺山學派)**를 막론하고, 그들의 전체 경향은 모두 이와 같다. 왕간(王艮)은 '애'(愛)를 말했고, 안산농(顔山農)은 "다만 본성에 따라서 행동하고 오로지 자연에 맡겨두는 것을 도라고 말한다. ……선비들이 먼저 건네들은 도리격식이 도를 완전히 막아버릴 수 있다"[90]고 생각했다.

하심은(何心隱)에 이르면 "본성에 따라 맛보고, 본성에 따라서 여색(女色)을 즐기고, 본성에 따라서 말하고, 본성에 따라서 편안히 하는 것, 이것이 바로 본성이다"[91]라고 했다. 유종주(劉宗周)는 "도심이 바로 인심의 본심이고, 의리의 성(性)이 바로 기질의 본성이다"[92]는 것을 강조하여, 지선무악(至善無惡)한 심의 본체를 세워 일체의 가능한 모든 인욕을 제거하려는 관점을 말하고 있다. 그러나 그의 제자인 진확(陳確)에 이르면 변화가 생긴다. 진확은 다음과 같이 말한다.

인심에는 본래 천리가 없고, 천리는 바로 인욕에서 드러난다. 인욕이 꼭 적당한 그곳이 바로 천리이고, 인욕이 없는 곳으로 향하는 곳

---

89) 『주자문집』 권67, "專言知覺者……其弊或至於認欲爲理者有之矣."
  * 양명학의 급진적인 경향을 가진 좌파를 태주학파라고 한다. 태주는 강소성 양주(揚州)의 동쪽에 있다. 대표적인 학자로는 왕간(1483~1540)과 하심은(何心隱: 1517~79) 등이 있다.
  ** 즙산은 유종주의 호를 말한다. 제자로는 진확(陳確)과 황종희 등이 있다. 이들은 성의(誠意)와 신독(愼獨)을 강조한다.
90) 『명유학안』 권32, "……只是率性而行, 純任自然, 便謂之道……凡儒先見聞道理格式, 皆足以障道."
91) 『하심은집』, 中華書局, 1960, 40쪽, "性而味, 性而色, 性而聲, 性而安適, 性也."
92) 『명유학안』 권62, "道心卽人心之本心, 義理之性卽氣質之本性."

에서는 천리에 대해서는 결코 이야기할 수 없게 되어버린다.[93]

인욕이 꼭 적당한 그곳이 바로 이(理)이고, 욕망이 없는데 어찌 이가 있겠는가?[94]

위에서 말하는 것은 태주학파와 거의 비슷한 내용이지만 접근방식에서 다르다.

이탁오(李卓吾)는 '동심'(童心)을 더욱 강조하는데, 그것은 '사'(私)·'이'(利)와 어긋나지 않는다.

사사로움이라는 것이 인간의 마음이다. 사람은 반드시 사사로움을 가진 이후에야 그 마음이 드러나는데, 만약 사사로움이 없으면 마음도 없다.[95]

만약 이익을 도모하지 않으면 바른 도리에 들어맞을 수 있겠는가?……만약 공(功)을 헤아리지 않으면 도가 어느 때에 분명해지겠는가?[96]

이것은 송명이학이 일관되게 인정하고 강조한 "그 마땅한 바를 바르게 하지만 사사로운 이익을 도모하지 않고, 그 도를 밝히지만 공을 헤아리지 않는다"는 관점과는 완전히 반대되는 다른 논조이다. 또한 이것은 '이'(利)·'공'(功)·'사'(私)·'아'(我)를 긍정할 뿐만 아니라, 또한 그것들은 '의'(誼)·'도'(道)·'공'(公)·'군'(群)의 기초라고 생

---

93) 『진확집』(陳確集) 하책, 中華書局, 1979, 461쪽, 468쪽, "人心本無天理, 天理正從人欲中見, 人欲恰好處, 卽天理也, 向無人欲, 卽亦幷無天理之可言矣."

94) 같은 책, 하책, 中華書局, 1979, 461쪽, 468쪽, "人欲正當處卽是理, 無欲又何理乎."

95) 『장서』(藏書) 권32 「덕업유신후론」(德業儒臣後論), "夫私者, 人之心也. 人必有私而後其心乃見, 如無私則無心矣."

96) 같은 책, 권32 「덕업유신후론」 "若不謀利, 不正可矣……若不計功, 道又何時而可明也?"

각했다. 여기에서 다시 대동원(戴東原)에 이르게 되면 다음과 같이 말한다.

> 재물을 좋아하고 미인을 좋아하는 것이 욕심인데, 그것이 백성과 같이 하는 것이라면 이(理)이다.[97]
>
> 옛날 성현이 말하는 인의예지는 이른바 욕(欲)의 바깥에서 구하는 것도 아니고, 혈기와 심지를 벗어나는 것도 아니다.[98]

그런데 대동원의 이런 사상에서 다시 한 걸음 더 나아가 캉유웨이(康有爲)는 다음과 같이 말한다.

> 이(理)는 사람의 이(人理)이다.[99]
>
> 태어나서 욕심을 가지는 것은 하늘이 내린 천성이 아닌가! ……입은 좋은 음식을 원하고, 거처할 때는 멋진 집을 원하는 것이다.[100]
>
> 인생의 도라는 것은 고통스러운 것을 버리고 즐거운 것을 구하는 것일 뿐이지, 다른 도가 있는 것은 아니다.[101]

이론적 논리의 측면에서 보면 차이는 오직 한 걸음 차이일 뿐이다. 이런 근대의 자연적 인성론을 개척한 선구적인 학자로 이지(李贄)·캉유웨이 등이 있으며, 공개적으로 왕학을 존중한 사람들은 직접적으로 왕학의 이론과 연결되어 있는데, 이것은 결코 우연한 것이 아니다.

이론적으로 말하면 '기'에서 '이'로, '이'에서 '심'으로, '심'에서 '욕'에 이르는 과정과 '천리'와 '인욕', '의리지성'과 '기질지성'을 구분하기

---

97) 『맹자자의소증』, "好貨好色, 欲也, 與百姓同之卽理也."
98) 같은 책, "古聖賢之所謂仁義禮智, 不求於所謂欲之外, 不離乎血氣心知."
99) 『강자내외편』(康子內外篇) 13, "理, 人理也."
100) 『대동서』(大同書), "夫生而有欲, 天之性哉! ……口之欲美飲食也, 居之欲美宮室也."
101) 같은 책, "人生之道, 去苦求樂而已, 無他道矣."

를 강조하는 것에서 시작하여 '이는 욕망 가운데에 있고', '욕이 바로 성이다'는 것으로 끝나는 것이 전체 이학 체계의 역사이다. 비록 이런 역사적 발전과정의 대체적인 세부내용과 현상적인 여러 가지 다양한 이론에 대해서 상세하게 이야기하지 않더라도 이 철학 경향의 발전과 정은 매우 질서정연하여 사람들을 깜짝 놀라게 만든다. 외재적인 우주 관에서 내재적인 윤리학을 세우고 최종적으로는 결국 심리-생리학으로 돌아가면서 전체 이학 체계는 이론적으로 완전히 붕괴되고 와해되어버린다. 인륜적인 도덕규범은 개인의 감성적 욕망, 이익, 행복, 쾌락의 심신적 기초와 현실생활 위에서 정립되기 시작하면서, 봉건주의적인 천리인성론(天理人性論)은 자본주의적인 자연인성론(自然人性論)으로 변화해버린다. 이런 과정은 마치 한바퀴 돌아서 다시 오는 것처럼 장재·주자가 반대하는 어떤 부분으로 돌아가는 것처럼 보이지만 실제로는 매우 크게 발전한 것이다. 그것은 인류에게 정신적인 수확과 사변이라는 재산을 남겼다.

논리적 유희는 근거 없이 생겨날 수 없는데, 그것의 진실한 기초는 역사이다. 육상산의 심학(心學)은 "아직 100년이 되지도 않았는데 그 설이 사라져버리고 들리지도 않게"[102] 된 것에 비해, 왜 왕양명은 높은 곳에 올라가서 한 번 소리치기만 해도 사방이 모두 호응하여 마치 천하에 엄청난 파도가 급하게 흘러 범람하듯 하는가? 이탁오의 경우에 그는 감옥에 갇히고 책이 불태워졌지만, 왜 당시 "중국 전체가 모두 취한 듯이, 미친 듯이 그에게 빠져" 있었는가? 이런 모든 것은 명대(明代) 중엽 이래의 경제적·정치적·문화적·사회적 분위기 및 심리상태의 크나큰 변천과 발전이라는 문제와 관계가 있는 것이 아닐까? 자본주의의 맹아와 관계가 없는 것일까?[103]

근대의 자연인성론을 향해 나아가는 것 이외에, 왕학의 또 다른 특징

---

102) 『송원학안』 권58, "未百年其說已泯然無聞."
103) 『미의 역정』 제10장을 참조하라.

은 주체적 실천(도덕행위)의 능동성에 대한 과도한 강조, 즉 지행합일이다. "앎(知)의 진실하고 독실한 곳이 바로 행(行)이고, 행함의 밝고 자세하고 치밀한 뜻이 있는 곳이 바로 앎이다." 이것은 실제로 모든 도덕을 개체의 자각적 행위로 귀결시킨다. '앎'은 반드시 '행'해야 하고, '양지'가 활동하여야 자각적 행위가 앎이 되는 것이다. 말하자면 인간의 진실한 존재는 행위하고 활동하는 '양지' 속에서 나타난다. 이런 행위 속에서 인간은 비로소 그의 본체존재를 획득할 수 있다.

사람들은 왕양명의 "산중의 꽃은 마음에 따라서 생겨나고 없어진다" (山中花隨心生滅)는 유명한 논점을 버클리의 관점으로 간주하여 비판한다. 그러나 사실은 왕양명의 지행합일설에서 인식론은 이미 어떠한 지위도 갖지 못하고, 어떤 의미에서는 심지어 인식론의 문제를 이미 포기했다고도 할 수 있을 것이다. '치양지'는 결코 지(知)가 아니라 도덕감(道德感)이다. 그러므로 "존재는 감각으로 아는 것"이 아니고, "나는 안다, 그러므로 나는 존재한다"는 것도 아니고, 차라리 "나는 행한다, 그러므로 나는 존재한다"고 말하는 편이 나을 것이다.

왕양명은 오히려 자각적인 '치양지'의 인륜적인 도덕행위 속에서 인간의 존재를 논증·인정하고 확대하고 있는데, 예컨대 이는 황종희가 말하는 "마음에는 본체가 없고, 공부가 이르는 곳이 바로 본체이다"[104]는 것과 같다. 순수객관적인 인식을 추구하는 지(知)에 반대하고 '행'을 벗어나거나 이탈한 '지'에 반대하기 때문에, 많은 왕양명의 후학들은 날로 명확하게 정통적인 정주학(程朱學)의 거경지정론(居敬持靜論)을 지양하고 배척하거나 반대했다. 아울러 현실의 일상생활에 대해서 더욱 적극적으로 참여하고 관여하는 태도를 취했다.

왕학 중의 태주학파는 여러 곳에서 학문을 닦고 연구했는데, 심지어 저잣거리를 헤매면서 군중에 대해, 인생에 대해, 생활에 대해 모종의 열광적인 '선교'를 하는 열성을 보였다. 이것이 바로 왕양명 이론의 실

---

104) 『명유학안』 「서」(序), "心無本體, 工夫所至, 卽是本體."

제적인 결과이다. 그러므로 이것과 서로 연계되어 개체의 주관적인 전투정신을 부각시키는 것이 왕학의 큰 특징이 되었다.

본래 육상산에서 시작된 '스스로 주재하라'(自作主宰), '스스로를 세워 자기몸을 소중히 하라'(自立自重)라는 측면을 매우 강조하여, 회의를 주로 하고 맹종에 반대하며 "육경은 모두 내가 각주한 것이다"(六經皆我註脚)는 입장은 왕양명을 거쳐 왕양명 후학에 이르면 더욱더 중요하고 큰 의의를 가지게 된다. '양지'는 본체로 더이상 다른 외재적인 것을 필요로 하지 않기 때문에, 여기서 최고의 권위를 가지는 것은 자기 자신이지 '육경'이나 어떤 신령이 아니다. 왕간은 스스로의 운명을 만들어나가는 '조명'(造命)과 운명을 바꾸는 '역명'(易命)을 주장하고, 유종주는 '주의'(主意)를 강조하여 모두 각기 다른 방식으로 이런 관점들을 표현하고 있다.

그러나 왕학의 이런 측면은 당연히 윤리학의 의지자율을 강조하는 원칙과 관련이 있고, 동시에 위에서 말한 현실참여와 정치투쟁으로 향하는 관점과 서로 관련된다. 태주학파가 온 세상을 깜짝 놀라게 한 것과 하심은·이탁오의 권세 있는 귀족·상층부와의 항쟁, 유종주·황종희의 민족기질, 정치관념 등은 모두 이런 주관적인 전투정신과 독립의지적인 인생태도와 긴밀하게 연결되어 있다. 이론적인 입장에서 말하면 그것은 다른 방식을 이용하여 윤리주체성을 매우 두드러지게 표현하고 있는데, 개체의 역사적 책임감과 도덕적 자아의식이 더욱 중요하여 이것들이 전체 학설의 기본정신이 될 뿐만 아니라 제일 우선적인 첫번째 과제가 된다.

왕학의 이런 두 측면은 모두 '이'(理)학을 순수한 심령으로 이끌어, '심령'이 현실세계를 초탈하여 독립하고 자유롭게 되어 우주의 본체가 되기를 요구한다. 자연인성론과 관계 있는 앞의 부분은 사람이 '두 가지 마음'(二心)을 가진다는 것을 부정하기 때문에 '의리지성'과 '기질지성'의 엄밀한 구분을 없애고, 근대적인 의미의 자연인성론으로 향한다. 의지자율을 강조하여 현실참여와 관계 있는 뒷부분은 주관적인 의지를 세우는 것과 의지의 힘을 강조하기 때문에, 후대의 많은 학자들과 도덕적인 사람들—캉유웨이·탄쓰퉁에서 청년시기의 마오쩌둥·궈모뤄에 이르는 사람들—이 일정한 정도에서 영향과 감화를 받고 그것들을 낡은 사회, 낡은 제도와 기풍에 대해서 항의·억제하는 정신적 무기 또는 근거로 삼았다.

이론상으로 말하면 앞부분이 더욱 중요한 것처럼 보이지만 발전은 그다지 충분하지 않다. 중국 근현대 부르주아지의 자연인성론은 5·4운동 이후의 신(新)문학으로 표현되는 것 외에는 결코 충분한 발전을 하지 못했는데, 이 자연인성론이 근대의 반봉건적·계몽적인 임무와 어떤 관련성을 가지지 못했기 때문이다. 이 때문에 도리어 뒤의 부분(개체의 도덕적 수양, 의지단련과 전투정신을 강구하는 것)이 실제로 영향을 주는 요소가 된다. 매우 재미있는 현상은, 청년 마오쩌둥이 5·4운동 이전의 『윤리학 원리』(倫理學原理)라는 글에서 이 두 가지 측면을 결합하려는 시도를 했다는 점이다. 즉, 감성적 욕구를 인정하는 이기주의의 기초에서 개체의 주체의식과 도덕수양, 의지자율을 높이고 단련하며, '내가 바로 우주이다', '시간을 다투다'라는 정신으로 사회의 현실적 생활에 대면하여 참여하려고 한 것이다.

그러나 이러한 접목은 결코 오랫동안 지속될 수 없는데, 감성적 자유와 환락은 이론적인 충분한 인정과 응용을 하기엔 너무나 부족하기 때문이다. 그리고 주체적·윤리적 자각과 의지의 요구는 지극히 고통스런 혁명생활과 군사투쟁의 오랜 세월 속에서 도리어 실제적인 효과를 얻게 되긴 하지만 그것이 지나칠 정도로 강조된다.

전체적으로 왕양명의 '심학'은 정주학파와 대치되는 이학 내부의 분쟁 또는 파벌이라기보다는 차라리 송명이학의 역사적 전체과정으로 그 지위를 고찰하고 확정하는 것이 더 옳을 것이다. 이런 지위는 바로 '이학'이 점차적으로 말소되는 논리적 종결로 향하는 것을 말한다. 비록 왕양명 개인으로서는 주관적으로 "마음속의 도적을 깨부수고" 봉건질서를 공고히 하기 위한 것이었지만, 객관적 사실에서 왕학은 역사에서 사상해방으로 향하는 진보적인 길을 열어놓았다. 그것은 명대 중엽 이래 낭만주의의 거대한 인문적 사조(예를 들면 문예학文藝學의 영역 내에서 표현되는 것)의 철학적 기초가 된다.

이론적인 논리과정은 현실사회의 변화를 최종적인 근거로 삼는다. 그러므로 주의할 만한 것은 왕학과 대립되는 정주학파 역시 똑같이 이런 변이를 드러낸다는 점이다. 왕양명과 동시대인 나흠순(羅欽順), 조금 후의 왕정상(王廷相), 그 이후의 방이지(方以智)*·왕부지·고염무, 심지어 육세의(陸世儀)·이이곡(李二曲) 등은 비록 진심으로 정주를 존경하여 숭배하고 정면으로 육왕을 비판하고 있지만, 근대적 계몽으로 향하는 사상의 해방이라는 측면에서는 왕학의 여러 학파에 훨씬 미치지 못한다.

그러나 그들은 모두 다른 하나의 방식, 즉 '이'에서 '기'로 돌아가 객관적 물질세계로 향하고 있고, 대부분 기일원론(氣一元論)을 주장하거나 그런 경향을 가지고 있다. 또한 분명하게 또는 비자각적으로 다시 장재를 하나의 모범으로 삼기를 주장한다. 나흠순은 주기적(主氣的)이고 왕정상 또한 마찬가지이다. 왕부지는 확실히 '장횡거의 정학(正學)'으로 소급했고, 방이지 또한 주기(主氣)와 주화(主火)를 말하는 저명한 자연철학자이다. 그들은 실제로는 정주의 방향과 이미 거리가 있다.

그들은 외계 객관사물의 법칙에 대한 연구와 토론을 처음으로 중요한 것으로 보았는데, 이는 다만 도덕적 주체를 세우는 데 봉사하기 위한 것만은 아니다. 인식론으로 시작하여 다시 인식론이 되고, 이것은 더이상 윤리학의 하인이나 허수아비, 또는 도구가 아니다. 이 때문에 그들은 이론구조의 풍부성, 근엄성, 과학성이라는 측면에서 왕학의 각

---

*방이지(1611~1671)는 명나라 말기, 청나라 초기의 학자로 천문·지리·문학·음운학 등을 두루 연구했다. 그는 질측(質測: 과학적 실험)을 강조하고 그 위에 통기(通幾: 철학의 의미)를 두어야 한다고 말했다. 그는 "일체 만물은 모두 기가 만든 것"(一切萬物氣之所爲)이라는, '기'를 우주만물의 본원으로 삼는 본체론을 주장하고 있다. 특히 방이지는 '불'(火)이 만물의 통일과 변화의 기초라는 독특한 견해를 보여주고 있다.

파를 넘어선다. 대동원이 왕학의 전통을 계승하여[105] 근대 자연인성론의 해방 사조를 향하는 선구자라고 한다면, 방이지 · 왕부지는 주자학의 전통을 이어받으면서 이미 300년 전에 과학적 사변의 효시가 된다.

---

105) 펑유란, 『중국 철학사』 하책을 참조하라.

4 유산의 이중성

송명이학은 도대체 우리에게 어떤 것을 남기고 있는가?

이 문제는 매우 중요한 것이지만, 여기서는 대략적으로 몇 마디 기술하는 것으로 그치려 한다. 우선은 정주(程朱)를 중심으로 하는 '이학'(理學)이 수백 년의 통치기간 중 인민들에게 엄청난 해독을 주었다는 점이다. 그것이 사람들에게 그렇게 많은 재난과 고통을 주었다는 것에 대해 다음과 같이 말하고 있다.

> 높은 자리에 있는 자가 이(理)로써 낮은 위치에 있는 사람을 책망하고, 나이가 많은 사람은 이로써 나이 어린 사람을 책망하고, 귀한 위치에 있는 사람은 이로써 천한 위치에 있는 사람을 책망한다. 비록 책망하는 사람이 잘못되었다고 하더라도 순리적인 것이라고 말한다. 지위가 낮은 자, 나이 어린 자, 천한 자가 이(理)로써 싸우면 비록 자신들이 정당하다고 하여도 그것은 이치에 위배되는 것이다. ……위에 있는 사람이 이(理)로써 그 아래에 있는 사람을 책망하면 아래에 있는 사람의 죄는 사람들이 그 수를 셀 수 없을 만큼 많을 것이다. 어떤 사람이 법에 의해서 죽었다면 여전히 그를 동정하는 사람이 있을 것이지만, 이(理)에 의해 죽는다면 그 누가 동정할 것인가?[106]

그들이 말하는 이(理)라는 것은 잔혹한 관리의 수중에 들어 있는 법과 같다. 잔혹한 관리는 법으로 사람을 죽이지만, 후대의 유가는 이(理)로써 사람을 죽여 차츰차츰 법은 버려두고 자신들의 이(理)만 논하니, 천하의 백성들이 죽어가는 것을 더이상 구할 방법이 없다.[107]

속된 학문과 누추한 행위를 하면서도, 움직이기만 하면 입으로는 명교(예교와 이학)를 말하여 그것을 공경하기를 천명(天命) 다루듯이 하여 감히 조금이라도 변경할 수 없고, 두려워하기를 나라의 헌법처럼 여겨서 감히 다른 논의를 달지 못했다. ……위에서는 그 아래를 제압하여 자신을 봉양하지 않을 수 없게 만든다. 수천 년 이래 삼강오륜의 참화와 해독은 이러한 무자비한 참혹함에서 나온 것이다.[108]

명(名)이 있는 곳에서는 그 입을 닫아야 할 뿐만 아니라 감히 바른 말을 하지 못하게 하여, 그 마음을 잡아 묶어 감히 다른 생각을 하지 못하게 했다.[109]

누구나 잘 알고 있는 이런 문장을 다시 끄집어내어 인용하는 이유는, 그들이 직접 느낀 점을 통하여 매우 분명하게 송명이학(주로 주자학)이 당시에도 여전히 현실적으로 작용하고 있음을 표현하고 설명하기 때문이다. 또한 중요한 것은, 설령 순수한 이론 또는 행동 속에 뛰어난 표현을 한 인물(예를 들면 유종주)이라 할지라도, 사회의 현실생활에 관한 여러 가지 논의들(예를 들면 유종주의 『인보유기』人譜類記)에 관

---

106) 대진(戴震), 『맹자자의소증』, "尊者以理責卑, 長者以理責幼, 貴者以理責賤. 雖失, 謂之順. 卑者, 幼者, 賤者以理爭之, 雖得, 謂之逆. ……上以理責其下, 而在下之罪, 人人不勝指數, 人死於法, 猶有憐之者, 死於理, 其誰憐之?"

107) 대진, 『여모서』(與某書), "其所謂理者, 同於酷吏之所謂法. 酷吏以法殺人, 後儒以理殺人, 浸浸然捨法而論理, 死矣, 更無可救矣."

108) 탄쓰퉁, 『인학』, "俗學陋行, 動言名敎(卽禮敎, 理學), 敬若天命而不敢渝, 畏若國憲而不敢議……上以制其下, 而不能不奉之. 則數千年來三綱五倫之慘禍烈毒, 由是酷焉矣."

109) 탄쓰퉁, 같은 책, "名之所在, 不惟關其口, 使不敢昌言, 乃並錮其心, 使不敢涉想."

한 책들을 펴기만 하면 이들 이학가들이 그렇게도 우매하고 진부하며 잔인하다는 것을 눈과 가슴을 쓸어내리며 쉽게 발견할 수 있을 것이다. 그들은 조금의 예외도 없이 엄밀한 등급, 금욕주의 등의 봉건적 규범으로 사람들을 철저하게 압제하고 억압하고 있다.

사실상 "굶어 죽는 것은 작은 일이고, 지조를 잃어버리는 일은 큰 일이다"라는 어록은 일찍이 얼마나 많은 여자들을 눈물 흘리게 하고 고통 속에 빠지게 만들었던가? 그런 것들은 지금도 우연하게 볼 수 있는 큰 돌로 만든 패방(牌坊)*, 즉 정절방(貞節坊)·열녀방(烈女坊)에 남아 있다. 이것은 "외로운 등불의 심지를 다 돋울 때까지 잠들지 못하는"(孤燈挑盡未能眠) 고통스러운 감정이 쌓여서 만들어진 것이다.

그리고 '명교죄인'(名敎罪人: 명분적 질서와 예교적 질서에 반하는 행위를 한 사람)이라는 딱지를 통하여 진보 또는 개혁에 뜻을 가지고 있는 사나이들을 얼마나 많이 압사시켰던가? 대동원, 탄쓰퉁은 가슴 속에 비분을 담고, 송명이학이 중국 사회와 중국 사람들에게 끼쳐온 역사적인 손상에 대해 분명하게 설명하고 있다. 그러므로 무술(戊戌) 이래로 탄쓰퉁을 비롯하여 쩌우룽(鄒容)**·쑹수(宋恕)***, 천두슈(陳獨秀)에서 우위(吳虞)·후스에 이르는, 루쉰에서 바진(巴金)·차오위(曹禺)에 이르기까지 정치에 관한 언론이나 소설을 막론하고 모두 이학의 폐해에 대해 설명하고 있다. 구체적으로 『광인일기』(狂人日記)나 『가』(家)는 물론이고, 바진의 『가』나 차오위의 '가'(家: 『뇌우』)를 막론하고 모두 전투적인 격정으로 가득 차 있으며, 이들 작품은 역사적인 명성을 획득하고 백성들의 절대적인 환영을 받았다. 이것은 그들이 반(反)이학을 기본주제로 삼았기 때문이 아니겠는가?

---

* 옛날 중국에서 효자 또는 정절을 지켜서 남의 모범이 될 만한 사람들을 표창하고 기념하기 위해 세운, 문짝 없는 문을 말한다.
** 청대 말엽의 혁명가. 사천 사람으로, 학생운동에 참여하여 『혁명군』이라는 글을 지어 혁명을 고취했다. 그후 감옥에서 옥사했다.
*** 절강성 출신으로, 정주이학을 신랄하게 비판하고 변법유신을 주장했다. 대표적인 저작으로는 『육재비의』(六齋卑議)가 있다.

1,000년이 지난 오늘날에 이르기까지 오래된 유령은 여전히 때를 가리지 않고 중국 천지에서 왔다갔다하고 있다. 그것은 항상 얼굴 모습을 바꾸는데 심지어 마르크스주의 혁명의 기치를 내걸고("사사로움이라는 생각을 철저하게 미워하자", "영혼의 깊은 곳에 혁명을 폭발시키자" 등등) 붉은 색으로 장식하여 죽었다가 살아나서 이 세상에 다시 돌아오기까지 했다. 비록 이와 같지만 그러나 해방 이래 중국인들이 송명이학에 대해서 철저히 부정하는 태도를 취한 것은 사실이고 또 이런 점은 우리가 충분히 이해할 수 있는 일인 것 같다. 어쩌면 오늘에 이르기까지 이런 비판과 부정을 계속적으로 진행하는 것이 역사적 사명일 수도 있다.

그러면 수백 년의 발전과정을 가지고 있는 송명이학은 사상사에서 조금의 의의도 없는 쓰레기더미에 불과한 것인가? 그것은 인류에게 어떤 적극적인 것들을 남겨놓았는가? 특히 미래를 전망함에 있어서 송명이학이 가지고 있는 특정한 봉건적 작용을 철저하게 제거한 후에, 그것은 어떤 가치를 가진 것으로 다시 태어날 수 있는가?

이 문제에 대해선 아직 사람들이 만족할 수 있는 회답을 얻지 못하고 있다. 또한 현실적인 이해관계가 결국은 순수이론적인 생각들보다 늘 앞서 있기 때문이다. 송명이학이 현실적으로 초래한 엄청난 피해는 그것이 순수이론상에서 이루었던 성취와 특징을 완전히 덮어버렸다. 그러나 만약 전체 인류와 민족이라는 더욱 긴 시각에서 본다면 상황은 분명히 달라질 수가 있다.

인류는 외부세계의 물질문명을 제조하고 계속적으로 누적하면서 발전시켜 나왔다. 즉, 원시시대의 석기와 도기에서 오늘날 하늘을 나는 비행기에 이르렀을 뿐만 아니라, 동시에 끊임없이 내재세계의 정신문명을 창조하고 누적시키며 발전시켰다. 다시 말하면 구체화된 것(포퍼 Karl Popper의 제3세계) 이외에, 인간의 정신과 마음 자체의 구조상태(제2세계)로 표현된다. 사람의 심리는 동물과 다르고, 또 사람은 동물과 구별되는 인성을 가지고 있다. 이것은 바로 동물성의 생리적 기제에서 만들어진 사회성을 지닌 심리구조와 능력이다. 문화심리 구조는 사람을 동물과 구별시키는데, 바로 거기에 인성이 구체적으로 존재한다. 이런 구조를 탐구 · 분석 · 연구하는 것이 바로 오늘날의 철학이 다루어야 할 중요한 과제이다.

이런 구조는 적어도 지력(智力)구조, 의지구조, 심미구조라는 세 가지 분야(지 · 의 · 정)로 나눌 수 있는데, 이 세 가지 분야가 구체화되어 표현된 것이 바로 과학 · 도덕과 예술이다. 그것들은 확실히 구체적인 역사로, 사회 · 시대 · 계급에 따라서 각자 특정한 내용과 작용을 가지고 있다. 그러나 동시에 그것들은 끊임없는 내화(內化) · 응취 · 누적의 구조적 성과를 가지고 있고, 어떤 지속성과 안정성, 비(非)변이성을 가지고 있다. 구조의 내용은 시간이 지나면 변천하여 항상 변화 · 발전 또는 소실되고, 구조의 형식은 오히려 항상 내화 · 응취 · 축적 · 보존되어 인간의 주체적 능력과 내재적 구조가 된다. 앞서 토론한 도덕적 계승성, 문화유산 계승성 등의 여러 가지 문제 또한 이것과 서로 관련된다.

모든 문화와 도덕은 구체적 역사이고, 특정한 사회 · 시대 · 계급에 따라서 다른 내용을 가지게 된다. 원시시대는 봉건사회와 다르고, 봉건사회는 또 자본제와 달라서 여러 가지 지식관념, 도덕표준, 예술취미는 끊임없이 변천한다. 이런 여러 가지 변천과정 중에서 동물과 구별되는 인간만이 특이하게 가지고 있는 심리구조와 능력 및 형식을 계속적으로 누적하고, 공고하게 하고, 지속하고, 형성한다. 이런 심리구조는 심리적인 것이지만, 생리적 기초 위에서 성립된 것으로 실제로는 생리와 사회 두 방면이 서로 혼합되어 통일되어 있다. 이 때문에 그것은 감성적 자연의 보편성으로 표현되는데, 이는 생물적인 것이라기보다는 오히려 사회적인 것이다.

예를 들면, 인간과 동물은 모두 개체의 희생을 대가로 하여 집단을 유지하고 보호하는 감성적 활동형식을 가지고 있다. 동물에게는 이것이 본능이지만 사람에게는 오히려 자각적인 의지활동으로, 이성의식이 감성활동을 작용 · 주재 · 지배한 결과이다. 이런 인간의 자각적인 의지

활동이 표현하는 것은 바로 인간의 의지구조의 위력이다. 감성형식 속에서 표현된 이성적 의지는 바로 감성적 생리의 자연적 욕망——생존에 대한 추구, 쾌락, 행복——과 서로 대치되거나 심지어 충돌하는 가운데 사람의 본질과 인성의 장엄함을 드러낸다. 인간의 주체적 의지와 도덕 행위는 결코 자연욕구의 기초 위에서 세워지는 것이 아니라, 이성이 감성을 주재하고 지배하는 능력과 역량 위에서 세워진다.

이 문제에서 칸트와 송명이학은 의심할 것도 없이 프랑스 유물론이나 자연인성론에 비해 더욱더 깊이가 있다. 일상언어 중의 이른바 '의지박약', '도덕상실' 등이 가리키는 것은 바로 이성주재의 상실, 인간이 자연욕구에 복종하거나 또는 끌려가는 것을 의미한다. 예를 들면 생존을 탐하고 죽음을 두려워하거나, 안일함을 추구하며 감각적인 것에 탐닉하는 것 등등을 말한다. 비록 다른 사회, 시대, 계급의 도덕이 요구하는 내용은 각각 다르고 심지어 서로 대립함에도 불구하고, 그들은 인류의 의지구조와 주체능력을 세우는 일에서 공통적인 요구와 성질을 가졌고, 역사적 연속성 및 전달성(傳達性)을 가지고 있다.

류사오치(劉少奇)의 『공산당원의 수양에 관하여 논함』(論共產黨員的修養)과 송명이학의 봉건도덕에 관한 설교는 완전히 다르다. 그러나 주체의 의지와 윤리적 책임감을 세우는 형식면에서 이들에게 어떤 공통된 것이 전혀 없겠는가? 설마 민족전통이라는 방면의 계승적 요소도 없겠는가? 송명이학은 완고한 사람들과 나약한 사람들을 일으켜세우고 들은 바대로 실천하게 만들어 중국 민족의 성격, 중국인의 실천이성이 형성되어 발전하는 과정에서 어떤 역할을 했는가? 또 중국 민족이 지절(志節)을 강조하고, 품덕을 중시하고, 이(理)를 통해 감정을 통제하려고 노력하고, 자아절제와 입지의 발분이라는 주체적 의지구조를 세우는 점은 송명이학과 조금의 관계도 없는가? 문천상의 『정기가』(正氣歌)는 송명이학이 아니던가? 봉건시대의 전통적인 인사나 자산계급에 속하는 어떤 혁명가들은 감옥에서 송명이학으로 자신을 유지하고 스스로를 즐겼는데, 설마 이것이 우연적인 것이겠는가?

마오쩌둥은 청년시대에 그의 스승인 양창지(楊昌濟)에게서 송명이학을 진지하게 학습하여, 쩡궈판을 칭찬하고 특히 활동과 실천경험을 강조했다. 그리고 소생산 노동자의 특색을 가지고 있는 안원(顔元)의 철학[110]에 대한 학습을 강조하여 수양의 강구, 의지의 단련, 인생이상의 중시, 정신가치와 도덕경계를 말했다. 이를 보더라도, 이후의 활동과 사상 속에서 그런 내용들이 마오쩌둥에게 어떠한 작용과 영향도 미치지 못했다고 자신 있게 말할 수 있겠는가?

　만약 위에서 말한 긍정적 각도에서 송명이학을 살펴보면 아래와 같은 사항들을 발견할 수 있을 것이다. 송명이학을 세밀히 분석하고 실천적으로 '입지'(立志) · '수신'을 추구하여, 궁극적으로 '내성외왕'(內聖外王) · '치국평천하'에 도달하기를 추구한다. 또한 도덕자율 · 의지구조와 인간의 사회적 책임감, 역사적 사명감, 인간이 자연보다 우월하다는 관점들을 본체론의 차원으로 끌어올려, 인간의 윤리학적 주체성이 가지고 있는 장엄함과 위대함을 처음으로 세우고 있다. 세계 사상사에서 오직 칸트의 윤리학만이 이것과 필적하거나 서로 비슷하다. 칸트의 묘비명에 있는 "나의 머리 위에 있는 것은 빛나는 별빛, 내 마음속에 있는 것은 도덕법칙"과 장재가 말한 "천지를 위하여 마음을 세우고, 백성을 위하여 천명을 세우고, 옛 성인을 위하여 끊어진 학문을 이어 만세가 태평시대를 열게 했다"는 명언은 인류의 주체적 윤리 본체의 숭고함을 표현하는 입장에서는 다 같이 위대하다.

　인간의 본질과 일체의 인성은 결코 자연적으로 얻은 것이 아니다. 그것들은 모두 인류가 스스로 만든 것이다. 전체 인류는 물론이고, 개체 또한 마찬가지이다. 구체적으로 말하면 전체 인류는 오랜 역사를 통한 것이고, 개체는 교육(광의적 의미)을 통한 것이라고 할 수 있다. 또한 의지의 구조는 주로 실천활동 자체와 체육 · 덕육(德育)을 통하여 이루어진 것이다.

---

110) 이 책의 「묵가의 철학」을 참조하라.

앞의 말처럼 칸트와 송명이학이 다른 점은, 칸트의 도덕 명법(命法)은 외재적 경외감을 더욱 많이 가지고 있고, 송명이학은 이론상 더욱 많은 인정미를 가지고 있다.[111] 칸트에 있어서 본체와 현상계, 윤리세계와 자연세계는 분리된다. 이학에서는 "화육(化育)을 도와서 천지와 더불어 참여한다"는 '정리협조'(情理協調)와 '천인합일'을 말하고 있다. 그러므로 그것은 정감의 순수이성적인 사회계약을 완전히 무시하는 것도 아니고, 이지적 순수감정의 종교적 광분을 완전히 무시하는 것도 아니다. 이러한 '정리의 조화', '천인합일'의 사상과 관념을 추구하여 동물과는 분명히 구분되는 인성의 본체를 세우고 있는 송명이학은 정신적 공허와 가치붕괴, 동물적인 개체성이 마구잡이로 범람하고 말 그대로 '사람의 욕심이 끝없이 흘러 넘치는' 현대 자본주의 세계에서 어떤 나름대로의 의미와 가치를 가지지 못하는가? 송명이학의 이론적 성과와 세계적 의미는 분명히 더욱 탐구할 만한 주제임에 틀림이 없다.

---

111) 이것은 공맹에서 시작하는 유가전통으로, 마지막에는 윤리적 수양을 심리적인 기쁨 위에 두고 있다. 근대에 이르러 슝스리(熊十力)·량수밍(梁漱溟) 등은 불교에서 유가로 돌아왔는데, 이것은 이 전통의 역량이 얼마나 강한가를 설명해 주는 것이라고 할 수 있다. 예를 들면, 량수밍은 '악'(樂)이 그로 하여금 유가로 돌아오게 만든 주요한 원인이라고 생각했다(『중국 철학』 제1집, 330~341쪽). 심지어 장타이옌의 세속적인 것을 원형적인 진리로 전환시킨다는 '전속성진'(轉俗成眞)에서 원형적인 진리로 돌아와 세속적인 것으로 향한다는 '회진향속'(回眞向俗)에 이르는 것도 바로 이런 뜻을 가지고 있다. 근대의 문턱에 서 있던 이들 철학가들은 회광반조(回光反照)하는 것처럼 중국 고전철학(유ー불ー유)의 축소관적인 여정(旅程)을 그대로 보여주고 있다. 이것은 깊은 의미를 담고 있으며, 동시에 중국 철학이 마땅히 가지고 있어야 할 새로운 출로를 제시하고 있다고 할 수 있다.

5 몇 가지 보충

「송명이학」은 이미 완성되었으나, 원래 의도한 것과는 차이가 있어서 다음 기회에 다시 논의하려 한다. 다만 여기서는 몇 가지를 더 보충하려고 한다.

1. 「송명이학」은 송명이학과 칸트를 비교했다.

가. 이것은 송명이학이 윤리를 본체로 삼고 있음을 말하기 위해서이다. 송명이학의 근본적 목적과 이론구조는 윤리학을 지향점으로 하여 봉건적 윤리질서의 보편적 필연성을 증명하려고 한다. 다만 송명이학이 추종하는 것은 '천인합일'의 전통이기 때문에, 이 점에서 칸트와 근본적으로 구별된다. 칸트는 현상과 본체를 둘로 양분하여 도덕과 자연은 무관하다고 보았다. 송명이학은 '체용불이'(體用不二)를 강조하여 '인도'(人道: 도덕질서)에는 '천리'(天理: 우주법칙)가 있다고 보았다. 「송명이학」의 비교를 통해 중국과 서양사상이 같음을 표명하는 동시에 동양과 서양전통이 다르다는 것을 분명하게 보여주었다.

나. 「송명이학」은 처음부터 청년 마오쩌둥의 말을 인용하여, 도덕적

본체를 고양시키는 송명이학과 칸트 철학이 근대의 위대한 인물들에게 다 같이 중요한 영향을 주었다는 것을 언급했다. 이 때문에 그런 도덕주의와 주관적 의지가 근대 중국에 미친 무시할 수 없는 현실적 작용에 관해서 대략적으로 살펴보았다. 다른 한편으로는 도덕주의와 주관의지론이 농업 소생산 국가에서 쉽게 발생시킬 수 있는 광범위한 영향을 보여주고 있다(이 책의 「묵가의 철학」 참조). 그러나 사회의 현대화 과정 속에서 그것은 큰 해를 끼친다. 「송명이학」은 칸트와 이학을 함께 언급하여 논의하지만, 결코 이 둘의 순수한 이론체계 자체를 가지고 분석하고 있는 것은 아니다.

2.[112] 주자는 질서정연한 '이'(理) 세계를 세워서 우주와 인간세상을 총괄하여 도덕적 '당위'와 사리(事理)의 '필연' 등의 문제들을 뒤섞어 이야기하고 있다. 그 요점은 '이일분수'(理一分殊)에 있다. 주자의 스승인 이동(李侗)은 주자에게, 어려운 것은 분수(分殊)이지 이일(理一)이 아니라고 했다. 이학이 불교와 다른 점이 바로 여기에 있다. 왜냐하면 이학이 강조하고 중시하는 것은 "하나의 이치가 흩어져 만 가지 다른 것이 되고, 만 가지 다른 것이 또 하나의 이치로 합한다"는 것, 즉 통일적인 '천리'가 각각의 구체적이고 다른 '분수' 속에 구현되고, 각각의 구체적이고 다른 봉건 질서적인 분수는 또 이 '이'를 공통적으로 구현하기 때문이다.

이로부터 '이'는 어떤 단일한 존재 또는 기계적 법칙이 아니라 각각 서로 다른 '분수'로 구성된 유기적 전체, 즉 복잡하게 섞여 있는 봉건사회의 등급질서를 말한다. 그것은 불가에서 말하는 "하나의 달이 수많은 하천에 비친다"(一月印萬川)는 것만은 결코 아니다. 또한 칸트가 형식적인 보편입법만을 세우고 있는 것과도 다른데, 이학은 이 '이일분수'

---

112) 2, 3, 4, 5에서 말하는 내용의 일부분은 1982년 7월 12일 하와이 호놀룰루 '주자 국제학술회의'에서 발표한 것이다.

속에서 구체적인 보편입법을 성립시키려 한다. 이학은 바로 이런 '입법'과 우주자연의 객관적 규율(이 · 기, 무극 · 태극 등등)을 동등하게 연계시켜 영원성과 생명력을 논증하려고 한다. 결론적으로 이학이 관심을 가지는 것은 봉건적인 인류질서의 등급체제를 실현하는 분수적인 보편필연성이다. 그러므로 이학에서 말하는 "사람은 모두 요순(堯舜)이 될 수 있다"는 것은 결코 "사람은 모두 부처가 될 수 있다"는 말과 완전히 같은 것이 아니다.

사람들은 부처 앞에서 평등할 수 있다. 그러나 요순의 앞에서 이 세계에는 오히려 존비의 등급과 친소의 차별이 있다. 이학이 보위하려는 것은 바로 군신부자의 세속적 왕조이지 아버지와 형을 모르고 현실을 벗어나버린 평등한 불국토(佛國土)는 아니다. 이 때문에 '분수'이면서 또 '일리'(一理)인 봉건사회라는 유기체에 철학적인 구조를 만드는 것은 불학(佛學)에 비해서 훨씬 더 어렵고 복잡하다. 주자는 마침내 모든 것을 포괄하면서 그 자체의 이론체계를 가진 방대한 체계를 구성하여 유학의 '정통'과 '예교'(禮敎)의 성인이 되었고, 봉건왕조의 교체에 따라서 쇠락하지도 않았다. 그러나 이론 자체의 순수한 논리를 분석하지 못했고, 그것의 실제적 사회근거도 찾아내지 못했다.

3. 이른바 주륙지쟁(朱陸之爭)과 주자가 호오봉(胡五峰, 『지언』知言)에 반대하고 사상채(謝上蔡: "각을 인으로 해석함"訓覺爲仁)에 반대하는 것에는 그 현실적 이유가 있다. 위에서 말한 사회적 배경으로 인하여, 주자는 '이'(理)의 객관성을 강조해야 그것의 '분수'(각종 구체적인 봉건적 인류질서)적인 보편성과 실재성을 보증할 수 있기 때문이다. 그러므로 주자는 '성'(性) · '정'(情), '이'(理) · '기', '무극' · '태극' 등등을 나눌 것을 강조했다. 이런 객관적인 '이'는 결코 개체의 도덕적 자각, 개체의 정신적 초월에서 출발할 수 없으며, 개체의 '심'과 완전히 같을 수도 없다. 또한 그것은 개체의 바깥에 존재하면서 또한 개체를 주재하는 절대적 권위를 가지고 있는 '천리'(天理)를 필요로 한

다. 개체는 반드시 무조건적으로 '천리'에 복종해야만 한다. 여기서 주자는 천과 인, 이와 욕의 이원적 대치와 이원적 모순 및 충돌을 분명하게 드러내며 이런 충돌 속에서 실천이성적인 주체를 세우고, 또 감성을 지배하고 조정하는 개체이성의 의지구조를 세우기를 희망했다.

'이'·'욕'의 대립과 충돌, 이른바 "천리가 있으면 인욕은 없어지고, 인욕이 강하면 천리는 소멸한다"[113], "크고 철저하게 깨닫기 위한 노력은 마치 피나는 전투를 하는 것과 같다"는 말을 분명하게 말하는 것은 모두 객관성을 가진 '천리'에 대한 자각의식, 즉 도덕의식을 강조하기 위한 것이다. 그런데 '천리'는 보편적인 규율로 없는 곳이 없는데, '격물치지'는 도덕의식에 도달하기 위해서 반드시 거쳐야 할 하나의 교량이 된다. 그리고 '덕성지지'(도덕의식) 또한 '견문지지'에 의지하는데 주자의 윤리학이 인식론을 덧붙이고 있는 이유가 바로 여기에 있다. 즉 주자의 윤리학은 외재세계 사물의 '이'(질서)를 인식하는 것에서 윤리적 본체로서의 '이'(도덕)의 자각에 도달한다.

이처럼 주자의 철학 체계는 육상산·호오봉·사상채 등의 학자들에 비해서 현실적인 내용이 더욱 풍부하고, 논리적 구조와 분석적인 차원 또한 훨씬 더 세밀하고 명석하다. 예를 들면 호오봉이 '이'와 '욕', '천'과 '인', '성'과 '정'을 섞어놓고 어떤 분석도 하지 않는("천리와 인욕은 동체이지만 작용은 다르다" 天理人欲同體而異用, "좋아하고 싫어하는 것이 성이다" 好, 惡, 性也 등) 것과 다르다. 또한 그것은 정호(程顥)·육상산 등의 '천인합일'의 직관적인 간단한 표현방식('인' 仁 = '천' 天 = '심' 心 = '이' 理)과도 다르다. 이런 세밀한 이론적 분석을 통하지 않았거나 참으로 그 속에서 충돌하는 '천인'(天人)·'이욕'(理欲)의 합일에 대해서 충분히 주의하지 않은 것은, 실제로는 일종의 비교적 저급한 혼돈상태의 원시적인 원만함 또는 조화일 뿐이다. 진정으로 높은 단계의 조화 또는 '천인합일'은 심각한 충돌과 투쟁의 비극을 겪은 후의 성과

---

113) 『주자어류』 권13, "天理存則人欲亡, 人欲勝則天理滅."

이다. 비록 주회 역시 이런 이론적 차원에 진정으로 도달하지 못했지만, 그는 '이욕' 등의 대립과 충돌에 분명히 주의를 기울였다. 이론적 단계라는 측면에서는 이미 앞서 지적한 것처럼, 정호 · 육상산 · 사상채 · 호오봉보다는 확실히 차원이 높다.

4. 그러므로 나의 관점은 머우쫑싼(牟宗三) 선생과는 정반대이다. 머우쫑싼은 주자가 '대종손(大宗孫)'이 아닌 작은 집안의 종손인 별자위종(別子爲宗)'에 불과하다고 말했지만, 그는 이 '별자'(別子)가 어떻게 수백 년 이상을 정통으로 인정받았는가라는 현실적 원인에 대해서는 구체적으로 해석하고 있지 않다. 머우쫑싼은 순수하게 사상 자체만을 가지고 이론적 체계를 세우고 있다. 요약해서 말하면, 그는 주자의 '이'(理)를 "있으나 실제로 존재하지 않고"(有而不在), "존재는 하나 활동하지 않는다"(存有而不活動)고 생각했다. '이'는 정태적 지성의 추상이고, 그것은 비록 초월하나 결코 내재하지 않고 활발하게 활동하지 않기 때문에, 도덕 또한 인간의 바깥에 외재하는 타율과 형식으로 변해버리게 된다. 주자에게 있어서 바깥에서 안으로, '격물치지'에서 '정심성의'(正心誠意)에 이르기 때문에 윤리학이 인식론으로 변하여 본체의 지위를 상실하게 되는 것이다.

머우쫑싼은 육상산 · 왕양명(호오봉 · 사상채를 포함하여)이야말로 공맹을 이어받은 정통이라고 생각했다. 왜냐하면 그들은 '이 · 기', '성 · 정', '천 · 인'의 동일함, 즉 '심'이 바로 '천'이고 또 '이'라는 점을 강조하기 때문이다. 그러므로 도덕본체는 초월적 외재('이')의 위에 세워지는 것이 아니라 개체의 현존재(Dasein) 가운데('심')에 직접적으로 세워져 있다. 도덕본체는 외재적인 주재('이')에서 출발하는 것이 아니라 내재적 양지('심')에서 출발하는데, 이것이 바로 안에서 바깥으로 나간다는 의미이다. 그러므로 '격물치지'는 결코 인식이 아니라 도덕적 자각일 수밖에 없는데, 그것이 바로 '정심성의'이다. 오직 이와 같아야 진정한 자율적인 도덕을 가질 수 있는데, 그것은 초월할 뿐만 아니라 또한 내재하고, '존재'할 뿐만 아니라 '실존'하는 것이고, '앎'이면서 또한 '행'하는 것으로, 구체적인 현실의 '현존재'이다.

주자는 '인'은 "심의 본체이고 애(愛)의 덕"임을 강조하여 '인'과 '심'을 나눈다. 그러나 여기서 '인'은 바로 '심'이고, 또 '애'이다. '심'과 '애'가 바로 '인'이다. '심'은 '이'와는 달리 살아서 활동하는 행동의 의미를 가지고 있다. 이 때문에 머우쭝싼은 '심'(心)이 바로 칸트가 말하는 "오직 하나님만이 가질 수 있는 지적(智的) 직각"이라고 주장하고 있다. 이런 직각 속에서 본체와 현상, 목적과 인과는 합해져 하나가 되는데, 그것이 바로 심학에서 말하는 도덕본체이다. 이 때문에 이 '심'은 개체의 도덕자각일 뿐만 아니라 보편적인 본체존재이며, 개체의 순수한 지각과 경험도 아니지만 개체에 의해서 직접적으로 경험되고 소유되는 것이기도 하다. 머우쭝싼과 그 제자들은 사상채가 "각(覺)의 개념으로 인(仁)을 풀이할" 때 이 '각'은 지각의 각이 아니라 "불안하여 참지 못하는(不忍) 진정한 도덕적 감정의 각", "마비되지 않고 측은한 마음을 늘 느끼는" 것임을 강조한다. 이것은 바로 양명이 말하는 '양지양능'(良知良能)과 도덕본성의 '각'이다.

머우쭝싼은 육왕을 높이는 '현대신유가'의 마지막 인물이다. 그는 그 이전에 활약한 펑유란이 정주를 높이는 것과는 서로 반대가 된다.[114] 머우쭝싼의 송명이학의 심성론에 대한 연구는 앞선 사람들에 비해 확실히 한 차원 더 발전한 것이라고 할 수 있다. 위에서 이미 이학(理學)과 심학(心學)을 구분했는데, 그는 정주가 감성에 대한 이성의 주재와 조절을 말하는 것에 불만을 가지고, 이 개체 속에서 도덕적 본체에 도달하고, 그것을 세우기를 요구했다.[115] 펑유란의 '신(新)이학'이 당시의 신(新)실재론과 서로 연결되어 있는 것처럼 머우쭝싼의 신(新)심학과 현대 실존주의는 분명히 관련이 있다.

---

114) 중국의 '현대신유가'는 4기(슝스리 · 량수밍 · 펑유란 · 머우쭝싼)로 나눌 수 있다(이론적 · 논리적인 단계를 말하는 것으로, 개인의 생존연대 순서는 아니다).
115) 머우쭝싼의 『심체와 성체』(心體與性體), 『현상과 물자체』(現象與物自體) 등의 저작을 참조하라.

그러나 문제는 이런 개체의 '현존재'를 벗어나지 않는 도덕본체론은 필연적으로 두 방면으로 발전하게 되어 있다는 것이다. 왕양명의 학설이 바로 이와 같다. 왜냐하면 심학은 '심'을 강조하지만 그것은 지각적 심이 아니고, 또 감성적인 것도 아닌 순수 도덕본체라는 의미의 초월적인 것이기 때문이다. 그러나 그것은 또한 '생생불이'(生生不已) · '불안불인'(不安不仁) · '측연'(惻然)으로 '심'을 기술하고 표현하고 규정했다(머우쭝싼 또한 이와 같다). 그런데 '생생' · '불안불인' · '측연' 등의 개념들은 모두 정감과 감각적 경험을 그 속에 가지고 있는 것들이 아닌가? 비록 그것이 심리(心理)가 아니라 형이상이고, 또 아무리 감성이 아니라는 것을 강조한다 하더라도, 또 비록 어떻게 현묘하고 초탈한 것인가를 열심히 논설한다고 해도, 참으로 있는 그대로 말하여 감성과 심리를 벗어나 있는 '불안불인' · '측연' 등은 도대체 무엇이란 말인가?

공자에서 시작하는 유학의 특징과 핵심은 심리적 정감의 원칙으로 세워져 있다. 왕양명이 말하는 『대학』 고본(古本)이 '친민'(親民)을 응용하여 주자가 힘을 쏟은 '신민'(新民)을 대체하려 한 것도 또한 이와 같다. 그러나 이렇게 되었을 때 도덕본체가 실제로는 감성적인 성질과 함의, 내용과 요소를 가지고 있다는 점을 부정할 여지를 전혀 남겨두지 않았다. 또 그것의 진일보한 발전단계에서의 두 가지 경향은 사회변화의 기초로 말미암아 주로 근대적 자연인성론을 지향했는데 이것은 앞서 논증한 주제이다.

왕학의 최후의 거장인 유종주가 "함부로 날뛰는 자는 정식(情識)을 끼워놓고 지극히 깨끗한 자는 현허(玄虛)로 씻어낸다"(猖狂者參之以情識, 超潔者蕩之以玄虛)*고 말하는 것과 같다. '함부로 날뛰는 자'들을 대표하는 사람들로는 태주학파와 이지 등이다. 그들은 도덕본체에 점차적으로 정감과 정욕을 침투시켜 마지막에는 인욕이 바로 천리(天

---

* 『유자전서』(劉子全書) 권6의 「증학잡해」(證學雜解)에 나오는 말. 이 구절에서 나오는 '함부로 날뛰는 자'(猖狂者)는 주로 태주학파를 지칭하는 것으로 보이며, '정식'(情識)은 의욕(意欲)을 가리키는 것으로 보인다.

理)이고 사심(私心)이 바로 공도(公道)라는 단계에 이르는데, 여기서는 더이상 도덕본체의 초험적 성질은 실제로 존재하지 않는다. 지극히 깨끗한 것에 속하는 것으로는 용계(龍溪) 학설을 대표로 볼 수 있다. 용계 학설은 수양을 통하여 마음에 어떠한 외물(外物)도 없게 하여서 무선무악(無善無惡)을 강조하여 결과적으로는 마음을 부처와 같은 것으로 보고, 유가의 윤리를 버리고 완전히 선종으로 들어가버린다.

유종주는 그들에 반대하여 특히 "무선무악이 심의 본체이다"(無善無惡心之體)는 매우 '위험'한 초윤리적인 이론을 바로잡기 위해, 온 힘을 다하여 성의(誠意)를 실천할 것을 주장했다. 그리고 여러 가지 죄악의 식을 발굴하여 계속 규정하는 것을 주지로 삼았다. 그는 '심'을 '의'(意)에 귀결시켜 '의념'(意念)을 지선(至善)의 본체로 보았다. 이처럼 도덕인격적인 자각주체는 완전히 순수지선한 의식의 추구와 배양이란 것으로 변했다. 이러한 추구와 배양은 반드시 자신의 각종 의식과 무의식[116]에서 일어나는 이른바 '죄악' 지향적인 것을 추적하고 토벌하는 것을 통해서 비로소 가능하다는 점이 강조되고 있다. 유종주는 인간은 "온 몸이 모두 죄이다"는 것을 강조하고, '체독'(體獨)·'정좌'(靜坐)를 강조하여 "자기집중과 방자함의 구분, 인간과 금수의 차이(모두 유종주의 『인보』人譜에 보인다)"가 가능하다고 보았다. 태주·용계의 이론적 경향이 자연인성론, 심지어 종욕주의(縱欲主義)로 향해 가면서 당시의 사회조류에 부합하여 '바람이 부는 대로 따라가는' 식의 영향이 대단히 컸다고 말한다면, 심학을 이른바 지선(至善) 본체의 '성의'를 추구하는 것에 귀결시키고 또 '이'(理)에서 '심'(心)으로, '심'에서 '의'(意)로 향하는 유종주의 노선은 가면 갈수록 더욱 좁아지고 더욱 내향적인 것으

---

116) 『인보유기경유몽』(人譜類記警游夢), "밤에 과수원에 잘못 들어가 남 모르게 다른 사람의 복숭아 두 개를 따먹은 적이 있었다. 잠자리에 들었을 때 깊이 스스로의 허물을 자책하여 말하기를, 오늘 낮에 의로운 마음이 밝지 못하여 이런 지경에 이르렀으니 내 반드시 3일 동안 밥을 굶어야겠다고 했다."(嘗夜誤入林園, 私食人二桃, 旣寤, 深自咎曰, 吾必旦晝義心不明, 以致此也. 爲之三日不湌)

로 변하리라는 것을 예상할 수 있다. 그리하여 유종주의 노선은 준종교적인 금욕주의로 접어들면서 매우 풍부하고 객관적인 내용을 완전히 상실하게 되고 지극히 건조한 계율이나 교조가 되어서 살아 있는 활력이 거의 사라지게 된다.[117]

사실 '지선'(至善)을 추구하면 할수록 더욱 순수한 의식을 추구하게 되고, 사람들의 욕망이라는 문제가 더욱 부각될 수밖에 없다. 유종주의 유명한 학생인 진확이 자연인성론에 접근한 명제를 제기한 것은 조금도 이상할 것이 없다.

이렇게 본다면, 머우쭝싼에 의해서 정통적인 것으로 떠받들어진 왕학은 어떠한 길(용계 · 태주 또는 유종주)을 막론하고 더이상 발전할수 있는 가능성이 거의 없어져버린다. 즉, 어떤 입장은 자연인성론의길로 들어서고, 또 어떤 입장은 종교적 금욕주의로 빠져버린다. 이 두가지 입장은 바로 동일한 시대에 각기 다른 반향을 일으켰다. 명대 말엽에 자유로운 욕망의 해방이라는 경향이 높아지는 동시에, 또한 원료범(袁了凡)의 '공과격'(功過格)*과 주안세(周安世)의 『태상감응편』(太上感應篇)** 등 사회에 영향이 매우 큰 봉건적 금욕주의의 반동도 있었다. 이것은 바로 왕학의 두 가지 경향을 이야기하는 현실적 주석이 될수 있다.

---

117) 유종주의 『인보』에는 평시에 주의하고 조심해야 할 것들을 적은 '기경'(記警)이 100여 개 이상 출현한다. 예를 들면 '기경훼자지'(記警毁字紙), '기경식우견'(記警食牛犬), '기경사비조'(記警射飛鳥), '기경불경신명'(記警不敬神明), '기경관회극'(記警觀戲劇), '기경작염사'(記警作艶詞) 등으로, 내용들은 대단히 진부하고 심지어 무척 유치하기 짝이 없다.

* 매일 한 일을 선한 것과 악한 것으로 나누어 기록하여, 선한 것을 세어보고 자신의 일을 되돌아보는 것을 말한다. 송대의 범중엄(范仲淹)이나 소순(蘇洵) 등은 모두 '공과격'을 가지고 있었다고 한다. 명대의 원료범이 운곡선사(雲谷禪師)로부터 받은 '공과격'이 유명하다.

** 『태상감응편』은 도교의 책명으로, 내용의 상당부분을 『포박자』에서 따오고 있다. 여기서 주로 말하는 것은 '인과응보'에 관한 것으로 이는 한때 매우 유행했다. 청나라 때의 혜동(惠棟)은 여기에 대한 주석을 저술하기도 했다.

5. 송명이학이 비록 종교는 아니지만, 개체의 심성수양을 통해 '천인합일'의 경계에 도달하고 '안신입명'(安身立命) 등을 주장하여, 종교적인 기능을 가지고 있다고 해도 이는 완전히 틀린 말은 아니다. 유종주에 이르러 '죄과'(罪過)에 대한 충분한 의식은 이런 점을 더욱 분명하게 드러내주고 있다. 본래 이학은 '선천'(先天)·'후천'(後天)·'미발'(未發)·'이발'(已發)·'중'(中)·'화'(和) 등을 말하는데, 그것은 선종에서 말하는 '본래면목', '부모도 아직 태어나지 않았을 때의 모습'이라는 종교성을 추구하는 관점과 서로 관련이 있다. 특히 심학에서는 '심즉리'나 '양지'가 바로 본체라는 것을 말하고, 본체는 현상을 벗어날수 없다는 것을 강조한다. 그렇기 때문에 본체는 동(動)하기도 하고 정(靜)하기도 하며, "움직여도 움직임이 없고, 고요해도 고요함이 없는"(動而無動, 靜而無靜) 것으로, 동정을 초월한 것이다. 본체는 적(寂)이기도 하고 감(感)하기도 하여 "고요해서 감(感)하지 않는 것이 없었고, 감하여 고요하지 않는 것이 없었다", "아직 두드리지 않았을 때 이미 천지를 움직이게 했고, 이미 두드렸을 때는 천지가 고요했다"는 것으로, '적'(寂)과 '감'(感)을 초월했다. 또한 본체는 "미발이 바로 이발이고 이발이 바로 미발인 것"으로, '이발'·'미발'을 이미 초월했다.

바로 이런 의미에서 왕양명은 '사구교'(四句教)의 첫번째 구절에서 "무선무악이 심의 본체이다"라고 말하는 것이다. 이것은 바로 위에서 말한 동정(動靜)·적감(寂感)·이발·미발을 초월한 신비적 체험으로, 왕양명이 다시 한 번 말하는 "말하지 않고도 아는 것으로, 언어로 말할 수 없는 것", "비록 귀로 듣지 못하고 눈으로 보지 못하나 견문을 얻을 수 있는 것", "소리도 냄새도 없지만 홀로 아는 때, 이때가 바로 천지가 영원불변한 때"(無聲無臭獨知時, 此是乾坤萬古時)라는 것이다.

유가는 본래 '소리도 냄새도 없다'는 설을 가지고 있으나, 왕양명에 이르면 그것은 '무선무악'으로 변하게 된다. 유가는 다만 감각적인 지(知)를 넘어서는 것이고 왕양명은 윤리와 도덕을 넘어서는 것이기 때문에, 왕양명이 도대체 유가인지 선사(禪師)인지 모르겠다는 식의 문제가 자연히 발생하게 되는 것이다. 또한 '본체'가 도덕적인 것인지 종교적인 것인지에 대한 일련의 문제 또한 발생하게 된다. 확실히 왕양명은 유가의 교의를 철학에서 종교적인 형이상학으로 끌어올렸다. 왕양명이 만들어놓은 이런 종교적인 신비체험 속에서 '본체'는 당연히 선악을 초월('무선무악')하고 윤리를 초월해 우주와 동일하게 된다. '양지'는 바로 우주로서 무한한 보편성을 가지고 있다. 왕학은 맹자의 "만물은 모두 나에게 갖추어져 있다"는 원시적 명제를 불학(佛學)의 선종에서 말하는 "내가 바로 부처이다"(我卽佛)는 관점으로 흡수함으로써 그 이전에 찾아볼 수 없는 형이상학적인 차원으로 끌어올렸다.

만약 정주가 주로 '천리'의 외재규범에서 사람들의 마음을 구속하여 어떤 종교적인 것을 세웠다고 말한다면, 육왕은 '양지'의 내재적 체험에서 이런 성질과 기능을 얻었다고 할 수 있다. 또 그것은 마음의 체험적·구체적인 실재를 잡는 것에 초점을 두고 있기 때문에 본체적인 성질을 강조하게 된다. 이 때문에 오늘날 해외의 몇몇 학자들은 그것을 실존주의에 적용시켜 이야기하기도 한다.

그러나 비록 종교 또는 종교적 성질을 가진 것에 대단히 많이 접근해 있다고 해도 양명 철학을 포함한 유가는 분명히 종교가 아니다. 왕양명의 '무선무악'의 관점('이근지인' 利根之人* 등)은 매우 애매하고 모호하여 더이상 발전될 수 없다. 그러나 그중에서 중요한 관점은 앞서 강조한 것처럼 여전히 경험적 감성에 집착하고 있고, 원시유학의 '악'(樂)'의 전통을 이어받고 있다. 양명은 다음과 같이 말하고 있다.

악(樂)은 마음의 본체로 칠정(七情)의 악과는 다르지만, 또한 칠정의 악 이외의 것이 아니다. 비록 성현만이 특별하게 악을 가지고 있는 것 같지만 보통 사람도 똑같이 가지고 있다.[118]

---

* '이근'(利根)이란 말은 원래 불교 용어로, 도를 배우는 사람의 본성이 매우 명석하고 예리하여 이치를 파악함이 빠른 사람을 가리킨다.

양명의 관점은 주자가 천인(天人)·성정(性情)을 나누어 '계신'(戒愼)을 강조하면서, 증자(曾子)가 말하는 "전전긍긍하여 마치 깊은 연못 앞에 선 것처럼 하고, 마치 얇은 얼음을 밟는 듯이 한다"는 '수신'의 전통을 계승한 것과는 다르다. 또 유종주가 '지선'이 바로 심의 본체라는 것을 강조하고 이로부터 '성의'(誠意)를 강조하여 죄를 반성하는 것과도 다르게, 왕양명 학설에서 감성을 강조하는 경향은 자연인성론으로 지향하는 것을 제외하고 선종의 신비적 체험에 가까울 뿐만 아니라, 심미적인 초월로도 환원할 수 있다. 이 때문에 심학에서 추구하는 '공안낙처'의 최고경계는 윤리-종교적인 방식의 것일 수도 있고, 윤리-심미적 방식 또는 순수심미적인 것으로의 환원 역시 가능하다.

공자가, 강 위에서 흘러가는 것이 이와 같이 밤낮을 가리지 않는구나라고 하셨다.[119]

늦은 봄에 봄옷을 입고 관을 쓴 청년 대여섯 사람과 어린아이 예닐곱 명과 기수(沂水)에서 목욕하고 비를 비는 무우에서 바람을 쐬고 노래를 부르면서 돌아왔다. 공자께서 '나는 증점(曾點)의 뜻에 찬동한다'라고 탄식하며 말씀하셨다.[120]

주자는 증점에 불만이 있어 결코 좋은 소리는 하지 않고 있다(이는 『주자어류』에 보인다). 왕양명은 "증점은 비록 뜻이 커서 진취적이기는 하지만, 내가 생각한 느낌을 깊이 잘 알고 있다", "옛적에 공부자께서 말씀하시려 하지 않은 것은 무언 중에 이미 말할 것을 분명하게 표현했으며……", "밤은 깊어 고요한데 바다의 파도는 삼만 리에 이르고, 달

---

118) 『전습록』 중편, "樂是心的本體, 雖不同於七情之樂, 而亦不外於七情之樂. 雖則聖賢別有樂, 而亦常人之所同有."
119) 『논어』 「자한」, "子在川上曰, 逝者如斯夫, 不捨晝夜."
120) 같은 책, 「선진」, "莫春者, 春服旣成, 冠者五六人, 童子六七人, 浴於沂, 風乎舞雩, 詠而歸. 夫子喟然歎曰, 吾與點也."

은 밝아 하늘의 바람이 아래로 내려가는구나" 등은 분명한 선시(禪詩)의 맛을 지니고 있다. 그래서 양명 철학은 오히려 인간과 자연의 어떤 초도덕적인 심미적 연결점을 가지고 있다는 것이다. 또한 본체는 결코 시공을 초월하지 못하고 바로 여기서 끊임없이 움직이고 있다고 생각하기 때문에 지금 이 시간과 이 공간을 파악하려고 한다. 여기서 본체는 초시공적·초세속적인 엄격함, 두려움, 긴장의 최후의 심판을 기다리는 것이 아니라 바로 여기 현재의 시공과 세상사 속에서 "천지와 하나가 되는" 부드러운 쾌락 속에 놓여 있다. 앞서 '본체'가 "도덕에도 속하고 초도덕에도 속하고, 준(準)심미적이면서도 초심미적인 목적론적 정신경계"라고 말했는데, 바로 이런 의미이다. 이 때문에 이런 경계는 모두 적절하여 들어맞지 않는 것이 없고, 자유로우면서도 유쾌한 것처럼 보인다.

이런 유쾌함은 "칠정의 악과는 다르지만, 또한 칠정의 악 이외의 것이 아니다"는 것으로, '칠정의 악' 속에 도덕이성적인 감성적 쾌락을 차곡차곡 담고 있다. 만약 철저하게 이런 신비적·종교적·윤리적인 포장과 성분을 제거하고 그 본래면목으로 돌아가면, 그것은 실제로는 바로 합목적성과 합법칙성이 서로 통일되는 심미적 쾌락이다.

그러나 분명히 말하면 이러한 심미적 쾌락을 바로 얻을 수 있는 것은 아니며 송명이학의 심학자들처럼 오직 '정심성의', '수정지경'(守靜持敬: 고요함을 지켜 계속적으로 삼가고 조심함)하기만 하면 바로 얻을 수 있는 것도 아니다. 이런 방식으로부터 얻은 이른바 '공안낙처'는 항상 일종의 준종교적 체험일 뿐이다. 이런 준종교적 체험은 중국의 사회문화적 조건에서 항상 순수하게 정관적·피동적·안녕평정(安寧平靜)한 쾌락이지만, 거대하고 내재적인 움직임과 적극적·충격적인 힘을 가지고 있는 비극정신과 고난의식은 결핍되어 있다.

만약 이런 정신과 의식을 포용하려면 가장 먼저 순자와 『역전』에서 말하는 '제천명이용지'(制天命而用之), 그리고 "천도의 운행은 굳건하고 군자는 그것을 본받아 자강불식(自强不息)한다"는 외부세계와 현실생활에 대한 적극적인 투쟁정신을 발양하고 발전시켜 송명이학의 깊이 있고 세밀한 본체적인 차원으로 끌어올려야 할 것이다. 진실한 존재는 인간세상의 '현존재'에 있다. 그렇지만 '현존재'만이 공허한 내성(內省) 가운데에 있겠는가? 중국 철학의 전통이 윤리본체의 심학에만 머무르고 있겠는가? 아니다. 그것은 더욱 어려운 현실과 투쟁이 있는 인간세상으로 돌아가고, 구체적인 역사와 심리 속으로 돌아가야만 한다. 오직 구체적인 역사성을 가지고 있는 마음을 추구하고 파악해야만 비로소 진정으로 깊이 있는 '현존재'를 가질 수 있다. 그러하기에 다음 장에서 '경세치용'의 전통에 대해 말하려는 것이다.

• 『중국 사회과학』 1982년 제1기에 게재됨.
「몇 가지 보충」은 새로이 증보하였음.

경세치용과 명청 시기의 철학

1 내성과 외왕

유학이 주요한 통치지위를 가지고 있던 전통사상 속에서는 처음부터
종교적 요소와 정치적 요소가 하나로 섞여 합일되어 있었기 때문에,
'수신'과 '치평'(治平), '정심성의'와 '제가치국', 또 '내성'과 '외왕'이
라는 양극의 대립관계가 형성되었다.[1] 공자에서 이 둘은 여전히 상대
적으로 통일되고 있다.

그 원인은 상고 시기의 원시적 전통이 본래 종교적 샤먼인 씨족수령
의 모범적인 행동과 도덕규범에 근거하여 등급적인 통치를 행해왔기
때문에, 일체의 모든 성문(成文) 또는 불(不)성문의 객관적 법규는 상
대적으로 크게 중요성을 가지지 못하는 차선책일 수밖에 없었다. 이
때문에 "그 몸이 바르면 명령하지 않아도 행해지고, 그 몸이 바르지
않으면 명령한다 해도 따르지 않는다"(其身正, 不令而行; 其身不正,
雖令不從)는 관점이 나오는 것이다. 이것이 바로 중국 유학 전통의
"나라를 다스리는 사람은 있으나 나라를 다스리는 법은 없다"(有治人
無治法)는 것이다.

---

1) Benjamin Schwartz: "Some Polarities in Confucian Thought"를 참조하라.
   David S. Nivision, Arthur F. Wright(편) *Confucianism in Action*, Stanford,
   1959을 보라.

여기서 수령·귀족들의 개체적인 '내성'은 기본적으로 씨족집단의 생존적 질서를 유지할 수 있는가라는 '외왕'의 문제와 서로 밀접하게 연결되어 있다. 앞서 강조한 것처럼, 내재적 '수신'과 외재적 '치국'(씨족국가)의 유학과의 인연은 은주 시기의 종교윤리적인 예의의 추구에서 춘추 시기의 개체심리적인 '인'(仁)의 자각에 이르기까지 모두 확실히 현실적인 역사적 근거를 가지고 있다. 즉, 이들 이론들은 본래 씨족국가의 생존과 발전을 위해서 제기되고 주장되었다고 할 수 있다.

자공이 "만약 백성들에게 널리 베풀어 많은 사람들을 제도하려면 어떻게 해야 합니까? 이런 것을 인(仁)이라고 할 수 있겠습니까?"라고 말하자 공자께서 "어찌 인이라고만 하겠는가? 반드시 성(聖)이라고 해야 할 것이다"라고 하셨다. 요순도 그 점에서는 여전히 모자라는 점이 있지 않겠는가?[2]

공자의 관념 속에서 객관적인 공업(功業)을 말하는 '성'(聖)은 본래 주체의 자각적인 '인'보다 더 중요했다. '인'은 다만 '성'에 도달하기 위해 필요한 전제일 뿐이다. 그러므로 공자는 관중이 예를 벗어나는 행동을 한 것에 대해서는 비판했지만 여전히 매우 칭찬하여 "……제후의 패자가 되어 천하를 바로잡은 공적이 있다. 백성들이 지금까지 그 은혜를 입고 있는 형편이다. 관중이 없었다면 우리는 머리를 풀고 옷깃을 왼편으로 하는 오랑캐가 되었을 것이다"[3]고 했다. 이것은 분명히 대단한 외재적인 공업(중원의 여러 씨족연맹의 생존을 유지하고 연속시키는 것)의 각도에서 평가한 것으로 보인다. 바로 그것이 공자 인학의 세 번째 요소를 구성했다. 그러나 여기서부터 하나의 중요한 모순이 생기

---

2) 『논어』 「옹야」, "子貢曰: 如有博施於民而能濟衆, 何如? 可謂仁乎? 子曰: 何事於仁, 必也聖乎! 堯舜其猶病諸?"
3) 같은 책, 「헌문」, "……霸諸侯, 一匡天下, 民到如今受其賜. 微管仲, 吾其被髮左衽矣."

기 시작한다. 한편으로 관중은 '예'를 모르고, 군주를 위하여 죽지도 않았다. 구제도의 표준에 비추어보면 관중은 분명히 '불인'(不仁)하다. 공자의 제자들은 이런 의문을 계속해서 제기하고 있지만, 공자는 여전히 "차라리 인하다. 차라리 인하다"(與其仁, 與其仁)고 답했다.

이런 모순은 『논어』에서도 진정으로 만족할 만한 해답을 얻지 못한 것 같다. 왜냐하면 그것이 반영하는 것은 바로 무정한 역사적 사실이기 때문이다. 즉, 춘추 시대의 신속한 사회발전에 따라서 낡아빠진 '내성'을 한 후에 '외왕'을 행하는 방식이나 도덕규범적인 '예'를 알고 '치국'하는 것은 더이상 통하지 않았다. 사람들은 반드시 '예'를 알 필요가 없고 '인'에 대해서 잘 알지도 못하면서도 참으로 유익한 거대한 사업을 해낼 수 있기 때문이다.

재미있는 것은 조금의 염치도 없이 철저하게 전쟁을 통하여 약자를 삼켜버리고, 인의가 땅에 떨어져버린 전국 시대에 맹자의 관중에 대한 태도는 공자와 크게 다르다는 점이다.[4] 맹자는 관중에 대해서 온 힘을 다하여 반대하고 공격한다. 맹자는 관중과 같은 그러한 패도(覇道: 인의를 무시하고 권모술수로써 다스리는 일)의 공격은 이야기할 만한 가치가 없다고 말한다.

공이 저와 같이 낮으니, 네 어찌 곧 나를 이 사람에게 비교하는가?[5]
공자의 무리들은 제나라의 환공과 진나라의 문공(文公)의 일을 말한 자가 없습니다.[6]

이것은 씨족국가가 이미 철저하게 붕괴되어버린 때에 맹자가 활동하

---

4) 그 전의 사람들도 이 문제에 대해 이야기했고 미국의 모트 역시 이 문제에 대해 관심을 기울이고 있다. *Intellectual Foundation of China*, New York, 1971을 참조하라.
5) 『맹자』「공손추」상편, "……功烈如彼其卑也, 爾何曾比予如是."
6) 같은 책, 「양혜왕」상편, "仲尼之徒無道桓文之事者."

며 온 힘을 다해 그것을 되돌리려고 노력했음을 보여준다. 이 때문에
공자 철학이 씨족전통을 유지하려는 것을 더욱 강조하고, 먼저 '수신치
가'와 '예'를 알고 '인'을 알고 난 다음에 겨우 '치국평천하'를 이야기할
수 있다고 했다. 이처럼 전체 문제의 중심은 완전히 '내성'에 관한 것으
로 모아진다. 그래서 맹자의 성선론·양기론(養氣論)·인정론(仁政
論) 등은 모두 내재적인 도덕적 품성만을 가지고 있으면 그것이 출발점
이자 근거가 되고 본질의 관건이 된다는 것을 설명하려고 한다. 오직
'불인인지심'(不忍人之心)만 있으면 '불인(不忍)한 정치를 행'할 수 있
고, 또 왕도(王道)와 인정(仁政)을 행할 수 있다고 생각한 것이다. 그
러므로 공자에서 맹자에 이르기까지 유학의 '내성'이라는 측면이 점유
하고 있는 지위는 대단히 두드러진다. '내성'은 더욱 많은 이론적 논증
과 표현형식을 얻게 되면서 '외왕'과 서로 분리되기 시작한다.

그러나 '내성'과 '외왕'이 분리되어 달라지기 시작하면서 이것들은
서로 대립되기 시작한다. 맹자를 계승했다고 스스로 인정하는 송명이
학도 마찬가지이다. 송명이학은 이 문제를 한쪽으로 지나치게 극단적
으로 발전시켜 '내성'으로 하여금 '외왕'에서 벗어나게 하고, 심지어 벗
어나서 독립적인 가치와 의미를 가지도록 만들었다. 맹자에게 외재적
사공(事功: 현실의 사업과 공적)은 비록 종속적인 지위에 속해 있었지
만 여전히 매우 중요했다. 맹자 본인 역시 사공에 대한 거대한 포부를
가지고 있어서 "천하로 즐거워하고 천하로 걱정하는", 그리고 각종 구
체적인 '인정'(仁政)과 '왕도'(王道) 등을 분명하게 이야기했다.

그러나 송대 이후 '내'(內: 즉 내성)는 시간이 갈수록 지배와 주재의
위치에 있었고, 모든 문제의 발생과 근원이 되었을 뿐만 아니라, 심지
어 유일한 이론적 내용이 되기도 했다. 그들은 첫번째로 '내'가 근본이
고 '외'(外: 즉 외왕)는 말단이기 때문에 반드시 '내'를 먼저 하고 '외'
를 뒤에 해야 하며, 반드시 먼저 '정심성의'한 후에 '치평'(治平)할 수
있다는 것을 강조했다. 두번째, '내'가 있으면 저절로 '외'가 있다. 오로
지 '정심성의'만 할 수 있으면 자연히 '나라가 다스려지고 백성이 편

안 해질 수 있다는 것이다. '외' 또는 '치평'은 '내' 또는 '수신'·'정심'(正心) 등의 직선적 연장 또는 연역일 뿐이다. 세번째, 일단 '외'만 말하면 문제가 있는 것이고, 오직 '내성'하여야 '성인'(聖人)이 될 수 있다. '위학'(爲學)은 바로 '수신'을 말하며 내재적 심성의 수양을 뜻한다. 여기서 심성의 수양이 가장 중요한 것이 되는데, 이것이 바로 '위기지학'(爲己之學)이다. 주희가 말하는 "……오직 증자의 학(學)만이 안으로만 마음을 썼기 때문에 어떠한 폐단도 없이 전달되었는데, 자사와 맹자를 살펴보면 알 수 있다"[7]는 것과 같다.

이런 모든 것들은 이정·주자·왕양명에서 매우 분명하게 표현되고 있다. 비록 그들 역시 사공을 추구하지만, 예를 들면 정이천은 정쟁에 적극적으로 참여하여 낙당(洛黨)이라는 호칭을 가지고 있고, 주자 또한 정치를 자주 말하며 현실문제에 대단한 주의를 기울였으며, 왕양명은 직접 혁혁한 사공의 업적을 가지고 있기도 하다. 그러나 그들 이론의 근본과 실질내용으로 말하면 매우 분명하게 '내성'의 학(學)일 뿐이다. 정이천이 활동한 낙당이 그가 말하는 '천리'와 어떠한 논리적 관계를 가지고 있는지 분명하게 드러나지 않는다. 왕양명의 심학(心學)과 그의 사공 또한 이론적으로 어떤 깊은 관련을 가지고 있는가에 대해서는 말하기가 어렵다.

이와는 반대로 『주자어류』·『근사록』·『전습록』 등을 펴기만 하면 매우 분명하게 그들이 말하는 '학'(學)과 그들이 제자들에게 주는 '업'(業)이 무엇을 말하는지를 분명하게 파악할 수 있을 것이다. 그 내용들은 주로 대부분 내성이나 수신이고, 극소수만이 경세치용에 관한 연구일 뿐이다. 그러므로 이천은 "모든 학문의 길은 그 마음을 바르게 하고 그 본성을 기르는 것일 뿐이다. 어느 쪽에도 치우침이 없이 곧고 발라서 진실(誠)하는 것이 바로 성(聖)이다"[8]라고 했다.

---

7) 『사서집주』 「논어주」, "……獨曾子之學專用心於內, 故傳之無弊, 觀於子思孟子可見矣."

주자는 "군주가 배우고 배우지 않는 것, 배운 것이 바르고 바르지 않는 것은 방촌(方寸)의 사이에 있을 뿐이니…… 대개 격물치지라는 것은 요순이 말하는 정일(精一)이다. 정심성의라는 것은 요순이 말하는 집중(執中)이다. 자고로 성인이 입으로 주고 마음으로 전달하여 일을 행하는 데 나타나는 것은 오직 이것일 뿐이다"[9]라고 했다. 정주 이학이 이 정도라면, 양명의 심학은 심을 가지고 일체를 주재하기 때문에 더이상 말할 필요가 없다. 결론적으로 "방촌의 사이"(심령)의 '정심성의'는 모든 외재적인 사공의 근본과 원천이다. 그것이 있으면 일체가 있고 그것이 없으면 일체를 모두 잃어버린다.

이런 '내성'의 학은 보통 사람의 경우에서는 분명하게 어떤 준종교적인 수양과 체험이나 인생의 의미를 추구하는 것이 되어서, 이를 통하여 내재적인 완성과 초월로 향하게 만들었다. 황제에 대해서 말하면 이천이 친히 젊은 철종(哲宗)에게 나뭇가지를 꺾지 말고 '천심(天心)을 체득하여 인(仁)을 좋아하라'고 말한 것처럼, 진부한 이야기만을 하고 있을 뿐이다. 그러므로 그의 현실정치와 사회적 효용을 가지고 말하면 이런 '내성'의 학은 점점 실제의 일을 벗어나 무익하고 쓸데없는 이야기가 될 뿐이다. 정종(正宗) 이후의 명청 시대에 이르면 "평상시에 손은 걷어두고 심성만을 말하다가, 위기에 처하여 죽음으로 군주에게 보답한다"는 것이 이학자의 전형적인 태도와 이학의 전형적인 결과가 되었다. 사공을 버리고 현실을 벗어나 성리를 말하고 마음의 수양이라는 경계에만 만족한 결과, 일단 위험을 만나면(예를 들면 외적으로부터의 수모) 속수무책이 되어 오직 죽음이라는 희생으로서 평소의 수양을 표현할 수밖에 없었다. 이것은 안원이 매우 비통하게 말한 것과 같다.

---

8) 『하남정씨문집』(河南程氏文集) 권8 「안자소호하학론」(顔子所好何學論), "凡學之道, 正其心養其性而已. 中正而誠, 則聖矣."
9) 『주자대전』(朱子大全) 권11 「임오응소봉사」(壬午應詔封事), "人君之學與不學, 所學之正與不正, 在乎方寸之間……蓋格物致知者, 堯舜所謂精一也. 正心誠意者, 堯舜所謂執中也. 自古聖人口授心傳而見於行事者, 惟此而已."

내가 『갑신순난록』(甲申殉難錄)*을 읽다가, 당시의 어려움을 구제할 수 있는 조금의 대책도 없어 부끄러움을 느꼈도다. 오직 군주의 은혜에 죽음으로 보답하려고 하는 글을 보고 서글퍼서 눈물을 흘리지 않을 수 없었다. 윤화정(尹和靖)**이 이천에게 제사 지내는 문장에 '그가 스승을 배반하지 않았다'는 내용은 있어도 세상을 이롭게 하는 문제에 대해서는 어떤 말도 하지 않았다는 것을 읽다가 나도 모르는 사이에 그만 책을 덮어버리고 크게 탄식했다. 백성들이 비통해한 지가 이미 오래되었다.[10]

근대에 사람들이 중국의 관료정치를 연구하는 경우에 아래와 같은 문제들에 대해 말한다. 즉, 송대 이후의 도덕적 요구는 다른 모든 것을 압도하여 행정의 재능이나 관록이 어떠한가에 대해서는 조금 묻거나 심지어 아예 묻지 않고, 대부분은 충성할 수 있는가? 효도할 수 있는가? 청렴하고 공평한가? 등등의 도덕적 품성을 통하여 관리를 뽑거나 승진·평가의 표준으로 삼았다는 것이다. 바로 이런 이유에 의해서 원래의 봉건적 관료체제는 시간이 가면 갈수록 폐쇄적·내향적·고답적으로 부패하게 되어 날이 갈수록 행정효율이 더욱 상실된다. 이것이 바로 이학이 지배 이데올로기가 된 후에 생긴 하나의 결과이다.[11]

이런 것이 발생할 수 있던 것은 결코 우연한 것이 아니다. 이학이 '내성'을 높이는 것 역시 우연한 것이 아니다.

---

  * 갑신년은 1644년으로 명나라가 망하고 청나라 군대가 북경으로 들어온 때이다. 이 책은 그때의 사건들을 기록한 것으로 저자는 알 수 없다.
 ** 윤돈(尹焞)을 말함. 자는 언명(彦明), 호가 화정이다. 하남성 사람으로 이천의 제자이다.
10) 『존학편』(存學編) 권2 「성리평」(性理評), "吾讀甲申殉難錄至愧無半策匡時難, 惟余一死報君恩, 未嘗不淒然泣下也, 至覽和靖祭伊川不背於師有之, 有益於世則未之語, 又不覺廢卷浩嘆, 爲生民愴惶久之."
11) C. K Yang, "Some Characteristics of Chinese Bureaucratic Behavior"을 참조하라. A. F Wright(편), *Confucianism in Action*, Stanford, 1959를 보라.

앞서 계속 지적한 것처럼, 중국은 원시사회 후기에서 종법가장제(宗法家長制) 시대에 이르기까지 계속해서 씨족정치의 전통을 이어왔다. 당시 공동체의 운명은 항상 그 공동체를 이끄는 지도자의 능력이나 덕성에 의해 결정되었다. 그러므로 도덕은 항상 정치이다. 이것이 바로 원시유학과 공맹의 진정한 역사적 비밀이다. 그러나 한당(漢唐)에서 북송 초기에 이르기까지 동중서의 우주도식적인 제국질서론 또는 유불도(儒佛道) 삼교가 정립한 당대(唐代)의 어용의식(御用意識) 속에서 개체의 질서와 행정표준, 도덕과 정치가 비록 밀접한 연계를 가지고 있었지만 그것들은 일체로 합일되지 않았고 또한 일체로 합하는 것이 필요하지도 않았다. 결코 '내성'의 표준에 부합하지 않으나 오히려 그 이름이 혁혁하고 치적이 빛나는 '가혹한 관리'에 지나지 않는 영웅들이 한대에 많이 출현했다.

당나라 때는 이재에 밝아서 나라를 부강하게 만든 것으로 이름을 얻었거나 다양한 지혜로 이름을 날린, 이른바 나라를 편안하게 안정시킨 유명한 신하와 어진 재상이 있었다. 당나라 중엽에 이르면, 예를 들면 이필(李泌)·유안(劉晏)·양염(楊炎)·이덕유(李德裕) 등이 한때를 풍미했는데 그들이 이룬 업적은 대단하다. 그들의 성공은 결코 수신과 도덕적 본성을 수양한 결과가 아니다. 그들은 결코 어떤 '내성'의 학을 가지고 있지 않았다. 그러므로 후세 이학가의 눈에 그들은 모두 이단 또는 패도(覇道)의 분위기를 가지고 있어서 다소 폄하되었는데, 이필이 바로 그 경우에 해당한다. 송대에 이르면 중요한 상황전환과 함께 변화가 확실히 생긴다. 주자는 다음과 같이 말한다.

나라의 초기에 사람들은 이미 예의를 숭배하고 경술(經術: 경서經書를 연구하는 학문)을 높여 이제(二帝: 요임금과 순임금)와 삼대(三代)를 회복하려 한 것이 이미 당나라 사람들보다는 더 낫다고 했으나, 말하는 것이 철저하지는 못했다. 이정이 나온 후에야 비로소 이 이치는 분명하게 이야기되었다.[12]

그러나 "이 이치는 분명하게 이야기되었다", "이미 당나라 사람들보다는 더 낫다고" 한 후에도 여전히 당나라 때만큼 빼어난 사공이 없었을 뿐만 아니라, 당대와 같은 그런 뛰어난 재상도 거의 보이지 않았다. 범중엄(范仲淹)은 잠시 반짝거렸고 왕안석(王安石)은 성공하지 못했다. 명대에 장거정(張居正)이 있었지만 유가들에 의해 오히려 법가로 욕을 얻어먹었다. 청대 역시 어떤 인물도 언급되지 않는다.

이것이 바로 이학이 "예의를 숭배하고 경술을 높여 이제와 삼대를 회복하려"고 하여, '내성'으로 '외왕'을 조정하고 '정심성의'를 가지고 '치국평천하'라는 결과를 끄집어내려는 이유였다. 이학은 왜 이와 같이 했는가? 근본적인 이유는 바로 다음과 같다. 즉, 북송에서부터 시작하여 중국은 최고의 권력을 모두 절대적인 군권(君權)에 집중시켜, 이미 어떠한 힘도 그것을 제약할 수가 없었다. 당대(唐代)의 지방세력이 중앙을 견제하는 상황도 이미 사라져버렸다. 사상에서도 동중서의 천인감응설 또한 붕괴되어버렸다. 방대한 권력을 가지고 있는 관료체제와 절대적 권위를 지니고 있는 황제 자체의 위계성은 큰 문제가 되었다.

이런 이유에서 왕안석이 내우외환에 대해 개혁을 주장했으나 실패한 후에, 조정에서 황제에 따라서 끊임없이 정책이 개정된(변법變法과 반변법反變法의 정치적 투쟁은 몇 개의 조대朝代를 거쳤다) 후에 '군심을 바로잡는 것'(正君心)을 기치로 내세우는 정치철학적 이론이 출현하여, 마침내 남송 말년과 원명청 시기에 통치의식의 핵심적 지위를 차지하게 된다. 이것은 조금도 이상할 것이 없는 것 같다. 어떠한 인격신적인 종교전통도 황권을 제약할 수도 없고 신앙을 통일할 수도 없을 뿐만 아니라, 어떤 다른 방법도 있을 수 없었다. 그래서 원시유학에서 말한 '정심성의 수신제가'를 본체의 차원으로 끌어올려 전체 봉건사회의 강

---

12) 『주자어류집략』권8, "國初人便已崇禮義, 尊經術, 欲復二帝三代, 已自勝於唐人, 但說未透在. 直到二程出, 此理始得說得透."

상적 질서와 그 관료체계를 유지하는 역량으로 삼았던 것이다.

한편으로는 이른바 '군주 마음의 잘못된 것을 바로잡고 마음을 바로잡음으로써 조정을 바르게 한다'(格君心之非, 正心以正朝廷)는 것으로 군주의 권력을 제약하는 것이 '치도(治道)의 근본'이라고 생각했다. 다른 한편으로는 '천리를 밝히고 인욕을 없애는'(明天理滅人欲) 것을 선양하여 백성을 이끌고 통치에 복종하도록 했다. 이학은 당대에 성행한 불교를 흡수하여, 종교를 세속적인 인륜적 질서로 환원시키고 세속적인 인륜적 질서에 종교적인 신성한 성질을 부여했다. 그리하여 중국식의 정교합일적 통치체계를 세우고 정치가 '교'(敎)를 벗어나지 않게 했다. 결국 '백성을 고난에서 구원하고'(拯民水火), '백성을 배고픔과 목마름에서 구하는'(救人饑渴) 식의 원시유학적인 '외왕'의 정치내용에 '내성'의 준종교적 성질을 부여하여, 이른바 '인간에 대한 궁극적 관심'이란 것으로 변화시켜 놓는다.

'인간에 대한 궁극적 관심'이란 것은 바로 사람은 어떻게 도를 깨닫고 어떻게 성인이 될 수 있는가라는 것이다. 일체의 '외왕'은 모두 '내성'을 위한 것일 뿐이다. 그러므로 '외왕' 자체는 부차적일 수밖에 없다. 이것은 확실히 불교가 '일체 중생을 구하는'(普度衆生) 것의 세속적인 복제판이며, 다른 세계가 아니라 이 세속세계 속에서라는 의미이다.

이학은 종교적 기능을 가지고 있는 준종교가 되었고, 또 일종의 도덕적 신학이라고 말할 수 있다. 만약 원시유학에서 도덕적 내용이 정치였다고 말한다면, 송명이학에서 정치의 실제내용은 도덕에 종속되었다고 말해야 할 것이다. 이런 도덕이 초도덕적인 종교적 본체의 성질을 가지고 있었기 때문에 황권을 포함한 모든 것은 이론상 그것에 복종하거나 종속되어야 한다. 이로부터 심성이론은 치평(治平)의 방략보다는 차원이 한 단계 더 높은 것으로 인정되고, 성현의 위치는 세속의 어떤 공훈보다도 높았다. 그것이 미친 영향은 위의 말처럼 대단한데, 심지어 관리의 선발시험 역시 그들의 현실적 공헌이 아닌 개체의 도덕을 표준으로 삼았다. 그러므로 가도덕(假道德: 가짜 도덕)·가도학(假道學: 가짜 도학)이 생겨나고 사회의 유기체도 극단적으로 허위의 옷 속에 썩은 것을 숨겼다. 오로지 '내성'을 추구하는 송명이학은 현실 속에서 이런 방향으로만 흘러갔다.[13]

정(正)이 있으면 반드시 반(反)이 있다. 바로 이학이 유행하기 시작할 때 반(反)이학으로 공리를 추구하는 사조가 출현했다. 이것이 바로 유명한 영강(永康: 진량陳亮이 대표적임), 영가(永嘉: 섭적葉適이 대표적임) 학파이다.

주(朱)·장(張)·여(呂)·육(陸)의 네 군자는 모두 성명(性命)은 말하지만 공리(功利)는 피해버리고, 배우는 자들도 각기 그 스승의 말을 지키고 결코 위배할 수가 없었다. 진동보(陳同甫: 진량을 말함)는 그 옆에서 일어나 홀로 그렇지 않다고 생각했다. 또 성명의 은미함을 자공은 듣지 못했고 우리의 스승이신 공자께서도 드물게 말씀하셨다고 했다. 후학들이 그것을 버려두지 않고 함께 이야기하는 것이 너무 지나치게 많은 것이 아닌가?[14]

그 설은 모두 지금의 사람들이 아직 말하지 않는 것이다. 주자는 (이런 설에 대해) 크게 인정하지도 않았고 또 그것을 전면 부정하려고 하지도 않은 것 같다.[15]

주자와 진동보의 논쟁과 차이에 대해서 철학사가들은 이미 많은 것을 이야기했다. 여기서는 조금만 말하려고 한다.

---

13) "宋儒以絶欲爲至難, 竟有書父母遺像置帳中以自警者, 以爲美談……. 閱書至此, 爲之欲嘔."(원목袁枚, 『수원삼십종』隨園三十種 「독외여언」讀外餘言 권1) 이런 사례는 더욱더 많다.
14) 『송원학안』 「용천학안」, "朱·張·呂·陸四君子皆談性命而辟功利, 學者各守其師說, 截然不可犯. 陳同甫崛起其旁, 獨以爲不然. 且謂性命之微, 子貢不得而聞, 吾夫子所罕言. 後生小子與之談之不置, 殆多乎哉?"
15) 섭적, 『용천문집서』(龍川文集序), "其說皆今人所未講, 朱公元晦意有不與而不能奪也."

주자: 천리와 인욕이 구분되는 것을 살펴보고…… 만약 여기서 분명하게 볼 수 있다면 자연히 세속의 공리와 권모술수 속으로 들어가지 않을 것이다. ……지금 스스로 하나의 몸과 마음을 어디에다 안정되게 두어야 할지를 모르면서 왕도(王道)와 패도(覇道)를 말하면서 세상을 다스리는 일을 달리 하나의 기량으로 보아 그것을 어떻게 강구할 것인가를 힘써 따지는 것은 또한 잘못이 아닌가?[16]

제가 드린 부족한 말을 가지고 생각하면 의(義)와 이(利)를 함께 행하는 것과 왕도와 패도가 함께 쓰임을 버리고, 화를 누르고 욕심을 막고 잘못을 고쳐 선으로 옮기는 일에 힘을 기울여서 순수하게 참된 선비의 도리로 스스로 법 삼을 수 있기를 바랍니다.[17]

진동보: 도덕성명의 설이 일단 유행한 이래로…… 선비 된 자들이 문장을 짓고 의를 행하는 것에 대해 말하는 것을 부끄럽게 생각하면서 진심지성(盡心知性)에 대해서는 말한다. 벼슬을 하는 자들이 정사를 행하고 재판을 행하는 것에 대해 말하는 것을 부끄럽게 생각하면서 도를 배우고 백성을 사랑하는 길을 배우는 것에 대해 말한다. 스스로 속고 다른 사람을 속이면서 천하의 참된 현실을 완전히 버려 둔다면 끝내는 어떤 일도 아랑곳하지 않게 될 뿐이다.[18]

요즘 세상의 선비들은 스스로 정심성의의 학문을 얻었다고 생각하는데, 모두 중풍이 들어 마비되어 아픈 것도 가려운 것도 모르는 사람들이다. 온 세상 사람들이 나라와 부모를 망하게 한 원수에 대해

---

16) 『주자대전』 권47 「여자약에게 답함」(答呂子約), "察於天理人欲之判, ……若於此處見得分明, 自然不得流入世俗功利權謀裏去矣. ……今自家一個身心不知安頓去處, 而談王說覇, 將經世事業別作一個伎倆, 商量講求, 不亦誤乎?"
17) 『주자대전』 권36 「진동보에게 답함」(答陳同甫), "願以愚言思之, 絀去義利雙行, 王覇並用之說, 而從事於懲忿窒欲, 遷善改過之事, 粹然以醇儒之道自律."
18) 『용천문집』 「송오윤성운간서」(送吳允成運幹序) "自道德性命之說一興, ……爲士者恥言文章行義, 而曰盡心知性; 居官者恥言政事書判, 而曰學道愛人. 相蒙相欺, 以盡廢天下之實, 則亦終於百事不理而已."

조금의 불안감도 가지지 않고 그저 머리를 숙이고 손은 잡은 채 성명(性命)만을 말하고 있으니, 도대체 무엇을 가지고 성명이라고 하는지를 알 수가 없다.[19]

위의 두 사람의 관점이 다른 것은 매우 일목요연하여 더이상 말할 필요가 없다. 주자는 '삼대'는 공리를 말하지 않았고, 진한 이후는 더욱 상황이 악화된 것으로 보고 있다. 이것은 우연히 들어맞은 결과에 불과하다고 할 수 있는데, 왜냐하면 씨족전통('삼대')과 계급사회는 분명히 다르기 때문이다. 이 때문에 주자는 정치를 도덕으로 변화시키고 '형정과 재판'을 개체의 수양으로 바꿈으로써 '삼대'로 돌아가려고 했다. 그러나 역사라는 측면에서 말하면 그것은 뒤로 가는 기차와 꼭 같은 것으로, 실제로는 결코 실행불가능한 것이다. 그러므로 비록 이학의 철리가 얼마나 고매하고 오묘하건 간에 끝내는 현실에 어떠한 도움도 주지 못한다. 후세에 이지는 비웃으면서 다음과 말한다.

나는 선생(주자를 가리킴)은 마땅히 빼어난 모략과 책략을 가지고 송나라 왕실을 다시 일으켜세우고 굴욕을 면하게 하기 위해, 숨을 쉬는 짧은 순간에도 위태로운 것을 편안하게 하고 약한 것을 강한 것으로, 어린 열살 경부터 배운 것을 장성하여 행할 수 있는 사람이고, 지금이 바로 그때라고 생각한다. 그러나 일찍이 훌륭한 모략이나 책략을 가지고 군주를 만나뵙고 고했다는 소리는 들은 적은 없고, (나라가 망해가는 위급한 시기에 다른 일에 대해서는 말하지 않고—옮긴이) 다만 내시가 어떻다는 말만 했으니 이것이 과연 가장 급한 당무란 말인가? 혹 성인의 정심성의의 학이 다만 내시 한 사람을 위하여 만든 것으로 오랑캐와 중국의 강함과 약함에 관심을 두는 것이 아니

19) 같은 책, 「상효종황제(上孝宗皇帝弟)제1서」, "今世之儒士, 自以爲得正心誠意之
學者, 皆風痺不知痛痒之人也. 舉一世安於君父之仇, 而方低頭拱手以談性命, 不
知何者謂之性命乎?"

라면, 정심성의가 아무리 귀한들 무엇 하겠는가.[20]

이지의 비꼬는 말에는 조금 치우친 점도 있다. 그러나 전체적으로 말하면 주문공(朱文公)뿐만 아니라 후대의 많은 '순수하고 뛰어난 선비'들은 대부분 이런 심성을 말하여 높은 경계만을 올리려고 하지만, 일단 현실의 정치적인 문제만 언급하면 지극히 내용이 빈약하고 엉성함에 빠져버리는 대체적인 틀을 벗어나지 못하는 것 같다.

섭적과 진량은 거의 같은 시기에 이학에 대해 매우 급진적으로 반대했다.

옛날 사람들은 과거의 언행을 많이 배워서 그 덕을 축적했고, 요즈음에는 마음을 통하고 성에 도달하는 것을 학(學)으로 삼는다. 하지만 밖으로 나가서 견문을 넓히는 것이 거의 없어 좁고 충분하지 못하며 허물 많은 덕이 되어버렸다.[21]

오늘날 도를 행하려고 하는 자는 각기 안(內)에서 나와서 바깥(外)을 다스리기 때문에 항상 현실과 부합되지 않았다.[22]

섭적은 이학가들이 존중하는 정통, 즉 증자 · 자사 · 맹자로부터 시작하는 노선에 비난을 가하고 있다. 예를 들어, 주자와 이학가들의 말에 의하면 증자는 공자의 참된 전통을 이어받고 있다고 했는데, 주자는 『중용서』(中庸序)에서 "오직 안씨와 증씨만이 그 정통을 얻었다"[23]고

---

20) 『장서』 권35 「조여우」(趙汝愚), "吾意先生當必有奇謀祕策, 能使宋室再造, 免於屈辱, 呼吸俄頃, 危而安, 弱而强, 幼學壯行, 正其時矣. 乃曾不聞嘉謨嘉猷, 入告家內, 而直以內侍爲言, 是爲當務之急歟? 或者聖人正心誠意之學, 直爲內侍一身而設, 顧不在乎夷狄中國的强弱也, 則又何貴於正心誠意爲也."

21) 『송원학안』 「수심학안」(水心學案) 하편, "古人多識前言往行以蓄其德, 近世以心通性達爲學, 而見聞幾廢, 狹而不充, 爲德之病."

22) 같은 책, 「수심학안」 하편, "今之爲道者, 各出內以治外, 故常不合."

23) 『중용서』(中庸序) "……惟顔氏曾氏之傳得其宗."

말한다. 그러나 섭적의 입장은 다르다.

증자의 학문은 몸을 닦는 것을 근본으로 하여…… 큰 도라는 입장
에서는 꼼꼼하지 못하고 엉성하고 잃어버린 점이 많기 때문에 최고
라고 말할 수는 없다.[24]
공자가 증자에게 전하고, 증자가 자사에게 전한 것에는 반드시 오
류가 있음에 틀림없다.[25]
증자가 쉽게 알아들은 것들은 자공이 어렵게 이해한 것만 못하다.[26]
일관(一貫: 하나의 이치로써 모든 일을 꿰뚫음)의 뜻은 자공에 의
해서 대략적으로 밝혀졌지만, 증자 때문에 도리어 더욱 미혹되어 버
렸다.[27]

인용문의 뒷부분에서 말하는 것은 『논어』의 "나의 도는 하나로써 관
통한다"(吾道一以貫之)에 대한 다른 해설일 뿐이다. 그러나 섭적의 전
체적인 경향은 외재적인 공리에 있으며, 증자 식의 순수하고 내성적인
노선에 대해서 반대하고 있는 것은 분명하다.[28] 유가의 정통파들은 일
상생활에서 '수양'이라는 것을 절대로 잊지 않는다. 정명도는 나무를
보고 다리를 고치는 것을 생각하는 것은 죄라고 느껴야 한다고(공리功
利를 생각하려는 것) 말했는데, 이것은 하나의 미담이 되었다고 한다.

---

24) 『송원학안』 「수심학안」 상편, "曾子之學, 以身爲本……於大道多遺略, 未可謂
  至."
25) 같은 책, 「수심학안」 상편, "言孔子傳曾子, 曾子傳子思, 必有謬誤."
26) 『습학기언』(習學記言) 권13, 「이인」(里仁), "曾子之易聽不若子貢之難曉."
27) 같은 책, 「안연」, "一貫之指, 因子貢而粗明, 因曾子而大迷."
28) 그러므로 매우 재미있는 것은, 섭적의 이런 태도가 오늘날에도 여전히 '현대신유
  가'의 매우 큰 불만을 불러일으켰다는 점이다. "그러므로 참으로 공자를 가벼이
  홀대하고 공자의 전통을 적으로 삼는 자는 섭수심(葉水心)이다. ……그의 뒷도
  모르는 어리석음과 엉뚱한 소리는 너무나 지나치다. ……나는 그의 책을 읽고
  매우 답답했다" 등등을 말하고 있다(머우쭝싼, 『심체와 성체』 「종론」綜論, 臺灣
  正中書局, 1973, 255쪽).

진동보나 섭수심(葉水心)에게 이것은 정반대일 것이다. '육경'(六經)은 반드시 공리와 실용을 말해야만 한다.

우 임금이 현실적인 공리가 없었다면 어떻게 육부를 만들었겠는가? 건괘에 이(利)가 없다면 어떻게 사덕을 갖출 수 있겠는가?(禹無功, 何以成六府 ; 乾無利, 何以具四德—진동보의 말)

공리가 없다면 도의라는 것은 쓸모없는 헛된 말일 뿐이다.(旣無功利, 則道義者, 乃無用之虛語矣—섭수심의 말)

이렇게 본다면 '내성'과 '외왕'이 대립하는 것처럼 이학과 진량·섭수심 역시 확실히 학파가 둘로 나누어져 서로 대치되는 경향을 가지게된다. 이학은 차원 높고 깊이 있는 철리(哲理)를 가지고 있지만 세상사에 도움을 주지 못한다. 그것이 일으키는 작용은 어떤 준종교적인 가치 수양의 작용이다. 기껏해야 개인의 '안신입명'을 말할 수 있을 뿐, 천하까지도 구하는 '겸제천하'(兼濟天下)는 거의 불가능하다. 진량·섭수심은 '겸제'를 궁극적인 관심으로 삼아, 진량은 "바로 금·은·구리·쇠를 섞어서 녹여 하나의 기물을 만들어 천지가 불변하게 운행하고 있고, 사람도 스스로 쉬지 않고 자강불식하여야 함을 밝히려 한다"[29]고 말하고 있다. 그러나 그는 철학상에서 이런 관점을 체계화하지 못했고, 깊이 있는 이론적 논증을 하지도 못했다. 그것은 선진 시기의 순자이래로 강조된 외재적인 것을 개조해나가는 인간의 주체적 활동을 중시하는 한편 미신적인 것을 제거하는 이지적 관점을 자각적으로 계승한 것도 아니다. 또한 철학적인 측면에서도 진일보한 발전과 응용을 하지도 못하고 있다. 진량도 여전히 '천리인욕'을 말하고, 섭적 또한

---

29) 『용천문집』 「여주원회비서」(與朱元晦秘書), "正欲攪金銀銅鐵, 熔做一器以明天地常運而人爲常不息."

'인심도심'을 말한다. 그들은 이학가의 철학적 조종에서 크게 벗어나지 못하고, 다만 심성론을 유학의 근본이라고 말하는 입장에 반대할 뿐이다. 그러므로 그들은 이학자는 아닐지라도 여전히 유가임에는 틀림이 없다.

2 치인과 치법

앞서 말한 것처럼, 이학가들이 보기에 유가의 정통은 안자(顔子)·
증자·맹자이고, 심지어 그들은 자공·자로와 순자까지 모두 공자학의
정통으로 인정하지 않는다. 그 표준은 바로 이런 '내성'의 학을 가지고
있는가, 또는 '내성'을 가장 중요한 근본 또는 기초로 여기는가 하는 것
에 있다. 비록 큰 사공(事功)의 공적이 있지만, 조금이라도 이 표준에
비켜나가면 바로 신불해·한비자 등의 법가로 비판받게 된다. 주자가
제갈공명에 대해 평가하는 것이 하나의 전형적인 예이다. 주자는 제갈
공명에 대해 존경하고 높게 평가하지만, 결국에는 다음과 같이 말한다.

> 제갈공명의 천품은 참으로 완벽하고 그 기상이 크지만, 그 배운 바
> 가 완전하게 순수하고 바른 것은 아니다.[30]
> 거칠고 소략한 것에 허물이 있다.[31]
> 공명은 신불해와 한비자의 법가에서 나왔다.[32]

---

30) 『주자어류』 권136, "諸葛孔明天資甚美, 氣象宏大, 但所學不盡純正."
31) 같은 책, 권136, "病於粗疏."
32) 같은 책, 권136, "孔明出於申韓."

이학의 자세하고 치밀하며 오묘한 도덕적 형이상학과 비교하면 제갈공명은 확실히 위의 말처럼 그러하다. 제갈량의 시대에는 아직 심성적인 철학 이론이 없었고, 한말(漢末)의 중장통(仲長統)·서간(徐干) 등이 남겨놓은 저작들은 대부분이 경세(經世)에 대한 논의들이다. 그러므로 '제갈공명이 신불해와 한비자의 법가에서 나왔다'고 말하는 것에 대해 억울하다고 할 수는 없다. 그러나 후대의 이학자들은 늘 현실의 공적이나 업적을 이루려고 하거나, 이와 같이 되기를 희망하는 유가들을 일률적으로 법가로 폄하하거나, 또는 적어도 사문왜도(邪門歪道)라고 하여 비판했다. 하지만 이것은 공평하지 못한 것으로 보인다. 예를 들면, 왕안석이 아직 벼슬을 하지 않았을 때는 모든 사람들이 그를 아주 높게 평가했다. 그는 맹자를 높이고 주관(周官)을 중시하고 『삼경신의』(三經新義)를 반포했지만, 그가 일단 개혁에 손을 대자마자 후세 사람들에 의해 '법가'로 욕을 얻어먹게 되었다. 유종원·장거정 등도 마찬가지이다. 이로부터 유학의 '정통'은 마치 안자·증자·맹자·정이천·주자·육상산·왕양명 등 현실의 사공(事功)을 말하지 않는 '순수하게 순연한 유가'인 사람들에게 자리를 내주게 된다.

결과적으로 이런 이상한 괴현상이 출현했다. 이 '내성'학의 '정확성'은 오직 재야의 학자와 유생들의 수중 또는 신상에만 보존되어 있기 때문에 정책을 시행하려고 했을 때 여러 가지 폐단이 생겨나게 된다. 현대에 이르기까지도 어떤 학자들은 이학 자체가 결코 결점을 가진 것이 아니라, 다만 그것을 정치에 구체적으로 실현하려고 했을 때 문제가 생긴다고 말한다. 즉, 불경(佛經)은 좋은 것이지만 중이 나쁜 것으로 읽었을 뿐이라는 것이다. 정주와 육왕의 학설 자체는 좋은 것이지만, 조정과 어리석은 선비들이 정책으로 펴려고 할 때 나빠졌다는 것이다. 그러므로 각종 죄악은 정주나 육왕에게 있는 것이 아니라 봉건적인 조정과 속류 유가들에게 있는 것으로 보아야 한다는 관점이다.

이것은 나름대로의 이치가 있기는 하다. 왜냐하면 순수한 이론과 이 이론에 근거하여 시행하는 정책 사이에는 매우 큰 거리가 있기 때문인

데, 이것은 매우 일반적인 보편법칙이라고 할 수 있다. 그러면 원·
명·청 삼대의 왕조 수백 년 동안 온 힘을 다하여 장려하고 제창한 이
학은 그것 자체의 이학 이론과 실제효과가 완전히 다른 두 가지였다고
할 수 있겠는가? 위의 말처럼 송명이학이 크게 발전한 후에 성리(性理)
를 쓸데없이 이야기하고 실제의 사물을 경시하는 경향이 사림(士林)들
에게 매우 팽배해 있었을 뿐만 아니라, 또한 전체 정치에 영향을 주었
다. 그러므로 명나라가 망한 후에 이전 사람들이 위진의 청담(淸談: 속
되지 않은 청아한 이야기)을 비판하여 '하안과 왕필의 죄가 걸주(桀紂)
만큼 크다'고 한 것처럼, 고염무에서 안원에 이르는 많은 정통유가들은
심성에 대한 쓸데없는 이야기에 모두 반대하고 양명학을 욕하거나 정
주를 비난했다. 그런데 이것은 결코 간단한 문제가 아니었다. 고염무는
다음과 같이 말한다.

이런 까닭에 성(性)·명(命)·천은 공자께서 드물게 말씀하신 것
인데도, 오늘날의 군자들은 늘 말하고 있다. 출처(出處: 벼슬하는 것
과 물러남)·거취·사수(辭受: 사직과 제수받음)·취여(取與: 받음
과 줌)의 구분은 공자나 맹자께서 늘 하신 말씀이지만, 오늘날의 군
자들은 드물게 말한다.[33]
사씨(謝氏)가 말하기를, ……다만 증자의 학만이 오로지 내면에다
마음을 썼기 때문에 전하는 데에 폐단이 없었다. 대저 마음이 여러
이치를 갖추고서 만사에 응하고, 그 마음을 바로잡는 것은 치국평천
하를 펼치려 하는 것이다. 공문(孔門)에는 아직 오로지 내면에다 마
음을 쓰는 이론이 없다.[34]

---

33) 『정림문집』(亭林文集) 권3 「여우인론학서」(與友人論學書), "是故性也·命也·
天也, 夫子之所罕言, 而今之君子之所恒言也. 出處·去就·辭受·取與之辨, 孔
子孟子之所恒言, 而今之君子所罕言也."
34) 『일지록』(日知錄) 권18 「내전」(內典), "謝氏曰……獨曾子之學專用心於內, 故傳
之無弊. 夫心所以具衆理而應萬事, 正其心者, 正欲施之治國平天下, 孔門未有專
用心於內之說也."

오늘날의 청담이 그 이전 시대보다도 더 심하다는 것을 알고 있는 사람이 누군가? 옛날의 청담은 노장을 이야기했으나 오늘날의 청담은 공맹을 말하고 있다. 아직 그 정수는 얻지 못하고 그 거친 것만을 남겨두고 있고, 아직 근본을 궁구하지 못하고 그 말단을 이야기하고 있다. 육예(六藝)*의 문장을 습득하지 않고, 백왕(百王)의 전장제도를 탐구하지 않고, 당대에 힘써야 할 것에 중심을 두지 않고, 부자께서 논한 학문과 정치의 대단(大端)을 들어서 일체 묻지 아니하고, '일관(一貫)이다'고 하거나 '말씀하지 않았다'고 말한다. 마음을 밝히고 본성을 본다는 헛된 말을 가지고, 수기치인(修己治人)하는 실학을 대신하고 있다. 신하들은 나태하여 만사가 황폐하게 되고, 나라를 보위할 사람들이 없어 온 나라가 어지러워져서 중국 땅은 어지럽게 휘말리게 되고 종묘사직은 폐허로 변할 것이다.[35]

이것은 바로 500년 전의 진량·섭적과 같은 논조와 동일한 주장이나 이유가 아닌가? 그러나 이것은 이미 다시 한 번의 망국이라는 침통한 현실적 교훈을 겪은 후에 나온 경험적 결론이다. 바로 이와 같기 때문에 그것은 당시의 거대한 시대사조를 구성한다. 이런 사조에는 그 나름대로의 연원이 있어서[36] 아래로 근대까지 연결되는데, 이것은 바로 중

---

* 고대 중국의 여섯 가지 교과, 곧 예(禮)·악(樂)·사(射)·어(御)·서(書)·수(數)를 이르는 말.

35) 『일지록』 권7 「부자언성여천도」(夫子言性與天道), "孰知今日的淸談, 有甚於前代者? 昔之淸談談老莊, 今之淸談談孔孟. 未得其精而已遺其粗, 未究其本而先辭其末. 不習六藝之文, 不考百王之典, 不宗當代之務, 擧夫子論學論政之大端一切不問, 而曰一貫, 曰無言. 以明心見性之空言, 代修己治人之實學. 股肱惰而萬事荒, 爪牙亡而四國亂, 神州蕩覆, 宗社丘墟."

36) 송대 말기 주밀(周密)의 『계신잡식속집』(癸辛雜識續集) 하편의 「도학」(道學)에서 다음과 같이 말하고 있다. "도학이라는 이름은 원우(元祐) 시기에서 시작되어 순희(淳熙) 시기에 성행했다. ……모든 재물과 세금을 관리하는 사람들은 재산을 모으고 빼앗는 자로 간주되고, 변방을 개척하는 자는 고급스럽지 않은 재산을 모으는 자로 간주되고, 책을 읽고 글을 짓는 자는 다른 것에 빠져 본래의 자기를 잃어버리는 자로 보여지고, 정사(政事)에 마음을 두는 자는 속된 관리로

국의 정신과 중국 문화의 극히 중요한 측면이다. 고염무는 경험적인 견문을 중시하고, 실제로 이해하여 기록하는 것을 귀하게 여기는 태도와 나라를 '치·평'하는 것을 자신의 임무로 생각하는 정신을 견지하고 있다. 그는 "천하의 흥망에는 보통사람들도 책임이 있다"(天下興亡, 匹夫有責)고 주장했는데, 그의 일생에 걸친 구체적인 활동과 저작 등은 바로 유가 '외왕'학의 매우 훌륭한 모범이 될 수 있지 않을까? 고염무는 표준적인 공맹의 신도, 유학의 거물이다. 그가 견지하는 것은 바로 순자·동중서에서 왕통(王通)*·진량·섭적에 이르는 노선의 유학정신을 표현한 것이 아닐까?

간주된다. 도학자들이 읽는 것은 오직 사서·근사록·통서(通書)·태극도(太極圖)·동명(東銘)·서명(西銘)·어록 등으로, 스스로 그 학이 정심수신하고 제가치국평천하하는 것이라고 궤변했다. ……이름을 헛되이 구하고, 벼슬에 이르려고 하는 선비들의 과거시험장에서의 문장들은 반드시 그것들을 인용하여 문장으로 삼으니, 뛰어난 성적으로 선발되어 명사가 된다. ……그러나 그 소행을 공평하게 살펴보면 그 언행이 서로 완전히 일치하지 않고, 대부분 모두 인간의 실정과는 거리가 있다. 비상시기에는 반드시 국가가 입는 막대한 피해를 위해서 더이상 진대(晉代)의 청담과 같은 상태에 있어서는 안 될 것이다. ……가사헌(賈師憲)은 오직 이런 류의 사람들을 써서 주요한 위치에 놓아두고 도학을 존숭한다고 말했지만, 사실은 다행하게도 그 재주 없는 사람들의 모자라는 능력이 방해받지 않았을 뿐이다. 그리고 끝내 모든 일을 바르게 처리하지 못하고 자신을 죽이고 나라마저 망하게 하는 결과에 이르게 된다. ……중고(仲固)의 말은 불행히도 딱 들어맞는 말로 어떻게 차마 말할 수 있겠는가."(道學之名, 起於元祐, 盛於淳熙……凡治財賦者, 則目爲聚斂, 開悉遷邊者, 則目爲粗材, 讀書作文者則目爲玩物喪志, 留心政事者, 則目爲俗吏, 其所讀者, 止四書·近思錄·通書·太極圖·東西銘·語錄之類, 自詭其學爲正心修身齊家治國平天下, ……釣聲名, 致膴化, 而士子場屋之文, 必須引用以爲文, 則可以擢巍科, 爲名士, ……然夷考其所行, 則言行了不相顧, 率皆不近人情. 異時必爲國家莫大之禍, 恐不在典午淸談之下……賈師憲專用此一類人, 列之要路, 名爲尊崇道學, 其實幸其不才憒憒, 不致掣其肘耳, 卒致萬事不理, 喪身亡國……仲固之言, 不幸而中, 尙忍言之哉)

이것은 오로지 '내성'만을 존숭한 송대 이학이 실제로 현실과 조우한 결과로, 첫번째의 침통한 역사적 경험이다. 두번째는 바로 고염무·안원의 비통한 평론이다. 이것은 오직 이학만을 높이는 사람들이 다시 한 번 깊이 있게 생각해보아야 할 문제로 보인다.

* 수나라 때의 철학자로, 자(字)는 중엄(仲淹)이다. 저서로는 『중설』(中說)이 있다.

그러므로 만약 공맹정주(孔孟程朱) 또는 공맹육왕(孔孟陸王)을 중국 유학의 주류와 '정통'으로만 간주한다면, 이것은 결코 역사적 진실과 합치되지 않을 것이다. 정주육왕이 발전시키고 대표하는 것은 다만 유학의 한 부분일 뿐이다. 유학의 생명력은 고도의 자각적인 도덕이성을 가지고 있다는 것에 존재할 뿐만 아니라, 현실에 직면하여 환경을 개조하는 외재적 성격을 가지고 있다는 점에도 있다.

　이것은 바로 순자의 "제천명이용지"(制天命而用之)라는 빼어난 명제가 대표하는 관점이다. 이런 관점은 묵가 · 법가 · 음양가 등의 경험론과 공리관을 유학의 체계 속에 집어넣어 용해한 것으로, 사공(事功)을 매우 중시하는 성격을 가지고 있다. 앞에서도 말한 것처럼, 설령 주자 등의 사람들이라고 하여도 완전히 이런 측면을 무시할 수는 없을 것이다. 왜냐하면 송명이학은 분명히 불교나 종교가 아니기 때문에 이론적인 측면으로는 결코 현실 인생을 부정하지 않는다. 따라서 '치국평천하'의 도리를 반드시 말해야 함에도 불구하고 그들은 이런 측면을 완전히 종속적인 위치에 두거나 또는 경시하는 위치에 두고 있기 때문이다.

　앞의 「순자 · 역전 · 중용의 철학」에서 말한 것처럼, 유학에 오직 자사나 맹자만 있었다면 유학은 아마도 일찍이 신비주의적인 종교에 들어가 한대 이후의 중국적인 이데올로기는 출현할 수 없었을 것이다. 마찬가지로 만약 한대 이후에 줄곧 단절되지 않은 '외왕'의 노선으로 송명이학의 '내성'을 제약하지 않았다면, 근대에서 오늘날에 이르는 구국정신도 없었을 것이다.

　이학이 순수한 철학적 사변을 발전시키고 도덕적 자각의 주체성을 배양했다는 점에서는 매우 큰 공헌을 했지만, 현실사회의 발전과 정치제도의 개혁이라는 점에서는 보수 또는 반동적 작용을 한 것은 분명하다. 그것이 비록 여러 가지 새로운 옷으로 갈아입고 있지만, 정치를 도덕적 윤리주의로 변화시켜놓은 나쁜 영향은 지금도 여전히 분명하게 드러난다.

앞에서 말한 것처럼, 여기서 중요한 하나의 문제는 이학이 스스로를 정통으로 자처하여 자기와 다른 것을 배척했기 때문에, 사공을 강구하는 모든 비(非)이학 또는 반(反)이학적 유학은 항상 법가로 배척되어 왔다. 역사적 진실로 말하면, 법가사상은 선진과 서한(西漢) 초기의 유가들에 의해 단계적으로 부단히 흡수되어 수용되었고, 독립적 법가학파는 이미 존재하지 않았을 뿐만 아니라 법가적 사상내용인 상벌·공리·군사(軍事) 등을 강조하는 것은 일찍이 유가적인 것이 되어버렸다. 이 때문에 송대 이래의 법가 또는 공리를 중시하고 변혁을 주장하는 현실적 사상가와 정치가들이 진정으로 직면한 '법가'의 내용은 차라리 근대를 향해가는 새로운 역사적 과제라고 말하는 편이 더욱 정확할 것이다.

이 시대의 과제는 근대의 계몽주의를 이용하여 군권(君權)을 제한하고, 더 나아가 군권을 조정하는 민주사상을 요청하는 문제로 표현된다. 이 문제는 명청 시기의 황종희·당견 등의 사상에서 가장 두드러지게 나타난다. 그것은 이론상으로 '지향윤리'(도덕적 동기)와 '책임윤리'(현실적 효과), 가치판단과 사실판단이 서로 구분되어야 한다는 것을 의미하고 있다. 이것은 또한 경제학·정치학·사회학이 마땅히 종교학·도덕철학에서 분화되고 독립되어 과학적 형태를 취하여야 하는 문제이다. 또한 이것은 더이상 종교적 신앙, 도덕적 선악에 근거하지 않고 명확하게 현실의 이해, 생활의 작용으로부터 사회현상과 인간관계를 유지·조절하고 처리한다. 이것은 사실 중국식의 '정'(政: 행정) '교'(敎: 인륜적 도리의 교의)가 분리되는 근대적 요구를 속에 담고 있다.

이런 요구를 구현하는 중국 사상사 속에서 황종희는 분명히 어떤 전환적 의미를 가지고 있는 인물로 평가되어야 한다. 그의 『명이대방록』(明夷待訪錄)이라는 책은 청 말엽에 량치차오·탄쓰퉁 등에 의해서 비밀스럽게 간행되었고, 한편으로는 장타이옌에 의해 비판받았는데, 이는 모두 전형적 의미를 지니고 있는 일들이다. 황종희는 당시의 특정한 역사조건 아래에서 중국 사상의 전통적 형식을 가지고 근대의 민주정치 사상을 예리하게 표현하기 시작했다. 이것은 수입된 서양제품이 아니라, 여전히 '삼대지치'(三代之治: 하·은·주 삼대의 이상적인 정치)의 깃발을 내걸고 있는 유학전통이다. 황종희 본인은 충실한 왕양명 문하의 이학자이면서도 확실히 새로운 의식과 새로운 사상을 표현했다.

군주의 권력이 지나치게 중시되는 것을 제한하려고 생각하는 것은 앞서 말한 것처럼 송대 이래의 중대한 문제였다. 이학은 내적인 방면에서 군주라는 개체의 마음속의 동기와 의도를 제약하고 조정하려고 희망한다. 명청 시기의 사조는 이와는 정반대로 외적인 방면에서 군주의 권력을 구속하려고 한다. 고염무의 이른바 '봉건주의를 군현제 속에 집어넣음'이라는, 지방분권을 통해 중앙을 제약하는 관점은 바로 이런 의미이다. 그러나 황종희가 고염무보다 더 뛰어난 점은, 그가 이 문제를 이론적인 점에서 직접적으로 접촉하는 동시에 아울러 비교적 철저한 주장을 제기했기 때문이다.

군주는 백성을 위해 존재하는 것임을 황종희는 강조하고 있다. 본래 이것은 원시유학의 명제이지만, 황종희는 그것을 근대적으로 응용하고 있다. 군신간의 관계는 부자관계와 다르다고 그는 생각했다. 부자는 혈연관계이고, 군신은 공적인 일들로 맺어진 관계이다. 부자관계는 태어날 때부터 형성된 존비관계이지만 군신관계는 그렇지가 않다.

> 천하를 다스리는 것은 큰 나무를 끌고 가는 것과 같다. ……군주와 신하는 함께 나무를 끌고 가는 사람이다.[37]
> 그러므로 내가 나가서 벼슬하는 것은 천하를 위한 것이지 군주를 위한 것이 아니며, 만민 백성을 위한 것이지 군주의 일성(一姓)을 위한 것은 아니다. ……천하의 태평과 혼란함은 일성의 흥망에 있는

---

37) 『명이대방록』(明夷待訪錄) 「원신」(原臣), "夫治天下猶曳大木然……君與臣, 共曳木之人也."

것이 아니라 만백성의 곤궁함과 안락함에 달려 있다.[38]

이 때문에 "천자의 자리가 지나치게 높은 것으로"[39]보아서는 안 된다. 이것은 송명이학이 군신부자의 존비질서를 일체로 보는 것과는 크게 다를 뿐만 아니라, 원시유학이 혈연씨족을 국가의 근본으로 보아 이로부터 '부자'의 관계를 '군신'(이른바 "가까이는 부모를 모시고, 멀리로는 군주를 섬긴다"[40])의 관계로 확대해나가는 입장과는 크게 배치된다. 황종희는 '삼대'(三代) 이후의 '인군'(人君)이 '천하'를 자신의 가업으로 여기고 있는 점을 신랄하게 비판한다. 또한 그들이 정해놓은 전장(典章)제도가 실제로는 다만 '일가의 법이지 천하의 법이 아니다'(一家之法而非天下之法)고 말하고, 철저하게 변혁시켜 진정한 법을 세워야 할 것을 주장했다. 황종희는 다음과 같이 말한다.

보통 말하는 사람들은 국가를 다스리는 사람은 있으나 국가를 다스리는 법은 없다고 말한다. 그러나 나는 국가를 다스리는 법이 있고 난 후에 국가를 잘 다스리는 사람이 있어야 한다고 본다.[41]

이것은 엄청난 사상의 발전이다. 비록 황종희가 "삼대 이전에 법이 있었다"(三代以上有法)는 전통적인 복고의 기치를 내걸고는 있지만, 그것은 공맹순에서 송명유가에 이르기까지 보편적으로 인정하는 '국가를 다스리는 사람은 있으나 국가를 다스리는 법은 없다'(有治人無治法)는 전통명제를 거꾸로 세워버린다.

그렇다면 황종희가 세우려고 한 '법'(法)의 내용은 무엇인가? 그중

---

38) 같은 책, 「원신」, "故我之出而仕也, 爲天下, 非爲君也: 爲萬民, 非爲一姓也. …… 天下之治亂, 不在一姓之興亡, 而在萬民之憂樂."
39) 같은 책, 「원상」(原相), "視天子之位過高."
40) 『논어』「양화」, "邇之事父遠之事君."
41) 『명이대방록』「원법」(原法), "論者謂有治人無治法, 吾以謂有治法而後有治人."

에서 가장 중요한 두 가지는 '치상'(置相)과 '학교'(學校)이다. 치상은 재상을 세우는 것으로, 실제로는 근대적인 의미의 내각책임제 총리에 가깝다.

군주를 세운 본래의 뜻을 따져보면 그것은 천하를 다스리려는 것에 있다. 천하는 한 사람으로 다스릴 수 없기에 관리를 설치하여 다스린다. 이 관리라는 것은 군주의 분신일 뿐이다.[42]

군주와 경(卿)의 등급차이는 마치 경과 대부(大夫) 사이에 등급의 단계가 있는 것과 꼭 같은 것으로, 오로지 천자만이 높고 높은 데 있어서 마침내 끊어진 듯 등급을 없앤 것은 아니다.[43]

말하자면, 천자는 특별히 어느 것과도 비교될 수 없는 높고 존귀한 지위만을 가지는 것이 아니라 천자의 경(卿)에 대한 등급의 차이는 마치 경이 대부에 대한 관계와 같은 것으로, 똑같은 차등과 계급이 있을 뿐이다. 이 때문에 실제로 정사(政事)를 행하는 데 있어서 '재상'이 최고의 책임자이다.

옛날에 천자는 자리를 아들에게 넘기지 않고 현자에게 넘겨주었는데, 고대인들은 천자의 자리를 버리거나 또는 계속 그 자리에 머물러 있는 것을 마치 재상과 꼭 같이 임면(任免)을 했다. 그후 천자는 자식에게 자리를 전달했지만 재상은 자식에게 자리를 전달하지 않았다. 천자의 아들이 모두 현명하지 않았으나 그래도 여전히 재상의 자리가 현자에게 전해졌기 때문에 천자 아들의 어질지 못함을 보충하여 도와준다면 천자가 현인에게 전달하는 뜻을 완전히 잃어버

---

42) 같은 책, 「치상」(置相), "原夫作君之意, 所以治天下也. 天下不能一人而治, 則設官以治之; 是官者, 分身之君也."

43) 같은 책, 「치상」, "君之去卿猶卿, 大夫, 士之遞相去, 非獨至於天子邃截然無等級也."

리지 않게 될 것이다.[44)

'현자에게 전달할 수 있는' 재상을 등용하여 현자에게 전달하지 못하는 천자를 제약한다면, 이런 천자는 대권을 마음대로 남용하거나 전제적인 독재를 행할 수 없을 것이다.

'학교'는 근대의 의회에 가까운 것으로, 결코 단순한 교육기관을 말하는 것이 아니다.

천하를 다스리는 도구(전장제도—옮긴이)가 모두 학교에서 나오게 된 후에 학교를 세운 목적이 비로소 완성되기 시작한다. ……천자가 옳다고 하는 것이 반드시 옳은 것은 아니고, 천자가 틀렸다고 하는 것이 반드시 틀린 것은 아니다.[45)

동한(東漢)의 태학(太學)에는 3만 명의 사람이 있었는데, 그들은 위기와 고난을 두려워하지 않고 직언을 하고 국사를 깊이 있게 다루어 귀족들과 대립하는 것을 피하지 않았기에, 높은 관료들은 그들의 비판을 피하려 했다. 송대 태학의 학생들은 궁실의 문 앞에 엎드려 북을 두드리면서 청원하여 이강(李綱)을 기용할 것을 요구했다. 삼대의 유풍이 이것과 아주 비슷하다.[46)

태학의 좨주(祭酒: 태학을 주재하던 관리)는 당시의 가장 큰 선비를 추천하여 택하는데, 그 사람의 중요함은 재상과 같을 정도였다. ……천자가 친히 태학을 방문할 때 재상과 육부(六部)의 상서(尙書)와 간

---

44) 같은 책, 「치상」, "古者不傳子而傳賢, 其視天子之位, 去留猶夫宰相也. 其後天子傳子, 宰相不傳子. 天子的子不皆賢, 尙賴宰相傳賢足相補救, 則天子亦不失傳賢之意."

45) 같은 책, 「학교」(學校), "必使治天下之具皆出於學校, 而後設學校之意始備……天子之所是未必是, 天子之所非未必非, 天子亦遂不敢自爲非是而公其非是於學校."

46) 같은 책, 「학교」, "東漢大學三萬人, 危言深論, 不隱豪强, 公卿避其眨議; 宋諸生伏闕議鼓; 請起李綱; 三代遺風, 惟此猶爲相近."

의관(諫議官)이 모두 그를 따른다. 좌주는 존위(尊位)에서 남쪽을 향해 강학(講學)을 하면 천자 역시 학생의 위치에 자리하여 좌주의 강의를 듣는다. 국가의 정책에 잘못이 있으면 좌주는 거리낌없이 직설적으로 말해버린다.[47]

이것은 근대적인 민주주의 관념에 매우 접근하고 있는 것으로 보이며 민족전통에 근원하고 있는 원시유학적인 민주사상이 새로운 현실조건 속에서 새롭게 발전된 것이다. 고염무는 『명이대방록』을 읽고 매우 칭찬하여 "백왕의 폐단이 다시 생길 수 있으나, 삼대의 성함은 서서히 돌아올 수 있다"(百王之弊可以復起, 而三代之盛可以徐還)고 했다. 고염무는 다음과 같이 말한다.

천하에 도가 있으면 일반 백성들은 의론(議論)을 제기하지 않지만, 정교(政敎)와 풍속이 정말로 완전히 바르지 않다면 백성들의 문제제기를 그대로 둘 수밖에 없을 것이다.[48]

동시대의 당견이 지은 『잠서』(潛書)에는 군주를 비판하는 격렬한 언론이 매우 많이 들어 있다. 비록 깊이가 황종희에 미치지는 못하지만 사상적 경향은 거의 비슷하다. 그러므로 황종희를 대표로 하는 이들 사상가들은 어떤 근대적 성격을 가지고 있는 '법가'라고도 말할 수 있다. 그들은 분명하게 유학적 전통과는 다른 "나라를 다스리는 법이 있고 난후에 나라를 다스리는 사람이 있다"는 원칙을 제기하여 군신의 이론에서 주요제도에 이르기까지 상당히 구체적으로 하나의 사상체계를 형성하기 시작한다. 이것은 결코 유가정치의 격조를 완전히 벗어나지 못한

---

47) 같은 책, 「학교」, "太學祭酒, 推擇當世大儒, 其重與宰相等……天子臨幸太學, 宰相六卿 諫議皆從之. 祭酒南面講學, 天子亦就弟子之列. 政有缺失, 祭酒直言無諱."
48) 『일지록』 권19, "天下有道則庶民不議, 然則政敎風俗, 苟非盡善, 卽許庶民之議矣."

것이 아니라, 시대의 동향에 부합하는 진정한 새로운 주장이라고 할 수 있다.

오늘날의 관점에서 본다면 이들 논조는 여전히 상식적인 것으로, 그 수준 자체는 매우 얕다. 그러나 270~280년 이전의 이런 관점은 대단히 창조적인 주장이라고 할 수 있다. 량치차오와 탄쓰퉁 등의 민권(民權)과 공화주의 체제를 주장하는 사람들은 그 책을 초록하여 수만 권을 인쇄하고 비밀스럽게 배포했는데, 이것은 만청(晚淸) 사상에서 엄청난 변화를 가져온 것이라고 할 수 있다.[49] 황종희가 중국 19세기말의 근대 민권사상 중에서 확실히 중요한 계몽작용을 하고 있다는 것은 결코 우연이 아니다.

황종희에게 군주의 권력이 지나치게 강하고 황제가 제멋대로 나쁜 짓을 하여 '천하를 잃어버리는' 것을 변혁하는 방법은 이미 이정ㆍ주자ㆍ왕양명 등이 주로 강조하던 '정인심'(正人心: 마음을 바로잡음)과 '격군심지비'(格君心之非: 군주의 마음이 잘못된 것을 바로잡음) 등의 관점을 버리고, 현실제도를 세우는 방식을 통하여 군주를 바로잡는 것을 보장받기를 희망한 것으로 볼 수 있다. 이것은 확실히 '내성'의 학(學)이 이학자의 손에서는 외향적으로 새롭게 개척된 것이라고 할 수 있다. 그러나 이학이 원래 사공(事功)을 중시하고 실제를 주요대상으로 하는 전통을 가지고 있기 때문에, 이학 자체 내에서 황종희와 같은 사상이 출현하는 것은 매우 자연스러운 현상이다.

명대 중엽 이래 주자학이나 양명학을 막론하고 이학에는 모두 현실세계, 즉 이른바 실학(實學)으로 향하는 보편적 경향이 나타나고 있었다.[50] 과학적이고 실증주의적인 것에 가까운 기풍이 불기 시작했고, 학술 자체의 발전논리 이외에 상업도시의 고도의 번영, 각종 업종의 분화

---

49) 량치차오, 『청대학술개론』(淸代學術槪論).

50) 위잉쓰(余英時), 「송명유학의 발전을 통해 본 청대 사상사」(從宋明儒學之發展論淸代思想史), 「청대 사상사의 새로운 해석」(淸代思想史的一個新解釋) 등의 글들을 참조하라. 『역사와 사상』(歷史與思想), 臺灣聯經出版社, 1977.

와 발전, 여러 가지 과학 논저의 출현(예를 들면 서광계徐光啓 · 이시진
李時珍 · 송응성宋應星 · 방이지 등의 저작), 낭만주의적 문예사조의 출
현 등은 모두 당시의 사회구조, 시대 분위기, 의식형태가 어떤 중요한
변동을 하고 있는지를 잘 보여주고 있다. 이것은 이학 내부에 변화를
발생시키는 중요한 요소가 될 수 있다. 황종희뿐만 아니라 또 많은 사
람들이 '공업과 상업이 다 같이 근본이다'(工商皆本)는 관념을 가지고
있어서 진한 이래의 중농억상(重農抑商)의 전통적 관념을 변화시키고
있다.

'치법' 또는 '치인'(治人), '외왕' 또는 '내성', '경세치용' 또는 '존양
수심'(存養修心: 본성을 보존하고 마음을 수양함), '정'(정치) · '교'
(윤리)의 분리 또는 합일은 여기서 중요한 시대적 내용을 가지기 시작
한다. 그리고 이것이 바로 근대와 고대의 경계이다. 명청 시기의 이런
두 가지 다른 사상의 경향을 나누는 의미는 다른 것이 아니라 고대와
근대의 시대를 구분하는 데 있다고 생각한다.

앞의 「송명이학」에서 말한 것처럼, 송명이학의 공헌은 개체의 자각적
인 도덕주체성을 세운 것에 있다. 그것이 바로 해외학자들이 말하는 이
른바 '신유가의 도덕적 개인주의'라는 것이다.[51] 이른바 "부귀하여도
마음이 흔들리지 않고 가난하고 천한 것을 즐기니, 사나이가 이런 경지
에 이르면 바로 영웅호걸이다"고 말하는 것은 대체로 이런 이학자들의
영웅주의적 내용이다.

많은 이학자들은 확실히 도덕지상적인 신념을 품고 뜨거운 불길 위
를 걸어가면서 사악한 것에 대항하고, 힘이나 무력 앞에 굴하지 않고,
죽음도 두려워하지 않았다. 왕양명 · 유종주 등은 확실히 이런 도덕인
격적인 빛을 드러내었다. 그러나 절대다수의 사람들은 결코 이렇게 할
수가 없었고, 사람들에 의해 비웃음만 당하는 '가짜 도학'(假道學)이

---

51) Wm. T. DeBary, 리훙치(李弘祺) 옮김, 『중국적 자유전통』(中國的自由傳統),
香港中文大學出版社, 1983을 보라.

되어버렸다. 앞의 지적처럼, '진도학'(眞道學) 또한 그들의 개인적인 도덕을 후세에 윤리학적인 모범으로 남겨놓은 것을 제외하고는 진정하게 후세에 공헌한 것이 아무것도 없다. 그들의 심성이나 철리는 현실적인 일들과는 거의 유리되어 있는 것으로, 세상을 다스리고 백성을 구제하는 어떠한 실천도 할 수 없었다.

만청 시기에 이르러 통치자가 양무(洋務)를 행하기 시작할 때 이학자 왜인(倭仁 : 쩡궈판의 스승)은 그것에 크게 반대하여 여전히 공맹의 도리에 대하여 엄청나게 많이 말했다. 심지어 양무운동*을 이끌던 혁흔(奕訢)**까지도 아래와 같은 대답을 하지 않을 수 없었다. 즉, 왜인은 "오래도록 이학의 큰 이름을 등에 지고 있었고" "펼쳐진 뜻은 참으로 높고 지론(持論)은 매우 바르"지만 왜인이 말하는 "도의는 헛된 쓸데없는 이야기로" 조금도 쓰임새가 없었다.[52] 다만 심성도덕만 말하고 오직 심학이나 이학에만 기댄다면 부국강병을 할 도리도 없고 서양사람들을 이길 수도 없으니, 이것은 부패한 통치계급의 많은 사람들조차도 분명하게 아는 것이다.

중국은 자본주의의 역사적 단계를 거치지 않았고 명대 중엽 이래의 진보사조에 든든한 사회적 기초가 없었기 때문에, 새벽녘의 빛과 같은 황종희와 이런 미약한 근대적 법치사상은 급격하게 청대의 복고적인 위고전주의(僞古典主義) 사조에 침몰되어 버린다. 또한 이 사상은 근대 민주주의 혁명시기에 이르면 여전히 장타이옌과 같은 용감한 사상가들의 비난과 경시를 받게 된다. 근대 민주주의 사조는 봉건지배 계급과 농민 소생산 계급의 공격 속에서 그 생존과 발전이 지극히 어려운

---

* 19세기 말 중국 청나라에서 서양의 과학기술을 도입하여 자강을 꾀하려 한 개혁운동.
** 청나라 선종(宣宗)의 아들로 문종이 즉위하고 난 후에 공친왕(恭親王)으로 봉해졌다. 영국과 프랑스 연합군이 북경에 들어왔을 때 문종은 도망가고, 혁흔이 남아 적과 조약을 체결했다. 광쉬(光緒) 초기에 참여하여 군기대신 등을 지냈다.
52) 『주판이무시말』(籌辦夷務始末) 권48 「동치조」(同治朝), "久負理學盛名", "陳義甚高, 持論甚正", "道義空談."

것이었다. 근대의 중국 사상사는 부단히 이런 점을 실증해내고 있다.

그러므로 이 글에서는 해외의 어떤 학자들이 중국의 지식인들은 개인주의적 '자유의 전통'을 가지고 있다고 평가하는 관점에 동의하지 않고, 아울러 이런 전통을 송명이학까지 거슬러올라가서 이학을 바로 계몽이고 자립이라는 관점으로 여기는 점에 대해서도 분명히 반대한다.[53] 이것과는 반대로 이학은 원래가 계몽이 아니라 어떤 준종교적인 도덕적 신학이다. 그렇기 때문에 중국의 사대부 지식인의 개인주의와 자유주의는 처음부터 끝까지 봉건적·강상적·준종교적인 윤리적 체계에 복종하는 것에서 벗어나지 못했다.

그들은 근대 사회가 가져온 직업의 분화와 경제적 자유를 통한 인격적 독립성을 획득하지 못했다. 그러므로 중국의 사대부 지식인들은 오직 "배워서 우수하면 벼슬하는" 중국식의 정교합일적인 사회적 출로에서 한데 모여 있었기 때문에, 황권-관료체계의 정권구조에 반드시 기대야만 했으며 정권을 쟁취하고 힘을 얻어 서로가 서로를 속이고 싸워 이겨야 하는 상황에 있었다. 이상화된 원시 씨족사회의 샤먼(巫)을 전통으로 하여, 중국 지식인의 최고이상은 '제왕에 응하고'(應帝王), '재상의 위치에서 임금을 돕고'(作宰輔), '제왕의 스승이 되는'(爲帝王師) 것이었다.

이윤·주공·제갈량 등은 결코 황제 자체는 아니었지만, 항상 중국 지식인들의 꿈 속에서 그리는 최고의 위치에 있는 자들이었다. 산림에 은퇴하여 장자와 선종으로 마음을 달래거나 또는 극소수의 사람들이 야심을 가지고 농민반란 속으로 뛰어든 것 이외에, 보통은 의식과 행동상에서 이러한 윤리-정치의 정교(政敎)구조를 깨뜨리는 사람이 거의 없었다. 그리고 대부분은 적극적으로 왕권과 인륜적인 질서, 또는 그런 진리에 복종하여 일정한 정치지위와 사회적 명예를 계속 얻으려 노력

---

53) Wm. T. DeBary, 『중국적 자유전통』, *Principle and Practicality: Introduction*, New York, 1979.

했다. 이런 조건에서는 정치상의 신분보장과 인간적인 관계를 배우는 것이 지극히 중요하기 때문에, 독립적인 근대적 인격관념은 계속적으로 결핍되게 된다. 이것이 바로 중국 지식인들의 개인적 운명과 자아의식의 역사적 비극이다. 또한 이것은 지식인들이 여전히 전통사회에서 벗어나지 못한다는 하나의 표현이다.

바로 이와 같은 점 때문에 이론적 창조를 필요로 할 때 중국의 사대부 지식인들은 대부분 경전을 주석하는 것으로 자기의 새로운 뜻을 발휘하고, 성인의 기치를 내걸고 자신의 주장을 진술한다. 왕안석은 개혁을 하기 위해서 『삼경신의』를 지었고, 대진의 반(反)이학 또한 반드시 『맹자자의소증』을 통하여 출현한다. 그러나 이런 합법적인 경전주석의 형식에서 가장 주의를 기울여야 할 것은, 그것이 여전히 중국 전통의 역사의식 발양에서 근대를 향해 가는 새로운 경향이라는 것이다.

3 경학과 사학

소수민족이 통치지위를 점하고 있던 청대 정권은 경제 · 정치 · 문화에서 폐쇄적 · 보수적이며 우매한 정책을 시행하여 명청 시기의 경세치용적인 '외왕' 정신을 경전 고증이라는 피난처로 집어넣어버렸다. 그러나 건가(乾嘉)의 박학(樸學: 착실하고 질박한 훈고에 의거하는 학문으로 청대의 고증학을 말한다—옮긴이) 중에는 모종의 어떤 실증정신을 잠재적으로 가지기 시작한 것이 있다. 후스는 그것을 현대적 과학방법론으로 오인하지만 사실 이것은 완전히 틀린 관점이다.

인도와는 달리 중국에는 줄곧 역사를 중시하는 전통이 있었는데, 이것은 오히려 중국 특유의 '과학' 정신이다. 그것은 비종교적 · 경험중시적인 중국의 실용이성과 관련이 있다. 모든 왕조는 역사를 다듬는 데 관심을 두고 역사를 기록하며 경험을 누적했다. 명청 시기가 바로 이와 같았는데, 몇 명의 유명한 학자들이 모두 대량의 역사적 저작을 서술했다. 황종희는 유명한 송 · 원 · 명의 이학 사상사를 저술했다. 『사고제요』(四庫提要)에서는 고염무가 "하나하나의 일에는 반드시 그 시작과 끝을 상세히 살펴 증거를 참고한 후에 책에 써야 한다. 그러므로 증거를 끌어오는 것이 엄청나지만 서로 어긋나고 충돌되는 것은 매우 적다"고 했다. '그 시작과 끝을 상세히 살핀다'(詳其始末), '사물이 일어나는 근원에 통한다'(通其源流)는 것은 바로 역사로부터 관찰하고 고찰하는 것으로, 예를 들면 그의 『일지록』(日知錄)과 같은 것이다. 그러나 진정으로 역사를 철학적 차원으로 끌어올리고 자신의 철학 체계에서 출발하여 역사를 논의하는 사람은 오직 왕선산뿐이다.

고염무와 황종희 등은 자신의 철학 체계를 가지고 있지 못하지만, 왕선산은 이들과 달리 철학 체계를 가지고 있다. 왕선산은 중국 전통사상의 최후의 집대성자이다. 그는 송명이학을 총정리했는데, 이기심성(理氣心性)에 대해서 세밀하고 철저한 논증을 하여 왕학을 비판하고 정주(程朱)를 개조하고, 장재의 '기'(氣) 철학을 발전시켜 정통으로 받들었다. 그는 또 중국의 역사의식 속에서 오래된 전통을 고양하여, 역사는 인간의 의지를 통하여 전이되지 않는 객관적인 발전이라는 철학적 관점을 제기하고 있다.* 이 두 측면의 결합은 왕선산의 이론체계를 유가가 일관되게 추구한 '내성'과 '외왕'이 쌍벽을 이루는 완전한 단계에 도달하도록 만들었다.

앞의 관점에서 말하면, 왕선산이 강조한 것은 '도'(道)가 '기'(器) 속에 있고, '이'(理)가 '기'(氣) 속에 있고, '형이상'이 '형이하' 속에 있다는 것이다.

> 형이상자는 형태가 없는 것을 말하는 것이 아니다. ……오직 성인이라야 사람의 원래 모습에 따라 그의 본성을 실천할 수 있다. 그 아래('기'器나 '기'氣, '형'形─옮긴이)를 실천하는 것이지 그 위('도'道나 '이'理, '성'性─옮긴이)를 실천하는 것은 아니다. ……군자의 도는 그 기(器)를 다할 뿐이다.[54]

---

* 왕선산은 과거의 전통적인 천리(天理) 사관, 성인(聖人)사관에 대한 집착을 벗어난 역사의 객관적 발전에 주목한다. 그는 역사는 자연적 사건과 마찬가지로 자체의 독자적 필연성인 세(勢)를 가지고 전개되는 것으로 보고 있다.

54) 『주역외전』(周易外傳) 「계사전」 상편 제12장, "形而上者, 非無形之謂. ……唯聖人然後可以踐形. 踐其下, 非踐其上也. ……君子之道, 盡夫器而已矣."

그 기(器)가 없으면 그 도(道)도 없다. ……태고의 아주 오랜 옛날에는 (군신이나 국가에 대한 관념이 없었기 때문에) 선양(禪讓)하는 도가 없었고, 요순 시대에는 (순박한 도덕과 천하위공天下爲公하기 때문에) 무도(無道)한 것들을 토벌하는 도가 없었고, 한당(漢唐) 시대에는 오늘날의 도가 없었다. 그렇게 보면 오늘날에는 (상상하지 못하는) 후대의 도가 없는 것이 많다. ……그러므로 옛날의 성인은 기(器)를 다스릴 수는 있었으나 도는 다스리지 못했다. 기(器)를 다스리는 것을 일러 '도'라고 한다.[55]

모든 '도'(道)·'이'(理)·법칙·질서·법도는 현실의 물질적 사물 속에 붙어 있기 때문에 이런 구체적 사물을 벗어나서 탐구할 수는 없다. 이런 심성의 탐구에서 외재세계의 실천으로 전향하는 것은 이미 지적한 것처럼 바로 '존덕성'(尊德性)에서 점점 '도문학'(道問學)으로 향해 간다는 것이며, 이것은 명대 중엽 이후 정주학파 속에서 분명하게 드러나는 공통된 경향이다. 그러나 왕선산의 특색은, 그가 역사에 귀착하고 있음을 분명히 드러내고 있다는 점이다. 위의 '내성'과 '외왕', '치인'과 '치법'은 모두 왕선산의 역사관념 속에 포괄된다.

사상적으로 왕선산은 여전히 이학의 정통에 속하고, 정치적으로도 정통적인 봉건지주 계급에 속한다고 할 수 있다. 그러므로 그는 예의를 모르는 백성을 금수로 여겨 배척하기도 한다. 또 그는 이탁오가 말한 근대적 의미를 가지고 있는 개성(個性)해방을 말하는 사조를 통렬하게 비판하기도 한다. 그러나 그는 중국 각 조대(朝代)의 역사를 평론하는 관점을 통해 인간의 윤리적 시비, 인식, 선악의 동기를 객관적 법칙의 전이와 표준으로 삼지 않는 관점을 제시하고 있다. 이런 객관적 법칙은 어떤 특정한 시공 속의 득실이나 이해가 아니라 매우 긴 시간 동안 형

---

55) 같은 책, 「계사전」 상편 제12장, "無其器則無其道……洪荒無揖讓之道, 唐·虞無弔伐之道, 漢·唐無今日之道, 則今日無他年之道者多矣. ……故古之聖人, 能治器而不能治道. 治器者則謂之道."

성된 영향으로, 필연적 추세이다. 그러므로 사회를 발전적인 것으로 본
다는 점에서 그는 유가들이 늘 격찬하는 '삼대'(三代)와 복고를 부르짖
는 것과는 크게 다를 뿐만 아니라, 또한 반드시 '세'(勢)로부터 '이'
(理)·'천'(天)을 보아야 할 것을 강조했다. 이로부터 '천'과 '이'는 전
통 이학가들이 말하는 윤리적인 '천리'를 벗어나 점차적으로 객관적·
역사적·총체적 법칙의 근대적 관념으로 접근하고 있다.

> 필연적 세(勢)를 따르는 것은 이(理)이다. 이가 자연스러운 것이
> 천(天)이다. 군자는 이를 따르고 선(善)은 천에 근거하기 때문에 사
> 람은 본래 천과 다툴 수 없는 것이 오래되었다.[56]
> 천이라는 것은 이(理)일 뿐이다. 이라는 것은 세(勢)를 따르는 것
> (順)일 뿐이다.[57]

이처럼 왕선산은 도덕적 선악이나 내심(內心)의 동기를 척도나 표준
으로 삼지 않고 그것들이 어떤 '측정할 수 없는' 객관적인 외재법칙을
가지고 있는 것으로 보았다.

> 진나라는 천하를 사유(私有)하는 마음으로 제후를 파하고 수령을
> 두었는데, 하늘은 그 사유하는 마음을 빌려서 크게 공정한 것을 행했
> 다. 신이 가지고 있는 알 수 없는 역사운행의 예측하기 어려움이 이
> 와 같은 것이구나.[58]
> 한때의 이해로만 말하면 천하를 병들게 만든 것으로 보이지만, 고
> 금의 역사를 통하여 헤아려 보면 이익이 크고 성인의 도리를 넓혀 완

---

56) 『송론』(宋論) 「철종」(哲宗), "順必然之勢者, 理也. 理之自然者, 天也. 君子順乎
　　理而善因乎天, 人固不可與天爭久矣."
57) 같은 책, 「철종」, "天者, 理而已矣 ; 理者, 勢之順而已矣."
58) 『독통감론』(讀通鑒論) 권1 「진시황」(秦始皇), "秦以私天下之心而罷侯置守, 而
　　天假其私以行其大公, 存乎神者之不測, 有如是夫."

성한 것으로 볼 수 있다. 천(天)이라는 것은 옛부터 지금까지 항상 순수함을 유지해왔다. ……때가 아직 이르지 않으면, 미리 할 수가 없다. 그 기가 이미 움직이는 시기가 오면 올바르지 못한 군신들이 살기 어려운 백성들을 부리도록 하지만 한때의 잃은 것은 (역사의 눈으로 길게 보면—옮긴이)얻은 것이 되고, 그 지은 죄는 공(功)으로 되니 (역사는—옮긴이) 참으로 헤아리기 어려운 것이 있다.[59]

이것은 사마광(司馬光), 주자와는 이미 다른, 중국의 역사의식과 철학 사상이 최고의 이론적 차원을 가지고 있는 단계에 도달했다는 것을 의미한다. 왜냐하면 이미 역사와 윤리의 거대한 모순을 폭로하기 시작했기 때문이다. "올바르지 못한 군신들이 살기 어려운 백성들을 부리는" 한 시기의 재앙이 분명히 '악'이지만 도리어 위대한 공업(功業)을 이룰 수도 있다. 이는 결코 '선'이 현실 속에서 움직인 결과로 생겨난 작용이 아니다. 역사의 발전과 오랜 세대의 공로와 과실인 '옛부터 지금까지의 도'는 윤리를 포함하고 있는 인간의 주관적 희망, 동기, 목적, 행위와 이익을 넘어선 것이다. 그것은 어떤 객관적·총체적인 법칙을 가지고 있고, 어떠한 주체('성군현상'聖君賢相을 포괄하여)를 초월하고 압도한다.

그러므로 '성군현상'을 이상으로 삼는 전통 윤리주의는 이런 역사관 앞에서 매우 공허하고 진부한 것만을 드러낼 뿐이다. 이러한 역사관은 근본이론에서 윤리가치로 역사를 판단하는 유학적 전통에서 벗어난다. 이렇게 하여 윤리가 더이상 최고의 본체실재일 수가 없고, 오직 역사 자체만이 '도'(道)와 '이'(理) 자체이다. 사학(史學: 역사의식)은 경학(經學: 윤리적 교의)을 대신하여 주류가 된다.

---

59) 같은 책, 권3 「무제」(武帝), "以一時之利害言之, 則病天下; 通古今而計之, 則利大而聖道以弘. 天者, 合往古來今而成純者也. ……時有未至, 不能先焉. 迨其氣已動, 則以不令之君臣, 役難堪之百姓, 而卽其失也以爲得, 卽其罪也以爲功, 誠有不可測者矣."

이것은 황종희가 정치이론에서 '국가를 다스리는 법이 있고 난 후에 국가를 다스리는 사람이 있다'는 관점을 제기한 것과 마찬가지로, 점차적으로 유학 전통에서 벗어나려는 같은 시대의 소리들을 매우 분명하게 드러내주고 있다.

총괄해서 보면 한대 유가에서 윤리학은 우주론에 종속되고, 사회정치·역사체계·윤리질서는 모두 우주론적인 피드백의 도식에 안배되어 있다. 비록 타율적 도덕(외재적인 오행 등에 의해 도덕이 규정되는 것)이지만 이는 윤리학·역사관과 사회론·정치론이 여전히 상호소통하는 전체적 구조이다. 송유(宋儒)의 시대에 이르면 이 우주론 도식은 이미 붕괴되고, 염학(濂學: 염계濂溪의 주돈이 학파)·낙학(洛學: 낙양洛陽 정이천의 학파)·관학(關學: 관중關中의 장재 학파)·민학(閩學: 민중閩中의 주희 학파)의 모든 학파들이 비록 치평(治平)의 이상과 세상을 다스리는 방략을 가지고 있었지만 이들 방략은 현실과 거리가 멀었다. 그뿐만 아니라 이들 방략은 진정한 우주관·역사관·윤리학으로 구성된 내재적 이론체계를 가지지 못했다. 그들의 성취는 다만 내성(內聖)의 심성론에 있었고, 우주론과 윤리학을 소통시켜 자율도덕적인 형이상학적 본체론을 세웠을 뿐이다. 이런 본체론은 '외왕'(外王)과의 깊이 있는 이론적 관련이 결핍되어 있기 때문에, 앞서 말한 것처럼 심성에 대한 개체의 추구는 점점 준종교적·초월적인 길을 향해 가고 있다. 그것이 가져온 사회적 결과는 매우 해로웠으므로 그 본체론은 진동보와 섭적에서 시작하여 고염무, 안원, 대진 등의 맹렬한 비판에 직면하게 된다.

그러나 진동보, 섭적, 왕선산을 포함하여 다른 사람들 모두 송명이학을 대체할 수 있는 새로운 어떤 철학 체계를 세우지 못했다. 그들이 '내성' 방면에서 말한 것은 주자와 왕양명만큼 자세하고 치밀하며 깊이가 있지 못했고, '외왕' 방면에서도 진정한 철학 관념을 제시하지 못했다. 오직 왕선산만이 위에서 말한 객관적 '세'(勢)를 본체로 하는 역사관을 초보적으로 제기하여 윤리학·우주론과 서로 연계시키려고 했다.

하지만 왕선산 역시 이런 문제를 철저하게 해결하지는 못했다. 그도 여전히 윤리학 · 우주관과 이런 역사관을 진정으로 회통(會通)하여 융합시키지 못했다. 그는 역사와 윤리가 결코 일치하지 않는다는 사실을 관찰하고 언급하기 시작했다. 그러나 그는 이런 거대한 모순을 진정으로 발현시켜 전개하지 못했다. 그가 강조한 것은 여전히 천리와 인욕의 구별, 군자와 소인간의 구별에 대한 윤리적 본체이다. 그의 역사관은 여전히 전통윤리학의 범위 속에 종속되고 제한된다. 비록 그가 외국학자들에 의해 "중국 사상가 중에서 가장 비(非)중국적인 학자"라고 인정받기는 하지만,[60] 그는 헤겔과 같이 철저하게 윤리학을 역사관 아래 종속시켜서 역사과정으로 일체를 이끌어나가는 것과는 분명히 구별된다. 왕선산은 서양의 기독교적인 배경을 가지고 있지 않기 때문에 신과 같은 '절대이념'의 관념으로 전체를 이끌어가는 것은 말하지 않고 있기 때문이다.

왕선산은 중국의 전통에 따라 '천인합일'을 추구했다. 이런 '합일'은 동중서 식의 우주오행의 도식 속에서 실현될 수도 없고, 주자 · 왕양명 식의 '인즉천심'(仁卽天心)의 심성이론 속에서도 실현될 수 없다. 반드시 '합일'은 구체적인 역사적 현실의 활동으로 돌아가야만 한다. 왕선산에게 이 점은 분명히 불가능한 일이다. 왕선산은 '천'(天) · '이'(理) · '시'(時) · '세'(勢) 가운데를 왔다갔다하기만 했으며, 진정으로 새로운 이론적 출로를 찾아내지 못했다. 그는 이학의 구조에서 벗어날 수 없었고, 더욱이 유가의 범위를 넘어설 수가 없었다. 반대로 그는 매우 자각적이고 명확하게 그것들을 보호하고 지지했다.

당시 중국은 근대 사회의 배경과 기초를 가지고 있지 못하여 서양처럼 자연과학과 사회현실의 발전을 결합시킬 수 없었다. 이는 중세 신학의 울타리에서 분명하게 빠져나와 데카르트에서 칸트에 이르는 위대한 근대 철학을 만들어내는 것과는 분명히 다르다. 왕선산은 중국 철학의

---

60) Derk Bodde, *Essays on Chinese Civilization*, New Jersey, 1981, 251쪽.

윤리주의라는 강하고 질긴 전통에서 벗어나지 못하여 결국 '세'(객관적·역사적인 규율 또는 취향)를 기초로 하는 새로운 '천리'(윤리본체)관을 세울 수 없었다. 현실세계와 역사의 긴 흐름 속에서 이런 '천인합일'을 실현해야 하는데, 사실 이것은 오직 현대의 공업사회를 배경으로 하는 기초 위에 있을 때 비로소 가능한 것이다. 이것은 당연히 왕선산이 꿈도 꿀 수 없었던 일이다. 왕선산은 중국 전통철학의 마지막 단계에 해당한다.

왕선산에 비해 더욱 왜소한 안원·대진 등은 더이상 말할 필요가 없다. 그러나 그들은 정주와 육왕을 비판하는 이론투쟁 속에서 여전히 나름대로의 분명한 의미를 가지고 있다. 안원에 대해서는 앞의 묵자를 말하는 부분에서 이미 말했고, 대진은 고증학의 대학자로 당시에 많은 주목을 받았지만, 그는 스스로 다음과 같이 말한다.

내 일생 동안 저술한 것이 많지만 『맹자자의소증』을 제일 첫번째로 여기고 있다.[61]

문자에 대한 책과 수학에 대한 책들은 내가 일생 동안 다룬 것인데, 이것은 마치 가마꾼을 가마 속의 사람으로 잘못 알고 있는 것과 같다.[62]

대진 본인의 말에 의하면, 일체의 고증적인 작업은 다만 '가마꾼'일 뿐이다. 그는 밥을 먹기 위해서 이런 일을 해야 했으나, 이것이 그의 사상을 철저하게 가두지는 못했다. 그의 사상(가마 속의 사람)은 바로 송명이학에 대한 엄청난 의분(義憤)이며, 이런 의분은 그를 명대 중엽 이래 전개된 선진적인 사회사상에 영향을 받은 최후의 학자로 만들었다. 그는 대체로 같은 시기의 조설근(曹雪芹)·원매(袁枚)·양주팔괴(揚

---

61) 단옥재(段玉裁), 『대동원집서』(戴東原集序), "生平著述之大, 以孟子字義疏證爲第一."
62) 같은 책, "以六書九數等事盡我, 猶誤認轎夫爲轎中人也."

州八怪) 등과 함께 중국의 18세기 중엽의 반(反)이학, 반(反)봉건적인 사상 속에서 가장 빛나는 밝은 별이라고 할 수 있다.

대진을 연구한 저술은 이미 많기 때문에 여기서는 더이상 중복하여 논하지 않겠다. 다만 대진이 반(反)이학적 체계 속에서 윤리학과 인식론을 서로 혼동하고 있는 특색을 지적하려고 한다. 이학은 본래 윤리본체론의 심성론이며, 이학이 이기(理氣) · 심성 · 무극태극을 말하는 이유는 모두 봉건윤리에 귀착시키기 위해서이다. 이학의 여러 가지 우주론과 인식론은 본래 윤리본체론에 봉사하기 위한 것이다. 대진은 이른바 '혈기심지'(血氣心知)의 논증을 통하여 "덕성은 학문에 바탕한다"는 사실을 강조하는데, 실제로 이것은 송명이학의 심성론적 윤리학을 인식론의 기초 위에 두고 해석한 것이다.

이로부터 대진이 천명하는 선험적인 내재적 덕성은 반드시 후천적인 학습과 배양을 거쳐야만 가능하지만, 실제로 이것은 송명이학이 '덕성지지'(德性之知)를 높이고 '견문지지'(見聞之知)를 폄하하는 것에 대한 전도라고 할 수 있다. 그러므로 첸무(錢穆)는 대진이 순자의 성악론을 계승했다고 보고 있고,[63] 위잉쓰는 대진을 주지적(主知的)[64]인 경향을 가지고 있다고 보아 이런 현상을 관찰했다. 그러나 대진의 목표는 금욕주의에 반대하고 정욕이 정상적으로 만족되는 합리성과 '자연성'을 강조하는 것이기 때문에, 펑유란은 대진이 주정적(主情的)이라고 말한다.[65]

나는 중세기 윤리학이 근대 인식론으로 향하는 과도적 상황을 대진의 철학이 특징적으로 표현하고 있는 것으로 생각한다. 대진 철학의 실질적인 내용은 윤리학(반反이학적 금욕주의)이지만, 그것이 취하고 있는 논증의 각도는 오히려 인식론이다. 실제로 그것은 명대(明代)의 이

63) 첸무, 『중국 근300년 학술사상사』(中國近三百年學術思想史) 하권, 商務印書館, 1937.
64) 위잉쓰, 『대진과 장학성』(論戴震與章學誠), 龍門書店, 1976.
65) 펑유란, 『중국 철학사』 하권, 商務印書館, 1936.

탁오 등이 가지고 있던 감정과 욕망을 인정하는 사상을 초보적인 단계에서 철학적 인식론 속에 집어넣어 내용으로 삼은 것으로 보인다. 그러나 그는 인식론을 가지고 윤리학을 말했기 때문에 그 두 가지를 뒤섞어서 분명하게 보지 못했을 뿐만 아니라, 윤리학적 형이상학의 의미를 크게 퇴색시켜 깊이에서는 오히려 주자·왕양명 등 이학자들에 비해 더 단순하고 조잡하다.

서양철학의 인식론은 일반적으로 자연과학과 서로 연계되어 발전했는데, 중국 근대 인식론의 발전 역시 마찬가지이다. 대진의 인식론에는 자연과학적 기초가 결핍되어 있고, 그의 고증학적 방법을 체계적으로 연결시키고 있지 않기 때문에 과학적 성과를 많이 얻지는 못했다. 대진 철학이 가지는 의의는 다만 송명이학의 윤리본체론에 대한 강렬한 항의와, 당시의 전체적인 의식형태가 근대로 내뱉고 있는 소리를 반영하고 있다는 것에서 찾아야 할 것이다.

인문학과(人文學科)가 충분히 발달된 중국 문화에서 이런 사상적 역사동향은 여전히 중요하며, 또한 이것은 경학에서 사학으로 넘어가는 관점들을 표현하고 있다. 즉, 이것은 구체적인 역사의식에서 출발하여 추상적인 심성을 심오하게 논하는 사조를 대신하고 있다. 설령 왕선산의 역사관념에 대해서 잘 아는 사람이 없어서 그것이 오랫동안 파묻혀 있었다 하더라도, 금문학파에서 미언대의(微言大義)로 현실의 문제를 말하는 것이나 고문(古文)경학파*의 장학성(章學誠)이 말한 "육경은 모두 역사이다"(六經皆史)라는 유명한 명제들은 모두 다른 방식으로 고염무가 가장 먼저 제기한 '경학은 바로 사학이다'(經學即史學)는 근본적 추세를 표현한 것이다. 그것은 바로 이러한 새로운 역사조건 아래

---

* 전한 초기에 출현한 경전은 당시 통용되던 금문으로 씌어졌다. 그런데 그후 예전의 글씨체로 기록된 경서가 출현한다. 이것이 고문이다. 고문은 무제 말년에 공자의 집 벽에서 나왔다는 이야기도 있다. 단순한 글자체의 문제가 아니라 내용이 서로 다르거나 사상의 대립문제까지 생기게 된다. 전한 시기에는 금문이 조정의 인정을 받았고, 후한에는 둘 다 공인되었다.

에서 중국 철학의 오래된 역사의식의 전통을 드러낸 것이다.

청대 말엽의 금문학(今文學)은 캉유웨이를 대표로 하는데, 이것은 여전히 '삼세'(三世)의 역사관념에 연결되고 있다. 『중국 근대사상사론』에서 이 문제에 대해 상당히 많이 논의했으므로, 여기서는 더이상 말하지 않겠다. 여기서는 다만 간략하게 '육경은 모두 역사이다'라는 관점에 대해서만 말하려 한다. 주지하다시피 왕양명과 다른 사람들은 이미 이런 언급을 했으나, 장학성은 이 명제를 경세치용과 반(反)이학, '외왕'의 노선과 연결시키고 있다.

천인(天人) 성명(性命)의 학(學)은 헛되이 말할 수 없다. ……유자(儒者)는 덕성을 높이려고 의리를 헛되이 말하고 그것을 공업으로 생각하는데, 이것은 송학이 큰 선비들에게 비판받는 까닭이다. ……삼대(三代)의 학술은 역사가 있는 것은 알았으나 경(經)이 있는 것을 알지 못했고, 인사(人事)를 절실히 여겼다. 후대인들이 경서를 연구하는 학문을 귀하게 여겨서 그것을 삼대의 역사로 여겼을 뿐이다. 근대의 유가들이 경(經)을 말하는 것은 마치 인간사의 바깥에 달리 의리(義理)가 있는 것으로 여기는 것과 같다. 절동학(浙東學)은 성명(性命)을 말하면 반드시 역사부터 탐구하는데, 이것이 바로 탁월한 것이다.[66]

사학(史學)이 세상을 다스릴 수 있다는 것은 본래 헛되이 말하여 저술된 것이 아니다. 또 육경 같은 것은 똑같이 공자에서 나왔는데, 선대의 유학자들은 『춘추』(春秋)가 가장 그 공이 크다고 생각한다. 그것은 바로 당시의 인간사와 절실하게 합치했기 때문이다. 후대에 저술

---

66) 『문사통의』(文史通義)「내편5」(內篇5)「절동학술」(浙東學術), "天人性命之學, 不可以空言講也. ……儒者欲尊德性而空言義理以爲功, 此宋學之所以見譏於大雅也. ……三代學術, 知有史而不知有經, 切人事也. 後人貴經術, 以其卽三代之史耳. 近儒談經, 似於人事之外別有所謂義理矣. 浙東之學, 言性命必究於史, 此其所以卓也."

을 말하는 자가 현재를 버리고 옛것을 말하며, 인간사를 버리고 성(性)과 천(天)을 말한다면 나는 그것에 대해 알 수 없을 것이다. 배우는 자가 이 뜻을 모르면서 사학에 대해 말할 수는 없다."[67]

여기서는 매우 분명하게 이야기하고 있다. '육경은 모두 역사이다', '경학은 바로 사학이다'는 것의 진정한 함의는 바로 성리를 쓸데없이 이야기하는 '내성'의 학에 반대하는 것이 아니겠는가?! 대진은 인식론에서 이학을 반대했고, 장학성은 역사학으로 이학에 반대했다. 장학성은 송대의 진동보와 섭적을 계승하여, '육경'이 경전임을 명확하게 말했다. 왜냐하면 육경은 고대의 전장제도와 정치를 행한 사실에 대한 역사적 기록이기 때문에, 심지어 송명이학자들에 의해서 우주와 윤리의 본체론으로 숭앙되는 『주역』이라는 성전(聖典)까지도 장학성에 의해 '정전'(政典: 정치를 행하는 데 필요한 법도와 규칙)·'법헌'(法憲: 법 또는 법규)으로 해석되었다.

『주역』은 백성의 생활을 풍족하게 하고 백성이 편리하게 하려는 데 응용된다.[68]

성인 한 사람의 심사(心思)에 근거해서, 구체사물을 벗어나 오직 한 권의 책을 지어서 도를 밝히려는 것을 말하려는 것은 아니다.[69]

이로부터 '육경'·공맹의 진정한 전달은 결코 어떤 심성의 철학적 의미탐구에 있는 것이 아니라 구체적인 역사경험의 기록에 있다고 본다. 이것은 바로 준종교적인 도덕본체론에서 근대의 현실적인 역사의식으

---

67) 같은 책,「내편5」「절동학술」, "史學所以經世, 固非空言著述也, 且如六經, 同出於孔子, 先儒以其功莫大於春秋, 正以切合當時人事耳. 後之言著述者, 舍今而言古, 舍人事而言性天, 則吾不得而知矣. 學者不知斯義, 不能言史學也."
68) 같은 책,「역교」(易教) 상편, "其所以厚民生與利民用者."
69) 같은 책,「역교」상편, "而非聖人一己之心思, 離事物而特著一書謂以明道也."

로 향해 가는 표현이 아니겠는가? 왕선산은 철학에서, 장학성은 역사학에서 동일한 과제를 제기하고 있다.

장학성의 입장으로 말하면, 이른바 진정한 사학은 사실에 대한 기록과 사료의 수집, 현상을 순서에 따라 배열할 뿐만 아니라 그 법칙을 탐구하는 데 있다. 고염무는 "고금의 변화를 밝혀서 그러한 까닭을 안다"(明古今之變而知之所以然)고 말했고, 장학성은 다음과 같이 더욱 명확하게 말하고 있다.

온전하게 자료를 정리 · 편집하고 순서에 따라 배열하는 것을 사찬(史纂)이라 하고 수집한 자료를 놓고 따지는 것을 일러 사고(史考)라 하는데, 이것들은 모두 사학(史學)이 아니다.[70]

책을 저술할 때는 (특정한 어떤 방향을 정하지 않고) 원융(圓融)하여 신묘한 변화를 예측할 수 없게 하고, 역사적 사실을 기록할 때는 (특정한 어떤 방향을 정해놓고) 바르고 곧게 하여서 지혜를 준다. 지혜로써 지나간 지식을 모으고 신묘한 것으로 미래를 예지하게 해주고, 역사적 사실을 기록하여 지나간 일을 잊지 않으려 하고, 저술하여 앞으로 일어나려는 것을 생각하도록 한다.[71]

과거의 것을 기록하는 것은 미래에 올 것을 알기 위해서이다. 그러므로 이것은 일기 같은 기거록(起居錄)도 아니고, 장부를 기록하는 것도 아니다. 이것은 어떤 법칙성의 인식을 얻어 미래를 전망하는 것을 요구하는 것으로, 그렇게 함으로써 인간사에 도움을 주고 현실에 봉사할 수 있다. 장학성이 말하는 이른바 사학가가 "아주 미묘하고 짧은 찰나에 하나의 마음으로 홀로 판단하는 것이 있다"(微茫秒忽之際, 有以獨斷於

---

70) 같은 책, 「내편5」 「절동학술」, "整輯排比, 謂之史纂; 參互搜討, 謂之史考, 皆非史學."
71) 같은 책, 「서교」(書敎) 상편, "撰述欲其圓而神, 記注欲其方以智也. 夫智以藏往, 神以知來. 記注欲往事之不忘, 撰述欲來者之興起."

一心)는 것이 바로 이런 의미이다. 사학가는 반드시 하나의 눈을 가지고 독립적 판단을 해야만 한다.

장학성의 『문사통의』(文史通義)와 『교수통의』(校讎通義)에는 여러 가지 잘못이 있는데, 그중에는 지식상의 상당한 오류도 포함되어 있다. "문헌을 고증하는 데 번번히 잘못된 것들이 많이 보인다", "책을 읽은 것이 또한 크게 소홀하고 지리멸렬하다"[72] 등이다. 그러나 그의 중요 가치와 영향은 조금도 감소되지 않았고, 오늘날에 이르기까지 국내와 해외학자들에 의해서 존중되고 있다. 그가 이렇게 될 수 있던 것은 바로 중국 사회·문화의 근대적 추세의 새로운 정신을 체현하여 '인간사의 절실한 경세치용'의 관념에 역사학적인 논증을 제기했기 때문이 아니겠는가? 그를 사상사에서 중요한 위치에 설 수 있도록 만든 것은 바로 그의 이런 풍부하고 창조적인 사학 이론이지 그의 구체적인 논증·고증 또는 재료는 아니다. 이런 의미에서 장학성 역시 진량·섭적·고염무·황종희·왕선산 등의 '외왕' 노선의 연장과 확대라고 할 수 있다.

이런 노선은 근대 중국의 진보사상과 직접적인 관련을 가지고 있다. 궁쯔전(龔自珍)*·웨이위안(魏源)**에서 량치차오·장타이옌에 이르기까지 물론 많은 사람들이 있지만, 그들은 하나같이 '경세치용'이라는 관념의 영향 아래에서 사실과 역사, 경험을 중시하여 개혁과 변법(變法), 혁명을 주장했다. 궁쯔전의 '존사'(尊史)나 웨이위안의 '사장'(師

---

72) 『여가석논학잡저』(余嘉錫論學雜著) 하권 「서장실재유서후」(書章實齋遺書後), "征文考獻, 輒多謬誤", "其讀書亦大鹵莽滅裂矣."

* 절강성 항극사람으로 『평균편』(平均篇), 『농종일』(農宗日) 등의 저술을 통해서 사회 경제적 평등을 제창하고 있다. 또 그는 걸출한 문장가로서 강렬한 경세적 이상을 이야기하고 있다.

** 호남 소양(邵陽)사람으로 어려서 유봉록(劉逢祿, 1776~1829)에게 『공양춘추』(公羊春秋)를 배웠다. 아편전쟁 직후에 『해국도지』(海國圖志)를 간행하여 서양 정보를 소개하여 "오랑캐의 장기(長技)를 스승으로 삼아서 오랑캐를 제압한다"는 사이설(師夷說)을 제창했다.

長) 또는 량치차오의 '신사학'(新史學), 장타이옌의 '국수'(國粹)*를 막론하고, 이것들은 중국의 이런 전통이 근대라는 특정한 조건에서 계승·발전되는 것으로 볼 수 있을 것이다. 그들은 심성에 대해 심오하게 논의하는 것을 분연히 제쳐버리고, 현실에 직면하여 망하려고 하는 것을 구원하고 생존을 위해 몸부림쳤다. 탄쓰퉁의 말은 이런 점을 매우 분명하게 기술하고 있다.

옛날 제가 위뤼(蔚廬)에서 학업을 할 때는 힘써 진성지천(盡性知天)의 학(學)을 배웠으나, 영가(永嘉)에서는 그것의 기초가 매우 빈약한 것을 조롱하며 책을 묶어 시렁 위에 올려놓았습니다. 그후에 세상의 환란을 당하여 읍(揖)하여 공손히 하는 예의만으로는 도적떼를 물리칠 수 없고, 내용이 없는 빈말로는 재앙과 세상의 어지러움을 정돈할 수 없었으므로 스승에게서 받은 가르침에 대해 마음속으로는 은근히 의심을 가졌습니다. 절동(浙東)의 모든 유생들은 사직이 위태함에 빠지고 뭇백성이 도탄에 빠진 것을 슬퍼하여, 분연히 떨쳐 일어나 사태를 올바로 보지 못하는 선비와 마음이 올바르지 않은 사람들의 헐뜯는 소리들을 더이상 되돌아보지 말자고 했습니다. 또한 도덕 성명(性命)만을 쓸데없이 이야기하는 것이 현실의 일에 어떠한 도움도 줄 수 없다는 것을 지극히 강조하여 말했습니다. 또 공리를 높이 우러러 보는 것을 천하가 제창할 것으로 삼아야 할 것임을 크게 강조했습니다. 그 뜻을 헤아려 바깥으로는 오랑캐 무리들을 막고, 안으로는 썩어빠진 정치를 제거할 뿐입니다. 절동의 모든 유생들의 도를 행하게 한다면 작은 변방에서 겨우 안정을 얻은 송나라가 다시 되살아날 수 있는 가망성이 있지 않겠습니까? 지금의 시세는 변법(變法)하지 않으면 반드시 송나라의 뒤를 따르는 것으로 될 것입니다.

---

*이 말의 사전적 의미는 한 나라 또는 한 민족이 가지고 있는 고유한 특성을 의미한다. 중국의 근현대 사상에서 말하는 '국수'는 요순에서 공맹에 이르는 '도통'(道統)을 중심으로 하는 문화정신을 말한다.

그러므로 저는 편지에서 영가를 크게 칭찬하고 마음속 깊이 매우 탄복했는데, 당신께서도 나와 같은 마음이리라 생각합니다.[73]

이것이 바로 사상사의 진실이다.

---

73) 「치당불진」(致唐佛塵), 『중국 철학』 제4집, 425쪽. "往者嗣同請業蔚廬, 勉以盡性知天之學, 而於永嘉則譏其淺中弱植, 用是遂束閣焉. 後以遭逢世患, 深知揖讓不可以退崔苻, 空言不可以弭禍亂, 則於師訓竊有疑焉. 夫浙東諸儒, 傷社稷阽危, 蒸民塗炭, 乃蹶然而起, 不顧瞀儒曲士之訾短, 極言空談道德性命無補於事, 而以崇功利爲天下倡. 揆其意, 蓋欲外御胡虜, 內除秕政耳. 使其道行, 則偏安之宋, 庶有豸乎? 今之時勢, 不變法則必步宋之後塵, 故嗣同於來書之盛稱永嘉, 深爲嘆服, 亦見足下與我同心也."

중국의 지혜

1 시대의 과제

최근 몇 년간 나는 중국의 전통사상에 관한 몇 편의 글을 계속 발표했다. 지금 이 글들을 몇 마디로 정리하여 총괄적으로 이야기해 보겠다.

가장 먼저 연구과제에 관한 문제이다. 나는 다양화에 찬성한다. 중국의 사상사와 철학사에 관한 논문, 저서들은 이미 중국과 해외를 막론하고 적지 않게 발표되었으며, 게다가 급속히 증가하는 추세이다. 그 가운데 통사(通史)로부터 전사(專史: 사조사思潮史, 학파사學派史, 인물사人物史, 전제사專題史 등)로 옮겨가는 경향은 매우 바람직하다고 생각한다.

나는 시종 중국 역사의 사상사, 문학사에 대해 세밀한 전제(專題) 연구가 진행되고, 즉 많은 전문주제들이 충분히 탐구되고 연구된 후에야 비교적 정확하면서도 과학적으로 통사를 개괄할 수 있다고 주장해왔다. 중국인은 많고 그런 만큼 중국 사상사를 다루는 인물도 (국외에 비해서 또 서양사상사를 연구하는 사람들에 비해) 상대적으로 많다. 그러므로 개성적으로 각자의 취향에 맞는 분야를 나누어 깊이 파고들어 자세히 연구해도 좋으며, 반드시 여러 사람이 한 목소리로 통사라는 길에 한꺼번에 덤빌 필요는 없다는 생각이 든다. 여러 해 동안 중국 내의 중국 철학 통사와 중국 철학 전사에 관한 저작 비율은 균형을 잃은 것 같으므로, 반드시 조정하여 철학사와 사상사에서 새로운 면모로 다양화할 필요가 있을 것으로 보인다.

하지만 죄송하게도 내가 여기서 제공하는 것도 여전히 통사의 범위에 속한다. 다만, 통사의 범위 내에서도 반드시 다양화하여야 하는데, 여러 가지 다른 시각이나 다른 방법으로 중국의 철학사와 사상사에 접근·탐구하고 기술하여야 한다. 그것들이 제기하는 과제, 경유하는 방법이나 도달하고자 하는 목표는 크게 다르다. 예를 들면 자료를 수집, 나열, 정리하는 것을 장점으로 가지고 있는 철학사도 있을 것이고, 새로운 의미를 해석하거나 천명하는 것을 장점으로 삼는 철학사도 있을 수 있다. 즉, 고증에 치중한 역사학자의 사상사도 있을 수 있고, 의리(義理)에 편중한 철학자의 사상사도 있을 수 있다. 의리에 편중한 철학사 가운데에서도 유물론과 관념론의 투쟁을 근본과제로 삼은 연구도 있을 수 있으며, 인식발전 과정을 주요 단서로 삼는 연구도 있을 수 있고 또한 어떤 특별한 과제, 방법, 노선을 통한 다양한 연구가 있을 수 있다.

내가 쓴 이 글들을 감히 철학사라고 스스로 말하지는 않겠다. 하지만 철학사를 '자아의식의 반성사'[1]로 규정한다면, 문화사상에서 전개된 중국 민족의 심리구조에 대한 자아의식 역시 철학과 철학사의 제목 가운데 하나로 될 수 있을 것이다. 내가 관심을 두는 과제는 중국 고대사상에 대한 스케치라는 거시적인 조감을 거쳐서 중국 민족의 문화심리구조 문제를 탐구하는 것이다. 나는 이 문제가 이른바 정신문명과의 이론적 실천상의 관계에 대해 연구할 만한 가치가 있다고 생각한다. 결론적으로 다양한 사상의 방향은 다르지만 귀착점은 하나라는 것이다. 즉 역사적 유물론에 귀착하고 마르크스주의처럼 과학적으로 역사를 해석하고 그것이 본래 가지고 있는 객관적인 법칙[2]을 찾음으로써 오늘날의

---

1) 『리쩌허우 철학 미학 문선』(李澤厚哲學美學文選) 「미학적 대상과 범위」(美學的 對象與範圍), 湖南人民出版社, 1985를 참조하라.

현실에 도움이 되는, 즉 "인간들이 주동적으로 역사를 창조하는 데 도움이 되게"[3) 하는 것이다.

중국 사상을 연구하던 미국의 저명한 학자 레벤슨(Joseph R. Levenson)은 사상사를 박물관에 비유했다. 그는 사상사가 이미 현실에서의 작용과 실용적 가치를 상실했으며, 사람들에게는 다만 감상이라는 정서적 의미만을 지니고 있다고 생각했다. 레벤슨은 이성으로는 서방을 받아들이고 감정적으로는 전통을 향하는 모순의 입장에서 중국 근대 지식인들의 사상을 묘사하고 해석했다.

미국에서 중국 사상사를 연구하는 다른 전문학자인 벤저민 슈워츠(Benjamin I. Schwartz)는 사상사가 박물관으로 비유될 수 없으며 도서관에 비유되어야 한다고 생각했다. 즉, 그는 도서관에 보존된 과거의 것도 어느날 참고할 만한 것으로 쓰일 수 있을 것이라고 생각한 것이다. 내 의견에 비추어본다면 사상사는 박물관도 아니고 도서관도 아니다. 사상사 연구에서 주의해야 할 것은 인간들의 심리구조 가운데 침전되어 있는 문화전통 속으로 깊이 파고들어 탐구하는 것이다. 그리고 고대 사상이 중국 민족의 여러 가지 특징(국민성 · 민족성), 즉 심리구조와 사유모델을 형성하고 구조하고 영향을 주었는가 하는 관계를 탐구하는 데 있다.

문학, 예술, 사상, 풍습, 의식형태, 문화현상으로 전개된 것은 바로 민족심(民族心)의 대응물이고 또한 민족심의 현실적 구체화이자 결정체이며, 일종의 민족적 지혜라고 나는 생각한다. 여기서 사용한 '지혜'라는 개념은 단순한 사유능력이나 지성적 모델을 지칭한 것은 아니다. 그것은 지혜(wisdom)나 지성(intellect)일 뿐만 아니라, 지혜와 지성을 그 속에 포함한 전체 심리구조와 정신역량을 가리키는 것으로 또한 그

---

2) 나는 포퍼(K. Popper)가 역사에서는 객관적 법칙을 찾을 수 없다고 생각하는 것이나 콜링우드(Collingwood)가 "모든 역사는 사상사이다"라는 식으로 사상의 독립적인 결정작용을 과장하는 등의 이론에 동의하지 않는다.
3) 리쩌허우, 『중국 근대사상사론』, 人民出版社, 1979, 488쪽.

속에 윤리학과 미학적 측면, 예를 들면 도덕적 자각, 인생에 대한 태도, 직관능력 등을 담고 있다.

중국인의 사유의 특징도 그것의 지능구조와 이러한 면들이 서로 섞여 녹아 있는 바로 여기에 있다. 그것은 중국 민족이 생존하고 발전하면서 축적해온 내재적 존재이면서 문명이며, 매우 강한 계승의 힘과 지구력, 상대적 독립성을 지니고 있다. 그러면서 직접적 · 간접적으로나 의식적 · 무의식적으로 내용에서 형식에 이르기까지, 도덕표준이나 진리관념에서 사유모델, 심미적 취미 등에 이르기까지 오늘날의 인간들에게 영향을 주고 지배하며 심지어는 조정하기까지 했다. 또한 위에서 언급한 이런 문제들에 대해 자각적으로 의식하고, 과학적으로 탐구하여, 그것들이 현대 생활에 적응하는 장점과 약점, 긍정 또는 부정해야 할 필요성에 대한 측면이나 요소들에 대해 완전히 이해했다. 결론적으로 이런 것들이 민족의 지혜를 발전시키고 변화시켜나간 것이라고 생각한다. 나는 이것이 매우 의미 있는 일이라고 생각한다. 왜냐하면 심리구조나 민족의 지혜를 막론하고 모두 다 일단 만들어지면 끝내 변하지 않으며 시공과 인과를 초월하는 그런 선험적인 존재가 아니라 그것들은 여전히 기나긴 역사를 통하여 형성된 산물일 뿐이다.

21세기의 기술-사회구조가 거대한 변혁을 일으키려는 시기에 직면하여 어떻게 깨어 있는 상태로 중국의 문화심리 구조를 변화시키고 개조할 것인지 또 어떻게 역사의 진부한 때를 철저하게 버리고 깨끗하게 청산하여 새로운 세기의 서광을 맞이하고 촉진시키냐 하는 이것이 바로 오늘날 중국 철학이 주의를 기울여야 할 시대적 과제라고 생각한다. 그러나 나의 이 글은 마치 내가 이 책(『중국 고대사상사론』)의 첫번째 편인 「공자와 맹자의 철학」에서 '문화심리 구조'라는 개념을 제기할 때와 마찬가지로 다만 하나의 시작이며 초보적인 입장에서 문제를 제기했을 따름이다.

왜냐하면 이러한 개략적인 주제에 집중했기 때문에 나는 다만 가장 대표적이고 실질적인 영향력이 큰 몇몇 인물과 사조만을 취했을 뿐이고 비교적 덜 중요한 많은 인물과 학파, 사상에 대해서는 거의 논술하지 않았다. 예를 들면, 선진의 명가(名家)와 그 밖의 매우 유명하고 심지어는 매우 중요한 사상가들과 논술된 인물, 사조 가운데 이 주제와 관계가 먼 부분이나 내용, 단계들은 내버려두었다. 특히 고증범위에 속하는, 예컨대 인물의 생존 연대, 사료의 원류, 판본의 진위 등의 문제에 대해서는 철저하게 다루지 않았음은 물론이다. 전체적으로 말하면, 이 책의 서술은 매우 조잡한 윤곽에 해당하는 서술과 논평이라고 할 수 있다.

손자는 '모든 것이 갖추어져 있으면 부족함이 없다'[4]고 말했다. 나는 다 갖추는 것을 목표로 할 생각이 조금도 없다. 다만 내버려두는 것 가운데 연구할 만한 주제가 더욱 분명하게 부각되기를 바랄 뿐이다. 그 주제는 중국의 문화심리 구조를 구성하는 것 가운데 가장 중요한 작용을 일으키는 그런 사상전통이다. 동시에 논술하는 중에서도 가급적이면 다른 사람이 소략하게 한 것은 상세히 다루고, 다른 사람이 상세히 다룬 것은 소략하게 하여 중복을 피하는 데 주의를 기울였다. 목차에서 볼 수 있듯이, 내가 주의를 기울여 논술한 부분은 공자와 묵자, 맹자와 순자, 노자와 한비자, 『주역』과 동중서, 장자와 선종 및 이른바 '내성'(이학) '외왕'(경세)의 학이었다.

이 책에서 나는 유물(唯物)과 관념의 논쟁(현재도 많은 논저들이 있음)에 대해 말하지 않았고, 공맹정주(孔孟程朱) 또는 공맹육왕(孔孟陸王)을 정통으로 보는 관점(예를 들면 홍콩이나 대만의 많은 논저들)에 대해 큰 관심을 기울이지 않았다. 이 둘은 모두 시야가 너무 좁아서 중국의 전통사상과 민족성 또는 문화심리 구조에 대해 충분히 설명해낼 수 없을 것이라고 생각한다.

민족성 또는 문화심리 구조를 연구하는 데에는 여러 가지 다른 방법과 각도가 있을 수 있다. 그중에서 더욱 중요한 것은 아마도 사회경제와 정치의 각도에서 출발하여 기초적 탐구를 하는 것에 있다. 예를 들

---

4) 『손자』 「허실」(虛實), "無所不備則無所不寡."

면, 다 같은 인도주의이지만 고대의 인도주의(예를 들면 공맹 등)와 근대의 인도주의(서양의 문예부흥 이래의)는 사회의 토대가 다르기 때문에, 그 구체적인 내용에서도 근본적인 차이가 생긴다. 중국 고대의 인도주의는 원시씨족의 전통을 토대로 하기 때문에 인간 사이의 화해와 친목, 호애(互愛)와 상호협조를 강조한다. 서양의 인도주의는 자본주의의 성립과 발전을 배경으로 하기 때문에 개성의 해방, 개인의 독립과 자유를 강조한다. 이 때문에 사회경제의 기초에서 정치나 종교 등의 중간매개를 경유하여 곧바로 사상이론과 철학적 관념으로 승화하여, 도리어 사람들의 행위와 활동에 영향을 주고 작용한다.

역사유물론의 이런 기본원리는 여전히 깊이가 있고 실사구시적인 것으로, 충분히 따를 만한 가치가 있는 것으로 생각한다. 비록 이런 토대적 연구가 나의 연구목표 속에 들어 있는 것은 결코 아니지만, 나의 이런 문장들은 여전히 사상에서 사상으로, 즉 사상사 자체의 연구이다. 그러나 나는 이 문제를 다시 한 번 강조할 필요가 있다고 생각한다. 사상전통의 사회사적 근원을 전문적으로 연구하지 못했기 때문에 나중에 연구나 논술할 때에 이 문제에 대해 충분히 주의를 기울여야 할 것이다. 이 문제에 대해 집중적으로 다시 토론해보자.

2 혈연적 토대

모든 민족성, 국민성 또는 문화심리 구조의 탄생과 발전, 모든 사상
전통의 형성과 연속은 모두 그 현실적 물질생활의 근원을 가지고 있다.
나는 중국 고대의 사상전통 속에서 가장 주의를 기울여야 할 중요한 사
회적 토대는 씨족의 종법혈연이라는 전통적인 유풍의 강력한 힘과 장기
적인 연속에 있다고 생각한다. 그것은 중국 사회와 그 의식형태가 지니
고 있는 특징을 결정하고 매우 큰 영향을 주었다.

농업을 기초로 하는 중국의 신석기 시대는 매우 긴 시간 동안 이어졌
고, 씨족사회의 조직구조는 매우 충분하고 견고하게 발전했다. 이런 기
초 위에서 형성된 문명은 매우 일찍이 발달했고 혈연친속의 유대는 매
우 안정되고 강하여 항해(그리스) · 유목 또는 다른 요소에 의해 약화
되거나 충격을 받지 않았다. 계급사회에 진입하고 각종 경제 · 정치제
도의 변천을 거쳤지만, 혈연적 종법의 유대를 특색으로 삼고 농업가정
의 소생산을 기초로 하는 사회생활과 사회구조는 거의 변동되지 않았
다. 아주 오래된 씨족전통의 낡은 풍속과 습관은 오랜 시간 보존되고
누적되어 매우 강력한 문화구조와 심리적인 역량이 된다.

지금도 중국 농촌의 경우 같은 성씨들이 함께 모여 사는 곳에서는 여
전히 노소와 선후배간의 구분이 매우 분명하고 질서정연하게 나타나고

있는 것을 어렵지 않게 발견할 수 있을 것이다. 그들은 호칭(중국인의 친속관계에 대한 호칭은 매우 세밀하여 서양과는 크게 다르다)과 식탁(서양인들은 음식을 나누어서 먹고 각자 독립적인 반면, 중국인들은 밥과 요리를 함께 먹으면서 겸손과 양보라는 '예' 禮를 요구한다) 등의 일상생활 속에서 혈연적 친속을 기초로 하는 존비장유의 등급질서를 사회풍습으로 삼아, 오랜 시간에 걸쳐 그것을 더욱 공고하게 만들어왔다.

21세기의 문턱에 서 있는 지금 전세계적으로 여러 가지 오래된 전통들이 깨지고 있는 상황에서, 중국의 농촌 역시 변화하기 시작하고 있다. 그러나 관념의 형태라는 이 방면의 변혁속도는 결코 빠르다고 볼 수 없기(예를 들면 성性에 관한 관점들) 때문에 아편전쟁 이전의 전통사회에 대해서는 더이상 말할 필요도 없는 것이다.

이런 문제들을 충분히 이해하고 평가하고 나면 왜 유가가 중국 사회와 중국 사상사에서 그렇게 높은 지위를 차지하고 있고, 또 왜 유학·유가 또는 유교가 중국 문화의 대명사가 되고, 공자가 예수 그리스도나 석가모니와 이름을 나란히 하는 "교주"가 되었는가를 쉽게 이해할 수 있을 것이다. 우리는 전체 중국의 문화·의식형태와 풍속이나 습관 속에서 유가의 흔적을 도처에서 쉽게 발견할 수 있을 것이다. 이런 점을 충분히 이해하고 평가하고 나면 공자가 왜 '인'을 말하고, 인학을 친자의 사랑이라는 감정심리의 기초 위에 두고서 전체 유학(세계관·우주관에서 윤리학까지 포함하여)의 기본특징으로 삼는가는 문제를 쉽게 이해하게 될 것이다.

이러한 점을 이해해야만 공자와 맹자에서 고염무에 이르기까지 유가가 왜 '복고'하려고 하고, '봉건'을 회복하려 하고, 왜 자주 '삼대의 통치'(하·은·주)를 즐겨 이야기하고 있는가 하는 것을 쉽게 이해할 수 있을 것이다. 이런 이른바 '삼대의 통치'는 후대의 허구적인 '미래에 놓여 있는' 유토피아와는 다르고, 또 플라톤의 허구적인 '이상국가'와도 다르다. 공자가 꿈에서 주공을 보는 것, 유가가 '회복'하려는 '삼대의 통치'에는 확실히 '과거에 놓아 두는' 역사적 근거, 즉 가부장제 아래에서의 황금시대의 씨족사회가 있었다.[5] 따라서 이 책에서는 공자와 유가를 중심으로 말하고 그것을 주축으로 삼으려고 한다. 이것은 내가 유가를 특별히 좋아해서가 아니라, 내 개인적인 기호를 떠나서 유가는 중국의 문화심리 구조 형성에서 확실히 중요한 작용을 했으며, 이러한 작용은 현실생활의 사회적 기원을 가지고 있기 때문이다. 내가 묵자와 노장을 중요하게 여기는 것도 이것과 관계가 있다. 왜냐하면 그들은 각기 다른 측면, 다른 입장, 다른 각도에서 원시씨족 전통의 어떤 요소와 문제를 반영하여 후세에 계속적으로 중요한 영향을 미쳤기 때문이다.

이후 중국 사상의 큰 흐름은 대체로 유가, 묵가, 도가의 기초 위에서 변화하고 발전한 것으로 보인다. 맹자의 급진적인 인도적 민주와 내성인격, 장자의 문명에 대한 항의와 소외에 대한 반대, 순자, 『역전』의 '외왕' 노선과 역사의식 및 현실의 군사투쟁을 기초로 하는 고대 변증법과 음양오행을 근간으로 하는 우주론, 송명이학의 윤리본체, 이학과 또 비이학적(非理學的) 유가들의 경세치용 이론 등은 모두 역사라는 큰 흐름 안에 뿌리를 두고 있다. 또 이러한 것들은 후세에 깊고도 크게 영향을 미친 가장 중요한 전통사상들이다.

유가를 중국 문화의 주축 또는 대표로 간주하는 것은 절대 어떤 새로운 의견은 아니다. 문제는 '그것을 어떻게 해석하는가?'는 것에 있다. 이른바 '해석'은 해석자의 역사적 입장과 현실에 대한 태도를 그 속에 포함하고 있다. 중국의 근대에서 오늘에 이르는 시기까지 이 문제에 대한 격렬한 논쟁과 이견이 있었다. 보수파들은 늘 공자와 맹자의 도를

---

5) 중국의 역사시기 구분에 관한 것은 아직까지 논쟁중인 문제이다. 나는 이 문제의 논의에 참여할 만한 능력을 가지고 있지 않다. 하지만 주공이 "예를 제정하고 음악을 지었다"는 것은 부계(父系) 가장제도를 규범화·완전화하게 만들어 역사적 의의를 가지게 하는 중요한 결정이라고 생각한다. 왕궈웨이의 『은주제도론』의 논점은 여전히 중시할 만한 가치가 있다. 그 이후 춘추전국 시기는 이러한 주나라 제도가 철저하게 붕괴되던 사회대변동 시기로, 이 단계에 이르러 비로소 정식으로 성숙한 계급사회에 들어선다(이 책의 「공자와 맹자의 철학」 참조).

수호하는 것이 민족전통을 옹호하는 것이라는 기치를 세워 대응했는데 실은 시대의 도전에 저항한 것이라고 할 수 있다. 급진파는 공씨네 가게(孔家店)*를 타도하고 유가를 철저하게 부정하는 것이 바로 민족을 진흥시키고 문화를 개조하는 출발점이라고 보았다. 그러나 보수파나 급진파를 막론하고 그들은 모두 유가 또는 유학의 기초, 내용과 형식에 대해 진정으로 깊이 있는 세밀한 연구를 하지 않은 것으로 보인다. 그리고 그것의 중요한 측면, 특징, 장점 및 미래의 가능성에 대해 객관적으로 분석하지도 않았고 민족전통에 대한 진정한 자아의식의 반성을 결핍하고 있는 것으로 보인다.

하나의 예를 들어보자. 즉 "늙은이를 공경하고 어른을 높인다"는 것은 유학 전통 가운데 보존되어 오늘날까지도 사회에 상당한 영향을 미치는 씨족의 유풍이다.[6] 이것은 결코 간단한 예의 형식의 문제가 아니라 일종의 문화현상이고 심리정서이다. 어떤 긴밀한 인간관계라는 점에서 오늘날에서 미래의 사회생활에 이르기까지 그것은 나름대로 좋은 작용을 했기 때문에 마땅히 그것을 긍정하고 보존하여야 한다. 다른 한편으로 이러한 전통적 가치관념은 경험은 오히려 귀중하게 보지만 독창성은 중시하지 않는다. 또 경륜은 강조하지만 나이 어린 후진들의 등용에 대해서는 꺼리는 태도 등은 사회진보, 생활개척, 관념혁신에 매우 큰 장애가 되기 때문에 앞으로는 점차 지양하고 배제해야 할 것이다. 따라서 제도나 사유 가운데에서 어떻게 그것을 배제하고(이것은 분명히 지금의 주요한 방향이 되어야 한다), 또 심리나 정서에서 어떻게 선

---

* 공자와 유가 사상을 선전하는 하나의 거점을 말하며 '공자의 학설'이라는 의미로 상징된다.

6) 앞의 「공자와 맹자의 철학」을 참조하라. 그것은 원시씨족의 경험중시적인(주로 노인들이 가지고 있음) 것에서 근원한다. 옌푸는 "학문을 하는 데에서 중국은 많이 알고 있는 것을 높이 장려하고, 서양인들은 새로운 앎을 높이 평가한다"(其于爲學也, 中國誇多識而西人尊新知:『논세변지극』論世變之亟)고 하여 지식이 많은 사람을 높게 평가하고 새로운 학설이나 독창적인 견해를 중요하게 여기지 않았다. 그런데 오늘날의 학술계에서도 이러한 흔적들을 쉽게 찾아 볼 수 있다.

택적으로 그것을 보류하고 인정하느냐 하는 것은 매우 복잡한 문제로 충분한 연구를 필요로 한다.

전통은 매우 복잡한 것으로 그 속에 좋고 나쁨, 우수함과 열등함이 늘 함께 같은 곳에 있다. 오늘날에는 그것들을 어떻게 세밀하게 분석하여 깨어 있는 자아의식을 얻느냐 하는 것이 단순한 '보위'나 '타도', 호감이나 증오에 비해 더욱 중요하다. 공자와 맹자의 유학은 한편으로는 씨족전통 중의 인도(人道), 민주 등의 많은 우수한 것들을 보존하고 있고 다른 한편으로는 씨족전통이 가지고 있는 여러 가지 낙후한 것들도 마찬가지로 보존하고 있다. 예를 들면 "적음을 근심하지 말고 고르지 못함을 근심하라"(不患寡而患不均)거나 "어찌 반드시 이익만을 말하는가"(何必曰利), "부모가 계실 때는 멀리 나가지 마라"(父母在不遠遊), "자식이 아비를 위해 숨기는"(子爲父隱) 것 등이 있다. 나는 이런 전통이 가지고 있는 이중성에 대한 분석이 필요하다고 생각한다. 묵가, 노자, 장자 등의 나머지 학파들에 대해서도 마찬가지이다. 정식으로 형성된 계급사회에 앞서 씨족사회가 장기간 지속되었으며, 거기에는 계급사회에 의해 상실된 인류의 많은 우수한 제도와 개체의 품성이 확실히 존재한다.[7] 공자와 맹자가 지지하고 옹호하던 것이 이미 계급으로

---

7) 엥겔스는 다음과 같이 말했다. "이런 매우 단순하고 질박한 씨족제도는 얼마나 아름답고 멋진 제도였던가! 군대, 헌병, 경찰도 없고 귀족, 국왕, 총독, 지방관도 없고 감옥이나 소송이 없는데도 모든 것이 질서정연했다. ……빈궁하고 곤란에 빠진 사람이 있을 수 없었는데, 왜냐하면 공산제의 가정경제와 씨족들은 그들이 노인과 병자, 그리고 전쟁에서 부상당한 사람들에게 가져야 하는 의무에 대해 모두 알고 있었기 때문이다. 부녀자를 포함한 모든 사람은 평등하고 자유로웠다. ……아직 순수함을 잃지 않은 인디언을 접촉한 백인들은 모두 이들 야만인들의 자존심, 공정함, 강함과 용감함 등을 칭찬한다. ……가장 저급한 이익들, 즉 저속한 탐욕, 거칠고 포악한 정욕, 비열한 물질적 욕구 및 공공재산을 개인적 용도로 훔치는 것 등등은 새롭고 문명적인 계급사회를 열었고, 가장 비열한 수단인 절도, 폭력, 사기, 배신 등은 계급이 없는 씨족제도를 훼손하고 그것을 붕괴로 몰고 갔다. 그러나 이러한 새로운 사회 자체는 그것이 존재하던 2,500년의 기간 동안 몇 안되는 소수의 사람들이 수탈당하고 억압받는 절대다수의 이익을 희생하는 것에 기대어 발전해온 것에 지나지 않는다."(『마르크스·엥겔스 선집』 제4권, 92~94쪽)

분열되었고 지배와 피지배, 육체노동과 정신노동, 야인과 군자가 존재하는 초기 가부장적 노예제, 즉 '소강'(小康)의 시기가 있었다. 그러나 초기의 이 제도 안에서도 확실히 원시 씨족사회(즉 '대동세'大同世)의 좋은 전통들, 즉 "널리 민중을 사랑하라"(泛愛衆), "군주가 가장 낮다"(君爲輕) 등을 보존했다. 공맹사상이 가지고 있는 힘은 주로 여기에 있다. 그들은 씨족사회 내의 인도적 민주사상을 보존했는데, 그것은 성숙한 후기 노예제사회를 대표하는 법가사상처럼 노골적으로 통제와 억압, 공리와 군사적 행동을 주장하는 것과는 분명히 구별된다.

그러나 공맹사상의 약점 또한 여기에 있다. 그들은 공리(功利)를 경시하고 도덕적인 윤리만을 강조하여 근대와 현대에 이르기까지 여전히 사회구조의 개혁과 사회의식의 개조를 저해하는 소극적인 힘으로써만 작용했다. 얼마 전에 유행하던 이른바 '정치를 최우선으로 함', '정치적 득실만을 고려함'(경제적인 득실은 따지지 않음) 따위는 실제적으로 "어찌 반드시 이익만을 말하는가"라는 유가전통의 복사판이 아닌가?

그나마 다행스럽게도 수천 년의 농업 소생산이 최근의 상품생산, 시장가치의 충격에 의해 이미 중대한 변화를 시작하여 강하고 공고한 혈연적 토대와 여러 가지의 전통관념이 처음으로 본격적인 동요를 일으키기 시작했다. 이어서 개체의 독립과 창조와 전진은 날이 갈수록 더 인정받고 발전했다. 이런 과정을 통해 기술사회 구조가 가지고 있는 기초적 측면의 개선이 문화심리 구조의 변화를 초래하게 된다. 어떻게 그것에 대해 자아를 의식하고 깨어 있는 정신으로 신구(新舊)의 모델, 관념, 가치의 충돌과 상호보충을 잘 처리하고 또 전통과 미래는 어떻게

여기서 반드시 지적해야 할 점은, 이것은 씨족내부의 문제를 가리킨다는 것이다. 씨족, 부락 또는 부족 바깥에서는 늘 잔인한 살인과 약탈이 있었다. "명확한 평화조약이 없던 곳에서는 부락과 부락간의 전쟁만이 있었고, 전쟁이 매우 잔인하게 행해져서 어떤 다른 동물들의 싸움도 이처럼 잔인하지는 않았다"(『마르크스·엥겔스 전집』 제21권, 112쪽)고 했다. 원시유가가 강조하던 '오랑캐와 중화민족을 구별함', "같은 민족이 아니면 그 마음도 반드시 다를 것이다" 등의 관점들은 모두 여기서 근원한다.

구체적인 관계를 설정해야 할 것인가 하는 문제 들은 모두 철학사에서 깊이 있게 탐색하고 따져보아야 할 것이다. 공맹의 유학에 대해서도 마땅히 이런 각도에서 접근해야 할 것이다. 우리는 서양복장을 하고 공자를 배알할 수도 없으며, 또한 그것을 철저하게 비판하여 쓰레기통으로 던져버릴 수도 없다.

3 실용이성

만약 혈연적 토대가 중국 전통사상의 기초적인 면에서의 근원이라고 말한다면, 실용이성은 바로 중국 전통사상 자체의 성격이 지니고 있는 특색이다. 선진 시대의 각 학파는 당시의 사회 대변동 속에서 미래의 출로를 찾기 위해 학설을 세우고 제자들에게 전수하여, 은나라와 주나라의 무사문화(巫史文化)*에서 해방되어 나온 이성이 그리스처럼 한가롭고 조용한 추상적 사유의 길로 향하지 않도록 만들었다. 또한 인도처럼 인간세계를 버리고 해탈을 추구하는 길로 깊게 빠져들지도 않게 하여 인간세계의 실용적 탐구에 집착하게 만들었다.[8] 씨족혈연을 사회적 유대로 삼아 인간관계(사회윤리와 실제의 인간사)가 두드러지게 강조되어 사상적 고려라는 측면에서 가장 중요한 위치를 차지하게 되었고, 장기간의 농업 소생산의 경험은 이러한 실용이성을 더욱 완강하게 보존하는 중요한 원인이 되게 했다.

---

* '무사'(巫史)는 고대에 귀신에게 복을 빌고 귀신의 뜻을 사람에게 전달하는 사람이다. 즉 무당 또는 무축(巫祝)을 말한다.
8) 또 바로 이런 이유에서 '실용이성'이라는 개념은 어떤 때, 특히 윤리적 실천과 자각의식에 의한 도덕행위가 있을 때를 주로 가리킬 경우 '실천이성'이라는 개념으로 대치되기도 한다.

중국의 실용이성은 중국의 문화, 과학, 예술 등 각 부문과 서로 연계되고 스며들면서 형성되고 발전하여 장기간 연속되어왔다. 중국 고대에는 어떤 학파가 어떤 관직에서 유래한다는 관점을 말하기 좋아했다. 내가 보기에 중국의 실용이성은 주로 중국의 4대 실용문화인 군사, 농업, 의학, 예술과 밀접하게 관련되어 있다고 할 수 있을 것 같다. 중국의 병법에 관한 서적은 매우 일찍 발달했고, 중국의 의학은 오늘날까지도 여전히 실효성이 있으며, 중국 농업의 세밀한 경작법, 중국 기예(技藝)의 독특한 면모는 세계문화사에서 찾아보기 힘든 매우 중요한 현상이다. 그것들은 천문(天文), 역법(曆法), 제조(製造), 연단(煉丹) 등과 다른 점이 있다. 군사, 농업, 의학, 예술은 매우 광범위한 사회민중성, 생사(生死)와 관련된 매우 중요한 실용성을 가졌으며, 아울러 중국 민족의 생존과 유지에 직접적인 관계를 가지고 있다.

그러므로 나는 이 글에서 노자의 군사(兵), 순자와 『역전』의 농업, 음양오행의 의학, 장자와 선종의 예술(우선은 기예技藝이다)의 관계를 끊임없이 지적한 적이 있다. 이에 대한 연구가 충분치 않으므로 견강부회가 있을 수도 있지만, 중국 실용이성의 철학 정신과 중국 과학 문화의 실용적인 성격은 분명하게 관계 맺고 있다고 생각한다.

철학적인 입장에서 보면 중국 고대의 변증법 사상은 매우 풍부하고 성숙하긴 했지만, 그것은 인생을 다룬 변증법이지 정확한 개념을 다룬 변증법이 아니다. 사회의 안정, 인간 사이의 조화를 강조했기 때문에 그것들은 상호보완적인 변증법이었으며, 부정(否定)의 변증법은 아니다. 그것의 중점은 대립하는 두 항의 보충, 상호삼투와 운동의 추이로 사물 또는 시스템의 역동적 평형과 상대적 안정성을 획득하려는 것을 제시하는 데 있는 것이지 개념이나 사물의 투쟁이나 성패, 또는 서로 용납할 수 없음을 강조하려는 것은 아니었다.

중국 고대에도 유물론과 관념론의 구분이 있었다. 맹자와 순자, 왕양명과 왕선산 등을 예로 들 수 있지만, 주체와 객체의 대립이나 '나'와 '남'의 구분이 중국 고대철학에서 그리 중요한 위치를 차지하지 못했기 때문에 유물론과 관념론의 투쟁은 근대 서양의 인식론처럼 그렇게 큰 중요한 의의를 얻고 있지는 못했다. '기'(氣)·'신'(神)·'도' (道)·'이'(理) 등과 같은 것들은 중국 철학뿐만 아니라 중국 전체문화 가운데 가장 중요한 기본범주였다. 그러나 어떤 경우에 그것들이 도대체 정신인지 물질인지를 정확하게 규정할 수 없었다. '기'는 '활동하고 있는 물질'이라고 할 수 있고 '생명력'이라는 정신개념일 수도 있다.[9] '신'·'이'·'도'는 정신적인 것 같지만 '기'는 또 어떤 물질적인 기능 또는 법칙이라고 할 수 있다.

중국 또한 인식론을 말하지만, 그것은 어디까지나 윤리학에 종속되어 있다. 그것이 강조하는 것은 주로 윤리적 책임의 자각적 의식이며, 공자의 "아직 지혜가 부족한데 어떻게 어질다고 할 수 있겠느냐"[10]는 것에서 이학의 '격물치지'에 이르기까지 모두 그러하다.

전체적으로 말하면 중국의 실용이성은 유물론적인 성격을 지니는 어떤 기본방향을 가지며, 그중 가장 중요한 것은 그것이 특별히 역사에 집착한다는 점이다. 역사의식의 발달은 중국 실용이성의 중요한 내용이며 특징이다. 그러므로 중국의 실용이성은 원대하고 체계적인 각도[11]에서 객관적으로 각 개별 사물을 고찰하고 사색하고 예측했을 뿐, 눈앞에 놓여 있는 순간적인 득실·승부·성패, 이해 등을 중요하게 여기지 않았다. 이런 관점은 중국의 실용이성을 다른 실용주의와 구별시켜 준다. 선진의 각 학파, 예컨대, 유가·묵가·노자·한비자 등은 모두 다른 각도에서 이러한 역사의식을 표현했다.

순자와 『역전』에 이르러 이런 역사의식은 과거와 현재를 꿰뚫고 천과 인간을 관통하는 세계관으로 한 단계 더 고양된다. 중국 철학과 문화의

---

9) 천룽제는 '기'를 '물질적인 힘'(material force)으로 번역했고, 모트(M. Mote)는 그것을 '생기적 정신'(vital spirit)이라 번역했고, 물질 에너지적인 것(matter energy)이라고 번역한 경우도 있다.
10) 『논어』「공야장」, "未知焉得仁."
11) 이 책의 「진한 철학의 특색」을 참조하라.

특징은 자연철학과 역사철학을 하나로 주조하여 역사관, 인식론, 윤리학과 변증법을 혼합하여 역사(경험)에 정서(인간관계)를 덧붙인 이성이 되는데 이것이 바로 중국 철학과 중국 문화의 특징이다. 이처럼 해야 감정이 인간관계의 범위를 벗어나 난폭해지거나 지나치게 분출되지 않게 할 수 있고 이지(理智)도 경험의 한계를 벗어나 멋대로 활개치도록 놓아 두지 않는다. 바로 이러한 점들 때문에 중국 철학과 문화 일반에는 엄밀한 추리형식과 추상적 이론탐구가 결핍되게 된다. 차라리 모호하고 피상적인 전체 사유와 직관파악을 좋아하고 만족해하며, 비논리적, 비순수사변적, 비형식분석적인 어떤 것으로 도달할 수 있는 진리나 깨달음을 추구하여 얻는다고 말하는 편이 나을 것이다.

추상적 사변에 흥미를 가지고 있는 명가(名家)와 묵변은 크게 발전하지 못했으며, 한대에 대일통(大一統)의 이데올로기가 확정된 이후 실용이성적인 사유방식은 이에 따라 확고하게 자리잡으면서 쉽게 동요되지 않게 된다. 당대(唐代)에 인도로부터 들어와 황실에서 적극적으로 제창하여 한동안 명성을 떨친 사변성이 비교적 강한 불교의 유식론(唯識論)도 오래 지속될 수 없었다.

중국 실용이성의 전통은 사변이성의 발전을 저지했을 뿐 아니라 동시에 반(反)이성주의의 범람도 배제했다. 그것은 유가사상을 기초로 삼아 하나의 성격, 즉 사유모델을 구성했으며, 중국 민족이 명석하고 냉정하면서도 온정이 끊어지지 않는 중용의 심리를 획득하고 계승하게 만들었다. 중용의 심리는 난폭하지도 추상적이지도 않으며, 깨달음을 귀하게 여기고 논리를 경시하며, 경험을 귀중하게 여기고 역사를 좋아함으로써 현실생활에 봉사하게 한다. 또 중용은 지금 존재하는 유기적 시스템의 조화와 안정을 유지하는 것을 목표로 하면서 인간관계를 매우 소중하게 여기고 강조하며 모험에 반대하고 새로운 것을 창시하는 것을 경시한다.

이런 여러 가지가 중국 민족의 과학, 문화, 관념형태, 행위모델에 많은 장점과 결점을 초래했다. 이 때문에 신속하게 변동하는 현대 생활과 과학의 발달에 적응하는 과정에서 많은 어려움을 당할 수밖에 없는 것이다. 오늘날 자기문화의 우수한 점을 보존하는 동시에 독일의 추상적 사변의 놀라운 깊이와 영미의 경험론 전통 중의 지성의 명석함과 미혹되지 않는 정신 및 러시아 민족의 우수에 젖어 있는 초월적 요구를 어떻게 흡수할 것인가 등의 과제를 진지하게 연구하여 자기 것으로 만들 것인가 하는 문제를 해결해 나가야 할 것이다. 중국의 실천(용)이성을 최대한도로 한 단계 더 격상시켜 보다 높은 차원에서 그것을 다시 새롭게 건립하여야 할 것이다. 이 문제는 매우 대단하고도 어려운 작업이다. 또한 역사의 기나긴 과정일 수도 있다.

4 낙감문화

중국의 실용이성은 사유모델과 내용에서뿐만 아니라 또한 인생의 관점과 생활의 신념에서 전통을 만들었기 때문에 이 둘은 분리해서 생각할 수 없다. 중국의 신화와 전설 속에서는 여왜(女媧)*가 인간을 창조했을 때 이미 귀함과 천함을 나누어 마치 하늘이 운명을 결정한 것처럼 보인다. 서양의 『성경』에서는 하나님이 인간을 창조한 이후 오히려 인간이 하나님을 배반하여 낙원에서 쫓겨남으로 인해 운명과 투쟁하게 된다. 일반 사상사에서는 서양문화를 죄감문화(罪感文化)로 즐겨 말한다. 즉 '원죄'에 대한 자아의식으로 속죄하기 위해 분투하고 투쟁하며, 자연을 정복하고 자신을 개조하여 신의 은총을 얻고 다시 하나님의 품안으로 돌아가려고 한다. 『구약성서』에서 묘사한 여호와와 사탄의 투쟁은 심리상의 커다란 충돌이지 결코 인간세상의 현실적 다툼은 아니다. 그것이 추구하는 초월은 내재영혼의 세례이다.

비록 이러한 히브리 정신은 그리스의 세속정신이 침투한 이후(『신약성서』이후) 형태가 약간은 완화되었지만, 개체와 하나님의 직접적인 정

---

*신화 중의 인물로 일명 '여희씨'(女希氏)라고도 한다. 보통 인류를 만든 시조로 알려져 있는데 황토(黃土)로 사람을 만들었다고 한다. 이런 내용은 『독이지』(獨異志) 등에 보인다.

신의 연계는 부모와의 관계를 포함하는[12] 일체의 다른 모든 세간의 관계 · 연계 · 질서보다 우월하다는 이 기본모델은 줄곧 변함이 없다. 영혼과 육체의 분열, 마음과 육체의 긴장과 고통을 대가로 얻은 생각의 초월, 심리의 정화와 하나님과 함께한다는 거의 광신적인 희열 등은 항상 개인을 본위로 하는 서양 '죄감문화'의 중요한 구성요소가 된다.

사람들은 인생의 의의와 생활의 신념을 신(하나님)에게 맡기고, 이 세간을 초월하는 정신적 환락에 의지해버린다. 이러한 환락은 늘 이 세계의 개체적 심신이 엄청난 수련과 고통을 거쳐야 비로소 얻을 수 있는 것이다. 이것은 기독교와 기타의 많은 종교들이 가지고 있는 특징이다. 아래 내용은 신문을 보면서 우연히 스크랩해둔 자료이다. 구체적이고 자세한 내용은 확실히 믿을 만한 것은 아니지만 자아의 징벌을 표현하여 초월을 구한다는 종교정신이란 점에서는 여전히 믿을 만한 것이기 때문에 그대로 발췌하여 인용한다.

로이터 통신은 최근 말레이시아에서 많은 힌두교도 집단이 콸라룸 푸르 부근의 안개가 자욱한 석회동굴 입구에서 참회절을 경축한 것을 보도했다. 그들은 날카로운 침으로 자신의 혀를 뚫거나 손가락 굵기의 철사로 자신의 뺨을 관통하고, 북을 두드리면서 그들의 가정과 친구를 위해 축복한다. 그들은 쇠로 만든 침, 쇠사슬, 날카로운 흉기로 자신을 '징벌'함으로써 신에 대한 참회와 믿음을 표현한다. 이들 힌두교도들은 이 과정에서 모두 기절해 넘어진다.

---

12) 옌푸가 말한 "중국은 하늘의 운수(天數)에 맡기고 서양사람들은 인간의 힘을 믿는다", "중국은 삼강(三綱)을 최고로 중시하고, 서양사람들은 평등을 가장 분명히 한다"는 것에서 진실로 근대 서양문화와 중국의 차이점이 어디서 근원하는지를 소급할 수 있다. 속죄를 강조하기 때문에 인간의 노력과 분투를 매우 중요시하고, 하나님이 있기에 인간들은 모두 평등하게 최후의 심판을 기다린다는 것이다.

위의 말은 결코 고급스런 종교의 모습은 아닌 것 같고, 기독교의 깊이나 정교함과 치밀함에는 크게 미치지 못하는 것으로 보인다. 기독교는 고통을 '원죄의 쓴 결과'로 보며, 사람은 고통을 통해서만 속죄할 수 있고 하나님의 부름을 받을 수 있고, 그렇게 했을 때 하나님께 귀의하고 종속될 수 있다고 말한다. 즉, 고통은 세속을 벗어나 성스러움으로 들어가는 구원의 길이 된다. 십자가에 못박혀 선혈이 낭자한 예수를 숭배의 대상으로 삼는 이런 광경이나 예술은 중국 문화 속에서 거의 찾아볼 수 없으며, 심지어 도무지 어울리지 않는다.[13]

이것은 육체를 학대하는 것이고 정신을 시달리게 만드는 것이다. 도스토예프스키 소설 가운데 『영혼고문』(靈魂拷問)이 바로 그러한 예인데, 그들은 모두 극심한 고통을 겪으면서 인간의 정신을 승화시키려 한다. 서양문화에서 이러한 종교정신은 대단히 중요한 것이다. 예를 들면 막스 베버(Max Weber)의 가장 뛰어난 이론은 청교도의 종교신념이 각고의 노력·절약·저축과 노동을 통하여 자본주의를 형성시켰다는 것이다. 이것은 근본적으로 정확한 것으로 단언하기는 곤란하지만, 극단적인 극기와 모든 것을 희생하여 하나님을 받드는 서양의 종교정신이 역사를 크게 움직인다는 작용을 강조하여 표현한 것으로 보인다. 중국에는 줄곧 여러 종교가 있었지만, 이처럼 고급스런 종교정신은 없었다.

중국의 실용이성은 사람들로 하여금 공상적인 정신적 '천국'(天國)에 대한 염원은 비교적 덜 추구하게 만들었다. 신선이 되는 환상으로부

---

13) 중국 철학에서 '악'(惡)이 중요한 근본적 지위를 차지하지 못하는 것처럼, 죄와 고통도 마찬가지로 그러하다. 중국 철학에서 '천도'(天道) 자체는 '낳고 낳는'(生生) 것으로 '선'이고, '악'은 다만 그것을 벗어난 것이다. 따라서 '악'은 파생적이고 종속적인 것이다. 인간의 현실적 생존과 현실세계 속에서의 생활은 선이지 결코 악이나 죄가 아니다. '도'가 어느 곳에도 있지 않음이 없다(심지어 "도는 똥, 오줌에도 있다")는 것은 죄나 악이 의탁할 곳을 없애버리는 것이다. 그러므로 중국 철학의 음양은 광명과 암흑, 선과 악, 하나님과 마귀라는, 결코 양립할 수 없는 것 사이의 투쟁을 말하는 것이 아니라 상호간의 의존, 삼투, 보완을 말하는 것이라고 할 수 있다.

터 신에게 기도하고 부처에게 예불을 드리는 것은 모두 현실적으로 세간의 행복과 쾌락을 보존하고 추구하기 위한 것에 지나지 않는다. 또 인간들은 늘 감상적으로 "인생은 아침 이슬처럼 덧없는 것으로, 지나간 날의 고통은 더욱 많았다"고 하거나, "이승보다 저승이 아름답다는 것을 아직 점칠 수는 없다", "다만 세월이 몰래 슬며시 바뀔까 두려울 뿐이다"라고 말하고 있다. 이런 말들은 전체적으로 현재의 삶과 현재의 세계라는 현실인생을 지나치게 중시하여 집착하고 있는 것으로 보인다.

하이데거는 인간은 그가 지금 죽음을 향하고 있다는 것을 자각적으로 의식했을 때만 비로소 '현존재'(Dasein)임을 파악할 수 있는 것으로 생각한다. 그가 개체의 '현존재'를 통하여 '실존의 의미'를 추구한다면, 실제로는 모든 서양전통과 마찬가지로 여전히 인간세계를 초월하고 있는 하나님을 배경으로 하고 있다면, 공자는 "삶을 모르는데 어찌 죽음을 알겠는가? 사람 섬기는 것도 모르는데 어찌 귀신 섬기는 것을 알겠는가?"라고 하여 죽음의 의미는 바로 삶 속에 있고, 오직 삶의 가치를 알아야만 비로소 죽음의 의미를 알 수 있다고 했다. '삶과 죽음'의 문제는 모두 인간관계 속에 있으며, 너와 나, 그리고 다른 사람과의 관계 속에 있다. 이 관계 자체가 바로 본체이고 실재이며 진리이다. "새나 짐승과는 함께 무리지어 살 수 없다. 이 사람들이 아니라면 내가 누구와 함께 살겠는가?"(鳥獸不可與同群, 吾非斯人之徒而誰與?)라고 함은 자기가 인간이라는 종족에 속함을 자각적으로 인식한 것이다.

이러한 인류에 대한 근본적 자각 속에서 비로소 자신이 진실한 '현존재'가 될 수 있는 것이다. 여기서는 본체와 현상이 하나가 되어 구분되지 않기 때문에 하나님과 인간세상의 그런 관계와는 다르다. 여기서는 초월적인 하나님을 필요로 하지도 않고 존재하지도 않는다. 따라서 초월적 본체도 존재하지 않으며 그것을 필요로 하지도 않는다. 마치 캉유웨이가 세운 공자교(孔敎)를 장타이옌이 공격하면서 말한 "국민들이 보통 가지고 있는 성격으로 볼 때 그들이 관심을 기울여 관찰하려는 것은 정치적인 일과 일상생활에 있으며, 힘쓰는 곳은 공업·상업·농사일이며, 지금 살아 있는 것들에 극진하게 하는 데 뜻을 두어야 하고 경험할 수 없었던 것에 대해서는 말하지 말아야 한다"[14]는 것과 같으며, 또한 체(體)와 용(用)은 둘이 아니다는 의미의 '체용불이'(體用不二)와 같다.[15]

'체용불이'는 중국 철학의 특징인 '천인합일'의 또 다른 표현이다. 인도 철학에서 말하는, 무한한 시간과 공간에 비해 인간이 왜소하거나 하찮아지는 것과는 달리, 중국 철학에서 하늘은 크지 않고, 인간 또한 작지도 않으며, '본체'(體)가 '작용'(用)보다 높거나 우월하지도 않다. '도'는 바로 '일상적 규범과 생활'(倫常日用)이고 '공업·상업·농사일' 속에 들어 있으며, '본체'와 '도'가 바로 '일상적 규범과 생활', '공업·상업·농사일' 자체이다. 말하자면 일상생활에서의 인간관계와 경험적인 삶을 버리거나 떠나서 초월, 선험, 무한, 그리고 본체를 추구하지 않는다는 것이다. 본체, 도, 무한, 초월은 바로 지금의 현실생활과 인간관계 속에 있다. '천인합일'과 '체용불이'는 모두 유한 가운데에서 무한을 구하기를 요구한다. 다시 말해 실재에서 초월을 얻고 인간세계에서 도체(道體)를 얻는 것을 의미한다.[16]

중국 철학은 유가, 묵가, 노장뿐만 아니라 불교의 선종까지도 모두 감성적인 심리와 자연적 생명을 대단히 중요하게 생각한다. 유가의 경

---

14) 『태염문록』(太炎文錄) 「건립공교의」(建立孔敎議), "國民常性, 所察在政事日用, 所務在工商耕稼, 志盡於有生, 語絶於無驗."
15) 이 글에서 말하는 '체용불이'는 슝스리가 말하는 정신과 물질이 나누어 지지 않는 '체용불이'와 다르다. 여기서는 물질과 정신의 인식론의 관계문제에 대해서는 이야기하지 않는다.
16) 하이데거는 서양의 전통에 따라 반(反)인류중심주의를 강조하여 사실상 초월적 존재, 실은 비(非)인격신적인 하나님을 추구할 것을 강조한다. 사르트르는 이런 존재를 강조하지 않고 자신을 순수주관적 경지에 빠뜨림으로써, 하이데거가 다루는 체계보다 훨씬 작은 것으로 만들어놓았다. 특히 주의를 기울여야 할 문제는, 하이데거는 후기사상에서 '기쁨'(joy)을 말하면서 집조차 없어서 버려졌던 것에서 '돌아갈 집이 생겼다'고 말하는 점이다. 이 돌아갈 '집'을 하이데거의 입장에서 말하면, 비록 그가 무신론자였다 하더라도 여전히 하나님의 그림자를 벗어날 수 없던 것으로 보인다.

우는 더이상 말이 필요없다. 장자는 도가 무정(無情)하면서도 유정(有情)한 것이라고 하여 "사물을 사물되게 하면서도 다른 사물에 구애되지 않음"(物物而不物於物)을 요구하고 있다. 묵가는 생식(生殖)을 중시하고, 선종은 '물을 긷고 장작을 패는'(擔水坎柴) 것을 말하며, 민간의 속담에 "푸른 산이 남아 있는 한 땔감이 없음을 걱정하지 않는다"(留得靑山在, 不怕沒柴燒) 등등은 각각 다른 방식으로 생명 · 생활 · 인생 · 감성 · 세계에 대한 긍정과 집착을 보여준다. 그것은 생명 · 생존 · 생활을 위해서 적극적인 활동을 요구하며, 이러한 활동 중에서 인간관계의 조화, 인간과 자연의 조화(환경으로서의 외재적 자연과의 화해 및 신체 · 정욕으로서의 내재적 자연과의 조화)를 요구한다. 이 때문에 욕망에 따라 제멋대로 방종하는 것에 반대하고 욕망을 소멸시키려는 것에도 반대하며,[17] 현실적인 세속생활 안에서 정신적인 평정과 행복, 곧 '중용'을 얻으려는 것이 기본요점이 된다. 여기에는 파우스트 식의 무한추구가 있는 것이 아니라 유한에서 무한을 찾으려고 한다. 또 여기에는 도스토예프스키 식의 고통스런 초월도 없고, 인생의 쾌락에서 초월을 구하려고 한다.

이런 초월은 바로 도덕인 동시에 도덕을 초월하고, 인식이면서 신앙이다. 그것은 지(知)와 정(情)이면서도 신앙 · 정감 · 인식이 하나의 통일체로 녹아 있다. 실제로 그것은 여전히 본체와 작용이 둘이 아니면서 영혼과 육체의 합일, 즉 이성적 내용을 지니고 있으면서 또한 감성적 형식을 보존 · 유지하는 심미적 경지이고, 결코 이성과 감성이 분리되어 있거나 본체(신)와 작용(현상계)의 격리, 영혼과 육체가 대립하고 있는 종교적 경지는 아니다. 종교가 아닌 심미적 경계가 중국 철학의 최고 목표가 되었으며, 심미는 이성을 축적하고 있는 감성으로 이것이 바로 중국 철학의 특징이다.

---

17) 마르크스가 힌두교를 평가하면서 말한 것처럼, 많은 종교 속에는 자아시련의 금욕적인 종교요소도 있고, 반면에 극단적인 방탕과 탐욕의 향락적인 종교도 있다. 불교 중의 몇몇 종파가 바로 이와 같다.

공자에서 시작된 유가정신의 기본적인 특징은 심리적 정감원칙을 윤리학·세계관·우주론의 기초로 삼고 있다는 점이다. 유학은 "인은 하늘의 마음이다"(仁, 天心也)라고 하여 우주자연과 인류사회는 반드시 정감적인 공동체 속의 조화로운 인간관계 속에 있어야 함을 강조하고 있다. 이것이 '인도'(人道)이며 바로 '천도'(天道)이다. 자연과 법칙은 심리(정감)화되었다.

바로 이러한 이유로 인격신적인 종교도 필요없고, 또 감성적인 시간·공간을 초월하여 영혼의 영원불멸을 추구하는 것을 요구할 필요도 없다. 영혼과 불멸은 모두 감성적인 시공간 속에 있다. 대자연('천')은 영원한 것인가? '인간'(끊이지 않고 이어지는 종족으로서의 인간) 또한 영원하지 않은가? "천지의 커다란 공덕을 일러 생(天地之大德曰生)이라 하며", "낳고 낳는 것을 역이라 한다(生生之謂易)." 하늘·땅·인간들은 모두 이런 동일한 법칙('도')을 따르면서 생의(生意)를 가득 채우고 있는 것이 아닌가? 이것이 곧 '인'(仁)이고, '천'(天)이고, '이'(理)이고, '마음'(心)이고, '신'(神)이고, '성'(聖)이고, '일'(一)이다.

이처럼 중국 철학은 바로 감성세계, 일상생활과 인간관계 안에서 도덕적 본체, 이성적 파악, 그리고 정신적 초월을 찾으려고 노력한다. 체용불이, 천인합일, 감정과 이성의 교류·융합, 주체와 객체의 동형구조는 중국의 전통정신이며, 그것이 이른바 중국의 지혜이다. 앞서 이미 여러 번 말한 것처럼 이런 지혜는 사유방식과 지적 구조에서 표현되며, 전체적이고 모호한 직관적 파악, 깨달음, 체험을 더욱더 중요시하고 분석적인 지적 논리의 명석판명함을 중요하게 보지 않는다.[18] 전체적으로 말하면 이런 지혜는 '심미형'(審美型)에 속한다.

서양문화는 '죄감문화'로 불리기 때문에 어떤 사람들은 '수치감의 문화'[19]("행동함에 염치가 있어야 한다")[20]고 하기도 하고, 또 어떤 이

---

18) 이 책의 「장자·현학·선종의 철학」을 참조하라.

는 '우환의식'(憂患意識)[21]이라고("역을 지은 사람은 아마도 우환이 있었나보다"[22]) 하여, 중국 문화를 죄감문화와 서로 대비하여 요약하고 있다. 나는 이것이 '죄감'이라는 뜻을 모방한 것을 벗어나지 못하기 때문에 '낙감문화'(樂感文化)라고 하는 것이 훨씬 합당하다고 생각한다.

『논어』첫 장의 첫 구절은 "배우고 때로 익히면 또한 기쁘지 아니한가. 벗이 있어 먼 곳에서 오면 또한 즐겁지 아니한가?"(學而時習之, 不亦說乎; 有朋自遠方來, 不亦樂乎)로 시작한다. 공자는 "발분하여 밥 먹는 것도 잊고, 즐거워하여 근심을 잊어 늙음이 장차 오려 함도 알지 못할 따름이다"(發奮忘食, 樂以忘憂, 不知老之將至云耳), "거친 밥을 먹고 물을 마시며 팔베개를 하고 누워 있으면 즐거움이 그 가운데 있다"(飯蔬食飮水, 曲肱而枕之, 樂亦在其中矣)고 재차 반복하여 강조한다. 이런 정신은 유가의 교의일 뿐만 아니라, 더욱 중요한 것은 그것이 이미 중국인의 보편의식 또는 잠재의식을 이루어 일종의 문화심리 구조 또는 민족성격이 되었다는 사실이다. "중국인은 철저한 비관주의자가 되기가 정말 힘들다. 그들은 항상 낙관적으로 미래를 바라보기를 원한다."[23]

이 때문에 '즐거움'(樂)은 중국 철학 안에서 실질적으로 본체의 의미를 지니고 있는데, '즐거움'은 바로 '천인합일'의 성과이면서 표현이다. '천'(天)으로 말하자면 '즐거움'은 '낳고 낳은' 것이고 "하늘의 운행은 굳세다"는 것이다. 사람이 이런 '천도'(天道)를 따라야 한다는 것으로 말하면, '즐거움'은 바로 『맹자』와 『중용』에서 말하는 '성'(誠)에 해당한다. 말하자면 "성은 하늘의 길이고 성하고자 하는 것은 인간의 길이다"(誠者, 天之道也; 誠之者, 人之道也)라고 하고, "자기 몸을 돌이켜 보아 진실하면 즐거움이 이보다 더 큰 것이 없다"(反身而誠, 樂莫大焉)

---

19) 핑거레트의 경우를 예로 들 수 있다.
20) 『논어』「자로」, "行己有恥."
21) 쉬푸관의 경우를 예로 들 수 있다.
22) 『주역』「계사전」 하편, "作易者其有憂患乎?"
23) 이 책의 「진한 철학의 특색」을 참조하라.

596

고 한다. 이것도 후대의 장재가 말한 "천지를 위해 마음을 세운다"(爲天地立心)는 것으로, 본래는 분명하게 알 수 없었던 우주자연에 목적성을 부여한 것이라고 할 수 있다.[24] 그것이 지향하는 최고의 경지는 바로 주관심리상의 '천인합일'이고, 이 경지에 도달하면 "만물이 모두 나에게 갖추어져 있고"(萬物皆備於我: 맹자의 말), "인간이 지극히 정성스러울 수 있으면 자신의 본성을 온전히 다하여 신도 다 알 수 있게 된다"(人能至誠則性盡而神可窮矣: 장재의 말). 인간과 우주자연 전체가 합일하는 것이 이른바 본성을 다하고 하늘을 알며(盡性知天) 신묘함을 궁구하여 변화에 통달하는(窮神達化) 것으로, 이로부터 가장 즐거운 인생의 극치에 이를 수 있다.

이러한 극치는 결코 종교적인 것이 아니라 차라리 심미적인 것이라고 할 수 있다.[25] 그리고 이것이 아마도 몸과 마음, 우주와 자연의 합일을 목표로 하는 중국의 낙감문화와 영혼으로 하나님에 귀의하는 서양의 죄감문화가 다른 점이 아닐까? 루쉰을 비롯한 사람들이 도스토예프스키를 끝내 좋아하지 않는 것은 단순한 우연일까? 우리는 오늘날 루쉰의 발자취를 따라 계속 앞으로 나아가야만 한다. 루쉰은 일생 동안 전력을 다하여 국수주의에 반대하고 아큐(阿Q)를 배척하여 국민성 개조를 바랐기 때문에, 그의 주검 위로 한 점의 부끄러움도 없는 '민족혼'이라는 영광스런 깃발을 덮을 수 있는 것이다. 줄기차게 전통을 비판한 그는 중국 민족이 새로운 길을 개척하는 데 필요한 낙관정신을 대표하

---

24) 칸트의 『판단력비판』 하권을 보면, "자연은 문화적 · 도덕적인 사람을 목적으로 삼는다"고 했다. 『예기』의 「예운」에서 "인간이라는 것은 천지의 마음이다"(人者, 天地之心)라고 했는데, 이것들은 모두 객관적인 입장에서 말한 것처럼 보인다. 그러나 순수하게 객관 목적론적인 입장으로 말할 수 있다면, 종교적 유신론으로 나아갈 수 있는 것으로 보인다.

25) 심미적 경지에는 세 단계의 층이 있다. 첫째 눈과 귀를 즐겁게 하는 것(the sense of beauty), 둘째 마음과 뜻을 즐겁게 하는 것(the pleasant feeling satisfaction of mind or heart), 셋째 의지와 정신을 즐겁게 하는 것이다. 여기서 말하는 심미적 경지는 세번째 것(바로 '지적 직관' intellectual intuition)이다. 미학에 관한 나의 논문을 참조하라.

는 듯하다. 즉 "날로 새로운 것을 일러 성덕이라고 한다"(日新之謂盛德), "나날이 새로워지고 또 날로 새로워진다"(日日新, 又日新)이다. 지금의 문제는 이른바 '낙관'과 개척을 천박한 진화론이나 결정론으로 변화시키는 것이 아니라 루쉰처럼 그렇게 외래문화의 영향을 흡수하는 속에서 생장하여 지닐 수밖에 없는 깊은 역사적 비애감, 인류의 운명에 대해 느끼는 감정 같은 것이어야 비로소 진정으로 현대적 형태의, 거대하고 깊이 있으면서 저항하기 힘든 낙관적인 힘을 가질 수 있다.

'낙감문화'가 추구하는 '즐거움'(樂)은 생리적으로 주어지는 자연적 산물이 아니라 후천적으로 수양된 모종의 성과이다. 그것은 이른바 인생의 최고 경지로서, 여전히 교육의 효과이다. 그러므로 유가에서는 맹자, 순자를 막론하고 모두 학습과 교육을 매우 중시한다. 예를 들면 맹자는 선험적인 선을 발견한 데 비해 순자는 자연적인 악을 제어하는 것에서 학습과 교육을 말한다. 그것들이 요구하는 인격의 형성이라는 것은 인과 지(智)의 통일, 감정과 이성의 상호침투를 원칙으로 삼는데, 실제로는 공자의 인학 구조가 교육학으로 나아가는 진일보된 연역과정이라고 할 수 있다. 한편으로 그것은 교육과 연마를 통하여 내적 인격의 완성과 원만함에 이르기를 요구한다. 다른 한편으로는 인생과 세속적인 일을 긍정하기 때문에, 외재세계와 현실의 세간적인 일에 대한 학습을 매우 강조하는데 이것이 인격형성의 중요한 측면과 내용을 이룬다. "나는 나의 호연지기를 잘 기른다"(我善養吾浩然之氣)와 "널리 베풀고 모든 백성을 구제한다"(博施濟衆)는 안과 밖의 두 방면에서 완전한 인격추구, 즉 개체의 주체성 형성을 구성한다. 이것이 바로 '내성외왕의 도(道)'이다.

맹자와 『중용』, 송명이학이 '내성'이라는 인격형성의 측면에서 공헌했다고 한다면, 순자·『역전』·동중서와 경세치용의 학은 '외왕' 측면의 배양에 공헌했다고 할 수 있을 것이다. 이른바 '현대신유가'는 외왕의 측면을 경시하거나 말살하고 있는데 이는 사상사와 민족성격사의 역사적 진실과도 일치하지 않는다. 내가 순자를 강조하고 아울러 장학성을 말하는 이유는, '현대신유가'와 대비하기 위함이다.

유학이 중국 전통사상의 주류가 될 수 있던 다른 원인 중의 하나는, 마치 중국 민족이 끊임없이 다른 민족을 흡수·동화하면서 성장·발전하여 온 것처럼 원시유학 자체의 많은 요소와 다층차의 구조가 지니고 있는 낙관적인 포용성에 있다. 이것이 유학으로 하여금 각 학파를 끊임없이 흡수·동화시켜 현실적 질서와 마음의 생활 안에서 안정된 시스템을 이루었기 때문이다. 이러한 안정된 피드백 시스템을 가지고 환경에 적응했기 때문에 중국의 사상전통은 일반적으로 '같은 것을 추구함' (求同)을 중요하게 여겨왔다. 이른바 "통하여 동화시킨다"(通而同之) 거나 "크게 같음을 구하고 작은 차이는 여전히 버리지 않는다"(求大同而存小異)[26]고 하여, 중국 사상은 '같은 것을 추구함'을 통해 자신을

---

26) 재미있는 것은 송명이학뿐만 아니라 소철 등의 사람들도 똑같이 유가와 불교를 동일한 것으로 여기고 있다는 점이다. 그는 『중용』을 통하여 불교의 진리를 해석하면서 "선도 생각하지 않고 악도 생각하지 않는 것은 희로애락이 아직 발동하지 않았다는 것을 의미한다. 대개 중(中)이라는 것은 불성의 다른 이름이다. 그리고 조화라는 것은 보살이 되기 위한 육마라밀에 속하는 온갖 행위인 육도만행(六度萬行)의 전체 목차이다. 중과 화를 이루어 세상의 모든 사물이 그 사이에서 생긴다고 하는데, 이것이 불법이 아니라면 무엇이 이를 감당할 수 있겠는가?" ("所謂不思善不思惡, 則喜怒哀樂之未發也. 蓋中者, 佛性之異名; 而和者六度萬行之總目也. 致中和而天地萬物生於其間, 此非佛法何以當之?": 『노자해』老子解 권4)라고 했다. 그리고 "예전의 성인은 마음에 적합하도록 도를 행하여 세간의 존재들을 훼손시키지 않았다"("古之聖人中心行道而不毁世法": 같은 책)고 했다. 이 점에서 유종원을 예로 들 수 있다. 마치 한유가 "공자는 언제나 묵자를 이용했고 묵자도 언제나 공자를 이용했다"(孔子必用墨子, 墨子必用孔子)고 생각한 것처럼, 유종원 역시 "나는 노자를 공자학파의 또 하나의 다른 분파로 보기 때문에 서로 다툴 수 없는데, 하물며 양주(楊朱), 묵적(墨翟), 신불해, 상앙과 형명가(刑名家), 종횡가(縱橫家)의 학설이야 자꾸 더 말해 무엇하겠는가? ……모두 세상에 도움을 주었다. 이후 부처는 ……통하여 동화시켰으며 그 장점을 모두 늘리고 넓혀서 기이하고 괴상한 것을 몰아내었으니, 이를 요약하면 공자의 도와 같다"("余觀老子亦孔子之異流也, 不得以相抗, 又況楊墨申商刑名縱橫之說……皆有以佐世, 其後有釋氏…… 通而同之, 咸伸其長而黜其奇衺, 要之與孔子同道": 『유하동집』柳河東集 「송원십팔산인남유서」送元十八山人南遊序). 이 또한 공자의 유학을 기초로 하여, '같은 것을 추구함'을 통해 서로 다른 사물을 흡수하여 받아들이고 있다. 이런 종류의 글이나 사상은 매우 많으며, '통하여 동화

유지하고 키워왔다.

　구체적인 방식으로 중국 사상은 늘 자기가 원래 가지고 있는 틀을 가지고 외부에서 들어온 자기와 다른 것들을 해석하고 합쳤는데 곧 이러한 회통적(會通的) 해설을 하는 가운데 상대방을 흡수하고 상대방의 본래 모습을 모호하게 하면서 '동화'시켰다. 진 · 한 · 당 · 송에서 도가, 법가, 음양가와 불교를 흡수하고 동화시킨 것이 가장 분명한 예이다. 장자를 끌어와 불교에 적용하여 끝내 선종이 탄생되었는데, 이것이야말로 중국 사상사의 커다란 걸작품 중 하나이다. 민간에서의 '삼교합류'(三敎合流), '삼교가 함께 행해지면서도 서로 어긋나지 않고 보완해주는'(三敎並行不悖) 것과 공자 · 노자 · 석가가 하나의 전당에 함께 모셔져 있는 것 등은 모두 이런 관점을 표현한 것이다.

　중국에서는 종교전쟁과 유사한 종류의 커다란 싸움이 없었다. 반대로 서로 다른 구별과 다름을 간직하면서 동일성을 구하고, 동일성을 구하면서 합쳐졌다. 유학은 묵가 · 법가 · 음양가를 흡수하여 자신의 외재적인 면을 확장시키고 보충했다. 또한 유학은 장자와 선종을 용해시켜 자신의 내적인 면을 충실하고 풍부하게 하여 그것이 원래 가지고 있던 인학 구조는 공업기술사회와 문화심리라는 두 측면에서 시대적 추이와 변화를 거쳐 완강하게 보존되고 연속되었으며 더욱 확장되고 발전되어 나갔다. 이것이 바로 중국의 지혜 가운데 가장 주의를 기울여볼 만한 하나의 특색이다. 어쩌면 이것이 바로 문화적 유기체가 동화를 통해 생장한 전형이 아닐까?[27]

시킨다'는 중국의 지혜와 민족의 성격을 매우 분명하게 표현하고 있다. 비록 공자가 "다른 이단을 공부하면 해로울 따름이다"(攻乎異端斯害也己)고 말하고, 맹자가 양주 · 묵적을 물리치고 한유가 불교를 배척하고, 왕선산이 육상산 · 왕양명을 배척한 것 등을 역사에서 '논의는 정확하고 말은 엄격하게'(義正詞嚴)라고 했지만, 대부분은 사회투쟁의 짧고 순간적인 일시적 반영이었다. 그리고 전체적인 상황으로 말하자면, 모든 역사가 이와 같지 않았다. 한당(漢唐) 문화가 가지고 있는 포용성, 동화성은 외재적인 측면에서 이 점을 분명하게 보여준다.
27) 이 책의 「진한 철학의 특색」을 참조하라.

대체적으로 중국의 전통 철학 사상은 모두 다섯 단계를 거친다.

선진 시기에서 주요한 것은 정치론적 사회철학이다. 왜냐하면 유가 · 묵가 · 도가 · 법가를 막론하고 모두 당시의 급격한 변동 가운데에서 사회의 기본문제와 사회적 문제들에 대답하기 위해 노력했기 때문이다. 진한 시기에 이르면 그것은 우주론의 철학으로 변한다. 위진(魏晉)은 본체론의 철학이며, 송명(宋明)은 심성론(心性論)의 철학이다. 근대에 이르러 비로소 탄쓰퉁 · 장타이옌 · 쑨중산(孫中山)의 인식론의 철학이 출현한다. 그런데 이 다섯 단계 중에서 각각 편중된 부분들이 있겠지만, 실용이성의 '내성외왕'(內聖外王) · '유도호보'(儒道互補: 유가와 도가의 상호보완)의 기본정신은 계속 유지되어 왔다. 쑨중산은 '지난행이'(知難行易: 아는 것은 어렵고 행동은 쉽다)의 학설을 제기하여, 인식론적인 면에서 중국의 실용이성의 경험론을 넘어서서 진정으로 지성을 중시하는 근대적 경향을 가지고 있었지만 충분한 발전을 이루지는 못했다.

마르크스주의가 중국에 들어온 후 중국의 전통적 의식형태는 마침내 신속하게 변화하기 시작한다. 그러면 왜 마르크스-레닌주의가 중국의 지식인들에게 이처럼 신속하고 진지하게 받아들여지고 인민대중들까지 신봉하게 되었을까? 이것은 매우 진지하게 생각해보아야 할 문제이다. 물론 주요한 원인은 중국 현대의 구국의 노력, 즉 반(反)제국주의 · 반(反)봉건의 긴급한 시대과제와 관련이 있다. 이 속에서 진보적인 지식분자들은 많은 좌절과 시행착오를 겪은 후에 이런 낙관적인 원대한 이상과 구체적인 개선방안, 또한 착실한 전투정신과 엄격한 조직원칙을 강조하는 사상이론을 가지고 있는 이 사상체계를 자연스럽게 선택하고 받아들이게 된다. 마르크스-레닌주의의 실천성격은 중국 인민의 구국과 구민(救民)의 필요성과 매우 잘 부합한다.

그러나 중국 전통의 민족성격, 문화정신과 실용이성은 과연 어떤 작용을 일으켰는가?[28] 행동을 중시하고 역사의식이 풍부하며, 종교신앙은 없으나 치평(治平)의 이상이 있고, 깨어 있는 이지(理智)를 가지고 있으면서 또한 인간관계의 열정이 충만한 중국 유가의 전통정신과 문화심리 구조는 기질적 성격, 사유습관이나 행위의 모델에서 중국인들로 하여금 마르크스주의를 비교적 쉽게 받아들이도록 만들었을까?

과거에 어떤 사람들은 마르크스주의가 중국의 현실에 적합하지 않다고 말했는데, 사실은 정반대이다. 마르크스주의는 중국에서 성공적으로 뿌리내렸고, 천지가 뒤집힐 정도로 대단한 농민전쟁을 이끌고 완성하여 전체 중국 사회에서 뿌리내렸다. 또한 이런 과정에서 마오쩌둥의 군사정치 전략과 류사오치의 개인수양이론, 덩샤오핑(鄧小平)의 "실사구시(實事求是)는 마오쩌둥 사상의 정수이다"와 '두 개의 문명'(물질문명과 정신문명)이라는 관점들이 출현했다. 그런데 이것은 마르크스주의를 상당한 정도로 중국화시켜 사회투쟁의 실제내용, 사상의식의 실제내용과 결합해나갔다.

이 때문에 근현대 철학 이론의 신(新)실재론·분석철학·실존주의 등과 마르크스주의를 비교한다면 아마도 중국인들에게는 마르크스주의가 더욱 친근할 것이다. 이것은 마르크스주의의 중국 내에서의 전파, 발전이 전통과 결합하여 보다 더 중국화한 것이 우연히 그렇게 된 것이 아니며, 역사의 지속적인 요구에 의해 그렇게 되었다는 사실을 보여준다. 이와 반대로 어떤 지극히 번잡할 정도로 세밀한 분석철학과 같은

---

28) 1949년 이후 분명한 자신의 철학적 관점이나 신앙, 심지어 체계를 가지고 있던 저명학자와 지식인, 예를 들면 진웨린(金岳霖)·펑유란·허린(賀麟)·탕융퉁(湯用形)·주광첸(朱光潛)·정신(鄭昕) 등의 사람들은 자신들이 원래 가지고 있던 철학적 경향들을 버리거나 비판하고 마르크스주의를 받아들였다. 마르크스 철학에 대한 그들의 이해의 깊이나 정확도에 대해서는 여전히 토론해 보아야겠지만, 그것을 받아들이는 내재(內在) 충성심은 더이상 의심할 필요가 없을 것 같다. 진웨린은 해방 초기에 여전히 아이쓰치(艾思奇)와 변론을 하여 1960년대 초에 주동적으로 『논소이』(論所以)를 썼다. 진웨린은 마르크스주의 철학에 대한 태도가 매우 전형적이었다. 이것은 공산당이 영도하여 혁명을 성공시키고, 국가가 더이상 외부의 수모를 받지 않고 독립하기 위해 그들이 정열적으로 마르크스주의를 받아들인 것과 관련이 있다. 그러나 이런 '인도'(人道: 정치)에서 '천도'(天道: 철학)로의 심리적 전이는 중국의 사상적 전통이 아닌가? 그렇다면 그들은 자각적으로 이런 전통을 표현한 것일까?

지성철학, 극단적으로 두드러진 개체주의(예를 들면 실존주의)는 중국인의 심리구조와 문화전통과는 오히려 거리가 더욱 멀고 낯선 것이었다.

우리는 그중의 많은 합리적인 것, 예를 들면 엄밀한 언어분석, 사변적인 추상역량, 개체의 독립정신 등을 흡수하여 용해할 수 있다. 그러나 결코 그것들에 동화되지 않고 오히려 그것들을 동화시킬 수 있을 것이다. 그러므로 중국 사상사의 전통으로 보면, 현대화 과정에서 따라들어온 많은 외래사조 등이 중국의 모든 것을 석권할 것 같다는 것에 대해 지나치게 걱정할 필요는 없을 것 같다. 이와 반대로 우리는 충만한 민족적 자신감으로 미래에 맞서야 하며, 더욱 대담하게 기백과 지혜를 가지고 용감하게 외래문화를 흡수하고 그것을 우리의 것으로 용해시켜야 할 것이다.

5 천인합일

중국의 사상전통은 자체의 중대한 결함과 문제를 안고 있으며, 실용이성은 심각한 도전에 직면해 있다. 앞서 얘기한 것처럼 도전은 무엇보다도 먼저 사회의 급격한 발전과 변천으로부터 오며, 신석기 시대 이래 유구한 역사를 가지고 있는 가정농업 소생산과 혈연유대는 끝을 맺게 될 것이다.

현대화의 발전과정은 여러 가지 폐쇄적·인습적·소극적·회귀적인 행위방식과 생활방식을 깨끗이 청소해버리기를 요구하며, 고도로 발달한 자연과학은 경험론에 제한되어 있는 사상방식을 버릴 것을 요구한다. ……경제발전이 가져오는 사회질서의 변천과 생활방식의 변혁, 이에 따라 야기되는 전통사상과 전통방식과의 충돌과 변혁을 제외하고도 문화 자체가 가지고 온 가치관념의 모순, 충돌과 새로운 평가는 날이 갈수록 더욱 돌출된다. 그 가운데 개체의 중요성과 독특한 개성의 발전, 심리적 풍부성과 복잡성의 증가로 인해 원래 있던 '내성외왕의 도'와 '유가와 도가의 상호보완'을 상대적으로 빈곤하고 저급한 '원시적인 원만(圓滿)'으로 만들어 현실생활의 발전과 정신초월의 만족을 완전히 얻지 못하게 만들었다.

독립적인 개성이 결핍된 중국인은 오늘날 완전히 새로운 인격을 추구하고 있다. 고전적인 의미의 조화, 평화로움과 상대적인 안정에 맥없이 묶인 채 모험, 부정, 훼손과 멸망 등에 대해서는 회피해버리는데, 개체인격의 진정한 성숙이 결핍된 역사시기는 이미 과거가 되었다. 프로이트 등의 이론을 기초로 삼는 자유방종의 경향, 이와 반대로 신에게 회귀하려고 하는 신비종교적 경향 및 무리를 벗어나 유랑하거나 홀로 모든 정신적인 고뇌를 떠맡으려는 '절대' 개성[29]을 추구하는 것 등은 중국 전통의식에 대한 여러 방면에서의 도전이 될 수 있다. 중국 전통사상과 심리구조는 어디로 향해가는가? 그것을 보존하여야 하는가 버려야 하는가? 무엇이 미래의 방향인가? 이 글에서 몇 번이나 이야기한 것처럼, 이것이 바로 오늘날 우리가 깊이 생각해봐야 할 문제이다.

중국 사회와 중국 문화의 출로에 관한 논쟁은 청나라 말기에서 지금까지 이미 100년이나 지속되었다. '중체서용'(中體西用)과 '전반적인 서구화'라는 문제가 가장 대표적일 뿐만 아니라, 오늘날에도 여전히 커다란 영향을 미치고 있다. 청나라 말기에 '중체서용'을 주장한 양무파(洋務派)는 단지 현대 과학기술만을 받아들이고, 이것과 분리시키기 어려운 서양의 가치관념과 정치·경제체제는 배척하려고 했는데 이는 끝내 성공할 수 없었다.

이후의 '중국 문화본위론'의 영향은 더욱 미미했다. '전반적인 서구화'를 주장한 후스, 우즈휘(吳稚暉) 등은 중국이 이미 가지고 있던 문화심리의 각종 전통을 철저하게 버리거나 부정하고, 서양을 보고 모든 것을 모방하고자 했다. 그러나 이를 추종하는 사람이 드물어 마찬가지로 성공하지 못했다. 인하이광(殷海光) 역시 대만에서 이런 주장을 견지했으나 성공하지 못했다. 실제로 중국의 현대화 과정에서 이미 경제, 정치, 문화의 전통적 면모를 근본적으로 개혁해야 한다고 주장하면서도 여전히 전통 가운데 생명력이 있는 합리적인 것들을 보존하는 것이

---

29) 근대에 "신은 죽었다"(니체)는 것 때문에 개인주의의 절대고독이 출현했다. 이 때문에 니체의 권력의지, 하이데거의 '현존재', 사르트르의 '자유' 등이 생겨났다.

필요하다. 생명력 있고 합리적인 전통이 관계가 없으면 중국의 현대화는 성공할 수 없고, 현대화가 이루어지지 않으면 과거의 전통은 족쇄가 된다. 사실 이것은 우리가 오늘날 말하는 '마르크스-레닌주의의 중국화'이며 '중국화된 사회주의의 길'이다.

만약 억지로 중국과 서양으로 말해야 한다면 '서체중용'(西體中用)이라 할 수 있을 것 같다. 이른바 '서체'는 곧 현대화이며, 마르크스주의이다. 그것은 사회존재의 본체이다. 그것들은 비록 서양에서 왔지만, 전체 인류와 전체 세계발전의 공통된 방향이다. 이른바 '중용', 즉 마르크스주의의 지도를 통한 현대화의 과정은 여전히 중국의 실제와의 결합(중국 전통적 의식형태의 실제까지 포함하는)을 통하여야 비로소 진정으로 실현될 수 있음을 말하고 있다. 이것은 바로 현대화를 '체'로 하고 민족화를 '용'으로 하는 것이다. 왜냐하면 '체'와 '용'은 본래 나누어질 수 없도록 하나로 결합되어 있기 때문에, 외래의 모든 합리적인 것들을 어떻게 최대한 흡수·소화하여 자신을 풍부하게 하고 개조하며 발전시키느냐 하는 것은 회피할 수 없는 현실적 과제이다.

이것은 자주 말하는 것이므로 별것 아닌 무슨 고상한 이론으로 보이지 않지만, 실제로 어려움이 많이 따르는 역사적 작업이어서 장기적이면서도 여러 가지 구체적인 노력이 필요하다. 이론상에서 많은 구체적인 명제들을 제기하여 각 부문별로 나누어 연구·토론해야 한다. 그중에서도 내가 이 글에서 논의하려는 문제는 전통사상 중에서 표현된 문화심리 구조가 어떻게 적응·전환·개조되어야만 생존하고 발전할 수 있는 것인가이다. 나는 유가를 주류로 삼는 중국 전통사상의 어떤 현상, 예컨대 앞서 서술한 심리구조, 혈연의 기초, 실용이성, 유가와 도가의 상호보완, 낙감문화, 천인합일 등을 두 가지 측면에서 상세히 관찰하여 기술하고 분석하고자 한다.

'천인합일'은 아주 복잡한 문제이다. 중국의 '천인합일'의 관념은 매우 오랜 역사를 가지고 있으며, 나름대로의 유래가 있다. 대개 오래 전 신석기 농경시대 이래로 '천인합일' 관념은 인간이 사계절과 기후변화,

지형과 수리(水利)의 '천시'(天時)와 '지리'(地理)라는 자연에 순응하여 생존하고 발전한 사실과 밀접한 관련이 있다. 이 시기에는 아직 진정한 노예제 통치를 형성하지 못했고, 인간들이 절대적인 신권이나 절대적인 왕권에 복종하는 현상 역시 그렇게 일반적인 것은 아니었다. 원시 씨족체제 아래의 경제·정치구조와 혈연종법제도는 씨족과 부락내부에 일종의 자연적 조화관계('인화'人和는 곧 원시적인 인도, 민주관계)를 유지할 수 있도록 만들었다. 이 두 가지 측면은 대체로 '천인합일'(인간과 자연, 개체와 공동체의 순종·적응의 협조관계) 관념의 현실적 역사의 기초를 탄생시켰다. 상고 시대에서 오늘날까지 한자의 일상적 활용 가운데 '천'(天)이란 개념에는 결정된 운명이나 주재의 뜻과 자연의 의미라는 두 가지 단계의 함의가 줄곧 존재해왔다. 고대에는 이 두 가지가 섞여서 구분되지 않았다.

따라서 중국에서 '천'과 '인'의 관계는 실제적으로 어떤 불확정적인 모호성을 가지고 있다. 인격적인 절대주재 같은 것도 아니고, 자연물에 대한 정복이나 개조 같은 것도 아니었다. '천'은 이미 '인간'이 엎드려 머리를 조아리며 예배하는 신성한 하나님[30]일 수도 없고, 또한 '인간'이 정벌, 개조해야 할 대립의 대상일 수도 없었다. 따라서 '천인합일'이란 인간이 자연법칙에 대해 능동적으로 적응하고 따라야 하는 의미를

---

30) 바로 이 시기에 주목해야 할 것은, 인간의 '천'에 대한 원망과 분노가 있었다는 사실이다. 『시경』의 「우무정」(雨無正)에서 "아득히 넓고 넓은 저 하늘이여! 이제는 그 은혜를 부리지 않는 것인지, 잇따른 죽음과 기근이 네 나라를 짓밟아 해하는구나"(浩浩昊天, 不駿其德, 降喪饑饉, 斬伐四國)라 하고, 『시경』의 「소민」(召旻)에서 "무섭고 무서운 하늘이여! 하늘이 이런 큰 재앙을 내릴 줄이야. 우리를 배고픔으로 괴롭혀 사람들은 마침내 흩어져 가버렸네"(昊天疾威, 天篤降喪. 瘨我饑饉, 民卒流亡)라 하고, 『시경』의 「정월」(正月)에서 "보이는 저 산비탈 자갈밭 위에 우거져 있는 곡식 싹처럼 하늘이 나를 흔드는구나. 혹시 모자랄까 걱정하는 듯하다"(瞻彼阪田, 有菀其特; 天之搄我, 如不我克)고 한 것들은 모두 하늘이 '내린' 자연재해에 대한 비분강개인데, 여전히 주재적인 의미와 자연적인 의미가 뒤섞여 있다. 이보다 뒤의 시기에서 오늘날에 이르기까지 자연재해에 대한 원망은 『시경』의 내용과 크게 다른 것이 없는 것으로 보인다.

포함하고 있을 뿐만 아니라, 동시에 인간이 '천'의 주재와 정해진 운명에 대한 피동적인 순종과 숭배를 의미하기도 한다.

'천인합일'은 선진 시대에 이미 성숙했다. 『좌전』에서 말하는 많은 논술이나 공자·맹자·노자·장자 등등은 모두 서로 다른 각도, 다른 측면에서 이 관점을 제기하고 있다. 적극적이거나 소극적인 것을 막론하고, 제자백가들은 모두 '인간'은 반드시 '천'과 동일하고 일치하며 화목하고 협조해야 함을 강조한다. 이러한 '천'과 '인간'의 동일시는 당시에 유행한 시대적 조류인 이성주의의 흥기와 종교신앙의 쇠퇴 시기에 마침 발생한 것으로 보인다. 따라서 이런 '천인합일'의 관념은 이미 원래 가지고 있던 천과 인간의 동일감을 흡수하고 또 그것이 원래 가진 신비, 광란 또는 비이성적 내용을 제거해버렸다. 동시에 그것이 원래 가지고 있던 주재와 결정된 운명이라는 성격을 완전히 버리지는 못하고 다만 많이 약화시켰기 때문에 '천인합일' 관념에서는 자연의 함의라는 측면이 상대적으로 두드러지게 나타난다.[31]

'천인합일'은 동중서와 다른 한대 사상체계에서 주인공으로 활약했는데, 그 특징은 천과 인간이 서로 통하면서 '감응'하는—피드백 기능을 지니고 있는—유기체적인 우주도식이라는 것이다. 이 우주론 건립이 지니는 의의는 인간이 단지 이 도식을 순응(인식하고 또 따르는 것)하는 가운데 비로소 활동의 자유를 얻을 수 있고, 개체와 사회가 그 존재를 유지하면서 변화하고 발전(또는 순환)하게 만들 수 있음을 가리키는 데 있다. 이러한 '천인합일'이 중시하는 것은 국가와 개체가 외적 활동과 행위 속에서 자연과 사회에 서로 적응하여 장단을 맞추며 협조하고 동일시하는 것에 있다.

---

31) 니덤(Joseph Needham)과 보드(Derk Bodde)는 중국 사상이 가지고 있는 근본특징의 하나로 창조주의 관념이 없다는 것을 강조하고 있다(니덤의 『중국 과학 기술발전사』 제2권, 보드의 *Essays an Chinese Civilization*, New Jersey, 1981 참조).이것은 대체로 '천'의 이중적 함의가 서로를 제약하면서 동시에 병존했기 때문에 생긴 결과이다. 그러므로 한편으로는 자연적 인격신을 벗어나지 못했고, 다른 한편으로는 인간사와 무관한 독립적인 자연법칙도 없었다.

만약 한대의 유가들이 말하는 '천인합일'이 인간의 외적 행동의 자유를 세우기 위한 우주론의 모델이고 여기서 말하는 '천'이 실질적으로 '기'(氣)이고 자연이고 신체라고 말한다면, 송유(宋儒)가 말하는 '천인합일'은 내적 윤리의 자유를 세우기 위한 인성의 이상이고, 여기서의 '천'은 주로 '이'(理)이며 정신이고 심성이다. 그러므로 한유의 '천인합일'은 우주론, 즉 자연본체론이고, 송유의 '천인합일'은 윤리학, 즉 도덕 형이상학이다. 한유의 '천인합일'은 현실 속에서 행동하는 세계이며 '생생불이'(生生不已: 낳고 낳아 끊임없음)라는 말이 가리키는 것은 감성세계의 존재·변화·발전(또는 순환)이다. 송유의 '천인합일'은 마음의 도덕적 경지이고, '생생불이'는 단지 전체 세계에 대한 마음의 정감적 긍정이지만 실제로는 단지 일종의 주관의식의 투사로서 이것을 투사하여 도덕본체까지 끌어올리는, 즉 윤리를 본체와 우주자연이 서로 통하여 합일하는 것으로 간주하고 있다. 그것은 '천인합일'을 처음으로 철학의 단계까지 끌어올렸지만 이것은 관념적인 차원이다. 결국 '천인합일'의 감성적 현실의 측면과 구체적 역사성은 무시되고 소멸하기에 이른다.

여기서 주목해야 할 것은 한유나 송유를 막론하고, 또 '천'을 '기'로서의 자연 또는 '이'(理)로서의 정신으로 보는 것을 막론하고, 비록 원래 가지고 있던 주재, 운명의 함의를 완전히 없애지는 못했지만 이런 함의가 확실히 크게 퇴색했다는 점이다. 한유의 음양오행적 우주론과 송유의 심성이기적 본체론은 내외 두 방면에서 '천'이 인격신적인 종교 방향으로 발전하는 것을 가로막았다.

만약 오늘날 여전히 '천인합일'이라는 이 개념을 보존하려고 하면, '서체중용'을 통한 새로운 해석과 개조가 필요하다. 그것은 더이상 농업소생산에 기반하여 '하늘에 순종하고'(順天), '하늘의 이법에 맡기면서'(委天數) 생겨난 '천인합일'(유물론 또는 관념론을 막론하고, 또 그것이 한유의 관점이든 송유의 관점이든)일 수는 없다. 따라서 반드시 철저하게 '천'이 가지고 있는 이중적 성격 가운데 주재적 의미나 운명의 의미라는 내용과 함의를 철저히 제거해내고 마르크스가 말한 '자연의 인간화'를 근본적 기초로 삼아야 할 것이다. 마르크스주의는 서양에서 근원했다. 근대 서양에서 하늘과 인간의 분리, 하늘과 인간의 투쟁, 즉 인간의 자연에 대한 통제와 정복·대치·투쟁은 사회와 문화의 주제 가운데 하나였다. 이것은 주체와 객체의 관계연구라는 철학적 인식론에서 매우 분명하게 나타난다. 또한 그것은 공업혁명과 현대문명을 역사적으로 반영하고 있는데, 농업사회처럼 자연에 의지하지 않으며 과학기술과 공업을 통하여 자연을 변혁하고 새로운 것을 창조한다.[32]

그러나 이 시기의 주요 사상가들 중 가장 선구자인 마르크스는 이미 자연을 통제, 정복하던 시기 또는 약간 후 인간과 자연이 서로 영향을 주고받고 전환하며 의존한다는 엄청난 과제, 그것은 바로 외재자연(자연계)과 내재자연(인간의 생물체로서의 자연존재와 심리적 감수感受, 수요, 능력 등)이 기나긴 역사라는 흐름 속에서 인류화(사회화)하는 문제이고, 또 주체와 객체, 이성과 감성, 집단과 개인, '천리'(사회성)와 '인욕'(자연성) 등등이 여러 차원에서 서로 융합하여 합일하는 문제에 대해 이미 주의하고 있다. 이 문제가 바로 역사가 심리 속에 깊게 파고들어 축적되어 생긴 관점이다.

다시 말하면 그것은 근대의 공업이 자연을 정복하고 개조하여 생겨난 인간과 자연의 참신한 객관적 관계를 기초로 삼고 있다. 이런 참신한 관계는 더이상 근대공업이 처음 일어나던 시기처럼 자연을 정복하기 위해 자연을 훼손하고 생태계를 파괴하는 관계가 아니다. 그것은 후기 공업사회 시기에 물질문명이 고도로 발달한 동시에 자연을 회복하고 생태계를 보호하는 관계와 같은 것으로 인간과 자연은 더이상 대치, 충돌하는 관계가 아니라 화목하여 합일하는 관계이다.

인간은 이미 자연의 일부분이지만 또한 자연의 후광이고, 영예이며,

---

32) 리쩌허우, 『비판철학의 비판—칸트술평』(批判哲學的批判—康德述評, 人民出版社, 1979·1984)를 참조하라.

자연의 진정한 법칙성이며 목적성이다. 이것이 오늘날 선진국 또는 후기 공업사회가 직면하여 반드시 해결해야 할 문제이고, 개발도상국도 대응하여 주의를 기울여 연구해야 할 과제이다. 그리고 이것은 바로 '천인합일'의 문제이며, 이 오래된 명제가 지니고 있는 현대적 의의이기도 하다. 이 문제는 분명히 마르크스주의 실천철학 역사관에 기초해야 비로소 진정한 해답에 이를 수 있다.[33]

루쉰은 중국 책을 읽으면 사람들로 하여금 고요하고 잠잠한 상태에 빠지게 만든다고 했다. 나는 위에서 논의한 중국의 전통철학 중 인생의 최고경지인 '심미'까지도 이런 측면에서는 심각한 결함을 가지고 있다고 생각한다. 그것은 충분한 정도의 충돌, 참혹함, 숭고함을 결여하여 모든 것을 고요하고 평안한 초월 속에 녹아들게 만들어 놓았다. 이 때문에 위에서 말한 물질실천적인 '천인합일'과 서로 대응하여 오늘날 인생의 최고경지와 생명이상으로서의 심미적인 '천인합일'이 어떻게 정관(靜觀)에서 행동에 이르며, 어떻게 서양의 숭고하고 비극적인 정신을 흡수하여 평안함을 깨뜨리고 적극적으로 추구하는 내적 동력을 더욱 강화시킬 수 있는가 하는 것들은 바로 여전히 오직 마르크스주의의 '인간화된 자연'이라는 이론의 기초 위에 이것을 세워야만 비로소 근본적인 해결을 할 수 있다. 이것은 바로 미(美)와 심미(審美)를 과학 기술과 생산, 생활과 일 속으로 끌고오는 것으로 더이상 고요한 관조의 마음상태가 아닌 역사적이고 물질적인 현실적 동력을 추진하도록 만들어, 현대사회의 자각적인 운율과 형식이 된다.

이러한 현실적 물질실천의 기초 위에서만 비로소 '우주자연에 참여하고 만물의 화육을 돕는'(參天地, 贊化育) '천인합일'이라는 중국의 전통관념을 개조하고 흡수하여 참으로 인간과 자연(생태환경으로서의 외재자연)이 서로 조화하면서 공존하는 친밀한 관계를 만들어낼 수 있는 것이다. 이와 동시에 인간자신의 자연(생명적인 욕망으로서의 내재

---

33) 앞의 책을 참조하라.

적 자연) 또한 자신 속에 이성을 스며들게 하여 그것을 축적한다. 외적이고 내적인 두 방면의 자연은 이런 의미에서 '인간화'를 얻어 선명하게 대비되는 두 개의 참신한 감성체계가 되는데, 이것이 새로운 세계, 새로운 인간과 새로운 '미'이다. 이것이 바로 내가 이해하고 해석한 '자연의 인간화' 또는 '천인합일'이다.

• 이 글은 강연의 기록에 근거하여 정리한 것임

후기

　최근 몇 년 사이, 글을 쓸 때마다 나는 늘 마음이 제자리를 찾지 못하고 있음을 느낀다. 어떤 경우에도 늘 '다음 프로그램'을 자꾸 생각하고 있어서 지금 하는 일에 온 힘을 집중할 수가 없었다. 『중국 근대사상사론』의 원고를 편찬할 때 마음속에서 생각한 것은 『미의 역정』이었고, 『미의 역정』을 쓸 때 또다시 생각한 것이 바로 이 책이었다. 이 책을 쓸 때도 역시 다른 책을 생각하고 있었다. 이 때문에 모든 책들이 하나같이 무섭도록 바쁘게 씌어져 편집, 교부되면서 일이 끝나게 된다.

　이 때문에 책이 출판된 후에는 스스로 만족하기 어려워진다. 예를 들면 논증이 불충분하거나, 자료에 착오 또는 빠진 부분이 있거나, 문자가 바르게 교정되어 있지 않은 경우도 있고 심지어 문법에 맞지 않는 구절들도 있다. 그러나 어떻게 할 수도 없고 새로 고칠 생각도 하지 않았다. 이렇게 스스로 책을 쓰고—만족하지 못하고—다시 쓰고—다시 만족하지 못하는 우스운 단계로 빠지곤 했다.

　최근에 생긴, 이것과 서로 관련된 글을 쓰는 또 다른 습관은 '요약적인 것'들을 많이 쓴다는 사실이다. 중국 근대사상사에 관한 글에서 『미의 역정』, 또 이 책에 이르기까지 하나같이 세밀하지 않은 거시적 구조를 가지고 접근한 글들이다. 특히 뒤에 나온 두 책은 그 다루는 범위가 수천 년에 이르고, 무려 십 몇 만 자를 찍어내었다. 엄밀한 고증도 없고, 전제연구도 아니며, 다른 사람이 가지고 있지 않은 비밀스런 자료를 가지고 있는 것도 아니고, 방증할 만한 폭넓은 자료를 풍부하게 가지고 있는 것도 아니다. 이 때문에 만약 전문가들이 본다면 고개를 젓거나 탄식할 것이라는 생각도 든다. 그러나 이 점에 관해서는 오히려 나 스스로 만족하며 나름대로의 생각을 가지고 그렇게 했다.

매번 도서관의 서가 속으로 들어갈 때마다 거의 항상 어떤 특별한 느낌, 즉 멀리 내다보고 탄식한다거나 망연자실할 것 같은 그런 느낌이 들었다는 것을 기억하고 있다. 다시 두루 살펴보면, 책이란 늘 다 읽을 수 없는 것이다. 이미 이렇게 많은 책이 있는데 나는 왜 다시 한 권의 책을 더 추가하려고 하는가? 살아서는 머리가 희어지도록 경전을 연구하여 책을 쓰려는 것일까? 나는 어떤 책을 써야만 하는가?

이런 매우 유치한 느낌과 문제들이 나에게는 매우 심각한 도전일지도 모른다. '어느 곳에도 쓰임새가 없는 서생'이 문사(文史)의 영역에 잘못 들어온 이후, 나는 스스로가 책을 쓸 만한 재주가 없다는 것을 깊이 느꼈다. 그러나 중국에는 책을 쓸 만한 가치가 있는 것이 너무 많고, 연구해야 할 필요가 있는 엄청나게 중요한 문제와 경전들이 있고, 황급히 개간해야 할 황무지도 아주 많이 있는데 나는 무엇을 하고 무엇을 쓰고 있는가? 나는 항상 이런 당혹감을 가지고 있다.

1950년대에 나는 20년 동안 힘을 기울여 『가정(嘉靖)에서 건륭(乾隆)까지』라는 명청 시기의 의식형태사를 쓰려고 생각했다. 훨씬 오래전부터 나는 상고사(上古史)를 결합하여 '삼례'(三禮)를 연구하려고 했다. 완적(阮籍)의 연보를 편찬하고, 아울러 고증을 하려고도 했다. 당연히 중국 근대의 무술(戊戌)과 신해(辛亥) 시기를 더욱 깊이 있게 탐색하려고 했고, 또 일생 동안 칸트의 책들을 손에서 놓지 않았다. 이외에 미학 방면에 상당히 재미있는 제목들을 가진 책을 내기도 했다. 이들 책들은 유가에 대해 더 많이 말했지만, 사실 나는 노장이나 선학(禪學)에 오히려 더 관심 있는 것 같다. 이 책은 모두 요약이며 사실 나는 그중의 어떤 문제, 예를 들면 송명이학의 발전과정에 대해 세밀한 분석을 하려 한다. 만약 위에서 언급한 제목 중에서 다만 하나만 선택해야 한다면, 내가 원래 가지고 있는 기초 위에서 18년 동안의 작업을 통하여 대체로 한두 권의 '진정한' 전문적 저서를 써낼 수 있을 것이라고 늘 자신해 왔다. 하지만 지금은 이미 늙어 그 작업을 계속 진행하지 못하고 있다.

한번은 두 명의 젊은 기자와 이야기할 때, 나는 50년 전에 쓸 수 있던 책을 지금은 쓸 수 없으며 50년 후에 쓸 수 있는 책을 지금은 쓸 수 없다고 말한 적이 있다. 이 말은 기자들에 의해 공개되었다. 사실 사람들은 각기 다른 의지를 가지고 있기 때문에 똑같을 수가 없다. 나는 공력(功力)이 깊고, 오래 갈 수 있는 가치를 지니고 있는 전문적 저작을 읽는 것을 매우 좋아한다. 나도 다른 사람들이 몇 가지 재료들을 고증하여 '절대진리'가 되거나 어떤 전적을 집교(集校)하여 영원히 다른 사람들에게 인용되며, 이것이야말로 '참된 학문'으로 불리는 것을 매우 부러워한다. 대개 이렇게 했을 때 "이름 있는 산에 감추었다가 후대에 전한다"고 한다.

그러나 나는 이런 '불후의 저작'으로 간주되는 것은 만들어내기가 어려워서, 그 서가가 큰 입을 벌리면서 조롱하는 것이 마치 내 눈앞에서 넘실거리는 것처럼 느껴졌다. 이것은 끝내 나를 자포자기하게 하고, 자각적으로 스스로 원하여 이런 속 빈 강정처럼 크기만 하고 적당하지 않은, 내 스스로 '야호선'(野狐禪: 불교, 특히 선종에서 이단이나 외도를 지칭하는 말) 같은 내용이 없고 소략(疏略)한 작품을 선택하여 쓰도록 만들었다.

나는 다른 곳에서 "창조적인 사유에 대해 말하면, 나무를 보는 것보다는 숲을 보는 것이 더욱 중요하다"(『서림』書林, 1984년 제2기)고 말한 적이 있다. 비록 세밀하지는 않으나 '숲을 보려는' 책을 희망하여, 창조적인 감정을 지니고 있는 젊은 사람들에게 어떤 계발이나 도움을 줄 수 있기를 바라기 때문이다. 학술문화와 비학술 문화의 영역 속에서 나는 여전히 5년 전에 말한 것을 견지하고 다음 세대에 속하기를 희망했다(『서림』「독서와 사문장」讀書與寫文章, 1984년 제2기). 그들은 옛 것을 파괴하고 새로운 것을 세워 큰 뜻을 펼치고 전면적으로 창조하려 고 한다. 만약 내가 솔선수범하여 그들을 위해 온 힘을 다해 봉사할 수 있다면 그것으로 만족하지, 어찌 다른 것을 구하겠는가? 특히 나의 이 런 글쓰기가 많은 젊은이들과 중년의 학자들에게서 열정적인 지지와 격려, 관심을 얻은 후에 나는 더욱 큰 기쁨을 얻었다.

이 책이 말하려고 하는 것은, 내가 접촉한 젊은 대학생들이 제시한 두 가지 다른 의견과 관련이 있다. 하나의 의견은 철저하게 전통을 타 파하고, 전반적으로 서양문화를 수입하여 민족을 개조하기를 요구하는 것이었다. 다른 하나는 전통을 파괴하는 것 중에서 어떤 것은 보존하고 계승하기를 희망하는 것이었다. 전자는 후자가 객관적인 측면에서 현 대화하는 과정을 방해하는 것이라고 보았고, 후자는 반드시 현대화 이 후까지도 고려해야 한다고 생각하여, 고도로 현대화된 문명이 직면하 고 있는 정신적 어려움에 주의해야 한다고 보았다.

나는 이런 논쟁에 참여하지는 않았다. 나는 아직도 사회존재가 사회 의식을 결정한다는 이론을 신봉하는 사람으로, 현재 중국의 사회발전 을 위해서는 우선적으로 기초의 변동이 필요하다고 느낀다. 그리고 사 회생산력과 과학 기술을 발전시키고 이에 상응하는 각종 경제체제를 변화시킬 필요가 있다고 깊이 믿고 있다. 의식형태 영역에서도 가장 먼 저 이런 변화를 중요시하고 노력해야만 한다. 동시에 또한 높은 안목으 로 멀리 살펴서 전체 인류와 세계의 미래를 위한 어떤 것들을 탐색해야 만 한다.

앞의 관점에 따라 말하면, 중국 민족은 확실히 너무 늙어버려서 그들 의 어깨가 온통 무거운 역사의 잔해에서 나온 먼지와 때투성이로 발걸 음을 옮기기가 매우 어렵고, 진보와 개혁은 더욱 쉽지가 않다. 그래서 "하나의 탁자를 옮기는 데도 피를 흘려야만 한다"(루쉰의 말로 기억된 다)고 말해야 할 지경이다. 사상관념이라는 점에서는 어떤 점에서 심지 어 5·4시대보다 더 낙후되어 있고, 농민혁명이 가지고 온 후유증을 없애기 위해서는 질곡을 과감하게 돌파하는 식의 용감함과 자각을 가지는 것이 확실히 필요하다.

그러므로 이 책은 준종교적인 윤리주의에 반대하고, 유가·도가·묵가 등의 사상 속에 들어 있는 농업소생산적인 것들을 끄집어내려고 한다. 이런 점에서 『중국 근대사상사론』은 이 책을 이끌어나가는 일종의 안내역할을 할 수 있으리라 생각한다. 고대문화의 보존이란 측면에서 이집트·바빌로니아·인도·마야 등의 고대문명과 비교하면, 중국 문명은 분명히 장구하게 생존하여 연속되어 와서 어떤 것도 비교할 수 없을 만큼 거대한 시공적인 실체이다. 역사전통이 차곡차곡 쌓아온 문화형식은 매우 진귀한 심리적인 유산과 또 어느 지역과도 구별되는 독립적인 성질을 함유하고 있다. 아울러 100년 이래 오늘날에 이르기까지 많은 사람들의 분투정신과 문화전통 또한 결코 아무런 관련 없이 이루어진 것이 아니다.

그러므로 이 책은 중국의 문화전통을 이성의 응집과 함께 누적된 윤리적·심미적 유산으로서 비교적 높게 평가한다. 이것은 실제로 역사주의와 윤리주의의 이율배반적인 문제를 다룬다. 나는 어떤 때는 루소와 계몽주의, 낭만파 또는 이성주의의 모순, 칸트와 헤겔의 모순, 톨스토이와 투르게네프의 모순, 「근위병이 사형을 집행하는 아침」이라는 그림에 나오는 웅대한 계획과 뛰어난 계략을 가진 표트르 1세와 충성스러운 용사들의 모순, 또 오늘날의 실존주의와 마르쿠제의 모순 등이 생각난다. 역사는 본래 이런 비극적인 모순 속에서 진행된다. 이것은 하나의 진지한 문제이다.

이 책이 목표로 하는 것 중의 하나는 바로 이런 문제(이 한 가지에만 그치지는 않는다)를 중국 사상사의 각도에서 제기하여, 젊은 청년들에게 참고하게 하고 주의와 연구를 제공하려는 것이다. 목적이 달성되었는지는 나 스스로도 알 수 없다. 언급한 많은 문제들은 분명하게 제시되었을까? 이것 역시 모르겠다. 아마 그렇지 못한 것 같다. 그러면 어떻게 할 것인가? 나중에 다시 말하려 한다.

리쩌허우 연보

1930년	후베이(湖北) 우한(武漢, 지금의 漢口)에서 출생.
	원적은 후난(湖南) 창사(長沙).
1950년	베이징 대학 철학과 입학.
	졸업 후 중국사회과학원 철학연구소에서 철학과 미학 연구에 종사.
1956년	미학에 관한 논문(「미감, 미 그리고 예술을 논함」) 발표. 미의 본질에 관한 '객관적 사회설' 제창.
1958년	『康有爲譚嗣同思想硏究』, 上海人民出版社.
1966~76년	문화대혁명 기간 동안 허난(河南)으로 하방(下放).
1979년	『美學論集』, 上海文藝出版社.
	『批判哲學的批判』, 人民出版社.
	『中國近代思想史論』, 人民出版社.
1980년	「공자 재평가」로 전세계적인 반향을 불러일으킴.
1981년	『美的歷程』, 文物出版社.
	(『미의 역정』, 윤수영 옮김, 동문선, 1991)
1984년	『中國美學史』(第一卷, 共編), 中國社會科學出版社.
	(『중국 미학사』, 김승심 외 옮김, 대한교과서주식회사, 1992)
1985년	『中國古代思想史論』, 人民出版社.
1986년	『李澤厚哲學美學文選』, 湖南人民出版社.
1987년	『中國美學史』(第二卷, 共編), 中國社會科學出版社.
	『中國現代思想史論』, 東方出版社.
	(『중국 현대사상사의 굴절』, 김형종 옮김, 지식산업사, 1992)
1989년	『華夏美學』, 中外文化出版公司.

(『화하미학』, 권호 옮김, 동문선, 1990)

『美學四講』, 三聯書店.

(『중국 미학 입문』, 장태진 옮김, 중문출판사, 2000)

1990년 　　　『我的哲學提綱』, 風雲時代出版社.

1992년 　　　미국 콜로라도 대학(The Colorado College) 객원교수.

1997년 　　　『告別革命』(共著), 天地圖書.

(『고별혁명』, 김태성 옮김, 북로드, 2003)

1998년 　　　『世紀新夢』, 安徽文藝出版社.

『論語今讀』, 安徽文藝出版社.

1999년 　　　『己卯五說』, 中國電影出版社.

2002년 　　　『歷史本體論』, 三聯書店.

(『역사본체론』, 황희경 옮김, 들녘, 2004)

옮긴이의 말

　내가 기억하기에 1987년 타이완에서 해적판으로 출판되어 오자로 가
득 차 있는『중국고대사상사론』을 처음으로 본 것은 1989년쯤인 것 같
다. 그후 계명대 철학과 학생들과 이 책을 교본으로 하여 윤독했을 때
생각나는 것으로는 엄청나게 오자가 많아서 마치 틀린 글자를 찾으려
고 책을 보는 것이 아닌가라는 느낌마저 들 때가 있었다는 것이다. 아
마도 타이완에서 출판하기 위해 간체자를 번체자로 옮기는 과정에서
오자가 특히 많이 발생한 것으로 보인다. 이 때문에 번역하기 어려운
문제가 나오면 어떻게 해결할까 하는 생각보다 혹시 오자나 탈자가 있
는 것은 아닌가 하고 일단 의심부터 하는 바람직하지 못한 버릇이 생기
기도 했다. 솔직히 쉽게 해석이 되지 않을 때에는, 선생 체면에 생판 모
른다고 할 수는 없고, 무엇인가 오자나 탈자가 있음이 분명하다는 얼버
무림으로 위기를 모면한 적도 아마 있었을 것이다. 다행히 명석하고 열
의 있는 몇 명의 학생들 덕분에 처음으로 이 책을 빠른 속도로 완독했
다. 윤독회에 참가한 학생들의 번역수준이 상당히 높았지만, 수준을 더
욱 끌어올리기 위해서 미리 노트에 번역한 내용을 적어와서 한 시간에
7~8쪽 정도를 읽도록 했다. 이해가 되지 않는 구절이 나오면 같이 토
론하여 수정했다. 너무 바쁘게 읽어서인지 몰라도 이 책이 가지고 있는
중요성이나 가치에 대해서는 솔직히 그때는 크게 느끼지 못했다.

　학교를 옮긴 이후에 교본으로 이 책을 다시 선택하여 윤독모임을 조
직했다. 이 때는 처음 윤독할 때와는 방법을 달리했다. 속도 위주보다

는 문장을 하나하나 같이 분석하면서 읽어내려가는 방식을 취했다. 이 때문에 이 책을 끝까지 완독하는 데 전부 걸린 시간은 아마 3년 이상이었던 것으로 기억한다. 일주일에 한 번 모여 읽은 것으로 치면 사실은 괜찮은 성적이기는 하다. 그런데 처음 읽을 때보다 시간은 더 걸렸고 번역 역시 더 시원찮다는 느낌이 들었다. 거의 다 읽어 갈 무렵에 이 책이 무척 좋은 책이라는 생각이 들었고 완역을 하고 싶다는 욕심이 생겼다. 그래서 이곳저곳을 문의해보니 이미 모 출판사가 이 책을 비롯한 리쩌허우의 모든 저작을 번역할 수 있는 권리를 가지고 있다는 소리를 들었고, 이내 그 욕심을 접었다.

그후 상당한 시간이 지나서도 이 책의 번역본이 나오지 않기에 부적내가 무엇을 잘못 알고 있는 것이 아닌가라는 생각이 들었다. 마침 이 책을 처음 윤독할 때 함께 있던 훌륭한 멤버 중의 한 사람인 권상우 박사와 전화통화를 하는 가운데 리쩌허우 교수가 베이징에 있다는 소식을 우연히 알게 되었다. 이참에 아예 직접 만나서 리쩌허우 교수와 번역문제를 이야기해보고 싶어 권박사에게 미리 보다 구체적인 내용들을 알아봐달라고 부탁했다. 이 책을 한국어로 번역하여 출판하고 싶다는 나의 의향을 권 박사가 미리 리쩌허우 교수에게 전하고 찾아뵙겠다고 했더니 리쩌허우 교수는 나에게 몇 가지 준비를 해오기를 요구했다. 그것은 나의 이력, 기존의 번역 업적 리스트 및 출판사의 출판 허가서 등이었다. 역시 대가를 만나기는 쉽지 않은 것 같았다. 이런 준비를 하여 권 박사의 주선으로 베이징에 있는 리쩌허우 교수 댁을 방문할 수 있었다.

만날 약속을 미리 했는데도 리쩌허우 교수는 마치 금방 침실에서 나온 것처럼 복장이나 머리가 매우 헝클어져 있었고 환기를 하지 않아 쾨쾨한 실내공기도 심상치 않았다. 이런 모습들에 약간은 당황스럽고 놀랍기도 하고 다른 한편으로는 '실용이성'이나 '역사본체론' 등의 리쩌허우 교수의 독특한 개념들이 얄궂은 방향으로 해석되기도 했다. 솔직히 마음속에선 그다지 유쾌한 기분이 들지 않았다. 그러나 이런 기분도 잠시. 맛있는 차 대접을 받고 그의 열띤 이야기를 들으면서 이런 느낌들은 이내 사라졌다.

그는 중국 철학과 철학사에 대한 자신의 기본적인 관점들을 거침없이 이야기하기 시작했는데, 상당히 설득력 있는 이야기였던 것으로 기억한다. 나의 중국어가 서툴다고 생각했는지 또는 습관인지는 몰라도 중국어를 하는 중간중간에 자주 영어를 섞어서 이야기하거나 아예 영어로 이야기하는 것을 즐겨했다. 오랜 외국 생활 때문인지 꽤 자연스런 영어를 구사했다. 한참 동안 이야기를 나누고 사진도 찍는 화기애애한 분위기에서 리쩌허우 교수는 내가 『중국고대사상사론』을 번역해도 좋다며 허락의 뜻을 보였다.

귀국한 후 『중국고대사상사론』을 번역하려는 생각은 잠시 접어두고 다른 일에 전념하고 있을 때 한길사에서 연락이 왔다. 그때는 이미 다른 출판사에서 번역하기로 결정했고, 리쩌허우 교수와 맺은 번역조건이 훨씬 좋았기 때문에 쉽게 답을 할 수 있는 상황은 아니었다. 그러나 한길사에서 중국 고대 · 근대 · 현대사상론을 한꺼번에 번역 · 출판하기로 결정했다는 이야기에 수긍할 수밖에 없었다.

결국 우여곡절 끝에 이 책은 한길사에서 빛을 보게 되었다. 솔직히 이 책이 가진 매력이 없었다면 번역하기가 쉽지 않은 부분이 속출하는 이 책을 윤독회의 교재로 사용하지도 않았고 번역할 생각도 하지 않았을 것이다. 그 동안 이 책을 함께 읽고 토론한 열의를 가진 똑똑한 학생들에게 그 공을 모두 돌리고 싶다. 그리고 이 책이 출판될 수 있도록 전산, 교열 등 여러 부분에서 애를 써준 모든 분들에게도 고마운 마음을 표하고 싶다.

2005년 7월
압량벌 연구실에서
정병석

찾아보기 · 인명

지은이 리쩌허우

리쩌허우(李澤厚)는 1930년 후베이(湖北) 우한(武漢)에서 태어났다.
12세에 아버지를 여의어 어려운 가정환경 속에서 명문이자 학비가 면제되는
후난성립제일사범학교에 진학했다. 이 시기 루쉰(魯迅)과 빙신(冰心)의 작품을 즐겨 읽었는데,
그 심득(心得)은 「20세기 중국문예 일별」에 잘 녹아 있다. 특히 루쉰을 통해
'투창'과 '비수'의 태도를 배웠다. 전자는 타인과의 비타협적 전투를 의미하고
후자는 자신에 대한 비판을 상징한다. 19세에 어머니를 여읜 그는 잠시 초등학교 교사를
지내다가 1950년 베이징 대학 철학과에 입학했다. 그때 그는 런지위(任繼愈)의
근대사상사 강의로 인해 캉유웨이와 탄쓰퉁에 관심을 가지게 되었다. 이는 훗날
『캉유웨이 · 탄쓰퉁 사상 연구』로 이어지고 다시 『중국근대사상사론』으로 발전한다.
졸업 후 중국사회과학원 철학연구소에서 철학과 미학 연구에 종사하고
『철학연구』 창간 작업에도 참가했다. 1956년 미학에 관한 논문
「미감, 미 그리고 예술을 논함」을 발표하면서 학자적 명성을 날리게 된다.
이 논문은 당시 미학의 두 주류인 차이이(蔡儀)의 유물론 미학과 주광첸(朱光潛)의
부르주아 미학을 비판하면서, 미의 본질에 관한 '객관적 사회설'을 제창했다.
이때 주체와 객체의 연결고리로써 실천을 설정했고 이를 칸트 철학에 대한
비판적 연구와 결합시켜 '주체적 실천철학'으로 발전시켰다. 1966~76년 문화대혁명
기간 동안 허난(河南)으로 하방(下放)되어 사상 개조의 압박을 받았다.
이 기간은 리쩌허우에게 시련인 동시에 전환의 계기였다.
칸트 철학 연구서인 『비판철학의 비판』은 이때의 독서를 바탕으로 집필된 것이다.
이후 『중국고대사상사론』 『중국근대사상사론』 『중국현대사상사론』의
'사상사 3부작'을 출간했다. 아울러 『미의 역정』 『중국미학사』 『화하미학』
『미학4강』 등의 미학 관련 저서를 출간했다. 톈안먼 사건 이후
미국으로 망명하여 콜로라도 대학 객원교수를 지냈고,
프랑스 국제철학아카데미로부터 정식 원사(院士)로 위촉된 바 있다.
지금은 중국과 미국을 오가며 활동하고 있다. 최근의 저서로는 『고별혁명』
『세기신몽』 『논어금독』 『기묘오설』 『역사본체론』 등이 있다.

옮긴이 정병석

정병석(鄭炳碩)은 영남대학교 철학과와 같은 대학 대학원을 졸업했으며,
타이완 중국문화대학(中國文化大學) 철학연구소에서 박사학위를 받았다.
계명대학교 철학과 교수를 거쳐 지금은 영남대학교 철학과 교수로 있다.
주요 연구 및 관심분야는 주역, 중국 고대 유학, 현대 신유가 등이다.
옮긴 책으로는 『중국철학특강』(공역) 『주역철학의 이해』 『인륜과 자유』
『동양철학과 아리스토텔레스』 등이 있다.

GB
한길그레이트북스

한길 그레이트북스 70

중국고대사상사론

지은이 리쩌허우
옮긴이 정병석
펴낸이 김언호
펴낸곳 (주)도서출판 한길사

등록 • 1976년 12월 24일 제74호
주소 • 10881 경기도 파주시 광인사길 37
www.hangilsa.co.kr
E-mail: hangilsa@hangilsa.co.kr
전화 • 031-955-2000~3
팩스 • 031-955-2005

제1판 제1쇄 2005년 8월 30일
제1판 제6쇄 2017년 10월 30일

Li Ze-hou
Zhongguo Gudai Sixiangshilun
Translated by Jung Byung-Seok
Published by Hangilsa Publishing Co., Ltd., Korea, 2005

값 30,000원
ISBN 978-89-356-5655-4 94150
ISBN 978-89-356-5658-5 (세트)

한길그레이트북스 인류의 위대한 지적 유산을 집대성한다

●한길그레이트북스는 계속 간행됩니다.